Für Gabi

Peter Eisenberg

Grundriß der deutschen Grammatik
Band 1:

Das Wort

2., überarbeitete und aktualisierte Auflage

Verlag J. B. Metzler
Stuttgart · Weimar

Der Autor:
Peter Eisenberg, geb. 1940; Studium der Nachrichtentechnik, Informatik, Sprachwissenschaft und Musik; Professor für Deutsche Philologie an der Universität Potsdam; 1990–1992 Vorsitzender der Deutschen Gesellschaft für Sprachwissenschaft; 1996 Deutscher Sprachpreis der Henning-Kaufmann-Stiftung; Mitglied der Deutschen Akademie für Sprache und Dichtung, Darmstadt.

Bibliografische Information Der Deutschen Bibliothek
Die Deutsche Bibliothek verzeichnet diese Publikation in der Deutschen Nationalbibliografie; detaillierte bibliografische Daten sind im Internet über <http://dnb.ddb.de> abrufbar.

Gedruckt auf chlorfrei gebleichtem, säurefreiem und alterungsbeständigem Papier

ISBN 3-476-01954-3

Dieses Werk einschließlich aller seiner Teile ist urheberrechtlich geschützt. Jede Verwertung außerhalb der engen Grenzen des Urheberrechtsgesetzes ist ohne Zustimmung des Verlages unzulässig und strafbar. Das gilt insbesondere für Vervielfältigungen, Übersetzungen, Mikroverfilmungen und die Einspeicherung und Verarbeitung in elektronischen Systemen.

© 2004 J. B. Metzlersche Verlagsbuchhandlung
und Carl Ernst Poeschel Verlag GmbH in Stuttgart

www.metzlerverlag.de
info@metzlerverlag.de

Einbandgestaltung: Willy Löffelhardt

Satz: Typomedia Satztechnik GmbH, Scharnhausen
Druck und Bindung: Kösel GmbH, Krugzell

Printed in Germany
September / 2004

Verlag J. B. Metzler Stuttgart · Weimar

Inhaltsverzeichnis

Vorwort zur 1. Auflage VIII
Vorwort zur 2. Auflage IX
Hinweise für den Benutzer X
Abkürzungen und Symbole XII

1.	**Rahmen, Zielsetzungen, Grundbegriffe**	1
1.1	Gegenstand und Aufbau von Grammatiken	1
1.2	Grammatik und Norm	8
1.3	Grammatische Beschreibungsmittel	14
1.3.1	Syntaktische Struktur	15
1.3.2	Syntaktische Relationen, Argumente, Diathesen ..	21
1.3.3	Morphologische und phonologische Struktur	28
1.4	Zur Gliederung des Wortschatzes	34

2.	**Die phonetische Basis**	40
2.1	Phonetik und Sprachsignal	40
2.1.1	Übersicht: Phonetische Beschreibung von Lautereignissen	40
2.1.2	Töne, Geräusche, Laute	44
2.1.3	Artikulation	48
2.2	Phonetische Kategorisierung der Sprachlaute ...	55
2.2.1	Konsonanten	56
2.2.2	Vokale	64
2.3	Symbolphonetik und Transkriptionssysteme	72
2.3.1	Verschriftung gesprochener Sprache	72
2.3.2	Das Internationale Phonetische Alphabet	76

3.	**Segmentale Phonologie: Phoneme**	84
3.1	Opposition und Kontrast	84
3.2	Phoneminventar	89
3.2.1	Das Basissystem der Konsonanten	89
3.2.2	Das Basissystem der Vokale	94

4.	**Silben, Fußbildung, Wortakzent**	100
4.1	Übersicht	100
4.2	Der Einsilber und das Allgemeine Silbenbaugesetz ...	102
4.3	Die Bestandteile der Silbe. Variation und Alternation der Laute ..	115
4.3.1	Anfangsrand	115
4.3.2	Kern und Endrand	118
4.4	Mehrsilber und Fußbildung	128
4.5	Der Wortakzent	138

4.5.1	Einfache und affigierte Stämme	139
4.5.2	Kompositionsakzent	146

5. Flexion . . . 150

5.1	Flexion und Paradigmenbildung	150
5.2	Nominalflexion	158
5.2.1	Das Substantiv	158
5.2.2	Pronomen und Artikel	169
5.2.3	Das Adjektiv	177
5.3	Verbflexion und verbales Paradigma	184
5.3.1	Übersicht	184
5.3.2	Das System der Personalformen	186
5.3.3	Tempus und Modus	192
5.3.4	Gesamtbau des verbalen Paradigmas	197

6. Wortbildung I: Allgemeines, Komposition . . . 209

6.1	Wortbildung als Teil der Morphologie	209
6.1.1	Wortbildungstypen. Wortbildung und Flexion	209
6.1.2	Morphologische Kategorien, Strukturen, Funktionen	217
6.2	Komposition	226
6.2.1	Das Determinativkompositum und seine Subtypen	226
6.2.2	Die Fuge	235
6.2.3	Konfixkomposita	242

7. Wortbildung II: Affigierung und Konversion . . . 247

7.1	Präfixe und Partikeln	247
7.1.1	Nominale Präfixe	247
7.1.2	Verbpräfixe und ihre Abgrenzung	254
7.1.3	Verbpartikeln	264
7.2	Suffixe	269
7.2.1	Native Suffixe: Bestand und Einzelanalysen	269
7.2.2	Das System der nativen Suffixe	280
7.2.3	Fremdsuffixe	285
7.3	Konversion	294

8. Die Wortschreibung . . . 301

8.1	Graphematik und Orthographie	301
8.2	Buchstabenschreibung	304
8.2.1	Phoneme und Grapheme	305
8.2.2	Silbische Schreibungen	310
8.2.3	Morphologische Schreibungen	319
8.3	Silbentrennung	327
8.4	Getrennt- und Zusammenschreibung	332
8.5	Groß- und Kleinschreibung	342
8.6	Zur Schreibung der Fremdwörter	350

Aufgabenstellungen 358
Lösungshinweise 390
Siglen. 432
Literaturverzeichnis 434
Sachregister 453
Wort- und Affixregister 465
Rückläufiges Wortregister 492

Vorwort zur 1. Auflage

Der ›Grundriß‹ stellt sich zwei Aufgaben. Erstens will er die Kernbereiche der deutschen Grammatik in ihren Hauptlinien und unter Berücksichtigung neuerer Forschungsergebnisse darstellen. Zweitens möchte er den Leser in die Lage versetzen, grammatische Analysen nicht nur nachzuvollziehen, sondern auch selbst durchzuführen und zu bewerten.

Die Neuausgabe der Grammatik erscheint in zwei Teilen, die einheitlich konzipiert, aber unabhängig voneinander verwendbar sind. Der vorliegende erste Teil umfaßt die Phonologie, Morphologie und Orthographie des Deutschen, also seine Wortgrammatik. Im zweiten Teil mit dem Untertitel ›Der Satz‹, der voraussichtlich im Herbst 1999 erscheint, findet sich die Syntax. Der zweite Teil wird eine stark überarbeitete, in großen Teilen neu geschriebene Fassung der 3. Auflage von 1994 enthalten.

Bis zum Abschluß dieses Buches ist mehr Zeit ins Land gegangen als ursprünglich erwartet. Mindestens einer der Gründe dafür liegt in der Sache selbst. Die Wortgrammatik bestand bis in die jüngste Vergangenheit hinein aus getrennten Gärten: Phonologie und Morphologie hatten sich wenig zu sagen, eine Graphematik gab es innerhalb der Sprachwissenschaft kaum. Das hat sich in der Tendenz geändert. Aber es bleibt schwierig, zu einem einheitlichen und handhabbaren Konzept zu gelangen, mit dem die etablierten wie die bisher eher vernachlässigten Bereiche der Wortgrammatik zugänglich werden. Wortakzent und Fremdwortmorphologie, Verbpartikeln und Silbentrennung, Konversion und Adjektivflexion sollen ihren Platz finden. Mein erster Dank geht deshalb an die ehemaligen Studentinnen und Studenten von der Freien Universität Berlin, die in ihren Magisterarbeiten und Dissertationen einzelne Bereiche der Wortgrammatik bearbeitet haben. Matthias Butt, Ursula Enderle, Stefanie Eschenlohr, Nanna Fuhrhop, George Smith, Oliver Teuber und Rolf Thieroff haben Wesentliches beigetragen. Bezugspunkt für die konzeptionelle Arbeit war immer wieder Hans-Heinrich Liebs ›Integrative Sprachwissenschaft‹, vor allem in den Fassungen, die im Literaturverzeichnis als Lieb 1983 und 1992 ausgewiesen sind. Daß ich mich eine Zeit lang ganz auf das Schreiben konzentrieren konnte, ist einem Forschungssemester zu verdanken, das die Deutsche Forschungsgemeinschaft bewilligt hat.

Gerade wenn an ein Buch hohe Integrationsanforderungen gestellt sind, bleibt der fremde Blick auf das Manuskript eine unschätzbare Hilfe. Matthias Butt, Ursula Enderle, Helmut Glück, Hartmut Günther, Ewald Lang, Hans-Heinrich Lieb, Bernd Pompino-Marschall, Beatrice Primus und Rolf Thieroff haben Teile des Textes gelesen und kommentiert. Ewald Langs freundschaftliche Unterstützung hat manches bewirkt, sie reichte vom inhaltlichen Rat bis zur Kärrnerarbeit des Korrekturlesens.

In der Bad Homburger Studiengruppe ›Geschriebene Sprache‹ ist vor allem die Graphematik diskutiert worden. Kapitel 8 beschreibt die Regularitäten der Wortschreibung einschließlich der wesentlichen Änderungen durch die Neuregelung von 1996. Entstanden ist dieser Teil des Buches während der Zeit meiner Mitgliedschaft in der zwischenstaatlichen Kommission für deutsche Orthographie. Wer weiß, ob sich ohne den Zusammenhalt der Studiengruppe das 8.Kapitel nicht im Zorn über die Neuregelung verloren hätte.

Über zwei Jahre hinweg hat Maria Pichottka Stück für Stück das Typoskript erstellt und immer wieder korrigiert, freundlich, umsichtig und hilfsbereit. Zum Schluß mußte natürlich alles ganz schnell gehen. In kürzester Zeit haben Katharina Krause und Melody Lacy die technische Seite der Registerherstellung bewältigt. Für George Smith war es kein Problem, während eines halben Tages auch noch das rückläufige Wortregister auf die Beine zu stellen.

Allen Genannten sowie vielen Freunden, Kollegen und ganz besonders meiner Familie danke ich herzlich für ihre Geduld und Unterstützung.

Potsdam, 16. Juli 1998   Peter Eisenberg

Vorwort zur 2. Auflage

Für die Neuauflage wurde ›Das Wort‹ insgesamt leicht und in einigen Teilen stark überarbeitet. Ziel waren eine Erweiterung und Fortschreibung des Inhalts, dazu die Verbesserung der Lesbarkeit. Ihr dient auch – einem vielfach geäußerten Wunsch entsprechend – die Gliederung des gesamten Textes in übersichtliche Leseeinheiten.

Die neuen Medien haben inzwischen tatsächlich zu einer erheblichen Veränderung der Kommunikation über das Buch beigetragen. Viel häufiger als früher melden sich Leserinnen und Leser, unter ihnen vor allem die Studierenden, einzeln oder in Gruppen mit konkreten Hinweisen und Fragen zu Wort. Allen danke ich herzlich für ihr Interesse und die vielen Beiträge zur Verbesserung des Textes. Namentlich zu danken habe ich den Kolleginnen und Kollegen Werner Abraham, Swetlana Anfimova, Uschi Bredel, Nanna Fuhrhop, Clemens Knobloch, Ewald Lang, Christiane Reiße, Ulrike Sayatz, George Smith, Oliver Teuber, Rolf Thieroff und Heide Wegener. Für technische Hilfe aller Art konnte ich mich wie immer auf meine Asse stützen, auf Hagen Hirschmann, Juliane Janitzek, Carolin Kirstein und Robert Langner. Jana Mohneke hat ebenso zuverlässig wie professionell sämtliche das Manuskript betreffenden Arbeiten erledigt.

Potsdam, 10. Januar 2004   Peter Eisenberg

Hinweise für den Benutzer

Das vorliegende Buch soll zum Selbststudium wie als Grundlage von Lehrveranstaltungen zur deutschen Grammatik geeignet sein. Aufbau und interne Organisation des Buches tragen beiden Verwendungsweisen Rechnung.

Die eigentliche Wortgrammatik beginnt mit Kap. 3 (Segmentale Phonologie). Ihr gehen ein Einleitungskapitel und eine kurzgefaßte Phonetik voraus. Kapitel 1 bringt eine allgemeine Orientierung über die Aufgaben von Grammatiken und führt an einfachen Beispielen vor, wie sie im weiteren angepackt werden. Es macht darüber hinaus Aussagen zum Normproblem sowie zum Umfang und zur Makrostruktur des Wortschatzes.

Auch Kap. 2 (Die phonetische Basis) enthält Grundlegendes für die weiteren Kapitel, muß aber nicht unbedingt vor ihnen bearbeitet werden. Man kann die Phonetik auch selektiv lesen, beispielsweise indem ein Seminar zur Orthographie (Kap. 8) mit Transkriptionsübungen (Kap. 2.3) gekoppelt wird. Kapitel 2 soll das bereitstellen, was man insgesamt an Phonetik für die Wortgrammatik braucht.

Dem Text sind über 200 Aufgaben (zusammengefaßt in 124 Gruppen) beigegeben. Dem Leser wird empfohlen, den Textverweisen auf die Aufgaben unmittelbar zu folgen und diese wenigstens im Ansatz zu lösen. Es gibt keine effektivere Methode zur Aneignung grammatischer Kenntnisse als das Grammatiktreiben selbst. Dabei ist der Grundriß nicht darauf aus, nur ganz einfache und sofort zugängliche Aufgaben zu formulieren. Aber die Lösungshinweise sind so ausführlich, daß zumindest ein Lösungsweg erkennbar wird.

Der detaillierten Erschließung des Textes dienen die Register. Das Sachregister enthält nicht Verweise auf jede Nennung des Stichwortes im Text, sondern möchte sich auf sinnvolle Suchergebnisse beschränken. Auch der jeweils gewählte Grad an Differenziertheit von Stichwörtern und Unterstichwörtern ist variabel, und im Register finden sich einige Termini, die sonst in dieser Grammatik kaum verwendet werden. Verweise sind mit einem Pfeil gekennzeichnet, der zu lesen ist als »siehe« oder »siehe auch«. Verweise auf Textstellen, an denen ein Begriff eingeführt wird, sind durch Fettdruck hervorgehoben. Alle Hauptstichwörter sind Substantive. Ein Verweis auf koronale Laute erscheint also beispielsweise unter ›Koronal‹.

Im zweiten Register sind Wörter in der Grundform und Wortbildungsaffixe (einschließlich der Halbaffixe, Konfixe usw.) verzeichnet. Zur besseren Orientierung ist der Affixstatus durch morphologische Grenzen (+) gekennzeichnet als Präfix oder Verbpartikel (z. B. **ent+** wie in **entkernen**), als Suffix (**+sam** wie in **strebsam**), als Infix (**+t+** wie in **namentlich**) oder Zirkumfix (**ge++t** wie in **gestreckt**). Vor allem in den Wortbildungskapiteln enthalten manche Beispiellisten mehr Wörter als das Wortregister. Mit der Beschränkung soll eine Aufblähung des Registers vermieden werden. In das rückläufige Wortregister wurden nur Grundformen von Wörtern, nicht aber Affixe aufgenommen.

Im Text finden sich Verweise vom Typ ›Satz, 4.5‹. Damit ist der entsprechende Abschnitt im zweiten Teil der Grammatik (›Der Satz‹) gemeint. Der Hauptverweis auf eine Aufgabe erfolgt in Fettdruck (z. B. **Aufgabe 94a**), andere Verweise auf dieselbe Aufgabenstellung in Normaldruck. Ins Verzeichnis der Abkürzungen und Symbole wurde das aufgenommen, was nicht zum Inventar des IPA gehört.

Abkürzungen und Symbole

*Grammatische Relationen
und semantische Rollen*

adv	Adverbial
Ag	Agentiv, Agens
attr	Attribut
Dir	Direktiv
dirobj	direktes Objekt
hd	Kopf (head)
indobj	indirektes Objekt
Inst	Instrumentalis
kmp	Komplement
Lok	Lokativ
merg	Maßergänzung
mod	Modifikator
nuk	Kern (Nukleus)
Pat	Patiens
präd	Prädikat
prerg	präpositionale Ergänzung
probj	präpositionales Objekt
Rez	Rezipient
subj	Subjekt

*Syntaktische und morphologische
Konstituentenkategorien*

Adv	Adverb
Af	Affix
AfGr	Affixgruppe
IGr	Infinitivgruppe
K	Konjunktion
Kf	Konfix
N	Nomen
NGr	Nominalgruppe
Pr	Präposition
PrGr	Präpositionalgruppe
Rst	morphol. Rest
S	Satz
St	Stamm
StGr	Stammgruppe
V	Verb

Wort- und Lexemkategorien

ADJ	Adjektiv
ADJ/SBST	macht aus einem Adjektiv ein Substantiv
ADV	Adverb
AF	Affix
AGG	agglutinierendes Suffix
AKK	regiert Akkusativ
(AKK)	fakultativer Akkusativ
ANAKK	regiert *an* mit Akkusativ
ART	Artikel
BT	betontes Affix
COM	Common noun, Appellativum, Gattungsname
DASS	regiert *daß*-Satz
DAT	regiert Dativ
DEM	Demonstrativpronomen
DER	Derivationsaffix
FEM	Femininum
FLEX	Flexionsaffix
GEB	gebundener Stamm
HV	Hilfsverb
INF	Infix
KONF	Konfix
KV	Kopulaverb
MAS	Mass noun, Kontiunativum, Stoffsubstantiv
MASK	Maskulinum
MV	Modalverb
NEUT	Neutrum
NOM	regiert Nominativ
NOM|AKK	regiert Nominativ und Akkusativ
PART	Partizip
PERS	Personalpronomen
PRÄ	Präkonfix
PRF	Präfix
PRO	Pronomen
PRP	Proper noun, Eigenname
PRT	Partikel
PST	Postkonfix
REL	Relativpronomen
RST	morphologischer Rest
SBST	Substantiv
ST	Stamm
SUF	Suffix
TERM	terminales Suffix
UNBT	betonungsneutrales Affix
VB	Verb
VB/SBST	macht aus einem Verb ein Substantiv
VPRT	Verbpartikel
VV	Vollverb
ZIF	Zirkumfix
ZINF	regiert *zu*-Infinitiv

Abkürzungen und Symbole | XIII

Einheitenkategorien

Abl	Ablaut
Ad	Adressat
Akk	Akkusativ
Akt	Aktiv
Dat	Dativ
Der	Derivationsstammform
Dir	Direkt (Pron.)
Fem	feminin
Flex	Flexionsstammform
Fut1	Futur1
Fut2	Futur2
Gen	Genitiv
Gf	Grundform
Grv	Grundvokal
Heb	angehobener Vokal
Imp	Imperativ
Inf	reiner Infinitiv
Kmp	Kompositionsstammform
Konf	Konfixstammform
Komp	Komparativ
Konj	Konjunktiv
Mask	maskulin
Nad	Nichtadressat
Neut	neutral
Nom	Nominativ
Nstd	Nichtstandard (Pron.)
Obl	Oblique
Part	Partizip
Pas	Passiv
Pf	Perfekt
Pl	Plural
Pos	Positiv
Pqpf	Plusquamperfekt
Präs	Präsens
Prät	Präteritum
Ps	Person
Sg	Singular
Std	Standard (Pron.)
Sup	Superlativ
Uml	Umlaut
Unfl	Unflektiert
Zinf	*zu*-Infinitiv

Phonologische Kategorien

c	Coda
ger	gerundet
geschl	geschlossen
krit	kritisch
lar	laryngal
n	Nukleus
o	Onset
or	oral
r	Reim
s	stark (strong)
sf	scharfer Schnitt
sn	sanfter Schnitt
sth	stimmhaft
stl	stimmlos
unger	ungerundet
zen	zentral
w	schwach (weak)
σ	Silbe
φ	Fuß
ω	prosodisches Wort

Sonstiges

+	morphologische Grenze
−	Silbengrenze, graphematisch
.	Silbengrenze, phonologisch
/ /	phonemische Schreibweise
[ ]	phonetische Schreibweise
⟨ ⟩	graphematische Schreibweise
→	wird zu
*	ungrammatisch
≥	größer oder gleich
≤	kleiner oder gleich
∼	Negation (nicht)
∧	Konjunktion (und)
∨	Disjunktion (oder)
⊃	Implikation (wenn … dann)
----	grammatische Relation

1. Rahmen, Zielsetzungen, Grundbegriffe

1.1 Gegenstand und Aufbau von Grammatiken

Was Grammatiken beschreiben

Mit deutschen Grammatiken füllt man leicht ein stattliches Bücherregal, nur wenige Sprachen sind so häufig, so ausführlich und auf so vielfältige Weise beschrieben worden wie das Deutsche. Dabei ist die Verschiedenheit der Grammatiken eigentlich beeindruckender als ihre große Zahl. Sehen wir uns nur einmal die sogenannten wissenschaftlichen Grammatiken an, die wir in der weiteren Darstellung regelmäßig zu Rate ziehen werden.

Für eine Grammatik aus dem späten 19. und noch dem frühen 20. Jahrhundert ist es selbstverständlich, die Beschreibung des Deutschen als Beschreibung seiner Geschichte zu verstehen. Damit ist fast zwingend ein besonderes Verhältnis zu den Daten verbunden. Die großen Grammatiken sind nicht nur materialreich (Blatz 1896, 1900), sondern sie machen meist auch genaue Angaben darüber, woher das Material stammt. Sie nennen ihre Quellentexte und lokalisieren die Belege (Wilmanns 1896, 1906; Paul 1917, 1920).

Neuere Grammatiken konzentrieren sich in der Regel auf das Gegenwartsdeutsche und überlassen die Sprachgeschichte speziellen Darstellungen. Auch in anderer Hinsicht sind sie weniger umfassend als viele ältere. Als Kerngebiete gelten die Formenlehre (Flexionsmorphologie) und Satzlehre (Syntax), danach die Wortbildungsmorphologie. Nur selten enthalten sie eine Lautlehre (Phonologie), wie sie in der Akademiegrammatik aus der DDR, den ›Grundzügen‹ (Heidolph u.a. 1981) zu finden ist. Noch seltener ist eine Orthographie. In schulischen Lehrplänen spricht man meist von ›Orthographie und Grammatik‹, d.h. erstere wird letzterer gegenübergestellt. Um so wichtiger ist, daß die wohl verbreitetste Grammatik überhaupt auch eine Orthographie enthält (Duden 1984, 1998).

Andererseits geht man gelegentlich über den Satz als größte zu beschreibende Einheit hinaus. Die innerhalb der Germanistik viel verwendete Grammatik von Engel (1991) enthält einen Abschnitt zur Textgrammatik, und Weinrich (1993) macht das Funktionieren von Sätzen in Texten zur Grundlage der Beschreibung überhaupt. Seine Textgrammatik interessiert sich an erster Stelle für die Leistung sprachlicher Einheiten im Kontext.

Andere Unterschiede betreffen die theoretische Bindung und den Adressatenbezug. Als Akademiegrammatik wollten die ›Grundzüge‹ bei ihrem Erscheinen theoretisch modern sein und den Stand des Wissens bestimmter sprachwissenschaftlicher Schulen auf das Deutsche anwenden. Häufiger, so von Erben (1980), Helbig/Buscha (1998) und in der am Institut für deutsche Sprache (IDS) entstandenen Monumentalgrammatik (Zifonun u.a. 1997, im folgenden

›IDS-Grammatik‹), wird eine derartige Ausrichtung des Gesamtkonzepts abgelehnt. Die IDS-Grammatik profiliert sich mit vergleichsweise strengen, ausführlichen Bedeutungsanalysen und legt großen Wert auf die Verwendung authentischen Sprachmaterials. Sätze müssen in der Regel irgendwo vorgekommen sein, sie werden nicht einfach konstruiert. Heringer (1988) schließlich nimmt in seiner ›rezeptiven Grammatik‹ ganz die Perspektive des Hörers oder Lesers ein. Er fragt, wie Sprache verstanden wird, während Grammatiker ja meist so reden, als gehe es um den Aufbau oder die Konstruktion von sprachlichen Einheiten. Einen expliziten Adressatenbezug hat auch Helbig/Buscha mit dem Untertitel »Ein Handbuch für den Ausländerunterricht«, und dasselbe gilt für eine Reihe der hochrangigen deutschen Grammatiken, die außerhalb des deutschen Sprachgebietes für Deutschlerner geschrieben wurden (z.B. Schanen/Confais 2001; Durell 2002). Meist jedoch findet man in dieser Hinsicht nur allgemeine Deklamationen. Ein konsequenter und auch die Darstellungsform bestimmender Adressatenbezug scheint sich mit dem Selbstverständnis unserer Grammatiken als wissenschaftliche nicht recht zu vertragen.

Die kleine Demonstration erhebt weder den Anspruch einer Übersicht, noch soll sie gar den Eindruck erwecken, es herrsche Beliebigkeit vor. Besonderheiten bringen die Gemeinsamkeiten erst recht zur Geltung. Was immer Grammatiken im Einzelnen über eine Sprache sagen, sie tun es, indem sie zunächst die Form von sprachlichen Einheiten wie Wortformen und Sätzen beschreiben. Erst wenn die Form sprachlicher Einheiten jeweils hinreichend bekannt ist, kann man fundiert weitergehende Fragen über deren Entwicklung und Verwendung, über ihren Erwerb und ihre Normierung, über das Verhältnis von Dialekt, Soziolekt und Standard, über Unterschiede zwischen Geschriebenem und Gesprochenem stellen. Die Form sprachlicher Einheiten wird als ihre Struktur explizit gemacht. Es ist deshalb unendlich wichtig, daß eine Grammatik den Strukturbegriff expliziert, den sie verwendet (1.3).

Die Verwendung des Begriffs ›Struktur‹ setzt voraus, daß man es mit Mengen von Einheiten (z.B. Lauten) zu tun hat, die nach gemeinsamen Eigenschaften klassifiziert sind (z.B. in Vokale und Konsonanten). Eine größere Einheit, etwa eine Wortform, hat Struktur oder ist strukturiert, wenn sie aus solchen kleineren Einheiten nach kombinatorischen Regularitäten aufgebaut ist. Nicht jede Lautfolge ergibt ja eine Wortform.

Wie Strukturaussagen aussehen, demonstrieren wir jetzt an einigen Beispielen, freilich jeweils verkürzt, vorläufig und unvollständig. Der Leser wird gebeten, die Beispiele als Schritt zur Verständigung über das Grammatiktreiben zu verstehen und ihnen mit etwas Geduld zu folgen.

Sprachliche Einheiten und grammatische Regularitäten

Beim Vergleich der Wortformen **backen, packen, Dorf, Torf, Gabel, Kabel** stellt man fest, daß sie sich im Gesprochenen bezüglich des ersten Lautes sämtlich unterscheiden. Notieren wir die Anfangskonsonanten nach den Konventionen des Internationalen Phonetischen Alphabets (IPA, 2.3.2) als [b], [p], [d], [t], [g], [k]. Alle diese Laute werden durch plötzliches Öffnen eines Verschlusses im Mundraum gebildet. Der Verschluß liegt bei zweien von ihnen vorn an den Lippen ([b], [p]), bei zweien in der Mitte am Zahndamm ([d], [t]) und bei zweien weiter hinten am sog. Gaumensegel ([g], [k]). Die Laute eines Paares unterscheiden sich in Hinsicht auf Stimmhaftigkeit. [b], [d], [g] sind stimmhaft, [p], [t], [k] sind stimmlos. Insgesamt lassen sie sich mit den genannten Lautmerkmalen zum Schema 1 ordnen.

(1)

	vorn	mitten	hinten
sth	[b]	[d]	[g]
stl	[p]	[t]	[k]

Wieviele solcher Merkmale braucht man, um das Gesamtinventar an Lauten einer bestimmten Sprache zu beschreiben? Warum wählt man gerade diese aus der großen Zahl möglicher Merkmale aus? Wie verhalten sich andere Sprachen in dieser Beziehung? Das sind typische Fragen, wie sie die segmentale Phonologie stellt. Die segmentale Phonologie beschäftigt sich mit den Lauten als den kleinsten segmentalen Einheiten (Kap.3).

Aber damit ist nur *ein* Aspekt der Lautstruktur erfaßt. Die Form **Blut** (nach IPA [blu:t]) beispielsweise besteht aus vier Lauten, die zusammen eine Silbe bilden. Rein kombinatorisch lassen sich mit n verschiedenen Lauten genau n! (Fakultät) Ketten der Länge n bilden, wenn jeder Laut in jeder Kette genau einmal vorkommt. Bei n=4 wären das 24 Ketten mit je 4 Lauten. Von diesen 24 sind aber im Deutschen nur zwei wohlgeformt, nämlich [blu:t] und allenfalls noch [bu:lt], alle anderen sind es nicht. Jede Sprecherin und jeder Sprecher des Deutschen wird feststellen, daß es einsilbige Formen wie *[btu:l], *[bu:tl], *[u:btl], *[lbtu:] im Deutschen nicht geben kann. Die Silbenphonologie klärt, warum das so ist und warum unter den an sich möglichen Silben auch noch bestimmte Bauformen bevorzugt werden (4.1–4.3).

Bei Mehrsilbern steht sodann die Frage nach dem Wortakzent. Was ist ein Wortakzent überhaupt? Woher wissen wir, daß in **Náchtigall** und **Ámeise** die erste Silbe betont ist, in **Forélle**, **Hornísse** und **Holúnder** die zweite? Oder ist es vielleicht gar nicht die zweite, sondern die vorletzte? Bei den im Deutschen so häufigen Zweisilbern vom Typ **Ségel**, **Hámmer**, **Wágen**, **Sónne** kann man zunächst von der ersten wie von der vorletzten als der betonten Silbe sprechen. Die Wortprosodie stellt fest, wie die Akzente verteilt sind und warum bestimmte Akzentmuster im Deutschen dominieren (4.4, 4.5).

Neben der phonologischen weisen Wörter eine zweite Art von Strukturiertheit auf, die man traditionell etwas irreführend als die morphologische bezeichnet: ›morphologisch‹ heißt eigentlich nichts weiter als »die Form/Gestalt betreffend«, und das gilt ja für die phonologische Strukturiertheit genauso wie für die morphologische.

Die Form **tragbar** ist adjektivisch. Anders als **klug**, **müde**, **faul** hat sie zwei morphologische Bestandteile, den Verbstamm **trag** und das Ableitungssuffix **bar**. Offenbar ist das Suffix dafür verantwortlich, daß die Gesamtform ein Adjektiv ist. Denselben Aufbau haben **lernbar**, **lesbar**, **trinkbar**, **erwartbar** und hunderte von weiteren Adjektiven. Aber warum gibt es nicht ***schlafbares Bett**, ***beitretbarer Verein**, ***sitzbarer Stuhl** oder ***freubares Ereignis**? Den Aufbau und die Bildungsregeln von morphologisch komplexen Wörtern untersucht die Wortbildungsmorphologie. Sie zeigt, wie aus vergleichsweise wenigen Stämmen und Affixen der riesige Wortschatz aufgebaut wird, über den das Deutsche heute verfügt (Kap.6 und 7, s. a. 1.4).

Hier läßt sich gut ein Beispiel für orthographische Strukturiertheit anschließen. Die phonologischen Formen [neːblɪç] und [ʀøːtlɪç] enden beide mit der Lautfolge [lɪç], wobei [ç] für den Laut steht, der sich auch am Ende von **mich** findet. Im Geschriebenen unterscheiden sich die beiden Formen am Ende: ⟨neblig⟩ vs. ⟨rötlich⟩ (wenn wir uns ausdrücklich auf das Geschriebene beziehen, setzen wir spitze Klammern). Die orthographische Form verweist auf eine unterschiedliche morphologische Gliederung, nämlich ⟨nebl+ig⟩ vs. ⟨röt+lich⟩. Das Suffix ⟨ig⟩ behält im Geschriebenen seine Gestalt bei, auch wenn es [ɪç] ausgesprochen wird. Es geht also nicht nur um die Beziehung zwischen Lauten und Buchstaben. In der geschriebenen Form von Wörtern steckt sehr viel mehr strukturelle Information, zum Beispiel morphologische. Das wird in Kap.8 behandelt. Diesen Teil der Grammatik bezeichnet man häufig und mit guten Gründen auch als Graphematik (1.2; 8.1).

Zurück zur Morphologie, die ja neben der Wortbildung auch die Flexion umfaßt. Wortformen werden zu Flexionsparadigmen geordnet und nach ihren Formunterschieden beschrieben, wie wir es von fast allen älteren und den meisten neueren Grammatiken her gewohnt sind. Der unbestimmte Artikel **ein** etwa flektiert in Hinsicht auf die vier Kasus Nom, Gen, Dat, Akk sowie die drei Genera Mask, Fem, Neut. Das ergibt zwölf Positionen im Flexionsparadigma gemäß 2.

(2)

	Mask	Fem	Neut
Nom	ein	e	–
Gen	es	er	es
Dat	em	er	em
Akk	en	e	–

Warum sind die Endungen gerade so verteilt? Warum sind einige Formen endungslos? Und warum weisen die Flexionsendungen immer wieder dasselbe Lautmaterial auf? In der Flexionsmorphologie des Deutschen gibt es nur einen einzigen Vokal, nämlich den sog. Murmelvokal [ə] (›Schwa‹), und das verwendete Konsonantinventar ist ebenfalls sehr beschränkt (Kap.5).

Von der Flexionsmorphologie ist es nur ein kleiner Schritt zur Syntax. Die Syntax beschreibt den Aufbau von größeren Einheiten, den syntaktischen Phrasen und Sätzen, aus Wortformen. Eine solche Phrase ist beispielsweise die Nominalgruppe (NGr) **ein tragbarer Fernseher**. In ihr sind Formen eines Artikels, Adjektivs und Substantivs verknüpft. Die Reihenfolge ist fest. Artikel und Substantiv haben keine Flexionsendung, das Adjektiv hat die Endung **er**. Die ganze Gruppe steht im Nominativ. Ersetzt man nun **ein** durch **dieser**, dann hat das Artikelwort die Flexionsendung **er** und das Adjektiv **e**, obwohl die Gesamtgruppe wie eben im Nom steht: **dieser tragbare Fernseher**. Verschiedene Flexionsformen sind also syntaktisch aufeinander abgestimmt. Die Bildung der einzelnen Formen wird in der Flexionsmorphologie untersucht, die

Regeln ihrer Verwendung gehören in die Syntax. Flexionsmorphologie und Syntax sind offenbar nicht voneinander zu trennen. Unsere Beispiele haben weiter gezeigt, daß die Flexionsmorphologie mit der Phonologie, diese mit der Orthographie und die Orthographie mit der Wortbildungsmorphologie verbunden ist. Eine Grammatik besteht nicht aus hermetischen Komponenten. Ihre Teile »halten sich gegenseitig«, wie Ferdinand de Saussure es formuliert.

Trotzdem ist es sinnvoll, ja unausweichlich, die einzelnen Komponenten einer Grammatik analytisch zu trennen und jede für sich darzustellen. Nur darf dabei nicht in Vergessenheit geraten, daß sprachliche Einheiten immer gleichzeitig morphologisch, phonologisch bzw. orthographisch und jenseits von Wortformen auch syntaktisch strukturiert sind.

Mit Phonologie, Morphologie und Orthographie/Graphematik sowie der sie fundierenden Phonetik (Kap.2) fassen wir im vorliegenden ersten Band das zusammen, was man die Wortgrammatik des Deutschen nennen kann. In einem weiteren Band wird mit der Syntax als Kerngebiet die Satzgrammatik behandelt. Die Teilung in Wort- und Satzgrammatik ist in der Grammatikographie des Deutschen bestens verankert. Sie kann zu je relativ geschlossenen Darstellungen führen. Weil jedoch gewisse syntaktische Grundbegriffe auch für die Wortgrammatik gebraucht werden, sprechen wir in Abschnitt 1.3 über sprachliche Strukturen allgemein, einschließlich der syntaktischen.

Einen textgrammatischen Teil enthält der Grundriß nicht. Gewiß sind Sätze Teile von Texten so wie Wortformen Teile von Phrasen oder Sätzen und Silben Teile von Wortformen sind. Aber es gibt einen wesentlichen Unterschied. Der Aufbau von Silben, Wortformen, syntaktischen Phrasen und Sätzen gehorcht strikten grammatischen Regularitäten, die sich in Wohlgeformtheitsbedingungen niederschlagen. Kompetente Sprecherinnen und Sprecher einer Sprache haben in aller Regel ein sicheres Wissen darüber, ob eine Einheit grammatisch, d.h. wohlgeformt ist oder nicht. Bei Texten ist das anders. Ein Text kann inkonsistent, inkohärent, widersprüchlich und unverständlich sein. Damit wird er aber nicht ungrammatisch. Ein aus korrekt gebildeten Sätzen aufgebauter Text ist weder grammatisch noch ungrammatisch. Am Fehlen handfester, allgemein anwendbarer Kriterien für Wohlgeformtheit sind die textgrammatischen Versuche der siebziger Jahre gescheitert. Wohl werden wir, besonders in der Syntax, immer wieder auf die textuelle Funktion sprachlicher Mittel zu sprechen kommen. Eine Textgrammatik ergibt sich daraus nicht, es sei denn, man weicht das Grammatikkonzept auf (weiter dazu Lang 1973 sowie die Einleitungskapitel in Dressler 1973; Beaugrande/Dressler 1981; Heinemann/Viehweger 1991).

Grammatische Regularitäten vs. grammatische Regeln

Fokussieren wir einen weiteren Punkt von herausragender Bedeutung zur Situierung dieses Grammatikkonzeptes in der neueren theoretischen Diskussion. (Der Rest dieses Abschnittes kann bei der ersten Lektüre ohne weiteres überschlagen werden.)

Die phonologische Form [bʊnt] (**bunt**) unterscheidet sich von der phonologischen Form [ʀʊnt] (**rund**) in genau einem Laut, nämlich dem ersten. Alle übrigen Laute und insbesondere der je letzte stimmen überein. In den zweisilbigen flektierten Formen aus Stamm und Flexionssuffix wie **bunt+es** und **rund+es** tritt nun an der betreffenden Stelle ein Lautunterschied auf. Einmal bleibt es beim [t], z. B. [bʊntəs], das andere Mal steht [d], z. B. [ʀʊndəs].

Der Stamm von **bunt** bleibt lautlich in allen Formen gleich, der Stamm von **rund** variiert als [ʀʊnd] vs. [ʀʊnt]. Offenbar steht das [d] dann, wenn der letzte Laut des Stammes am Anfang der zweiten Silbe erscheint wie in [ʀʊn.dəs] (mit dem Punkt als Zeichen für die Silbengrenze). Steht der letzte Laut des Stammes am Ende einer Silbe wie beim Einsilber [ʀʊnt], dann ist er ein [t]. Die dem zugrundeliegende Regularität nennt man Auslautverhärtung. Wir werden sie später genauer beschreiben (4.3.2). Es wird gefragt, warum der Stamm gerade diese beiden lautlichen Varianten hat und wie sie aufeinander bezogen sind. Die Systematik der Darstellung beruht auf einer Beschreibung der Formen, also der sprachlichen Oberfläche, sowie des Verhältnisses der Formen zueinander.

Häufig geht man anders vor und ordnet die Stammvarianten im Sinne eines Ableitungsprozesses. Man sagt etwa, [ʀʊnd] sei die ›zugrundeliegende‹ Form des Stammes und [ʀʊnt] sei aus ihr ›abgeleitet‹ (3a). Dazu muß das [d] in ein [t] umgewandelt werden, also seine Stimmhaftigkeit verlieren (3b).

(3) a. [ʀʊnd] → [ʀʊnt]
 b. [d] → [t]

Eine solche ›Entstimmung‹ gibt es nicht nur beim [d], sondern auch bei [b] zu [p], [g] zu [k] und anderen Lauten. Bezeichnen wir diese Lautklasse als Obstruenten, dann ergibt sich als allgemeine Formulierung für die Auslautverhärtung: »Stimmhafte Obstruenten werden im Silbenauslaut in stimmlose Obstruenten umgewandelt.« Schematisch kann das wie in 4a dargestellt werden. Man nennt das eine phonologische Regel. Eine Regel dieser Art hat eine bestimmte Form und ist etwas anderes als eine ›Regularität‹ im Sinne von ›Regelhaftigkeit‹. Links vom Pfeil ist ein Laut beschrieben, der in den rechts vom Pfeil beschriebenen umgewandelt wird. Nach dem Schrägstrich (/–) wird ein phonologischer Kontext spezifiziert: Die Regel greift nur dann, wenn der Laut vor einer Silbengrenze ( ]$_\sigma$, mit σ für ›Silbe‹) steht (4a).

(4) a. $\begin{bmatrix} \text{obstruent} \\ \text{stimmhaft} \end{bmatrix} \longrightarrow \begin{bmatrix} \text{obstruent} \\ \text{stimmlos} \end{bmatrix} / \underline{}]_\sigma$

 b. $[\text{obstruent}] \longrightarrow [\text{stimmlos}] / \underline{}]_\sigma$

4a kann vereinfacht werden zu 4b. Die Regel besagt jetzt nur noch »Obstruenten werden im Silbenauslaut stimmlos« (z. B. Hall 2000: 209). Beim [t] wie in [bʊnt] läuft die Regel leer, ebenso bei [p], [k] und den übrigen stimmlosen Obstruenten. Man nimmt dieses Leerlaufen in Kauf, um zu einer möglichst einfachen Regelformulierung zu kommen.

Der mit 4 illustrierte Regeltyp heißt treffend ›kontextsensitive Ersetzungsregel‹. Ersetzungsregeln spielen in der Phonologie, Morphologie und Syntax von generativen Grammatiken eine bedeutende Rolle. Sie sind Teil der Grammatik. Im Extremfall besteht eine Grammatik *nur* aus einem Inventar an

Basiseinheiten und solchen Regeln. Sprachliche Einheiten werden nicht einfach strukturell beschrieben, sondern sie werden samt ihren Strukturen durch Regeln abgeleitet (›generiert‹).

Ein anderer Regeltyp von Ableitungsgrammatiken ist die Transformation. Die NGr **ein tragbarer Fernseher** wird in der klassischen Transformationsgrammatik aus einem Ausdruck wie **ein Fernseher, der tragbar ist** abgeleitet (Motsch 1971). Dazu bedarf es einer Reihe von Umstellungen, Tilgungen usw., die man eben mithilfe von Transformationen vollzieht. Andere berühmte Beispiele sind die Passivtransformation, mit der **Das Haus wird von Karl verkauft** aus dem Aktivsatz **Karl verkauft das Haus** entsteht oder die zur Herleitung von Komposita wie **Holzhaus** aus **Haus, das aus Holz besteht** (Huber/Kummer 1974; Kürschner 1974).

In neueren Konzeptionen der generativen Grammatik spielen derartige Ableitungsregeln eine geringere Rolle. Man arbeitet mehr mit formalen Restriktionen für grammatische Strukturen (›Constraints‹) und stellt sich die Grammatik nicht mehr einfach wie eine Maschine vor, die Schritt für Schritt Ausdrücke mit ihren Strukturen generiert (zur Syntax Stechow/Sternefeld 1988; Abraham 1995; Borsley 1997).

Diese Entwicklung führt dazu, daß viele Ergebnisse von ähnlicher Art sind, wie man sie in einer Oberflächengrammatik erzielen möchte. Unterschiede bleiben aber. Das generativ geprägte Denken will nicht darauf hinaus, die Form sprachlicher Einheiten zu beschreiben und funktional zu deuten. Das Hauptinteresse besteht vielmehr darin, verschiedene Beschreibungsebenen zu etablieren und diese näher zu charakterisieren. Neben der der sprachlichen Oberfläche gibt es dann, je nach Konzeption, auch eine Tiefenstrukturebene, eine der logischen Form, eine semantische oder auch konzeptuelle. Die Grammatik erfaßt Strukturierungsprinzipien in abgrenzbaren Bereichen der verschiedenen Ebenen (häufig ›Module‹ genannt) sowie ihr Verhältnis zueinander, sie erfaßt sie aber nicht explizit in Hinsicht auf ihre Funktion. Und natürlich spielen nach wie vor auch einfache Ableitungsregeln eine große Rolle oder sind sogar absolut dominant. Im Konzept der sog. lexikalischen Phonologie beispielsweise werden Wörter phonologisch und morphologisch derivationell beschrieben, d.h. ihre Oberflächenform wird aus anderen Formen abgeleitet. Die Wortgrammatik ist im wesentlichen eine Ableitungsgrammatik (R.Wiese 1996).

Ist man darauf aus, das Verhältnis von sprachlicher Form und Sprachfunktionen auf möglichst einfache und aussagekräftige Art und Weise zu beschreiben, dann erweist sich das Konzept einer Ableitungsgrammatik als eher hinderlich. Auch legt es Mißdeutungen darüber nahe, was eine Grammatik eigentlich sei, ob sie direkt etwas mit Sprachverarbeitung im Kopf zu tun habe, ob man mit ihrer Hilfe ins Hirn sehen könne, ob ihr Format direkt den Erwerb oder Verlust von Sprache spiegele usw. Solche Mißdeutungen begleiten die generative Grammatik seit ihrem Entstehen (instruktiv z.B. schon Chomsky 1957; affirmativ Fanselow/Felix 1987; allgemeiner Pinker 2002).

All dem kann man nicht in wenigen Sätzen gerecht werden, gewiß. Außer Frage steht auch, daß das generative Denken für die Grammatik zahlreicher Sprachen viel erreicht hat. Das Deutsche gehört zu diesen Sprachen. Riesige Faktenbereiche wurden einer grammatischen Beschreibung überhaupt erst zugänglich gemacht, wurden neu geordnet oder unter neuer Perspektive analysiert.

Die Auseinandersetzung mit alternativen Grammatikkonzepten kann nicht abstrakt geführt werden. Sie muß beim Grammatiktreiben selbst erfolgen und wird uns durch das Buch begleiten. Im Augenblick geht es lediglich um die Klarstellung der eigenen Position. Fassen wir sie bündig so zusammen:

1. Die vorliegende Grammatik ist oberflächenorientiert. Sprachliche Einheiten werden in der Form beschrieben, in der sie nach einem herkömmlichen Verständnis ›tatsächlich‹ auftreten.
2. Der Grundriß arbeitet nicht mit grammatischen Ableitungen. Die Systematik der Darstellung gründet auf der strukturellen Beschreibung sowie auf dem Vergleich strukturell beschriebener sprachlicher Einheiten.
3. Der Grundriß ist eine funktionale Grammatik. Die Form sprachlicher Einheiten wird in Hinsicht auf ihre Funktion gedeutet. Dazu ist es notwendig, Form und Funktion sprachlicher Einheiten strikt zu unterscheiden.
4. Die Darstellung ist adressatenbezogen. Adressat ist der kompetente Sprecher des Deutschen, der das grammatische System dieser Sprache verstehen möchte. Er verfügt über ein intuitives, mehr oder weniger reflektiertes Sprachwissen (er hat Ansichten über die Sprache) und er verfügt über ein implizites Sprachwissen (er kann die Sprache). Beides soll ergänzt werden durch ein explizites und reflektiertes Sprachwissen, das die Fähigkeit zur selbständigen grammatischen Analyse einschließt. Die Darstellung strebt deshalb theoretisch fundierte Analysen, nicht aber die Präsentation einer Theorie und ihrer Anwendung auf das Deutsche an.
5. Im Sinne der traditionellen Grammatikschreibung enthält der Grundriß eine von der Konzeption her (nicht natürlich von den sachlichen Details her) vollständige Wort- und Satzgrammatik.

Der sechste Punkt müßte sein, daß wir unsere Grammatik als deskriptiv und nicht als normativ verstehen. Wegen seiner außerordentlichen Bedeutung für ein Grammatikverständnis, das praktisch werden soll, behandeln wir ihn im nächsten Abschnitt ein wenig ausführlicher.

1.2 Grammatik und Norm

Gutes Deutsch und Standarddeutsch

Wer sich irgendwo als Grammatiker oder Deutschlehrer zu erkennen gibt, muß damit rechnen, daß man ihn nach dem guten und richtigen Deutsch fragt. Kann man sagen **Wir fahren nach Ikea**? Heißt es richtig **dieselbe Farbe** oder **die gleiche Farbe**? Und darf man neben **am Montag abend** auch **am Montagabend, am Montag Abend** oder sogar **am montag Abend** schreiben? Viele Leute meinen, Grammatik sei vor allem dazu da, gutes von schlechtem und richtiges von falschem Deutsch zu unterscheiden.

Daß man Germanisten eine besondere Qualifikation zuschreibt, solche Auskünfte zu geben, ist die eine Sache. Die andere und wichtigere ist folgende. Eine große Mehrheit der Sprachteilhaber ist sich sicher, daß es das gute und richtige Deutsch tatsächlich irgendwo gibt. Wo es sich in welcher Form aufhält, weiß man nicht genau. Aber es existiert. Walther Dieckmann nennt solche Annahmen einer Volkslinguistik »eine Form der Auseinandersetzung mit Sprache aus eigenem Recht« (1991: 371; dazu auch Brekle 1986; Antos 1996; I. Paul 1999).

Erfahrungen von Sprachberatungsstellen wie der beim Aachener Grammatischen Telefon oder bei der Duden-Redaktion bestätigen das. Die Auskunft gebenden Mitarbeiter werden kaum einmal um ihre Ansicht zu diesem oder jenem Problem gebeten. Meist wird vielmehr gefragt, wie es sich denn ›wirklich‹ verhalte. Ist die Antwort nicht klipp und klar, so ruft sie Enttäuschung und oft genug querulierendes Beharren hervor. Es müsse doch möglich sein, eine Entscheidung zu treffen (Berger 1968; Tebartz van Elst 1991; Stetter 1995).

Daß viele an das gute Deutsch glauben, ist noch kein Grund, eine normative Grammatik zu schreiben. Die Linguistik ist eine empirische Wissenschaft, was sonst. Eine empirisch fundierte Grammatik ist deskriptiv, nicht präskriptiv. Sie beschreibt, was ist, und nicht, was nach Meinung irgendwelcher Leute sein soll. Dennoch bleibt die Frage, woher das sichere Wissen von einer sprachlichen Norm kommt und worin diese bestehen könnte. Es kann ja nicht auf sich beruhen, wenn die Mehrheit der Sprecher die Existenz einer Sprachnorm unterstellt, die Mehrheit der Sprachwissenschaftler aber davon nichts wissen möchte.

Der Realisierung einer deskriptiven Grammatik stehen zudem hohe praktische und theoretische Hürden im Wege. Soll die Grammatik etwa das Standarddeutsche beschreiben, so muß der Standard aus dem Kontinuum der Varietäten isoliert werden. Allein die Frage, ob das Standarddeutsche auf die Bundesrepublik Deutschland beschränkt werden kann oder soll und wie man es mit dem in Österreich und der Schweiz gesprochenen und geschriebenen Deutsch vermittelt, wird ganz unterschiedlich beantwortet (dazu Polenz 1990; Ammon 1995; Takahashi 1996).

Eine Verständigung über den Standard ist schwierig, aber noch schwieriger ist die Beschaffung geeigneter Daten. Denn eigentlich genügt es nicht einmal, authentische Daten zu bearbeiten, sondern man müßte auch über statistische Verteilungen Bescheid wissen. Wieviele Leute reden tatsächlich so, wie die Grammatiker annehmen? Beschreiben wir nicht eine Sprachform, die es so gar nicht gibt? Geht man solchen Fragen mit einiger Konsequenz nach, verselbständigt sich das Datensammeln sofort und aus der Grammatik wird nichts mehr.

Gelingt eine Verständigung über den Standard, erhebt sich als nächste die Frage nach Konsistenz und Vollständigkeit der Grammatik. Eine vollständige Grammatik soll die ganze Sprache beschreiben. Aber, so sagt die neuere Linguistik, sie soll auch nicht mehr als diese Sprache beschreiben, d.h. sie soll genau auf die Sprache passen. Es muß eine Grenze gezogen werden zwischen Einheiten, die zum Deutschen gehören und solchen, für die das nicht gilt. Deskription und Präskription sind nicht ohne weiteres zu trennen. Die in 1.1 angesprochenen kombinatorischen Regularitäten legen den Umfang fest, in dem Daten von einer Grammatik erfaßt werden. Natürlich besteht dann zum Beispiel die Gefahr, daß man als Grammatiker bestimmte Daten ausschließt, weil sie die Regularitäten komplizieren. Andererseits ist ein Deskriptivismus nicht blind. Nicht alles, was irgendwo geäußert wird, gehört unbesehen zum Deutschen.

Die Sprache als Menge von wohlgeformten Einheiten und die Grammatik als Spezifikation der Regularitäten, die genau auf diese Menge von Einheiten paßt und damit selbst zwischen grammatisch und ungrammatisch trennt, bringt die Möglichkeit von reiner Deskription ins Wanken. Im Deutschen gibt es tausende von Formvarianten und Doppelformen, die der Grammatikschreibung als sog. Zweifelsfälle entgegentreten (Muthmann 1994; W. P. Klein 2003). Die Grammatik bewertet solche Zweifelsfälle, indem sie feststellt, warum und wo sie auftreten. In diesem Sinne bleibt es Aufgabe der Grammatik, zwischen richtig und falsch zu unterscheiden (s. u.).

Ist damit aber das Normproblem überhaupt getroffen? Sehr häufig bezeichnet man eine Sprache wie das Deutsche als ›natürlich‹, um sie von ›künstlichen‹ wie Logikkalkülen oder Programmiersprachen zu unterscheiden. Aber die Unterscheidung impliziert mehr. Das Reden von natürlichen Sprachen bringt das Normproblem in gewisser Weise zum Verschwinden. Ist die menschliche Sprache ein Stück Natur, dann können wir sie von außen betrachten wie die Natur überhaupt. Sie wäre uns als natürlicher Gegenstand gegeben. Sprachliche Normen dagegen versteht man als gesellschaftliche oder soziale Normen. Mit ihnen hätte die Sprachwissenschaft nichts zu tun (affirmativ so z. B. Pinker 1996: 431 ff.).

Einen im Ergebnis vergleichbaren Standpunkt beziehen Sprachwissenschaftler häufig, indem sie den Gegensatz zwischen Sprachsystem und Sprachnorm hervorheben. Im Zentrum der Sprachwissenschaft stehe die Erforschung des Sprachsystems, die Sprachnorm sei von nur marginalem Interesse. Die Begriffe System und Norm sind jedoch durchaus und sogar in mehrfacher Weise aufeinander beziehbar. Zeichnen wir eine mögliche Argumentationslinie in Kürze nach (vgl. z. B. Coseriu 1971; Hartung 1977; Bartsch 1985; Gloy 1993).

Die grammatischen Regularitäten unserer Sprache brauchen nicht bewußt zu sein, aber sie sind verbindlich. Wir erwerben sie und halten uns an sie. Man hat sie deshalb implizite Normen genannt.

Eine ausformulierte Phonologie oder Syntax sind Theorien über die Regularitäten, auf denen das Sprechen basiert. Insofern machen sie eine implizite Norm explizit. Sagt die Theorie etwas Zutreffendes aus, dann werden Regularitäten des Systems faßbar, sie sind uns bekannt. Sind Regularitäten einmal formuliert, kann es vom Beschreiben des Systems zum Vorschreiben mithilfe einer normativen Regel ganz schnell gehen. Keine deskriptive Grammatik ist davor gefeit, daß sie normativ verwendet wird.

Normative Festlegungen, wie wir sie in unseren Grammatiken und Wörterbüchern tatsächlich vorfinden, bleiben in der Regel innerhalb dessen, was vom System gedeckt ist. Sie treffen eine Auswahl unter systematisch zulässigen Formen. Im Zweifelsfälle-Duden etwa heißt es unter dem Stichwort **Funke/Funken** (Duden 1985: 271): »Von den beiden Nominativformen ist **der Funken** heute gebräuchlicher. Nur in übertragener Bedeutung (**göttlicher Funke** usw.) wird die alte Form häufiger gebraucht.« In einer Neuauflage des Buches dagegen steht (Duden 2001: 330): »Beide Nominativformen werden heute ohne stilistischen Unterschied gebraucht, jedoch ist die Form **Funke** häufiger. ... Die Form **Funken** hat die Bedeutung ›geringes Maß von‹: **Er hat keinen Funken Anstand.**« Beim Genitiv gibt es keine derartige Änderung, es heißt übereinstimmend »Der Genitiv zu beiden Formen lautet **des Funkens.**«

Das Beispiel zeigt nicht, was es zeigen soll, denn es enthält gar keine Nominativform, und insbesondere der letzte Satz enthält – auch von der Formulierung her – eine echte normative Festlegung. Tatsächlich findet man als Genitivformen **des Funkens**, **des Funkes** und **des Funken**. Genau eine der Formen wird vom Duden normativ favorisiert, aber warum? Eine nicht normative Grammatik hätte zu klären, warum überhaupt drei Formen vorkommen, warum eine möglicherweise die anderen verdrängt, warum es bei **der Löwe** nur **des Löwen** und nicht im entferntesten *****des Löwes** oder *****des Löwens** geben kann (5.2.1).

Gelegentlich liegt das Normierte außerhalb des vom System Gegebenen. Nur in einem solchen Fall, der natürlich um jeden Preis vermieden werden sollte, kann es zu wirklichen Konflikten zwischen Norm und System kommen. Setzt man das Normierte gewaltsam durch, wirkt es zerstörerisch auf das System. So verhält es sich leider mit einer Reihe von Schreibungen, die die 1996 verabschiedete Neuregelung der Orthographie vorsieht. Beispielsweise wurde das Wort **spazierengehen** verboten und durch die syntaktische Phrase **spazieren gehen** ersetzt. Umgekehrt sollte die syntaktische Phrase **irgend einer** abgeschafft und nur noch das Wort **irgendeiner** erlaubt sein. Beide Vorschriften sind klare Systemverstöße (8.4).

Grammatische Normen

Mit Normierungen sind auf den Beschreibungsebenen der Grammatik recht unterschiedliche praktische Probleme verbunden. Der zweite Teil des Abschnitts zeigt, womit man sich in der Phonologie, Morphologie und Syntax typischerweise herumzuschlagen hat. Den Sonderfall Orthographie ordnen wir lediglich in den Diskussionszusammenhang ein, ihm ist der etwas ausführlichere Abschnitt 8.1 gewidmet.

In der Phonologie geht es immer wieder um den Begriff ›Standardlautung‹. Zwar gibt es für das Deutsche eine Reihe von Aussprachewörterbüchern (Siebs 1969; Krech u. a. 1982; Duden 2000). Aber was die Wörterbücher verzeichnen, ist zu einem guten Teil widersprüchlich und hinsichtlich seines Status als Standard ungeklärt. Was ist als Standardlautung anzusehen? Selbst einem Nachrichtensprecher hört man oft genug die Herkunft aus Köln oder Dresden, Hamburg oder Stuttgart an. Eine regionalsprachliche ›Färbung‹ ist nach heutigem Verständnis nicht dafür ausschlaggebend, ob jemandes Aussprache der Standardlautung entspricht (Duden 1998: 47ff.).

Selbst in scheinbar ganz einfachen Fällen wie dem als ⟨ig⟩ geschriebenen Wortauslaut (**Pfennig**, **winzig**) darf man nicht genau nachfragen. Die Aussprachewörterbücher verzeichnen [ɪç], z. B. [pfɛnɪç], geben aber teilweise den Hinweis, im Süden sei auch [ɪk] zu finden. Der Ausspracheatlas von König zeigt, daß [ɪç] in der alten Bundesrepublik südlich einer Linie Köln – Nürnberg wenig vorkommt. Lediglich die Gegend um Freiburg macht eine Ausnahme. Im Norden ist [ɪç] dominant, keineswegs aber überall im selben Maß (W. König 1989: II,319). Es wird vermutet, daß das normwidrige [ɪk] im Norden zumindest teilweise als Leseaussprache zu werten ist (W. König 1989: I,117).

Damit ist die Situation doch eher verworren: (1) Die sogenannte Standardlautung [ɪç] ist nur regional dominant, (2) im Süden setzt sie sich teilweise als Dialektlautung durch und (3) im Norden weicht man aufgrund einer Orientierung an der Schrift teilweise vom Standard ab, obwohl die Standardlautung meist gerade als ›schriftnah‹ gekennzeichnet wird.

Wir können nicht hoffen, unserer Phonologie eine ausgewiesene Standardlautung zugrunde zu legen. Für bestimmte Zwecke ist das auch gar nicht erstrebenswert. Statt einer Standardlautung nachzujagen, möchte man in der Phonologie Wortformen meist in expliziter Aussprache repräsentieren, bei der jeder Einzellaut erkennbar ist. Solche Explizitlautungen sind in vieler Hinsicht ein Konstrukt, das aber als Bezugsgröße für andere Aussprachevarietäten wie die Standard- oder auch die Umgangslautung dienen kann (dazu Vennemann 1982: 261 ff.; Basbøll/Wagner 1985: 6 f.). Wo Entscheidungen über Aussprachevarianten unausweichlich sind, beziehen wir uns auf den genannten Aussprachatlas. Im übrigen sieht man meist auch ohne Schwierigkeiten, wie eine beschriebene Regularität zur Erfassung einer anderen Aussprache geändert werden muß.

In der Wortbildungsmorphologie gibt es echte Normprobleme kaum. Eine Äußerung wie **Ekelerregt wendete ich mich ab** hat Seltenheitswert. Gelegentlich streitet man sich über einen Grenzfall zur Flexion wie die Bildung des Superlativs: **der weitreichendste Vorschlag** oder **der weitestreichende Vorschlag**? Zur Kunst und zum Handwerk gehören regelbeugende Wörter natürlich in der Poesie oder in der Werbesprache: **lichtwühlig, lichtblendig, lichtwogig** (Arno Holz); **weißgelbenjung, seeleleer, gottgelichtet** (Else Lasker-Schüler). Beim berühmten **unkaputtbar** ist einfach ein Verbstamm (**zerstör**) durch einen Adjektivstamm ersetzt. Die Wirkung ist schlagend und für die Werbesprache ein Treffer, weil die Bedeutung des Wortes klar, seine Form aber nicht regelhaft ist (7.1.1).

Beinahe alle sprachkritischen Äußerungen zum lexikalischen Bereich, die wir täglich in Sprachglossen von Zeitungen oder in den zahllosen Glossensammlungen wie dem berühmten ›Wörterbuch des Unmenschen‹ (Sternberger/Storz/Süskind 1968) oder dem ›Wörterbuch der politisch-operativen Arbeit‹ (Stasi 1993) lesen können, betreffen nicht Normfragen, sondern sind sprachbewertend im Sinne der Zuteilung von Wertschätzungen. Es geht um Verführung durch Sprache, um Euphemismen und Sprachmoden, um Sprachverfall durch Wortverlust, um Bürokratisierung und Verständlichkeit sowie immer wieder um die Fremdwörter und um politische Korrektheit. Wendet man auf Sprachbewertungsfragen den Normbegriff an, so handelt es sich jedenfalls nicht um Sprachnormen im Sinne einer Unterscheidung von richtig und falsch (Wengeler 1998).

Eine Grammatik hat dazu kaum etwas zu sagen. Sie wird wohl mit ihren strukturellen Analysen die Wirkung komplexer Wörter mit erklären helfen. Auch wird sie versuchen, die Bildungsweise von Fremdwörtern, die besonderen Regularitäten ihrer Schreibung, Betonung und Flexion zu erfassen (z. B. 7.2.3; 8.6). Schon das geht nur unter der Voraussetzung, daß die Fremdwörter zum Deutschen gehören.

Systematische Analysen können manchmal zeigen, daß bestimmte Bildungsmuster stabil sind und andere nicht, daß bestimmte Wörter ihre Form verändern müssen oder daß sie wahrscheinlich verschwinden werden. Mit irgendwelchen Wertungen hat all das nichts zu tun, mit Normierung auch nicht.

Eine große Zahl von Normproblemen wird in Grammatiken und in der öffentlichen Sprachkritik für die Flexionsmorphologie und für die Syntax diskutiert. Das Flexionssystem des Deutschen befindet sich in einer Phase starker Veränderungen. Das betrifft die Kasusmarkierung am Substantiv, wo Kasusformen verändert (**der Funke/der Funken**) oder abgebaut werden (**dem Löwen/dem Löwe; des Passivs/des Passiv**). Es betrifft den Übergang von starken Verben zur schwachen Flexion (**lies/lese; sie bäckt/sie backt; gesotten/gesiedet**; 5.3), den Übergang eines Verbs wie **brauchen** zu den Modalverben (**er braucht nicht/er brauch nicht**) und vieles andere. Auch der Gebrauch von Flexionsformen ist teilweise unsicher, und das keineswegs nur bei **wegen des Regens/dem Regen**. Viel weniger trivial ist beispielsweise die Entscheidung zwischen **mit drei Liter Milch** und **mit drei Litern Milch** oder zwischen **Sie fragt ihm englische Vokabeln ab** und **Sie fragt ihn englische Vokabeln ab**.

Die Grammatik ist hier in ihrem Element. Sie hat zu zeigen, wie alternative Formen systematisch fundiert sind, und sie hat zu fragen, ob es sich überhaupt um alternative Formen handelt. Gerade bei syntaktischen Zweifelsfällen kann dies ein neues Licht auf Normfragen werfen. Sehen wir uns dazu einen Klassiker der Sprachkritik an.

Die Sätze **Renate erzählt, Pauls Geschäft laufe gut** und **Renate erzählt, Pauls Geschäft liefe gut** unterscheiden sich nur durch das Tempus der Konjunktivform (ob auch ein Indikativ oder die Konstruktion mit **würde** stehen kann, thematisieren wir im Augenblick nicht). Der Unterschied zwischen dem Konj Präs und Konj Prät wurde und wird häufig als ein reiner Formunterschied begriffen, als eine Frage des Konjunktiv*gebrauchs*. Man meint, eine der Formen sei überflüssig und will sie deshalb abschaffen: »Nach den Feststellungen der Wissenschaft bevorzugen jetzt die besten deutschen Schriftsteller den Konjunktiv der Gegenwart. Darum soll es auch in den Schulen so gelehrt und von allen Schreibenden so nachgeahmt werden; es ist gut, in einer Stilfrage zur Einheitlichkeit zu kommen, wo durch die Willkür des Einzelnen doch gar nichts gewonnen werden kann.« (Wustmann 1935:115).

Für die Grammatik stellt sich zuerst die Frage, ob beide Sätze tatsächlich dasselbe bedeuten, und natürlich bedeuten sie nicht dasselbe. Ein Verbot kommt schon deshalb nicht in Frage (Satz, 4.4).

Die zitierten ›Sprachdummheiten‹ von Wustmann sind eine berühmte Fundgrube für verfehlte Normierungsbestrebungen. Kaum jemand verteidigt so etwas noch in Bausch und Bogen, die Normierungsprobleme in der Syntax sind aber bis heute dieselben geblieben. Bei jeder kritischen Konstruktion muß von der Grammatik zuerst nach ihrer spezifischen Leistung und ihrer Stellung im System gefragt werden. Niemand muß begeistert sein, wenn er etwas hört wie **Renate täte gern dem Paul sein Auto kaufen. Er kriegt von ihr das Formular ausgefüllt weil er hat davon keine Ahnung.** Eine Grammatik hat zu solchen Sätzen aber mehr zu sagen, als daß sie schlechtes Deutsch seien. Nur wer genau weiß, wovon er redet, sollte sich dazu aufschwingen, anderen den Mund zu verbieten (ausführlicher Satz, 1.2).

Wir schließen ab mit einigen Aussagen zur Orthographie. Daß die Orthographie meist neben die Grammatik gestellt wird, nicht als einer ihrer Teile gilt, liegt eben an den Besonderheiten ihrer Normiertheit. Die orthographische Norm ist, soweit sie die Wortschreibung betrifft, gleich zweimal kodifiziert. Das

Rechtschreibwörterbuch enthält eine Wortliste und daneben ein Regelwerk, das zumindest im Prinzip ebenfalls Auskunft über die Schreibung der Wörter gibt.

Die Normiertheit der Wortschreibungen wird meist in einem noch höheren Maße als in der Syntax als eine Angelegenheit der Form verstanden. Das gilt für die öffentliche Wahrnehmung auf diesen Bereich ebenso wie für das Urteil vieler Fachleute. Man meint außerdem, die Normierung unserer Schrift sei weitgehend willkürlich erfolgt, sie sei historisch jung und veränderungsbedürftig. Der normative Zugriff auf die Schrift wird viel bedenkenloser vollzogen als auf andere Bereiche der Grammatik. Selbst die borniertesten Besserwisser würden sich ja eine Neuregelung der Syntax oder der Morphologie nicht zutrauen.

Die Orthographie läßt sich nur in die Grammatik zurückholen, wenn man zumindest im ersten Schritt ganz von Normfragen absieht. Man fragt nach der Struktur geschriebener Wörter, nach der Systematik ihres Aufbaus, nach den Regularitäten, die dem Schreiben und Lesen zugrundeliegen. Für eine Sprache wie das Deutsche beschreibt die Grammatik das Schriftsystem in derselben Weise wie sie ihr phonologisches, morphologisches und syntaktisches System beschreibt (weiter 8.1).

1.3 Grammatische Beschreibungsmittel

Grammatische Analysen beginnen mit Aussagen zur Form sprachlicher Einheiten, d.h. zu ihrer grammatischen Struktur. Wortformen werden phonologisch und morphologisch beschrieben, sie haben phonologische und morphologische Strukturen. Größere Einheiten haben syntaktische Strukturen. Der vorliegende Abschnitt erläutert den Strukturbegriff für die verschiedenen Beschreibungsebenen.

Anhand eines einfachen Beispielsatzes wenden wir uns zunächst den syntaktischen Strukturen zu (1.3.1) und erläutern anschließend einige weitere syntaktische Begrifflichkeiten (1.3.2). Daß wir mit der Syntax beginnen und hier sogar vergleichsweise ausführlich werden, hat mehrere Gründe. Einmal läßt sich der Strukturbegriff für die Syntax am leichtesten explizieren, weil man dazu im Grunde nur traditionelles grammatisches Wissen in eine bestimmte Ordnung zu bringen braucht. Zweitens spielen einige syntaktische Gegebenheiten eine bedeutende Rolle für die Wortgrammatik. Die wichtigsten von ihnen stellen wir gemeinsam mit den begrifflichen Erläuterungen dar.

Die Ausführungen zur morphologischen und phonologischen Struktur sind weniger ausführlich (1.3.3). Eigentlich soll nur gezeigt werden, daß man insgesamt mit einem ziemlich einheitlichen Strukturformat auskommt. Näheres zur phonologischen Struktur folgt in den Abschnitten 4.2 und 4.4, zur morphologischen in 6.1.2.

Daß syntaktische, morphologische und phonologische Strukturen gewisse Ähnlichkeiten aufweisen, hat nichts mit der vieldiskutierten Frage zu tun, ob Phonologie und Morphologie neben der Syntax unabhängige Komponenten der Grammatik seien. Wir vertreten mit Entschiedenheit die Auffassung, *daß* alle drei autonom sind, obwohl sie auf vielfältige Weise interagieren. Dies ist zunächst nicht mehr als eine einfache Feststellung, das Thema wird uns durch die Grammatik begleiten (eine kurze und instruktive Zusammenfassung der jüngeren Diskussion in Booij 1997).

Den theoretischen Hintergrund für die Ausführungen zum Strukturbegriff geben an hervorragender Stelle Arbeiten von Hans-Heinrich Lieb ab, vor allem Lieb 1977; 1983; 1992; 1993, und weiter Eisenberg 1976; 1980 sowie Eisenberg/Butt 1996 und Satz, 2.2.

1.3.1 Syntaktische Struktur

Syntaktische Konstituentenstrukturen

Der Satz **Jeder Student liest eine Tageszeitung** besteht aus fünf Wortformen in einer bestimmten Reihenfolge. Wortformen und die sog. Wortformzerlegungen wie **Laub-** in **Laub- und Nadelbäume** sind die elementaren oder einfachen syntaktischen Einheiten, wir nennen sie *syntaktische Grundformen*. Größere syntaktische Einheiten sind im allgemeinen aus Wortformen aufgebaut, sie sind Folgen von syntaktischen Grundformen.

Unser Satz (S) enthält als größere syntaktische Einheiten zwei Nominalgruppen (NGr), nämlich **jeder Student** und **eine Tageszeitung**. Jede der NGr besteht aus zwei einfachen Nomina N. Als Nomina bezeichnen wir in Anlehnung an eine traditionelle Redeweise die Wörter des Deutschen, die in Hinsicht auf Kasus flektieren. Das sind die Substantive (**Student, Tageszeitung**), Pronomina (**jeder**), Artikel (**eine**) und Adjektive (zu den Numeralia 1.4). Mit **liest** als Verb (V) ergibt sich für den Beispielsatz die hierarchische Gliederung in 1.

(1)

```
                    S
        ┌───────────┴───────────┐
       NGr                     NGr
      ┌─┴─┐             ┌───┐  ┌─┴────┐
      N   N             V   N  N
    Jeder Student     liest eine Tageszeitung
```

In 1 ist der syntaktischen Einheit **Jeder Student liest eine Tageszeitung** eine *Konstituentenstruktur* zugewiesen. Die Konstituentenstruktur ist nicht die ganze, sondern nur ein Bestandteil einer syntaktischen Struktur der Einheit. Wir werden gleich sehen, was noch dazugehört.

Mit der Konstituentenstruktur weist man verschiedene Teileinheiten sowie die Gesamteinheit ihren Kategorien zu. Grammatische Kategorien sind allgemein Mengen von sprachlichen Einheiten. Bei V, N, NGr und S in 1 handelt es sich um einen bestimmten Typ von syntaktischer Kategorie, nämlich um *syntaktische Konstituentenkategorien*. Jede der Kategorien umfaßt eine Menge von syntaktischen Einheiten. Zu V gehören alle verbalen Einheiten, zu S alle Sätze usw.

Mit der Konstituentenstruktur ist die hierarchische Gliederung einer syntaktischen Einheit gegeben. Es ist natürlich alles andere als trivial zu entscheiden, welche Kategorien man ansetzen soll und wie eine Einheit hierarchisch aufgebaut ist. Die in 1 angesetzte Hierarchie ist wohl halbwegs plausibel. Man kann sie beispielsweise damit begründen, daß die NGr nur als ganze verschiebbar sind (**Eine Tageszeitung liest jeder Student**).

Außer den genannten verwenden wir für das Deutsche noch die syntaktischen Konstituentenkategorien Adv (Adverb wie **hier, jetzt, korrekterweise**), Kon (Konjunktion wie **daß, weil, obwohl**), Pr (Präposition wie **in, durch, angesichts**) und PrGr (Präpositionalgruppe wie **in den Harz, angesichts ihres Einflusses**). Eine PrGr besteht meist aus einer Pr gefolgt von einer NGr (2).

(2)

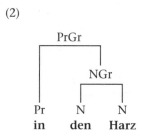

Jeder Teil f_i einer syntaktischen Einheit f, der bei gegebener Struktur k für sich einer Konstituentenkategorie zugewiesen ist, heißt eine *Konstituente* von f bei k. Die Konstituenten von **in den Harz** bei der Struktur in 2 sind **in, den, Harz, den Harz** und die ganze Einheit **in den Harz**. Dagegen ist **in den** hier keine Konstituente. In anderen Einheiten kann **in den** natürlich sehr wohl eine Konstituente sein. Wenn jemand gefragt wird, mit welchem Zug er fahre und er zeigt mit den Worten **Ich steige in den** auf einen Zug, dann haben wir diese Konstituente. Irgend eine Einheit f_i ist also nicht an sich eine Konstituente, sondern sie ist es in einer Einheit f bei gegebener Konstituentenstruktur.

Mithilfe des Konstituentenbegriffes kann man viele Dinge einfach ausdrücken. Beispielsweise ist, bezogen auf 1, **jeder** eine einfache Konstituente und **jeder Student** eine komplexe. **Jeder** ist außerdem die erste Konstituente überhaupt, **jeder Student** die erste komplexe. Andere praktische Begriffe sind die von Unter- und Nebenordnung.

Eine Konstituente f_i ist einer Konstituente f_j bei gegebener Konstituentenstruktur k *untergeordnet*, wenn f_i ganz in f_j enthalten ist. Bezüglich 1 ist beispielsweise **jeder Student** dem ganzen Satz untergeordnet und **jeder** ist **jeder Student** untergeordnet, aber **jeder** ist auch dem ganzen Satz untergeordnet. Ein besonderer Fall davon ist die *unmittelbare Unterordnung*. Sie ist gegeben, wenn kein Knoten mehr zwischen den Kategorien zweier Konstituenten liegt. Beispielsweise ist **jeder** in 1 der Konstituente **jeder Student** unmittelbar untergeordnet, aber nicht dem ganzen Satz. Statt von unmittelbar untergeordneten spricht man meist abkürzend von den *unmittelbaren Konstituenten*.

Eine Konstituente f_i ist einer Konstituente f_j in f bei k *nebengeordnet*, wenn es eine Konstituente f_k gibt, der sowohl f_i als auch f_j unmittelbar untergeordnet ist. Bezüglich 1 sind beispielsweise **jeder Student** und **liest**, aber auch **jeder Student** und **eine Tageszeitung** nebengeordnet.

In der Syntax des Deutschen spielen sog. *unterbrochene Konstituenten* eine wichtige Rolle. So werden die finiten Formen des Verbs **durchlesen** in bestimmten Verwendungen zerlegt. Die sog. Verbpartikel **durch** steht dann getrennt vom Rest wie in **Jeder Student** *liest* **eine Tageszeitung** *durch*. Die beiden Bestandteile stellen noch immer *eine* syntaktische Grundform dar, nur bilden sie im Beispielsatz jetzt eine unterbrochene Konstituente gemäß 3.

(3)

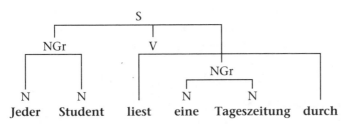

An der Konstituentenhierarchie hat sich gegenüber 1 nichts geändert, der Satz hat drei unmittelbare Konstituenten der Kategorien NGr, V, NGr. Die Möglichkeit eines Operierens mit unterbrochenen Konstituenten ist für eine Oberflächengrammatik von erheblicher Bedeutung.

Syntaktische Markierungsstrukturen

Die Konstituentenstrukturen in 1 und 3 enthalten nicht alles, was wir über die beschriebenen Sätze syntaktisch aussagen wollen. Beispielsweise fehlt, daß **jeder Student** im Nominativ (Nom) steht, daß **Student** ein Maskulinum und **liest** 3.Person Singular (3.Ps Sg) ist. Wie bringen wir so etwas in der syntaktischen Struktur zum Ausdruck?

Die Kasuskategorie Nom gehört zu den Flexionskategorien des Substantivs. In der traditionellen Flexionslehre dient sie dazu, einer substantivischen Wortform ihren Platz im *Flexionsparadigma* zuzuweisen. Substantive flektieren in Hinsicht auf Kasus (Nom, Gen, Dat, Akk) und Numerus (Sg, Pl). Als Bestandteil eines Flexionsparadigmas ist die Wortform **Student** beispielsweise den Kategorien Nom, Sg zugewiesen.

Ein substantivisches Flexionsparadigma hat Platz für acht Formen, je vier Kasusformen im Sg und Pl. Die acht Positionen können gemäß den Flexionstypen unterschiedlich differenziert sein (4a,b). Zur Vereinfachung der Darstellung ist der Wortstamm im Schema nur einmal repräsentiert und für jede Wortform das Flexionssuffix wiedergegeben, vgl. 1.3.1. Ein Strich bedeutet »Endungslosigkeit«.

(4) a.   b.

		Sg	Pl			Sg	Pl
Nom	Student	–	en	Nom	Hund	–	e
Gen		en	en	Gen		es	e
Dat		(en)	en	Dat		(e)	en
Akk		(en)	en	Akk		–	e

Mit den Klammern wird ausgedrückt, daß bestimmte Flexionsendungen im gegenwärtigen Deutsch(en) nicht immer verwendet werden und in diesem Sinne fakultativ sind. Bei übereinstimmenden Formen im Paradigma spricht man von *Synkretismen*.

Formal ist ein Flexionsparadigma eine Menge von Wortformen (also syntaktischen Grundformen), wobei jeder Wortform eine bestimmte Anzahl von Kategorien zugeordnet ist. Beim substantivischen Paradigma sind das genau zwei, nämlich eine Kasus- und eine Numeruskategorie. **Student** hat {Nom, Sg}, **Hunden** hat {Dat, Pl} usw. Wir sprechen hier von *syntaktischen Einheitenkategorien*, denn sie differenzieren ja syntaktische Einheiten (Wortformen) innerhalb von Flexionsparadigmen. Flexionsparadigmen heißen auch ›syntaktische Paradigmen‹.

Das Kategoriensystem zur Beschreibung substantivischer Wortformen ist das in 5. Die sechs Kategorien sind in zwei Gruppen zusammengefaßt unter den Kategorisierungen Kasus und Numerus.

(5)

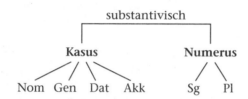

Kategorisierungen sind Mengen von Kategorien. Sie werden in der verwendeten Darstellungsweise durch waagrechte Balken und Fettdruck graphisch kenntlich gemacht. Wir sagen dann: die substantivischen Formen sind in Hinsicht auf Kasus und Numerus (Kategorisierungen) kategorisiert. Ganz ähnlich beim Verb. Tempus und Modus beispielsweise sind Kategorisierungen. Die Kategorien des Tempus sind Präsens, Präteritum usw., die des Modus sind Indikativ und Konjunktiv. Der Unterschied zwischen Kategorie und Kategorisierung ist von großer Bedeutung. Man erspart sich viel Verwirrung, wenn man beispielsweise nicht von »der Kategorie des Kasus« spricht.

Mit dem Begriff des Flexionsparadigmas kommen wir auch zu einem klaren Wortbegriff. Sätze und andere syntaktische Einheiten sind ja nicht Folgen von Wörtern, sondern von Wort*formen*. Die Wortformen bilden in einer flektierenden Sprache wie dem Deutschen Flexionsparadigmen, wobei alle Formen dieselbe lexikalische Bedeutung haben (sie haben ja auch denselben Wortstamm). Ein *lexikalisches Wort* ist dann ein Paradigma mit einer Wortbedeutung. Das Paradigma selbst heißt auch *Wortparadigma*.

Wenn wir in Zukunft von ›Wort‹ reden, dann meinen wir, wenn nicht ausdrücklich etwas anderes erklärt wird, lexikalische Wörter in diesem Sinne. Das trifft gut die alltägliche Verwendung von ›Wort‹ (zum Wortbegriff weiter Wurzel 2000). In einem Wörterbuch beispielsweise sind nicht Wortformen, sondern lexikalische Wörter verzeichnet. Wer im Text die Form **Hauses** liest und wissen will, was das auf Französisch heißt, sieht nicht unter **Hauses** nach, sondern unter der Grundform **Haus**. Sie steht im Lexikon als Name für das ganze lexikalische Wort, also für alle Formen des Paradigmas mit der Wortbedeutung. **Hauses, Häuser** usw. sind im allgemeinen nicht verzeichnet. Auf der französischen Seite steht entsprechend eine Grundform **maison** für ein lexikalisches Wort. Wenn es auf den Unterschied zwischen Wortform und Wortparadigma ankommt, notieren wir erstere als **Student**, letzteres als **Student**^{WP}.

Es ist nützlich und ohne weiteres möglich, die Begriffe Wortparadigma und lexikalisches Wort über die Wörter der flektierbaren Klassen hinaus zu verallgemeinern. Flektierbare Klassen wie die Substantive und Verben haben jeweils mehrere Positionen im Paradigma, nichtflektierbare wie die Präpositionen und Adverbien genau eine. Diese eine Wortform wird natürlich nicht mit Einheitenkategorien beschrieben. Es gibt ja intern nichts zu differenzieren. Um ihre Besonderheit hervorzuheben, nennt man die einelementigen auch uneigentliche Paradigmen. Theoretisch sind damit keinerlei Probleme verbunden.

Zur Etablierung des dritten und letzten Typs von syntaktischer Kategorie setzen wir beim Genus der Substantive an. Ein Substantiv ist als ganzes Maskulinum, Femininum oder Neutrum. Wo immer eine seiner Singularformen vorkommt, kann sich das Genus grammatisch niederschlagen. So heißt es im Nom **der Student, die Tageszeitung**, im Gen aber **des Studenten, der Tageszeitung**: die Form des bestimmten Artikels wird für die einzelnen Kasus in Abhängigkeit vom Genus des Substantivs gewählt.

Mit Kasus und Numerus kategorisieren wir einzelne Formen, mit dem Genus dagegen Substantive im Sinne von lexikalischen Wörtern. MASK, FEM, NEUT umfassen hier Klassen von Wörtern und werden deshalb *Wortkategorien* genannt. Um sie von den Einheitenkategorien zu unterscheiden, notieren wir sie in Großbuchstaben.

Das System der Wortkategorien des Deutschen ist weitläufig und äußerst komplex. Es liefert uns die syntaktische Feinklassifizierung der Wörter, die mit ihren Einzelheiten natürlich in die Syntax gehört. Im Augenblick soll nur gezeigt werden, was man mit diesem Kategorientyp erfassen kann.

Wir hatten oben für die kasusflektierenden Klassen die gemeinsame Kategorie Nomen angesetzt. Die Nomina werden jetzt subkategorisiert mithilfe der Wortkategorien PRO (Pronomen), ART (Artikel), ADJ (Adjektiv) und SBST (Substantiv). Was üblicherweise als Wortarten im nominalen Bereich erscheint, erfassen wir über diesen Kategorientyp. Weitere Subkategorisierungen sind möglich. Bei den Pronomina gibt es DEM (Demonstrativa), REL (Relativpronomina), PERS (Personalpronomina) usw., bei den Substantiven unterscheidet man beispielsweise Eigennamen (auch *proper nouns* PRP, **London, Renate**) von den Gattungsbezeichnungen (auch Appellativa oder *common nouns* COM; **Baum, Buch**) und den Stoffsubstantiven (auch *mass nouns* MAS; **Eisen, Öl**). Jede der damit etablierten Klassen von Wörtern zeigt ein spezifisches syntaktisches Verhalten. Eigennamen beispielsweise kommen als sog. sächsischer Genitiv vor (**Renates Bruder**), Stoffsubstantive können das nicht (***Eisens Vorkommen**), aber sie brauchen nicht unbedingt einen Artikel (**Öl ist teuer**). Die Appellativa müssen dagegen den Artikel haben (**Der Baum ist grün/ *Baum ist grün**, weiter Satz, 5.3).

Bei den Verben ist die wichtigste Klassifizierung die in Vollverben (VV; **lesen, sitzen, ärgern**) und Hilfsverben (HV; **sein, haben, werden**). Die Vollverben ihrerseits kategorisieren wir weiter nach der Valenz (1.3.2).

Syntaktische Einheiten- und Wortkategorien bilden gemeinsam die Menge der syntaktischen *Markierungskategorien*. Hier ist terminologische Aufmerksamkeit geboten. Neben Markierung ist in der Grammatik auch der Begriff *Markiertheit* weit verbreitet, aber beide haben wenig miteinander zu tun.

Der Begriff Markiertheit wird meist im Anschluß an Roman Jakobsons Begriff der Merkmalhaltigkeit verwendet: »falls die Kategorie I. das Vorhandensein von A [merkmalhaltig] ankündigt, so kündigt die Kategorie II. das Vorhandensein von A nicht an, d. h. sie besagt nicht, ob A anwesend ist oder nicht [merkmallos].« (Jakobson 1966: 22). Bei dem Kategorienpaar Singular und Plural beispielsweise ist Pl merkmalhaltig oder markiert, Sg ist merkmallos oder unmarkiert. Zwischen beiden besteht eine Asymmetrie. Die Pluralformen eines Substantivs sind in der Regel formal komplexer (sie haben das Pluralsuffix) und sie sind semantisch komplexer. Der Plural **die Löwen** signalisiert »Mehrzahl«, der Singular **der Löwe** aber nicht unbedingt »Einzahl«, beispielsweise nicht in **Der Löwe ist ein Raubtier**. Die unmarkierte Kategorie ist die allgemeine, die markierte die ›besondere‹. Die Markiertheitstheorie hat gezeigt, daß eine vollständige Symmetrie zwischen den Kategorien einer Kategorisierung ausgeschlossen ist. Das macht den Markiertheitsbegriff so wichtig und vielfältig verwendbar. Er wird uns in ganz unterschiedlichen Zusammenhängen begegnen (zur neueren Diskussion Wurzel 1994).

Zurück zu den Markierungskategorien, die, wie gesagt, nichts mit dem gerade erläuterten Begriff von Markierbarkeit zu tun haben. Mit den Markierungskategorien werden einfache Konstituenten genauer syntaktisch beschrieben. Für **jeder** ergibt sich beispielsweise die Zuweisung von {Nom, Mask ... } als Einheitenkategorien und {PRON ... } als Wortkategorie. Außerdem von {Gen, Fem ... } und {Dat, Fem ... } wie in **jeder Tageszeitung**.

Die syntaktische *Markierungsstruktur* der Konstituente **jeder** in 1 sieht damit aus wie in 6a. Es gibt drei verschiedene Strukturzuweisungen (die hier aus Platzgründen jeweils unvollständig spezifiziert sind). Dagegen hat die Konstituente **Student** nur eine (ebenfalls nicht vollständig spezifizierte) Strukturzuweisung (6b). Wir nehmen dabei an, daß die Formen der übrigen Kasus auf **en** enden.

(6) a. b.

N   N
jeder   **Student**

{Nom, Mask...} {PRON...}   {Nom, Sg} {SBST, MASK, ...}
{Gen, Fem...} {PRON...}
{Dat, Fem...} {PRON...}

Zur Beschreibung von **jeder** ist noch folgendes zu bemerken. Die Kategorien des Genus sind hier nicht wie beim Substantiv Wortkategorien, sondern sie sind Einheitenkategorien. Das Pronomen flektiert ja hinsichtlich Genus (**jeder – jede – jedes**). Eine Kategorisierung in Hinsicht auf Numerus erfolgt dagegen nicht, weil **jeder** keine Pluralformen bildet (**jeder Student – *jede Studenten**). Ein Nomen wie **jeder**, das keine Pluralformen hat, nennt man auch ein *Singulare tantum* (der Gegenbegriff ist *Plurale tantum*, Beispiele sind **Ferien, Eltern**).

Aus den Markierungsstrukturen der einfachen Konstituenten kann man die Kategorien gewisser komplexer Konstituenten rein mechanisch errechnen. Ein Vergleich von 6a und 6b zeigt, daß **jeder Student** insgesamt nur Nominativ, Singular und Maskulinum sein kann. Dieser höheren Konstituente können also auch entsprechende Einheitenkategorien zugewiesen werden. Außer Nom reicht **jeder** aber keine seiner Kasuskategorien an übergeordnete Konstituenten weiter, weil diese nicht mit den Kategorien von **Student** als Nom und MASK verträglich sind. Derartige Berechnungsprozeduren spielen in formalen Syntaxmodellen unter dem Stichwort Unifikation eine Rolle.

Wir können jetzt dem Beispielsatz neben der Konstituentenstruktur die (allerdings nur im Ansatz für einfache Konstituenten ausformulierte) Markierungsstruktur zuweisen. Es ergibt sich 7 als Beispiel für eine syntaktische Einheit mit der Darstellung ihrer syntaktischen Struktur, wie wir sie künftig verwenden (**Aufgabe 1**).

(7)

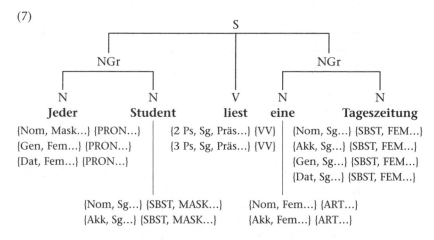

Neben einer Konstituenten- und Markierungsstruktur gehört als dritter Bestandteil eine Intonationsstruktur zu einer vollständigen syntaktischen Beschreibung. Nach der hier vertretenen Auffassung ist Intonation ein syntaktisches Mittel, d.h. die Beschreibung der Intonation gehört zur Explikation der sprachlichen Form (Satz, 2.2). Für eine Wortgrammatik benötigen wir die Intonationsstruktur kaum. Das Wenige, was zum Verhältnis von Wort- und Satzakzent unbedingt gesagt werden muß, findet sich in Abschnitt 4.5.

1.3.2 Syntaktische Relationen, Argumente, Diathesen

Syntaktische Relationen und Argumentstruktur

Mit Spezifizierung seiner syntaktischen Strukturen hat man einen Satz syntaktisch beschrieben, man kann über seine Syntax aber auch noch anders reden. Statt Nominativ, Nominalgruppe und Verb verwendet man dann Begriffe wie Subjekt, Prädikat, Objekt, adverbiale Bestimmung usw. Beide Redeweisen sind offensichtlich weder identisch noch sind sie unabhängig voneinander, denn ›Subjekt‹ hat etwas mit ›Nominativ‹ und ›Prädikat‹ hat etwas mit ›Verb‹ zu tun.

Einen einfachen Aussagesatz wie **Die Dame verschwindet** können wir charakterisieren mit der Feststellung, er bestehe aus Subjekt und Prädikat, aus ›Satzgegenstand‹ und ›Satzaussage‹. Die Begriffe sind offenbar semantisch motiviert. Gemeint ist, daß wir uns mit dem Subjekt sprachlich auf etwas beziehen (auf etwas ›referieren‹), dem wir mit dem Prädikat etwas ›zuschreiben‹. Der Vollzug von Referenz und Prädikation stellt sozusagen das semantische Minimum für einen Aussagesatz dar (weiter 1.4; Satz, 1.2). Im Augenblick geht es aber nicht so sehr um den semantischen Gehalt solcher Begriffe, sondern darum, was sie als syntaktische besagen.

Syntaktische Begriffe wie Subjekt und Prädikat sind relational. Sie kennzeichnen eine Konstituente nicht für sich und unabhängig von der Umgebung, sondern sie kennzeichnen, welche Funktion eine Konstituente in einer größeren Einheit bei einer bestimmten syntaktischen Struktur hat. Sie wird damit in Beziehung zu anderen Konstituenten gesetzt und diese Beziehungen oder Relationen werden als Subjekt-Beziehung, Prädikat-Beziehung usw. bezeichnet. Bezogen auf den Beispielsatz **Jeder Student liest eine Tageszeitung** sagt man etwa:

(1)   a. **jeder Student** ist Subjekt zu **liest**
      b. **eine Tageszeitung** ist direktes Objekt zu **liest**
      c. **liest** ist Prädikat von **Jeder Student liest eine Tageszeitung**.

Die Aussagen in 1 gelten nicht allgemein, sondern sie gelten für den Beispielsatz mit der in 1.3.1 (7) angegebenen syntaktischen Struktur. Der Ausdruck **eine Tageszeitung** beispielsweise ist nicht in allen Sätzen, in denen er vorkommt, direktes Objekt, sondern kann auch andere Funktionen haben, so in **Renate setzt eine Kleinanzeige in eine Tageszeitung**. Für sich genommen, also vom internen Aufbau her, unterscheidet sich **eine Tageszeitung** in beiden Sätzen nicht, wohl aber in der syntaktischen Funktion. Die funktionale Redeweise ist gerade deshalb sinnvoll, weil in einer Sprache wie dem Deutschen Ausdrücke einer bestimmten Form recht unterschiedliche Funktion haben können. Wenn die syntaktische Funktion einer Konstituente angegeben werden soll, dann tun wir das wie im Beispiel 2. (Die syntaktische Struktur wird hier und im folgenden jeweils so weit explizit gemacht wie erforderlich).

(2)

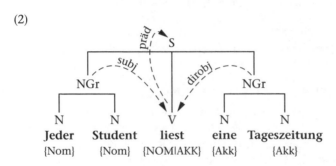

Für die Wortgrammatik genügt es, wenn wir als funktionale Begriffe die der traditionellen Satzgliedlehre zur Verfügung haben, also Subjekt (subj), indirektes Objekt (indobj), direktes Objekt (dirobj), Präpositionalobjekt (probj), adverbiale Bestimmung (adv) und Prädikat (präd). Als Bestandteile von NGr benötigen wir die Attribute (attr). Subjekt, indirektes und direktes Objekt werden, wenn sie nominal sind, durch den Kasus unterschieden als Nominativ, Dativ und Akkusativ. Die Genitivobjekte brauchen wir für diese grobe Übersicht nicht. Auch bei den Präpositionalobjekten erwähnen wir nur den wichtigsten Prototyp, bei dem eine Präposition mit einem bestimmten Kasus an das Verb gebunden ist wie in **Karla denkt an die Ferien** (denken an+Akk) oder **Karl besteht auf dem Vertrag** (bestehen auf+Dat). Die Präpositionen haben in dieser Verwendung ihre lokale Grundbedeutung verloren, sie sind zu reinen Formelementen grammatikalisiert.

Das Subjekt und die Objekte werden häufig zusammengefaßt als Ergänzungen oder Komplemente des Verbs. Das Verb (Prädikat) hat eine prinzipiell andere Funktion im Satz als die Komplemente. Es regiert die Komplemente und fungiert in diesem Sinne als Kopf des Satzes (Satz, 2.3.2). Diese Redeweise bezieht sich darauf, daß man die Vollverben und Kopulaverben nach Zahl und Art der syntaktischen Bindungen, die sie eingehen, subklassifizieren kann: Verben haben *Valenz* (Satz, 3.2). Einige wichtige Valenzklassen sind die folgenden.

(3) a. **Paula schläft** (NOM)
    b. **atmen, blühen, bluten, landen, rosten, wachen**

(4) a. **Renate liest einen Kriminalroman** (NOM|AKK)
    b. **bauen, kochen, lieben, sehen, belauschen, verschicken**

(5) a. **Robert dankt der Bank** (NOM|DAT)
    b. **drohen, helfen, trotzen, gefallen, entfliehen, mißtrauen**

(6) a. **Helga schreibt ihrer Freundin einen Brief** (NOM|DAT|AKK)
    b. **geben, schenken, verkaufen, erlauben, erzählen, entreißen**

(7) a. **Rudolf denkt an die Ferien** (NOM|ANAKK)
    b. **beginnen mit, erkranken an, leiden unter, hoffen auf, trauern um**

(8) a. **Horst verrät die Nachricht an eine Tageszeitung** (NOM|AKK|ANAKK)
    b. **jem. abhalten von, jem. auffordern zu, jem. fragen nach, jem. befreien von, jem. warnen vor**

In der Übersicht finden sich ein-, zwei- und dreistellige Verben, die alle ein nominales Subjekt (NOM für Nominativ) und Nominale im Dativ (DAT), Nominale im Akkusativ (AKK) oder Präpositionalgruppen als Ergänzungen regieren. Eine PrGr mit **an**+Akk wird repräsentiert als ANAKK, eine mit **auf**+Dat als AFDAT usw. In 7 fassen wir zweistellige Verben mit Subjekt und Präpositionalobjekt zusammen, in 8 dreistellige mit Subjekt, direktem Objekt und Präpositionalobjekt. Alle Kategorienbezeichnungen sind in Großbuchstaben notiert, weil es sich um syntaktische Wortkategorien handelt (1.3.1).

Neben den Ergänzungen gehören zur Grundstruktur des einfachen Satzes die adverbialen Bestimmungen (kurz ›Adverbiale‹, adv), von denen im gegebenen Zusammenhang vor allem die interessieren, die als Präpositionalgruppen erscheinen. In der neueren Literatur werden sie meist als freie Angaben oder Adjunkte geführt. Damit wird ausgedrückt, daß sie nicht wie die Ergänzungen zur Subklassifizierung der Verben beitragen, sondern ›frei‹ sind. Im Prinzip und als Prototyp kann eine adverbiale Bestimmung zu jedem beliebigen Vollverb treten. So läßt sich die PrGr **auf dem Balkon** als adverbiale Bestimmung des Ortes jedem der Sätze 3a-8a mit demselben semantischen Effekt einer lokalen Situierung des jeweils bezeichneten Sachverhaltes hinzufügen (**Paula schläft auf dem Balkon; Renate liest einen Kriminalroman auf dem Balkon ...**).

Die traditionelle Grammatik teilt die adverbialen Bestimmungen nach ihrer Bedeutung ein, etwa in solche der Zeit (9a), des Ortes (9b), der Richtung (9c), des Grundes (9d) und des Instrumentes (9e).

(9)   a. **Karl schiebt den Kinderwagen an jedem Sonntag**
      b. **Karl schiebt den Kinderwagen auf dem Kurfürstendamm**
      c. **Karl schiebt den Kinderwagen in die Garage**
      d. **Karl schiebt den Kinderwagen wegen der Gleichberechtigung**
      e. **Karl schiebt den Kinderwagen mit der linken Hand**

Der offensichtlichste Unterschied zu den präpositionalen Objekten ist, daß die Präposition in den Adjunkten eine lexikalische Bedeutung hat. Sie ist temporal, lokal usw. Bei genauerem Hinsehen stellt sich aber heraus, daß dieses wie jedes andere jemals vorgeschlagene Kriterium zur Trennung der präpositionalen Objekte von den freien Angaben seine Probleme hat. Die Abgrenzung der Funktionen ist in mehrerer Hinsicht unmöglich. So gibt es insbesondere viele Verben, die Direktionale binden (**Sie legt das Buch auf den Tisch; Sie zieht aufs Land**) und es gibt Objekte, denen man die lokale Herkunft ansieht (**Django hängt an seiner Tante**). Das Problem ist derart weitläufig und vielfältig, daß ihm mehrere Monographien und eine große Zahl spezieller Untersuchungen gewidmet wurden (jetzt z. B. Maienborn 1996; Steinitz 1997; Lang u. a. 2003). Wir handeln es weiter innerhalb der Syntax ab (Satz, 9.3).

Für die Wortgrammatik ist die einfache Unterscheidung von Objekten und freien Angaben meistens ausreichend. Hat man es mit PrGr zu tun, die verbgebunden, aber nicht Objekte im engeren Sinne sind, so bedient man sich häufig der neutraleren Redeweise von präpositionalen Komplementen oder Ergänzungen (prerg, s. u.).

Auch die Klassifizierung der Verben nach Zahl und Art der Komplemente ist um Größenordnungen vielfältiger als die wenigen Beispiele in 3 bis 8 zeigen. Das Deutsche weist hunderte von syntaktisch unterscheidbaren Verbklassen auf, und es liegen seit langem Valenzwörterbücher vor, in denen der Verbwortschatz Wort für Wort nach Zahl und Art der Komplemente beschrieben ist (Helbig/Schenkel 1991; Engel/Schumacher 1978).

Diathese und semantische Rollen

Unter systematischem Aspekt von besonderer Bedeutung ist das sog. transitive Verb der traditionellen Grammatik, das ist das Verb mit Subjekt und direktem Objekt wie in 4, 6 und 8. Die verbreitetste Explikation für ›transitiv‹ besagt, daß das Verb den Akk als Objekt regiert und außerdem das **werden**-Passiv bilden kann:

(10) a. **Michel baut den Petersdom** –
 Der Petersdom wird von Michel gebaut
 b. **Gerhard schenkt dem deutschen Volk die neue Orthographie** –
 Die neue Orthographie wird dem deutschen Volk von Gerhard geschenkt
 c. **Dieter fordert die Studenten zu Duldsamkeit auf** –
 Die Studenten werden von Dieter zu Duldsamkeit aufgefordert

Der Aktivsatz und der Passivsatz bedeuten im Prinzip dasselbe, sie unterscheiden sich lediglich in der Form (es gibt berühmte Ausnahmen, die wir im Augenblick außer acht lassen können). Die Formdifferenz betrifft neben der Verbform (gebildet aus **werden** mit Partizip 2) das Subjekt und das direkte Objekt. Im Subjekt des Passivsatzes findet sich der Ausdruck, der im Aktiv als direktes Objekt fungiert (sog. Objektkonversion mit Nom statt Akk). In der **von**-Phrase des Passivsatzes findet sich der Ausdruck, der im Aktiv als Subjekt fungiert (sog. Subjektkonversion mit **von**+Dat statt Nom). Die übrigen Komplemente haben im Passivsatz dieselbe Form wie im Aktivsatz. Das betrifft insbesondere das präpositionale Objekt in 10c und den Dativ in 10b. Als Komplementkasus ist der Dat hier fest. Nom und Akk sind dagegen von Konversionen betroffen, d.h. sie sind syntaktisch bestimmt. Man bezeichnet deshalb gelegentlich den Dat als inhärenten, Nom und Akk als strukturelle Verbalkasus.

In Hinsicht auf den strukturellen Effekt unterscheiden sich die beiden Konversionen wesentlich. Die Objektkonversion liefert das Subjekt des Passivsatzes, d.h. der Passivsatz hat wie der Aktivsatz ein Subjekt. Das direkte Objekt verschwindet. Es gibt prinzipiell keine Sätze des **werden**-Passivs mit direktem Objekt. Das Subjekt des Aktivsatzes liefert die **von**-Phrase. Deren syntaktischer Status ist umstritten, sie ist weder ein prototypisches Objekt noch ein echtes Adverbial. Wir führen sie bei funktionaler Redeweise als präpositionale Ergänzung. Die **von**-Phrase ist regelmäßig fakultativ, d.h. die Zahl der Komplemente kann im Passiv um eins vermindert werden.

Das Verhältnis von Aktiv- und Passivsatz wird heute wie eben angedeutet meist als Zweischritt beschrieben, wobei man von der ›Beförderung‹ des direkten Objekts zum Subjekt und der ›Degradierung‹ des Subjekts zur **von**-Phrase spricht (Borsley 1997: 207ff; IDS-Grammatik: 1788ff.; Satz, 4.5).

Der Begriff des direkten Objekts ist damit eingeschränkt auf Komplemente, die der Objektkonversion unterliegen. Das bedeutet insbesondere, daß nicht jeder verbgebundene Akkusativ als direktes Objekt fungiert, beispielsweise nicht die Akkusative bei **wiegen** und **erstaunen** (11a,b).

(11) a. **Karl wiegt einen Zentner** –
 ***Ein Zentner wird von Karl gewogen**

b. **Paula erstaunt die Öffentlichkeit mit dieser Leistung –**
   ***Die Öffentlichkeit wird von Paula mit dieser Leistung erstaunt**

Solche Verben zeigen auch, daß unsere bisherige Notierung der Komplementstruktur nicht hinreicht. **Wiegen** etwa wäre wie **bauen** als NOM|AKK kategorisiert, obwohl sich beide syntaktisch unterschiedlich verhalten. Offenbar gehört zur vollständigen Spezifizierung der Komplementstruktur, daß jeweils die syntaktische Funktion und damit ein bestimmtes syntaktisches Verhalten einer Komplementposition mit angegeben wird. Bezeichnen wir den Akkusativ bei **wiegen** als Maßergänzung (merg), kann das so aussehen:

(12) a.   b.

       bauen subj | dirobj   **wiegen** subj | merg
                 NOM | AKK   NOM | AKK

Wir werden gelegentlich von dieser etwas umständlichen Schreibweise Gebrauch machen. Wo Mißverständnisse ausgeschlossen sind, bleibt es bei der einfacheren Notation.

Neben der Fähigkeit zur Objektkonversion haben transitive Verben eine ganze Reihe weiterer syntaktischer Eigenschaften, die ihnen als Syndrom eine zentrale Stellung in der Syntax verschaffen. Auch für die Wortbildungsmorphologie sind sie besonders wichtig. Wird auf einen speziellen Verbtyp zurückgegriffen, dann fast ausschließlich auf den transitiven. Ein Typ von Substantiven auf **ung** beispielsweise läßt sich mit Stämmen transitiver Verben bilden (**Beregnung, Zerteilung, Etikettierung**) und umgekehrt liefert die Präfigierung mit **be** ebenfalls nur transitive Verben (**atmen – beatmen, dienen – bedienen, drohen – bedrohen**; 7.1.2; 7.2.1; zum Begriff Transitivität weiter Lyons 1980: 357 ff.; Abraham 1995: 61 ff.).

Die Valenz transitiver Verben ist offenbar regelmäßig zweimal zu kennzeichnen, einmal für die Komplemente im Aktiv und einmal für die im Passiv. So hat **bauen** neben NOM|AKK auch die Komplementstruktur NOM|(VODAT), wobei die Klammern bei der zweiten Stelle deren Fakultativität anzeigen; **schenken** hat NOM|DAT|AKK sowie NOM|DAT|(VODAT), **auffordern** hat NOM|AKK|ZUDAT sowie NOM|(VODAT)|ZUDAT usw. (Wir notieren der Einfachheit halber nur die **von**-Phrase als fakultativ und sagen nichts darüber, ob auch andere Komplemente wie DAT fakultativ sein können).

Die systematische Zuordnung von zwei oder mehr Komplementstrukturen zu einem Verb nennt man seine *Diathesen*. Ein transitives Verb hat mit dem Aktiv- und dem Passivmuster mindestens zwei Diathesen. Der Begriff meint eigentlich, daß das Verb seine Komplemente auf alternierende Weisen ›aufstellt‹ und ›ordnet‹. Er bezieht sich auf die Syntax und setzt bei der üblichen Verwendung voraus, daß sich für die verschiedenen Diathesen an der Bedeutung nichts Wesentliches ändert. Die semantische Konstanz erfaßt man dabei über sog. semantische Rollen, die den einzelnen Komplementen und darüberhinaus bestimmten Adjunkten zugeordnet sind. Die Literatur glänzt einmal mehr mit terminologischer Vielfalt, neben semantischer Rolle finden sich Tiefenkasus, Aktantenfunktion, Theta-Rolle und thematische Rolle.

Wieviele und welche semantischen Rollen man für eine Einzelsprache oder gar universell ansetzen soll, ist eine weitläufige Frage. Für unsere Zwecke genügt erst einmal ein Rolleninventar, das so oder ähnlich weite Verbreitung gefunden hat und sich in vielem noch an Charles Fillmores klassisch gewordener Arbeit zu den Tiefenkasus orientiert (Fillmore 1968; 24f.; grundlegend Dowty 1991; Primus 1999; zur Übersicht Helbig 1992). Wir unterscheiden:

1. *Agentiv* (Ag), auch *Agens,* der (meist belebte) Ausführende der Handlung, die das Verb bezeichnet. **Michel baut den Petersdom.**
2. *Patiens* (Pat), auch *Objektiv* oder *Thema*. Das, worauf sich die vom Verb bezeichnete Handlung richtet. **Michel sieht** *ein Auto*. Das Patiens ist die neutralste semantische Rolle. Häufig werden als Subtypen unterschieden das affizierte Objekt (**Michel streicht** *das Fenster*) und das effizierte Objekt, auch *Faktitiv* (**Michel baut** *den Petersdom*).
3. *Rezipient* (Rez), auch *Adressat*. Der (meist belebte) Betroffene der Handlung, die das Verb bezeichnet. **Helga gibt** *ihrem Freund* **einen guten Rat**. Häufig ist mit dieser Rolle neben dem Rezipienten auch derjenige gemeint, der etwas gerade nicht aufnimmt oder sogar abgibt. **Das Argument entgeht** *dem Autor*. Gelegentlich wird differenziert nach Quelle und Ziel (*Source/ Goal*) einer Handlung. In ähnlicher, umfassender Bedeutung wie Rezipient findet sich auch *Benefaktiv*.
4. *Instrumentalis* (Inst), auch *Instrumental*. Die Kraft oder das hinsichtlich Belebtheit merkmallose Objekt mit ursächlichem Anteil an der vom Verb bezeichneten Handlung. **Helga öffnet die Tür** *mit einem Stemmeisen*.
5. *Lokativ* (Lok). Der Ort, an dem die vom Verb bezeichnete Handlung stattfindet. **Karl wandert** *im Harz*.
6. *Direktiv* (Dir). Die Richtung, mit der die vom Verb bezeichnete Handlung ausgeführt wird. **Karl wandert** *in den Harz*. Lok und Dir sind konzeptuell eng verwandt, außerdem gibt es Konflikte mit Rez. Häufig findet sich deshalb der Direktiv nicht als selbständige semantische Rolle.

Sind den einzelnen Komplementpositionen eines Verbs semantische Rollen zugewiesen, so spricht man von der *Argumentstruktur* des Verbs. Argumente in diesem Sinne sind semantisch gefüllte Komplementpositionen (13).

(13) a.

	subj	dirobj
bauen	NOM	AKK
	Ag	Pat

b.

	subj	indobj	dirobj
geben	NOM	DAT	AKK
	Ag	Rez	Pat

Schon Fillmore (1968) hat sich mit der Frage beschäftigt, ob es möglich sei, aus der Konfiguration der semantischen Rollen eines Verbs seine Komplementstruktur abzuleiten, also den semantischen Rollen regelhaft syntaktische Funktionen zuzuweisen. Diese Fragestellung ist als Linking-Problem immer wieder bearbeitet worden (Büring 1991; Wunderlich 1992; Abraham 1995: 17ff.; Satz, 3.2.3). Als für die meisten praktischen Zwecke ausreichend gesichert kann gelten, daß zweistellige Verben mit Agens und Patiens im Deutschen transitive Verben sind, also ein Subjekt und ein direktes Objekt haben. Ist die dritte Rolle ein Rezipient, dann tritt zum Subjekt und direkten Objekt noch ein indirektes Objekt hinzu. Für die Präpositionalobjekte ist typisch, daß sie keine bestimmte semantische Rolle haben (Breindl 1989). Sie stellen auch umgekehrt für Linking-Theorien ein besonderes Problem dar.

Mithilfe der Argumentstruktur läßt sich das Diatheseverhalten von Verben übersichtlich wie in 14 darstellen (nach Wunderlich 1987). Für ein zweistelliges transitives Verb erhalten wir:

(14)

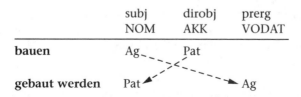

Das Schema zeigt auf einen Blick, wie das Verhältnis von Aktiv und **werden**-Passiv syntaktisch und semantisch geregelt ist. Keine der semantischen Rollen muß verschwinden, keine kommt hinzu. Syntaktisch liegt ›Subjektzentriertheit‹ vor, denn nur an die Subjektposition sind verschiedene semantische Rollen gebunden. Wir werden von solchen Schemata vor allem in der Wortbildungsmorphologie Gebrauch machen (**Aufgabe 2**).

1.3.3 Morphologische und phonologische Struktur

Wortformen sind intern komplex strukturiert. Was sie als sprachliche Einheiten leisten, hängt an dieser Strukturiertheit. In der Wortgrammatik hat es sich bewährt, zur Erfassung der Strukturiertheit von Wortformen eine morphologische von einer phonologischen Ebene zu unterscheiden. Der vorliegende Abschnitt soll zeigen, wie man dabei vorgeht und welche Art von Begriffen man braucht.

Morphologische Struktur

Betrachten wir zunächst die morphologische Seite. Generell sind morphologische Einheiten Folgen von morphologischen Grundformen so wie syntaktische Einheiten Folgen von syntaktischen Grundformen (den Wortformen) sind. Die morphologischen Einheiten **Wald, fein, Plan** bestehen aus genau einer morphologischen Grundform; **wald+ig, Fein+heit, plan+en** bestehen aus zwei und **Be+wald+ung, Fein+heit+en, plan+ier+en** aus drei morphologischen Grundformen. Die Einerfolge ist ebenso möglich wie Folgen von mehreren Grundformen.

Morphologische Grundformen heißen *Morphe*. Ein Morph ist im Gesprochenen eine Folge von Lauten mit einer phonologischen Struktur, im Geschriebenen entsprechend eine Folge von Buchstaben oder Graphemen. Der Einfachheit halber notieren wir morphologische Einheiten im allgemeinen orthographisch.

Zur Beschreibung ihrer Form wird morphologischen Einheiten eine morphologische Struktur zugewiesen. Wie in der Syntax weist diese eine Konstituenten- und eine Markierungsstruktur auf. Die Konstituentenstrukturen von **waldig** und **Bewaldung** werden wie in 1 angesetzt. Dabei sind St (Stammform) und Af (Affixform) einfache Konstituentenkategorien, StGr (Stammgruppe) ist komplex. Die mit der Konstituentenstruktur postulierte Hierarchie muß natürlich gerechtfertigt werden. Bei **waldig** ist das kein Problem. Bei **Bewaldung** leuchtet die Hierarchie in 1b zumindest eher ein als die in 1c, denn offenbar enthält **Bewaldung** einen Verbstamm **bewald**, der als ganzer Bestandteil der Substantivierung mit **ung** ist.

(1) a.   b.   c.

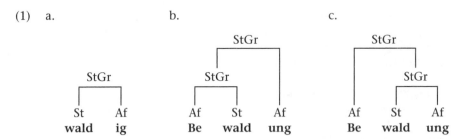

Eine morphologische Einheit, die bei gegebener Struktur einer Konstituentenkategorie zugewiesen ist, ist eine morphologische Konstituente. In 1b gibt es insgesamt fünf davon, nämlich **be**, **wald**, **ung**, **bewald** und **Bewaldung**. Dabei sind **be** und **wald** unmittelbare Konstituenten von **bewald**, **bewald** und **ung** sind unmittelbare Konstituenten von **Bewaldung**.

Morphologische Konstituenten können unterbrochen sein. Beispielsweise wird häufig erwogen, das Partizip 2 (Part2) von nichtpräfigierten Verbstämmen als diskontinuierlich anzusetzen. Es ergäbe sich 2a für ein starkes und 2b für ein schwaches Verb mit **ge-en** bzw. **ge-t** als sog. Zirkumfixen.

(2) a.   b.

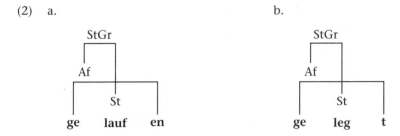

In der morphologischen Markierungsstruktur finden sich zwei Arten von Kategorien, die Einheitenkategorien und die Lexemkategorien. Besonders ungewohnt ist der Umgang mit morphologischen Einheitenkategorien. Sehen wir uns an, was damit gemeint ist.

In der Syntax dienen Einheitenkategorien zur Kategorisierung der Einheiten innerhalb von Wortparadigmen, etwa **Haus** als Nom Sg, **Hauses** als Gen Sg oder **lege** als 1.Ps Sg Ind Präs, **legst** als 2.Ps Sg Ind Präs usw. Ein Wortparadigma ist eine Menge von mit Einheitenkategorien beschriebenen Wortformen, und ein Wort ist ein solches Paradigma mit einer Wortbedeutung (1.3.1).

Ganz analog gehen wir in der Morphologie vor. Ein *morphologisches Paradigma* (abgekürzt ›MP‹) ist im einfachsten Fall eine Menge von kategorisierten morphologischen Grundformen. So enthält das Stammparadigma des Verbstamms **schreib**^{MP} zwei Formen, nämlich **schreib** und **schrieb**. Wir unterscheiden sie mit den *morphologischen Einheitenkategorien* nach dem Stammvokal. Die Präsensstammform hat den ›Grundvokal‹ (Grv), die Präteritumstammform hat den ›ersten Ablaut‹ (Abl1). Die zugehörige Kategorisierung nennen wir **Erste Ablautung (1.Abl)**. Bei vielen Substantivstämmen ist auf vergleichbare Weise eine Singularstammform mit Grundvokal (Grv) von einer Pluralstammform mit Umlaut (Uml) zu unterscheiden, z. B. **Haus**^{MP} mit **Haus**, **Häus** oder **Kunst**^{MP} mit **Kunst**, **Künst**. Auch Adjektivstämme können verschiedene Stammformen haben wie **groß**^{MP} mit **groß**, **größ** und **klug**^{MP} mit **klug**, **klüg** (Positiv vs. Komparativ). Wie die Stammformen im einzelnen zu kategorisieren sind und welche Einheitenkategorien in der Morphologie überhaupt verwendet werden sollten, besprechen wir später (6.1.2). Im Augenblick soll nur dargelegt werden, was unter morphologischen Einheitenkategorien zu verstehen ist.

In vielen morphologischen Paradigmen kommt es zu Synkretismen, etwa wenn bei Substantivstämmen die Stammform im Plural der im Singular gleicht (**Hund**^{MP} mit **Hund**, **Hund**). Auch bei den meisten Adjektivstämmen sieht die Stammform im Komparativ so aus wie die im Positiv (**klein**^{MP} mit **klein**, **klein**).

Groß ist die Zahl der uneigentlichen morphologischen Paradigmen, also der Paradigmen, die nur eine Form haben können. Insbesondere Wortbildungsaffixe gehören dazu. Das Präfixparadigma **be**^{MP} hat genau eine Form, nämlich **be** selbst, und genauso verhält es sich mit Suffixparadigmen wie **ig**^{MP} und **ung**^{MP}. Diese eine Form trägt natürlich keine Einheitenkategorien.

Ein morphologisches Paradigma mit seiner Bedeutung nennen wir ein *Lexem*, das Paradigma selbst ein *Lexemparadigma*. Stämmen wie **trink**^{MP}, **Hund**^{MP}, **groß**^{MP} wird im allgemeinen eine echte Lexembedeutung zugeschrieben, Affixen wie **ig**^{MP}, **ung**^{MP} nicht. Affixe bezeichnen ja nicht eigentlich etwas, sondern haben eher die Funktion, etwa aus einem Substantivstamm einen Adjektivstamm bestimmter Art zu machen (**wald+ig**) oder aus einem Verbstamm einen Substantivstamm bestimmter Art (**Bewald+ung**). Man kann ihre Semantik erfassen, indem man ihnen eine je bestimmte morphosemantische Funktion zuschreibt. Begrifflich wird ihnen dann die sog. leere Bedeutung zugeschrieben. Hinsichtlich der Lexembedeutung unterscheiden sich die Affixe also nicht voneinander, wohl aber hinsichtlich der mit ihnen verbundenen morphosemantischen Funktion.

Das ist ein rein formaler Zug, mit dem erreicht wird, daß man von Affixlexemen sprechen kann. Ein Affixlexem ist dann ein Affixparadigma wie **ig**^{MP}, **ung**^{MP} mit der leeren Bedeutung. Auf diese Weise können Affixlexeme grammatisch so behandelt werden wie Stammlexeme. Insbesondere ist es möglich, ihnen *Lexemkategorien* zuzuweisen. Lexemkategorien sind der zweite Typ von morphologischen Markierungskategorien.

Die naheliegendste Kategorisierung der Stammlexeme ist die nach der syntaktischen Kategorie etwa als adjektivisch (ADJ), substantivisch (SBST) oder verbal (VB) (traditionell ›Wortart‹, vgl. 1.4). Die Affixlexeme klassifizieren wir nach der Position als Präfixe (PRF), Suffixe (SUF) usw.

Wortbildungssuffixe werden nach ihrer kategorialen Wirkung in Hinsicht auf Basis- und Zielkategorie klassifiziert. Macht **be** aus einem Substantiv- einen Verbstamm, so gehört es zur Lexemkategorie SBST/VB (**Wald – bewalden**). Entsprechend gehört **ig** zur Kategorie SBST/ADJ (**Wald – waldig**). Damit können wir neben der Konstituentenstruktur auch einen Teil der Markierungsstruktur hinschreiben (3a,b). Einem verbreiteten Sprachgebrauch folgend bezeichnen wir eine Wortform mit ihrer morphologischen Struktur gelegentlich als *morphologisches Wort*.

(3) a. b.

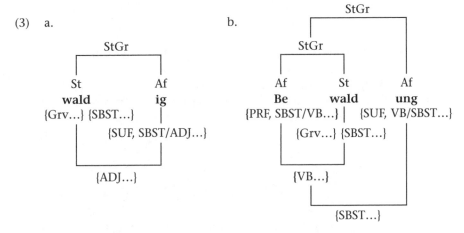

In der Markierungsstruktur sind auch die Lexemkategorien der höheren Konstituenten angegeben. Man erkennt, wie sich diese aus den Kategorien der untergeordneten Konstituenten ergeben.

Wir sind damit schon beim letzten Punkt, nämlich den Begriffen für morphologische Relationen. Was entspricht syntaktischen Begriffen wie ›Subjekt‹ und ›Prädikat‹ in der Morphologie?

In der komplexen Einheit **wald+ig** wird die Kategorie der Gesamteinheit vom Suffix festgelegt, d.h. **ig** ist adjektivisch. Charakteristisch für das Suffix ist weiter, daß es einen Stamm bestimmter Art fordert. Es verbindet sich nicht mit Stämmen beliebiger Kategorie, sondern mit einer Teilklasse der substantivischen. In diesem Sinne ist der geforderte Stamm eine Ergänzung oder ein Komplement zum Suffix, das Suffix seinerseits nennt man den Kopf der Gesamteinheit. Die Redeweise ist funktional: **wald** ist bei der Struktur in 3a Komplement (kmp) von **ig** und **ig** ist Kopf (hd für engl. ›head‹) von **waldig** (4a). Die Analogie zu den funktionalen Verhältnissen in einem Satz wie **Karl schläft** ist offensichtlich. **Karl** ist Subjekt (ein Typ von Komplement) zu **schläft** und **schläft** ist Prädikat (ein Typ von Kopf) des Gesamtsatzes **Karl schläft**. Bei **Bewaldung** gibt es zwei Köpfe, auf jeder Ebene der Konstituentenhierarchie einen. **Be** ist Kopf der verbalen Stammgruppe **bewald**. Auf dieser Stammgruppe operiert **ung** und wird damit zum Kopf der Gesamteinheit (4b). Allgemein kann man sagen, daß ein Kopf den Bau einer Einheit nach innen und die Kategorie der Einheit nach außen festlegt.

(4) a. b.

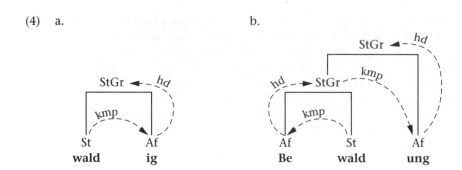

Das alles wird in Abschnitt 6.1.2 weiter ausgeführt. Dort finden sich auch Aufgaben zum praktischen Umgang mit morphologischen Kategorien und Strukturen (**Aufgabe 67 und 68**). Deutlich sein sollte aber, daß man auf die dargelegte Weise viel Morphologisches gut ausdrücken kann und daß man in der Morphologie nicht einen gänzlich anderen Strukturbegriff braucht als in der Syntax.

Phonologische Struktur

Mit gewissen Einschränkungen ist der Strukturbegriff auch auf die Phonologie übertragbar. Als phonologische Grundformen setzen wir die Laute an, phonologische Einheiten sind generell Folgen von Lauten. Als höhere Konstituenten fungieren die Silben mit der Konstituentenkategorie σ. Die Silbengliederung von Wortformen ist in den meisten Fällen intuitiv zugänglich. Als rhythmisch-prosodische Einheiten sind die Silben nicht unbedingt koextensiv mit den Morphen, die ja als semantische und semantisch-kategoriale Elementareinheiten eine gänzlich andere Funktion haben. Das Verhältnis von Silbe und Morph ist andererseits keineswegs beliebig. In **wal-d+ig** liegt die Silbengrenze (-) neben der morphologischen (+), aber in **un±be±wal-d+et** fallen zwei der jeweils drei Grenzen zusammen. Das ist nicht reiner Zufall.

Im Augenblick repräsentieren wir Laute – die phonologischen Grundformen – als Ganze mit den Zeichen des IPA und kümmern uns nicht um ihre interne Strukturiertheit. Es ergeben sich dann phonologische Wortformen als Folgen von IPA-Zeichen wie [valdıç] und [ʔʊnbəvaldət]. Ihre partielle phonologische Konstituentenstruktur zeigt 5. (Die einfachere graphische Repräsentation mit Schrägstrichen wird gewählt, weil man zumindest für das Deutsche keine diskontinuierlichen phonologischen Konstituenten ansetzt).

(5) a. b.

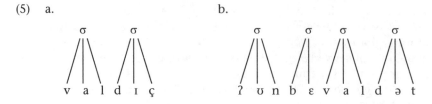

In den Beispielformen ist die Einteilung in Silben unproblematisch. Das ist nicht immer so. Gehört etwa das [l] in [vɔlə] (**Wolle**) zur ersten oder zur zweiten Silbe und liegt die Grenze in [kaʀpfən] (**Karpfen**) vor oder nach dem [p]? Wir wissen es nicht mit Sicherheit, aber wir wissen trotzdem zweifelsfrei, daß die Formen zweisilbig sind. Die Zahl der Silben einer Einheit ist perzeptiv weniger über die Silbengrenzen als über die Silbenkerne zugänglich. In den Beispielen ist der Kern jeweils ein Vokal. Es gibt auch andere Silbenkerne, aber in der Regel sind sie so in ihre Umgebung eingebettet, daß man sie auditiv leicht identifiziert. ›Kern‹ (Nukleus, nuk) ist wieder ein funktionaler Begriff. Er spielt für die Silbe eine in manchem vergleichbare Rolle wie ›Kopf‹ in der Morphologie.

(6) a.   b.

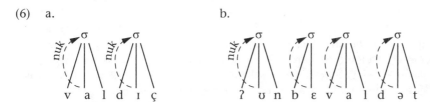

Mit Perzeption der Silbenfolge einer phonologischen Wortform geht die Unterscheidung von betonten und unbetonten Silben einher. Erst dies gibt der Form ihr prosodisches Profil, konstituiert den Sprachrhythmus. Bestimmte immer wiederkehrende Abfolgen von betonten und unbetonten Silben heißen Füße (Konstituentenkategorie φ). Für das Deutsche ist der mit Abstand wichtigste Fußtyp der Trochäus mit der Folge betonte Silbe, unbetonte Silbe (**wáldig**) und danach der Daktylus mit der Folge betonte Silbe, unbetonte Silbe, unbetonte Silbe (**álbernes, námentlich**). Die betonte Silbe eines Fußes ist sein Kern, wir haben damit 7.

(7) a.   b.

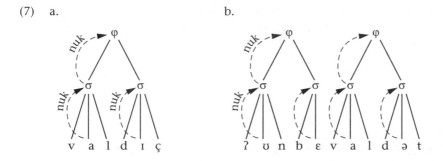

Die Form in 7a enthält genau einen Fuß, ihre Konstituentenhierarchie ist vollständig. Die Form in 7b enthält zwei Füße. Beide sind Trochäen, unterscheiden sich aber dadurch, daß der erste den Haupt- und der zweite den Nebenakzent der Form trägt. Der erste ist Kern der Gesamtform. Wie das dargestellt wird, besprechen wir weiter in Abschnitt 4.4.

1.4 Zur Gliederung des Wortschatzes

Quantitäten

Wie groß ist der Wortschatz, den die Wortgrammatik beschreiben soll? Wo liegen quantitativ die Schwerpunkte, und wie stellen wir sicher, daß nichts wirklich Wichtiges ausgelassen wird?

Der Umfang des Wortschatzes, mit dem die einzelne Sprecherin und der einzelne Sprecher umgeht, liegt im gesprochenen Alltagsdeutsch bei einigen tausend Wörtern. Die individuellen und gruppenspezifischen Schwankungen sind erheblich, so daß genauere Durchschnittsangaben nicht viel besagen. Wichtig ist der Unterschied zum Geschriebenen. Einigermaßen routinierte Schreiber benutzen mindestens 10.000 Wörter. Für das Gesamtwerk von Storm hat man gut 20.000, für das von Goethe knapp 100.000 Wörter ausgezählt. Aktive Wortschätze dieser Größenordnung stehen aber wohl kaum zu einem Zeitpunkt und kaum ohne externe Hilfsmittel zur Verfügung.

Wieder eine Größenordnung darüber liegen die passiven Wortschätze. Der Durchschnittssprecher versteht mindestens 50.000 Wörter. Bei Kindern im Alter von zwei Jahren sind es bereits etwa 500, die sie auf dem Entwicklungsstand ihrer Sprachkompetenz verstehen. Bei der Einschulung sind daraus über 3.000 geworden, die sich mit dem Zugang zum Geschriebenen in zwei bis drei Jahren auf 10.000 vermehren (Aitchison 1997).

Mit noch größeren Zahlen hat man für ›das Deutsche‹ zu rechnen. Ein Grundwortschatz, wie er Deutschlernenden an die Hand gegeben wird oder wie er als exemplarisch für die Neuregelung der deutschen Orthographie ausgearbeitet wurde, umfaßt 12.000 bis 15.000 Einheiten (Kempcke 1996; Kempcke u. a. 2000; Deutsche Rechtschreibung 1996). Die üblichen Rechtschreibwörterbücher haben ungefähr 120.000 Einträge, das Grimmsche Wörterbuch weit über 400.000. Auf Zahlen derselben Größenordnung kommt man für die Fachwortschätze in Technik, Naturwissenschaft und Medizin. Schon im engeren Fachgebiet hat die Medizin eine sechsstellige Zahl von Wörtern. In der Chemie ist man sogar schnell bei mehreren Millionen, wobei diese aber nicht mehr einer Einzelsprache zuzurechnen sind (Fluck 1997; Dressler/Schaeder Hg. 1994; Munsky 1994; Pörksen 1986).

Das Zahlenspiel bekommt seinen Sinn, wenn man sich vor Augen führt, mit welchen Grundeinheiten die grammatische Kombinatorik operiert. Auf der phonologischen Seite sind Wortformen aus Silben, Silben aus Lauten aufgebaut. Für die Silbenkerne stehen ungefähr 20 Vokale und Diphthonge zur Verfügung (3.2.2). Darüber hinaus haben Vollsilben wie in [tɔpf] (**Topf**) oder [ʃtrɪç] (**Strich**) einen Anfangsrand (das sind die Konsonanten vor dem Kern) und häufig auch einen Endrand. Im Einsilber kommen ungefähr je 50 verschiedene Anfangs- und Endränder vor (4.3). Aus dem Lautbestand könnte aber rein rechnerisch eine viel größere Zahl von Silbenbestandteilen gebildet werden, und selbst mit den vorhandenen Silbenbestandteilen sind kombinatorisch zehntausende statt der einigen tausend im Deutschen tatsächlich vorkommenden Silben bildbar. Offenbar ist die phonologische Kombinatorik regelhaft und hoch beschränkt.

Mindestens so komplex sind die Verhältnisse in der Morphologie. Das Deutsche hat etwas weniger als 2000 Substantive mit einsilbiger Grundform wie **Hand, Baum, Haus, Kind, Tisch, Burg**, etwa dieselbe Zahl von Zweisilbern auf **er, el, en** wie **Koffer, Mauer, Feuer, Nagel, Gabel, Kabel, Nacken, Becken** und mindestens noch einmal so viele auf **e** (**Knabe, Scheibe, Farbe, Halde, Flamme, Mütze**; Köpcke 1982; 1993). Nimmt man die morphologisch einfachen und voneinander unabhängigen Adjektive und Verben sowie die Nichtflektierbaren dazu, dann kommt man auf etwa 10.000 morphologisch selbständige Wörter. Weiter rechnen wir mit um die 100 Wortbildungsaffixen (**be, zer, un, keit, nis, ismus**), von denen jedoch allenfalls gut zwei Dutzend produktiv sind. Ebenso groß oder noch größer ist die Zahl der übrigen Wortbildungseinheiten, der sog. Halbaffixe, Pseudoaffixe und Konfixe (6.1.1). Wohl bestehen für eine Reihe von morphologischen Einheiten massive Zuordnungsprobleme, und wohl ist ein erheblicher Teil der morphologisch komplexen Wörter mehr oder weniger stark idiomatisiert. An der regelhaften Beschränktheit der morphologischen Kombinatorik ändert das nichts. Schon daß der passive Wortschatz den aktiven weit übersteigt, daß man so viele Wörter versteht, die man nicht gebraucht, ist ein klares Anzeichen dafür.

Wortarten

Üblicherweise verschaffen wir uns eine übersichtliche Gliederung des Gesamtbestandes an Wörtern für grammatische und lexikographische Zwecke wie für das Reden über Wörter allgemein durch eine Einteilung in Wortarten. Die Wortarten werden so angesetzt, daß jedes Wort mindestens einer und – besser noch – genau einer von ihnen angehört. Aber was *sind* Wortarten eigentlich?

Die meisten Wortarten, die man in den meisten Grammatiken in einem besonderen Wortartenkapitel abgehandelt findet, tauchen in Abschnitt 1.3.1 als syntaktische Kategorien auf, und zwar als Wortkategorien. Wortarten sind syntaktische Kategorien und als solche umfassen sie Mengen von syntaktischen Einheiten. Das für unser Vorgehen Wichtige ist aber, daß nicht auch umgekehrt alle syntaktischen Kategorien Wortarten sind. Es gibt syntaktische Kategorien verschiedener Art und für Einheiten verschiedenen Umfangs bzw. verschiedener interner Struktur. Selbst wenn man sich auf die Kategorien von einfachen syntaktischen Einheiten beschränkt, ist nur der kleinste Teil davon eine Wortart im verbreiteten Verständnis des Begriffes. Das ist wichtig, weil oft so getan wird, als seien Wortarten Kategorien ganz besonderer Art. Das sind sie nicht, sie sind syntaktische Kategorien wie andere auch. Die Frage etwa, wie viele Wortarten das Deutsche denn *wirklich* habe, erweist sich als Scheinfrage. Sie ist sinnlos (zur neueren Diskussion Schaeder/Knobloch Hg. 1992; Hentschel/Weydt 1995; Vogel/Comrie Hg. 2000).

Warum soll man beispielsweise Pronomina und Artikel als Wortarten unterscheiden, nicht aber Hilfsverben und Vollverben? Warum bilden die Konjunktionen eine Wortart, wo sich doch die nebenordnenden (**und, oder, aber...**) so ganz anders verhalten als die unterordnenden (**daß, wenn, nachdem**)? Soll man **leider, gern, nicht** tatsächlich wie **hier, morgen, oft** als Adverbien ansehen? Gibt es eine eigene Wortart für die Partikeln vom Typ **ja** (**Du bist ja schon aufgestanden**) oder **eben** (**Das ist eben so**)? Bilden die Substantive eine Wortart oder soll man nicht wenigstens Eigennamen vom

Rest unterscheiden? Es gibt unzählige Fragen dieser Art, die alle gestellt und verschieden beantwortet worden sind. Und wenn wir uns vor Augen führen, wie kompliziert das Gefüge der syntaktischen Kategorien ist, dann kann das gar nicht anders sein.

Die Gliederung des Wortschatzes nach Wortarten ist für viele praktische Zwecke notwendig und man kann versuchen, unter einer gegebenen Perspektive bestimmte Prototypen als Kategorien herauszustellen. Das ist jedoch etwas anderes als wenn man so tut, als könnten die Wörter des Deutschen disjunkt auf sieben oder neun oder zwölf in sich homogene Klassen verteilt werden und als gäbe es genau eine solche ›richtige‹ Einteilung. Dies im Bewußtsein, führen wir einige verbreitete Einteilungen vor, von denen jede für sich grammatisch von Nutzen ist.

(1)   Wortartenklassifikation

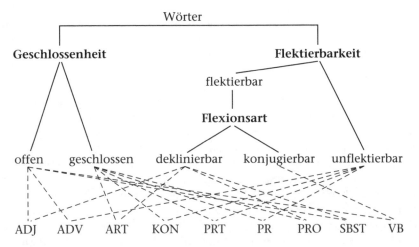

Die Klassifikation hat rein illustrativen Charakter und stellt nicht etwa das Wortartensystem der vorliegenden Grammatik dar. Sie geht von neun Wortarten einschl. PRT (Partikel) als Wortkategorien aus und kategorisiert sie in Hinsicht auf Geschlossenheit einerseits und Flektierbarkeit andererseits. Die erste Kategorisierung liefert offene und geschlossene Wortklassen. Die offenen Klassen sind die Adjektive, Adverbien, Substantive und Verben. Ihr Bestand vermehrt sich durch produktive Wortbildungsmechanismen (Kap. 6 und 7).

Die Kategorisierung in Hinsicht auf Flektierbarkeit liefert die flektierbaren und die unflektierbaren (wir sprechen gleichbedeutend gelegentlich auch von den nichtflektierbaren), für erstere wieder die deklinierbaren (Adjektive, Artikel, Pronomina, Substantive) und die konjugierbaren (Verben). Ihr Flexionsverhalten ist Gegenstand von Kap. 5. Zu den nichtflektierbaren schließlich gehören die Adverbien, Konjunktionen, Präpositionen und Partikeln.

Vom Aufbau der Grammatik her greifen wir einmal auf die flektierbaren und zum anderen auf die offenen Wortklassen zu. Daraus folgt die weitgehende Vernachlässigung der Klassen, die sowohl geschlossen als auch nichtflektierbar sind, also der Konjunktionen, Präpositionen und Partikeln. Sie sind weder

Gegenstand der Flexions- noch der Wortbildungsmorphologie. Das stimmt zwar nicht ganz, weil es auch für diese Klassen und insbesondere bei den Präpositionen Ansätze zu Wortbildungsmustern gibt (auf die wir gelegentlich zu sprechen kommen). Ihr Verhalten ist trotzdem weitgehender als bei den übrigen Klassen syntaktisch-funktional faßbar. Sie sind, wie man sagt, stärker grammatikalisiert, und in sofern trifft die Einteilung in 1 etwas Richtiges (zum Begriff ›Grammatikalisierung‹ Lehmann 1985, 2002; Diewald 1997).

Schema 1 gliedert, bleibt aber äußerlich. Es berücksichtigt lediglich quantitative und formale Gesichtspunkte. Daneben gibt es Versuche, zumindest für einen Teil der Wortarten einen Zusammenhang zwischen ihrem Umfang, ihrem grammatischen Verhalten und ihrer Bedeutung dingfest zu machen. Angelpunkt ist meist das sog. Substantiv-Verb-Kontinuum.

Leiss (1992: 127 ff.) charakterisiert die Pole des Kontinuums mit dem Begriff ›Referenzgefälle‹. Das typische Substantiv am einen Pol habe eine eher enge Extension und entsprechend zahlreiche semantische Merkmale. Um es richtig zu gebrauchen, muß man viel über die Welt wissen. Das typische Substantiv ist konkret. Was mit ihm bezeichnet werden kann, ist im allgemeinen unstrittig.

Ihm gegenüber steht das Verb mit vergleichsweise wenigen semantischen Merkmalen oder weiter Extension. Das typische Verb ist schon deshalb eher abstrakt als das Substantiv und seine Bedeutung ist relational. Es dient dazu, Beziehungen zu bezeichnen, die zwischen nominal Benanntem etabliert werden. Aus dem so verstandenen Unterschied zwischen Substantiv und Verb ergibt sich auch ihre Grundfunktion im Satz. Mit dem Substantiv (und anderen Nominalen) wird referiert (Subjekt und Objekt), mit dem Prädikat wird prädiziert. Das Prädikat versteht Leiss als den Ausdruck, der das Referieren der Substantive ›optimiert‹. Denn vielfach weiß man erst im Satz, also wenn referierende und prädizierende Ausdrücke gemeinsam auftreten, wovon tatsächlich die Rede ist.

Für das Adjektiv ergibt sich auf natürliche Weise ein Platz zwischen den Polen. Es hat mittlere referentielle Reichweite und bezeichnet im typischen Fall Eigenschaften, ist also einstellig.

Interessant ist nun, daß dasselbe Kontinuum mit teilweise anderen Begriffen beschrieben worden ist. Im Anschluß an eine reiche typologische Literatur charakterisiert Lehmann (1992) die typische Substantivbedeutung als auf Konkretes bezogen, die des Adjektivs als Eigenschaftsterm und die des Verbs als relational. Daneben bringt er den Aspekt der Stabilität des Bezeichneten ins Spiel. Stabil ist, was Substantive bezeichnen. Weniger stabil, aber noch ohne inhärente Dynamik sind Adjektivbedeutungen. Eigenschaften werden auf Zustände appliziert. Am wenigsten stabil sind Relationen und das um so mehr, je größer ihre Stelligkeit wird. Ereignissen ist im typischen Fall eine Dynamik inhärent, sie erfassen Veränderungen. Verben bezeichnen das, was mit den Dingen geschieht. Der Unterschied zwischen Substantiv und Verb oder allgemeiner der zwischen referierenden und prädizierenden Ausdrücken wird damit als fundamental, aber auch als notwendig herausgestellt. Als Kern eines Wortartenkontinuums ergibt sich 2.

(2) Wortartenkontinuum

Substantiv	Adjektiv	Verb
←————————————————————————→		
enge Extension		weite Extension
statisch		dynamisch
konkret		abstrakt
kategorial		relational
Referenz		Prädikation

Das alles ist ziemlich vage und schon wegen der Kürze unserer Darstellung problematisch. Auch bleibt unklar, ob und wenn ja wie weitere Wortarten in ein derartiges Schema integrierbar sind. Beispielsweise werden bestimmte Pronomina in einem strikten Sinn zum Referieren verwendet (*Du bist klug*; *Das will Helmut nicht*) und könnten ihren Platz links vom Substantiv finden. Lokale Präpositionen sind in der Grundbedeutung relational und nicht dynamisch (**das Buch *auf* dem Tisch**; **der Geist *in* der Flasche**). Möglicherweise kann man sie zwischen den Adjektiven und Verben unterbringen (zu einem umfassenden, aber eher syntaktisch fundierten Klassifikationsversuch Zimmermann 1988; zu einer systematisch und genetisch motivierten Ausfaltung von Wortartensystemen Anward 2000). Wir lassen es dabei bewenden. Auch das Wenige wird sich gelegentlich als nützlich für eine Orientierung erweisen (**Aufgabe 3**).

Native und fremde Wörter

Eine letzte allgemeine Einteilung der Wörter von ganz anderer Art wollen wir der Wortgrammatik voranstellen, weil sie in verschiedenen Zusammenhängen weiterhilft. Es ist die Unterscheidung von heimischen, nativen oder indigenen Wörtern einerseits und fremden, nichtnativen oder exogenen andererseits. Gemeint ist eine synchron-systematische Unterscheidung, die sich allein an grammatischen Eigenschaften von Wörtern festmacht und nicht an ihrer Herkunft. Die traditionellen Begriffe Fremdwort, Lehnwort und Erbwort sind für eine Wortgrammatik des gegenwärtigen Deutschen ungeeignet, weil sie auf die Herkunft abheben.

Im überkommenen Sprachgebrauch sind Fremdwörter ganz oder in wesentlichen Bestandteilen aus anderen Sprachen übernommen und haben sich nicht vollständig an die Strukturen des Deutschen angepaßt (**Exot, Galaxis, Cholesterin, Thermostat**). Lehnwörter sind nach diesem Verständnis ebenfalls fremder Herkunft, haben sich aber ins Deutsche integriert. Das gilt etwa für große Gruppen von Latinismen, vor allem Substantive (**Nase, Küche, Liste, Mantel, Esel, Mauer, Fenster**), aber auch Adjektive (**recht, kraß**), Verben (**opfern, formen, wollen**) und sogar Präpositionen (**pro, per**; Munske 1988; Schmidt 1996). In größerer Zahl hat sich das Deutsche auch Lehnwörter aus dem Griechischen (**Krise, Meter**) und natürlich dem Französischen (**Lärm, Bluse, Soße**) sowie dem Englischen (**Boß, starten, grillen**) einverleibt.

Offenbar hat man die Grammatik der Lehnwörter gemeinsam mit der der heimischen Wörter des Kernwortschatzes zu behandeln, die der Fremdwörter jedoch nicht. Und darüber hinaus gibt es auch heimische Wörter, die grammatisch nicht zum Kernwortschatz zu zählen sind. **Hermelin**, **Bovist** und **Efeu** etwa machen einen durchaus fremden Eindruck, sind aber nicht entlehnt. Wir halten uns deshalb an die synchron-systematisch verstandene Unterscheidung der fremden Wörter von den nichtfremden. Die nichtfremden sind genau die, welche in Hinsicht auf ihre phonologischen, graphematischen und morphologischen Eigenschaften nicht auffallen und in diesem Sinne zum Kern des Wortschatzes gehören (Grundzüge 908 ff.; Eisenberg/Baurmann 1984). Da die Fremdwörter im herkömmlichen Sinne auch fremde Wörter sind, kann man ohne Schaden weiter von Fremdwörtern reden, solange es nicht gerade auf die übrigen fremden ankommt.

Die Abgrenzung der fremden von den nichtfremden Wörtern ist methodisch von außerordentlichem Vorteil für eine Wortgrammatik. Es zeigt sich nämlich, daß die Wörter des Kernwortschatzes phonologisch wie morphologisch vergleichsweise einheitlich strukturiert sind. Man verliert Generalisierungmöglichkeiten und verschenkt Erklärungszusammenhänge, wenn alles in einen Topf geworfen wird. Umgekehrt verlangen die fremden Wörter den speziellen Zugriff, weil die Systematik ihres Baues sonst verborgen bleibt. Beispielsweise gibt es im Kernwortschatz kaum morphologisch einfache Stämme mit mehreren Vollsilben (**Arbeit**, **Uhu** sind etwas Besonderes). Unter den fremden sind solche Wörter Legion (**Militär**, **Disziplin**; **Diphtherie**, **Begonie**, **Dementi**, **Flamingo**) und die Vermutung liegt nahe, daß die Plazierung des Wortakzents im Kernbereich anders geregelt ist als bei den fremden Wörtern (4.5).

Ähnlich verhält es sich in der Morphologie (insbesondere der Wortbildung, 6.2.3; 7.2.2) und der Graphematik (8.6). Überall erweist sich die Unterscheidung als fruchtbar, weil man so auf zwanglose Weise die Grundregularitäten von den besonderen Regularitäten trennen kann. Natürlich unterstellt das nicht, die Systemteile seien vollständig voneinander getrennt und hätten keinen Einfluß aufeinander. Und schon gar nicht wird behauptet, die fremden Wörter befänden sich außerhalb des deutschen Wortschatzes. Wohl gibt es unterschiedliche Grade der Integration. Die meisten gängigen Fremdwörter folgen aber grammatischen Regularitäten, die so für das Deutsche gelten. Trotz der Internationalität zahlreicher Bestandteile fremder Wörter ist ihr Verhalten insgesamt viel sprachspezifischer als meistens angenommen wird.

2. Die phonetische Basis

2.1 Phonetik und Sprachsignal

2.1.1 Übersicht: Phonetische Beschreibung von Lautereignissen

Artikulatorische, akustische und auditive Phonetik

Viele Schallereignisse, die uns täglich begegnen, deuten wir spontan und mit großer Sicherheit. Wir erkennen, ob es an der Tür klingelt, ob ein Auto anfährt, ein Glas herunterfällt, ein Klavier spielt oder ob jemand spricht. Sprachliche Äußerungen in gesprochener Sprache sind an Schallereignisse besonderer Art gebunden, die man als *Lautereignisse* bezeichnet. Wir erkennen ein Lautereignis als sprachlich im allgemeinen auch dann, wenn aus irgendwelchen Gründen nicht zu verstehen ist, was geäußert wurde.

Verstehen wir eine Äußerung, dann haben wir das Lautereignis in geeigneter Weise verarbeitet. Das Lautereignis ist so strukturiert, daß es bei Äußerung einer sprachlichen Einheit – z.B. eines Satzes – erkennbar und verarbeitbar ist. Wie es strukturiert ist, sagt uns die Phonetik. Die Phonetik ermittelt und beschreibt die Struktur von Lautereignissen, wie sie bei gesprochenen Äußerungen von sprachlichen Einheiten entstehen.

Die Struktur eines Lautereignisses kann auf unterschiedliche Weise erfaßt werden, und jeder dieser Weisen entspricht eine Teildisziplin der Phonetik. Verfolgen wir seinen Weg von der Erzeugung beim Sprecher bis zur Verarbeitung beim Hörer.

Die Erzeugung eines Lautereignisses beim Sprecher nennt man seine Artikulation, wobei als Artikulation häufig nur der äußere, an die Bewegung der Artikulationsorgane gebundene Teil des Produktionsprozesses gilt. Als solcher ist er Gegenstand der *artikulatorischen Phonetik*. In ihrer modernen Form beschäftigt sich die Phonetik aber auch damit, welche neurologischen und neurophysiologischen Prozesse der Artikulation zugrundeliegen und wie der Sprecher den Artikulationsprozeß durch Mithören und Rückbindung taktiler Signale überwacht und steuert.

Die große praktische Bedeutung sowie die vergleichsweise lange Geschichte der artikulatorischen Phonetik beruhen darauf, daß Artikulationsvorgänge in ihren Grundzügen vergleichsweise leicht beobachtbar sind. Ein [m] wie in **Maus** wird mit geschlossenen Lippen gebildet, ein [f] wie in **Fisch** mit der Unterlippe an der oberen Zahnreihe. Beides sieht und fühlt man. Beim [n] (**neu**) sieht man nichts, aber man fühlt, daß der vordere Zungenteil am Zahndamm hinter der oberen Zahnreihe anliegt. Natürlich sind nicht alle Artikulationsvorgänge auf einfache Weise und direkt beobachtbar, sie sind es aber im

Vergleich zu den Hörvorgängen. An das Innenohr etwa kommt man nur schwer heran. Die Beschreibung von Sprachlauten auf der Basis von Hörvorgängen war lange Zeit hindurch nicht viel mehr als eine theoretische Möglichkeit.

Die artikulatorische Phonetik erforscht die Artikulation sprachlicher Einheiten insgesamt. Sie beschränkt sich nicht auf die Analyse von Einzellauten, sondern betrachtet ebenso Laute im Kontext und größere Einheiten wie Silben, Wortformen und Sätze. Und sie beschreibt den Artikulationsvorgang als Ganzen, mit allen daran beteiligten Organen (2.1.3).

Das durch Artikulationsvorgänge entstandene Lautereignis kann nun wie jedes andere Schallereignis physikalisch untersucht werden. Es wird damit zum Gegenstand der *akustischen Phonetik* (2.1.2).

Die akustische Phonetik macht etwa Aussagen darüber, welche physikalischen Eigenschaften bei ›demselben‹ Laut in verschiedenen Kontexten konstant bleiben. Beispielsweise stellt man bei genauem Hinhören fest, daß das [u] in Wörtern wie **Mut** und **Krug** gewisse Unterschiede aufweist. Diese Unterschiede kann man meßtechnisch erfassen. Daneben weist das [u] aber in beiden Kontexten physikalische Gemeinsamkeiten – etwa im Frequenzgemisch – auf, die die akustische Phonetik eben als charakteristisch für den Vokal [u] erweist.

Neben den Eigenschaften von Lauten im Kontext mißt die akustische Phonetik Tonhöhen- und Lautstärkeverläufe innerhalb größerer sprachlicher Einheiten wie Wörtern, Phrasen und Sätzen. Was bedeutet es physikalisch, wenn wir in **Ámeise** die erste und in **Amöbe** die zweite Silbe als betont hören? Was ist physikalisch der Unterschied zwischen **Sie kauft ein Áuto** und **Sie kauft éin Auto**? Die akustische Phonetik sagt uns auch, wie sich die physikalischen Eigenschaften von sprachlichen Einheiten in Abhängigkeit von der Sprechgeschwindigkeit ändern, und sie trennt allgemeine von den eigentlich strukturierenden Eigenschaften: Eine Kinderstimme hat im allgemeinen eine höhere Grundfrequenz als eine Frauenstimme; Heiserkeit, Flüstern, Singen, lautes und leises Sprechen lassen sich physikalisch von normalem Sprechen leicht unterscheiden.

Bei all dem interessiert sich die Phonetik nicht nur für das fertige Lautereignis und den Artikulationsvorgang, sondern sie möchte wissen, wie beide zusammenhängen. Welche Artikulationsvorgänge führen zu bestimmten akustischen Eigenschaften? Gibt es nur einen artikulatorischen Weg, ein bestimmtes akustisches Ergebnis zu erzielen, d.h. verhalten sich alle Sprecher im Prinzip artikulatorisch gleich?

Zur Charakterisierung eines Lautereignisses als sprachlich gehört schließlich die Kenntnis seiner Verarbeitung durch das Gehör. Welche physikalischen Eigenschaften eines Lautereignisses der Sprecher als sprachlich bewertet, was er etwa als einen Laut, eine Silbe, die lautliche Form eines Wortes, als Akzentmuster oder Intonationsbogen hört, ist Gegenstand der *auditiven Phonetik*.

Dazu gehört zunächst das Verständnis der Arbeitsweise des Ohres und des Gehörssinnes selbst, auch unabhängig vom Sprachlichen. Welche Tonhöhen, Lautstärken, Tonhöhen- und Lautstärkedifferenzen hört der Mensch und wie hört er sie? Beispielsweise werden Töne als im gleichen Abstand – nämlich einer Oktave – zueinander gehört, wenn wir ihre Frequenz jeweils verdoppeln. Die

Empfindung der Tonhöhe ist logarithmisch proportional der Frequenz. Ähnlich die Lautstärkeempfindung. Ihr physikalisches Korrelat, die Dichte der Schallenergie, muß exponentiell wachsen, damit der Eindruck einer linearen Lautstärkeerhöhung entsteht.

Ein für die Sprachwahrnehmung wichtiges und interessantes Gebiet der auditiven Phonetik ist das des kategorialen Hörens. In modernen Phonetiklabors ist es problemlos möglich, Lautereignisse künstlich zu synthetisieren. Einzellaute kann man dabei aus ihren physikalischen Bestandteilen so zusammensetzen, daß sich auch alle Übergänge zwischen verwandten Lauten herstellen lassen, etwa zwischen dem [s] in **reißen** und dem [ʃ] in **reifen**. Geht man nun in kleinen Schritten von einem echten [s] zu einem echten [ʃ] über und bittet man eine Versuchsperson, zu sagen, was sie höre, so wird in der Regel entweder der eine oder der andere Laut identifiziert. Die Zone des Übergangs, d.h. der Unsicherheit, ist relativ klein und ändert sich wenig von Person zu Person. Welcher Laut gehört wird, ist andererseits aber wieder kontextabhängig. Bietet man vor dem Übergang viele [s] an, so wird früher als sonst ein [ʃ] gehört, d.h. der Kontrast zum Ewiggleichen wird höher bewertet. Der Bereich des [ʃ] dehnt sich aus. Auditive Untersuchungen dieser Art sind unerläßlich, wenn man verstehen möchte, welche physikalischen und damit artikulatorischen Eigenschaften von Lauten unter welchen Bedingungen funktional sind.

Wie wir sie dargestellt haben, erscheint die akustische Phonetik als Mittlerin zwischen der artikulatorischen einerseits und der auditiven andererseits. Physikalische Daten werden interpretiert in Hinsicht darauf, wie sie auditiv wahrgenommen werden und auf welchen artikulatorischen Vorgängen sie beruhen. Sprachwissenschaftlich interessiert letztlich aber die *direkte Beziehung* zwischen Artikulation und auditiver Wahrnehmung. Ein artikulatorischer Unterschied beliebiger Art kann linguistisch von Interesse sein, wenn er hörbar ist, und hörbare Unterschiede müssen auch artikulierbar sein. Die Regularitäten, denen die Lautstruktur folgt, sind an die Fähigkeiten der Artikulationsorgane genau so gebunden wie an die des Gehörssinnes.

So zeigt sich im Aufbau einer Silbe wie [ʃtʀʊmpf] (**Strumpf**) eine Regularität, die wohl artikulatorisch fundiert ist. Die drei Laute in der Mitte, nämlich das [ʀ], [ʊ] und [m], haben Stimmton, die vier äußeren nicht. Sie sind stimmlos. Das kann man mit der Feststellung verallgemeinern, daß in jeder Silbe die Laute mit Stimmton zusammenstehen. Sie bilden einen Block. Als Erklärung drängt sich ein Ökonomiegesichtspunkt auf: Der Stimmton wird genau einmal pro Silbe aktiviert. Jede weitere Aktivierung würde zu einer weiteren Silbe führen.

Anders verhält es sich wahrscheinlich mit bestimmten Konsonanthäufungen, wie wir sie im Deutschen am Silbenanfang vorfinden. Als Folgen von drei Konsonanten kommen vor [ʃpl] (**Splint**), [ʃpʀ] (**Sprung**) und [ʃtʀ] (**Strumpf**). Warum gerade diese drei und nicht etwa auch [ftʀ] in einer Form wie *****Ftrich**? Wahrscheinlich fehlt diese Form aus guten Gründen. Es könnte sein, daß [f] von [ʃ] auditiv nicht genügend absticht, daß also der spezielle Kontext zu einer auditiven Beschränkung führt. Damit soll nicht behauptet werden, im ersten Beispiel spiele allein Artikulatorisches, im zweiten allein Auditives eine Rolle. Man kann jeweils gut den anderen Gesichtspunkt ins Spiel bringen. Eine

Berufung auf artikulatorische oder auditive Beschränkungen allein reicht jedenfalls insgesamt nicht aus (dazu weiter 4.2).

Wenn wir Laute mit artikulatorischen Merkmalen wie ›bilabial‹ (mit beiden Lippen gebildet) oder ›apikal‹ (mit der Zungenspitze gebildet) beschreiben, dann meinen wir damit in der Regel auch etwas Auditives nach dem Muster »Ein Laut, der auf eine bestimmte Weise gebildet ist, wird auf eine darauf beziehbare Weise gehört.« An dieser Formulierung wird ein wesentlicher Unterschied zwischen Artikulatorischem und Auditivem deutlich, den wir noch einmal hervorheben wollen.

Eine auditive Phonetik ist einer artikulatorischen nicht insofern komplementär, als letztere Laute mit Produktionsmerkmalen beschriebe, erstere aber mit Perzeptionsmerkmalen. Eine auditive Phonetik, die Laute etwa mit Begriffen der Anatomie des Ohres beschreibt, hat es nie gegeben. Gäbe es sie, wäre sie nicht das Komplement zur artikulatorischen Phonetik, sondern sie könnte diese allenfalls ersetzen. Eine auditive Phonetik als Wahrnehmungslehre würden wir dennoch benötigen. Sprachliche Einheiten werden gehört im Sinne von »wahrgenommen«. Es handelt sich um das Erkennen strukturierter Gebilde als der Formseite sprachlicher Einheiten.

Signalphonetik, Experimentalphonetik und Symbolphonetik

Artikulatorische, akustische und auditive Phonetik sind die klassischen Teilgebiete dieser Disziplin, wenn man sich am Weg des Signals von seiner Entstehung zu seiner Perzeption orientiert. Systematisch wird die Phonetik heute aber meist anders gegliedert. Einer Signalphonetik steht dann eine Experimentalphonetik gegenüber. Die *Signalphonetik* mißt, was sich beim Sprechen als Signal messen läßt, von der Lippenbewegung bis zur Hirndurchblutung. Die *Experimentalphonetik* dagegen untersucht Zusammenhänge zwischen dem als Signal Gemessenen und dem, was wahrgenommen wird.

Diesen beiden steht als dritte Teildisziplin die *Symbolphonetik* gegenüber, von der bisher noch gar nicht die Rede war. Die Symbolphonetik entwickelt Verfahren, mit denen sprachliche Lautereignisse so geschrieben werden können, daß ihre wesentlichen Eigenschaften aus dem Geschriebenen rekonstruierbar sind. Das ideale symbolphonetische System ist zur graphischen Fixierung von Lautereignissen aus sämtlichen Sprachen geeignet.

Zielsetzungen dieser Art sind mit der Konzeption verschiedener phonetischer Alphabete verbunden, unter ihnen das Internationale Phonetische Alphabet IPA, das wir in unserer Grammatik so weit wie möglich verwenden.

Das IPA stellt Zeichen zur Verfügung, mit denen viel mehr artikulatorische und auditive Details darstellbar sind als man sie für die meisten Zwecke braucht. Die Kunst im Umgang mit dem phonetischen Alphabet besteht darin, daß man genau das hinschreibt, was man hört. Jede sprachliche Einheit erscheint dabei als eine Verkettung von Symbolen für Laute, Akzente, Pausen usw. Ein geschulter Ohrenphonetiker ist in der Lage, eine genaue Transkription für Einheiten aus ihm unbekannten Sprachen anzufertigen. Genauso ist er aber in der Lage, eine ›objektive‹, d.h. nur am Lautereignis selbst orientierte Transkription von Einheiten aus Sprachen anzufertigen, die er kennt. Projektionen von der einen auf die andere Sprache vermeidet er, darauf kommt es vor allem an. Seine Ohren hören die Laute unabhängig von der Einzelsprache.

Weil die Arbeitsweise der Symbolphonetik sowohl von großem praktischen Interesse als auch grundlegend für ein Verständnis der Beziehung zwischen gesprochener und geschriebener Sprache ist, behandeln wir sie relativ ausführlich in einem eigenen Abschnitt (2.3). Abschnitt 2.2 sagt etwas über die Artikulation von Konsonanten und Vokalen, wobei schon die Verhältnisse im Deutschen im Vordergrund stehen. Zunächst geht es aber um die ganz allgemeine Darstellung einiger auditiver sowie akustischer Eigenschaften von Lauten einerseits (2.1.2) und des Artikulationsapparates andererseits (2.1.3).

Auch wenn unsere Ausführungen zur Phonetik wenig ausführlich sind, kann man sich fragen, ob sie überhaupt in eine einzelsprachliche Grammatik gehören. Eine Grammatik beschäftigt sich mit Form und Funktion der Einheiten einer Sprache, wobei die Beschreibung der lautlichen Form sprachlicher Einheiten in Hinsicht auf ihre Funktion Gegenstand der Phonologie ist. Darüber hinaus ist vieles, was wir zur Phonetik sagen, nicht spezifisch für das Deutsche, auch wenn fast alle illustrativen Beispiele dem Deutschen entnommen sind.

Gewisse phonetische Grundlagen sind dennoch für jede einzelsprachliche Grammatik unerläßlich. Schon weil die Grenze zwischen Phonetik und Phonologie umstritten ist und recht unterschiedlich gezogen wird, weil es Unklarheiten über den für die Phonologie relevanten Funktionsbegriff gibt und weil phonologische Begriffe in vielen Ansätzen phonetisch fundiert sein sollen, ist das der Fall. Gerade in neueren phonologischen Theorien spielen phonetische Gesichtspunkte eine immer größere Rolle.

Wir liefern im vorliegenden Kapitel ein auf das Deutsche bezogenes phonetisches Minimum, wollen und können damit aber keinesfalls eine Einführung in die Phonetik ersetzen. Deshalb hier zusammenfassend einige Literaturhinweise.

Klassisch gewordene Einführungen sind von Essen 1953 und Ladefoged 1993 (1. Aufl. 1975; Schwerpunkt artikulatorische Phonetik). Mit weitreichendem Erklärungsanspruch bezüglich der Fundierung sprachlicher Kommunikation Tillmann/Mansell 1980. Eine ausgefeilte Darstellung insbesondere der Artikulation unter Berücksichtigung der Verhältnisse im Deutschen gibt Kohler 1995 (1. Aufl. 1977). Eine moderne, kurzgefaßte Gesamtdarstellung findet sich in Pompino-Marschall 1995 (2. Aufl. 2003). Elementar fundierend mit vergleichsweise viel akustischer Phonetik ist Reetz 1999, mit vergleichsweise viel neurophysiologisch-auditiver Phonetik Pétursson/Neppert 2002.

2.1.2 Töne, Geräusche, Laute

Stimmton und musikalischer Ton

Die im Alltagsverständnis wichtigen Begriffe zur Beschreibung von *Tönen* sind Tonhöhe, Klangfarbe und Lautstärke. Sie lassen sich akustisch explizieren mit Hilfe von Grundbegriffen der Schwingungslehre. Der akustisch einfachste Ton, der Sinuston, hat eine bestimmte Frequenz, die die vom Ohr wahrgenommene Tonhöhe bestimmt. Die Tonhöhe ist proportional der Frequenz. Der (junge) Mensch hört Töne mit einer Frequenz von etwa 20 Hertz (Schwingungen pro Sekunde) bis 20.000 Hertz.

Die Lautstärke, mit der ein Sinuston wahrgenommen wird, ist abhängig von seiner Amplitude, dem Ausschlag der Schwingung. Direkt proportional der Amplitude ist der Schalldruck, wie er etwa auf der Membran eines Mikrophons entsteht. Dem Quadrat des Schalldrucks proportional ist die sog. Schallintensität oder Schalldichte, auf die die wahrgenommene Lautstärke bezogen ist. Wird eine Schallintensität I_1 als Lautstärke L_1 gehört, dann wird eine Schallintensität I_2 mit $\log I_2 = 2\log I_1$ als doppelt so laut empfunden. Die Schallintensität muß also exponentiell steigen, damit der Eindruck einer linear ansteigenden Lautstärke entsteht. So ist das Ohr ganz gut gegen Lärmschäden geschützt. Die Lautstärke wird in dB (Dezibel) gemessen. Bei einem Ton von 1000 Hz entspricht 0 dB der Hörschwelle des Ohres. Flüstern hat 20 dB, normales Sprechen 40 dB, starker Verkehrslärm 80 dB und bei etwa 130 dB ist die Schmerzgrenze erreicht. Die ohrenbezogenen dB heißen auch Phon.

Reine Sinustöne kann man künstlich erzeugen, als natürliche Töne kommen sie nicht vor. Ein natürlicher Ton ist wie ein Sinuston periodisch, nur hat die Schwingung nicht die Sinusform. Jedoch ist jeder natürliche Ton aus Sinustönen aufgebaut, d.h. man kann seine Form rechnerisch und ihn selbst meßtechnisch in Sinustöne unterschiedlicher Frequenz, seine Teiltöne, zerlegen. Der Teilton mit der niedrigsten Frequenz heißt Grundton, höhere Teiltöne heißen Obertöne. Die Frequenz der Obertöne beträgt ganzzahlige Vielfache der Frequenz des Grundtones. Die Stärke der einzelnen Teiltöne macht für das menschliche Ohr die Klangfarbe des resultierenden Tones aus. In der Akustik bezieht man sich mit ›Ton‹ meist auf reine Sinustöne, sonst spricht man von ›Klängen‹. Wir bleiben im folgenden meist beim umgangssprachlichen ›Ton‹.

Bei musikalischen Tönen ist das Frequenzgemisch so, daß für das Ohr bestimmte höhere Frequenzen besonders in Erscheinung treten, das sind die Töne der sog. natürlichen Obertonreihe. Der tiefste Teilton bestimmt als Grundton die Tonhöhe für das Ohr. So liegt die Grundfrequenz des Kammertons a, den man mit einer Stimmgabel erzeugt, bei 440 Hz. Der erste Oberton eines musikalischen Tones liegt eine Oktave über dem Grundton. Physikalisch heißt das, er hat die doppelte Frequenz, Verhältnis 1:2 (beim a 880 Hz). Der zweite gehörte Oberton liegt eine Quinte über dem ersten, Frequenzverhältnis 2:3 (1320 Hz). Der dritte ist die Quarte über dem zweiten, Frequenzverhältnis 3:4, also 1760 Hz und damit zwei Oktaven über dem Grundton. So geht es bei den musikalischen Tönen weiter mit den ›Harmonischen‹ über den gesamten Bereich, wobei die Klangfarbe eben dadurch bestimmt ist, wie stark die einzelnen Harmonischen sind.

Auch bei gesprochenen Tönen findet eine sehr spezifische Filterung der höheren Frequenzen statt (zu den zahlreichen historischen Versuchen, die Sprechstimme durch musikalische Töne nachzubilden, Gessinger 1994). Vokale haben die Schallenergie in relativ schmalen Frequenzbändern konzentriert, den Formanten. Die Vokalqualität beruht auf dem Frequenzverhältnis der Formanten. Für das menschliche Ohr reichen die beiden ersten (die tiefsten) Formanten aus, um die Vokale einer Sprache zu identifizieren. Sehr natürlich klingen Vokale mit nur zwei Formanten allerdings nicht. In 1 sind die beiden ersten Formanten für eine Reihe von Vokalen des Deutschen zusammengestellt.

(1) Formanten

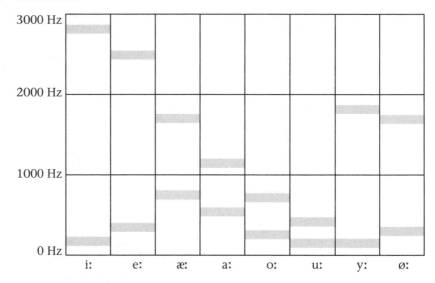

Es handelt sich bei den Angaben in 1 um Durchschnittswerte für die betonten Vokale in Wörtern wie **Biene**, **Leben**, **Nähe**, **Rabe**, **Woge**, **Bruder**, **Tüte** und **Flöte**. Die absoluten Angaben sind die für eine Männerstimme. Bei Frauenstimmen liegen die Werte des ersten Formanten um zwischen einer Terz (beim [iː]) und einer Oktave (beim [uː]) höher. Noch etwas höher liegen die Werte für Kinderstimmen. Allen gemeinsam ist natürlich das Frequenzverhältnis der Formanten, denn von ihm hängt ja die Vokalqualität für das Ohr ab.

Was hier als Ton von Sprachlauten und musikalischer Ton beschrieben wurde, darf nicht verwechselt werden mit dem sog. phonologischen Ton. Mit dem phonologischen Ton ist ein Tonhöhenverlauf gemeint, der in Tonsprachen wie dem Chinesischen dazu dient, Wörter voneinander zu unterscheiden, die bis auf den Ton lautlich identisch sind. Auch um eine Verwechslung beider Begriffe von Ton zu vermeiden, spricht man vom die Klangfarbe eines Lautes bestimmenden Ton als vom Stimmton oder einfach von Stimme, entsprechend von stimmhaften Lauten.

Geräusche

Wir kommen zur zweiten großen Gruppe von Schallereignissen, den *Geräuschen*. Geräusche weisen nicht das für Töne charakteristische Frequenzgemisch auf, das allgemein als Klang und im einzelnen als Klangfarbe wahrgenommen wird. Geräusche sind im Vergleich zu Tönen unspezifisch: Was kein Ton ist, ist ein Geräusch. Für die Beschreibung von Sprachlauten ist es sinnvoll, drei Typen von Geräuschen zu unterscheiden.

Der erste Typ sind die *Zischgeräusche*, wie wir sie bei den Reibelauten (Frikativen) vorfinden, beispielsweise dem [f] in **Waffe**, dem [s] in **Wasser**, dem [ʃ] in **Asche** und dem [ç] in **Sichel**. Diese Laute haben gemeinsam, daß der Luftstrom durch eine von irgendwelchen Artikulationsorganen gebildete Friktionsenge gepreßt wird (2.1.3).

Physikalisch sind Zischgeräusche als breitbandig zu kennzeichen. Die Schallenergie ist nicht wie bei den Tönen auf bestimmte Frequenzen oder schmale Frequenzbänder konzentriert, sondern auf breite Bereiche verteilt. Von bestimmten einzelnen Frequenzen als Charakteristikum eines derartigen Geräusches läßt sich nicht mehr sprechen, und folglich auch nicht davon, daß es sich um einen periodischen Vorgang handele. Das Frequenzgemisch ist als solches nur statistisch beschreibbar. Trotzdem gibt es natürlich physikalische Charakteristika von Zischgeräuschen, die das Ohr wahrnimmt. Ausschlaggebend ist, in welchen Frequenzbereichen ein Geräusch seine Energie konzentriert und wie das Verhältnis der Frequenzbänder zueinander ist.

Ein ganz anderer Typ von Geräusch entsteht als periodisch gegliedertes Schallereignis. Die elementaren Schallereignisse dieser Gliederung folgen so schnell aufeinander (ca. 20 Hz), daß für das Ohr nicht mehr das einzelne Ereignis zum Gegenstand der Wahrnehmung wird, wie es etwa bei einer Folge von Schlägen der Fall wäre. Die Ereignisfrequenz ist andererseits so niedrig und das Einzelereignis mit so viel Geräusch verbunden, daß ein tiefer Brummton sozusagen nur als Nebenprodukt entsteht. In einem solchen Fall ist »das wahrgenommene Resultat ... ein konstantes Klangereignis mit der inneren Ereignisstruktur eines Trillers« (Tillmann/Mansell 1980: 40).

Auf einem *Trillergeräusch* beruht von den Lauten des Deutschen zweifelsfrei das explizit artikulierte Zungen-r, geschrieben [r]. Beim [r] hört man die einzelnen Schläge der Zunge als Bestandteil eines Kontinuums, begleitet von einem tiefen Brummton. In der Regel wird auch das Zäpfchen-r (transkribiert als [ʀ]) hier angesiedelt, jedenfalls kann es bei expliziter Artikulation als Trillergeräusch realisiert werden. Die Grenze zum Zischgeräusch (Frikativ) bleibt aber fließend. Zu den Trillergeräuschen gehört weiter das Knarren, das wir am Kehlkopf erzeugen können; und ebenso ein Lippengeräusch, das entsteht, wenn wir die Lippen im austretenden Luftstrom rhythmisch gegeneinander schwingen lassen.

Der dritte Typ von Geräusch ist sowohl aperiodisch als auch nicht kontinuierlich, nennen wir ihn *Schlaggeräusch*. Die Schallenergie ist kurzzeitig auf breite Frequenzbänder verteilt. Der Einsatz des Geräusches ist scharf begrenzt, was aber nicht verhindert, daß Schlaggeräusche physikalisch und für das Ohr fein differenzierbar sind.

Sprachlaute mit den Charakteristika von Schlaggeräuschen sind die Plosive. Der Schlag entsteht, wenn ein Verschluß im Mundraum oder am Kehlkopf unter Druck gesetzt und übergangslos geöffnet wird. Beispiele aus dem Deutschen sind das [p] wie in **Pilz** (Verschluß mit beiden Lippen), das [t] wie in **Tuch** (Verschluß mit der Zunge am Zahndamm), das [k] wie in **Koch** (Verschluß mit dem hinteren Teil des Zungenrückens und Gaumen) sowie der sog. glottale Verschlußlaut [ʔ] vor Vokalen am Wortanfang (Verschluß der Stimmritze).

An der Grenze zwischen Schlag- und Zischgeräuschen liegt das Schnalzen. Es entsteht durch Unterdruckbildung im Mundraum und Öffnen eines vorderen Verschlusses, z.B. des Verschlusses durch Anlegen der Vorderzunge an den Zahndamm. Schnalzlaute gibt es ebenfalls in mehreren Sprachen. Jeder nennt hier das Zulu und das Hottentottische.

Frequenzgemisch und Energieverteilung von Sprachlauten und größeren sprachlichen Einheiten können als *Visible speech* in Sonagrammen anschaulich dargestellt werden (2). Die technischen Hilfsmittel dazu stehen seit den 40er Jahren mit dem sog. Sonagraphen zur Verfügung. Auf der Abszisse des Diagramms ist die Zeit in Millisekunden aufgetragen, auf der Ordinate die Frequenz in Hz. Schwärzungen zeigen an, wo die Schallenergie konzentriert ist. Eine dritte Dimension kommt durch den Schwärzungsgrad hinzu. Er ist proportional der Energiedichte.

(2) Sonagramme

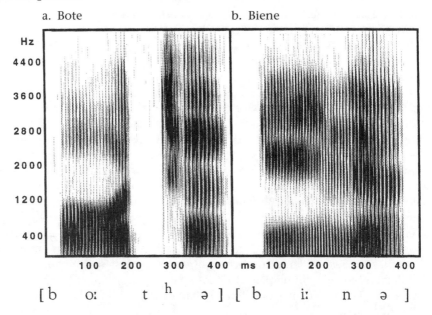

a. Bote b. Biene

[b oː t ʰ ə] [b iː n ə]

Phonetiker können Sonagramme fast so lesen wie andere ein Buch. Aber auch ohne große Übung erkennt man schon eine ganze Menge, etwa die Formanten der Vokale [oː] und [iː], die Gemeinsamkeiten im Anlaut der beiden Formen mit dem [b], den plötzlichen Geräuscheinsatz bei Sprengung des Verschlusses des [t], die geringe Energiedichte beim [n] sowie die Übereinstimmung im Auslaut der beiden Formen.

2.1.3 Artikulation

Der Artikulationsapparat

Die Artikulation der meisten Sprachlaute hat zwei Grundkomponenten. Einmal findet irgendwo im Mund- und Rachenraum eine Schallerzeugung statt, deren Resultat ein Ton oder ein Geräusch oder beides ist (Rohschall). Bei den Vokalen beispielsweise ist der Kehlkopf mit den Stimmbändern, die den Stimmton erzeugen, die primäre Schallquelle. Zum zweiten wird der primär erzeugte Ton oder das Geräusch durch die Bewegung und Stellung der übrigen Artikulationsorgane verändert. Was als Laut hörbar wird, ist in der Regel etwas ganz anderes als der Rohschall. Für jeden einzelnen Laut muß deshalb das Verhalten des gesamten Artikulationsapparates im Blick bleiben.

Technisch gesprochen erfolgt die Artikulation von Lauten durch Manipulation von Luftströmen, in aller Regel des Luftstromes beim Ausatmen. Zur Aufzählung der Artikulationsorgane setzt man daher mindestens bei der Lunge (lat. *pulmo*) an, denn hier wird der Luftdruck für das Ausatmen erzeugt (pulmonaler Luftstrom). 1 zeigt grob schematisch, welche Wege der Luftstrom nehmen kann.

(1) Luftwege, funktionales Schema

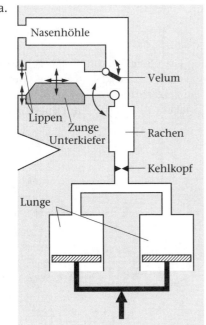
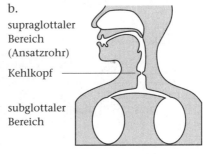

Der für das Ausatmen und für die Artikulation erforderliche Luftdruck entsteht in der Lunge durch Bewegung des Zwerchfells und der Brustmuskulatur, die Lunge dient als direkter Energiespeicher für die Lautproduktion. Durch Öffnen des Kehlkopfes strömt die Luft zunächst in die Rachenhöhle und tritt dann entweder durch die Mundhöhle oder die Nasenhöhle nach außen. Der gesamte oberhalb des Kehlkopfes liegende Bereich (Rachen-, Mund- und Nasenhöhle) wird *Ansatzrohr* genannt. Die beiden Hauptwege im Ansatzrohr sind durch das Gaumensegel (Velum) getrennt, das als Luftweiche fungiert. Senken des Velums öffnet die Nasenhöhle, Heben des Velums schließt sie.

Für die Lautproduktion hat das Ansatzrohr zwei Grundfunktionen. Einmal dient es als Resonanzraum, also zur Ausgestaltung von Tönen und Geräuschen, zum zweiten dient es der Geräuschproduktion selbst. Am wichtigsten ist dafür die Mundhöhle mit ihren beweglichen Organen Velum, Zunge, Lippen und ihrer Veränderbarkeit durch die Beweglichkeit des Unterkiefers insgesamt.

Die Schemata in 1 machen einen wichtigen Grund für Eigenart und Komplexität der Sprachlautproduktion deutlich, der uns veranlassen sollte, mit der Redeweise von ›den Artikulationsorganen‹ vorsichtig umzugehen. Die beteiligten Organe sind zum Sprechen da, aber sie sind nicht nur zum Sprechen da. Unter physiologischem Aspekt sind es einige nicht einmal in erster Linie. Zunge (trotz *lingua*!), Lippen, Zähne, Nase usw. haben als primäre Funktionen ganz offensichtlich dem Atmen, der Nahrungsaufnahme und vielleicht sogar der Lautproduktion unabhängig vom Sprechen zu dienen. Bei der Komplexität und Polyfunktionalität dieser Organe liegt einer der Gründe für die Schwierigkeit, die Sprachlautproduktion auf einfache und eindeutige Weise zu beschreiben. Würden wir mit einem spezialisierten Organ nur das artikulieren, was zur Differenzierung von 30 bis 60 Sprachlauten notwendig ist – wir kämen mit einer vergleichsweise einfachen Apparatur aus.

Die Artikulationsorgane

Zur Beschreibung der Hauptfunktionen einzelner Artikulationsorgane orientieren wir uns am sog. Sagittalschnitt in Schema 2. In 3 sind die wichtigsten deutschen und lateinisch/griechischen Bezeichnungen mit den daraus abgeleiteten Merkmalsbezeichnungen alphabetisch nach dem Deutschen aufgeführt (nach Duden 1995: 23).

(2)   Artikulationsorgane

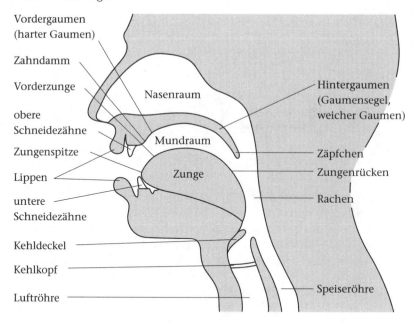

(3)   Artikulationsorgane und artikulatorische Merkmale

Gaumensegel, weicher Gaumen Hintergaumen	velum (velar)
Kehlkopf	larynx (laryngal)

Lippe	labium (labial)
Mund	os (oral)
Nase	nasus (nasal)
Rachen	pharynx (pharyngal)
Stimmritze	glottis (glottal)
Vordergaumen, harter Gaumen	palatum (palatal)
Vorderzunge Zungenkranz	corona (koronal)
Zahn	dens (dental)
Zahndamm	alveoli (alveolar)
Zäpfchen	uvula (uvular)
Zungenrücken	dorsum (dorsal)
Zungenspitze	apex (apikal)

Das komplizierteste der beteiligten Organe ist der *Kehlkopf* (der Larynx), der als Ventil das gesamte Ansatzrohr nach unten abschließt. Den zentralen Bereich des Kehlkopfes bilden die *Stimmbänder*, das sind zwei längliche, einander gegenüberstehende Muskelstränge mit komplexen Bewegungsmöglichkeiten. Die Stimmbänder sind vorne am Schildknorpel (bei Männern sichtbar als Adamsapfel) und hinten an zwei beweglichen Stellknorpeln angewachsen. Sie können gespannt werden und sie können aufeinander zu bewegt werden, so daß zwischen ihnen ein Spalt von veränderlicher Form und Größe entsteht, die Stimmritze oder *Glottis* (4).

(4) Kehlkopf

a.
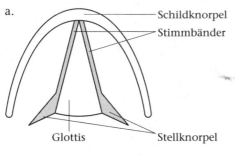

b.
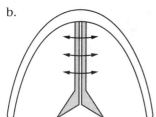

c.

Beim normalen Atmen ist die Glottis offen, die Atemluft strömt ungehindert ein und aus (4a, schematische Sicht von oben). Zum Erzeugen eines Tones wird die Glottis geschlossen (4b) und im Rhythmus der Grundfrequenz des Tones geöffnet und wieder geschlossen. Das rhythmische Abreißen und Wiedereinsetzen des Luftstromes ist als Summton mit der Grundfrequenz hörbar.

Der einzelne Öffnungs- und Schließvorgang ist physikalisch eine sog. Kippschwingung. Durch Schließen der Glottis nach dem Einatmen kann in der Lunge und Luftröhre ein erhöhter Luftdruck aufgebaut werden. Der Druck wird so eingestellt, daß sich die Glottis öffnet und die Luft ausströmt. Beim Ausströmen sinkt der Druck, die Glottis schließt sich und unterbricht den Luftstrom, der Öffnungsvorgang beginnt von neuem. Wichtig ist, im Bewußtsein zu halten, daß mit diesem Vorgang nur der Rohschall erzeugt wird. Man hört seine Grundfrequenz als Stimmton, während die Klangfarbe des gehörten Tones durch die Filterwirkung der supraglottalen Lufträume mitbestimmt ist.

Zu den weiteren Modi der Lauterzeugung im Kehlkopf gehört das Flüstern (Glottis im vorderen Bereich geschlossen, im hinteren geöffnet, 4c), das Falsett (Stimmbänder durch Zurückklappen der Stellknorpel sehr stark gedehnt) und die Geräuschproduktion beim glottalen Frikativ [h] (Glottis leicht geöffnet) sowie dem glottalen Plosiv [ʔ] (plötzliches Öffnen der Glottis, vgl. 2.2.1).

Die Glottis wird nach oben geschützt durch die *Epiglottis* (Kehldeckel), die sich beim Schlucken automatisch schließt. In manchen Sprachen, z.B. im Arabischen, gehört sie zu den aktiven Artikulatoren. Die darüber liegende Rachenhöhle (der *Pharynx*) dient als Resonanzraum. Größe und Form der Rachenhöhle sind durch Bewegung der Zunge und des Kehlkopfes variabel, ein aktiv artikulierendes Organ befindet sich in diesem Bereich aber nicht.

Der Pharynx wird nach oben durch den hinteren Teil des Zungenrückens (das *Dorsum*) und das Gaumensegel (auch weicher Gaumen, das *Velum*) begrenzt. Das Velum kann, wie schon erwähnt, gehoben und gesenkt werden (orale vs. nasale Laute). Bei der Produktion oraler Laute wird die Nasenhöhle ganz geschlossen, der gesamte Luftstrom geht durch die Mundhöhle. Bei den nasalen Lauten wird die Nasenhöhle geöffnet, die Mundhöhle wird aber nicht unbedingt am Velum verschlossen, sondern teilweise weiter vorn, beim [m] ganz vorn an den Lippen (5a: oraler Laut, hier [s]; 5b: nasaler Laut, hier [m]).

(5) a. b.

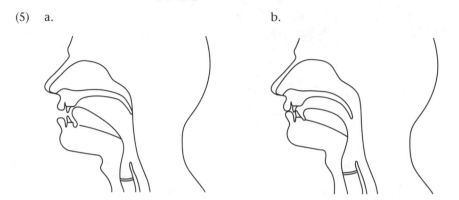

Bei gehobenem Velum kann zwischen Zunge und Velum eine Enge variabler Größe gebildet werden. Ist die Öffnung so eng, daß beim Hindurchpressen des Luftstroms ein Zischgeräusch entsteht, dann ergibt sich ein Frikativ wie das [x]

in **suchen**. Wird die Öffnung zwischen Zunge und Velum ganz geschlossen und plötzlich geöffnet, so entsteht ein Plosiv wie das [k] in **Luke**.

Die Variabilität der Öffnung zwischen dem unteren, beweglichen Teil der Mundhöhle (Zunge, untere Zahnreihe, Unterlippe) und der oberen, weniger oder gar nicht beweglichen Begrenzung der Mundhöhle (harter Gaumen – das *Palatum*, Zahndamm – die *Alveolen*, obere Zahnreihe, Oberlippe) spielt für den ganzen prävelaren Bereich eine entscheidende Rolle. Eine große Öffnung führt zu Vokalen, eine kleine zu Frikativen und ein Verschluß mit plötzlicher Öffnung zu Plosiven. Wie dieser Bereich gegliedert werden soll und welche Bereiche für Engebildung und Verschluß man unterscheiden soll, ist nicht ohne weiteres klar (genauer 2.2.1).

Zusammenwirken der Artikulationsorgane

Unsere bisherigen Aussagen zur Artikulation betreffen einzelne Teile des Artikulationsapparates. An Beispielen von Einzellauten wurde gezeigt, welche Art von Ton oder Geräusch produziert werden kann. Eine Beschreibung dieser Art erfaßt wesentliche Merkmale der sprachlichen Artikulation nicht. Auch wenn man von ihrer Ungenauigkeit absieht, ist sie aus mindestens zwei Gründen unrealistisch.

Der erste Grund: Sprachlaute werden nicht isoliert, sondern als Bestandteile größerer Einheiten artikuliert. Damit steht erst einmal die Frage, wo ein Lautsegment aufhört und wo das folgende anfängt. Dieser Frage gehen wir an anderer Stelle nach (2.3.1; 4.2).

Sieht man nun eine Silbe oder eine Wortform als Folge von Einzellauten, also Lautsegmenten an, dann stellt man fest, daß die Artikulation der Einzellaute nicht unabhängig voneinander erfolgt. Die Artikulationen benachbarter oder nahe beieinander liegender Laute sind aufeinander bezogen, wobei dieser Bezug von recht unterschiedlicher Art sein kann. Als ein Beispiel wurde früher schon erwähnt, daß Laute mit Stimmton innerhalb einer Silbe unmittelbar aufeinander folgen. Sie haben alle ein artikulatorisches Merkmal gemeinsam, sind artikulatorisch aneinander angeglichen.

Eine solche Angleichung kann auch dadurch hervorgerufen sein, daß ein Laut bestimmte Eigenschaften eines Nachbarlautes übernimmt und sich dadurch verändert. Man spricht dann von *Assimilation*. Das bekannteste Beispiel aus dem Deutschen ist die Nasalassimilation. Ein Wort wie **Bank** wird mit **n** geschrieben, hat aber die Lautfolge [baŋk]. Es gibt nun gute Gründe für die Annahme, daß die Schreibweise des Wortes kein Zufall ist, sondern daß das [ŋ] hier ›eigentlich‹ ein [n] ist. Das [n] wird alveolar, also vorn artikuliert. Das [ŋ], der velare Nasal, wird wie das ihm folgende [k] hinten (velar) artikuliert. Das [ŋ] wäre nach dieser Auffassung ein dem [k] assimiliertes [n] (weiter 4.3.2).

Die meisten Assimilationsvorgänge verändern einen Laut nicht so gravierend wie [n] zu [ŋ]. Das [t] in **Tusch** steht vor einem Vokal, der mit Lippenrundung artikuliert wird. Die Rundung des [ʊ] wird bei der Artikulation des [t] vorweggenommen, das [t] ist gerundet und wird nach dem IPA als [t̹] geschrieben. Ganz anders in **Tisch**. Hier folgt dem [t] ein [ɪ], also ein definitiv ungerundeter Vokal. Rundung ist für das [t] eine marginale Eigenschaft. Beide Laute sind zweifelsfrei ein [t], aber sie sind doch so verschieden, daß man sie nicht austauschen darf. Man hört sonst nämlich etwas wie [tɾʊʃ] und [tʊɪʃ] (Liberman/Blumstein 1988: 130f.).

Assimilation hat ihre artikulatorische Basis in der *Koartikulation*. In **Tusch** sind [t] und [ʊ] bezüglich Lippenrundung koartikuliert. Lippenrundung ist an sich ein Merkmal des [ʊ]. Sein Auftauchen beim [t] besagt, daß beide Laute in gewisser Hinsicht gleichzeitig, eben koartikuliert sind.

Der Einfluß eines Lautes auf einen benachbarten kann auch andere Wirkungen als Assimilation haben. Das [t] in **Ton** ist stark behaucht (aspiriert). Das ist im Deutschen bei jedem alleinstehenden [t] vor betonten Vokalen der Fall. Das IPA stellt für aspiriertes [t] die Schreibweise [tʰ] zur Verfügung, wir transkribieren also [tʰoːn]. Bei normaler Aussprache ist das [t] in **Stahl** nicht oder nur ganz schwach aspiriert. Bei genauem Hinhören ist der Unterschied sofort wahrnehmbar, wir transkribieren [ʃtaːl].

Lautunterschiede der beschriebenen Art sind Legion. Es handelt sich dabei nicht um individuelle Eigenheiten oder um Zufälligkeiten, die mal auftreten und mal nicht. Sie treten regelmäßig auf, und die artikulatorische Phonetik erklärt, warum das der Fall ist. Aber handelt es sich bei [t], [tʰ] und [t̥] um denselben Laut? Intuitiv ist sowohl Aspiration als auch Rundung beim [t] marginal, obwohl sie bei einer systematischen und einigermaßen vollständigen Beschreibung der Artikulation nicht einfach weggelassen werden können. Ob sie in der Phonologie zu berücksichtigen sind, bleibt erst einmal offen (3.1; 4.2).

Der zweite Grund für die Mangelhaftigkeit unserer bisherigen Beschreibung der Artikulation ist, daß jeweils nur ein Organ oder ein kleiner Teil des Artikulationsapparates für sich betrachtet wurde. Tatsächlich ist, wie schon gesagt, stets der ganze Apparat in Bewegung. Zur vollständigen Beschreibung eines Lautes gehört eigentlich eine Kennzeichnung des Verhaltens aller Organe. 6 zeigt das schematisch für die Silbe [plaːn] (**Plan**).

(6) Bewegungsschema

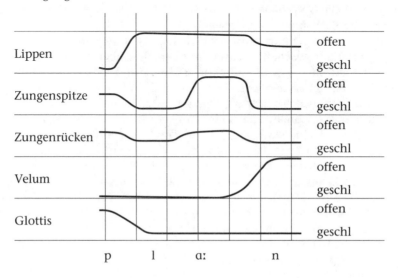

Wir sind bei unseren bescheidenen Zielen nicht darauf angewiesen, all dem zu genügen. Aber auch die einfachste Beschreibung der Laute hat, wie die folgenden Beispiele zeigen, mehrere Dimensionen zu berücksichtigen.

Ein stimmloses [s] wie in **Wasser** ist einem stimmhaften [z] wie in **Wiese** artikulatorisch sehr ähnlich, der Hauptunterschied besteht im Stimmton des [z]. Der Kehlkopf ist beim [z] artikulatorisch aktiv, beim [s] ist er einfach offen. In diesem Sinn ist die Artikulation des [z] komplexer als die des [s].

Der Stimmton ist für das [z] genauso unerläßlich wie das alveolare Zischgeräusch, deswegen müssen die Aktivitäten der beiden beteiligten Organe bei der artikulatorischen Beschreibung in gleicher Weise berücksichtigt werden. In zahlreichen anderen Fällen kann man dagegen eine primäre von einer sekundären Artikulation unterscheiden. Die Lippenrundung des [t] in **Tusch** etwa wäre sekundär, ebenso die generelle Rundung des [ʃ].

Meist wird der Begriff *sekundäre Artikulation* dann verwendet, wenn ein Laut neben der bestimmenden eine zweite, weniger ausgeprägte Engebildung aufweist. Ein [t] mit fast geschlossenen Lippen heißt labialisiert, nach dem IPA [tʷ]. Genau so haben wir [tʲ] (palatalisiert), [tˠ] (velarisiert) und [tˤ] (pharyngalisiert). Auch Nasalierung wie bei den Vokalen des Französischen, geschrieben [ɛ̃, ɔ̃, ã], wird häufig als sekundäre Artikulation bezeichnet. Einen Sonderfall bildet die sog. *Doppelartikulation*, bei der dieselbe Art der Engebildung an zwei verschiedenen Stellen auftritt. So gibt es westafrikanische Sprachen mit Plosiven, die gleichzeitig velar und labial sind: [k͡p], [ɡ͡b]. Meist zählt man auch das [uː] wie in **Huhn** zu den Doppelartikulationen, weil es eine labiale wie velare Enge derselben Art (friktionslos, also kein Geräusch erzeugend) aufweise. ›Doppelartikulation‹ darf nicht mit ›doppelte Artikulation‹ verwechselt werden (6.1).

2.2 Phonetische Kategorisierung der Sprachlaute

Im vorausgehenden Abschnitt sind auditive Grundbegriffe erläutert und Artikulationsvorgänge beschrieben worden. Dasselbe Thema behandeln wir jetzt aus der Perspektive der Lautklassifikation. Nicht mehr die Organe und ihr Funktionieren stehen im Vordergrund, sondern die Laute selbst.

Erörtert werden Möglichkeiten zur Klassifizierung von Lauten *nach phonetischen Parametern*. Alle Begriffe werden innerhalb der angesetzten Parameter wie Artikulationsort, Frontierung usw. eingeführt, auch wenn sie früher schon vorgekommen sind. Eine gelegentliche Redundanz der Darstellung nehmen wir in Kauf. Auf der Basis einer phonetischen Beschreibung soll das Verhältnis von phonologischer und phonetischer Kategorienbildung für das Deutsche durchschaubar werden.

Die Darstellung erfolgt getrennt für Konsonanten und Vokale. Das dient der Übersichtlichkeit und stellt das phonetische Konsonant-Vokal-Kontinuum nicht infrage. Die häufig vorgenommene terminologische Unterscheidung von Kontoid – Vokoid einerseits (phonetische Substanz) und Konsonant – Vokal andererseits (phonologische und insbesondere phonotaktische Funktion) wird nicht aufgenommen (z. B. Pike 1943; Kohler 1995: 61 ff.). Man müßte bei einer solchen Differenzierung fragen, warum nicht generell zwischen phonologischen und phonetischen Termini unterschieden wird. Ob bestimmte Kategorien in der Literatur als phonologisch oder phonetisch gelten, ist für das folgende erst einmal ohne Belang.

Weil viele der gängigen Termini aus dem Englischen übernommen oder abgeleitet sind, geben wir häufig Hinweise auf englische Äquivalente. Dem Leser wird empfohlen, gerade im Teilkapitel 2.2 die Aufgaben beim jeweiligen Textverweis anzusehen. Sie sind so konzipiert, daß man sich schnell an den geläufigsten Teil der Kategorienbezeichnungen gewöhnt.

2.2.1 Konsonanten

Ein Sprachlaut ist ein Konsonant, wenn er mit Friktionsenge oder Verschluß gebildet wird. Der Friktionsenge entspricht auditiv ein Zischgeräusch (als Grenzfall ein Trillergeräusch). Verschlüsse führen zu Schlaggeräuschen, wenn sie plötzlich geöffnet werden. In anderen Fällen, z. B. beim [m], [n] und [l], gibt es keinen Geräuschanteil, der dem artikulatorischen Merkmal Verschluß entspricht.

Die phonetische Beschreibung der Konsonanten wird meist entlang von maximal vier Parametern geordnet, nämlich (1) dem Artikulationsort als dem Ort der primären Enge- oder Verschlußbildung, (2) dem artikulierenden Organ als dem an der Enge- oder Verschlußbildung aktiven Artikulator, (3) der Artikulationsart als der Art und Weise der Enge- oder Verschlußbildung und (4) der Stimmtonbildung oder Phonation.

Schon diese Aufzählung zeigt, daß in der phonetischen Beschreibung vieles redundant ist, sei es, weil dieselbe Sache von mehreren Seiten betrachtet wird oder sei es, weil ein Tatbestand andere Tatbestände voraussetzt oder impliziert. Das muß so sein, denn wir wissen ja bei der phonetischen Beschreibung noch nicht, welche Lauteigenschaften phonologisch wie von Bedeutung sind.

Artikulationsort und artikulierendes Organ

Als *Artikulationsort* eines Konsonanten gilt der Bereich der größten Enge- bzw. der Verschlußbildung am Kehlkopf oder im Ansatzrohr. Im vorderen und mittleren Bereich bezieht man sich dabei auf den Oberkiefer als den feststehenden Teil des Artikulationsapparates. Auf Grundlage der Bezeichnungen in 2 und 3 aus 2.1.3 kennzeichnen wir – fortschreitend von vorn nach hinten – sieben Artikulationsorte. *Labial* sind die an der Oberlippe gebildeten Laute wie [m] in **Mai** oder [b] in **Bau**. *Dentale* Laute haben die Engebildung an der oberen Zahnreihe wie [f] in **Fuchs**. *Alveolar* sind im Deutschen eine ganze Reihe von Konsonanten, darunter das [l] und das [z] wie in **Land** und **Saal**, dazu das [n], das [r] (Zungen-r) sowie [t] und [d]. Besonders bei den zuletzt Genannten ist der Artikulationsort teilweise erheblich umgebungsabhängig, er kann sich vom postalveolaren bis zum dentalen Bereich verschieben. Das IPA (S. 77) läßt die genaue Lage deshalb teilweise offen.

Weiter hinten artikuliert, also *palatal*, sind das [ç] wie in **Wicht** sowie seine stimmhafte Entsprechung [j] wie in **Jäger**. Am weichen Gaumen (*velar*) bilden wir [k], [g], [x] (**suchen**) und [ŋ] (**Klang**). Als *uvulare* Konsonanten hat das Deutsche das [ʀ] (Zäpfchen-r) sowie möglicherweise das [χ] (wie [x], aber weiter hinten) und sein stimmhaftes Gegenstück [ʁ]. *Glottal* (an der Stimmritze gebildet) schließlich sind das [h] wie in **Hof** sowie der glottale Verschlußlaut [ʔ], der ›Knacklaut‹ vor anlautendem Vokal (**Aufgabe 4**).

Weil definitionsgemäß jeder Konsonant Enge oder Verschluß hat, ist auch jedem Konsonanten ein Artikulationsort zugewiesen. Die eben gegebene Aufstellung hat nur illustrativen Charakter. Sie ist unvollständig und bei ihren Festlegungen teilweise willkürlich. ›Artikulationsort‹ ist ein analoger Parameter. Statt der herausgegriffenen sieben könnte man auch sechs oder acht Kategorien unterscheiden. So wird häufig angenommen, das [ʃ] wie in **Asche** sei weiter hinten artikuliert als das [s] wie in **Wasser**. Soll [s] alveolar sein, so wäre [ʃ] postalveolar oder auch präpalatal. Im IPA finden sich postalveolar, palatoalveolar und alveolo-palatal als verschiedene Artikulationsorte, und es findet sich auch ein Artikulationsort pharyngal (Rachenlaut), der zwischen uvular und glottal liegt. Wo die Differenzierung aufhören soll, ist nicht ohne weiteres klar (weiter dazu Aufgabe 6, unten).

Umgekehrt möchte man mehrere Artikulationsorte zusammenfassen und größere Kategorien bilden können. Beispielsweise ist es für bestimmte Zwecke nützlich, palatale und velare Konsonanten unter einen Begriff zu bringen. Sie heißen dann *tektal* (von lat. *tectum* »Dach«, »am Munddach gebildet«; Kohler 1977: 62). Dagegen ist für den Gesamtbereich von postalveolar bis dental kein umfassender Begriff geläufig, vielleicht einfach deshalb, weil alveolar und dental physiologisch so verschieden sind und dental ja auch für Artikulation mit der Unterlippe verwendet wird wie beim [f] (s. u.).

Eine Zweiteilung aller Artikulationsorte ergibt sich mit dem Merkmalspaar *vorn – nichtvorn* (engl. *anterior – nonanterior*). Als vordere Laute gelten die labialen, dentalen und alveolaren. Alle übrigen sind nicht vorn (Chomsky/Halle 1968: 304; Wurzel 1981: 945). Gelegentlich wird auch *hinten* für die Konsonanten als Gegenbegriff zu *vorn* eingeführt, wobei hinten bei postpalatal beginnt (Meinhold/Stock 1982: 30; dazu auch Lass 1984: 86f.). Bei dieser Kategorisierung ergeben sich palatale Konsonanten als weder vorn noch hinten. Es kann aus systematischen Gründen von Interesse sein, solche neutralen Bereiche verfügbar zu haben.

Hinter unterschiedlichen Redeweisen wie vorn – nichtvorn einerseits und vorn – hinten andererseits verbirgt sich ein theoretisches Problem, das wir wenigstens erwähnen müssen. Es geht um den Status artikulatorischer und auch anderer Lauteigenschaften als phonologische Merkmale. Bei vorn – nichtvorn basiert alles auf dem Begriff ›vorn‹. Es ergibt sich ein Merkmalspaar, das geschrieben werden kann als [+vorn] und [-vorn]. Jeder Laut ist [+vorn] oder [-vorn] oder vielleicht noch unspezifiziert bezüglich dieser Größen. Bei vorn – hinten kann man sich weitere Kategorien vorstellen, z. B. vorn – fast vorn – zentral – hinten. Die Merkmalsmenge wäre nicht binär. Es ist nicht bloß eine theoretische Frage, ob man nur mit binären oder auch mit mehrwertigen Kategorisierungen arbeitet. In manchen Fällen bietet sich eher die eine als die andere Redeweise an.

Der Parameter *artikulierendes Organ* (auch *Artikulator*) erfaßt den Beitrag zur Engebildung, der von den mit dem – beweglichen – Unterkiefer verbundenen Artikulationsorganen Unterlippe und Zunge erbracht wird.

Die Unterlippe (als Artikulator *labial*) bildet eine Enge entweder mit der

Oberlippe oder mit den oberen Schneidezähnen. Im ersten Fall sprechen wir von *bilabialen* Konsonanten (z. B. [m], [p], [b]), im zweiten von *labiodentalen* (z. B. [f] wie in **Fall** und [v] wie in **Wall**). Die Bezeichnungen bilabial und labiodental haben die Besonderheit, daß sie sowohl das artikulierende Organ wie den zugehörigen Artikulationsort nennen. Das ist notwendig, weil ›labial‹ als Artikulator (Unterlippe) weiter differenziert werden muß. In den meisten Darstellungen und auch im IPA wird mit den Kategorien bilabial und labiodental gearbeitet, unabhängig davon, ob sonst der Artikulationsort oder das artikulierende Organ die Grundlage der Kategorienbildung ist. In Schnitt 1 entsprechen sie den Positionen 1 und 2 (nach Ladefoged 1993).

(1)   Artikulatorische Konstellationen, Konsonanten

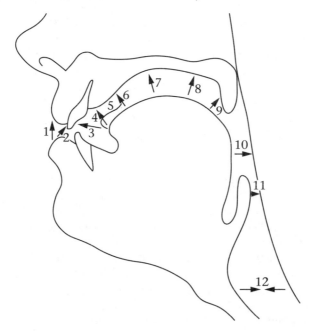

Unmittelbar hinter den labialen liegen die Vorderzungenlaute, Merkmal *koronal*. Der vordere, besonders bewegliche Teil der Zunge ist engebildend im dentalen wie im alveolaren Bereich (Positionen 3 und 4 in 1, also z. B. [t], [s], [ʃ]). Häufig werden als eine besondere Gruppe unter den koronalen die mit der Zugenspitze gebildeten *apikalen* Konsonanten ausgezeichnet, oder man unterteilt die koronalen in die apikalen und die *laminalen*, mit dem Zungenblatt gebildeten Konsonanten. Das [t] und [d] des Deutschen wären apikal, für das [s] und [z] ist das schon nicht so eindeutig, und das [ʃ] würde man kaum apikal nennen wollen.

Biegt man die Vorderzunge nach oben zurück in den postalveolaren und präpalatalen Bereich, so entsteht ein *retroflexer* Konsonant (5 in 1; Ladefoged 1993: 159 f.). Retroflexe Laute gibt es im Deutschen im allgemeinen nicht. Man kann aber ohne große Mühe ein retroflexes t oder n (im IPA [ʈ] und [ɳ] und als besonderer Artikulations*ort* geführt!) produzieren.

Die durch Engebildung mit dem Zungenrücken gebildeten Laute heißen *dorsal* (Positionen 6–9). Die dorsalen Konsonanten liegen im palatalen, velaren und uvularen Bereich (z. B. [k], [g], [ç], [j], [x], [ŋ]). Mit 9 endet die für das Deutsche relevante Unterscheidung von Artikulator und Artikulationsort.

Wie beim Artikulationsort lassen sich für das artikulierende Organ zahlreiche weitere Subkategorien einführen. Verbreitet ist insbesondere die Redeweise von prädorsalen, mediodorsalen und postdorsalen Lauten.

Der Parameter ›artikulierendes Organ‹ ist offensichtlich nicht unabhängig vom Parameter ›Artikulationsort‹. Aus artikulatorischer Perspektive ist teilweise willkürlich, ob man den einen oder den anderen Parameter zur Beschreibung der Konsonanten wählt. Enge und Verschluß generell mit Termini aus beiden Bereichen zu beschreiben, wäre einfach nur umständlich: ein [t] etwa würde apikoalveolar, ein [ç] vielleicht dorsopalatal heißen. Die Zunge als artikulierendes Organ wird meist nur bis in den als postdorsal gekennzeichneten Bereich hinein zur Beschreibung von Sprachlauten verwendet. Dem entsprechen die uvularen Laute auf der Seite des Artikulationsortes. Für pharyngale Laute (Position 10) ließe sich die Unterscheidung von Artikulationsort und artikulierendem Organ noch halten, wäre aber für Sprachen wie das Deutsche bedeutungslos. Bei den glottalen Lauten (Position 12) ist die Unterscheidung nicht möglich (**Aufgabe 5**).

Artikulationsart

Im dritten Parameter, der *Artikulationsart* (auch Artikulationsmodus), erhält ebenfalls jeder Konsonant einen Wert. Die ›Art und Weise‹ der Enge- und Verschlußbildung, um die es dabei geht, ist offenbar etwas ziemlich Abstraktes. Wie man ›Art und Weise‹ als Werte eines Parameters ordnen soll, liegt nicht auf der Hand. Wir richten uns nach dem, was sich in der Literatur am häufigsten als Artikulationsart findet.

Wird im glottalen oder supraglottalen Bereich durch Verschluß ein erhöhter Luftdruck aufgebaut und der Verschluß so geöffnet, daß der Luftdruck durch rasches Entweichen der Luft schlagartig absinkt, dann entsteht ein *Plosiv* (auch Klusil, in der Literatur zum Deutschen häufig Verschlußlaut genannt, Meinhold/Stock 1982: 25. Die Redeweise ist irreführend, denn auch Nicht-Plosive wie das [m] können Verschlußlaute sein). Akustisch entspricht dem plosiven Artikulationsmodus ein Schlaggeräusch.

Die größte Gruppe unter den Konsonanten überhaupt sind die *Frikative* (auch Reibelaute, Engelaute, Spiranten). Ihr akustisches Korrelat ist ein Zischgeräusch. Sie werden erzeugt, indem (meist ausströmende) Luft durch eine Friktionsenge gepreßt wird. Die Frikative sind so zahlreich, weil es vielfältige Möglichkeiten zur Engebildung im Mund- und Rachenraum gibt, die zu akustisch unterschiedlichen und auditiv gut differenzierbaren Resultaten führen. Das beginnt ganz vorne mit dem [ɸ] (einer Art bilabialem [f]), setzt sich fort über das labiodentale [f] und [v], das zwischen den Zähnen gebildete [θ] wie in engl. **thin**, verschiedene alveolare ([s], [z]), palatale ([ç], [j]), velare, uvulare (s. u.) Frikative und endet mit dem glottalen [h].

Eine weitere Subklassifizierung der vorderen Frikative nehmen Chomsky/Halle (1968: 312 ff.) mit dem Merkmalspaar *distributed – nondistributed* vor.

Distributed sind Frikative mit einer langen Engebildung in Richtung des Luftstroms. Beispielsweise hat das bilabiale [ɸ] im Vergleich zum labiodentalen [f] dieses Merkmal.

In gewisser Weise verwandt damit ist die von Kohler (1995: 58) verwendete Unterscheidung *gerillt – flach,* auch *enggerillt – weitgerillt.* Damit kann der Unterschied zwischen [s], [z] (gerillt) und [ʃ], [ʒ] (flach, d. h. flache Engebildung zwischen Vorderzunge und Alveolen) erfaßt und auf eine Differenzierung im Artikulationsort verzichtet werden.

Die vier gerade genannten Frikative werden gelegentlich auch als *Sibilanten* den übrigen Frikativen gegenübergestellt. Sie erweisen sich als zusammengehörig, etwa wenn es um die Regeln zur Bildung englischer Substantivplurale geht. Sibilanten haben die größte Energiedichte im höherfrequenten Bereich, sie klingen ›scharf‹ (engl. auch *strident*). Während Ladefoged (1993: 168) meint, das Merkmal sibilant sei nur auditiv zu fundieren, gibt Pompino-Marschall (1995: 190) ›längsgerillte Zunge‹ als artikulatorisches Merkmal an.

Wie die Plosive, so sind auch die Frikative artikulatorisch ziemlich verschieden. Was etwa ein bilabialer und ein glottaler Frikativ artikulatorisch gemeinsam haben, ist schwer zu sagen. Gemeinsam sind ihnen viel eher akustische und auditive Eigenschaften. ›Frikativ‹ ist als artikulatorische Kategorie schon recht abstrakt.

Plosive und Frikative bilden gemeinsam die Kategorie der *Obstruenten* (lat. *obstruo* »verbaue«, »verschließe«). Auch hier ist die Frage, was das gemeinsame artikulatorische oder wenigstens auditive Merkmal sei. Die übliche Charakterisierung, daß bei ihrer Bildung »ein charakteristisches Geräusch entsteht« (Wurzel 1981: 943), zeigt den hohen Grad an Abstraktheit. Wir kommen auf die Obstruenten im Zusammenhang ihrer Gegenkategorie ›Sonorant‹ noch einmal zu sprechen (s. u., Phonation).

Wird das Velum gesenkt, so daß die Luft durch den Nasenraum entweicht, entstehen *Nasale.* Die Differenzierung der Nasale erfolgt durch Verschluß im Mundraum. Beim [m] ist der Mund geschlossen (bilabialer Nasal); beim [n] erfolgt der Verschluß ähnlich wie beim [t] (alveolarer Nasal); beim [ŋ] wie in **Klinge** oder **Bange** ist der Verschluß velar.

Es sind viele weitere Nasale denkbar und im IPA repräsentiert. Für das Deutsche spielen als Phoneme aber höchstens die genannten drei eine Rolle. Die Nasale werden manchmal den übrigen Konsonanten gegenübergestellt, die dann nichtnasal oder *oral* heißen. Oral meint dann, daß die Luft nur durch den Mundraum entweicht.

Der Mundraum kann in der Mitte so verschlossen werden, daß der Luftstrom geteilt an beiden Seiten des Verschlusses austritt. Es entsteht dann ein Seitenlaut oder *Lateral.* Der einzige Lateral des Deutschen ist das [l]. Die Gegenkategorie zu lateral ist *zentral.*

Wird artikulatorisch ein Trillergeräusch realisiert, so entsteht ein *Vibrant,* im IPA früher *rolled,* jetzt *Trill.* Beim Zungen-r [r] vibriert die Zungenspitze, beim Zäpfchen-r [ʀ] die Uvula. Mit den Vibranten verwandt sind die ›Schlaglaute‹, im IPA *Tap* oder *Flap.* Ein [r] oder [ʀ] im Redestrom ist häufig nicht ein echter Vibrant, sondern wird realisiert durch einmaliges Anschlagen, eben als Tap. Im Deutschen bilden die Taps also keine eigene Konsonantenklasse, sondern sind realisationsphonologische Varianten der Vibranten.

Beim Zäpfchen-r ist es schwierig, eine artikulatorische Abgrenzung zu einem entsprechenden Frikativ vorzunehmen. Dieser Frikativ wäre das stimmhafte uvulare [ʁ] oder auch das velare stimmhafte [ɣ]. Wir haben damit bereits vier mögliche Realisationen von Lauten genannt, die wir intuitiv als r-Laute bezeichnen würden (weiter 4.3.2).

Laterale und Vibranten bilden zusammen die Klasse der *Liquide* (lat. *liquidus* »fließend«). Auch diese Kategorie ist für eine artikulatorische Kennzeichnung zu abstrakt, obwohl sie nur wenige Laute umfaßt. Kennzeichnungen wie »bei kontinuierlich ausströmender Luft gebildet« (Abraham 1988: 453) sind nicht artikulatorisch und grenzen die Liquide weder von den Frikativen noch von den Gleitlauten ab (**Aufgabe 6**).

Die *Gleitlaute* (engl. *glides*, im IPA entsprechen ihnen am ehesten die *Approximanten*) weisen sehr geringe Engebildung auf, sie stehen artikulatorisch an der Grenze zwischen Konsonanten und Vokalen. Für das Englische setzt man beispielsweise einen bilabial-velaren Gleitlaut [w] an wie in **water**, **will**. Dieser Laut kommt artikulatorisch und akustisch einem Vokal wie dem [u] recht nahe, fungiert aber in den Beispielwörtern eindeutig als Konsonant. Er ist andererseits manchmal auch schwer von einem bilabialen Frikativ abzugrenzen. Ein anderer Gleitlaut des Englischen ist das [j]. Das [j] in engl. **yet** hat viel mit dem Vokal [i] gemeinsam, hat andererseits aber auch Eigenschaften eines Frikativs. Das IPA sah früher [j] für einen Gleitlaut und für einen Frikativ vor. Seit 1989 wird der Frikativ als [ʝ] notiert.

Gleitlaute werden unter bestimmten Bedingungen auch *Halbvokale* genannt (zu Trennung der Glides von den Approximanten 4.3.1).

Entlang dem Parameter Artikulationsart operiert man als weiterer Kategorisierung mit dem Begriffspaar *dauernd – nichtdauernd*. Das Merkmal dauernd haben nach Wurzel (1981: 947f.) alle Laute ohne Verschluß. Bei den Konsonanten sind das alle außer den Plosiven und Nasalen. Das Merkmalspaar *continuant/noncontinuant* wird manchmal etwas anders verwendet. Wird der Luftstrom zentral blockiert wie beim [l], dann ist ein Laut noncontinuant, d.h. dieses Merkmalspaar kann auch der Unterscheidung von [l] und [r] dienen (Chomsky/Halle 1968: 317f.).

Damit sind die wesentlichen, aber längst nicht alle Werte genannt, die der Parameter Artikulationsart in der gängigen Literatur aufweist. Auch daran zeigt sich die Heterogenität dieses Parameters. Was wird eigentlich beschrieben? Statt Artikulationsart finden wir Begriffe wie ›Überwindungsmodus‹ (Meinhold/Stock 1982: 25) oder man spricht davon, daß das Ansatzrohr unterschiedlich weit und unterschiedlich lange geschlossen sei (Ladefoged 1993: 8). Kohler (1995: 57ff.) vermeidet den Parameter ganz und ersetzt ihn durch vier andere, die in sich homogener sind, nämlich nasal – oral, Öffnungsgrad, zentral – lateral, zeitlicher Ablauf von Verschluß-Öffnungs-Bewegungen.

Wie wenig die Kategorien der Artikulationsart systematisch erst einmal besagen, macht Schema 2 deutlich, das die meisten der genannten Kategorien in einer Übersicht vereinigt. Schon die Kategorisierungen Dauer, Nasalität und Obstruenz sind eher so gewählt, daß alle Merkmale irgendwie einen Platz finden. Zwingend sind sie ebenso wenig wie es andere Kategorisierungen an dieser Stelle wären.

(2) Artikulationsmodi

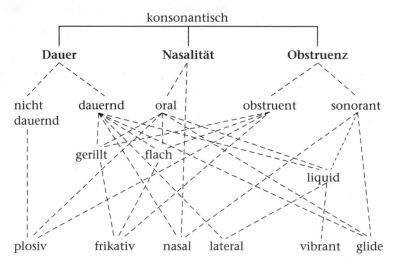

Offenbar haben wir es mit einem ziemlich komplizierten und aus sich heraus wenig erhellenden System von Klassifikationen zu tun, das man teilweise auch anders anordnen könnte. Warum all diese Kategorien angesetzt werden, mit denen man hunderte von Konsonanten unterscheiden kann, ist nicht ersichtlich. Es gibt auch keine Phonologie, die mit allen Kategorien arbeitet. Erst strukturelle Überlegungen erlauben es, die zur Beschreibung einer Sprache ›richtigen‹ im Sinne von geeigneten und notwendigen Kategorien zu ermitteln (ein Beispiel dazu in Aufgabe 4b oben).

Stimmton und verwandte Parameter

Scheinbar leichter handhabbar ist der Parameter *Phonation*. Phonation ist eine phonetisch eindeutige und einheitliche Kategorisierung für die Plosive und Frikative: diese Konsonanten lassen sich nach dem IPA – abgesehen vom glottalen Plosiv und vielleicht dem glottalen Frikativ – zu Paaren von Stimmlosen und Stimmhaften ordnen.

Anders als die bisher besprochenen Parameter ist Phonation als systematische Kategorisierung nicht auf alle Konsonanten in derselben Weise anwendbar. Zwar kann man nach verbreiteter Auffassung allen Konsonanten entweder das Merkmal stimmlos oder das Merkmal stimmhaft zuweisen, kategorial unterscheidend sind die Begriffe aber nur für die Obstruenten. Nur der glottale Verschlußlaut kann kein stimmhaftes Gegenstück haben. Bei den Sonoranten ist die Unterscheidung ebenfalls neutralisiert, sie sind stets stimmhaft. Stimmhaftigkeit reicht also zur Abgrenzung der Sonoranten nicht aus. Man findet insbesondere in der älteren Literatur als Sammelbezeichnung für alle Stimmhaften (stimmhafte Obstruenten und die Sonoranten) den Begriff *Sonant*.

Zum Begriff *Sonorant* ist eine weitere Bemerkung notwendig. Nach den bisher angesetzten Kategorisierungen gehören zu den Sonoranten alle Nichtobstruenten, d.h. die Nasale, Liquide und Approximanten. In sofern gehören auch die Vokale dazu, und wir werden später von der Klassifikation Obstruent/Nichtobstruent in diesem Sinne Gebrauch machen (Kap. 3.2.1). Sehr häufig werden aber in der Phonologie zu den Sonoranten nur die Nasale und Liquide gezählt, d. h. die Klassifikation Obstruent/Sonorant bezieht sich dann lediglich auf die Konsonanten mit ausgeprägter Enge- oder Verschlußbildung. Wenn wir von Sonoranten in diesem engen Sinne sprechen, geht das eindeutig aus dem Kontext hervor.

Weil die Unterscheidung stimmlos/stimmhaft intuitiv so einleuchtend ist, greifen wir an dieser Stelle dem Phonologischen vor und zeigen, warum eine phonetische Klassifikation nicht unbedingt auch phonologisch von Bedeutung sein muß.

Stimmhaft/stimmlos meint zunächst etwas Artikulatorisches. Systematisch kann das Verhältnis der entsprechenden Lautpaare in einer Einzelsprache aber ziemlich unterschiedlich aussehen. So haben im Deutschen [t-d], [f-v] und [x-ɣ] (mit [ɣ] als velarem, stimmhaftem Frikativ) als Lautpaare phonologisch nicht denselben Status. Beispielsweise treten [d] und [t] inlautend in derselben Position auf (**Boten – Boden**). [f] steht in dieser Position ebenfalls, kaum aber [v]. Wir haben viele Wörter wie **Stufe**, vom Typ ***Stuwe** aber ganze zwei, nämlich **Möwe** und **Löwe**.

Noch anders ist es, wie früher schon kurz erwähnt, bei [x-ɣ]. Nach häufiger, aber keineswegs einhelliger Auffassung gibt es [x] im nativen Wortschatz anlautend gar nicht und inlautend (sowie auslautend) nur nach bestimmten Vokalen und Diphthongen wie in **Buche, Woche, Brache, hauchen** (genauer 4.3.2). [x] ist distributionell sehr restringiert. Für [ɣ] ist dagegen umstritten, ob dieser Laut in der Standardlautung überhaupt vorkommt und ob es sich, wenn er vorkommt, nicht in Wahrheit um eine Variante des [ʀ] handelt. Eine solche Variante wird andererseits aber häufig noch weiter hinten angesiedelt, nämlich als uvulares [ʁ]. Für [ɣ] gibt es dann gar keinen Platz mehr im Inventar.

Damit ist fraglich, ob wir die Frikative systematisch einheitlich zu Paaren von stimmlosen und stimmhaften ordnen können, auch wenn wir vielleicht glauben, alle diese Laute im Deutschen zu hören.

Bezüglich des Artikulatorischen selbst liegen die Dinge bei der Phonation ebenfalls nicht so klar wie es zunächst scheint. Viel diskutiert wird etwa die Frage, wann bei [b], [d], [g] im Verhältnis zu [p], [t], [k] der Stimmton einsetzt. Die einfache Vorstellung, der Stimmton setze bei ersteren vor der Verschlußlösung ein, bei letzteren irgendwann danach, trifft nicht zu. Vor allem berücksichtigt sie nicht den Faktor Aspiration. Bei behauchten Plosiven erfolgt der Stimmeinsatz generell später als bei unbehauchten.

Es gibt seit langem Theorien, die das paarweise Auftreten der Plosive zumindest für bestimmte Sprachen und bestimmte artikulatorische Kontexte nicht auf das Vorhandensein und Fehlen des Stimmtones zurückführen. Eine konkurrierende Auffassung unterscheidet stattdessen zwischen Fortis- und Lenis-Artikulation (lat. *fortis – lenis* »stark – schwach«). Diese Kategorisierung wird häufig – aber keineswegs immer – neben den Plosiven auch auf die Frikative angewandt. Bei Fortis-Artikulation soll der Luftdruck hinter der oralen Enge höher sein als bei Lenis-Artikulation. »Es ist durchaus möglich, daß sich der intraorale Druckunterschied mit einem verschieden intensiven Verhalten des Larynx und des gesamten Ansatzrohrs verbindet, so daß z. B. die Fortis-Artikulation bei den Plosiven durch kräftigere Verschlußbildung und festere Abriegelung des Nasenraums gekennzeichnet ist.« (Kohler 1977: 64; ausführlicher 1995: 59f.). Solche Formulierungen zeigen die Schwierigkeit, ein artikulatorisches Korrelat für die Fortis-Lenis-Unterscheidung anzugeben. Meinhold/Stock (1982: 28; 142f.) sehen das Verhältnis so, daß fortis artikulierte Plosive stimmlos sind, nicht aber umgekehrt. Das Deutsche habe auch stimmlose, lenis gebildete Plosive (z. B. das [b̥] im Auslaut von (**ich**) **hab**, dazu weiter 4.3.2, ›Auslautverhärtung‹). Stimmhafte Plosive seien dagegen immer lenis artikuliert. R.Wiese (1996) sieht fortis/lenis eher für die Plosive, stimmlos/stimmhaft eher für die Frikative gegeben.

Auffassungen dieser Art sind in der phonetischen Tradition gut verankert. Ihre genauere Besprechung würde die Einbeziehung eines weiteren traditionell wichtigen Begriffspaares verlangen, nämlich der Unterscheidung von *Tenuis* und *Media* (Pl. *Tenues – Mediae*, von lat. *tenuis – medius* »dünn – mittel«). Die Metapher ›dünn‹ bezieht sich ursprünglich wohl auf die Kürze der Plosive [p], [t], [k], wenn sie gänzlich unaspiriert sind. In der historischen Philologie werden die Begriffe teilweise eher wie fortis – lenis, teilweise eher wie stimmlos – stimmhaft verwendet, manchmal aber auch neben diesen (vgl. z. B. mit Anwendung auf das Deutsche Sievers 1901: 69ff.; Jespersen 1913: 103ff.). Zusammengefaßt werden die Tenues und Mediae auch als *Mutae* (lat. *mutus* »still«, »stumm«) den Sonanten gegenübergestellt.

Wir werden in späteren Teilen der Grammatik nur gelegentlich von Fortis-Lenis-Artikulation sprechen und keinerlei Gebrauch von der Unterscheidung in Tenues und Mediae machen. In der Regel sprechen wir von stimmlosen und stimmhaften Obstruenten. Damit sind bestimmte Fragen nach der tatsächlichen Artikulation hintangestellt, ein Faktum, auf dessen Unvermeidlichkeit schon hingewiesen wurde. Diese Ungenauigkeit dürfte aber auch im vorliegenden Fall zu keinen Mißverständnissen führen. Denn es ist in der Regel nicht zweifelhaft, welche Laute wir meinen, wenn von stimmlosen oder stimmhaften Obstruenten die Rede ist (**Aufgabe 7, 8**).

2.2.2 Vokale

Bei den Vokalen ist die artikulatorische Vielfalt weniger groß als bei den Konsonanten. Es gibt nur einen Modus ›Artikulation ohne Enge oder Verschluß‹. Gemeinsam ist den Vokalen auch der Stimmton. Diese Eigenschaft teilen sie mit den konsonantischen Sonoranten. Stimmhaftigkeit ist also für Vokalität eine notwendige Bedingung, während Engelosigkeit notwendig und hinreichend ist.

Die Qualität der einzelnen Vokale erfaßt man üblicherweise mit drei Parametern, nämlich (1) der Zungenhöhe (hoch – niedrig), (2) der Zungenstellung (vorn – hinten, ›Frontierung‹) und (3) der Lippenrundung (ungerundet – gerundet). Wir besprechen die Parameter in dieser Reihenfolge.

Zungenhöhe und Frontierung: das Vokalviereck

Zungenhöhe. Die Zungenhöhe bemißt sich nach dem Abstand der Zunge vom Gaumen. Wird die Zunge gehoben, so nähert sie sich wie bei den koronalen und dorsalen Konsonanten dem Palatum oder dem Velum, jedoch ohne daß es zur Engebildung kommt.

Ist die Zunge gehoben, so spricht man von *hohen* Vokalen, ist sie gesenkt, von *niedrigen*. Das Heben und Senken der Zunge vollzieht sich gleichzeitig mit einem Heben und Senken des Unterkiefers, d.h. Schließen und Öffnen des Mundes. Deshalb heißen die hohen Vokale auch *geschlossen*, die niedrigen *offen* (engl. meist *closed – open*). Dazwischen werden nach Bedarf Öffnungsgrade wie halbgeschlossen, halboffen oder auch weder geschlossen noch offen (›neutral‹) angesetzt. Der Parameter Zungenhöhe bei den Vokalen schließt sich insofern an den Parameter Artikulationsart der Konsonanten an, als wir diesen noch am ehesten als Öffnungsgrad fassen können. Von Artikulationsarten spricht man aber bei den Vokalen nicht, alle haben sie denselben Modus.

Der zweite Parameter ist mit *Frontierung* unschön bezeichnet, dieser Ausdruck trifft den Sachverhalt aber genauer als ›Zungenstellung‹ und entspricht auch am ehesten dem im Englischen üblichen Terminus *backness*. Man meint damit nicht so sehr Punkte der Zungenbewegung nach vorn und nach hinten, sondern eine Verschiebung des höchsten Punktes nach vorn oder hinten. Bei den *vorderen* Vokalen nähert sich die Zunge im prädorsalen Bereich den Alveolen, bei den *hinteren* im postdorsalen Bereich dem Velum.

Mit Frontierung und Zungenhöhe ergibt sich die Beschreibung der Vokalartikulation im Vokalviereck 1.

(1) Vokalviereck

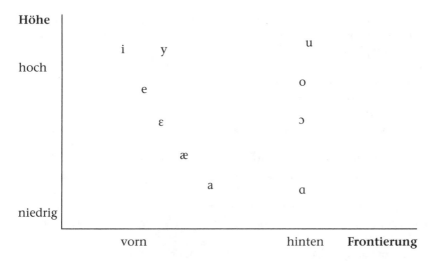

Der höchste und ganz vorn artikulierte Vokal ist das [i] wie in **Diener**. Für das darunter liegende [e] (**Lehm**) wird gleichzeitig eine leichte Bewegung nach hinten angesetzt. Es folgt das offenere [ɛ] wie in **denn**, danach das [æ], dessen Status im Deutschen umstritten ist. Am ehesten kommt es vor in Formen wie **nähme, sähe, gäbe**. Hier steht es in Opposition zum [e] aus **nehme, sehe, gebe** (3.2.2).

Als offenen vorderen Vokal haben wir das [a] wie in **Wand**, und dahinter sowie noch tiefer das [ɑ] wie in **Frage**. Mit dem [ɑ] ist der dem [i] gegenüberliegende Extrempunkt im Vokalviereck erreicht, der tiefste und am weitesten hinten liegende Vokal überhaupt. Über dem [ɑ] liegt dann das offene [ɔ] wie in **Koch**, darüber das geschlossene [o] wie in **Chor** und ganz oben rechts das geschlossene [u] von **Kugel**. Über [y] (**Blüte**) erreichen wir den Ausgangspunkt [i]. In 2 ist die Lage des Vokalvierecks in der Mundhöhle mit Zungenstellung für die Eckpunkte [i], [a], [ɑ] und [u] dargestellt (**Aufgabe 9**).

(2)

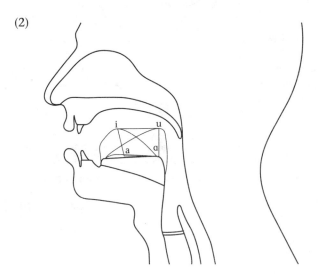

Der Beschreibung von Vokalen wie in 1 und 2 haftet eine gewisse Willkür an. Alle Übergänge sind fließend, die Abgrenzung benachbarter Vokale ist unsicher, die Lage jedes einzelnen Vokals ist variabel. Wir können etwa neben dem ganz vorn und oben gebildeten [i] in **Diener** ein etwas weiter hinten und offener gebildetes in **kriechen** ausmachen. Der Unterschied kommt offenbar durch Koartikulation mit den benachbarten Konsonanten zustande. Die Beispiele zur Illustration der Lage im Vokalviereck wurden so gewählt, daß sich die Vokalposition jeweils auch aus Bedingungen der Koartikulation ergibt. So stehen die vorderen Vokale zwischen vorderen Konsonanten (z.B. **Diener**, **Lehm**), die hinteren stehen zwischen hinteren Konsonanten (z.B. **Chor**, **Kugel**). Die Artikulationspunkte sind dadurch einigermaßen fixiert und kontrolliert nachvollziehbar.

Das ist um so wichtiger, als es bei den Vokalen generell schwierig ist, eine allgemein gültige Beziehung zwischen artikulatorischer Beschreibung und auditiver Wahrnehmung herzustellen. Was dem Ohr als ein bestimmter Vokal erscheint, kann von verschiedenen Sprechern auf systematisch unterschiedliche Weise erzeugt worden sein. Zur Ausbildung der Resonanzräume im Ansatzrohr trägt ja nicht nur die Lage der Zunge, sondern beispielsweise auch die Lage des Kehlkopfes (er ist als Ganzer um etwa 2 cm vertikal bewegbar) und die Form der Lippen bei. Lediglich bei den Eckvokalen [i], [ɑ] und [u] ist die Lage der Zunge intersubjektiv einigermaßen fixiert. Bei den übrigen Vokalen ist sie ziemlich variabel (Libermann/Blumstein 1988: 164ff.). Es gibt auch sprachspezifische Unterschiede. Derselbe Vokal kann bei Sprechern verschiedener Sprachen unterschiedlich gebildet werden, wobei sich die Artikulation der

Sprecher einer bestimmten Sprache aber eher ähnelt (Lass 1984: 118ff.). Bei den Konsonanten ist das anders. Konsonanten haben eine wohldefinierte Enge- oder Verschlußbildung, an der meist ein charakteristisches Geräusch entsteht. Nur in seltenen Fällen ist es möglich, dieses Geräusch auch anders zu erzeugen. Dazu kommt, daß man die Artikulation eines Großteils der Konsonanten sieht, das Auditive und das Artikulatorische also beim Sprechenlernen wie bei der Sprachwahrnehmung visuell aufeinander bezieht (Kohler 1995: 63ff.).

All dies bedeutet eine mehr oder weniger ausgeprägte Abweichung der Vokalartikulation vom Vokalviereck. So sollte sich die Lage der acht eingetragenen Vokale wie in 3a ergeben. Für einen durchschnittlichen Sprecher des Englischen liegen sie aber eher wie in 3b, und für das Deutsche ergibt sich Ähnliches (Ladefoged 1993: 222; Kohler 1995: 66ff.).

(3) a.   b.

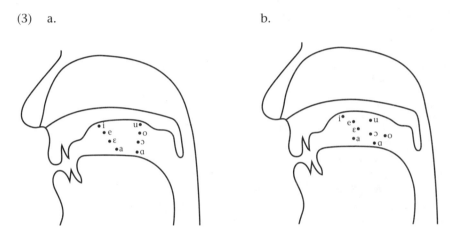

Das theoretische Problem bei der Beschreibung der Vokale besteht insgesamt darin, daß einem auditiv eindeutig identifizierbaren Vokal teilweise willkürlich artikulatorische Eigenschaften zugeschrieben werden. Die Willkür führt im allgemeinen nicht dazu, daß der Vokal nicht erkannt würde. Wir reden etwa vom vorderen, halbgeschlossenen Vokal und meinen das [e] und werden auch verstanden, obwohl das [e], das wir gerade gehört haben, diese Merkmale vielleicht gar nicht hat.

Kardinalvokale, Lippenrundung

Aufgrund solcher Schwierigkeiten hat man schon vor längerer Zeit eine Menge sog. Kardinalvokale auf auditiver Basis als internationales Referenzsystem festgelegt (IPA 1949: 4ff; Ladefoged 1993: 218ff; Kohler 1977: 66ff.). Nach der von dem britischen Phonetiker Daniel Jones entwickelten Methode fixiert man die Extremvokale [i] und [ɑ] artikulatorisch als den höchsten vorderen und den tiefsten hinteren Punkt des Vokalvierecks. Zwischen [i] und [ɑ] werden nun drei weitere Vokale rein auditiv festgelegt. Man bittet die Versuchspersonen, durch Veränderung der Formantstruktur mit Hilfe geeigneter Apparate zwischen den einzelnen Vokalen ›denselben Abstand‹ in der Vokalqualität herzustellen und bezeichnet die so ermittelten ›Vokalwerte‹ als [e], [ɛ] und [a]. Die Reihe wird dann genauso über das [ɑ] hinaus mit drei weiteren Vokalen [ɔ], [o] und [u] fortgesetzt. Das Ganze ergibt das System der sog. acht primären Kardinalvokale in 4.

(4) System der primären Kardinalvokale

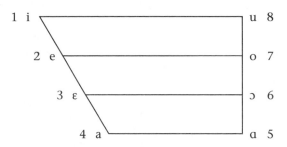

Die Kardinalvokale sind nicht die Vokale, die in einer bestimmten Sprache vorkommen. Sie sind ja rein experimentell nach dem Prinzip des gleichen auditiven Abstandes festgelegt. Man kann sie auf Tonträger erwerben und dann mit Vokalen vergleichen, die man in bestimmten Sprachen vorfindet. Sie sind die Fixpunkte für die Beschreibung von Vokalqualitäten. Beispielsweise kann man sagen, daß der Vokal in **gern** zwischen den Kardinalvokalen 2 und 3 liege, der erste in **hätte** bei Kardinalvokal 3 und der in **Bäcker** nahe bei 3, aber schon in Richtung auf 4. Eine derartige Redeweise ist allgemein zugänglich und auch dem verständlich, der nie Deutsch gehört hat.

Das System der Kardinalvokale eignet sich auch als Grundlage für Transkriptionssysteme. Das IPA beruft sich seit langem darauf. Das dort verwendete Zeichen [ɛ] entspricht dem Kardinalvokal 3. In den Erläuterungen (IPA 1949: 8) heißt es etwa, [ɛ] sei der Vokal wie in engl. **pen**, frz. **mettre**, dt. **Bett** und ital. **pesca**. Damit ist gemeint, daß alle diese Vokale keinem Kardinalvokal näher stehen als dem dritten. Es heißt ausdrücklich nicht, daß sie mit ihm oder untereinander identisch seien.

Man könnte vermuten, daß die auditive Fixierung der Kardinalvokale zu Ungenauigkeiten und Willkürlichkeiten führe. Es hat sich jedoch gezeigt, daß bei vorgegebenen Vokalen 1 und 5 die übrigen Punkte des Systems mit großer Genauigkeit reproduziert werden können. Offenbar ist uns der ›gleiche auditive Abstand‹ unmittelbar zugänglich.

Zur Beschreibung der Vokale einer Einzelsprache muß man sich natürlich nicht explizit auf das System der Kardinalvokale stützen. Für die meisten Zwecke reicht es aus, an Beispielen aus der Sprache klarzumachen, welche Vokalqualität gemeint ist. Das gilt jedenfalls dann, wenn die Sprache demjenigen bekannt ist, an den sich die Darstellung richtet. Unsere Besprechung der Kardinalvokale dient nicht einer Fundierung des deutschen Vokalsystems, sondern der Demonstration, wie wichtig für eine Beschreibung von Sprachlauten das Auditive sein kann. Das wird leicht vergessen, wenn man die Laute allein mithilfe artikulatorischer Begriffe beschreibt.

Etwas klarer wird die Vokalartikulation durch Berücksichtigung der *Lippenrundung*. Bei den primären Kardinalvokalen nimmt die Lippenrundung von

Vokal 1 bis 8 kontinuierlich zu, sie ergibt sich sozusagen natürlich. Das [i] ist ganz ungerundet, das [u] ist gerundet. Rundung spielt offenbar für die geschlossenen Vokale eine größere Rolle als für die offenen. Ist der Mund geöffnet, so sind die Lippen bezüglich Rundung in einer neutralen Position, oder anders gesagt: Bei offenen Vokalen ist eine gewisse Lippenrundung von allein gegeben, es ist aber artikulatorisch mühsam, eine wirkliche Rundung wie bei den geschlossenen zustande zu bringen. Nur von wenigen Sprachen wird bei den offenen Vokalen von Rundung systematisch Gebrauch gemacht (Pompino-Marschall 1995: 215; **Aufgabe 10**).

Trotz dieser und weiterer, noch zu behandelnder Einschränkungen wird Lippenrundung analytisch meist als unabhängiger Parameter geführt. So hat man nach den primären die Klasse der sog. sekundären Kardinalvokale eingeführt, die sich von den primären durch komplementäre Lippenrundung unterscheiden. Die sekundären Kardinalvokale tragen die Ordnungsnummern 9 bis 16. Vokal 9 entspricht Vokal 1, ist jedoch gerundet. Der Rundungsgrad sinkt mit steigender Ordnungszahl. Vokal 16 schließlich entspricht Vokal 8, nur ist er ungerundet.

(5)   System der sekundären Kardinalvokale

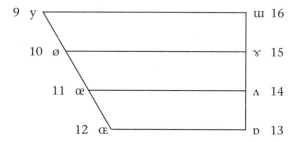

Da der Rundungsgrad für die offenen Vokale kaum eine Rolle spielt, fehlt Vokal 12 in vielen Transkriptionssystemen (darunter IPA 1949, nicht aber 1999), häufig fehlt auch Vokal 13.

Die Vokale sind in 4 und 5 so angeordnet, daß sich der Rundungsgrad beim Durchlaufen der Ordnung kontinuierlich ändert, d.h. wir haben unter artikulatorischem Gesichtspunkt Vokale mit jedem denkbaren Rundungsgrad. Strukturell ist dies ohne Bedeutung. Es gibt anscheinend keine Sprachen, die vom System her mehr als zwei Rundungsgrade unterscheiden. Diese heißen dann einfach *gerundet* und *ungerundet*. Die Grenze zwischen gerundeten und ungerundeten Vokalen verläuft im unmarkierten Fall wie in 6.

(6)   a.   b.

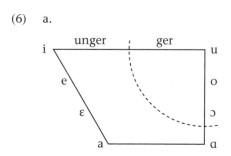 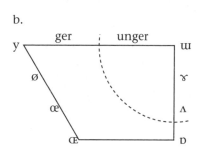

Aus dem Vergleich von 6a und 6b wird noch etwas anderes deutlich. Bei den primären Kardinalvokalen nimmt der Rundungsgrad vom [i] zum [u] auf ›natürliche‹ Weise zu. Insbesondere im höheren Bereich ist Rundung nicht unabhängig von Frontierung. Verallgemeinert heißt das: Rundung zieht einen Vokal in Richtung auf das [u], also nach hinten; Entrundung zieht einen Vokal in Richtung auf das [i], also nach vorn. Man trägt dem Rechnung, indem man die einander entsprechenden Vokale aus 6a und 6b nicht an denselben Stellen im Vokalviereck ansiedelt, sondern leicht gegeneinander versetzt wie in 7. Im gemeinsamen Schema liegt der gerundete Vokal jeweils rechts vom ungerundeten (IPA 1949: 10; 1999: 12).

(7) Vokalpaare in Rundungsopposition

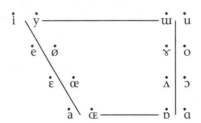

Als »dritte Dimension des Vokalraumes« (Tillmann/Mansell 1980: 73 ff.) ist Rundung artikulatorisch nicht unabhängig von den beiden anderen Dimensionen. Für das weitere halten wir zweierlei fest: (1) Rundung spielt für geschlossene Vokale eine größere Rolle als für offene, und (2) gerundete Vokale liegen hinter den ungerundeten.

Weitere Parameter der Vokalartikulation

Mit den Kategorien von Höhe, Frontierung und Rundung läßt sich eine große Zahl von Vokalen unterscheiden, und trotzdem reichen diese Parameter nicht aus. Viele Vokale haben Eigenschaften, die wir bisher nicht benennen können, beispielsweise solche der *Quantität*. Das [i] in **Migräne** ist kurz, das in **Miene** ist lang; das [o] in **wohin** ist kurz, das in **Wohnung** ist lang. Für die Artikulation selbst ergibt sich daraus nichts Neues. In Einklang mit der einschlägigen Literatur nehmen wir an, daß Vokale jeder Qualität auf prinzipiell dieselbe Weise als lang und als kurz gebildet werden können. Langvokale werden mit Doppelpunkt kenntlich gemacht ([iː], [uː]), Kurzvokale bleiben im allgemeinen unmarkiert.

Eine echte Überformung der Vokalartikulation ist die *Nasalierung*. Nasalierte Vokale entstehen durch Senken des Velums bei im übrigen unveränderter Artikulation. Entsprechend gibt es nasalierte Vokale verschiedener Qualität, z. B. frz. [ɛ̃] (**matin**), [œ̃] (**parfum**), [ɑ̃] (**marchand**) und [ɔ̃] (**papillon**). Hat man die Vokale einer Sprache in Hinsicht auf Nasalierung zu klassifizieren, so spricht man meist von *nasaliert – nichtnasaliert*. Man verwendet nicht wie bei den Konsonanten das Begriffspaar nasal – oral, weil Vokale nicht rein nasal sein können. Der Mundraum bleibt geöffnet, d. h. auch die nasalierten Vokale sind oral.

Ein weiterer Typ von Vokal entsteht durch *Rhotazierung* (von griech. ϱ, ›Rho‹). Bei der Vokalartikulation ist damit eine Färbung durch Überlagerung eines ›r-Geräuschs‹ gemeint, wie sie typisch ist für viele Varianten des amerikanischen Englisch. Sie kann z.B. retroflex realisiert werden. Das IPA notiert sie als [ɚ] (**bird**). Im Deutschen erfaßt man mit diesem Begriff bestimmte Realisierungen des [ʀ] nach Vokal (4.3.2).

Ein gerade für das Deutsche viel diskutierter Vokalparameter ist *Gespanntheit* (*gespannt – ungespannt*, engl. *tense – lax*). Meist geht es um die Frage, ob besser lange und kurze oder aber gespannte und ungespannte Vokale zu unterscheiden sind. Die Frage ist so schwer zu beantworten, weil im Deutschen lange Vokale in der Regel gespannt und kurze ungespannt sind (weiter 3.2.2).

Artikulatorisch wird Gespanntheit beschrieben mit Formulierungen wie »Kennzeichnung für den Grad der Muskelspannung der Zunge bei der Artikulation der Vokale« (Meinhold/Stock 1982: 28). Sievers, in dessen Phonetik der Terminus erstmals auftaucht, schreibt dazu (1901: 98): »Bei langem ī, ē fühlt man bei einiger Aufmerksamkeit leicht, wie die Zunge zumal in dem articulirenden Vordertheil straff angespannt ist; geht man dann zu ĭ, ĕ über, so wird sie schlaffer und sinkt gewissermaßen in sich zusammen.« Sievers korreliert also bereits Länge und Gespanntheit (**Aufgabe 11**).

Mindestens solange man beim Artikulatorischen bleibt, gibt es wenig Gründe, Gespanntheit als einen unabhängigen Parameter anzusehen. Nimmt man das Vokalviereck als artikulatorisch real, dann ist der weiter am Rand liegende Vokal eines Paares gespannt im Vergleich zum weiter in der Mitte liegenden. Zur Artikulation des weiter außen liegenden Vokals ist mehr artikulatorische Bewegung der Zunge aus einer neutralen, ›entspannten‹ Ruhelage heraus nötig. Nehmen wir als Beispiel die sechs Vokale in 8a, so könnten diesen als gespannten jeweils auf die angedeutete Weise ungespannte Vokale

(8) a. b.

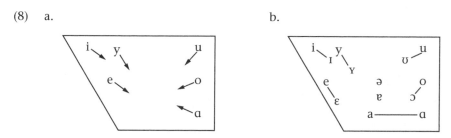

zugeordnet werden. Wenn wir also sagen, **ihn** enthalte den gespannten Vokal [i] und **in** den zugehörigen ungespannten Vokal [ɪ], dann sind gespannt und ungespannt abgeleitete Begriffe. Wir könnten ebensogut sagen, [i] sei der vorderste, geschlossenste Vokal und [ɪ] demgegenüber offener und weiter hinten artikuliert.

Wenn für das Deutsche Paare von gespannten und ungespannten Vokalen angesetzt werden, dann ungefähr wie in 8 b. Komplikationen gibt es beim [a] (dazu 3.2.2). Der in der Mitte des Vierecks angesiedelte Vokal [ə], das sog. Schwa, ist der ›entspannteste‹ Vokal überhaupt. Er hat viele Namen, z.B. Murmelvokal, Reduktionsvokal oder Zentralvokal. Er tritt auf in unbetonter Silbe wie in **haben** oder **Mühle**. Nach den meisten Theorien hat er kein gespanntes Gegenstück. Auch das unter Schwa liegende [ɐ] gilt häufig für das Deutsche als Reduktionsvokal ohne gespanntes Gegenstück. Man meint damit die rhotazierten Vokale in unbetonten Silben wie in [bɐ] (**lieber**) oder [kɐ] (**Bäcker**).

2.3 Symbolphonetik und Transkriptionssysteme

2.3.1 Verschriftung gesprochener Sprache

Sprachlaute haben wir in den vorausgehenden Abschnitten mit Buchstaben des lateinischen oder mit Zeichen des Internationalen Phonetischen Alphabets bezeichnet, z. B. den Vokal in **hoch** mit [o] und den anlautenden Konsonanten in **Schiff** mit [ʃ].

Wortformen werden entsprechend als Folgen von IPA-Zeichen oder in orthographischer Schreibweise als Buchstabenfolgen dargestellt, also [hoːx] oder **hoch**. Weil wir es gewohnt sind, größere Einheiten wie Phrasen und Sätze als Folgen von Wortformen hinzuschreiben, werden letztlich alle sprachlichen Einheiten so dargestellt. Sie sind Folgen von IPA-Zeichen oder Buchstaben. Als Äußerungen werden sprachliche Einheiten also *geschrieben*, zum Zwecke sprachwissenschaftlicher Analyse werden sie *transkribiert*. Auf das Verhältnis zwischen Schreiben und Transkribieren kommt es jetzt gerade an.

In der Sprachwissenschaft wird mit einer großen Zahl sehr unterschiedlicher Transkriptionssysteme gearbeitet. Die Vielfalt ergibt sich zunächst aus der Vielfalt der Erkenntnisziele, unter denen sprachliche Daten untersucht werden. Transkripte sind dann nichts weiter als am jeweiligen Erkenntnisziel ausgerichtete Repräsentationen sprachlicher Einheiten, sozusagen das Ergebnis selektiver Wahrnehmungen (zur Übersicht Richter 1988). Ein Beispiel in 1.

(1) Gesprächstranskription

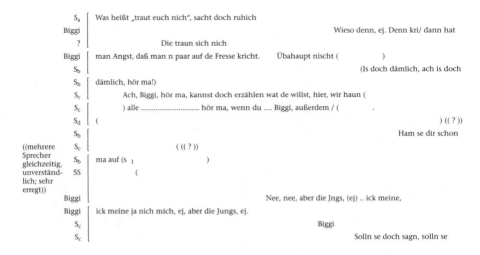

Wiedergegeben ist ein Gesprächsausschnitt in der ›Halbinterpretativen Arbeitstranskription HIAT‹ (Ehlich/Rehbein 1976, weiter Ehlich 1993; ein neues System dieser Art in Selting u. a. 1998). Nach Art einer Partitur wird jedem Sprecher (S_a, Biggi, S_b usw.) eine eigene Zeile zugewiesen. Damit kann das zeitliche Verhältnis von Äußerungen erfaßt werden, nichtverständliche Äußerungen ((?)) und Stimmengewirr (SS) sind ebenfalls festgehalten. Die Rede selbst erscheint in freier, den Sprechstil imitierender Normalschreibweise. Der zeitliche Ablauf ist mit Pausen und Unterbrechungen relativ genau wiedergegeben, auf Lauttreue im Sinne einer phonetischen Transkription wird verzichtet.

Die Zweckgebundenheit des Systems zur Wiedergabe von Gesprächsabläufen ist evident. Die Autoren sprechen mit Recht von einem halbinterpretativen Verfahren, denn die transkribierten Lautereignisse werden als Gespräche gehört und repräsentiert.

Insofern ein Transkriptionssystem das kontinuierlich in der Zeit verlaufende Signal als Folge diskreter Elemente repräsentiert, führt es zu einer Reduktion des Dargestellten. Unterstellt ist, daß die für die Analyse relevanten Eigenschaften von sprachlichen Äußerungen in einer segmentalen Darstellung nicht verloren gehen.

Für phonetische und insbesondere phonologische Transkriptionen wird dies nun häufig nicht nur als unvermeidliches Risiko hingenommen, sondern man nimmt an, Einheiten der gesprochenen Sprache wie die Wortformen seien selbst segmental aufgebaut und ließen sich *deshalb* so darstellen: »Conceptually, we treat the flow of articulatory movement as a series of segments. Indeed, this is not just a matter of convenience, for the patterned organization of speech into systematic units and structures is fundamental to its nature, distinguishing speech from noise.« (Clark/Yallop 1990: 56).

Eine analoge Darstellung des Sprachsignals erlaubt es im allgemeinen, die unterstellten Segmente im Signal zu lokalisieren. 2 gibt noch einmal den Bewegungsablauf der Artikulatoren bei Äußerung einer Wortform (**Schrank**).

(2)

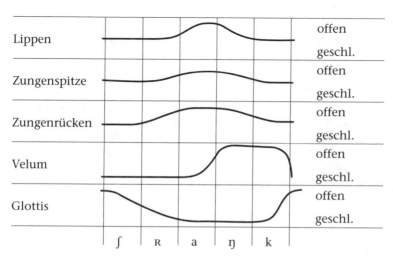

Nach 2 liegen Segmentgrenzen dort, wo die Artikulatoren die stärksten Bewegungen ausführen. Entsprechend gilt für ein Sonagramm, daß Segmentgrenzen im allgemeinen an den Rändern von Schwärzungsmustern zu suchen sind (2.1.2). Auch wenn man rein auditiv vorginge, ließe sich ein Zusammenhang zwischen der Stärke der Veränderung von Gehörseindrücken und Lage der Segmentgrenzen herstellen (dazu Beiträge in Allport u.a. Hg. 1987; eine geraffte Darstellung in Pompino-Marschall 1995).

Allerdings lassen sich Segmentgrenzen nicht immer feststellen, und wo sie sich feststellen lassen, bleibt in der Regel ein umfangreicher Übergangsbereich. Es ist meist einfacher, das artikulatorische und akustische Zentrum eines Lautes aufzufinden als seine Grenzen. Auch können sich Segmente artikulatorisch überlappen, etwa wenn in **Glas** der zentrale Verschluß für das [l] *vor* Lösung des Verschlusses für das [g] erfolgt. Und schließlich gibt es Signaleigenschaften, die sich auf charakteristische Weise an einer Grenze gerade nicht oder nur wenig ändern. Beispielsweise ändert sich der Artikulationsort wie der Artikulator beim Übergang vom vorletzten zum letzten Konsonanten in (2) nicht: Der Nasal [ŋ] ist dem Plosiv [k] assimiliert.

Nichtveränderung dieser Art kann phonologisch von Interesse sein. Koartikulation und allgemein Assimilation führen ja dazu, daß bestimmte Lautfolgen wahrscheinlicher sind als andere, bis hin zu echten phonotaktischen Beschränkungen (4.3). Und schließlich besagt die Segmentierbarkeit in Laute nicht, daß die Laute die einzigen oder auch nur die wichtigsten Grundbausteine der Lautformen sind. Dafür kommen beispielsweise auch umfangreichere Bestandteile von Silben, Silben selbst sowie bestimmte Silbenfolgen (›Füße‹) als intonatorische Grundeinheiten in Frage. »Kommunikation basiert nicht nur auf differentieller Wahrnehmung, sondern auch auf identifikatorischen, globalen Gehörseindrücken, die mit dem System segmenteller Phoneme gar nicht beschreibbar sind. Das Phonem ist jedoch eine optimale Einheit für die Verschriftung.« (Kohler 1995: 139). Ob und in welchem Sinne es die Lautsegmente gibt, ist eine andere Frage als die, ob man mit ihrer Hilfe sprachliche Einheiten repräsentieren *kann*.

In der Sprachwissenschaft sind die Probleme, die mit der Segmentierung des Lautkontinuums in diskrete Einheiten verbunden sind, seit langem intensiv bearbeitet worden. Leonard Bloomfield sieht in seiner Programmschrift für die später ›Amerikanischer Strukturalismus‹ genannte Schule die Basis für das Segmentieren darin, daß zu verschiedenen Zeiten gemachte sprachliche »Äußerungen gleich oder teilweise gleich« seien (Bloomfield 1926, nach der Übersetzung 1976: 37). Die kleinsten Bestandteile von Wörtern und Morphemen, die einander gleich sein können, sind »Phoneme oder distinktive Laute«, also kleinste Segmente, die paarweise Bedeutungen unterscheiden können. So haben **Buch** und **Tisch** (im Gesprochenen) keinen kleinsten Bestandteil gemeinsam, das Suffix **lich** (**bläulich**) hat mit der ersten Silbe von **Lichter** alle Bestandteile gemeinsam, und Wortpaare wie **Fach** und **Dach** haben alle bis auf genau einen gemeinsam. Diesen einen kann man durch Vergleich der Formen isolieren, sein Umfang entspricht dem des ersten Segments beider Formen. Genauso verfährt man beim zweiten (**Dach** - **doch**) und beim dritten Segment (**doch** – **doll**), um dann die Einheit insgesamt segmental zu repräsentieren (zum Verfahren weiter 3.1).

2.3 Symbolphonetik und Transkriptionssysteme | 75

Einer Auffassung wie »Es läßt sich festhalten, daß der Phonologe es grundsätzlich mit Lauten als Segmenten zu tun hat, der Phonetiker dagegen primär mit Lauten als Kontinuum.« (Ramers/Vater 1995: 4) würden heute weder alle Phonologen noch alle Phonetiker folgen. Unbestritten ist lediglich, daß mithilfe segmentaler Repräsentationen viele – wenn auch keineswegs alle – Fakten in der Phonologie wie der Phonetik bequem dargestellt werden können.

Die Segmentierbarkeit des Lautkontinuums in Einheiten von der Länge der Laute einmal vorausgesetzt, ist für ein Transkriptionssystem zu klären, wie die Schriftzeichen für die einzelnen Segmente aufgebaut sein sollen. Die Zeichen sollen ja auch dazu geeignet sein, Laute unabhängig von der Graphematik einer Einzelsprache zu bezeichnen. Selbst wenn man also Buchstaben des lateinischen Alphabets verwendet, kann das nicht wie im Deutschen oder im Englischen oder sonst einer Einzelsprache geschehen. Die Buchstaben reichen nicht aus, die Zuordnungen sind für manche Sprachen zu grob oder zu fein, die Segmentierungen sind möglicherweise verschieden.

Die Buchstaben des lateinischen Alphabets sind Elementarzeichen. Als Elemente des Schriftsystems einer Sprache beziehen sie sich im Normalfall auf kleinste Lautsegmente. Zwar enthalten sie regelmäßig wiederkehrende elementare Formen wie Geraden und Bögen in fixierter Lage zum Zeilensystem und zur Schriftrichtung, aber diese Formen stehen in einem nur eingeschränkt systematischen Verhältnis zu Eigenschaften der Laute (zur Formanalyse unseres Buchstabeninventars Naumann 1989; Berkemeier 1997: 237 ff. und Primus 2003; 2004 mit einem Ansatz zur Form-Funktions-Analyse; Wiebelt 2003 zur kognitiven Verarbeitung von Buchstabenformen; zu ihrer historischen Entwicklung Brekle 1996). Das kann schon deshalb nicht anders sein, weil ein Alphabet wie das lateinische zur Schreibung vieler und sehr verschiedener Sprachen verwendet wird und die Lautbezüge in den einzelnen Sprachen unterschiedlich sind. Nur wenige Einzelzüge des lateinischen Alphabets sind im Ansatz auf Lautkategorien bezogen, etwa das Fehlen von Ober- und Unterlängen bei den Vokalbuchstaben **a,e,i,o,u**. Dazu kommen einzelsprachliche Bezüge wie im Deutschen das Trema als Bestandteil von Zeichen für umgelautete Vokale (**ä,ö,ü**). Der Doppelpunkt hat hier eine einheitliche Funktion, er zeigt dasselbe Lautverhältnis [o-ø], [u-y], [ɑ-æ] usw. an, nämlich Frontierung (3.2.2). Solche Zusätze von Schriftzeichen mit einheitlicher Funktion heißen Diakritika.

Unser Standardtranskriptionssystem, das IPA, macht extensiven Gebrauch von Diakritika. Steht beispielsweise [u] für den hinteren geschlossenen Vokal wie in **Huhn**, so steht [ũ] für denselben Vokal, aber nasaliert. [ʉ] ist wie [u], jedoch zur Mitte hin verschoben. [u̜] ist offener (weniger gerundet) als [u] und [uː] ist lang. Damit ist ein Vokalzeichen wie [ũ̜ː] möglich. Das IPA ist also nicht einfach ein Alphabet, das Sprachlaute genauer bezeichnet als das lateinische oder griechische, sondern es ist ein System anderer Art. Es erlaubt, ähnlich wie Jespersens System, eine direkte Bezugnahme auf Lauteigenschaften.

Was ist nun der wesentliche Unterschied zwischen dem Transkribieren einerseits und dem ›normalen‹ Schreiben andererseits? Ein phonetisch genaues (sog. enges oder impressionistisches) Transkript herzustellen sei, so sagt man in der Phonetik, eine extrakommunikative Fertigkeit (2.3.2, ausführlich Vieregge 1989). Es gehe darum, zu kommunikativen Zwecken gemachte Äußerungen so wiederzugeben, daß das Ergebnis vom Verstehen der Äußerung unabhängig sei. Für den ungeschulten Transkribenten, der etwa Äußerungen in seiner Muttersprache transkribieren soll, ist dies ein unlösbares Problem.

Ein Training im phonetischen Transkribieren soll die Fähigkeit entwickeln, sich vom Verstehen einer Äußerung und von den einzelsprachlich vorgegebenen strukturellen Einheiten frei zu machen und so weit wie möglich die objektiv vorhandene lautliche Substanz wiederzugeben. Die Phonetiker sagen, dies gelinge nie ganz. Auch ein in analytischem Hören geschulter Ohrenphonetiker sei dem Einfluß seines Wissens über die Sprachstruktur unterworfen.

Wenn es sich so verhält, hat das Transkribieren immer einen Zug von normalem Schreiben. Schreiben ist ein kommunikativer Akt. Geschrieben werden nicht Folgen von Zeichen, die möglichst genau der Substanz von Lautsegmenten entsprechen, sondern sprachliche Einheiten wie Laute, Silben, Wörter und Sätze. Man schreibt nicht lautgetreu, sondern so, wie nach den Regularien der Einzelsprache – ihrer Orthographie und Interpunktion – sprachliche Einheiten mit Buchstaben und Interpunktionszeichen repräsentiert werden. Lauttreue spielt dabei, wie wir bei der Besprechung der Orthographie im einzelnen sehen werden, teilweise eine untergeordnete Rolle (Kap. 8). Beim Transkribieren steht Lauttreue dagegen im Vordergrund.

2.3.2 Das Internationale Phonetische Alphabet

Allgemeines zum IPA

Das Internationale Phonetische Alphabet (IPA) ist das am weitesten verbreitete Transkriptionssystem. Es wird in verschiedenen, z.T. stark vom Original abweichenden, auch vereinfachten oder weiterentwickelten Versionen für praktische wie für wissenschaftliche Zwecke verwendet. Wir finden es in mehrsprachigen Wörterbüchern ebenso wie im Ausspracheduden, es findet Verwendung in Lehrbüchern für den Fremdsprachenunterricht, in Grammatiken und im größten Teil der wissenschaftlichen Literatur zur Phonologie und Phonetik. Das IPA verfügt über ein so reiches Inventar an Ausdrucksmöglichkeiten, daß sich für die meisten Darstellungsprobleme in den meisten Sprachen eine Lösung findet.

Das IPA verdankt seine herausgehobene Stellung unter den Transkriptionssystemen einer langen Entwicklung, die von Anfang an auf internationale Verwendbarkeit ausgerichtet war und die von vielen hervorragenden Phonetikern mitgestaltet wurde. Entstanden ist es in den 80er Jahren des 19. Jahrhunderts in Frankreich. Eine Gruppe von Sprachlehrern wollte mit seiner Hilfe den allzusehr auf das Geschriebene ausgerichteten Fremdsprachenunterricht – besonders den Englischunterricht – modernisieren. Es sollte mehr und besser gesprochen werden. Als die 1886 geborene Idee einer universell verwendbaren Lautschrift bekannt wurde, fand sie sofort viel Zuspruch. Es war die Zeit, in der auch ›Welthilfssprachen‹ wie Esperanto oder Volapük entstanden und als mögliche Hilfsmittel einer weltweiten Verständigung viel diskutiert wurden. Das Englische hatte seinen Siegeszug als Welthilfssprache angetreten, aber noch nicht gewonnen.

(1) IPA von 1996

THE INTERNATIONAL PHONETIC ALPHABET (revised to 1993, corrected 1996)

CONSONANTS (PULMONIC)

	Bilabial	Labiodental	Dental	Alveolar	Postalveolar	Retroflex	Palatal	Velar	Uvular	Pharyngeal	Glottal
Plosive	p b			t d		ʈ ɖ	c ɟ	k ɡ	q ɢ		ʔ
Nasal	m	ɱ		n		ɳ	ɲ	ŋ	ɴ		
Trill	ʙ			r					ʀ		
Tap or Flap				ɾ		ɽ					
Fricative	ɸ β	f v	θ ð	s z	ʃ ʒ	ʂ ʐ	ç ʝ	x ɣ	χ ʁ	ħ ʕ	h ɦ
Lateral fricative				ɬ ɮ							
Approximant		ʋ		ɹ		ɻ	j	ɰ			
Lateral approximant				l		ɭ	ʎ	ʟ			

Where symbols appear in pairs, the one to the right represents a voiced consonant. Shaded areas denote articulations judged impossible.

CONSONANTS (NON-PULMONIC)

Clicks		Voiced implosives		Ejectives	
ʘ	Bilabial	ɓ	Bilabial	ʼ	Examples:
ǀ	Dental	ɗ	Dental/alveolar	pʼ	Bilabial
ǃ	(Post)alveolar	ʄ	Palatal	tʼ	Dental/alveolar
ǂ	Palatoalveolar	ɠ	Velar	kʼ	Velar
ǁ	Alveolar lateral	ʛ	Uvular	sʼ	Alveolar fricative

OTHER SYMBOLS

ʍ Voiceless labial-velar fricative
w Voiced labial-velar approximant
ɥ Voiced labial-palatal approximant
ʜ Voiceless epiglottal fricative
ʢ Voiced epiglottal fricative
ʡ Epiglottal plosive

ɕ ʑ Alveolo-palatal fricatives
ɺ Alveolar lateral flap
ɧ Simultaneous ʃ and x

Affricates and double articulations can be represented by two symbols joined by a tie bar if necessary.

k͡p t͡s

DIACRITICS Diacritics may be placed above a symbol with a descender, e.g. ŋ̊

	Voiceless	n̥ d̥		Breathy voiced	b̤ a̤		Dental	t̪ d̪
	Voiced	s̬ t̬		Creaky voiced	b̰ a̰		Apical	t̺ d̺
ʰ	Aspirated	tʰ dʰ		Linguolabial	t̼ d̼		Laminal	t̻ d̻
	More rounded	ɔ̹	ʷ	Labialized	tʷ dʷ	~	Nasalized	ẽ
	Less rounded	ɔ̜	ʲ	Palatalized	tʲ dʲ	ⁿ	Nasal release	dⁿ
	Advanced	u̟	ˠ	Velarized	tˠ dˠ	ˡ	Lateral release	dˡ
	Retracted	e̠	ˤ	Pharyngealized	tˤ dˤ	̚	No audible release	d̚
	Centralized	ë	~	Velarized or pharyngealized	ɫ			
	Mid-centralized	ḛ		Raised	e̝	(ɹ̝ = voiced alveolar fricative)		
	Syllabic	n̩		Lowered	e̞	(β̞ = voiced bilabial approximant)		
	Non-syllabic	e̯		Advanced Tongue Root	e̘			
	Rhoticity	ɚ a˞		Retracted Tongue Root	e̙			

VOWELS

Where symbols appear in pairs, the one to the right represents a rounded vowel.

SUPRASEGMENTALS

ˈ Primary stress
ˌ Secondary stress
    ˌfoʊnəˈtɪʃən
ː Long eː
ˑ Half-long eˑ
˘ Extra-short ĕ
| Minor (foot) group
‖ Major (intonation) group
. Syllable break ɹi.ækt
‿ Linking (absence of a break)

TONES AND WORD ACCENTS
LEVEL   CONTOUR

e̋ or ˥	Extra high	ê or ꜜ	Rising
é ˦	High	ê ꜜ	Falling
ē ˧	Mid	e᷄ ꜜ	High rising
è ˨	Low	e᷅ ꜜ	Low rising
ȅ ˩	Extra low	e᷈ ꜜ	Rising-falling
↓	Downstep	↗	Global rise
↑	Upstep	↘	Global fall

Das Internationale Phonetische Alphabet wird entwickelt und normiert von einem Verein, der zunächst in Paris ansässig war und heute als International Phonetic Association seinen Sitz in Dublin hat. Dieser Verein (deutsch früher ›Weltlautschriftverein‹) fungiert als Herausgeber der einschlägigen Zeitschrift, des ›Journal of the International Phonetic Association‹ (JIPA) und sorgt für den Vertrieb der gültigen Version des IPA. Die gültige Version sowie Informationen über Neuerungen, Spezialversionen usw. sind auch zugänglich über die Netzadresse *http://www.arts.gla.ac.uk/IPA/ipa.html*.

Weithin prägend war die Ausgabe des IPA von 1949, gültig bis 1989. Die Lauttabelle ist hier Bestandteil einer Broschüre von über 50 Seiten Umfang, in der auch die berühmten ›Principles‹ für den Aufbau und Gebrauch des Zeicheninventars sowie Beispieltranskriptionen für 51 Sprachen enthalten sind. Derzeit gültig ist das revidierte IPA von 1993 in der korrigierten Fassung von 1996 (im folgenden IPA von 1996) (1).

Im Jahre 1999 erschien nach langjähriger Vorbereitung das neue Handbuch der International Phonetic Association (IPA 1999), das als Gesamtdarstellung die Principles von 1949 ablöst. Das Handbuch enthält eine vergleichsweise ausführliche phonetische Beschreibung des IPA und erläutert den Aufbau der Zeichen wie ihre Schreibweise mit der Hand, im Druck, mit dem Computer. Weiter umfaßt es die Transkriptionskonventionen mit Beispieltranskriptionen für 29 Sprachen, darunter auch die in Kohler 1990, 1990a erstmals veröffentlichten Festlegungen für das Deutsche.

Prinzipien der IPA und Zeichenklassifikation

Wichtiger Bestandteil des Handbuches ist die Neufassung der Prinzipien (IPA 1999: 159f.; zuerst in Report 1989). Wir wollen kurz und auf für unsere Zwecke Wesentliches beschränkt die sieben Prinzipien vorstellen und dann auf das Zeicheninventar selbst zu sprechen kommen. Einige der Probleme im Umgang mit dem IPA und für das alphabetische Schreiben allgemein lassen sich auf diese Weise gut illustrieren.

Im *1. Prinzip* wird festgestellt, daß das IPA in erster Linie praktischen linguistischen Zwecken wie der Dokumentation, dem Sprachlernen und dem Entwurf von Orthographien auf Grundlage des lateinischen Alphabets dienen soll.

2. Prinzip. Alle möglichen Laute aller Sprachen sollen darstellbar sein. Die Lautrepräsentation beruht auf phonetischen Kategorien. Diese Kategorien definieren eine Anzahl von natürlichen Lautklassen. Das sind insbesondere solche Klassen, die man zur Formulierung phonologischer Regeln und zur Darstellung von Lautwandelprozessen braucht. Prinzip 2 hebt also ausdrücklich auf die Bedeutung phonologischer Klassenbildung für das IPA ab.

Das *3. Prinzip* sagt etwas über die typographische Gestaltung der Zeichen. Ist ein Zeichen nicht Bestandteil des lateinischen Alphabets, dann wird es so gestaltet, daß es zu den lateinischen Buchstaben paßt.

4. Prinzip. Aufbau und Gebrauch der Zeichen.
a) Sind zwei Laute in einer Sprache distinktiv, also bedeutungsunterscheidend, dann soll man sie durch zwei verschiedene Zeichen repräsentieren und nicht nur durch Diakritika unterscheiden. Wir transkribieren also beispielsweise im

Deutschen [tɔʀf] – [dɔʀf] (**Torf – Dorf**) und nicht etwa [d̥] statt [t] mit [d̥] als ›stimmlosem d‹, und genauso wenig [t̬] statt [d] mit [t̬] als ›stimmhaftem t‹.
b) Wenn zwei Laute sehr ähnlich sind und ihr Lautunterschied in keiner Sprache distinktiv ist, sollen sie in der Regel durch dasselbe Zeichen repräsentiert werden.
c) Es wird empfohlen, Diakritika nur zu verwenden für (1) die Bezeichnung von Länge und Betonung, (2) die Darstellung geringer Lautunterschiede und (3) wenn durch die Einführung eines Diakritikons die Einführung mehrerer Zeichen eingespart werden kann, wie das beispielsweise bei Nasalierung von Vokalen der Fall ist ([ẽ], [õ] usw.).

Mit dem 5. *Prinzip* wird noch einmal hervorgehoben, daß distinktive Lautunterschiede in einer Sprache zur Verwendung verschiedener Zeichen und nicht von Diakritika führen sollen. Das 6. *Prinzip* legt die Verwendung von eckigen Klammern [ ] für phonetische und Schrägstrichen // für phonologische Transkriptionen fest (dazu auch 3.1). Im 7. *Prinzip* schließlich heißt es, daß für das Transkribieren in einer Einzelsprache ein Zeicheninventar ausgewiesen wird, und daß dazu außerdem eine Menge von Konventionen gehört, in denen erläutert ist, wie die Zeichen in der betreffenden Sprache genau zu verstehen sind.

In den Prinzipien geht es mehrfach um die Frage, welche Art von Zeichen für welche Zwecke verwendet wird. Zur weiteren Behandlung dieser Frage stützen wir uns auf einen ausgearbeiteten Vorschlag zur Klassifikation von Transkriptionszeichen, der sich in Richter 1973 findet. Richter hat in dieser Arbeit eine besonders für das Deutsche eingerichtete Variante IPA(G) vorgestellt, die in ihrer Systematizität teilweise weit über das IPA hinausgeht (2).

(2) Zeichenklassifikation

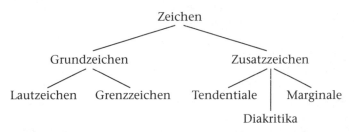

Grundzeichen stehen in der Segmentkette für sich, sie sind nicht Bestandteile komplexer Zeichen. Zu ihnen gehören vor allem die Lautzeichen. Diese haben die Form von Buchstaben oder buchstabenähnlichen Gebilden. Zu den Grenzzeichen gehören solche für Silben- und Morphemgrenzen. Das IPA 1949 sieht keine Grenzzeichen vor, wohl aber das IPA(G) und auch das IPA 1996 (s. u.).

Zusatzzeichen kommen nur als Bestandteile komplexer Zeichen oder Zeichenverbindungen vor. Wichtig ist vor allem die Unterscheidung von Tendentialen und Diakritika. Ein Diakritikon steht für ein Merkmal (oder das Fehlen eines Merkmals), das dem Signifié des Restzeichens hinzugefügt (oder abgezogen) wird. Diakritika stehen für qualitative Unterschiede. Ein Diakritikon ist beispielsweise das Zeichen für Nasalierung. Ein mit [ɑ] bezeichneter Vokal

(Grundzeichen) ist durch ̃ vom entsprechenden nasalierten Vokal [ã] unterschieden.

Ein Tendential steht nicht für eine qualitative, sondern für eine quantitive Veränderung, wie sie beim Übergang zwischen zwei von Grundzeichen bezeichneten Lauten vorkommt. Steht [e] für einen vorderen Vokal, so ist [e̠] nach hinten verschoben, und steht umgekehrt [o] für einen hinteren Vokal, so ist [o̟] nach vorn verschoben.

Marginale schließlich stehen für prosodische Merkmale. Dazu gehören die Längenbezeichnung bei Vokalen [aː], [iː] usw. sowie Akzentzeichen.

Das Zeicheninventar und seine Verwendung

Den weitaus größten Teil des IPA nimmt die Repräsentation der *Konsonanten* ein. Im Hauptschema finden sich die mit pulmonalem (d.h. in der Lunge erzeugtem) Druck artikulierten Konsonanten, in einem Nebenschema die nicht pulmonalen. Zu ihnen gehören die Schnalzlaute (engl. *clicks*), bei denen der Luftstrom velar gebildet wird, und die Implosive sowie die Ejektive, deren Luftstrom durch Bewegung des Kehlkopfes erzeugt wird.

Eine dritte Konsonantmenge, die in beiden Schemata nicht ohne weiteres Platz findet, ist unter ›Other symbols‹ zusammengefaßt. Dazu gehören solche mit Doppelartikulation, z.B. das [w] wie in engl. **what**, wenn es zugleich labiale und velare Engebildung aufweist. Weiter finden sich in dieser Reihe einige Laute, deren Artikulationsort im Hauptschema nicht vorkommt, wie die alveolo-palatalen Frikative, und schließlich sind Beispiele für eine mögliche Notationsweise von Affrikaten vermerkt. Affrikaten können, ebenso wie durch mehrere Grundzeichen repräsentierte Doppelartikulationen, mit einem Bogen markiert werden, z.B. [t͡s] wie in dt. **Zahn**. Affrikaten sind Plosive mit nachfolgendem an derselben oder fast derselben Stelle und mit demselben Artikulator gebildetem (›homorganischem‹) Frikativ, die sich in mancher Hinsicht nicht wie zwei Segmente, sondern wie ein Segment verhalten. Von allen Konsonanten außerhalb des Hauptschemas spielen für das Deutsche nur die Affrikaten eine Rolle (3.1; 4.3).

Im Hauptschema sind die Konsonanten nach Artikulationsort und Artikulationsmodus beschrieben. Sind in einem Feld zwei Laute eingetragen, dann unterscheiden sie sich durch die Merkmale stimmlos/stimmhaft. Das ist für alle Frikative sowie alle Plosive bis auf den glottalen der Fall. Unmögliche Artikulationen sind durch Schwärzung des entsprechenden Feldes markiert. Beispielsweise kann es keinen glottalen Nasal geben (Nasal: Senken des Velums); und auch keinen velaren Trill oder Flap, denn der hintere Teil der Zunge, der allein für die velare Engebildung infragekommt, kann eine Vibrationsbewegung ebenso wenig ausführen wie das Velum selbst. Einige Felder des Schemas sind weiß gelassen. Man schließt nicht aus, daß es den zugehörigen Konsonanten geben könnte.

Die im Schema vorkommenden Artikulationsmodi sind im wesentlichen in 2.2.1 erläutert worden. Zu bemerken ist lediglich, daß das [l] wie in **Luft** oder **hell** als lateraler Approximant gilt und nicht einfach als Lateral wie das im IPA 1949 der Fall war. Der Grund ist wohl die Notwendigkeit einer Abgrenzung von den lateralen Frikativen. Da es diese im Deutschen nicht gibt, genügt die

Kennzeichnung des [l] als Lateral. Man sieht an diesem Beispiel schon, daß sich das Schema für die Einzelsprache u. U. auch kategorial vereinfachen läßt.

Die Artikulationsorte sind uns ebenfalls bekannt. Eine Differenzierung zwischen dental und postalveolar spielt im allgemeinen keine Rolle, lediglich bei den Frikativen wird sie ausgenutzt. Wir haben aber in 2.2.1 gesehen, daß sie auch hier künstlich ist. Das englische [θ] (**thin**) ist in Anlehnung an die Kategorien bilabial und labiodental eigentlich besser als ›bidental‹ oder ›interdental‹ zu kennzeichnen, und das [ʃ] (**Schuh**) ist wohl eher durch die Zungenform vom [s] unterschieden als durch den Artikulationsort. Ein für das Deutsche stets mit neuer Frische diskutiertes Problem stellen die palatalen/velaren/uvularen Frikative und ihr Verhältnis zum palatalen Approximant [j] sowie zu den r-Lauten dar (**Aufgabe 12**).

Die vom 2. Prinzip postulierten natürlichen Lautklassen sind bei den Konsonanten teilweise direkt gegeben, teilweise sind sie als übergeordnete Kategorien wie obstruent, sonorant, vibrant, oral usw. leicht zu definieren. Nicht ganz so problemlos ist das in anderen Fällen wie beim Übergang vom Artikulationsort zum artikulierenden Organ. Nach einer in Pompino-Marschall 1995 vorgenommenen Kategorienzuweisung verläuft etwa die Grenze zwischen apikal/laminal einerseits und dorsal andererseits mitten durch den palatalen Bereich, und unklar bleibt auch, wie weit man die uvularen noch als dorsal oder postdorsal bezeichnen kann. Eben weil sich teilweise unterschiedliche Lautklassen ergeben, ist umstritten, ob man in der Phonologie besser mit Kategorien des Artikulationsortes oder solchen des artikulierenden Organs arbeitet.

Die Repräsentation der *Vokale* erfolgt im Prinzip nach dem System der Kardinalvokale (2.2.2). Das Vokalviereck ist eingerahmt von den acht Paaren der primären und sekundären Kardinalvokale, dazu den zentralen, geschlossenen [ɨ] und [ʉ]. Zwischen dem 3. und 4. Kardinalvokal findet sich das [æ], das aber kein gerundetes Gegenstück hat. Weiter gibt es zwischen den halbgeschlossenen und geschlossenen das etwas nach hinten verschobene Paar [ɪ], [ʏ] und entsprechend im hinteren Bereich das [ʊ], diesmal ohne ungerundetes Gegenstück. Von den insgesamt acht zentralen Vokalen werden für das Deutsche meist nur [ə] und [ɐ] als Reduktionsvokale, d. h. als Vokale in nichtbetonbaren Silben verwendet (4.4).

Interessant ist die weitere Kategorienbildung bei den Vokalen. Das Merkmalspaar ungerundet/gerundet wird in den meisten Fällen durch Verwendung unterschiedlicher Grundzeichen realisiert. Hier obsiegt also Prinzip 4a und nicht etwa 4c, obwohl man durch ein Diakritikon für Rundung eine große Zahl von Grundzeichen hätte sparen können. Anders als im IPA 1949 wird ein ungerundeter Vokal an genau demselben Punkt des Vokalvierecks angesiedelt wie sein gerundetes Gegenstück. Der in 2.2.2 erörterte Zusammenhang zwischen Rundung und Verschiebung nach hinten bleibt unberücksichtigt.

Nicht vorgesehen ist die Repräsentation von Gespanntheit. Die Einführung eines entsprechenden Diakritikons ist erwogen, aber ausdrücklich abgelehnt worden (Report 1989: 74). Eine Paarbildung wie [i]-[ɪ], [e]-[ɛ] usw. für gespannt – ungespannt wird dennoch häufig für das Deutsche verwendet. Artikulatorisch wird sie mit der größeren Entfernung des gespannten Vokals eines Paares vom Zentralvokal Schwa [ə] gerechtfertigt. Sie nutzt mit dem Vokalviereck und seiner üblichen Deutung gegebene Möglichkeiten aus, entspricht aber nicht seinen Intentionen. Die Paarbildung führt für das Deutsche auch zu einigen Ungereimtheiten, ist also wiederum auf besondere Konventionen über die Zeichenverwendung angewiesen (**Aufgabe 13a**).

Das IPA macht keine expliziten Angaben zur Schreibweise von *Diphthongen* (›Doppelvokalen‹). In der Praxis kennzeichnet man sie entweder mit einem Bogen, z. B. [ka͜in] (**kein**) oder mit dem Diakritikon für Nichtsilbizität wie in [kai̯n]. Die erste Schreibweise betont die Zusammengehörigkeit der beiden Vokale, d. h. sie betont, daß die Diphthonge Eigenschaften mit bestimmten Einzelvokalen – z. B. langen Vokalen – gemeinsam haben. Die zweite Schreibweise drückt aus, daß der erste Vokal des Diphthongs allein den Silbenkern bildet, der zweite in diesem Sinne ›nichtsilbisch‹ ist. Es handelt sich also um eine Schreibweise, die nicht rein lautsegmental ist, sondern die Funktion von Lauten in der Silbe berücksichtigt (**Aufgabe 13b**).

Etwas Ähnliches kann man von der Repräsentation der Konsonanten und Vokale in getrennten Lautschemata sagen. Im IPA 1949 sind sie noch in einem gemeinsamen Schema untergebracht, d. h. Vokale erscheinen dann insgesamt als palatale/velare (oder nach dem Artikulator dorsale) Laute, die gerundeten sind außerdem bilabial (Doppelartikulation). Wir wissen ja auch, daß sich weder auditiv noch artikulatorisch eine strikte Grenze zwischen Vokalen und Konsonanten ziehen läßt. Bei der Trennung von Vokalen und Konsonanten im IPA 1996 braucht man strukturelle Abgrenzungskriterien. Beispielsweise kann man sagen: »Vokale sind solche Laute, die nur als Silbenkerne auftreten. Tritt ein Vokal nicht als Silbenkern auf, muß das besonders vermerkt werden.« Genau so wird ja verfahren, wenn man etwa Diphthonge als [ai̯], [ɔi̯] usw. repräsentiert.

Damit sind die Lautzeichen so weit erläutert, wie man sie im allgemeinen für das Deutsche benötigt (**Aufgabe 14**). Aus der Gruppe der sog. *Suprasegmentalia* braucht man darüber hinaus vor allem die Akzentzeichen und den Doppelpunkt als Kennzeichnung von Langvokalen. Der primäre Wortakzent ist vor der entsprechenden Silbe hochgestellt, sekundärer Akzent ist tiefgestellt, beispielsweise [ˈhoːzənˌtʀɛːgɐ] (**Hosenträger**). Das wichtigste Grenzzeichen ist der Punkt für die Silbengrenze wie in [ˈʔaʀ.bait] (**Ar-beit**) sowie der Strich »|« als Grenze zwischen Füßen. Grenzen zwischen Wortformen werden, wenn überhaupt, durch Spatien angezeigt. Ein Zeichen für Morphemgrenzen ist nicht vorgesehen, wir verwenden dazu »+«, also [ɛʀ+vɛʀm+t+ə] (**erwärmte**). Wenn es nur auf die Akzent- und Grenzzeichen selbst ankommt, verwenden wir sie auch in orthographisch geschriebenen Wortformen: **Hósentrȁger** (Haupt- und Nebenakzent), **er±wärm±t+e** (silbische und morphologische Grenzen).

Nach der Zeichentypologie in 2 gehören nur die Laut- und die Grenzzeichen zu den Grundzeichen, alle anderen sind Zusatzzeichen. Von diesen wurden bisher die prosodischen Zeichen für Vokallänge und Akzent, nach 1 ›Marginalia‹, erwähnt. Es bleiben die Diakritika und die Tendentiale.

Das IPA macht einen solchen Unterschied nicht, zur großen Gruppe der Diakritika gehören auch die Tendentiale. Es ist weder möglich noch notwendig, den Gebrauch dieser Zeichen hier vollständig zu erläutern. Wir wollen aber zeigen, worin das Hauptproblem ihrer Verwendung besteht, wenn es um das Verhältnis von phonetischer und phonologischer Transkription geht.

Nach Prinzip 4a werden distinktive Lautunterschiede mit der Verwendung von verschiedenen Grundzeichen erfaßt. Andererseits können Diakritika nach 4c dann verwendet werden, wenn man dadurch die Einführung mehrerer Grundzeichen spart. Ein Kategorienpaar wie aspiriert/nichtaspiriert ist nun in manchen Sprachen distinktiv, in anderen nicht. Im Deutschen ist Aspiriertheit nichtdistinktiv, Schreibweisen wie [tʰ] folgen Prinzip 4a. Im Hindi dagegen ist Aspiriertheit bei bestimmten Obstruenten distinktiv. Trotzdem stellt das IPA keine entsprechenden Grundzeichen zur Verfügung. Man läßt 4a außer acht, kann sich aber auf 4c berufen. Und im Watjari, einer australischen Sprache, wird ein alveolarer Lateral ([kulu] »Floh«) von einem dentalen ([kul̪u] »Süßkartoffel«) unterschieden, aber ein entsprechendes Grundzeichen steht nicht zur Verfügung. Bei den Konsonanten gibt es viele weitere Beispiele dieser Art (z. B. Pompino-Marschall 1995: 172 ff.), und bei den Vokalen ist uns das Problem ebenfalls begegnet. Nasalität etwa wird durch Diakritika repräsentiert, Rundung durch Grundzeichen. Das gilt unabhängig davon, ob die zugehörigen Kategorien in einer Sprache distinktiv sind oder nicht.

Wie das IPA konstruiert ist, ergibt sich das Problem anscheinend nur für die Diakritika im engeren Sinne, nicht aber für die Tendentiale. Schreibweisen wie [ɔ̹], [ɔ̜] für »mehr oder weniger gerundetes [ɔ]« oder [u̟], [i̠] für »vorgeschobenes [u], zurückgeschobenes [i]« spielen u. W. nur innerhalb einer engen phonetischen Transkription eine Rolle.

Die Notwendigkeit, für eine Einzelsprache Konventionen über den Gebrauch der IPA-Zeichen festzulegen, ergibt sich aus den Prinzipien selbst. Einerseits sollen alle Laute genau darstellbar sein, andererseits gehen einzelsprachliche und universelle phonologische Kriterien ein. Entsprechend unterschiedliche Aussagen findet man deshalb auch über Transkripte selbst. Ein enges Transkript soll möglichst alles enthalten, was man hört und hinschreiben kann. Es ist in diesem Sinne ›phonetisch‹. Unter einem weiten Transkript wird dagegen manchmal einfach ein phonetisches mit weniger Details verstanden (Ladefoged 1975: 278), neuerdings aber meist eins, das nur die distinktiven Lautmerkmale erfaßt und in diesem Sinne mehr oder weniger streng segmentalphonologisch ist (Kohler 1995: 140; Pompino-Marschall 1995: 255 f.; IPA 1999: 28 ff.). In der Regel liegt ein Transkript, das praktischen Anforderungen genügen soll, dazwischen (**Aufgabe 15**).

Die Schwierigkeiten im Umgang mit dem IPA zeigen, wo die Probleme bei der Verschriftung einer Einzelsprache mit einem vorgegebenen, universell verwendeten Alphabet liegen. Sie können uns vor dem alten Irrglauben bewahren, eine Sprache wie das Deutsche oder gar sämtliche Sprachen ließen sich mit dem lateinischen Alphabet ›lautgetreu‹ schreiben (8.1).

3. Segmentale Phonologie: Phoneme

3.1 Opposition und Kontrast

Syntagmatische und paradigmatische Relationen

In Kapitel 2 sind die Laute danach beschrieben worden, wie sie artikuliert, gehört und verschriftet werden können. Das Beschreibungsvokabular haben wir möglichst offen gehalten, d.h. wir haben viele phonetische Kategorien (Merkmale) von Lauten eingeführt ohne zu fragen, welche von ihnen man auch für eine phonologisch-systematische Beschreibung braucht.

Um eine phonologische Beschreibung geht es jetzt. Laute und lautliche Einheiten allgemein sollen so kategorisiert werden, daß man ihr Funktionieren im Sprachsystem versteht. Wir tun das in zwei Schritten. Im vorliegenden Kapitel werden einige Voraussetzungen für eine phonologische Beschreibung und die Verwendung des Begriffes ›Phonem‹ geklärt (3.1). Ziel ist die Etablierung eines Systems von Konsonanten (3.2.1) und Vokalen (3.2.2) für das Deutsche, das noch zu nennenden funktionalen Anforderungen genügt. In Kapitel 4 geht es dann um das Verhalten der Laute in größeren Einheiten und um diese Einheiten selbst: die Silben und Füße als Bestandteile von phonologischen Wortformen.

Eine systematische Beschreibung von sprachlichen Einheiten allgemein und damit auch die von Lauten vollzieht sich unter zwei Aspekten, dem paradigmatischen und dem syntagmatischen (allgemein Lyons 1980: 72ff.; 5.1). Die Wortform [bluːt] (**Blut**) hat als erstes Segment ein [b], das ausgetauscht werden kann gegen eine Reihe anderer Segmente, etwa [g] und [f] wie in **Glut** und **Flut**. Die Austauschbarkeit in einem gegebenen Kontext ist Grundlage für die Erfassung des paradigmatischen Aspekts. Im Beispiel kann der Kontext spezifiziert werden als die Position nach einer morphologischen Grenze und vor der Lautfolge [luːt], abgekürzt geschrieben als [+___luːt]. Die Lautsegmente [b], [g] und [f] sind verschieden, aber sie sind auf eine solche Weise verschieden, daß sie im selben Kontext stehen können. Eine systematische Beschreibung muß die Regularitäten der Austauschbarkeit berücksichtigen.

In der Wortform [bluːt] kombiniert [b] mit [l], in der Wortform [bʀuːt] kombiniert [b] mit [ʀ]. Längst nicht jeder Laut kann in der gegebenen Position auf [b] folgen. Nicht zugelassen sind beispielsweise *[bxuːt] oder *[bkuːt]. Die Kombinatorik der Laute konstituiert den syntagmatischen Aspekt des Systems. Eine systematische Beschreibung der Laute erstreckt sich auch auf die Regularitäten ihrer Kombinatorik.

Den paradigmatischen Aspekt des Systems der Laute erfassen wir im folgenden mithilfe des Begriffs *Opposition*, den syntagmatischen mithilfe des Begriffs *Kontrast*. Diese Verwendung der Begriffe beruht sich auf die ersten Theoretiker der phonologischen Merkmalsanalyse, auf Roman Jakobson und Morris Halle: »In dem Falle, in welchem der Hörer überlegt, ob er /bít/ oder /dít/ zu hören bekam, bietet die ihm vorliegende Mitteilung nur eine der zwei logisch miteinander in Wechselbeziehung stehenden Möglichkeiten. Der Saussuresche Terminus *Opposition* kann deshalb angewandt werden. Der Terminus *Kontrast* muß dagegen auf solche Fälle beschränkt werden, in denen die polaren Eigenschaften zweier Einheiten durch ihr Nebeneinanderstehen (Kontiguität) in der Hörerfahrung in Erscheinung treten, wie z. B. der Kontrast von dunkel und hell in den Lautfolgen /pi/ und /pt/ oder derselbe Kontrast in umgekehrter Reihenfolge der Merkmale, z. B. in den Lautfolgen /tu/ und /tp/. Opposition und Kontrast sind somit zwei verschiedene Erscheinungsformen des Polaritäts-Prinzips, und beide erfüllen eine wichtige Aufgabe auf der Merkmalseite der Sprache.« (Jakobson/Halle 1960: 4).

Die Begriffe Opposition und Kontrast werden heute meist synonym im Sinne von Opposition bei Jakobson/Halle verwendet. R. Wiese (1996: 9ff.) spricht sogar nur von Kontrast und meint Opposition. Ein Begriff von Kontrast im Sinne von Jakobson/Halle fehlt dann. Der Grund dafür ist wohl, daß der syntagmatische Aspekt in Gestalt einer Silbenphonologie lange Zeit hindurch wenig Interesse gefunden hat.

Die Eigenschaften von Lauten, auf die sich die Relationen Opposition und Kontrast gründen, bezeichnen wir mit phonologischen Merkmalen. Haben wir einen Laut über seine phonologischen Merkmale richtig beschrieben, dann haben wir ihn als Phonem beschrieben. Wie ein Laut mithilfe von Merkmalen zu beschreiben ist, erörtern wir ausführlich in Abschnitt 4.2. Es geht dort vor allem um die Struktur, die Merkmale bilden. Im Augenblick beschränken wir uns auf die Frage, wie man überhaupt feststellt, welche Merkmale ein Phonem hat. Beginnen wir mit der distinktiven Funktion von Merkmalen.

Distinktive Merkmale

Distinktive phonologische Merkmale sind paarweise bedeutungsunterscheidend. Als Bestandteil der Form einer bedeutungstragenden Einheit ist ein Phonem ausschlaggebend für die Identität der Formseite der Einheit. Wird das Phonem durch ein anderes ersetzt, ergibt sich eine andere Form und damit eine andere Einheit, d. h. eine Einheit, die auch eine andere Bedeutung hat.

Bedeutungen zu unterscheiden (phonologische Merkmale, Phoneme) und Bedeutungen zu haben (Morphe, Wortformen) sind zwei grundsätzlich verschiedene Prinzipien der Strukturierung des Zusammenhanges von Form und Bedeutung. Sie werden begrifflich gefaßt als *doppelte Artikulation*. Doppelte Artikulation ist eine Eigenschaft aller natürlichen Sprachen, und sie ist umgekehrt auch ein Charakteristikum menschlicher Sprache.

Über den sog. Substitutions- oder auch Kommutationstest wird Distinktivität unmittelbar zur Grundlage eines Verfahrens, das es erlaubt, Laute zu identifizieren. Zur Identifizierung gehört zweierlei. Einmal muß der Lautstrom segmentiert werden, so daß man Anzahl und Abfolge der Laute erhält. Zweitens müssen die Segmente klassifiziert werden, so daß man weiß, welches Segment welcher Laut sein soll. Betrachten wir ein einfaches Beispiel (1).

Jede der Formen 1b-e geht aus der Form a hervor, indem genau ein kleinstes Segment ausgetauscht wird. Betrachten wir den linken Rand der Formen, so können wir andere Formen erzeugen, indem wir den Rand gegen einen an-

(1) a. [valt] **Wald**
    b. [*h*alt] **Halt**
    c. [v*ɪ*lt] **Wild**
    d. [va*n*t] **Wand**
    e. [val*m*] **Walm**

deren austauschen, etwa [va] gegen [ʃʊ] (**Wald – Schuld**). Der kleinste mögliche Rand, der austauschbar ist, ist der durch [v] dargestellte Teil der Form, also z. B. [v] gegen [h], [b], [k] (**Wald – Halt, bald, kalt**). Ein kleinerer Teil der Form ist nicht kommutierbar, also haben mit [v] ein kleinstes Segment gefunden.

Entsprechendes gilt für das Paar von Formen a-c. Mit seiner Hilfe finden wir das zweite Segment [a] usw., bis wir wissen, daß [valt] aus vier Segmenten besteht.

Wir wissen aber noch mehr. [v] ist in [valt] nicht nur das kleinste Segment, das am linken Rand der Form kommutierbar ist, sondern sein Austausch gegen [h], [b] und [k] führt auch dazu, daß sich jeweils eine Form mit einer anderen Bedeutung ergibt. Dem entnehmen wir, daß [v], [h], [b] und [k] paarweise zueinander in Opposition stehen und entsprechende distinktive Merkmale haben müssen. Ist das der Fall, dann sind die Segmente [v], [h], [b] und [k] im Deutschen funktional verschieden, und man sagt, sie gehören zu unterschiedlichen *Phonemen*.

Zwei Formen, die sich nur in einem kleinsten Analyseelement (hier: einem kleinsten Lautsegment) unterscheiden, werden ein *Minimalpaar* genannt. In 1 bilden die Formen b, c, d und e jeweils ein Minimalpaaar mit der Form a (**Aufgabe 16**).

Damit steht ein Kriterium zur Zuweisung von Segmenten zu Phonemen zur Verfügung. Wir können angeben, wann zwei Segmente nicht zum selben Phonem gehören. Umgekehrt lassen sich aus der Oppositionsbeziehung auch Kriterien dafür ableiten, wann zwei Segmente zum selben Phonem gehören.

Die Formen [blas] und [blas̪] (**blaß**) unterscheiden sich im Auslaut dadurch, daß die eine ein alveolares, die andere ein dentales /s/ enthält. Verschiedene Bedeutungen liegen nicht vor, [s] und [s̪] stehen nicht in Opposition. Der Sprecher des Deutschen ist frei, das /s/ auf die eine oder auf die andere Art zu artikulieren. Obwohl der Unterschied zwischen [s] und [s̪] gut hörbar ist (starke Dentalisierung führt zum Lispeln), ist der Unterschied zwischen den Segmenten nicht distinktiv. Man sagt, [s] und [s̪] stehen zueinander in der Beziehung der *freien Variation* oder sie sind *freie Varianten* desselben Lautes.

Opposition setzt voraus, daß die in Rede stehenden Laute zumindest einige Kontexte gemeinsam haben. Ist das nicht der Fall, so spricht man von *komplementärer Verteilung*. Im Deutschen sind aspirierte und nichtaspirierte Plosive komplementär verteilt, wir haben z. B. [tʰaːl] (**Tal**) vs. [ʃtaːl] (**Stahl**). Das dem [t] vorausgehende [ʃ] verhindert die Aspiration (dazu weiter 4.3.1). Aspiration ist kontextbedingt und damit nicht distinktiv. [t] und [tʰ] nennt man *kontextuelle Varianten* desselben Lautes.

Eine besondere Form der Variation ist die *Alternation*. Von Alternation spricht man, wenn die Variante eines Lautes identisch ist einer Variante eines anderen Lautes. So wird bei schnellem Sprechen aus dem [n] in [zɛnf] (**Senf**) ein [m], d. h. [n] alterniert zu [m] (*Phonemic overlapping*; 3.2.1; 4.2).

Distinktivität wird in vielen phonologischen Theorien zur entscheidenden Grundlage der Identifizierung und Merkmalsbeschreibung von Lauten als funktionalen Einheiten, also von Phonemen, gemacht: »An phonologischen (distinktiven) Oppositionen nehmen die Lautgebilde nur durch ihre phonologisch relevanten Eigenschaften teil. Und da jedes Phonem ein Glied einer phonologischen Opposition sein muß, so folgt daraus, daß sich das Phonem nicht mit einem konkreten Lautgebilde, sondern nur mit seinen phonologisch relevanten Eigenschaften deckt. Man darf sagen, daß *das Phonem die Gesamtheit der phonologisch relevanten Eigenschaften eines Lautgebildes ist.*« (Trubetzkoy 1989: 35; Hervorhebung im Original.)

Als ›phonologisch relevant‹ gilt die Oppositionsbeziehung. Jedes phonologische Merkmal muß nach dieser Auffassung als distinktives Merkmal gerechtfertigt sein. Was umgekehrt an irgendeiner Stelle distinktiv ist, darf bei der systematischen Beschreibung nicht vernachlässigt werden.

Zu den Phonemen als den Lauten in diesem phonologischen Sinne gehören die Varianten der Phoneme als ihre *Allophone*. Phoneme werden graphisch durch Schrägstriche gekennzeichnet, alle anderen Entitäten von Lautsegmenten durch eckige Klammern, wie wir es bisher gewohnt sind. Das Phonem /t/ des Deutschen hätte u. a. die Allophone [t] (unaspiriert) und [tʰ] (aspiriert). Das Phonem /s/ hätte die Allophone [s] (alveolar) und [s̪] (dental). Die beiden Schreibweisen mit // und [ ] wollen wir als markierte und unmarkierte Schreibweise unterscheiden, d. h. // wird nur dann verwendet, wenn es ausdrücklich auf den phonemischen Status der Segmente ankommt.

In distributionellen Termini kann man dann formulieren: Ein Phonem ist eine Menge von Lauten, seinen Allophonen. Die Allophone eines Phonems sind entweder freie Varianten (identische Distribution) oder kontextuelle Varianten (komplementäre Distribution). Die Segmentierung des Lautkontinuums in kleinste Segmente führt zu Einheiten, die *Phone* genannt werden. Von bestimmten Phonen wird dann gezeigt, daß sie zum selben Phonem gehören und also Allophone dieses Phonems sind. Segmentieren in Phone und klassifizieren zu Phonemen sind die methodischen Verfahren, auf denen der Phonembegriff des klassischen europäischen (s. o.) wie amerikanischen Strukturalismus beruht (Hockett 1942; Bloch 1950; Erläuterungen zum Methodischen in Maas 1974; 1999: 311 ff.; zur theoretischen Grundlegung weiter Lieb 1988; **Aufgabe 17**).

Trotz der auf den ersten Blick klaren Direktiven, nach denen segmentiert und klassifiziert wird, gibt es für jede Einzelsprache Streit darüber, wie ihr Phonemsystem aussieht. Der Grund ist, daß sich Laute in unterschiedlichen Umgebungen unterschiedlich verhalten und dabei mal die eine, mal die andere phonemische Eigenschaft zeigen. Die Grundlegung des Phonembegriffes über die Oppositionsbeziehung allein reicht nicht aus. Man gelangt damit nicht einmal für eine Einzelsprache zu einem eindeutig fixierbaren Phoneminventar. Noch schwieriger wird es, wenn man auch andere funktionale Kriterien als Distinktivität zuläßt (zum Überblick Fischer-Jørgensen 1975).

Damit haben wir einen bestimmten Phonembegriff expliziert, betonen aber noch einmal, daß er einseitig ist. Grundsätzlich sollte man es bei einer sehr allgemeinen Explikation für ›Phonem‹ lassen: Phoneme sind kleinste Lautsegmente, die als Einheiten des Systems einer Sprache ausgewiesen sind. Der

Ausweis als Einheit des Systems erfolgt unter einem jeweils anzugebenden Aspekt, etwa dem der Distinktivität oder dem der Kombinatorik (Kontrastivität). Ein funktionaler Aspekt kann auch sein, die Laute so zu klassifizieren, daß ihr Verhältnis zu den Buchstaben oder Graphemen für eine Sprache einfach darstellbar ist. Wir werden in 3.2.1 und 3.2.2 ein Phonemsystem für das Deutsche angeben, das für viele Zwecke gut geeignet, aber keineswegs problemlos ist. Das für alle Zwecke einer Grammatik in gleicher Weise geeignete Phonemsystem suchen wir nicht.

Zurück zur systematischen Analyse der Oppositionsbeziehung. Zwei Laute können nur dann in Opposition zueinander stehen, wenn sie in derselben Umgebung vorkommen. Nehmen wir als eine solche Umgebung die Position vor Vokal im Anlaut betonter Silben wie [k], [t], [p] in **Kanne, Tanne, Panne**. In dieser Position kommen die meisten Konsonanten des Deutschen vor, sie eignet sich gut zur Untersuchung von Oppositionsbeziehungen. Aber nicht alle Konsonanten kommen vor, z.B. nicht [ŋ], [x] und [ç]. Es ist daher nicht möglich, hier *die* distinktiven Merkmale für ›das Deutsche‹ zu ermitteln.

Betrachten wir als weitere Position die im Silbenauslaut nach Vokal wie [k], [t], [p] im **Schock, Schott, Shop**. Auch hier finden sich nicht alle Konsonanten des Deutschen, insbesondere nicht die stimmhaften Obstruenten und auch nicht [ʔ], [h] und [j]. Dagegen kommen [ŋ] (**Klang**), [x] (**Dach**) und [ç] (**Stich**) vor. Für die zweite Position sind also andere Oppositionsbeziehungen von Bedeutung als für die erste.

Diese Überlegung ist zu verallgemeinern. Den Begriff des distinktiven Merkmals hat man auf Umgebungen zu relativieren. Wir können zunächst nur davon sprechen, daß ein Merkmalspaar distinktiv in bestimmten Kontexten ist.

Die Notwendigkeit eines Kontextbezuges der Phonemanalyse ist eine *der* Einsichten des klassischen Strukturalismus (Twaddell 1935). In der neueren Literatur wird das Problem wenig diskutiert. Meist folgt man der ebenfalls schon im Strukturalismus vertretenen Gegenposition, die dem Slogan folgt »Once a phoneme, always a phoneme.« Damit ist gemeint, daß die mit Distinktivitätsargumenten für irgendeine Umgebung festgelegte Merkmalsstruktur in allen anderen Umgebungen erhalten bleiben kann. Ein Segment, dem diese Merkmale einmal zugeschrieben sind, behält sie überall und ändert seinen Status als Phonem nicht. Als Konsequenz aus dieser Sicht spricht man dann nicht mehr davon, daß ein Laut bestimmte distinktive Merkmale habe, sondern man sagt, seine Merkmale seien »potentiell distinktiv« (Meinhold/ Stock 1982: 32ff.).

Eine der wenigen Phonologien, die die Phonemanalyse explizit kontextbezogen durchführt, findet sich in Basbøll/Wagner (1985: 13ff.). Für das Deutsche werden fünf sog. Basispositionen festgelegt, drei für die Konsonanten und zwei für die Vokale. Die Basispositionen müssen insgesamt und im Verhältnis zueinander gewissen Bedingungen genügen. Die wichtigsten sind natürlich, daß jeder Laut in mindestens einer Basisposition vorkommt und daß die charakteristischen Distinktivitäten sichtbar werden. Basbøll/Wagner formulieren weitere Bedingungen für ihren speziellen Ansatz, die wir übergehen. Es kommt vor allem darauf an, das Faktum der Kontextabhängigkeit von Aussagen über Lautsegmente herauszustellen und ein Phonemsystem unter Bedingungen zu etablieren, die in dieser Hinsicht kontrolliert sind. In den Abschnitten 3.2.1 und 3.2.2 operieren wir mit folgenden Basispositionen.

1. Konsonanten. (1) Anlautend vor betontem Vokal wie [k] in [kanə] (**Kanne**); (2) intervokalisch zwischen betontem gespanntem Vokal und Schwa wie das [l] in [myːlə] (**Mühle**); (3) auslautend nach betontem, ungespanntem Vokal wie das [t] in [ʃʊt] (**Schutt**).

2. Vokale. (1) Betonter Vokal vor mindestens zwei Konsonanten wie [ʊ] in [hʊnt] (**Hund**), [a] in [kalt] (**kalt**); (2) Betonter Vokal in offener (d.h. vokalisch auslautender) Silbe wie [u] in [ʃuː] (**Schuh**), [e] in [feː] (**Fee**); (3) nicht betonbarer Vokal wie [ə] in der zweiten Silbe von [kanə] (**Kanne**).

Kontrastive Merkmale

Nun kurz zur Relation Kontrast. Ein Laut y steht zu einem Laut x in Kontrast genau dann, wenn y unmittelbar auf x folgt.

Die syntagmatische Beziehung Kontrast hat ganz andere Eigenschaften als die paradigmatische Beziehung Opposition. Insbesondere ist letztere symmetrisch, erstere nicht. Steht ein Laut y zu einem Laut x in Opposition, so auch x zu y. Steht y zu x in Kontrast, so nicht auch unbedingt x zu y. Eine Form wie [tʀɑːn] (**Tran**) zeigt uns etwa, daß [ʀ] zu [t] in Kontrast steht, im gegebenen Kontext aber nicht [t] zu [ʀ], eine Form *[ʀtɑːn] kann es nicht geben. In anderen Kontexten kontrastiert [t] aber sehr wohl zu [ʀ], z.B. in [baʀt] (**Bart**). Deshalb ist *[batʀ] nicht möglich.

Dieses einfache Beispiel zeigt uns etwas ebenso Wichtiges wie Interessantes über die Kombinatorik von Lauten. Wenn ein Laut y mit einem Laut x kontrastiert, dann im allgemeinen auch x mit y. Wenn es die Lautfolge xy gibt, dann im allgemeinen auch yx. Beide Lautfolgen sind aber an unterschiedliche Kontexte gebunden. Wir werden in Kap.4 zu einer Beschreibung von Lauten kommen, die es erlaubt, wesentliche Züge ihrer Kombinatorik und dabei auch Regularitäten wie die angedeutete zu erfassen. Diese Beschreibung der Laute sieht ganz anders aus als die, die wir in den jetzt folgenden Abschnitten zur Erfassung der Distinktivitäten benötigen. Viele Schwierigkeiten mit dem Phonembegriff beruhen eben darauf, daß man sich zur Etablierung des Phoneminventars einer Sprache zunächst in die strukturalistische Tradition stellt und nur Distinktivität als funktionales Kriterium gelten läßt, daß man dann aber versucht, mit den so ermittelten Merkmalen auch die Lautkombinatorik zu erfassen.

3.2 Phoneminventar

3.2.1 Das Basissystem der Konsonanten

Ausgangspunkt für die Etablierung eines Konsonantsystems ist das Schema aus IPA 1999 (vgl. Aufg. **12**, hier wiederholt in 1). Das Schema liefert eine phonetische Klassifikation der Konsonanten des Deutschen, wie sie bei Transkriptionen mit dem IPA zugrunde gelegt wird. Unser Ziel ist jetzt, das Schema auf das phonologisch Wesentliche zu reduzieren, indem wir es nach den distinktiven Merkmalen der Konsonanten in den drei Basispositionen aufbauen.

(1) Konsonantschema nach IPA 1999

	Bilab.	Lab.dent	Dental	Alv.	Postalv.	Retrofl.	Palatal	Velar	Uvular	Pharyng	Glottal
Plosive	p b			t d				k g			ʔ
Nasal	m			n				ŋ			
Fricative		f v		s z	ʃ ʒ		ç		χ ʁ		h
Approximant							j				
Lateral				l							

Wir gehen das Schema zeilenweise von links nach rechts durch und ermitteln die Konsonanten für die Basispositionen.

Konsonanten im Anlaut

(2) Basisposition 1: [p] **Panne**, [b] **Bohne**, [t] **Tanne**, [d] **Dame**, [k] **Kanne**, [g] **Gasse**, [ʔ] **Elle**, [m] **Mühle**, [n] **Name**, [f] **Fahne**, [v] **Wille**, [z] **Sonne**, [ʃ] **Schule**, [ʁ] oder [R] **Riese**, [h] **Hose**, [j] oder [ʝ] **Jäger**, [l] **Leder**

In Basisposition 1 (anlautend vor betontem Vokal) kommen 15 der insgesamt 22 Konsonanten vor. Von diesen 15 sind, was die phonetische Substanz wie die Stellung im Phonemsystem betrifft, zwei besonders umstritten, nämlich [ʁ] und [j].

Das anlautende r wird teilweise als [r] (Zungen-r) realisiert. Es steht dann in freier Variation zum Zäpfchen-r. Das Zungen-r gilt heute meist als dialektale Variante der r-Laute oder als Relikt der überkommenen Bühnenlautung. Wir berücksichtigen es im System nicht, weil es insgesamt als markierte Variante gelten kann.

Das anlautende Zäpfchen-r wird nun seinerseits teils als stimmhafter Frikativ [ʁ], teils als Vibrant [R] realisiert (z.B. Meinhold-Stock 1982: 131 f.). Die Realisierung als Frikativ überwiegt statistisch. Trotzdem wird *phonologisch* fast immer ein [R] und nicht ein [ʁ] angesetzt. Der Hauptgrund ist, daß sich die r-Laute insgesamt eher wie Sonoranten verhalten. Man käme in außerordentliche Schwierigkeiten, würde man [ʁ] als das Grundvorkommen und in diesem Sinne als phonemisch ansehen. Wir operieren deshalb mit /R/ als Phonem (**Aufgabe 18**).

Nicht viel anders liegen die Probleme beim [j], dem einzigen Approximanten im obigen Schema. Es gibt viele gute Gründe für die Zuordnung zu den Approximanten, aber in den Basispositionen läßt sich auch die Zuordnung zu den Frikativen als [ʝ] rechtfertigen. Artikulatorisch sind [j] und [ʝ] ohnehin auf das engste verwandt. Aus systematischen Gründen entscheiden wir für [ʝ].

Das Schema läßt sich nun weiter vereinfachen dadurch, daß wir anstelle der Artikulationsorte mit dem Artikulator operieren. Bilabiale/labiodentale Konsonanten werden dann labial (Unterlippe!), die alveolaren/postalveolaren werden koronal, die velaren/uvularen werden dorsal. Insgesamt gibt es statt sechs nur noch drei Kategorien.

Ähnlich verfahren wir bei der Artikulationsart. Plosive und Frikative bleiben (Oberklasse: Obstruenten), daneben gibt es die Nasale [m] und [n] sowie den Lateral [l] und den Vibranten [R]. Alle vier sind Sonoranten, und es spricht nichts dagegen, [l] und [R] als oral den Nasalen gegenüberzustellen (etwa im Anschluß an die schon von Trubetzkoy (1939) vorgeschlagene generelle Unterscheidung von nasalen und oralen Konsonanten). Insgesamt ergibt sich damit für Basisposition 1 das folgende Schema:

(3) Konsonantschema Basisposition 1

		labial		koronal		dorsal		glottal
		stl	sth	stl	sth	stl	sth	
obstr	plos	p	b	t	d	k	g	ʔ
	frik	f	v	ʃ	z		j̮	h
sonor	nasal	m		n				
	oral			l		R		

Die stimmlos/stimmhaft-Korrelation ist systematisch ausgeprägt bei den Plosiven. Nur der glottale Plosiv hat kein stimmhaftes Gegenstück. Sein Status als Phonem wird meist angezweifelt, weil sein Vorkommen in Basisposition 1 vorhersagbar sei. Er gilt als teilweise schwach artikuliert und als Default-Konsonant für diese Position. Wirklich distinktiv ist er nur nach konsonantisch auslautenden Präfixen wie in [fɛɐ̯ʔɔstən] – [fɛɐ̯Rɔstən] (**verosten – verrosten**). Wegen seiner vollständigen Vorhersagbarkeit muß er auch nicht durch einen Buchstaben segmental repräsentiert werden. Beim Lesen weiß man, wo er stehen kann.

Bei den Frikativen ist die Korrelation stimmlos/stimmhaft nur bei [f]-[v] gegeben. Der koronale Frikativ [ʃ] hat im Anlaut kein stimmhaftes Gegenstück. Wenn überhaupt, kommt ein [ʒ] in Fremdwörtern und dann meist vor unbetonter Silbe vor (**Genie, Jalousie**). Umgekehrt hat [z] ein stimmloses Gegenstück nur in Fremdwörtern (**Suite, Sandwich**). [j̮] steht ebenfalls allein. Für sein stimmloses Gegenstück gilt das eben Festgestellte in gleicher Weise (**Chemie, Chinin**).

Zu den Konsonanten in Basisposition 1 werden oft noch einige Affrikaten gezählt, vor allen [t͡s] (**Zahn, Zange**) und [p͡f] (**Pferd, Pfahl**) sowie gelegentlich [t͡ʃ] (**Tschador, Charleston**) und [d͡ʒ] (**Dschungel, Jazz**). In welchem Sinne sie tatsächlich einphonemig sind, läßt sich aufgrund des Vorkommens in dieser Position allein nicht klären (dazu weiter 4.3). Die ›monophonematische‹ Wertung bedarf jedenfalls besonderer Begründung. Operieren wir mit Phonemfolgen wie /ts/ oder /pf/, so heißt das nur, daß wir im gegebenen Zusammenhang keinen Anlaß für die einphonemige Lösung haben.

Konsonanten im Inlaut und im Auslaut

(4) Basisposition 2: [p] **Hupe**, [b] **Stube**, [t] **Tüte**, [d] **Rüde**, [k] **Luke**, [g] **Lüge**, [m] **Blume**, [n] **Bühne**, [f] **Strafe**, [v] **Möwe**, [s] **Straße**, [z] **Wiese**, [ʃ] **Dusche**, [ʒ] **Rage**, [ç] **Kriecher**, [x] **Kuchen**, [j] **Boje**, [ʀ] **Ware**, [l] **Höhle**.

Basisposition 2 (intervokalisch zwischen betontem gespannten Vokal und Schwa) zeigt etwas Neues vor allem bei den Frikativen. Die Frikativreihe umfaßt hier neun Laute:

(5) Frikative, Basisposition 2

a.

labial		koronal		dorsal	
stl	sth	stl	sth	stl	sth
f	v	s ʃ	z ʒ	ç, x	j

b.

		koronal		
		apikal		laminal	
stl	sth	stl	sth
s	z	ʃ	ʒ

In Basisposition 2 gibt es je zwei stimmhafte und stimmlose koronale Frikative sowie zwei stimmlose dorsale.

Bei den koronalen sieht es zunächst einfach nach einer Komplettierung des Systems von Basisposition 1 aus. Man kann dem systematisch Rechnung tragen durch 5b, d.h. man differenziert die koronalen in apikale und laminale Frikative. Eine andere Option ist die Unterscheidung von gerillt ([s], [z]) und flach ([ʃ], [ʒ], vgl. 2.2.1). Die Komplettierung der Korrelation stimmlos/stimmhaft ist vorhanden, sie bleibt aber bei den Frikativen weniger ausgeprägt als bei den Plosiven. Die Opposition [s]-[z] (**Muße – Muse**) gibt es *nur* in Basisposition 2 und [ʒ] gibt es nur in Fremdwörtern. [ʃ] nach gespanntem, betontem Vokal (**Dusche, Rüsche**) ist höchst selten, und [v] in dieser Position gibt es auch nur in zwei nativen Wörtern, nämlich **Löwe** und **Möwe**.

Selten sind auch die dorsalen Frikative. Die beiden stimmlosen sind komplementär verteilt. Statt dem [χ] aus dem Schema von IPA 1999 verwenden wir [x]. Es steht nach den Vokalen, die als nicht vordere oder als hintere klassifiziert sind, [ç] steht sonst. Das Phonem mit den Allophonen [ç], [x] schreiben wir als /ç,x/ oder mit dem unmarkierten Allophon als /ç/.

Ganz anders liegen die Verhältnisse in Basisposition 3 (auslautend nach ungespanntem Vokal).

(6) Basisposition 3: [p] **Depp**, [t] **Blatt**, [k] **Deck**, [m] **Schwamm**, [n] **Sinn**, [ŋ] **Klang**, [f] **Stoff**, [s] **Schluß**, [ʃ] **Frosch**, [ç] **Stich**, [x] **Dach**, [l] **Fell**, [ʀ] **Herr**.

Das System, das sich hieraus ergibt, ist denkbar einfach. Neu ist der dorsale Nasal [ŋ], sonst kommen alle Konsonanten bis auf die Glottalen und die stimmhaften Obstruenten vor. [ç] und [x] sind wieder komplementär verteilt.

(7)   Konsonantschema Basisposition 3

		labial	koronal	dorsal
obstr	plos	p	t	k
	frik	f	s ʃ	ç,x
sonor	nasal	m	n	ŋ
	oral		l	ʀ

Das System ist jetzt höchst geschlossen. Es fehlt lediglich der labiale, orale Sonorant. Die Position des koronalen Frikativs ist doppelt besetzt. Als Affrikaten kommen in Basisposition 3 [p͡f] (**Napf**), [t͡s] (**Klotz**) und [t͡ʃ] (**Matsch**) infrage.

Das Gesamtschema der Konsonanten

Wir haben die Distinktivitäten der Konsonanten in drei voneinander unabhängigen Positionen untersucht und festgestellt, daß das Konsonantsystem in jeder der Positionen anders aussieht. Die Unterschiede sind gravierend, aber sie sind andererseits nicht so, daß Widersprüche auftreten. Das Faktum der Vereinbarkeit der unabhängig ermittelten Teilsysteme ist vielleicht noch bemerkenswerter als die Differenzen. Insgesamt ergibt sich 8 (mit jeweils zwei stimmlosen und stimmhaften Frikativen gemäß 5).

(8)   Konsonantsystem des Deutschen

		labial		koronal		dorsal		glottal
		stl	sth	stl	sth	stl	sth	
obstr	plos	/p/	/b/	/t/	/d/	/k/	/g/	/ʔ/
	frik	/f/	/v/	/s/ /ʃ/	/z/ /ʒ/	/ç/	/j/	/h/
sonor	nasal	/m/		/n/		/ŋ/		
	oral			/l/		/ʀ/		

Das so ermittelte Gesamtsystem sieht ausgeglichen und übersichtlich gegliedert aus, aber wir wissen schon aus der Betrachtung der drei einfachen Positionen, daß zahlreiche Unausgeglichenheiten vorliegen. Das betrifft sowohl den Status einzelner Elemente wie den einzelner Oppositionen. So ist die stimmlos/stimmhaft-Opposition wirklich ausgeprägt nur bei den Plosiven im Anlaut. Eine schwache Stellung im System hat /ʔ/, weil es nur in einer Position und dort auch noch fakultativ auftritt. Schwach sind auch /h/ (nur im Anlaut), /v/ (fast nur im Anlaut), /ʒ/ (nur in Fremdwörtern), /j̯/ (fast nur im Anlaut) sowie /ŋ/ (nie im Anlaut). /ç/ hat zwei markante Allophone und bei /ʀ/ gibt es in den verschiedenen Positionen sehr unterschiedliche Realisierungsmöglichkeiten. All dies und manch andere Eigenheit einzelner Laute läßt sich nur im Rahmen einer Silbenphonologie genauer behandeln, in der noch andere als die drei Basispositionen Berücksichtigung finden (4.2; 4.3; **Aufgabe 19,20**).

3.2.2 Das Basissystem der Vokale

Nach dem Vokalschema aus IPA (1999: 87) belegt das Deutsche 15 Punkte im Vokalviereck (1; s.a. Aufgabe 13). Wir wenden uns jetzt der Frage zu, wie diese Vokale systematisch nach distinktiven Merkmalen zu ordnen sind und ob

(1)   Vokalschema nach Kohler 1990

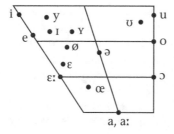

man möglicherweise noch andere als die in 1 angesetzten zu berücksichtigen hat. Zu klären ist auch, warum zwei Vokale im Paar lang-kurz auftreten ([ɛː-ɛ], [aː-a]), alle anderen nicht. Wie bei den Konsonanten in 3.2.1 entwickeln wir Teilschemata für die Vokale in den einzelnen Basispositionen.

Ungespannte Vokale

(2)   Basisposition 1: [ɪ] **Kind**, [ʏ] **Fürst**, [ʊ] **Sturm**, [ɛ] **Stern**, [ɔ] **Holm**, [œ] **Gehörn**, [a] **Halm**

In Basisposition 1 (betonter Vokal vor mindestens zwei Konsonanten) finden sich nach fast einhelliger Auffassung der Phonologien sieben Vokale, die untereinander in jeder denkbaren Paarbildung in Opposition stehen. Phonetisch haben wir diese Vokale als (im Deutschen) kurz und ungespannt charakterisiert (2.2.2). Im oberen vorderen Bereich ist die Korrelation ungerundet/gerundet wirksam. Überall sonst ist Rundung neutralisiert (**Aufgabe 21**).

Die Systematisierung der Vokale erfolgt im Prinzip entlang derselben Parameter wie die der Konsonanten. 3a extrahiert die ungespannten Vokale aus dem Vokalviereck in 1, 3b gibt die schematische Darstellung dazu.

(3) System der ungespannten Vokale
a.   b.

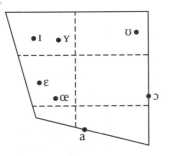

	vorn		hinten	
	unger	ger		
	I	Y	ʊ	geschlossen
	ɛ	œ	ɔ	halbgeschl.
			a	offen

Dem Artikulationsmodus bei den Konsonanten entspricht hier der Öffnungsgrad. Der Artikulator ist für alle Vokale der Zungenrücken, sie sind dorsal. Nach dem Artikulationsort sind die palatalen (vorderen) von den velaren (hinteren) zu unterscheiden. Diese Beschreibung ist artikulatorisch realistisch, denn wie bei den entsprechenden Konsonanten bewegt sich bei der Vokalartikulation weniger die Zunge selbst als vielmehr der Punkt der größten Engebildung von vorn nach hinten. Der einzige offene Vokal, das [a], ist hier als hinterer Vokal klassifiziert. Er hat kein vorderes Gegenstück und kann deshalb auch als unmarkiert in Hinsicht auf Frontierung angesehen und als nichtvorderer Vokal klassifiziert werden. Da wir die offenen gespannten Vokale aber in Hinsicht auf Frontierung unterscheiden (s. u.), weisen wir dem ungespannten [a] das entsprechende Merkmal zu. Mit seiner Lage im Vokalviereck ist das jedenfalls verträglich. Daß [a] nach dem Gesamtschema des IPA ungerundet ist, spielt für 3b keine Rolle. Phonologisch ist Rundung nur für die vorderen nichtoffenen Vokale von Bedeutung.

Gespannte Vokale

In Basisposition 2 (betonter Vokal in offener Silbe) findet sich ein Vokal mehr als in 1, wir haben es hier mit acht Vokalen zu tun.

(4) Basisposition 2: [i] **Vieh**, [y] **früh**, [u] **Kuh**, [e] **Reh**, [ø] **Bö**, [o] **Stroh**, [ɛː] **Schmäh**, [aː] **nah**.

Die Beispiele in 4 weisen durchweg lange Vokale auf und bis auf die als lang markierten [ɛː] und [aː] gelten sie außerdem als gespannt (2.2.2). Die bisher insgesamt betrachteten Vokale sind – was die Vokalqualität betrifft – abgesehen von den beiden Ausreißern komplementär auf die beiden Basispositionen verteilt.

Daß das Deutsche unter Distinktivitätsgesichtspunkten zwei Systeme von betonbaren Vokalen hat, war bis in die jüngste Vergangenheit hinein überwiegende Lehrmeinung der Phonologien. Die Distinktivität zeigt sich z. B. in Formen mit genau einem Konsonanten nach dem Vokal wie in [ʃiːf] – [ʃɪf] (**schief – Schiff**) oder [beːt] – [bɛt] (**Beet – Bett, Aufgabe 22**). Wir werden später sehen, daß es auch gute Gründe gibt, mit nur einem Vokalsystem zu arbeiten (4.3.2; 4.4). Nimmt man zwei Systeme an, dann stellt sich die Frage, ob Länge oder Gespanntheit phonologisch entscheidend ist. In den Basispositionen geht ja im allgemeinen Länge mit Gespanntheit und Kürze mit Ungespanntheit zusammen, und manche Phonologien verwenden einfach beide Merkmale gemeinsam (Wurzel 1981: 913; Hall 2000: 68; bei den segmentalen Zuordnungen auch R. Wiese 1996: 19 f.; ähnlich Meinhold/Stock 1982: 82).

Unter den vielen Argumenten, die zur Entscheidung dieser Frage ins Feld geführt werden, gilt als das stärkste, daß in mehrsilbigen Formen gespannte Vokale auch kurz sein können oder kurz sein müssen. So ist der Vokal in der ersten Silbe von **Forelle** immer kurz, er kann aber sehr wohl gespannt sein. Das [i] in der zweiten Silbe von **Militär** ist ebenfalls kurz und bei Standardlautung regelmäßig gespannt (dazu ausführlich Ramers 1988; **Aufgabe 11b**; 2.2.2). Ein Langvokal ergibt sich nach dieser Auffassung dann, wenn ein gespannter Vokal betont ist. Gespanntheit ist die Basis für Länge und nicht umgekehrt.

Machen wir Gespanntheit zur Grundlage der Systematisierung, dann sollten die gespannten Vokale generell mit anderen Symbolen repräsentiert werden als ihre ungespannten Gegenstücke und nicht, wie bei [ɛː] und [aː] in Kohlers System, nur durch das Längenzeichen. Bei [a] bietet sich [ɑ] als Zeichen für das gespannte Gegenstück an, und genauso wird häufig auch verfahren. Als Kardinalvokal 4 besetzt [ɑ] ja eine Extremposition im Vokalviereck.

Schwieriger ist die Sache für [ɛː]. Das IPA stellt als einzige Möglichkeit [æ] zur Verfügung. Verwenden wir dieses Zeichen, dann ergibt sich als naheliegender Ansatz das System in 5.

(5) System der gespannten Vokale

a.

b.

	vorn		hinten
	unger	ger	
i		y	u	geschlossen
e		ø	o	halbgeschl.
æ			ɑ	offen

Wir kommen hier mit denselben Kategorien aus wie bei den ungespannten Vokalen. Dabei bleibt der Status des [æ] phonologisch wie phonetisch umstritten. Die Schreibung als [æ] bzw. als Phonem /æ/ macht die Systematik von gespannt/ungespannt und ihre symbolphonetisch einheitliche Repräsentation zum entscheidenden Kriterium. Wird der entsprechende Vokal als ›niedrig‹, ›offen‹ bzw. ›low‹ klassifiziert (so z. B. Wurzel 1970; 1981; Vennemann 1982; 1991), dann ist die Schreibweise als /ɛː/ problematisch. Vennemann verwendet zur Bezeichnung des Vokals das Nicht-IPA-Zeichen /ä/ (1982: 274; 1991: 214). Im allgemeinen verwenden die Phonologien /ɛː/, auch wenn sie Länge sonst nicht zusammen mit Gespanntheit kennzeichnen. Das /æ/ bleibt dann dem noch offeneren Vokal wie in engl. /hæt/ (**hat**) vorbehalten. Wir werden im weiteren /æ/ dann verwenden, wenn es ausdrücklich um die Distinktivität zu /e/ geht. Sonst wird, je nach gemeinter Realisierung, ein [eː] oder [ɛː] geschrieben.

Bisher haben wir vor allem ein symbolphonetisches, d.h. ein Repräsentationsproblem für das System der gespannten Vokale erörtert. Es entsteht, weil Gespanntheit im IPA nicht systematisch repräsentierbar ist und dafür ersatzweise die Paarbildung von Vokalen über ihre jeweilige Entfernung vom Zentralvokal Schwa vorgenommen wird.

Phonologisch entsteht das Problem dadurch, daß der offene gespannte Vokal funktional nur schwach belastet ist, und daß seine Realisierung großen Schwankungen unterliegt (W. König 1989: 2,104 ff.; ausführlich Becker 1998: 15 ff.). Seine wichtigsten Vorkommen sind die folgenden.

1. In Minimalpaaren wie **Ehre – Ähre** oder **Beeren – Bären** wird der betonte Vokal in der ersten Form eines Paares standardsprachlich als [eː] realisiert, der im zweiten schwankt zwischen [eː] und [ɛː]. In vielen süddeutschen Varietäten wird das [eː] in Richtung auf das [ɛː] verschoben, in vielen norddeutschen gibt es nur ein [eː]. Deswegen setzt etwa Maas (1996: 84) hier überhaupt nur ein Phonem /e/ an. Ein unter realistischen Bedingungen durchgeführter Pairtest zeigt, daß die Formen **Beeren** und **Bären** im allgemeinen nicht unterschieden werden. Homophone Substantive (**Ehre – Ähre, Weide – Weide**) sind im Deutschen nichts Besonderes, und erst recht ist es nichts Besonderes, daß Substantive einige homophone Formen haben (**der Bär – die Beere, der Muff – die Muffe** usw. im Dat Pl). Solche Homophonien führen nicht zu Distinktionsproblemen.
2. Der offene vordere Vokal kommt in vielen Fremdwörtern vor. Insbesondere wenn er in betonter Silbe steht, kann er offen artikuliert sein (**Malaise, Mohair**). Auch hier kann der Vokal mit mehreren Öffnungsgraden realisiert werden, weil er gegenüber [eː] nicht wirklich funktional belastet ist. Sein Status im System ist aus dieser Perspektive gemeinsam mit anderen in Fremdwörtern vorkommenden Vokalen zu klären wie dem [ɔː] in **Walkers** oder dem [œː] in **Coiffeur**.
3. Der offene vordere Vokal kommt vor als Umlaut in Flexions- und Ableitungsformen von Substantiven und Adjektiven (**Tag – täglich, Hahn – Hähne**). Hier ist Distinktivität unabhängig vom Öffnungsgrad der umgelauteten Form gegeben.
4. Eine echte funktionale Belastung des halboffenen gespannten Vokals ist bei einigen starken Verben im Verhältnis des Konj Prät zum Präs gegeben (**sehe – sähe, gebe – gäbe, nehme – nähme**). Der Konj Prät *muß* den geöffneteren Vokal haben, wenn er vom Präs und insbesondere vom Konj Präs unterscheidbar sein soll (dazu weiter 5.3.3).

Das Phonem /æ/ bzw. /ɛː/ hat insgesamt einen marginalen Status. Der Übergang zum nächst höheren Vokal führt in allen Fällen sofort zu einer anderen Form (**bete – biete, Note – Nute**), nicht aber im Verhältnis /æ/ – /e/. Und im

Standarddeutschen liegt das nicht an der Variabilität des /e/, sondern an der des /æ/.

In den Zusammenhang der gespannten Vokale gehört auch die Frage, ob die im nativen Wortschatz verbreiteten Diphthonge wie in **Seite, heute, Flaute** zu den Vokalen zu rechnen sind. Wir werden diese Diphthonge phonologisch als /ai/, /ɔi/, /au/ transkribieren, d. h. wir sehen den zweiten Bestandteil als gespannt an. Die seit langem geführte Debatte um den ›mono- vs. biphonemischen‹ Status der drei Diphthonge entbehrt in ihren schlagendsten Argumenten nicht einer gewissen Verquertheit. Vergleicht man Formen wie [maus – mɑːs – maʀs] (**Maus – Maß – Mars**), dann zeigt sich, daß der Diphthong [au] einerseits ein ähnliches Verhalten hat wie der gespannte Langvokal [ɑː], andererseits aber auch wie der ungespannte Kurzvokal mit nachfolgendem Konsonant, hier [aʀ]. Alle drei Laute bzw. Lautfolgen haben innerhalb des Einsilbers ungefähr dieselbe Distribution (ihnen folgt entweder genau ein Konsonant oder gar keiner), aber die erste Äquivalenz spricht für eine monophonemische, die zweite für eine biphonemische Wertung des Diphthongs. Anhänger der zweiten Position erwägen dann gelegentlich auch, das [ɑː] als zweisegmentig zu werten (zur Übersicht Ramers/Vater 1995: 108 ff.). Wir werden die Diphthonge im folgenden stets als Folgen von zwei Lauten ansehen.

Der Reduktionsvokal

Ein weiteres System mit Vokalen ganz anderer Art als den bisher behandelten liefert Basisposition 3. Diese Position tritt auf in nichtbetonbaren Silben wie der zweiten Silbe [vɔlkə] (**Wolke**). Wichtig ist dabei der Unterschied zwischen ›nicht betont‹ und ›nichtbetonbar‹. In der segmentalen Phonologie bindet man diesen Unterschied im allgemeinen an den Vokal, der den Silbenkern bildet. Alle in den Basispositionen 1 und 2 vorkommenden Vokale sind Vollvokale, sie können betont oder unbetont sein. In **Wolke** ist [ɔ] betont, d. h. ist der Kern einer betonten Silbe, in **Soldat** dagegen ist [ɔ] nicht betont.

Der Reduktionsvokal Schwa ist dann nichtbetonbar: Eine Silbe, die Schwa enthält, kann keinen Wortakzent tragen. Offen bleibt bei rein segmentaler Betrachtungsweise, was hier Ursache und was Wirkung ist. Gibt es Silben in nichtbetonbarer Position, die deshalb Schwa als Kern haben, oder gibt es Schwasilben, die wegen ihres speziellen Kerns nicht betonbar sind? Wir kommen auf diese Frage bei der Besprechung der Wortprosodie zurück. Im Augenblick bleiben wir beim Segmentalen und sprechen von nichtbetonbaren Vokalen.

In einigen Vokalsystemen für das Deutsche wird Schwa als der einzige nichtbetonbare Vokal geführt (z. B. Vennemann 1982: 274; Meinhold/Stock 1982: 82; Ramers/Vater 1995: 98; anders R. Wiese 1996: 16 ff.; Hall 2000: 70). Schwa bildet dann ein eigenes Teilsystem neben denen der betonbaren Vokale. Auch das Schema in 1 oben sieht Schwa als einzigen Vokal neben den betonbaren vor. Unser Ansatz über die Basispositionen ist damit vereinbar. Vorausgesetzt werden muß aber die Lautung, die wir Explizitlautung genannt haben. **Laden** beispielsweise ist dann phonologisch /lɑdən/ und nicht etwa /lɑdn/. Die Annahme solcher phonologischer Formen ist für viele Zwecke gut geeignet und insofern ist es sinnvoll, mit Schwa als dem einzigen nichtbetonbaren Vokal zu operieren. Für eine umfassendere Beschreibung der Lautstruktur von Wortformen ist diese Sicht aber unzureichend, insbesondere was die Repräsentation /ɚʀ/ betrifft. Eine Form wie /ludɚʀ/ ist nicht einmal als Explizitlautung realistisch, sondern stellt allenfalls eine an der Schreibung orientierte Überlautung dar.

Bei Schwa wird besonders deutlich, wie künstlich die Trennung des Segmentalphonologischen vom Silbischen und Prosodischen, d.h. vom weiteren phonologischen Kontext ist. Mindestens drei Grundrichtungen bei der Behandlung dieses Lautes im Deutschen lassen sich unterscheiden.

1. Am strukturalistischen Denken orientiert ist die Auffassung, Schwa sei Allophon eines echten Vokalphonems, also eines Vollvokals. Seine generelle Nichtbetontheit gilt als Anzeichen dafür, daß es »kein selbständiges Phonem, sondern eine Phonemvariante, ein Allophon, darstellt« (Wurzel 1981: 926; dazu ausführlich auch Kloeke 1982: 18ff.). Ein Wechsel zwischen [ɛ] und [ə] wie in [lebɛndɪç] – [le:bənt] (**lebendig – lebend**) spricht dann dafür, [ə] als Allophon zu /ɛ/ anzusehen.
2. Die zweite Position geht ebenfalls von der Oppositionsbeziehung allein aus und lokalisiert Schwa innerhalb eines Systems von nichtbetonbaren Vokalen. Als erster wird meist [ɐ] genannt, das System besteht dann aus einem zentralen oder neutralen [ə] und dem tieferen (offeneren) [ɐ] (z.B. Basbøll/Wagner 1985: 61; R. Wiese 1996: 11). Viel mehr Oppositionen berücksichtigen Meinhold/Stock (1982: 91f.), nämlich z.B. **Weida – Weide**, **Toto – Tote**, **Bubi – Bube**. Schwa kann dann »sowohl die Realisierung des Phonems /ə/ als auch z.B. der Phoneme /ɛ/ oder /e:/ oder /i:/ oder /ɪ/ sein.«
3. Die dritte Position behandelt Schwa als in einem radikalen Sinn kontextdeterminiert. Die Idee ist, eine zugrundeliegende phonologische Form als Segmentkette ohne Schwa darzustellen, auch wenn es oberflächenphonologisch in Explizitlautung vorkommen kann, beispielsweise /lebn/ (**Leben**) oder /tʀɔtl/ (**Trottel**). Die Konsonantenfolgen /bn/ und /tl/ sind in dieser Position am Wortende unzulässig, weil die Formen so nicht vollständig in Silben aufgeteilt werden können. Das ist aber möglich, wenn jeweils ein Schwa eingefügt wird, so daß sich an der Oberfläche [lebən] und [tʀɔtəl] ergeben. Das auf diese Weise eingeführte Schwa wird *epenthetisch* genannt. Es gibt Theorien, die Schwa mehr oder weniger durchgängig als epenthetisch behandeln oder seine Grundfunktion sonstwie im Prosodischen sehen (dazu z.B. R. Wiese 1986; Giegerich 1987; Raffelsiefen 1995 und weiter 4.4). Schwa ist aus dieser Sicht ein Lautsegment eigener Art, auch wenn es sich oberflächenphonologisch teilweise wie ein Phonem und teilweise wie das Allophon von Phonemen verhält.

Wenn nichts anderes gesagt wird, operieren wir in unserer Grammatik mit einem System von 16 Vokalen, darunter acht gespannte einschließlich /æ/ und /ɑ/, sieben ungespannte einschließlich /ɛ/ und /a/ sowie Schwa. Die Ausführungen sollten aber deutlich machen, daß für bestimmte Zwecke andere Vokalsysteme sinnvoller sein können, beispielsweise eines, das die gespannten und die ungespannten zu einem System von acht oder sieben Vokalen vereinigt.

4. Silben, Fußbildung, Wortakzent

4.1 Übersicht

Jede Wortform des Deutschen kann als Folge von Phonemen im Sinne des Phonemsystems aus Abschnitt 3.2 dargestellt werden. Eine solche Phonemfolge ist aber keineswegs schon die Lautstruktur jener Wortform, sondern sie ist lediglich ein, wenngleich wichtiger, Teil davon.

Wortformen der gesprochenen Sprache weisen neben den Phonemen oder allgemein den Lauten auch höhere phonologische Konstituenten auf. Zu diesen gehören insbesondere die Silben als übergeordnete artikulatorisch-auditive Einheiten sowie die Füße als rhythmische Einheiten (1.3.3).

Die Silbe ist die kleinste sprachliche Einheit, über die Grammatikalitätsurteile abgegeben werden können. Fragen wir einen beliebigen Sprecher, ob [ʒ] neben [ʃ] ein möglicher Laut des Deutschen sei, so wird er nicht oder nur mit Schwierigkeiten antworten können. Fragen wir ihn dagegen, ob neben **laut** auch **blaut** und **tlaut** vom Lautlichen her mögliche Wortformen seien, so wird er viel eher die eine akzeptieren und die andere ablehnen. Er hat eine Intuition darüber, was ein wohlgeformter Einsilber im Deutschen ist, genauso wie er eine Intuition darüber hat, was eine mögliche Wortstellung im Satz oder Anordnung von Morphen im Wort ist (zur Silbe als Wahrnehmungseinheit Pompino-Marschall 1990; zur Psycholinguistik der Silbe Berg 1992; zur Phonetik Heike 1992; das Verhältnis der Silbe in Phonologie, Graphematik und Gebärdensprache bespricht Primus 2003).

Zur übersichtlichen Darstellung des Silbenbaus und zum Reden über Silben treffen wir zunächst eine Reihe von terminologischen Vereinbarungen, meist in Einklang mit den Arbeiten von Vennemann (1982; 1988; 1991; 1991a).

(1)

ʃ	p	ʀ	ʊ	ŋ				Sprung
		ʃ	uː					Schuh
p	f	l	ɪ	ç	t			Pflicht
		ʔ	ɛ	ɐ	n	s	t	ernst

Anfangs- Kern   Endrand
rand
Onset   Nukleus Koda
              Reim
         Silbe

Der *Silbenkern* oder *Nukleus* des Einsilbers wird von einem Vokal gebildet, d.h. der Vokal fungiert als Kern. Der dem Kern vorausgehende Silbenteil ist ihr *Anfangsrand* oder *Onset* (manchmal auch Silbenkopf genannt), der ihm folgende Teil heißt *Endrand* oder *Koda*. Kern und Endrand bilden gemeinsam den *Silbenreim*. Enthalten der Anfangsrand oder der Endrand genau einen Laut, so sind sie *einfach*. Enthalten sie mehrere Laute, so sind sie *komplex*. Eine Silbe mit leerem Anfangsrand heißt *nackte* Silbe, eine mit leerem Endrand *offene* Silbe. Ist der Endrand nicht leer, so nennt man die Silbe *geschlossen*, ist der Anfangsrand nicht leer so heißt sie *bedeckt* (**Aufgabe 23**).

In der Literatur zur Silbenphonologie gibt es eine ausgedehnte Diskussion über den Status der in 1 verwendeten Begriffe. Einmal geht es um die Frage, ob die Silbe (Konstituentenkategorie σ) allgemein oder im Deutschen Subkonstituenten wie Onset (o), Nukleus (n), Koda (c) und Reim (r) habe oder nicht. Einem ›tiefen‹ Silbenmodell in der Art von 2a steht ein ›flaches‹ wie 2b gegenüber (Selkirk 1982; Fudge 1987; Hall 2000; zum Deutschen z.B. Hall 1992; Vater 1992; Maas 1999; R. Wiese 1996).

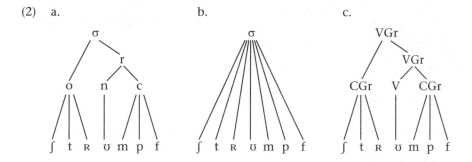

(2) a. b. c.

Wir werden den Hauptargumenten, die für 2a ins Feld geführt werden, im weiteren noch begegnen. Grundsätzlich gilt hier wie sonst, daß nicht die schwächere Struktur 2b, sondern die stärkere 2a besonderer Rechtfertigung bedarf. Alles deutet u.E. darauf hin, daß es keine konsistente Begründung für höhere Konstituenten innerhalb der Silbe gibt. Vielmehr interagieren alle Teile auf unterschiedliche Weise miteinander. Jede Fixierung gibt einem Gesichtspunkt besonderes Gewicht und vernachlässigt andere. Wir setzen deshalb eine Struktur wie 2b an, sprechen aber dennoch von Anfangsrand, Endrand und Reim, wenn es nützlich ist. Ausgehend vom Kern ist der Anfangsrand alles vor und der Endrand alles nach dem Kern. Einer Konstituentenstruktur bedarf es zu dieser Redeweise nicht (s.u.).

In der Diskussion um die Struktur der Silbe geht es zweitens um den Unterschied zwischen 2a und 2c. Vorausgesetzt, die Silbe hat höhere Konstituenten: wie sind sie zu benennen? 2c operiert mit Kategorienbezeichnungen wie CGr (Konsonantgruppe) und VGr (Vokalgruppe). Der Grund für die Verwendung solcher Bezeichnungen ist, daß Onset, Nukleus usw. nicht kategoriale, sondern relationale Begriffe sind. Der Unterschied zwischen Nukleus und Vokal beispielsweise ist etwa derselbe wie zwischen Prädikat und Verb oder Subjekt und Nominalgruppe im Satz. Wenn man Silbenkonstituenten ansetzt, sollte man wie in 2c verfahren (z. B. Lieb 1992; zum Verhältnis von kategorialen und funktionalen Begriffen in der Phonologie ausführlicher Eisenberg/Butt 1996).

Bei der Darstellung des Silbenbaus interessiert vor allem, welche Lautfolgen in einer Silbe zugelassen sind und welche nicht (z. B. **krank** vs.***kfank** und **arm** vs.***afm**. Wir haben dies früher (3.1) den kontrastiven Aspekt der Funktionalität von Lauten genannt. Um die Abfolgeregularitäten zu formulieren, braucht man teilweise eine andere Spezifikation der Laute als wir sie aus Kap.3 kennen. Abschnitt 4.2 geht deshalb auch auf die interne Strukturiertheit von Lauten als Bestandteilen der Silbe ein und formuliert auf dieser Grundlage das universell gültige Allgemeine Silbenbaugesetz.

In 4.3 geht es dann um die speziellen kombinatorischen Restriktionen, die das Deutsche in den Bestandteilen der Silbe aufweist. Sie werden am morphologisch einfachen Einsilber getrennt für den Anfangsrand einerseits sowie Kern und Endrand andererseits dargestellt. Die Darstellung beschäftigt sich gleichzeitig mit für das Deutsche typischen Varianten einzelner Laute. Immer wieder einmal ist die Lautvariation bereits angesprochen worden, wobei darauf hingewiesen wurde, daß sie im allgemeinen kontextabhängig ist. Der relevante Kontext ist in den meisten Fällen durch die möglichen Positionen des Lautes in der Silbe gegeben. Deshalb ist Abschnitt 4.3 der systematische Ort für die Besprechung der Verteilung von [x] und [ç], die Varianten des r-Lautes, die Nasalassimilation usw. All dies ist nur dadurch beschränkt, daß ausschließlich Einsilber betrachtet werden.

Die phonologische Grundstruktur einiger Prototypen von Mehrsilbern kommt in Abschnitt 4.4 zur Sprache. Auch hier beschränken wir uns so weit möglich auf Formen ohne interne morphologische Grenzen. Die Struktur des Mehrsilbers ist dadurch geprägt, daß er Silben unterschiedlichen Typs in festen Mustern kombiniert, den Füßen. Uns wird vor allem beschäftigen, wie Füße als rhythmische Grundeinheiten strukturell fixiert sind.

Im letzten Abschnitt des Kapitels geht es um den Wortakzent. Dieser Abschnitt schließt an 4.4 an und setzt ihn voraus, insofern die Akzentplazierung ganz allgemein als Verfahren zur Segmentierung von Wortformen in Füße aufgefaßt werden kann. Die Regularitäten der Akzentplazierung sind im Deutschen zu einem guten Teil morphologisch determiniert. Deshalb verlassen wir in 4.5 die ›reine‹ Wortphonologie und thematisieren explizit das Zusammenwirken von phonologischer und morphologischer Strukturiertheit.

4.2 Der Einsilber und das Allgemeine Silbenbaugesetz

Silbenschema

Die kompliziertesten Einsilber ohne interne morphologische Grenze sind Formen wie **Strumpf, Pflicht, ernst, Herbst** mit drei Konsonanten im Anfangsrand und drei oder vier Konsonanten im Endrand. Das Deutsche hat tausende von solchen oder eben weniger komplexen Einsilbern, die alle nach denselben Regularitäten aufgebaut sind. Erste Aussagen darüber sind möglich, wenn man die Formen so anordnet, daß Laute gleicher Klassen untereinander stehen. Wir verwenden dazu zunächst Kategorien aus der Darstellung des Lautsystems in

Kap. 3, also eine Phonemschreibweise. Im weiteren wird dann wie sonst auch die neutrale phonetische Schreibweise verwendet.

(1)

Obstr stl	Obstr sth	Nasale Liquide	Vokale	Liquide /R/ /l/ /l/	Nasale	Obstr stl	
ʃ t		R	ʊ		m	p f	**Strumpf**
p f		l	ɪ			ç t	**Pflicht**
ʔ			ɛ	R	n	s t	**ernst**
k	v		a	l	m		**Qualm**
k			ɛ	R l			**Kerl**
	z		a		n	t	**Sand**
		m	a	R		k t	**Markt**
ʃ			u				**Schuh**
f			R o				**froh**

Im Einsilber geht dem Kern mindestens ein Konsonant voraus, d.h. nackte Einsilber gibt es nicht. Der Endrand kann dagegen leer sein (**Schuh, froh**). Im Aufbau der Silbenränder zeigt sich hinsichtlich der Abfolge der Lautkategorien eine gewisse Symmetrie. Ganz außen stehen die Obstruenten, es folgen weiter innen die Sonoranten und in der Mitte steht der Vokal. Im Anfangsrand stehen die stimmhaften Obstruenten näher am Kern als die stimmlosen, im Endrand die Liquide näher am Kern als die Nasale. Vereinigt man dies in einem symmetrisch angelegten Schema, ergibt sich 2.

(2)   Silbenschema

Obstr stl	Obstr sth	Nasale	Liquide	Vokale	Liquide	Nasale	Obstr sth	Obstr stl

2 stellt ein allgemeines Schema für den Silbenbau dar, insofern ihm Angaben über mögliche Abfolgen von Lauten als Elementen von Lautklassen zu entnehmen sind. Nichts wird darüber gesagt, welche Lautklassen vertreten sein müssen, welche mehrfach vertreten sein können, welche Klassen weiter aufzuspalten sind usw. All das kann von Einzelsprache zur Einzelsprache verschieden sein. Im Einsilber des Deutschen (und im Deutschen allgemein) besetzen beispielsweise Nasale und Liquide im Anfangsrand nur eine Position. Dagegen werden die Liquide im Endrand offenbar weiter zerlegt in [R] und [l], denn wir haben Wörter wie **Kerl** und **Quirl**, nicht aber solche wie *****Kelr** und *****Quilr**.

Glaubt man den Beispielen in 1, dann gibt es im Endrand außerdem keine stimmhaften Obstruenten. Ein Silbenschema für das Deutsche wäre also eine entsprechende Spezialisierung von 2 (4.3).

Im allgemeinen begnügt man sich nun nicht damit, ein derartiges Schema zur Charakterisierung des Silbenbaus anzugeben. 2 ist rein deskriptiv, es erklärt nichts. Wir klassifizieren die Laute und wissen dann, in welcher Position ein Laut höchstens vorkommen kann. Im Sinne der Unterscheidung von Opposition und Kontrast haben wir damit die kontrastiven Merkmale des Lautinventars ermittelt. Aber was besagt das Schema darüber hinaus? Ist es ein Zufall, daß die Klassen so geordnet sind? Was besagt die Symmetrie im Aufbau und woher wissen wir, daß nicht noch ganz andere Lautklassen für die Phonotaktik von Bedeutung sind?

Die Sonoritätshierarchie

Fragen dieser Art haben dazu geführt, daß man Lautklassen wie die in 2 nicht einfach nebeneinander stehen läßt, sondern sie als Elemente einer umfassenden Ordnung ansieht. Meist spricht man von einer Ordnung in Hinsicht auf *Sonorität*. Angenommen wird, daß die Laute aller Sprachen der Erde in derselben Weise nach Sonoritätsklassen geordnet werden können und daß man damit die Grundlage für den Silbenbau in allen Sprachen gefunden habe. Die übergreifende Ordnung heißt dann Sonoritätshierarchie. Einige Beispiele für Sonoritätshierarchien mit universellem Anspruch gibt 3 (nach Vennemann 1982; Basbøll/Wagner 1985; Clements 1990; zur Übersicht Neef 2002).

(3)   Sonoritätshierarchien

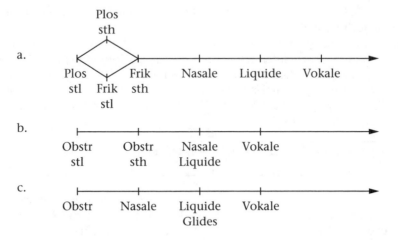

Der Zusammenhang zwischen der Sonoritätshierarchie und dem Silbenbau ist über das sog. *Allgemeine Silbenbaugesetz* (engl. meist *Sonority Sequencing Principle*) vermittelt. Das Gesetz besagt in seiner einfachsten Form, daß die Sonorität der Laute in der Silbe von den Rändern zum Kern hin zunimmt und im Kern ihr Maximum erreicht (**Aufgabe 24a**).

Mit dem Allgemeinen Silbenbaugesetz gibt es eine Reihe von empirischen Problemen sowie eine grundlegende theoretische Schwierigkeit. Zunächst ist festzustellen, daß nicht alle Sprachen mit allen Silben den Sonoritätsbedingungen folgen. Unter den 104 Sprachen, die der amerikanische Universalienforscher Joseph Greenberg in seiner berühmten Arbeit zur Kombinatorik der Konsonanten behandelt, finden sich beispielsweise zwölf mit Liquid+Obstruent im Anfangsrand (etwa [lb] und [ʀt] im Russischen) sowie achtzehn Sprachen mit Obstruent+Liquid im Endrand (Greenberg 1978: 262; berühmt für seine komplizierten Konsonantcluster ist beispielsweise auch das Polnische, vgl. Bethin 1982).

Befunde dieser Art kann man auf verschiedene Art zu erklären versuchen, ohne daß das Allgemeine Silbenbaugesetz grundsätzlich infrage gestellt wird. Einmal kann es sein, daß Formen wie [lba] und [ʀto] nicht stabil sind und nach relativ kurzer Zeit durch stabile, mit den Sonoritätsbedingungen kompatible Formen ersetzt werden. Das würde das Silbenbaugesetz eher bestätigen als widerlegen. Zweitens handelt es sich bei einer Regularität dieser Art nicht um ein Gesetz wie das des freien Falls, sondern um ein sog. Präferenzgesetz. Behauptet wird mit einem Präferenzgesetz lediglich, daß es eine universelle Tendenz für die formulierte Regularität gibt. Die Gründe für ein Abweichen von dieser Tendenz können vielfältig oder unbekannt sein, am Zutreffen der Tendenz ändert das nichts. Wir werden immer wieder sehen, daß man Regularitäten für die natürliche Sprache als Tendenzaussage machen muß und daß dies den Erklärungswert solcher Aussagen nicht schmälert (zu Präferenzgesetzen des Silbenbaus Vennemann 1988; s. a. 4.4).

Ernster und letztlich wohl unüberwindlich ist ein theoretisches Defizit des Allgemeinen Silbenbaugesetzes. Im Abschnitt über die phonetische Kategorisierung der Konsonanten (2.2.1) hatten wir gesehen, wie schwierig es ist, die Werte eines phonetischen Parameters wie der Artikulationsart zu ordnen. In welchem Verhältnis stehen etwa plosiv, nasal, frikativ zueinander? Lassen sie sich überhaupt in eine irgendwie natürliche Reihenfolge bringen?

Genau so stellt sich die Frage für die Werte der Sonoritätshierarchie. Die Hierarchie kann man begründen, indem man sagt, was ›Sonorität‹ ist. Die beiden nächstliegenden Interpretationen sind eine artikulatorische und eine auditive, wie sie beide schon bei den Vätern des Sonoritätsgedankens, Eduard Sievers (1901) und Otto Jespersen (1913), vorhanden sind. Unter Sonorität kann entweder ein Maß für die ›Schallfülle‹ oder auch ›Schallstärke‹ von Lauten verstanden werden, zum anderen so etwas wie der artikulatorische ›Öffnungsgrad‹. Im ersten Fall faßt man die Silbenfolge einer sprachlichen Äußerung als einen Wechsel von laut und leise oder schallintensiven und weniger intensiven Abschnitten des Lautkontinuums auf, im zweiten Fall als eine Folge von Öffnungs- und Schließbewegungen. Beide Betrachtungsweisen haben ihren guten Sinn, nur bleibt unklar, wie man aus einer von ihnen oder aus beiden gemeinsam das Sonoritätskontinuum ableiten kann (**Aufgabe 24 b,c**).

So bleibt die Sonoritätshierarchie im allgemeinen uninterpretiert. Man ermittelt die phonotaktischen Gegebenheiten für eine Einzelsprache, eine Sprachgruppe oder auch universell und stellt *nach ihren Ergebnissen* die Hierarchie auf. Diese ist dann rein strukturell begründet. Sie ist eine strukturelle Verallgemeinerung und erklärt nichts.

Das Reden von Sonoritätsbedingungen ist andererseits praktisch, denn man kann häufig das Verhalten von Lauten mit ihrer Stellung in der Hierarchie begründen. Ein großer Teil der neueren phonologischen Literatur verfährt so, ohne sich weiter um eine phonetische Fundierung der Sonoritätshierarchie zu kümmern. Wir wollen dem Ansatz der sog. Major class features folgen und einen derartigen Fundierungsversuch unternehmen. Dieser Versuch ist im wesentlichen artikulatorisch fundiert und kommt nur gelegentlich auf Auditives zu sprechen. Zur weiteren Berücksichtigung auditiver Faktoren z.B. Cavar 2003: 28 ff.

Autosegmente in der Silbe

Die Grundidee ist, gemeinsame Merkmale von in der Silbe nebeneinander stehenden Lauten und Lautvarianten zu ermitteln und artikulatorisch zu begründen. Nicht das einzelne Segment, sondern das über mehrere Segmente hinweg konstante Merkmal steht im Vordergrund. Breitet sich ein Merkmal durch Assimilation oder Koartikulation über mehrere Segmente aus, so spricht man auch von ›Feature Spreading‹. Den Bereich, den ein Merkmal insgesamt überspannt, nennt man ein *Autosegment*, den zugehörigen phonologischen Ansatz die ›Autosegmentale Phonologie‹ (Goldsmith 1990; zum Vorgehen im folgenden Butt/Eisenberg 1990; Butt 1992; 1994).

Auditiv wirksame und artikulatorisch gut motivierte Grundregularität des Silbenbaus ist, daß alle Laute mit Stimmton innerhalb einer jeden Silbe einen zusammenhängenden Block bilden (Greenberg 1978). Der Stimmton wird nur einmal pro Silbe aktiviert. Er kann zusätzlich zu Geräuschen auftreten, er kann aber aus Gründen der artikulatorischen Ökonomie nicht von Geräuschen unterbrochen werden. Eine Unterbrechung führt zu einer neuen Silbe. Stimmlose Laute treten deshalb nur außerhalb von stimmhaften an den Rändern der Silbe auf. Da die einzigen stimmlosen Laute die stimmlosen Obstruenten sind, ergibt sich als Strukturbedingung 4. Wir verwenden zur Repräsentation binäre phonologische Merkmale wie ›stimmhaft‹, die auf die angegebene Weise zu verstehen sind.

(4)

stimmhaft	−		−
	Obstr stl		Obstr stl

Einen weiteren Block bilden die Obstruenten. Die Obstruenten sind die Laute, bei denen mit laryngaler ([ʔ], [h]) bzw. oraler Enge- oder Verschlußbildung ein Geräusch erzeugt wird. Sie bilden einen auditiv einheitlichen Block, indem sie die Zisch- und Schlaggeräusche an den Rändern konzentrieren. Auditiv besteht eine Silbenfolge damit im allgemeinen aus einem Wechsel von Zisch- und Schlaggeräuschen einerseits und dem Stimmton andererseits. Insgesamt ergibt sich 5. Der Mittelblock der Silbe wird jetzt gebildet von den Sonoranten im weiteren Sinne, also allen stimmhaften Lauten (einschl. der Vokale), bei denen Stimmhaftigkeit nicht distinktiv ist und die keinen Geräuschanteil haben.

(5)

stimmhaft	−		−
obstruent	+		+
	Obstr stl	Obstr sth		Obstr sth	Obstr stl

Das nächste kontrastive Merkmalspaar, das wir benötigen, nennen wir [±oral offen]. Ein solches Merkmal haben wir bisher nicht kennengelernt. Es kommt u. W. in den Phonologien nicht vor, wohl weil es zur Erfassung von Distinktivitäten keine Rolle spielt. Für die Phonotaktik ist es funktional, insofern es sich auf die Öffnungs- und Schließbewegung des Unterkiefers und der daran aufgehängten oralen Artikulatoren bezieht: Der Mund wird pro Silbe genau einmal geöffnet und geschlossen. Als [− oral offen] gelten alle Verschlußlaute (Plosive und Nasale) sowie Frikative, bei denen die Geräuschbildung durch eine orale Enge erfolgt. Das sind alle außer [ʔ] und [h]. Wir erhalten 6.

(6)

stimmhaft	−		−
obstruent	+		+
oral offen	−		−
	Obstr stl	Obstr sth	Nasal		Nasal	Obstr sth	Obstr stl

Als letztes benötigen wir das Merkmal [± oral artikuliert]. Auch dieses findet sich in den üblichen Inventaren nicht. Es dient dazu, die Liquide von den Nasalen einerseits und den Vokalen andererseits abzugrenzen.

Ein Laut ist dann oral artikuliert, wenn ein oraler Artikulator an einer Enge- oder Verschlußbildung gleich welcher Art beteiligt ist. Oral artikuliert sind die Obstruenten und Nasale, aber auch das [l] und das [ʀ]. Das [l] wird mit einem zentralen (koronalen) Verschluß gebildet, der Mund ist aber seitlich offen. Deshalb hat es die Merkmale [+oral artikuliert] und [+oral offen]. Beim [ʀ] gilt das für den Grundmodus der Artikulation als Vibrant oder Tap. Es handelt sich weder um einen Verschluß im üblichen Sinne noch um orale Offenheit, sondern um eine Folge von beiden. Beim Lateral erfolgen orale Öffnung und oraler Verschluß gleichzeitig, beim Vibranten werden sie als Bestandteile der Artikulation desselben Lautes nacheinander vollzogen. In gewisser Weise weist das [ʀ] einen zum [l] komplementären Artikulationsmodus auf.

Da die Vokale oral nichtartikuliert sind, haben wir damit die fünf Hauptklassen der Sonoritätshierarchie gemäß 7 voneinander getrennt.

(7)

stimmhaft	−				+			−	
obstruent	+			−				+	
oral offen	−				+			−	
oral artik.	+				−			+	
	Obstr stl	Obstr sth	Nasal	Liquid	Vokal	Liquid	Nasal	Obstr sth	Obstr stl

Das Silbenschema 7 kann als phonetisch basierte Rekonstruktion der verbreitetsten Form der Sonoritätshierarchie gelten. Die verwendeten Begriffe sind jedoch nicht als geordnete Werte eines einheitlichen Parameters ›Sonorität‹ anzusehen. Vielmehr beziehen sie sich Merkmal für Merkmal auf universell gültige artikulatorische und auditive Gegebenheiten.

Über den artikulatorischen Ablauf bei der Produktion von Silben insgesamt ist mit 7 noch nicht viel gesagt. Es wäre dazu notwendig, die beteiligten Laute und Lautblöcke als ganze zu erfassen, also mit allen ihren artikulatorischen Eigenschaften. Ein solcher Lautbegriff steht uns bisher nicht zur Verfügung. Obwohl bei der phonetischen Klassifikation von Lauten betont wurde, wie wichtig der artikulatorische Bewegungsablauf als ganzer für ein Verständnis der Lautstruktur ist, sind Laute bisher nur über jeweils wenige Eigenschaften erfaßt worden.

Lautstruktur als Merkmalsgeometrie

Versuche zu einer ganzheitlichen, artikulationsnahen Erfassung von Lauten werden seit Jahren in Ansätzen zur sog. Merkmalsgeometrie gemacht. Man repräsentiert einen Laut nicht als Menge von (ungeordneten) Merkmalen, sondern als Merkmalsstruktur. Eine solche Merkmalsstruktur spiegelt in ihren Verzweigungen mehr oder weniger direkt die Anordnung der Artikulatoren im Ansatzrohr und ihre möglichen Zustände wider (zur Übersicht Clements 1985; McCarthy 1988; Halle 1995).

Das Besondere an phonologischen Merkmalsgeometrien ist, daß sie physiologische Gegebenheiten direkt abzubilden versuchen. Das gibt es so nirgendwo sonst bei grammatischen Repräsentationen. Die Merkmalsgeometrie selbst wird als *phonologische* Repräsentation verstanden, sie stellt aber ihrer Natur nach ein enges und spezifisches Verhältnis zur Phonetik her. Damit wird sie der Tatsache gerecht, daß die Phonologie wie kein anderes Teilgebiet der Grammatik unmittelbar physiologisch fundiert ist. Allerdings kommt wie in der herkömmlichen Phonologie allgemein ausschließlich die artikulatorische Seite zum Tragen. Es ist nicht zu sehen, wie auditive Fakten in den Ansatz zu integrieren wären.

Wir wollen im folgenden einen Lautbegriff dieser Art vorstellen und verwenden. Es handelt sich um eine Merkmalsstruktur, wie sie im Rahmen der sog. Gesture Phonology (Browman/Goldstein 1989; 1992) entwickelt und im von uns auch sonst verwendeten Strukturformat in Butt (1994) systematisiert und auf das Deutsche angewandt wurde. (Der Rest dieses Abschnitts kann beim ersten Lesen überschlagen werden.)

Ein Laut wird in Butts Konzeption wie andere sprachliche Einheiten auch als Struktur mit zwei Bestandteilen beschrieben, nämlich einer Konstituentenstruktur und einer Markierungsstruktur. Die Konstituentenstruktur enthält die Artikulatoren als Endkategorien. Die höheren Kategorien erfassen so weit wie möglich Abhängigkeiten und Nichtabhängigkeiten, die zwischen den einzelnen Artikulatoren bestehen. Die Konstituentenstruktur ist damit für alle Laute gleich. In etwas vereinfachter Form sieht sie wie in 8 aus:

(8) Merkmalsgeometrie

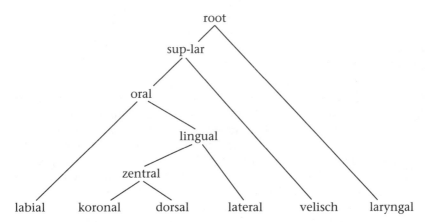

Wie in den meisten Merkmalshierarchien steht an der Spitze der ›root‹ (Wurzel)-Knoten, der sozusagen den gesamten Artikulationsapparat dominiert. Ihm unmittelbar untergeordnet sind die Knoten ›laryngal‹ einerseits und der ganze Rest als ›supralaryngal‹ andererseits. Damit ist ausgedrückt, daß die Kehlkopfartikulation weitgehend unabhängig von den übrigen Artikulatoren verläuft. Der Stimmton etwa kann zu allen übrigen (nichtlaryngalen) Artikulationen hinzutreten.

Am Knoten ›supra-laryngal‹ trennen sich Mund- und Nasenweg (›oral‹ vs ›velisch‹, wobei ›velisch‹ natürlich nicht dasselbe meint wie das sonst verwendete ›velar‹). Bei oraler Artikulation unterscheiden wir die Labiale einerseits und die Zungenlaute (›lingual‹) andererseits. Dem Zungenknoten mittelbar untergeordnet sind die zentralen Artikulatoren, ›koronal‹ und ›dorsal‹ einerseits sowie ›lateral‹ andererseits. Der Ansatz von ›lateral‹ für einen selbständigen Artikulator ist ungewöhnlich. Er rechtfertigt sich damit, daß mit den seitlichen Zungenrändern teilweise unabhängig vom Zentralbereich der Zunge artikuliert wird. Beim [n] beispielsweise sind der koronale und der laterale Artikulator geschlossen, beim [l] ist der koronale geschlossen und der laterale offen.

Um die einzelnen Laute zu beschreiben, muß nun angegeben werden, was die Artikulatoren jeweils tun (›phonologische Gesten‹). Alle Artikulatoren können eine Öffnungs- und Schließbewegung ausführen. Wir markieren sie deshalb in Hinsicht auf den Öffnungsgrad.

Wie viele Öffnungsgrade unterschieden werden, ist von Artikulator zu Artikulator verschieden. Der Öffnungsgrad ›geschlossen‹ meint, daß der Luftstrom wie bei einem Plosiv unterbrochen ist. Mit ›kritisch‹ ist die Engebildung wie bei Frikativen gemeint, und ›offen‹ ist ein Artikulator, wenn der Luftstrom nicht behindert wird. Für das Deutsche reicht 9 aus.

(9) Öffnungsgrade

labial	koronal	dorsal	lateral	velisch	laryngal
geschl krit offen	geschl krit offen	geschl krit offen1 offen2 offen3	geschl offen	geschl offen	geschl krit offen

Die meisten Öffnungsgrade hat der dorsale Artikulator. Geschlossen ist z. B. [k], kritisch ist [x], offen 1,2,3 sind die Vokale. Alle Vokale haben also eine je spezifische dorsale Artikulation. Beim velischen Artikulator bedeutet ›geschlossen‹, daß das Velum gehoben, also der Nasenraum geschlossen ist. Bei den Nasalen ist der velische Artikulator gesenkt, die Verbindung zwischen Nasenhöhle und Rachenraum also offen. ›Velisch‹ bedeutet hier nicht dasselbe wie ›velar‹ als Artikulationsort. Mit ›velisch‹ als Artikulatorkategorie wird dasselbe erfaßt wie sonst mit dem Kategorienpaar oral/nasal.

Der laryngale Artikulator ist geschlossen beim [ʔ], kritisch beim [h] und offen bei allen anderen Lauten. Phonation ist hier ausdrücklich nicht erfaßt (s. u.).

Die drei vorderen Artikulatoren (labial, koronal, dorsal) werden zusätzlich danach markiert, ob sie ihre Öffnungs- und Schließbewegung weiter vorn oder weiter hinten ausführen. Für das Deutsche genügt die Unterscheidung von zwei Frontierungsgraden ›vorn‹ und ›hinten‹. Die auf diese Weise systematisch gebildeten Kategoriennamen entsprechen den in Klammern hinzugefügten herkömmlichen Bezeichnungen wie in 10.

(10) Frontierung

labial	koronal	dorsal
vorn (bilab)	vorn (alveol)	vorn (palatal)
hinten (labiodent)	hinten (postalv)	hinten (postpalat)

Über Frontierung und Öffnungsgrad hinaus gibt es für einige der Artikulatoren noch besondere Kategorien, die wir unter ›Sonstiges‹ zusammenfassen. Für den labialen Artikulator ist das gerundet/ungerundet, für den koronalen gerillt/flach, für den dorsalen gespannt/ungespannt (Vokale!) und für den laryngalen stimmhaft/stimmlos. Als Markierungssystem erhalten wir 11.

(11) Markierungssystem der phonologischen Gesten

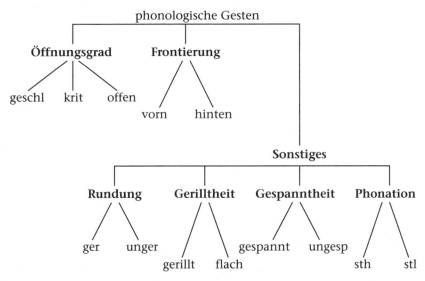

Das System unterscheidet sich in nichts Wesentlichem von Markierungssystemen sonst, beispielsweise dem für substantivische Formen (1.3.3; 5.2.1). Die Gesten, die die einzelnen Artikulatoren ausführen, werden in Hinsicht auf Öffnungsgrad, Frontierung und weitere (allerdings nur auf je verschiedene Klassen von Gesten anwendbare) Kategorisierungen einer gleichzeitigen Klassifikation unterworfen.

Zur Beschreibung der einzelnen Laute zeichnen wir nun für jeden Laut einen primären Artikulator aus und markieren ihn bezüglich seiner für den Laut spezifischen Geste. Damit wird im wesentlichen das beschrieben, was im herkömmlichen System bei den Konsonanten mit Artikulationsort und Artikulationsart, bei den Vokalen mit Öffnungsgrad und Frontierung erfaßt wird. Sehen wir uns an, was sich für Laute aus unterschiedlichen Klassen ergibt.

Ein labialer Plosiv ([p] oder [b]) wird gekennzeichnet als [labial: geschlossen/vorn]. Ein Laut, dessen einziger primärer Artikulator geschlossen ist, ist ein Plosiv. Das Merkmal ›vorn‹ bedeutet beim labialen Artikulator »bilabial«. Ähnlich bei den Frikativen wie [f] oder [v]. Sie sind gekennzeichnet als [labial: kritisch/hinten]. Der Öffnungsgrad ›kritisch‹ kommt allen Frikativen zu, ›hinten‹ bedeutet beim labialen Artikulator »labiodental«. Für Plosive wie Frikative ist Stimmhaftigkeit eine Sekundärartikulation. Mit abgekürzter Schreibweise für die Konstituentenkategorien ergibt sich 12 für [p] und [v].

(12) a. [p] b. [v]

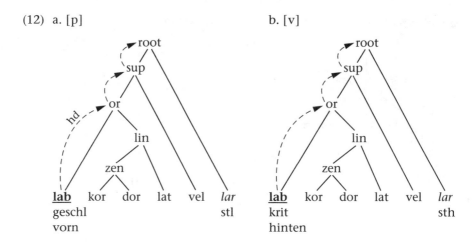

Ein primärer Artikulator ist durch Fettdruck, ein sekundärer durch Kursivdruck hervorgehoben. Der primäre Artikulator ist hier gleichzeitig der sog. Kopf der ihm unmittelbar übergeordneten Konstituente. Die Kopfrelation ›vererbt‹ sich bis zum Knoten ›root‹ nach oben. Wir werden gleich sehen, was damit erreicht wird. Der Kopf wird durch Unterstreichung hervorgehoben.

Zunächst aber zu den Artikulatoren, die nicht markiert sind. Bei Artikulation des [p] wie des [v] befinden sich die lingualen Artikulatoren in Ruhelage. Die Zunge ist gesenkt, so daß die Luft frei ausströmen kann. Der koronale, dorsale und laterale Artikulator sind offen. Das Velum ist dagegen gehoben, denn die beiden Laute sind oral. Die Luft darf nicht durch den Nasenraum ausströmen. Auf diese Weise kann man für jeden Artikulator einen Öffnungsgrad als unmarkiert oder als seinen Defaultwert angeben. Auch für andere Kategorisierungen ist das möglich. Die Defaultwerte treten immer dann ein, wenn ein Artikulator nicht markiert ist.

Aus der Markierung einzelner Artikulatoren und insbesondere der Markierung des Kopfes können Markierungen anderer Konstituenten abgeleitet werden. Für [p] gilt beispielsweise: Der labiale Artikulator ist geschlossen und damit sind auch die ihm übergeordneten geschlossen. Das gilt für den Mundraum (or), für das Ansatzrohr (sup) und für den Artikulationsapparat insgesamt (root). Dagegen sind der koronale, der dorsale und laterale Artikulator per Default offen und damit auch der linguale. Auf diese Weise kann man aus den Markierungen der sechs Artikulatoren den Gesamtzustand des Artikulationsapparates regelrecht errechnen. Die dabei geltenden Abhängigkeiten sind zu umfangreich, als daß wir sie hier darstellen könnten. Das meiste ist aber intuitiv unmittelbar einleuchtend, so daß wir bestehende Zusammenhänge jeweils informell klären, wenn wir von ihnen Gebrauch machen.

Nicht bei allen Lauten genügt es, einen primären Artikulator und vielleicht noch ein sekundären anzugeben. Betrachten wir als Beispiel das [m]. Wie beim [p] und [b] ist der labiale Artikulator geschlossen. Der velare befindet sich jedoch nicht in Defaultposition, sondern er ist geöffnet (das Velum ist gesenkt).

Der velare Artikulator ist gleichzeitig der Kopf des Lautes, es ergibt sich 13a.

(13) a. [m] b. [ø]

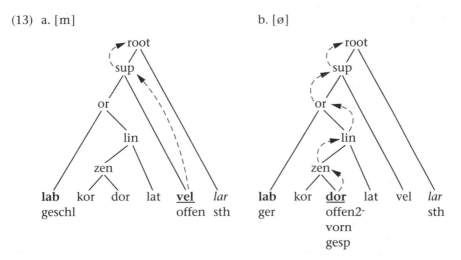

13b schließlich gibt ein Beispiel für einen Vokal. Das [ø] hat wie das [m] zwei primäre Artikulatoren, nämlich den dorsalen und den labialen. Der dorsale ist der Kopf. Er ist in Hinsicht auf Offenheit, Frontierung und Gespanntheit markiert. Die Markierung des dorsalen Artikulators in Hinsicht auf Gespanntheit ist eine Notlösung zur Unterscheidung der beiden Klassen von Vollvokalen. Wenn man mit einer Klasse von Vokalen operiert, kann dieses Merkmalspaar vermieden werden. Die in den Beispielen besprochenen Laute sind damit insgesamt wie in 14 spezifiziert (**Aufgabe 25**).

(14) a. [p] : { [**lab** : geschl/vorn], [*lar* : stl] }
    b. [b] : { [**lab** : geschl/vorn], [*lar* : sth] }
    c. [f] : { [**lab** : krit/hinten], [*lar* : stl] }
    d. [v] : { [**lab** : krit/hinten], [*lar* : sth] }
    e. [m] : { [**lab** : geschl/vorn], [**vel** : offen], [*lar* : sth] }
    f. [ø] : { [**lab** : ger], [**dor** : offen2/vorn/gesp], [*lar* : sth] }

Aus den sparsamen Merkmalsspezifikationen in 14 läßt sich, wie oben angedeutet, der Zustand aller Artikulatoren ermitteln, dazu auch alle Markierungskategorien der höheren Konstituenten. Aber auch 14 enthält noch überflüssige Merkmale. Gehen wir die Laute durch und versuchen wir, ihre Repräsentation weiter zu vereinfachen.

[p] und [b] sind bezüglich des labialen Artikulators als ›vorn‹ spezifiziert. ›Vorn‹ ist eins von zwei möglichen Merkmalen. Sehen wir ›vorn‹ als die unmarkierte dieser beiden Kategorien an, dann muß ein Laut nur für ›hinten‹ spezifiziert werden. Ähnlich beim laryngalen Artikulator. Sehen wir ›stimmlos‹ als die markierte Kategorie an, dann kann ›stimmhaft‹ stets wegbleiben. Bei den Vokalen ist ›gerundet‹ markiert gegenüber ›ungerundet‹ und ›ungespannt‹ ist markiert gegenüber ›gespannt‹.

Warum die Markiertheitsverhältnisse gerade so angesetzt werden, muß natürlich gerechtfertigt werden. Wir kommen darauf in verschiedenen Zusammenhängen zurück. Im Augenblick geht es mehr um das Verfahren selbst. 15 zeigt das Ergebnis der Reduktionen.

(15) a. /p/ : { [**lab** : geschl], [*lar* : stl] }
b. /b/ : { [**lab** : geschl] }
c. /f/ : { [**lab** : krit/hinten], [*lar* : stl] }
d. /v/ : { [**lab** : krit/hinten] }
e. /m/: { [**lab** : geschl], [**vel** : offen] }
f. /ø/ : { [**lab** : ger], [**dor** : offen2] }

Bei einer derart reduzierten Darstellung von Lauten und sprachlichen Einheiten überhaupt spricht man von *Unterspezifikation*. Bei konsequenter Unterspezifikation erhält eine Einheit genau die Kategorien, die man benötigt, um ihre Stellung im vorausgesetzten Kategoriensystem eindeutig zu bestimmen. Bei den Lauten heißt das: Wenn wir den Gesamtbestand von Lauten unterspezifiziert darstellen, dann haben wir ihn bezüglich des vorausgesetzten Kategoriensystems als Phonemsystem beschrieben. Wir nehmen eine solche Beschreibung in **Aufgabe 26** vor.

Damit sind die Laute so beschrieben, daß wir ihr Verhalten in der Silbe gut erfassen können (4.3). Vorher soll aber gezeigt werden, was sich für das allgemeine Silbenschema in 7 aus der veränderten Darstellungsweise ergibt (zu einem ähnlichen Verfahren mit einem herkömmlichen Merkmalsinventar Giegerich 1992).

Am linken Rand der Silbe, also bei Artikulationsbeginn, haben wir nach dem Silbenschema die Merkmalskombination, die sich in 16 ganz links findet. Neben jedes dieser Merkmale notieren wir die ihm entsprechende Repräsentation in der Artikulatorschreibweise (v steht für »oder«): [-stimmhaft] ≙ [lar: stl], [+obstruent] ≙ [root: geschl v krit], [-oral offen] ≙ [or: geschl v krit] und [+oral artikuliert] ≙ [zen: geschl v krit]. Mit dieser Merkmalskombination sind die stimmlosen Obstruenten gemeint, wobei wir aber feststellen, daß sie durch die beiden zuletzt genannten Merkmale überbestimmt sind.

(16) Silbenschema, Öffnungsphase

– stimmhaft	lar:	stl	sth			
+ obstruent	root:	geschl v krit	offen			
– oral offen	or:	geschl v krit		offen		
+ oral artik	zen:	geschl v krit			offen	
		Obstr stl	Obstr sth	Nasal	Liquid	Vokal

In 16 sieht man nun sehr viel besser als in 7, was bei der Produktion von Silben artikulatorisch geschieht. Zu Beginn hat der laryngale Artikulator das Merkmal stimmlos, im übrigen ist er mit dem gesamten Ansatzrohr geschlossen oder in kritischer Position. Zunächst setzt dann der Stimmton ein und die Artikulatorgruppen root, or und zen öffnen nacheinander. Durch diese Knoten wird die jeweils *hintere Grenze* für einen sich öffnenden einzelnen Artikulator festgelegt. [root: offen] heißt beispielsweise, daß *irgend ein Artikulator* offen sein muß. [sup: offen] heißt dagegen, daß der entscheidende Artikulator *vor* lar liegen muß. Der Öffnungsprozeß verläuft so in Richtung zum Silbenkern hin von hinten nach vorn. Beim Vokal selbst muß ein zentraler Artikulator offen sein. Der Schließprozeß verläuft umgekehrt. Wir haben damit die Sonoritätshierarchie tatsächlich als Ordnung über Artikulationsgesten rekonstruiert.

4.3 Die Bestandteile der Silbe. Variation und Alternation der Laute

Der vorliegende Abschnitt beschäftigt sich etwas genauer mit einigen phonotaktischen Restriktionen des Deutschen. Vorausgesetzt werden dabei die Restriktionen, wie sie sich aus dem Allgemeinen Silbenbaugesetz (4.2) ergeben.

4.3.1 Anfangsrand

Komplexe Anfangsränder

Der Anfangsrand des Einsilbers hat im Deutschen höchstens drei ([ʃtrɪç] **Strich**, [tsvaŋ] **Zwang**) und mindestens einen Konsonanten ([ʔalt] **alt**, [ʔøːl] **Öl**, **bunt**, **Haus**). Die weitaus häufigsten Anfangsränder mit drei Konsonanten sind die mit den Clustern [ʃp] und [ʃt] gefolgt von einem Sonoranten (**Sprung, Splint, Strang**). Ein [s] anstelle des [ʃ] kommt gelegentlich in Fremdwörtern vor (**Spray, Spleen, Streß**), aber das [s] neigt in solchen Formen zur Anpassung an das [ʃ] des nativen Wortschatzes. Man kann das verallgemeinern: Im nativen Wortschatz ist [ʃ] als erster Laut des Anfangsrandes gegenüber [s] generell unmarkiert. Die Wortliste in 1a enthält heimische, die in 1b Fremdwörter (genaue Angaben zur Verteilung in Smith 2003; **Aufgabe 27a**).

(1) a. **Sprung, Strang, Span, Stein, Schwan, Schmied, Schnee, Schlauch, Schrank**
b. **Spray, Strip, Squash, Speed, Steak, Skat, Sphinx, Smog, Snob, Slum**

Eine derartig allgemeine Funktionstrennung gibt es bei der umgekehrten Abfolge, also wenn ein Plosiv die erste Position besetzt, nicht. Ein [ʃ] kommt nach Plosiv nur in Eigennamen und Fremdwörtern vor (**Pschorr, Chip, Tschador**), Ähnliches gilt für [ps] (**Psalm, Psyche**) und [ks] (**Xanten, Xenie**). Mit Abstand am weitesten verbreitet sind die Kombinationen [ts] und [pf], die gerade im Anfangsrand viele Eigenschaften von echten Affrikaten im Sinne von Segmentverschmelzungen zeigen und dann als [t͡s] und [p͡f] transkribiert werden (**Zahn, Zwang, Pferd, Pflicht, Pfropf; Aufgabe 27b**).

Als einzige Kombinationen mit stimmhaftem Frikativ sind das schon genannte [ʃv] sowie [kv] (**Qual, Quirl**) möglich. Ein Übergang von stimmlosen zu stimmhaften Obstruenten findet also im Anfangsrand so gut wie gar nicht statt. Da er auch sonst im Deutschen kaum vorkommt und weil auf [ʃv] und [kv] immer sofort ein Vokal folgt, ist die Position der stimmhaften Obstruenten im Silbenschema umstritten. Man kann das [v] ja auch als Halbvokal oder Glide auffassen (s. u.).

Einen Prototyp für das Deutsche stellt der zweikonsonantige Anfangsrand aus Obstruent und Sonorant dar (**Blatt, Tritt, Knick, Wrack**). Die möglichen Kombinationen sind aus 2 ersichtlich (**Aufgabe 28a**)

(2)

	m	n	l	R
p			+	+
b			+	+
t				+
d				+
k		+	+	+
g		+	+	+
f			+	+
v				+
ʃ	+	+	+	+

Die kombinationsfreudigsten Laute sind [ʃ] und [ʀ], den meisten Beschränkungen unterliegen [v], [t], [d] und [m]. Stimmhafte und stimmlose Plosive haben dieselbe Distribution. Für die Frikative gilt das so nicht. Das ›Fremdphonem‹ [ʒ] tritt in dieser Position nicht auf. Bei den labialen Frikativen sind [fl] und [fʀ] ganz verbreitet, dagegen kommt [vʀ] nur in wenigen nativen Wörtern vor (**Wrack, wringen, Wruke**) und [vl] gar nicht. Die labialen Frikative sind auditiv von geringerer Prominenz als etwa die koronalen. Wohl deshalb sind hier nicht beide Laute in gleicher Weise vertreten.

Die insgesamt starke Besetzung des Feldes in 2 erweist die Bedeutung des Übergangs von den Obstruenten zu den Sonoranten für die Phonotaktik. Dieser Übergang bedeutet ja, daß irgendwo im Ansatzrohr ein Artikulator die Position ›offen‹ einnimmt (Obstruenten = [root: geschl v krit], Sonoranten = [root: offen]). Aber warum sind nicht alle Positionen in 2 besetzt? Lassen sich Gründe dafür angeben, daß nur etwa die Hälfte der möglichen Kombinationen auch tatsächlich vorkommt?

Einen erheblichen Teil der Lücken erfaßt man mit der Regel, daß homorganische oder fast homorganische Verbindungen von Obstruent und Sonorant ausgeschlossen sind (**Aufgabe 28b**). Was bei den Obstruentclustern eine bevorzugte Struktur ist, wird hier eher zum Hindernis. Die Regel ist in dieser Form jedoch unzureichend. Zum Einen erklärt sie nichts und zum anderen spezifiziert sie weder notwendige noch hinreichende Bedingungen für phonotaktische Wohlgeformtheit. Denn es gibt durchaus zumindest annähernd homorganische Kombinationen, etwa [kʀ] und [ʃl], und außerdem sind auch andere als homorganische ausgeschlossen, z. B. [bn] und [tm].

Die Restriktionen scheinen eher artikulatorischer Natur zu sein, wenn ein Plosiv die erste Position besetzt, und eher auditiver, wenn dort ein Frikativ steht. Eine Plosiv-Sonorant-Kombination scheint dann artikulatorisch unbequem zu sein, wenn beide nicht koartikulieren können. Beispielsweise darf einem Plosiv – der sich ja öffnen muß – nicht ein Sonorant mit der Eigenschaft [or: geschl] (totaler oraler Verschluß) folgen. So kann bei [km] der Verschluß des [k] zwar gelöst werden, aber Koartikulation ist nicht möglich, weil die Verschlußlösung des [k] nicht hörbar würde. Dagegen ist zum Beispiel [kl] möglich, weil der koronale und der laterale Artikulator parallel arbeiten. Der eine kann offen sein, wenn der andere geschlossen ist. Die Vermeidung bestimmter homorganischer Cluster ist wohl nur ein Sonderfall dieser allgemeineren Bedingung.

Einfache Anfangsränder

Wir kommen zu den Anfangsrändern mit einem Konsonant, einer der Basispositionen, die in Kap. 3 für die Bestimmung distinktiver Merkmale herangezogen worden sind. Bis auf [ŋ] kommen hier alle Konsonanten vor, [s] (**Set, soft**) und als dorsaler Frikativ [ç] (**chemisch, Chile**) allerdings nur in Fremdwörtern.

Der Wortbestand, dessen Anlaut aus einem einkonsonantigen Anfangsrand besteht, ist im Deutschen riesig. Diese Position ist aber nicht so besetzt, wie man vielleicht erwarten würde. Es hat sich bisher schon gezeigt, daß die Opposition stimmhaft/stimmlos in vielen Lautkombinationen des Anfangsrandes nur eine untergeordnete Rolle spielt. Dies gilt sogar für den einkonsonantigen Anfangsrand. Echte Minimalpaare des Typs **Paß – Baß**, **Teich – Deich**, **Kasse – Gasse** sind vorhanden, aber nicht sehr häufig. Der auditive Unterschied ist im Anfangsrand so gering, daß er funktional wenig belastet wird (Ezawa 1972: 23ff.; **Aufgabe 29**).

Besonderer Erwähnung bedürfen die Laute, die nur im einfachen Anfangsrand vorkommen, namentlich die Laryngallaute [ʔ] und [h] (s. a. Aufgabe 25c). Beide sind außerhalb des Ansatzrohres artikuliert, beide haben nicht an der stimmlos/stimmhaft-Opposition teil und beide kombinieren mit keinem anderen Laut im Silbenrand. Es ist deshalb erwogen worden, beide nicht als Lautsegmente, sondern als Formen des Vokaleinsatzes anzusehen (Pompino-Marschall 1995; 8.2). [ʔ] tritt als Default-Anfangsrand dann ein, wenn kein anderer Konsonant vorhanden ist. Diese Funktion bestimmt seine Beschränkung auf die Position vor Vokal im Morphemanlaut (**um, alt, Uhr, und**) sowie als ›Silbentrenner‹ (Hiatus) zwischen unbetontem und betontem Vokal wie in **Poet, naiv**. Da die Distribution des glottalen Verschlußlautes weitgehend strukturell fixiert ist, wird er, obwohl er als typisch für das Deutsche gilt, häufig nur schwach artikuliert. Auch entspricht ihm kein Graphem. Deshalb wird er besonders oft als spezielle Form des Vokaleinsatzes angesehen. Die meisten Phonologien des Deutschen schließen ihn zu Unrecht vom Phoneminventar aus (z. B. Wurzel 1981; Meinhold/Stock 1982; Ramers/Vater 1995; Hall 2000).

Daß [h] nicht mit anderen Lauten kombiniert, liegt einmal an seiner auditiven Schwäche. Artikulatorisch sind Konsonantverbindungen wie [hl] oder [hn] ohne weiteres möglich. Der zweite Grund für die eingeschränkte Distribution ist, daß stimmlose Plosive im einfachen Anfangsrand stark aspiriert sind. Aspiration als Lautvariante wie [pʰ] (**Pol**), [tʰ] (**Tee**) und [kʰ] (**Kohl**) ist für sich schon ein Hinweis auf den vergleichsweise marginalen Status des [h] als Einzellaut (zum [h] als Alternante von [ç] Aufgabe 19b).

Nur allein im Anfangsrand steht schließlich der als ⟨j⟩ geschriebene Laut. Er gehört zu den umstrittensten des Lautinventars überhaupt. In Wörtern wie **ja** und **jetzt** wird er meist als stimmhafter Frikativ [ʝ] oder als Approximant [j] angesehen. In nicht initialer Silbe wie in **Nation** transkribiert man ihn auch als nicht silbisches [i], also [nat͡sˈi̯on].

Die artikulatorisch wohl realistischste Kennzeichnung des ⟨j⟩ ist die als *Glide*, deutsch meist ›Gleitlaut‹, auch ›Bindelaut‹. Die Bezeichnungen verweisen darauf, daß ein solcher Laut in erster Linie eine Übergangsfunktion hat. Während ein Approximant durch geringe Engebildung gekennzeichnet ist (nach 4.2 [+oral offen, +oral artikuliert]), ist ein Gleitlaut hinsichtlich der Engebildung dynamisch. Die ihn produzierende artikulatorische Geste beginnt wie beim Approximanten, aber sie endet bei der des nachfolgenden Vokals. Der Gleitlaut kann deshalb nur unmittelbar neben einem Vokal stehen, der den Silbenkern bildet (Butt 1992; Literaturhinweise in Vater 1992).

Von seinem größten Öffnungsgrad her könnte der Glide ohne weiteres als Silbenkern fungieren. Da er aber neben einem Vokal mit noch größerem Öffnungsgrad steht, kommt er als Kern nicht infrage. Die Nähe des Glides zu den Vokalen erfaßt man häufig mit der Bezeichnung ›Halbvokal‹. Gemeint ist damit ein Laut, der artikulatorisch entscheidende Merkmale mit Vokalen gemeinsam hat, die für sie typische Funktion als Silbenkern aber aufgrund seiner phonotaktischen Position nicht erfüllen kann. Das IPA sieht in seinem Inventar wohl Approximanten, nicht aber Glides vor. Man hat lediglich die Möglichkeit, einen Glide als nicht silbischen Vokal zu kennzeichnen wie im Beispiel oben das [i̯].

Der Status des dem ⟨j⟩ entsprechenden Lautes als Glide wird eindrucksvoll durch seine Distribution bestätigt. Dieser Laut steht vor allen Vokalen, nicht aber vor dem [i] und nur in einem einzigen Wort vor einem [ɪ] (**jiddisch**). Er steht also nur dort, wo mit dem folgenden Vokal die Öffnungsbewegung weitergehen kann, z. B. **jeder, Jagd, Jörn, Joch, jucken, Jüngling**. Mit dem [j/i̯] wird meist das dem hinteren Vokal [u] entsprechende [v/u̯] in einem Atemzug genannt. Man kann aber zeigen, daß dieser Laut im Anfangsrand der Silbe (im Deutschen) nicht ein Glide, sondern der stimmhafte Frikativ [v] ist (**Aufgabe 30**).

4.3.2 Kern und Endrand

Kern, Kernsilbe, Diphthonge

Im Silbenkern des Einsilbers findet sich stets ein Vokal. Dieser Vokal kann gespannt (1a) oder ungespannt (1b) sein.

(1) a. **Sohn, Lied, lies, sah, froh, früh, hier**
    b. **Gold, Hirn, wirf, warf, fromm, dünn, drin**

Der Vokal einer einsilbigen Form von Wörtern aus offenen Klassen wie in 1 (Substantive, Verben, Adjektive, Adverbien) ist im Sinne der Plazierung eines Wortakzents betont (4.5). Betontheit führt bei gespannten Vokalen zu Länge, deshalb weisen die Formen in 1a lange Vokale als Silbenkerne auf. Allgemein gilt dann: Der Silbenkern des Einsilbers ist entweder ein gespannter langer oder ein ungespannter kurzer Vokal.

Der Kern ist als Laut mit dem größten Öffnungsgrad leicht identifizierbar. Beim Einsilber ist das ein Laut, dessen dorsaler Artikulator mit ›offen1/2/3‹ markiert ist. Aber ist der Kern damit voll spezifiziert oder kann er mehr als den offensten Vokal enthalten? Für Laute, die diesem Vokal vorausgehen, haben wir die Zugehörigkeit zum Kern verneint (4.3.1). Auch ein Glide gehört nicht zum Kern, wenn wir daran festhalten, daß der Anfangsrand von Einsilbern nicht leer sein kann.

Weniger offensichtlich ist, ob ein dem Kernvokal folgender Laut Bestandteil des Kerns sein kann. Im Deutschen gibt es eine ausgeprägte Interaktion zwischen dem Kernvokal und den ihm folgenden Lauten, die häufig zu dem Schluß geführt hat, daß der Kern aus mehreren Lauten bestehe.

Den offensichtlichsten Zusammenhang dieser Art illustriert 2. Setzen wir wieder voraus, daß wir es bei Einsilbern mit betonten Silben zu tun haben, dann hat eine Silbe mit leerem Endrand in der Regel einen gespannten Vokal (2a), eine Silbe mit komplexem Endrand hat einen ungespannten Vokal (2b). Die Opposition gespannt/ungespannt gibt es nur bei Silben mit einfachem Endrand (2c, zu den Diphthongen s. u.).

(2) a. **Knie**   b. **Kind**   c. **Stil – still**
        See   **Welt**   **Beet – Bett**
        Rah   **Rast**   **Bahn – Bann**
        Stroh   **Holz**   **Schrot – Schrott**
        Schuh   **Schuld**   **Ruhm – Rum**

Offenbar findet zwischen Kern und Endrand ein Längenausgleich statt. Silben können nicht beliebig lang oder kurz sein. Als Grundeinheiten des Sprachrhythmus sind sie an ein bestimmtes Längenmaß gebunden (4.4). Der betonte Einsilber enthält mindestens einen Langvokal oder einen Kurzvokal mit einem nachfolgenden Konsonanten.

Langvokal einerseits und Kurzvokal+Konsonant andererseits haben also innerhalb der Silbe dieselbe Funktion als ›prosodisches Minimum‹. Es ist deshalb immer wieder erwogen worden, ihnen auch dieselbe Funktion als Kern oder ›Kernsilbe‹ zuzuweisen (ausführlich Vater 1992; R. Wiese 1988; 1996; Becker 1998). Dem entspricht auch die Aufteilung dieses Komplexes in zwei Moren mit der More als Grundeinheit für das Silbengewicht. Eine verbreitete Definition besagt, daß eine offene Silbe mit Kurzvokal eine More habe (leichte Silbe), eine mit Kurzvokal und nachfolgendem Konsonanten oder mit Langvokal dagegen zwei Moren habe (schwere Silbe, s. z. B. Auer 1991; Hall 2000: 259 ff.).

Der Ansatz eines komplexen Kerns bietet sich umso mehr an, als damit gleichzeitig eins der ewigen Themen der Phonologie des Deutschen erledigt wird, nämlich die Diphthonge. In älteren Phonologien, in denen mehr oder weniger ausschließlich segmental gedacht wurde, ging es dabei um die Frage, ob die Diphthonge [ai], [au] und [ɔi] wie in **Mai, Bau, Heu** *ein* Phonem und damit Bestandteil des Vokalinventars oder ob sie *zwei* Phoneme seien (z. B. Werner 1972: 32 ff.; Philipp 1974; Meinhold/Stock 1982: 86 ff.). In der neueren Diskussion wird die Frage dahingehend verschärft, ob der zweite Bestandteil des Diphthongs zum Kern oder zum Endrand gehöre (z. B. Wurzel 1981: 920 f.; Kloeke 1982: 16 ff.; R. Wiese 1996: 37 ff.; Übersicht in Becker 1998: 126 ff.). Die Diphthonge zeigen weitgehend dieselbe Art der Interaktion mit dem Endrand wie Langvokale. In Formen ohne interne morphologische Grenze kommen sie nur in Silben mit leerem oder einfachem Endrand vor (3a,b). Formen mit komplexem Endrand enthalten ein Suffix (3c).

(3) a. **Mai** b. **Wein** c. **weint, kleinst**
    Bau   **Baum**   **maulst, schlaust**
    Heu   **Deut**   **heulst, beugt**

Aus unserem Ansatz einer autosegmental artikulatorischen Fundierung des Silbenbegriffs ergibt sich zwingend, daß ein zweiter Bestandteil von Diphthongen und erst recht ein Konsonant nach Kurzvokal nicht dem Kern zugeschlagen werden. In beiden Fällen findet gegenüber dem Kern eine Veränderung der Geste des dorsalen Artikulators im Sinne einer Schließbewegung statt, die sich über den gesamten Endrand fortsetzt. Für die Diphthonge heißt das insbesondere, daß ihr zweiter Bestandteil als Glide angesehen und auf jeden Fall als geschlossener Vokal ([dorsal: offen1]) transkribiert wird. Transkriptionen wie [aɪ], [ae] oder gar [aɛ] sind aus dieser Sicht phonologisch nicht angemessen. Daß ein Längenausgleich zwischen Kern und Endrand stattfindet, kann man auch anders als über eine Längenäquivalenz des Kerns ausdrücken (**Aufgabe 31**).

Der Längenausgleich zwischen Kern und Endrand funktioniert nicht durchweg nach dem Muster von 1. Insbesondere gibt es eine größere Zahl von Einsilbern mit gespanntem Vokal oder Diphthong und komplexem Endrand (4a-c).

(4) a. **Mond, Keks, Koks, Wust, Trost, Biest, Papst, Geest, Obst**
    b. **Freund, Feind, feucht, leicht, seicht**
    c. **Schwert, Wert, Herd, Pferd**

Für die meisten Fälle in 4a,b läßt sich zeigen, daß der komplexe Endrand aus einer Form entstanden ist, die früher einmal morphologisch komplex oder mehrsilbig war. Andere der Wörter sind auch synchron auf Mehrsilber zu beziehen. **Mond** hat dieselbe Wurzel wie **Monat**, **Keks** und **Koks** stammen von den engl. Pluralformen **cakes** und **cokes**. **Wust** ist auf den Mehrsilber **Wüste**, **Trost** auf **trösten** bezogen. **Freund** und **Feind** sind ahd. **friunt** und **fiant**, **feucht** ist mhd. **viuhte** usw. Erklärt hat man damit allerdings nichts. Wenn die Regel über den Längenausgleich zutrifft, müßten mindestens die synchron morphologisch einfachen Formen eine Tendenz zur Kürzung des Vokals zeigen. Zwar sagen manche Sprecher [kɔks], [ʔɔpst], [ʃvɛɐ̯t], eine allgemeine Tendenz dieser Art ist aber nicht zu sehen und bei den Diphthongen in 4b ist sie auch gar nicht möglich.

Ein Begriff, mit dem hier und in vergleichbaren Fällen viel operiert wird, ist *extrasilbisch* oder *Extrasilbizität*. Es wird angenommen, daß die Vollsilbe in einer Einzelsprache als Prototyp eine ganz bestimmte Anzahl von Segmenten aufweist und manche Restriktionen aus dem damit gegebenen Pattern abgeleitet werden können (R. Wiese 1991; 1996: 47ff.). Für das Deutsche soll der Prototyp zwei Konsonanten, den Vokal und noch einmal zwei Konsonanten enthalten (CCVCC). Die über das Schema hinausgehenden Segmente sind dann extrasilbisch und für sie gelten besondere Restriktionen. Die offensichtlichste für das Deutsche wäre, daß als extrasilbisch nur koronale Obstruenten infrage kommen, allen voran [s] und [t].

Ein vergleichbarer Begriff dieser Art ist der schon von Sievers verwendete der *Nebensilbe* (Vennemann 1982: 296ff.). Nebensilben sind allgemein Lautfolgen, bei denen innerhalb einer Silbe vor oder nach dem Kern eine zweite Öffnungsbewegung stattfindet. So ist das [ʃ] in **Sprung** offener als das nachfolgende [p], und in **Obst** findet nach dem Schließen beim [p] sogar noch einmal eine Öffnungs- *und* Schließbewegung statt. Wir können hier die weitläufige Debatte nicht in den Einzelheiten verfolgen. Zweierlei bleibt aber festzuhalten. (1) Unser Silbenbegriff verlangt keine Beschränkung auf eine bestimmte Zahl von Lauten und sieht an den Rändern Blöcke von stimmlosen Obstruenten vor. Er ist also so weit, daß Phänomene der beschriebenen Art ihren Platz haben. (2) Daß im Deutschen [s] und [t] im Auslaut des Endrandes so häufig vorkommen, hängt mit ihren speziellen artikulatorischen Eigenschaften und ihrer besonderen auditiven Prominenz zusammen, die auch für ihre herausragende Stellung im Flexionssystem verantwortlich ist (vgl. die Beispiele in 3c oben). Einsilber mit gespanntem Vokal und koronalen Obstruenten im Auslaut des komplexen Endrandes kommen als morphologisch komplexe Formen in großer Zahl vor. Sie geben eine Analogiebasis für Formen wie in 4a,b ab (zum Adjektiv weiter 5.2.3, zum Verb 5.3).

Die Artikulation des R

Eine spezielle Art von Interaktion zwischen Kern und Endrand, die so nur beim [ʀ] auftritt, liegt in 4c vor. Wir besprechen sie im Zusammenhang mit den r-Lauten allgemein. Kein Laut des Deutschen hat eine solche Variationsbreite wie dieser. Ihm sind deshalb immer wieder spezielle Untersuchungen gewidmet worden (z. B. Richter 1979; Griffen 1982; Hall 1993).

In Abschnitt 3.2.1 wurde festgestellt, daß von den Grundvarianten das [ʀ] (Rachen-r) im gegenwärtigen Deutsch dem [r] (Zungen-r) gegenüber als unmarkiert gelten kann. Nur das [ʀ] betrachten wir jetzt. Um terminologische Verwirrung zu vermeiden, sprechen wir ausschließlich vom ›Phonem /ʀ/ und seinen Varianten.‹ Wie zu erwarten, ist die Variation von /ʀ/ positionsabhängig. Für den Einsilber sind vier Positionen mit den in 5 wiedergegebenen Hauptvarianten zu unterscheiden (kompiliert nach Hildebrandt/Hildebrandt 1965; Ulbrich 1972; s. a. die Übersichten in Meinhold/Stock 1982: 151f.; Schiller 1998).

(5) Varianten des Phonems /ʀ/

I R/ʁ	II ʁ	IIIa ɐ/ø	IIIb ɐ/R/ʁ	IV ɐ/R/ʁ
Rum	Tram	wir	wirr	Wirt
Ruf	Tran	Teer	Herr	gern
rauh	Traum	Schar	Narr	scharf
rein	Sprung	Spur	dürr	Hort

Bildet das /ʀ/ allein den Anfangsrand, so erscheint es als Vibrant [R] oder als stimmhafter dorsaler (genauer: postdorsaler) Frikativ. Das frikative [ʁ] hat die Merkmale {[dor: krit/hinten], [lar: sth]}. Die beiden Realisierungen sind, so weit ersichtlich, unabhängig vom Kontext. Es handelt sich um echte freie Varianten (Position I).

In Position II, also im Anfangsrand nach Obstruent, dominiert die frikative Realisierung. In der Position zwischen Obstruent und Vokal ist der stimmhafte Frikativ leichter zu realisieren als der Vibrant. Ein stimmhafter Frikativ paßt hier nach dem allgemeinen Silbenbaugesetz auch gut hin.

Position III meint ein /ʀ/, das allein im Endrand steht. Wir differenzieren nach gespanntem/ungespanntem Vokal. Nach gespanntem Vokal (IIIa) ist [ɐ] dominant. Das bedeutet artikulatorisch eine Fortsetzung der Öffnungsbewegung nach dem Kernvokal, ein Vorgang, der nach dem Silbenbaugesetz eigentlich nicht möglich ist. Der notwendige Kontrast mit dem Kernvokal führt dazu, daß dieser häufig extrem angehoben wird, d. h. wir erhalten Realisierungen wie [te:ɐ] für **Teer**. Beim [ɑ] wie in **Schar** ist eine weitere Öffnung kaum möglich. Deshalb wird das [ɑ:] hier extrem gelängt, es ergibt sich segmental die ›Nullvariante‹. Beim vokalischen /ʀ/ in IIIb (nach ungespanntem Vokal) ist die Anhebung des Kernvokals noch offensichtlicher. Für **wirr** erhalten wir ganz verbreitet eine Realisierung mit angehobenem [ɪ], das einem [i] sehr nahe kommt: [vɪɐ ≙ viɐ]. Im übrigen gibt es hier sowohl den Vibranten als auch den Frikativ und gelegentlich bei **Narr** wohl auch die Nullvariante.

Dieselben Varianten finden sich in Position IV, also /ʀ/ im Endrand vor Konsonant. Phonotaktisch darf diesem komplexen Endrand eigentlich nur ein ungespannter Vokal vorausgehen. Das ist auch weitgehend so der Fall. Ein gespannter Vokal kommt nur als ›Anhebungsvariante‹ ins Spiel, wir haben [vɪRt] und [viɐt] für **Wirt**. Insbesondere beim [e] als Kern und [t] im Auslaut hat sich der gespannte Vokal als normale Lautung durchgesetzt. Damit kommt es zu den Formen in 4c. Manchmal werden sie auch mit ungespanntem Vokal gesprochen als [ʃvɛRt], [hɛRt] (**Schwert**, **Herd**). Die Opposition gespannt/ungespannt ist neutralisiert (zum frikativen [ʁ] auch Aufgabe 33d unten).

Die Varianten des [R] erweisen sich insgesamt als artikulatorisch nachvollziehbar. Es handelt sich im wesentlichen um eine Variation im Öffnungsgrad des dorsalen Artikulators. Unterspezifiziert ist die Merkmalsbeschreibung /ʀ/: {[dor: krit/hinten]}. Das vokalische [ɐ] ist beim Einsilber auf die Position unmittelbar nach dem Vokal beschränkt, d.h. die im Kern eigentlich beendete Bewegung wird fortgesetzt. Im Artikulatoransatz ist der Vibrant [R] vom Frikativ [ʁ] nur durch den Öffnungsgrad unterschieden. Eine genauere Beschreibung der artikulatorischen Gesten hätte dies zu explizieren und damit auch die Gemeinsamkeiten der Vibranten [r] und [R] herauszustellen (Schiller 1998).

Der dorsale Frikativ

Wir kommen zum stimmlosen dorsalen Frikativ. Die Variation [x-ç] nach Vokal läßt sich silbenphonologisch ebenfalls als Interaktion zwischen Kern und Endrand auffassen. Als einfachste Regel für ihre Verteilung hatten wir die Formulierung in 6 gefunden (Aufgabe 19).

(6)   a. [x] steht nach Vokalen, die als [+hinten] markiert sind (**hoch, Buch, Dach**).
      b. [ç] steht sonst. [ç] steht insbesondere nach vorderen Vokalen (**Stich, frech, Küche, möchte**) sowie nach Konsonanten, wobei hier im Kernwortschatz nur die Sonoranten mit Ausnahme des [m] auftreten (**Lurch, Pferch; Mulch, Milch; manch, Mönch**).

In dieser Formulierung ist [ç] die unmarkierte Variante des Phonems. Häufig wird die Markiertheit aber gerade umgekehrt gesehen mit [x] als der unmarkierten Variante. Es ist instruktiv, sich den wohl wichtigsten Grund für die Schwierigkeiten bei der Markiertheitsverteilung vor Augen zu führen, weil er ein prinzipielles Problem des Verhältnisses von segmentaler und Silbenphonologie deutlich macht.

Die Aussage »[ç] steht sonst« in 6b könnte den Eindruck erwecken, als stehe [ç] u. a. nach beliebigen Konsonanten. In Wahrheit steht es aber nur nach [ʀ], [l] und [n]. Setzt man für [ʀ] die vordere Variante [r], dann steht [ç] ausschließlich nach vorderen Lauten, nämlich nach den vorderen Vokalen und den drei koronalen Sonoranten. Es wäre dem vorausgehenden Laut im Artikulationsort angeglichen genau so wie [x]. Beide Varianten kommen dann überhaupt nur nach solchen Lauten vor, die mit ihnen annähernd homorganisch sind. Man kann das einerseits mit Assimilation beschreiben. Der natürlichste Weg zur Beschreibung von /ç-x/ ist der mit Unterspezifikation. Der Laut wird phonologisch als {[dor: krit], [lar: stl]} beschrieben. Die Spezifikation vorn/hinten unterbleibt. Sie wird vom vorausgehenden Laut übernommen: Das Merkmal [vorn] bzw. [hinten] breitet sich damit über mehrere Segmente aus. Das entstehende Autosegment ist über ein Feature spreading ausführlich beschrieben worden (Jessen 1988). Der unterspezifizierte dorsale Frikativ entspricht dem, was Trubetzkoy (1989) ein Archiphonem genannt hat. Er wird meist notiert als /C/.

Die skizzierte Analyse läuft darauf hinaus, daß die Verteilung von [ç] und [x] vollständig per Assimilation geregelt ist. Da Assimilation immer gefordert ist, heißt das aber, daß den beiden Varianten nur solche Laute vorausgehen, an die assimiliert werden kann. Das führt zu einer echten phonotaktischen Beschränkung. Der stimmlose dorsale Frikativ ist bezüglich der Variantenselektion der passive Teil von Assimilationsprozessen, bezüglich der phonotaktischen Beschränkung »kann nur nach dorsalen und koronalen Lauten stehen« ist er der aktive Teil.

Die Nasale

Mit ähnlichen Überlegungen läßt sich das Verhalten der Nasale erfassen. Es wird ebenfalls in den meisten Phonologien wie in einer Reihe von speziellen

Arbeiten ausführlich behandelt (Vennemann 1970; Hall 1989). Auf den ersten Blick ist es recht verwickelt. Das beginnt mit Unterschieden in den Basispositionen. So kommen [m] und [n] im Anfangsrand vor, nicht aber [ŋ]. Im Endrand des Einsilbers bzw. der betonten Silbe hat [ŋ] ebenfalls Besonderheiten. 7 zeigt das für den einfachen Endrand.

(7) a. **lahm – Lamm, Ruhm – Rum, Kram, ihm, Schwamm, Dom, dumm**
 b. **Bahn – Bann, wen – wenn, den – denn, Kran, Mann, Sinn, Sohn, dünn**
 c. **Rang, Tang, eng, streng, Ding, Ring, Gong, Dung**

Während [m] und [n] nach gespanntem wie nach ungespanntem Vokal stehen, kommt [ŋ] nur nach ungespanntem vor. Es verhält sich wie ein komplexer Endrand aus zwei Konsonanten. Die Schrift, die Geschichte des [ŋ] sowie das Verhalten der Nasale in der sog. Nasalassimilation (s. u.) weisen darauf hin, daß diese beiden Konsonanten das [n] und das [g] sind. Immer wieder wird deshalb gefordert, dem [ŋ] in der Position von 7c nicht den Status eines Phonems zuzuerkennen, sondern es aus einer Segmentfolge abzuleiten.

Die Frage ist dann, warum /ng/ in der Regel an der Oberfläche als [ŋ] erscheint (Aufgabe 32a unten). Da es sich um einen zweiphonemigen Endrand mit dem Nasal in erster Position handeln soll, sehen wir uns an, wie sich die Nasale in dieser Position generell verhalten.

(8) a. **Ramsch**
 b. **Mensch, Flansch, Wunsch**

(9) a. **Sims, Gams, Wams, Bums**
 b. **Zins, Gans, Hans, uns**

(10) **Senf, fünf, Hanf**

8–10 enthalten die morphologisch einfachen Einsilber mit Nasal+Frikativ im Auslaut. [ʃ] und [s] kommen beide nach [m] und [n] vor. Viele Wörter sind es nicht, die solche Cluster haben. Die funktionale Belastung ist gering, aber sie ist vorhanden und sie spielt insbesondere für [s] bei den morphologisch komplexen Wörtern eine wichtige Rolle (**des Krams – des Krans** oder auch **du kämmst – du kennst**). Vor den koronalen Frikativen können der labiale wie der koronale Nasal stehen. Das dorsale [ŋ] kommt nicht vor.

Anders beim labialen Frikativ [f]. Er steht nur nach [n]. [ŋ] kommt hier wiederum gar nicht vor. [m] tritt auf, aber nicht als selbständiger Laut, sondern als Alternante von [n]. Der koronale Nasal wird vom [f] nach vorn gezogen zum labiodentalen [ɱ] oder zu einem echten bilabialen [m]. Dieser Fall von *regressiver Nasalassimilation* ist fakultativ. Am häufigsten tritt er beim hochfrequenten **fünf** auf. Bemerkenswert ist, daß das [n] bei Assimilation den Artikulator wechselt. Aus einem dorsalen wird ein labialer Laut. Insgesamt erweist sich das [n] bisher als der unmarkierte unter den drei Nasalen. Es kommt in den meisten Umgebungen vor, das [ŋ] in den wenigsten. Sehen wir uns nun die Endränder aus Nasal+Plosiv an.

(11) a. **Vamp, Pomp, Lump, plump**
 b. **Pimpf, Schimpf, Kampf, Krampf, Rumpf, Stumpf**
 c. **Zimt, fremd, Hemd, Amt, Samt**
(12) a. **Kind, Rind, Band, Land, blond, Hund, rund, Schund**
 b. **Splint, Sprint, Element, Patent, rasant, tolerant, Passant, Diskont, Horizont, bunt**

(13) **Fink, Zink, Bank, krank, Tank, Funk, Prunk, Strunk**

11 zeigt, daß [m] fast nur vor [p], also dem homorganen Plosiv steht. Die Listen in 11a,b können noch wesentlich verlängert werden, insbesondere wenn man Zweisilber wie **Lampe, Pumpe, stampfen** dazu nimmt. Die Liste in 11c ist dagegen beschränkt. Daß solche Cluster sich überhaupt halten, dürfte wieder daran liegen, daß sie durch gleichgebaute in morphologisch komplexen Formen stabilisiert werden (**kommt, nehmt, brummt**).

Der koronale Nasal steht, wie 12 zeigt, ausschließlich vor dem koronalen Plosiv [t]. Im Kernwortschatz ist dieses [t] meist das Ergebnis einer Auslautverhärtung (12a), in Fremdwörtern mit betonter Endsilbe kommt es häufig auch ohne Entstimmung vor (12b). Die Listen in 12 können verlängert werden.

Das Bild wird abgerundet durch 13. [ŋ] steht, wie zu erwarten, ebenfalls nur vor homorganem Plosiv. Damit verhalten sich die Nasale vor Plosiven insgesamt anders als vor Frikativen. Als phonotaktische Beschränkung gilt, daß Nasal und Plosiv in Hinsicht auf den Artikulator ein Autosegment bilden. Sie sind – von wenigen Fällen abgesehen – entweder beide labial, koronal oder dorsal.

Statt von phonotaktischer Beschränkung kann man nun wieder von Assimilation sprechen. Die eleganteste Lösung ist, phonologisch nur *einen* in Hinsicht auf den Artikulator unspezifizierten Nasal anzusetzen, dem dann je nach Umgebung die Artikulatorkategorien zugewiesen werden. Ein derart unterspezifizierter Nasal (Archiphonem) wird häufig als /N/ notiert. Er ist charakterisiert durch [vel: offen] (also Nasal) und [or: geschl] (also Verschluß im oralen Bereich). Daß er stimmhaft ist, muß nicht spezifiziert werden. Für [m] und [ŋ] in 11a,b und 13 ergeben sich die Artikulatorspezifizierungen 14b,d durch regressive Assimilation. Das [m] in 8, 9 und 11c ist dagegen ein selbständiger Laut, d.h. das [m] hat phonologisch eine Doppelstellung. Mal ist es ein echtes Phonem, mal ist es eine Alternante von /N/ (Phonemic overlapping). Das [n] erweist sich als unmarkierter Nasal. Seine Artikulatormarkierungen entsprechend 14c werden ihm in allen Fällen als Defaultwert zugewiesen, auch wenn es mit dem folgenden Plosiv stets ein Autosegment bildet.

(14) a. /N/: {[or: geschl], [vel: offen]}
 b. [m]: {[lab: geschl], [vel: offen]}
 c. [n]: {[ko: geschl], [vel: offen]}
 d. [ŋ]: {[do: geschl], [vel: offen]}

Für das [ŋ] ergibt sich bei dieser Sicht, anders als für das [m], die Möglichkeit, den Phonemstatus generell zu vermeiden. [ŋ] ist dann entweder durch

Assimilation auf /N/ bezogen (14) oder es ist auf /Ng/ bezogen (dazu und zu weiteren Formen der Nasalassimilation **Aufgabe 32**).

Die Auslautverhärtung

Wir sind damit bei den Regularitäten, die ausschließlich den Endrand betreffen. Wie früher schon erwähnt, weist die Kombinatorik des Endrandes gegenüber der des Anfangsrands im Deutschen zwei wesentliche Unterschiede auf. (1) Im Endrand besetzen die Sonoranten nicht eine Position, sondern zwei. (2) Im Endrand gibt es keine stimmhaften Obstruenten. Der Schließvorgang kann durch die Verlängerung des Sonorantenblocks einerseits langsamer verlaufen als der Öffnungsvorgang. Durch den Ausschluß stimmhafter Obstruenten erfolgt er andererseits abrupter. Es gibt im Endrand keine Laute, die gleichzeitig Geräusch und Stimmton aufweisen.

Die Sonoritätshierarchie wird für den Endrand deshalb meist wie in 15a angegeben. Entsprechende Beispiele finden sich in 15 b-e.

(15) a.

| Vokal | R | l | Nasal | Obstruent | Sonorität abnehmend |

b. **Quirl, Kerl**
c. **Hirn, Stirn, gern, Stern, Garn, Horn, Zorn**
d. **Schirm, Lärm, Arm, Harm, Form, Turm, Wurm**
e. **Film, Helm, Alm, Halm, Qualm, Holm**

Aus silbenphonologischer Sicht handelt es sich bei der zweiten Besonderheit des Endrandes, der Beschränkung auf stimmlose Obstruenten, um eine artikulatorisch begründete phonotaktische Restriktion wie andere auch (zur Frage, ob hier eher sth/stl oder lenis/fortis das entscheidende Merkmalspaar ist, s.o. 2.2.1). Ihr Effekt besteht darin, daß eine im Anfangsrand wirksame Opposition zugunsten einer unmarkierten Alternante neutralisiert ist. Dies hat für das Deutsche artikulatorisch-strukturell Vorteile. In einer Form [ʀɑːd] (**Rad**) mit stimmhaftem Plosiv im Auslaut müßte der Stimmton über die Verschlußöffnung des [d] hinausreichen, wie wir es etwa vom englischen **bed** oder **head** kennen. Damit würde der Form ein Ansatz zur Zweisilbigkeit implantiert. Da der Unterschied zwischen einer einsilbigen Form wie [ʀɑːt] und einer zweisilbigen wie [ʀɑːdə] oder [ʀɑːtə] im Gegensatz zum Englischen strukturell eine außerordentliche Bedeutung hat, ist es funktional, die Einsilbigkeit durch Vermeidung stimmhafter Obstruenten und insbesondere stimmhafter Plosive besonders zu sichern (dazu weiter 4.4; 5.1).

Die Betonung der phonologischen Seite der Endrandbedingung ist so wichtig, weil diese meist nur als sog. *Auslautverhärtung* in den Blick kommt (umfassend Brockhaus 1995). Eben weil das Verhältnis von Zweisilber und Einsilber in der Morphologie und besonders in der Flexionsmorphologie so wichtig ist, kommt es regelmäßig zu einem Wechsel von Lauten aus dem Anfangsrand der zweiten Silbe in den Endrand der ersten und damit zum Eindruck einer ›Entstimmung‹ (16).

(16) a. [b-p] **Lobes – Lob, leben – lebst**
　　b. [d-t] **Rades – Rad, laden – lädst**
　　c. [g-k] **Tages – Tag, tragen – trägst**
　　d. [z-s] **Hauses – Haus, reisen – reist**

Die Sicht, hier sei eine phonologische Regel wirksam, die einen stimmhaften in einen stimmlosen Laut verwandele, also ein phonologisches Merkmal ändere, trifft die Sache nicht. Diese besteht in einer positionsbedingten Neutralisation. Man wird dem begrifflich wieder am besten gerecht durch Unterspezifikation. Die Neutralisation [d/t] etwa führt zum unterspezifizierten Phonem D: {[kor: geschl]}, dem für den laryngalen Artikulator ›stimmlos‹ als Defaultwert hinzugefügt wird. D ist im Sinne der strukturalistischen Redeweise ein echtes Morphophonem, denn seine Alternanten [d] und [t] erscheinen stets in Formen, die morphologisch verschieden sind.

Mit der Beschränkung auf das stimmlose Element hat die Auslautverhärtung für fast alle Paare von Obstruenten denselben Effekt. Kein Paar im Sinne dieser Systematik bilden die dorsalen Frikative [j] einerseits und [ç,x] andererseits, auch wenn wir sie im Konsonantenschema (3.2.1) so angeordnet haben. Es gibt keine Neutralisierung von [j] zu [ç] oder [x]. [j] taucht, wie wir wissen, nur im Anfangsrand auf. Und auch in Formen von Wörtern wie **Boje** und **Koje** kommt es nicht zu einem [j] im Endrand.

Der stimmlose dorsale Frikativ [ç,x] hat also im Sinne der Auslautverhärtung kein stimmhaftes Gegenstück, es besteht eine Lücke im System. Diese Lücke wird auf interessante Weise teilweise geschlossen. An die Stelle des stimmhaften dorsalen Frikativs [j] tritt der entsprechende Plosiv, also das [g]. In Paaren wie **Siege – Sieg** wird das [g] nicht notwendig zu [k], sondern alternativ auch zu [ç] entstimmt und gleichzeitig ›spirantisiert‹. Viele Sprecher sagen [ziːk], manche sagen aber auch [ziːç]. Diese sog. *g-Spirantisierung* kann als ein besonderer Fall von Auslautverhärtung angesehen werden. Derivationelle Phonologien realisieren sie in zwei Schritten, in der Reihenfolge ›Spirantisierung vor Entstimmung‹, z. B. /ziːg/ → [ziːj] → [ziːç]. (Das /g/ muß dabei per Assimilation zum [j] frontiert werden). Bei umgekehrter Regelanwendung würde die Form [ziːk] mit dem nichtspirantisierbaren [k] entstehen.

Das entstimmte und spirantisierte [g] hat mit seinen Realisierungen [ç] und [x] exakt dieselbe Verteilung wie diese Laute, wenn sie Varianten des ›Archiphonems‹ /C/ sind. Nach hinteren Vokalen steht [x], sonst steht [ç]. Entsprechende Beispiele sind in 17 mit den Aussprachevarianten mit und ohne Spirantisierung zusammengestellt.

(17) a. **Krieg** [kʀiːk/kʀiːç]
　　b. **Weg** [veːk/veːç]
　　c. **Berg** [bɛɐ̯k/bɛɐ̯ç]
　　d. **Balg** [balk/balç]
　　e. **Tag** [taːk/tax]
　　f. **Sog** [zoːk/zoːx]
　　g. **Lug** [luːk/luːx]

Ein Unterschied zwischen g-Spirantisierung und der Auslautverhärtung sonst besteht darin, daß letztere im Deutschen allgemein und automatisch vollzogen wird, während erstere starker regionaler Variation unterliegt. Nach den meisten Aussprachewörterbüchern ist sie nach [ɪ] wie in **Honig, winzig, wolkig** standardsprachlich obligatorisch, während Formen wie [tax] oder gar [zo:x] als dialektal höchst beschränkt gelten. W. König (1989: 2, 319) zeigt aber, daß auch die Form [vɪntsɪç] regional stark beschränkt ist (im wesentlichen auf Norddeutschland). Eine im gesamten deutschen Sprachgebiet vollzogene g-Spirantisierung scheint es nicht zu geben. Das ist auch kein Wunder, denn artikulatorisch geboten ist die Regel nicht. Sie ist vielmehr ein Lückenfüller (**Aufgabe 33**).

4.4 Mehrsilber und Fußbildung

Schwasilben und Silbenschnitt

Mehrsilbige Wortformen sind nicht einfach Verkettungen von Silben des in 4.2 besprochenen Typs. Ihre phonologische Strukturiertheit beruht auf dem Wechsel von betonten und unbetonten Silben, der zu wenigen wiederkehrenden Betonungsmustern führt. Ist eine Silbe betont, dann wird sie allgemein mit mehr Länge, mehr Lautheit und anderer Tonhöhe artikuliert als wenn sie unbetont ist. Im Deutschen dominiert dabei die Tonhöhe (Pitch accent, Tillmann/Mansell 1980: 108 ff.; Lieb 1985; Kohler 1995: 76 ff.; 114 ff.).

Ob eine Silbe betont oder unbetont ist, hängt von ihrer Position in der Wortform ab. So ist die Silbe **lich** in **freundlich** unbetont, in **Lichter** oder **Belichtung** ist sie betont. Betontheit ist ein relationaler Begriff. Regeln über die Plazierung des Wortakzents bestimmen die Position in den Wortformen, in denen Silben betont oder unbetont auftreten (4.5).

Die Eigenschaft betonbar, d.h. je nach Kontext betont oder unbetont zu sein, trifft nun, wie wir wissen, keineswegs auf alle Silben des Deutschen zu. Es gibt Silben, die prinzipiell nichtbetonbar sind, unter ihnen als weitaus verbreitetsten Typ die Schwasilben wie in **Bote, Ruder, Nadel, Spaten, Atem**. Betonbare Silben haben wir Vollsilben, nichtbetonbare haben wir Reduktionssilben genannt. Betonte heißen manchmal Iktussilben. Der kategoriale Unterschied besteht zwischen Reduktions- und Vollsilben. Nur Vollsilben haben eine phonologische Substanz, die bezüglich der Akzentmerkmale variabel ist.

Was als die phonologische Substanz von Reduktionssilben zu gelten hat, ist kontrovers (3.2.2). Betrachten wir wichtige Auffassungen in Hinsicht darauf, was sie über die Repräsentation des Zweisilbers mit Reduktionssilbe aussagen.

Eine der Lösungen sieht Schwa als Allophon eines Vollvokals an, etwa von /e/ oder /ɛ/. Die Nichtbetonbarkeit von Schwa spricht prinzipiell gegen dieses Vorgehen, denn eine Zusammenfassung derart unterschiedlicher Allophone kann nicht zu einem konsistenten Phonembegriff führen.

Eine andere Lösung setzt Schwa (und vielleicht weitere Reduktionsvokale wie [ɐ]) als Vokalsystem für sich an und definiert Reduktionssilben als Silben mit Reduktionsvokal. Transkribiert wird dann [boːtə], [naːdəl], [ʃpaːtən], [ʔaːtəm] und [ʀuːdɐʀ] (z.B. Vennemann 1982; Meinhold/Stock 1982: 91 ff.). Alternativ werden die Formen mit silbischem Sonorant und rhotaziertem Schwa als phonologische Repräsentationen angesetzt, also [nɑːdl̩], [ʃpaːtn̩], [ʔaːtm̩], [ʀuːdɐ]. Einige Aussprachewörterbücher lassen das als Standardlautung zu. Im Artikulationsmodus des Ausspracheatlas von König kommen aber überraschend viele Artikulationen mit Schwa und sogar mit [əʀ] vor (W. König 1989: 2, 322 ff.).

Direkt am Aufbau des Mehrsilbers setzt die Lösung mit epenthetischem Schwa an. Auffällig an morphologisch einfachen Formen mit Reduktionssilbe ist, daß sie fast durchweg auf Schwa oder Sonoranten auslauten. Die obigen Beispiele sind also durchaus repräsentativ für solche Formen überhaupt (1).

(1)   a. **Bote, Hase, Freude, leise, müde**
      b. **Hammer, Eimer, Mauer, heiter, finster**
      c. **Esel, Feudel, Rudel, edel, dunkel**
      d. **Wagen, Lappen, Leben, eben, sieben**
      e. **Atem, Brodem**

Als einziger Sonorant kommt [ŋ] – wie zu erwarten – gar nicht vor. [m] ist im gängigen nativen Wortschatz nur mit **Atem** vertreten. Schon bei Wörtern wie **Brodem** oder **Odem** ist unsicher, ob der Kern der zweiten Silbe Schwa sein kann oder nicht obligatorisch ein [ɛ] ist. Bei den Verben gibt es außer **atmen** noch **widmen**. Die übrigen Listen in 1 kann man wesentlich verlängern.

Die auf den ersten Blick überraschende Verteilung der Konsonanten in nichtbetonbaren Silben hat zum Postulat des epenthetischen Schwa geführt. Die zugrundeliegende phonologische Segmentkette enthält alle Segmente außer Schwa. Schwa wird erst dann eingefügt, wenn die Kette sonst nicht syllabierbar ist, wenn also der dem Sonorant vorausgehende Laut nicht sonorer als der Sonorant selbst ist. An der phonologischen Oberfläche erscheint die Form mit Schwa (Wurzel 1970; R. Wiese 1986; Giegerich 1987; **Aufgabe 34**).

Eine Schwa-Epenthese dieser Art ist charakteristisch für eine Grammatik, die derivationell arbeitet. Von einer Form /ʃpaːtn/ als Tiefenform auszugehen, aus ihr durch Epenthese die Oberflächenform in Explizitlautung /ʃpaːtən/ abzuleiten und aus dieser durch Tilgung von Schwa wieder zu [ʃpaːtn̩] zu gelangen, liegt jenseits des in einer Oberflächengrammatik Machbaren. Für unsere Oberflächengrammatik ist die Explizitlautung eine schriftbezogene Form. Das ist etwas anderes als sie zur Basis der Standardlautung zu machen und diese als irgendwie reduziert anzusehen. Die Häufung nichtsyllabierbarer Konsonanten in Reduktionssilben hat gerade die Funktion, die Zweisilbigkeit der Form zu sichern, ohne daß die zweite Silbe eines vokalischen Kerns bedürfte. Die strukturelle Vermeidbarkeit des Vokals der zweiten Silbe verschärft das prosodische Profil der Gesamtform. Die zweite Silbe enthält nicht nur einen nichtbetonbaren Vokal, sondern in zahlreichen Fällen gar keinen. Als phonologische Strukturen für solche Wortformen setzen wir die in 2 an. Bezüglich Schwa gibt es keinen Dogmatismus; es wird notiert, wenn das für den jeweiligen Zweck sinnvoll ist (2b vs. 2c).

(2) a.	b.	c.

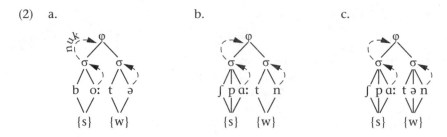

Die phonologische Einheit (Segmentfolge) [boːtə] hat zwei Silbenkonstituenten. Beide sind in Hinsicht auf Betonbarkeit markiert, die eine als betonbar, die andere als nichtbetonbar. Als Namen für die Markierungskategorien von Silben verwenden wir die in der Literatur üblichen s (*strong*) und w (*weak*). Betonbar und nichtbetonbar sind echte kategoriale Begriffe. Sie beziehen sich auf inhärente Eigenschaften von Silben.

Gemäß unseren allgemeinen terminologischen Festlegungen bezeichnen wir die Segmentkette [boːtə] einer Wortform als phonologische Wortform. Die phonologische Wortform mit einer phonologischen Struktur wie in 2 heißt phonologisches Wort. Phonologische Wortform bzw. phonologisches Wort sind keine Konstituentenkategorien, sondern wir sagen mit diesen Begriffen nur, daß wir eine Form in Hinsicht auf ihre phonologischen Eigenschaften betrachten (1.3.3). In den genannten Beispielen besteht das phonologische Wort aus genau einem Fuß (Konstituentenkategorie φ) mit zwei Silben, wobei wir die betonte Silbe als den prosodischen Kern (nuk) des Fußes bezeichnen. Auszählungen haben ergeben, daß etwa 70% der Zweisilber des Deutschen als zweite eine Schwasilbe haben (Smith 2003: 129f. auf Basis der CELEX-Datenbank, Baayen u.a. 1995; in der Tendenz vergleichbare Zahlen auf anderer Datengrundlage in Golston/R. Wiese 1998; R. Wiese 2001).

Stämme mit auslautendem Schwa (1a) sind teilweise als morphologisch komplex anzusehen, d.h. Schwa ist dann ein Suffix (7.2.1). Auch das ist nichts besonderes. Denn für die morphologisch komplexen Zweisilber spielt der Trochäus aus Vollsilbe und Reduktionssilbe ebenfalls die Hauptrolle. Der Trochäus ist als der am stärksten grammatikalisierte Fuß sowohl in der Flexions- als auch in der Derivationsmorphologie anzusehen. Ihm zur Seite steht der Daktylus als Folge von betonter und zwei unbetonten Silben wie in **freundliches, Arbeiten, betete**. Eine gewisse Rolle spielt auch der Fuß mit unbetonter Silbe am Anfang, der Jambus. Auf der Ebene der Wortformen kommt er für sich (**gekocht, versucht**) wie mit trochäischen (**gekochtes, Forelle**) und mit daktylischen Strukturen vor (**gearbeitet, Versicherung**). Im größeren Kontext wird der ›Auftakt‹ eines Jambus in der Regel nach links in einen Trochäus oder Daktylus integriert (**hát gescháfen; hát ihn geséhen**). Aus diesem Grund wird der Jambus meist nicht als eigenständiger Fußtyp neben den beiden anderen angesehen (s.u.; **Aufgabe 35**). Vom Status her sind die Fußtypen Markierungskategorien.

Beim Zweisilber aus Vollsilbe und Reduktionssilbe ist die zweite Silbe phonologisch höchst restringiert. Die Reduktionssilbe hat, was ihren Kern und ihren Endrand betrifft, ganze fünf mögliche Formen (Schwa und die vier Sonoranten; **et, es** und **est** kommen nur in morphologisch komplexen Formen vor). Dieses immer gleiche Patterning mit einer kleinen Zahl von Reduktionssilben hat dazu geführt, daß jede von ihnen spezielle funktionale Eigenschaften herausgebildet hat. Sie sind morphologischen Einheiten mehr oder weniger nahe. Wir haben sie in verschiedenen Zusammenhängen als Pseudosuffixe oder charakteristische Wortausgänge bezeichnet. Sie spielen eine Rolle für den Wortakzent, für die Flexions- und Derivationsmorphologie, für das Genus von Substantiven usw. Grundlage für dieses Verhalten sind Oppositionsbeziehungen zwischen einander ähnlichen Einheiten, deren Zahl gering ist.

Sehen wir uns nun die syllabische Struktur trochäischer Wortformen an, d. h. ihre interne Gliederung in Silben. Grundlage sind die Formen in 3, die alles Wesentliche enthalten.

(3)   a. **Miete, Tüte, Rebe, Öde, Rabe, Mode, Ruhe**
     b. **Rinde, Sünde, Wechte, Förde, Karte, Sorte, Kunde**
     c. **Mitte, Hülle, Quelle, Hölle, Pappe, Socke, Suppe**

Ein gespannter Vokal steht in offener Silbe und auch umgekehrt steht in offener Iktussilbe stets ein gespannter Vokal (3a). Ist die Iktussilbe geschlossen, so ist der Vokal ungespannt (3b). Besonderer Erörterung bedarf 3c mit genau einem internuklearen Konsonanten und ungespanntem Vokal. Es ist nicht offensichtlich, zu welcher Silbe der Konsonant gehört.

Wie der Einsilber so weist die betonte Silbe des Zweisilbers einen Längenausgleich zwischen Kern und Endrand auf. Beim Einsilber ist der leere Endrand an den gespannten Vokal (**See, Schuh**), der komplexe Endrand an den ungespannten Vokal gebunden (**Kalk, Senf**). Bei einfachem Endrand ist Gespanntheit distinktiv (**Bahn – Bann**, 4.3.2). Der Zweisilber regelt die Verhältnisse strikter. Ein gespannter Vokal tritt nur in offener Silbe auf, bei geschlossener Silbe ist der Vokal ungespannt. Wie beim Einsilber ist der Zusammenhang zwischen Länge und Gespanntheit geregelt. In betonten Silben sind die gespannten Vokale lang und die ungespannten kurz.

Dieses einfache und konsistente Bild wird ein wenig kompliziert durch die Formen in 3c. Die naheliegendste und ganz am Segmentalen orientierte Sicht faßt den einzigen internuklearen Konsonanten als *Silbengelenk* oder *ambisilbischen Konsonanten*. Zweierlei kann damit gemeint sein.

Einmal nimmt man an, die Grenze zwischen beiden Silben liege im internuklearen Konsonanten. Wo die Grenze genau liegt, kann man möglicherweise für die einzelnen Konsonantenklassen phonetisch spezifizieren, wenn man phonetische Kriterien für die Lage der Silbengrenze hat.

Zum zweiten kann mit Silbengelenk gemeint sein, daß der Konsonant zu beiden Silben gehört. Über die Lage der Grenze wird keine Angabe gemacht. Aus der Notation ['mɪt̯ə] geht hervor, daß die Form die Silben [mɪt] und [tə] enthält, daß [t] also sowohl ein Segment der ersten wie der zweiten Silbe ist. Die Grenze selbst ist aus dieser Sicht ein Epiphänomen. Formen wie ['miː.tə] oder ['ʀɪn.də] haben distinkte Silben, die Grenze hat ihren wohlbestimmten Ort zwischen zwei Segmenten. Das ist anders in den Formen von 3c. Hier trennt keine Grenze zwei Teile des Lautkontinuums.

Der Punkt ist von prinzipieller Bedeutung. In einem Teil der phonologischen Literatur wird nach Silbengrenzen gesucht als stünden sie in der Landschaft wie einst der eiserne Vorhang. In zahlreichen Fällen gibt es Hinweise darauf, daß ein Segment zur ersten oder zur zweiten Silbe gehört. Die Grenze selbst hat keinerlei Materialität (zum Silbengelenk im Deutschen Ramers 1992; **Aufgabe 36**).

Das Verhältnis von Länge und Gespanntheit des Kernvokals und seine Interaktion mit dem Endrand der Iktussilbe hat eine Reihe von weiteren Deutungs- und Repräsentationsvorschlägen gefunden. Funktional steht zweierlei im Vordergrund. Einmal die typologische Einordnung des Deutschen als akzent- vs. silbenzählende Sprache. Akzentzählende Sprachen neigen zu Akzentmustern (Füßen) als rhythmischen Grundeinheiten. Silben können sehr unterschiedlich lang sein, das Maß für den Takt setzen die Füße. In silbenzählenden Sprachen fungiert die Silbe selbst als Einheit der Isochronie. Solche Sprachen neigen zu Silben gleicher Länge. Mit seiner ausgeprägten Fußstruktur hat das Deutsche Eigenschaften einer akzentzählenden Sprache. Der Längenausgleich in der Iktussilbe ist andererseits als silbenzählendes Element zu werten, das Deutsche insgesamt als Mischtyp (ausführlich Auer/Uhmann 1988).

Zweitens geht es um einen charakteristischen Zug des Lautwandels in vielen germanischen Sprachen, nämlich den Verlust der Quantitätsopposition bei den Vokalen (Reis 1974; Maas/Tophinke 1993; Vennemann 1995). Häufig findet sich als Lehrmeinung, lang/kurz sei mit dem Übergang zum Frühneuhochdeutschen durch gespannt/ungespannt ersetzt gewesen, wobei es gleichzeitig zur Vokalschwächung bei den Reduktionssilben gekommen sei. Wir sind dieser Auffassung in 3.2.2 gefolgt. Insbesondere wenn es um den Ausgleich zwischen Kern und Endrand geht, findet sich in der Literatur aber häufig direkt oder indirekt ein Bezug auf Quantitäten.

So postuliert R. Wiese (1996: 37ff.) als einzigen obligatorischen Bestandteil der Iktussilbe den Kern ([ʔ] ist für ihn nicht Sprachlaut im Sinne eines Phonems). Der Kern hat dabei immer dieselbe Länge und kann bestehen aus einem Langvokal (3a), einem Diphthong (**Haube**, **Freude**) oder aus einem Kurzvokal +Konsonant (3b,c). Wir haben eine Einheit dieser Art oben (S. 119) schon als ›Kernsilbe‹ kennengelernt. Für eine Oberflächengrammatik ist ein Begriff von Silbenkern, der auch verschiedene Arten von Konsonanten enthalten darf, schon aus phonetischen Gründen ausgeschlossen (anders verhält es sich natürlich mit silbischen Sonoranten in Reduktionssilben).

Ein Längenpostulat findet sich interessanterweise auch bei Maas (1996; 1999: 201f.), obwohl hier mit den Anschlußkategorien der traditionellen Phonetik gearbeitet wird. Loser Anschluß liegt vor bei 3a, wo die Vokale sozusagen zuende artikuliert werden, bevor der folgende Konsonant einsetzt. Bei festem Anschluß wie in 3c läuft die Artikulation des Vokals in den Konsonanten hinein. Der Vokal wird ›gebremst‹, ›abgeschnitten‹, und kommt ohne den Konsonanten nicht aus. Offene Silben mit betontem, ungespanntem Vokal kann es deshalb nicht geben. Die Repräsentation der entsprechenden Einheiten sieht so aus (Maas operiert mit den silbeninternen Konstituentenkategorien Anfangsrand, Nukleus, Endrand und Reim):

(4)

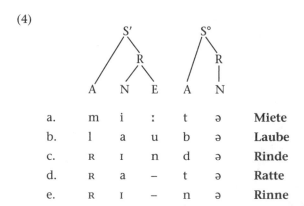

a.	m	iː	t	ə	**Miete**
b.	l	a	u	b	ə	**Laube**
c.	ʀ	ɪ	n	d	ə	**Rinde**
d.	ʀ	a	–	t	ə	**Ratte**
e.	ʀ	ɪ	–	n	ə	**Rinne**

Die betonte Vollsilbe hat in a-c einen komplexen Reim mit nichtleerem Endrand. In d,e ist der Endrand leer. Diese Strukturen sind für Maas defizitär. Sie haben nicht die notwendige Länge und kommen deshalb nur inlautend vor, in einer Position also, in der auch sonst gewisse ›Irregularitäten‹ auftreten (dazu unten mehr). Es fehlt sozusagen eine More. Wieses wie Maas' Vorgehen zeigt deutlich die Schwierigkeit, Segmentales und Prosodisches in einer konsisten Repräsentation voneinander zu trennen.

Ganz dem Prosodischen verpflichtet ist das Vorgehen von Vennemann (1991; 1991a). Statt der Anschlußkategorien verwendet Vennemann die ebenfalls in der älteren Phonetik verankerten des Silbenschnitts. Mit der Artikulation einer jeden Vollsilbe ist ein zu- und wieder abnehmender Energieverlauf verbunden, sozusagen ein Crescendo und ein Decrescendo. Endet das Decrescendo mit dem Kernvokal wie in 3a, dann liegt sanfter Schnitt vor und Vennemann nennt die Silbe leicht. Endet das Decrescendo auf dem folgenden Konsonanten wie in 3c, dann liegt scharfer Schnitt vor und die Silbe heißt schwer. Die kategoriale Differenzierung liegt bei den Silben und nicht bei den Vokalen. Vokalkürze bzw. Gespanntheit ergibt sich aus dem Silbenschnitt. Vennemann arbeitet nur mit einer Reihe von Vollvokalen, den gespannten.

Fußbildung und prosodisches Wort

Der kurze Ausflug in die Literatur kann den Implikationen der verschiedenen Auffassungen nicht gerecht werden, verdeutlicht aber erneut die schwierige Frage, welche phonologische Information man wie darstellt. Wir bleiben für die Repräsentation von phonologischen Wörtern bei zwei Vokalreihen, weil damit zumindest gewisse darstellungstechnische Vorteile verbunden sind. Dazu gehört einmal die Distinktivität von Gespanntheit in Einsilbern vom Typ **Bahn – Bann, Schrot – Schrott** sowie in Zweisilbern vom Typ **Höhle - Hölle, Hüte - Hütte**. Außerdem lassen sich auf diese Weise alle hier vorkommenden Silben problemlos kategorisieren. Silben mit gespanntem Vokal oder Diphthong sind sanft, alle anderen sind scharf geschnitten. Mit den Markierungskategorien sn für sanfter Schnitt und sf für scharfer Schnitt ergibt sich die Silbenklassifikation in 5.

(5) Silbenklassifikation, Ein- und Zweisilber

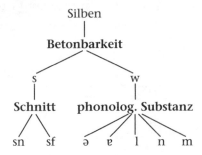

Die Vollsilben (s) werden nach dem Schnitt, die Reduktionssilben (w) nach der phonologischen Substanz subklassifiziert. Einige Beispiele für phonologische Strukturen zeigt 6 (sn impliziert s, ə impliziert w usw.).

(6) a. **Mieter** b. **Mittel** c. **Milde**

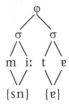 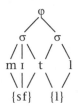 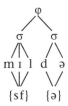

Neben denen in 3 gibt es eine große Zahl weiterer Typen von Zweisilbern ohne interne Morphemgrenze, unter ihnen viele mit zwei Vollsilben, die aber ebenfalls überwiegend trochäisch sind (zum Gesamtbestand Smith 2003). Es treten Syllabierungsprobleme unterschiedlicher Art auf, die immer wieder zeigen, daß die Lage der Silbengrenze selbst von untergeordneter Bedeutung ist. Wir demonstrieren das an den Beispielen in 7.

(7) a. **Fenster, Ginster, Hamster, Elster**
     b. **Adler, Magma, Stigma**
     c. **Iglu, Kobra**
     d. **komplett,** perplex, **Kastrat**
     e. **Magnet, Signal**
     f. **Nitrat, flagrant, leprös, Hydrant**

Die Formen in 7a lassen sich jeweils auf verschiedene Art in wohlgeformte Silben zerlegen, **Fenster** z.B. in [fɛnstɐ] und [fɛns̩tɐ]. Auch Präferenzgesetze über den Bau der bevorzugten Silbe, wie wir sie in 4.2 am Beispiel des allgemeinen Silbenbaugesetzes kennengelernt haben, helfen kaum weiter. Infrage kommen zunächst die Gesetze über den Silbenkopf und die Silbenkoda (Vennemann 1988: 13 ff.; 21 ff.). Danach hat die bevorzugte Silbe genau einen Konsonanten im Onset sowie eine leichte Koda, d.h. sie besteht aus einem Konsonant und einem Vokal (CV). Das würde bedeuten, daß die Grenze vor dem [s] liegt. In verallgemeinerter Form wird daraus häufig das Prinzip der

Onsetmaximierung abgeleitet. Es besagt, daß vom Kern aus zunächst nach links syllabiert wird, solange sich ein wohlgeformter Onset ergibt (Clements 1990). Das führt insgesamt zu Silben mit schwerem Onset und leichter Koda und würde die Grenze erneut vor das [s] setzen.

Eine andere Möglichkeit ist der Weg über das Silbenkontaktgesetz (Vennemann 1988: 40ff.). Der bevorzugte Silbenkontakt sieht einen möglichst großen Sonoritätsabfall an der Grenze vor. Auch das würde wohl dafür sprechen, die Grenze vor dem [s] zu plazieren. Viele Sonoritätshierarchien weisen ja stimmlose Obstruenten, also hier das [s] und das [t], derselben Sonoritätsklasse zu.

Für **Adler** (7b) gibt es die Aussprachevarianten [ʔɑːt.lɐ] und [ʔɑː.dlɐ]. Die erste Form vermeidet den Onset [dl], der im Einsilber nicht vorkommt. Vennemann (1988: 32f.) formuliert ein Präferenzgesetz über den Wortanfang (Law of Initials), demzufolge die präferierte Silbe wortintern keine anderen Onsets hat als am Wortanfang. In 7c ist dem Genüge getan. Dagegen ist in [ʔɑːt.lɐ] die erste und in [ʔɑː.dlɐ] die zweite Silbe nicht wohlgeformt (ausführlich Yu 1992; Giegerich 1992a).

In 7d gibt es kein Syllabierungsproblem. Die erste Silbe ist jeweils geschlossen, die zweite hat einen Standardonset aus Obstruent und Sonorant. Ganz neue Fragen wirft 7e auf. Die erste (unbetonte) Silbe wird mit gespanntem oder mit ungespanntem Vokal artikuliert. Im ersten Fall ist sie offen ([maˈgneːt]), im zweiten ist sie geschlossen mit entstimmtem Obstruenten ([makˈneːt]). Die Silbentrennungsregeln der Orthographie tragen dem teilweise Rechnung (8.3). Becker (1996: 5f.) stellt fest, daß der Vokal in unbetonten Silben gespannt sei, wenn die Silbe offen ist. Anderenfalls ist er ungespannt. Das ist offenbar so zu verstehen, daß in bestimmten Fällen sowohl das eine wie das andere der Fall sein kann.

Die Beispiele in 7f gehören nicht zu diesen Fällen. Offenbar spielt das [ʀ] als sonorster Konsonant einmal mehr eine Sonderrolle. Es syllabiert nur mit dem vorausgehenden Obstruenten, sogar auch wenn dieser stimmlos ist: [ni.tʀɑːt], [lepʀøːs] (weiter dazu 8.3, s.a. Aufgabe 11 oben).

Wenden wir uns zum Schluß der Frage zu, wie die Gliederung von Wortformen in Füße im Prinzip geregelt ist.

Der minimale Fuß ist der Zweisilber aus betonter und unbetonter Silbe, der maximale der Dreisilber mit Auftakt. Generell werden Wortformen so Fußstrukturen zugewiesen, wie sie in Trochäen und Daktylen zerlegt werden können (8b,c). Betont ist also die vorletzte Silbe *(Pänultima)*, die drittletzte Silbe *(Präpänultima)* und bei Einsilbern die letzte Silbe *(Ultima)*. Einsilber haben keinen Fuß. Ihre höchste phonologische Konstituente ist die Silbe (8a). Auch in Mehrsilbern kann es Silben geben, die nicht einem Fuß zugewiesen sind. Sie bleiben auf der Wortebene – lexikalisch wie bei der Beschreibung von Einwortäußerungen – unpedifiziert. Das ist besonders häufig bei Auftaktsilben der Fall (8d).

(8) a. b. c. d.

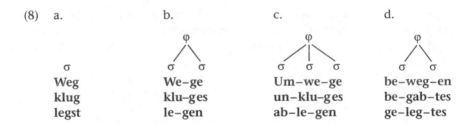

Weg	We-ge	Um-we-ge	be-weg-en
klug	klu-ges	un-klu-ges	be-gab-tes
legst	le-gen	ab-le-gen	ge-leg-tes

Unpedifizierte Silben können einem Fuß zugewiesen werden, wenn die Wortform in einem größeren Kontext erscheint, zum Beispiel:

(9)

Frisch ge-wagt ist halb ge-won-nen

Grundsätzlich erfolgt die Fußbildung so, daß sie in der größeren Einheit aufgeht. Dabei wird auf Grenzen zwischen Wortformen keine Rücksicht genommen. Fest steht lediglich, welche Silben auf Wortebene Kerne sind. Diese Silben bleiben auch in größeren Einheiten betont und können Träger von syntaktischen Akzenten werden. Was syntaktische Akzente sind und wie sie gesetzt werden, ist natürlich in der Syntax zu besprechen. Im Augenblick soll nur plausibel werden, warum man Silben auf der Wortebene unpedifiziert läßt.

Ähnliche Überlegungen gelten für Wörter, die mehrere Füße haben. Der Fuß mit dem Hauptakzent fungiert dann als prosodischer Kern des phonologischen Wortes. In **Ungereimtheit** ist das der erste, in **harmonisieren** der zweite Fuß (10).

(10) a.   b.

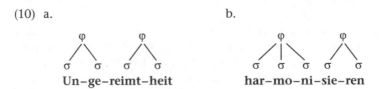

Un-ge-reimt-heit   har-mo-ni-sie-ren

Hier gibt es nun ein Darstellungsproblem. Viele der phonologischen Ansätze, die solche Strukturen überhaupt explizit machen, operieren mit höheren phonologischen Konstituenten wie ›prosodisches Wort‹ oder ›phonologisches Wort‹ (vgl. z. B. die Beiträge in Hall/Kleinhenz Hg. 1998; Raffelsiefen 2000).

Die Notwendigkeit zur Einführung höherer prosodischer Konstituenten zeigt sich am deutlichsten bei den Komposita. Eine Form wie **Kohleofen** hat Hauptbestandteile, die je für sich syllabiert und pedifiziert werden. Im Beispiel ist es sogar so, daß die Bestandteile in derselben Weise syllabiert und pedifiziert werden wie wenn sie als freie Formen (›selbständige Wortformen‹) auftreten. Es genügt also nicht, hier von einer Wortform mit zwei Füßen zu sprechen, sondern man muß auch ausdrücken können, daß die Bestandteile selbständige phonologische Einheiten sind. Mit einem Teil der Literatur sprechen wir hier von *prosodischen Wörtern* mit der Konstituentenkategorie ω. Beispiel:

(11)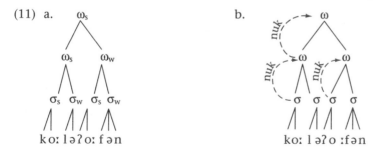

Unser Kompositum besteht aus zwei prosodischen Wörtern, deren erstes den prosodischen Kern des Gesamtwortes darstellt: es trägt den Hauptakzent. Das ergibt sich aus der allgemeinen Regel, daß beim Kompositum der erste Bestandteil betont ist. Innerhalb Bestandteile läuft alles wie gewohnt. In 11b sind die Kernrelationen eingezeichnet.

(12)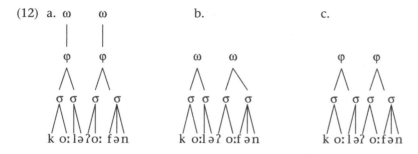

Generell kann man einer pedifizierten Wortform die ‚Überkategorie' ω zuweisen, d. h. man kann sagen, das Kompositum bestehe aus zwei prosodischen Wörtern gemäß 12a. Die Schreibweise in 12b ist eine abgekürzte Version davon. Man kann es aber häufig auch einfach bei der Auszeichnung der Füße lassen wie in 12c. Daß die Füße gleichzeitig jeder für sich ein prosodisches Wort ist, wird dann vorausgesetzt. Wir gehen auf die Bedeutung prosodischer Wörter etwas näher im Abschnitt zum Kompositionsakzent (4.5.2) ein.

Bei all dem darf nicht vergessen werden, daß das Wort und die Wortform für die Grammatik in erster Linie eine morphologische Einheit ist: was wir phonologisch beschreiben, ist uns vom Umfang her zunächst als morphologische Einheit gegeben (1.3.3; 8.4). Damit wird nicht bestritten, daß phonologische Wörter im laufenden Text ohne weiteres Wortgrenzen des Geschriebenen ›überspringen‹ können (z. B. **Hast du es in der Tache** → **Hastes inner Tasche**). Wir erinnern lediglich daran, daß Wörter in einer Wortgrammatik zunächst als integre morphologische Einheiten zu beschreiben sind.

Man kann das Gesagte provisorisch und vollkommen informell wie in 13 darstellen, wo die Fußfolge des phonologischen Wortes auf den Umfang der höchsten morphologischen Konstituente der Wortform (hier jeweils Stammgruppen) projiziert ist.

(13) a. b.

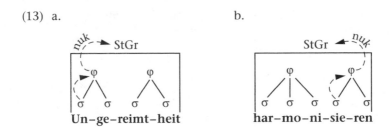

Natürlich handelt sich bei diesen Hybridgebilden nicht um grammatische Strukturen in dem Sinne wie wir sie sonst verwenden. Dargestellt wird lediglich das ›Alignment‹ zwischen phonologischem und morphologischem Wort. Damit ist gemeint, daß das phonologische mit dem morphologischen Wort am Anfang und am Ende dieselbe Grenze hat.

Der vorliegende Abschnitt wirft – wenn auch teilweise nur indirekt und an wenigen Beispielen grob skizziert – die Frage nach dem Status des Rhythmus als Strukturierungsprinzip sprachlicher Einheiten auf. Soweit die Wortgrammatik betroffen ist, konstituiert sich Rhythmus durch die Alternanz von betonten und unbetonten Silben in festen Mustern. Akzentalternanz im Rhythmus weniger Fußtypen, also weniger Typen von isochronen Einheiten, ist das Fundament für die meisten neueren Ansätze in der Prosodieforschung. Isochronietendenzen haben wir für das Deutsche außer in der Fußbildung auch im Bau von Vollsilben (Längenausgleich von Kern und Endrand) wie von Reduktionssilben (Vermeidung komplexer Silbenbestandteile) materialisiert gefunden.

Mit einer metrischen Fundierung des Rhythmus ist nicht die Feststellung verbunden, das normale Sprechen sei – zumindest im Prinzip – einem Metrum unterworfen. Es gibt beispielsweise eine ausgedehnte Diskussion darüber, ob ein ›Akzentzusammenstoß‹ wie in **Róck ánziehen** durch prosodische Restrukturierung etwa zu **Róck anzièhen** vermieden werden müsse. Und es sind zahlreiche Versuche unternommen worden, Isochronien phonetisch nachzuweisen (eine kritische Zusammenfassung dazu in Lösener 1998).

In der Grammatik wird gerade andersherum argumentiert. Ein Metrum wird nicht postuliert. Vielmehr ist zu zeigen, daß sprachliche Einheiten metrisch strukturiert sind. Die Rolle der Fußbildung in der Flexionsmorphologie ist ein schlagendes Beispiel dafür. Fußbildung ist ein morphologisches Mittel. Genauso wie andere morphologische Mittel dient es der Kodierung morphologischer Information (5.1). In diesem Sinne von Akzentalternanz und Isochronie zu sprechen ist etwas vollkommen anderes als zu behaupten, jede sprachliche Äußerung sei eine Folge von Trochäen und Daktylen.

4.5 Der Wortakzent

Im vorausgehenden Abschnitt ging es um Syllabierung und Fußbildung als phonologisch-prosodische Strukturierung von Wortformen. Dargelegt wurde, welche Syllabierungstypen es gibt und wie sich Silben zu Füßen fügen. Im folgenden geht es um die Distribution von Füßen. Wie werden Wortformen in

Füße segmentiert, welche Rolle spielt dabei die Morphologie, welcher Fuß trägt den Hauptakzent der Wortform?

Im Mittelpunkt steht die Akzentplazierung in einfachen und morphologisch komplexen Wörtern der offenen, flektierenden Wortklassen Substantiv, Adjektiv und Verb. Für die Adverbien und die abgeschlossenen Klassen ergeben sich keine wesentlich neuen Gesichtspunkte. Die Funktionswörter sind meist einsilbig (**in, an, daß, weil, der, ein, was**) oder bilden einen Trochäus (**wegen, neben, zwischen, einer, dieser**). Bei der Integration in die Akzentstruktur größerer Einheiten kommen die Einsilber, die natürlich alle betonbar sind, mal in betonter und mal in nichtbetonter Fußposition vor (vgl. z. B. **an** in **án der Máuer** vs. **gánz an der Séite**). Bei den Konjunktionen gibt es neben den Einsilbern eine auffällig große Zahl von Einheiten mit Auftakt (**nachdém, indém, bevór, obwóhl, damít, sodáß**). Möglicherweise ist so etwas für die Markierung syntaktischer Grenzen funktionalisiert (einiges dazu in Hall 1999; R. Wiese 2001; Schmöe 2003).

Wir beginnen mit den morphologisch einfachen Substantiven, Adjektiven und Verben. Es folgen die heimischen Derivationssuffixe, dann die einfachen und suffigierten Fremdwörter und in einem eigenen Abschnitt die zwei- und dreigliedrigen Komposita (4.5.2). Die folgenden Ausführungen verstehen sich als komprimierte Darstellung der Regularitäten für die Akzentplazierung in Wörtern. Ähnlich wie das Kapitel zur Wortschreibung (8) stehen sie quer zur sonst in unserer Grammatik praktizierten Einteilung in morphologisch einfache, flektierte und wortbildungsmorphologisch komplexe Wörter. Weitere Einzelheiten zum Thema Wortakzent finden sich in den jeweiligen Morphologiekapiteln.

Kein Wort über Wortakzent ohne Verständigung über den vorausgesetzten Wortbegriff. Wir haben ›Wort‹ expliziert als Wortparadigma mit einer Wortbedeutung. Bei den flektierenden Klassen gehört zum Wortparadigma die Menge der Flexionsformen mit ihren syntaktischen Kategorien (1.3.1).

4.5.1 Einfache und affigierte Stämme

Stammbetonung im Kernwortschatz

Grundprinzip der Akzentuierung von flektierten Wortformen mit morphologisch einfacher Stammform ist die einheitliche Betonung der Stammsilbe. In der Regel enthalten einfache Stammformen des Kernwortschatzes genau eine solche Silbe, zu der nichtbetonbare Silben als Teil der Stammform oder von Flexionssuffixen treten (**Wágen, Háuses, Kíndern, gútem, fréches, láufen, hínderte**). Alle silbischen Flexionssuffixe sind nichtbetonbar. Dieser Umstand führt dazu, daß der Wortakzent im Kernbereich der Identifizierung des Stammes dient. Er ist Kennzeichen eines ›morphologischen Prinzips‹, das der Konstanthaltung der Stammform als morphologischer Einheit dient. Die kategorialen Unterschiede zwischen Substantiven, Adjektiven und Verben liegen in der Art und Weise, wie die Fußbildung, also die Verkettung nichtbetonbarer Silben mit der Stammsilbe, zur Kodierung morphologischer Information funktionalisiert wird (zur Übersicht Wurzel 1980; Eisenberg 1991; R.Wiese 1996: 105 ff.; Féry 1995: 189 ff.).

Bei den Substantiven ist der Trochäus notwendige Bedingung für die Bildung der Pluralformen. Einsilbige Stammformen haben zweisilbige Pluralformen (**Tisch – Tische, Kind – Kinder, Mensch – Menschen, Welt – Welten, Kraft – Kräfte**).

Der Genitiv Singular kann bei vielen Substantivklassen ebenfalls trochäisch sein. Obligatorisch ist er das aber nur bei den schwachen Maskulina, wo er dieselbe Form hat wie der Plural (**des/die Menschen**). Sonst ist der Gen Sg allenfalls aus phonotaktischen Gründen obligatorisch zweisilbig (**des Hauses**, aber **des Tischs/Tisches**). Ähnliches gilt für den Dat und Akk, wo sie überhaupt noch Flexionssuffixe haben. Im Plural gibt es nur ein Flexionssuffix beim Dat. Es ist stets nichtsilbisch, d. h. es tangiert nicht die Fußstruktur (**den Kindern, Kräften, *Menschenen, *Weltenen**).

Bei Substantiven mit Schwasilbe im Stamm (**Bote, Hammer, Igel, Reifen, Hase, Wiese, Mauer, Klingel**) bleiben alle Flexionsformen zweisilbig. Der Trochäus ist maximal für Substantive im Kernbereich. Das gilt auch für Dreisilber wie **Forelle, Holunder, Hornisse**. Sie sind in dieser Hinsicht regelhaft. Ausnahmen sind die Plurale der wenigen Wörter mit der markierten Schwasilbe auf **nd** (**Jugend, Tugend, Abend**). **Ameise, Nachtigall, Bräutigam** und **Him/Brom/Heidelbeere** werden prosodisch als Komposita analysiert.

Substantive mit Vollvokal im Auslaut folgen im Kernbereich, in den zahlreiche Fremdwörter integriert sind, ebenfalls der kanonischen Fußstruktur. Sie haben als einziges Flexionssuffix das nichtsilbische [s]. Bei den Maskulina und Neutra ist es Genitiv- und Pluralmarker (**Uhu, Opa, Echo, Auto**), bei den Feminina ist es Pluralmarker (**Mutti, Villa**; 5.2.1).

Adjektive haben wie Substantive Grundformflexion. Der prosodische Kontrast zwischen Grundform und den übrigen Formen ist hier von anderer Art als beim Substantiv, weil die Grundform außerhalb des eigentlichen Flexionsparadigmas steht. Als Kurzform ist sie meist einsilbig, alle flektierten Formen sind zweisilbig (**klein – kleines, kleiner, kleinem, kleinen, kleine**). Stämme mit Pseudosuffix verhalten sich prosodisch uneinheitlich. Offene Schwasilbe (**müde, lose**) führt zu keinerlei Unterschieden in der Flexion, auch bei **el** bleiben alle Formen zweisilbig (**edel – edles, edler** usw.). Dagegen können bei **er** und **en** Trochäen *und* Daktylen auftreten (**heiter – heitres/heiteres, heitrer/heiterer**, ebenso **trocken** usw.).

Der Daktylus ist in den Flexionsformen des Komparativs grammatikalisiert. Wie im Positiv haben die Flexionsformen im Komparativ eine Silbe mehr als die Grundform (**kleiner – kleineres, kleinerer, kleinerem** ...). Im Superlativ ist die Grundform analytisch (**am kleinsten**), die Flexionsformen haben in den meisten Fällen dieselbe Silbenzahl wie im Positiv (**kleinstes, kleinster, kleinstem**). Stämme mit Pseudosuffix werden im Komp entsprechend dem Pos behandelt. Es kommt hier zum Extremfall von drei aufeinanderfolgenden Schwasilben (**selteneres, muntererer**). Gerade diese Fälle zeigen, daß nicht wie beim Substantiv der bestimmte Fuß die morphologische Kodierung trägt, sondern daß es mehr auf die Silbenzahl ankommt. Bestimmte Formen haben eine Silbe mehr als andere. Unklar ist, ob man für Formen mit drei Schwasilben einen markierten Fußtyp entsprechend 1a ansetzen soll oder einen Nebenakzent auf einer Schwasilbe zu akzeptieren hat (1b). Vennemann (1991a: 88f.) beispielsweise meint, eine Reduktionssilbe »kann nicht akzentuiert werden, sie kann aber metrisch durchaus prominent werden (einen ›Nebenakzent‹ erhalten).«

(1) a. b.

          sel te ne res   sel te ne res

Adjektive mit unbetontem Vollvokal im Stammauslaut (**lila, mini, logo**) flektieren im Positiv nicht und bilden auch keine Komparativformen. Die Formbildung ist blockiert durch den Constraint, daß unbetonte Silbenkerne keinen Hiat zulassen (***lila-es, *lila-er, *lila-eres**). Der Superlativ ist dagegen mit allen Formen bildbar (**lilastes, lilaster**; 5.2.3).

Wieder anders ist die Morphoprosodie in der Verbflexion geregelt (5.3). Eine dem Plural beim Substantiv vergleichbare Fixierung auf den Trochäus haben wir nur im Konjunktiv Präsens (**legen – lege, legest, legen, leget**). Einen Daktylus gibt es *nur* im Singular der Verben mit **er** und **el** im Stammauslaut (**rudere, ruderest; segele, segelest**). Schon im Plural sind Dreisilber ausgeschlossen (***wir ruderen, *ihr ruderet**). Im Prät der meisten schwachen Verben erscheint ebenfalls durchgängig ein Trochäus (**legte, legtest, legten, legtet**). Er kann aus phonotaktischen Gründen zu Gunsten eines Daktylus aufgegeben werden, ist also nicht in derselben Weise grammatikalisiert wie im Plural der Substantive (**segelte, regnete, betete**).

Im übrigen ist die Prosodie der Verbformen von der Heterogenität der morphologischen Mittel geprägt, die in der Verbflexion zur Anwendung kommen. Die Heterogenität besteht einmal darin, daß konsonantisch schwere (wenig sonore) Flexionssuffixe, nämlich **st** und **t**, neben leichten, nämlich **n** und offene Schwasilbe (**lege, legte**) sowie Endungslosigkeit (**leg, rief**) nebeneinander in derselben Flexionsreihe vorkommen. Das führt insbesondere im Indikativ Präsens der meisten und im Indikativ Präteritum der starken Verben zu prosodischer Uneinheitlichkeit (z. B. **du rufst – wir rufen, du riefst – wir riefen**).

Die Heterogenität besteht zweitens in der systematischen Verwendung von Vokalwechsel als morphologischem Mittel bei den starken Verben. Charakteristisch für die Flexion der starken Verben ist, daß Suffigierung, Vokalwechsel und Fußbildung *gemeinsam* das morphologische Gewicht einer Form bestimmen. So gibt es beim schwersten Suffix **st** eine voll grammatikalisierte Geminatenreduktion, wenn dadurch die prosodische Einheitlichkeit mit der Form auf **t** gewahrt bleibt: **reisen – du reist/*reisst, er reist**.

Ebenso ausgeprägt ist die Interaktion zwischen Vokalwechsel, Prosodie und Geminatenreduktion. So haben wir **raten – du rätst, er rät**, aber daneben (ohne Vokalwechsel) **waten – du watest, er watet**. Ähnlich im Konj Prät. Wir haben **du riefst** (Ind) – **du riefest/*riefst** (Konj) ohne Möglichkeit der Reduktion auf eine Silbe, daneben aber **du warfst – du würfest/würfst** mit fakultativer Reduktion auf eine Silbe, wenn im Konj ein Vokalwechsel stattfindet. Beim Substantiv gibt es ebenfalls einen morphologisierten, obligatorischen

Vokalwechsel. Der Umlaut führt aber nie dazu, daß die Pluralform ohne Trochäus auskommt (**Mutter – Mütter, Wand – Wände**).

Suffigierte Stämme

Interessant ist nun, daß sich die beschriebenen Charakteristika der Wortprosodie und damit der Akzentplazierung bei den Ableitungssuffixen teilweise fortsetzt (7.2.1). Sämtliche nativen Derivationssuffixe bis auf **ei** (Angelei) und **erei** (Raterei) sind betonungsneutral. Sie lassen den Wortakzent bei morphologisch einfachen Stämmen auf der Stammsilbe (**schréiben – Schréiber, Wólke – wólkig, láden – Ládung**). Zur Ableitung substantivischer Stämme gibt es nun eine Gruppe von Derivationssuffixen, die entweder Reduktionssilben sind (konsonantisch anlautend wie **chen, ler, ner**, auch **lein** gehört vom Verhalten her zu dieser Gruppe) oder bei konsonantisch auslautendem Stamm mit dem auslautenden Konsonanten Reduktionssilben bilden (**er**). Dabei verbinden sich **chen** und **lein** mit Substantivstämmen jeder Art und insbesondere mit einsilbigen des Kernwortschatzes (**Häuschen, Tischlein**). Die Pseudosuffixe **e** und **en** werden bei solchen Suffigierungen abgespalten, es entstehen ebenfalls trochäische Grundformen (**Kiste – Kistchen, Haken – Häkchen**). Auch **ler** verbindet sich produktiv nur mit Substantivstämmen (**Sportler, Künstler, Postler, Dörfler**). Nicht produktiv ist **ner**, aber wo es vorkommt, liegt meist dieselbe Struktur vor (**Mesner, Rentner, Pförtner, Partner**). Und fast immer ist das der Fall bei den deverbalen Substantiven auf **er** (**Spinner, Schreiber, Angler, Trockner**). In allen diesen Fällen entsteht prosodisch nicht nur derselbe Typ von Grundform wie bei Substantiven mit Pseudosuffix, sondern auch alle Flexionsformen sind diesen gleich. Die Schwasuffixe nehmen nur nichtsilbische Flexionssuffixe (**s** im Gen Sg, **n** so weit möglich im Dat Pl). Sie erhalten also weitgehend die Wortprosodie der morphologisch einfachen Substantivstämme.

Substantivsuffixe mit Vollvokal haben gemeinsam, daß sie einen silbischen Plural bilden. Das gilt unabhängig vom Genus für **ling, in, ung, heit, keit, schaft, tum** und **nis**. Zusammen mit dem Pluralsuffix können sie also Füße bilden, wenn sie einen Nebenakzent tragen (**hèiten, tùmer, lìnge, ìnnen** ...). Dasselbe gilt für die Adjektivsuffixe (**bàres, lìchen, ìges, sàmer**).

Die Fähigkeit zur Fußbildung kommt nicht immer zum Zuge, ja es gibt in dieser Hinsicht für einzelne Suffixe sogar distributionelle Beschränkungen. Um das zu zeigen, unterscheiden wir eine *fußbildende Suffixposition* von einer *nicht fußbildenden*. Ein Suffix kann niemals einen Fuß bilden, wenn es der betonten Stammsilbe unmittelbar folgt. Es ist dann prosodisch als Nichtkern in einen Fuß integriert. Für Formen ohne oder mit nicht silbischem Flexiv ergibt sich ein Trochäus (**Klúgheit, Fréchlings, fréundlich**), für Formen mit silbischem Flexiv ein Daktylus (**Klúgheiten, Fréchlinge, fréundliches**).

Fußbildend ist die Position nach Schwasilbe (**Sícherheit, Bítterling, léhrerhaft**) und nach unbetontem Suffix mit Vollvokal (**Fréundlichkeit, gléichnishaft**). Silbische Flexive führen hier zu einem zweiten Fuß (**Sícherhèiten, Bítterlìnge, Fréundlichkèiten, gléichnishàftes**).

Charakteristisch für Suffixe mit Vollvokal ist, daß sie sowohl in fußbildender wie in nicht fußbildender Position stehen können, während Suffixe mit Reduktionsvokal im allgemeinen nicht fußbildend sind. Das Verhältnis der Gruppen zueinander ist so geregelt, daß Schwasuffixe höchst selten auf solche mit Vollvokal folgen, das Umgekehrte aber häufig der Fall ist. Beispielsweise steht **haft** weitaus überwiegend nach Schwasilbe (**wechselhaft, greisenhaft, weiberhaft**). Das Movierungssuffix steht ebenfalls vorwiegend in fußbildender Position nach **er** (**Denkerin, Finderin**) und behält deshalb stets seinen ungespannten Vokal, dem mit Pluralsuffix ein Gelenk folgt (**Dénkerìnnen, Fínderìnnen**).

Echte Beschränkungen auf die eine oder andere Position liegen beispielsweise für **isch** und **keit** vor. Wenn immer möglich, fixiert **isch** den Akzent auf die vorausgehende Silbe. Es bevorzugt die nicht fußbildende Position (**Amérika – amèrikánisch**, s.u.). Umgekehrt ist **keit** stets fußbildend (**Eínsamkèiten, Dénkbarkèiten, Tápferkèiten, Fréundlichkèiten**, weiter sowie zu **igkeit** Aufgabe 95 in 7.2.1).

Insgesamt ergibt sich für den Kernbereich ein erheblicher Einfluß der Wortprosodie sowohl auf die phonologische Substanz als auch auf die Distribution der Suffixe. Letzteres betrifft das Verhältnis von Flexions- und Derivationssuffixen wie das der Derivationssuffixe untereinander. Der Wortakzent ist durch das Prinzip der Stammsilbenbetonung, die Notwendigkeit zur Fußbildung sowie die Verteilung von Voll- und Reduktionssilben vollständig determiniert. Regeln vom Typ »Betont wird die erste Silbe« (Duden 1990: 51; Wurzel 1980: 302) oder »Betont wird die vorletzte Silbe« (Kohler 1995: 186) braucht man nicht.

Fremdwortakzent

Gänzlich andere Verhältnisse bestehen bei den Fremdwörtern. Viele Fremdwortstämme sind mehrsilbig, ohne daß sie – abgesehen von der Ultima – Reduktionssilben enthalten. Außerdem sind die meisten fremden Derivationssuffixe nicht betonungsneutral. Zumindest unter bestimmten Bedingungen tragen sie den Hauptakzent oder beeinflussen sie seine Lage. Und schließlich ist die Unterscheidung von morphologisch einfachen und morphologisch komplexen Fremdwörtern schwieriger als bei nativen Wörtern (7.2.2). Beginnen wir also mit mehrsilbigen fremden Stämmen, von denen man annehmen darf, daß die Akzentplazierung nicht morphologisch determiniert ist.

Vennemann (1991; 1991a) formuliert drei Akzentregeln für solche Stämme, dazu einige Präferenzregeln. Wir geben sie in der Grundstruktur mit einigen Beispielen wieder. Eine weitere Ausarbeitung, die beispielsweise auch auf Offenheit/Geschlossenheit der letzten Silbe bezug nimmt, findet sich in Féry 1995: 143 ff. Die Regeln: (1) Eine bedeckte reduzierte Ultima fixiert den Akzent auf der letzten Vollsilbe. Beispiele dazu in 2a. (2) Der Akzent geht nicht über eine schwere (d.h. geschlossene oder diphthongische) Pänultima zurück. Beispiele in 2b. (3) Nur die drei letzten Vollsilben können den Akzent tragen (2c).

(2) a. **Melone, Granate, Chrysantheme, Kaliber, Lavendel**
     b. **Veranda, Anaconda, Fiasko, Inferno, Balalaika,**
     c. **Allotria, Methusalem, Gethsemane, Metropolis**

Zur ersten Regel gibt es Ausnahmen wie **Róboter, Mánager, Álmosen**, zur zweiten solche wie **Bérserker, Áttentat, Kónjunktiv** (iv wird in grammatischen Termini nicht betont). Im Ganzen bestätigen die Regeln aber die Fixierung auf den Trochäus als ›Normalfuß‹ und den Daktylus als den ›Maximalfuß‹ im Deutschen.

Diese Tendenz wird weiter erhärtet durch die wichtigsten Präferenzregeln. Eine von ihnen besagt, daß eine schwere Ultima betont ist. Eine erdrückende Mehrheit der Fremdwörter, die dieser Präferenz folgen, hat silbische Flexive und fügt sich damit der kanonischen Fußstruktur (Beispiele nach Giegerich 1985: 24ff.).

(3)   a. **Magazin, Disziplin, Miliz, Indiz, Paket, Dekan, Moral, Rasur**
      b. **Konzert, Infarkt, Talent, Präsenz, korrupt, abstrakt, grotesk**
      c. **Metall, Rebell, Diagramm, Tyrann, Prozeß, Fagott, Skelett**

Einem anderen Präferenzgesetz zufolge ist eine leichte Ultima nicht betont. Dies ist zumindest verträglich mit dem für den Kernwortschatz erwähnten Typ, der auf Vollvokal auslautet und *keine* silbischen Flexionssuffixe hat. Die meisten Substantive aus 2b passen hier her, dazu solche wie in 4.

(4)   **Baby, Bikini, Koda, Kilo, Kino, Silo, Gigolo, Indigo, Kolibri, Marabu, Cembalo**

Auch die unregelmäßig stammflektierenden Wörter vom Typ **Thema – Themen, Dogma – Dogmen, Konto – Konten** bleiben dem Trochäus treu. Das allgemeinste Präferenzgesetz, mit dem der Default erfaßt wird, besagt schließlich, daß im Zweifelsfall die Pänultima betont ist. Trotz aller Kompliziertheit setzen sich also bei den morphologisch einfachen fremden Stämmen aufgrund unterschiedlicher, hier keineswegs vollständig demonstrierter Mechanismen die im Deutschen dominanten Betonungsmuster durch.

Als gemeinsames Charakteristikum des überwiegenden Teils der fremden Ableitungssuffixe gilt ihre Betontheit. Eine Übersicht zum maximalen Bestand an Einheiten, die als hauptbetonbare nichtnative Suffixe infrage kommen, gilt 5 (nach Giegerich 1985: 28f.; Eisenberg 1991: 59).

(5)   **abel (variabel), age (Kolportage), (i)al (bronchial), and (Habilitand), ant (Musikant), anz (Ignoranz), ar (Archivar), är (Funktionär), at (Dekanat, Diplomat), ell (funktionell), ement (Arrangement), end (Subtrahend), esk (balladesk), esse (Raffinesse), eur (Friseur), euse (Friseuse), (i)ade (Olympiade), ibel (kompressibel), ie (Apathie), ier/isier/ifizier (mumifizieren), ine (Blondine), ion (Inspektion), ismus (Purismus), ist (Essayist), ität (Solidarität), iv (ultimativ) os/ös (dubios, ruinös), ual (prozessual), uell (sexuell), ur (Dozentur).**

Für eine Beschreibung der Prosodie morphologisch komplexer fremder Wörter lassen sich die Suffixe danach unterscheiden, ob sie mit einem *bestimmten Akzentmuster* verbunden sind oder nicht.

Eine große Klasse von ihnen zieht den Akzent genau dann auf sich, wenn sie in letzter Position stehen. Dazu gehören beispielsweise **iv** (**kollektív**), **ion** (**Relatión**), **al** (**soziál**) und viele andere. Erscheinen sie in einer anderen als der letzten Position, dann sind sie unbetont oder tragen allenfalls einen Nebenakzent. Für die drei genannten ist das der Fall in **Kollektivíst, relationál, Sozialísmus**. Sie sind also nicht generell mit einem festen Akzentmuster verbunden.

Anders **isch** und in seiner produktiven Verwendung **ik** (wie in **Lógik, Botánik**, nicht aber in **Musík, Physík**). Sie besetzen eine nicht fußbildende Position, indem sie der hauptbetonten Silbe folgen (**isch** tritt nur dann fußbildend auf, wenn eine Schwasilbe vorausgeht wie in **grüblerisch, spielerisch**). Dabei scheint völlig gleichgültig zu sein, welche anderen Suffixe ihnen vorausgehen oder folgen (6a,b).

(6) a. **kúbisch, kubístisch, melódisch, provokatórisch, inflationístisch**
    b. **Épik, Elektrónik, Elektróniker, plástikhaft, Plástikhaftigkeit**

Ein festes Akzentmuster ist weiter und vor allem mit den Suffixen verbunden, die immer betont sind. Zu ihnen gehören vor allem **ist** (**Sozialíst**), **ität** (**Identität**), **ismus** (**Sozialísmus**) und **ier/isier** (**sozialisíeren**). Ihr Akzent kann lediglich durch **ei/erei** überschrieben werden, aber auch dann bleiben sie in einer fußbildenden Position (**Sòzialisiereréi**). Diese akzenttragenden Suffixe haben eine zentrale Stellung innerhalb der Fremdwortmorphologie. Sie sind fixiert auf die Funktion des prosodischen Kerns von Fremdwörtern, vergleichbar nur den betonten Stammsilben in heimischen Wörtern.

Die Nichtfixiertheit des Akzents auf eine bestimmte Silbe der fremden Stämme ist in einem ganz radikalen Sinn zu verstehen. Ein freier Stamm wie **Symból** hat den Akzent auf einer bestimmten Silbe und mag ihn dort in bestimmten Derivationen behalten (**symbólisch, Symbólik**). Aber diese Konstanz ist nicht dem Stamm, sondern sie ist den Suffixen geschuldet. Die Suffixe stehen in nicht fußbildender Position und verschieben den Akzent des Stammes gegebenenfalls: **Aróma – àromátisch, Dráma – Dramátik** (in den Beispielen tritt aus offensichtlichen Gründen das Infix **t** hinzu). Das Bemerkenswerte ist eben, daß die im freien Vorkommen betonte Stammsilbe nicht einmal mehr einen Nebenakzent tragen muß. In **Symbolíst, àromátisch, àtomístisch** usw. ist sie gänzlich unbetont.

Die fremden Stämme sind in Abhängigkeit von den Suffixen einer sehr variablen Fußbildung unterworfen. Damit das möglich ist, enthalten sie bis auf die Ultima ausschließlich Vollsilben. Nur so ist garantiert, daß keine stamminternen Pedifizierungszwänge wie bei den heimischen Stämmen auftreten. Wir betrachten das morphologische Pendant dieser prosodischen Spezifik genauer in Abschnitt 7.2.2 (**Aufgabe 37**).

4.5.2 Kompositionsakzent

Einfache Komposita

Ein einfaches Substantivkompositum wie **Fensterrahmen** hat zwei Hauptbestandteile, die je für sich akzentuiert werden. Im Beispiel ist die erste Silbe eines jeden der Bestandteile betont, die zweite ist eine Reduktionssilbe. Als freie Formen erscheinen sie mit der Betonung **Fénster** und **Ráhmen**. Innerhalb des Kompositums besteht der Unterschied einfach darin, daß der erste Bestandteil den Hauptakzent des Gesamtwortes trägt, der zweite einen Nebenakzent, also **Fénsterràhmen**. Weil die Akzentverteilung innerhalb der Bestandteile unabhängig erfolgt, bezeichnen wir jeden von ihnen als ein prosodisches Wort. Jedes prosodische Wort stellt eine selbständige Akzentuierungsdomäne dar. Ein Kompositum umfaßt mindestens zwei prosodische Wörter (s. a. 4.4).

Der Standardtyp des Substantivkompositums, das Determinativkompositum mit zwei Bestandteilen, auf das wir uns im folgenden vor allem konzentrieren, hat den Hauptakzent in der Regel auf dem ersten Bestandteil. Diese Akzentuierung ist das prosodische Korrelat zum semantischen Verhältnis von Determinans und Determinatum (6.2.1). Komposita bilden natürliche Reihen des Typs **Fénster-, Tür- und Bílderrahmen** oder **Háus-, Áuto-, Wóhnungs- und Zímmertür**. Prosodisch grammatikalisiert ist damit eine paradigmatische Relation zwischen möglichen Determinantien als Alternativen. Ein Fensterrahmen ist ein Rahmen bestimmter Art und gerade kein Tür- oder Bilderrahmen. Man kann auch von einem grammatikalisierten Kontrastakzent sprechen. Erste Bestandteile von Komposita haben diese Form der Reihenbildung mit den übrigen linksperipher auftretenden morphologischen Einheiten, den Präfixen und Verbpartikeln, gemeinsam. Insbesondere für die Verbpartikeln, die ja ebenfalls den Hauptakzent des Wortes tragen, wird deshalb gelegentlich auch von einem Kompositionsakzent gesprochen (**áuf- und zúmachen, vór- oder zurückgehen**, 7.1.).

Innerhalb eines jeden prosodischen Wortes erfolgt die Akzentverteilung im Prinzip je für sich, d.h. die Verteilung von Haupt- und Nebenakzent im Kompositum ist als morphologisch geregelt anzusehen. Dieser Ansatz stößt auf Schwierigkeiten vor allem bei einsilbigen Hauptbestandteilen. Ist ein Kompositum insgesamt zweisilbig, dann befindet sich die zweite Silbe (d.h. der zweite Bestandteil) in nicht fußbildender Position mit der Folge, daß er unbetont bleibt (**Háustür, Stúhlbein, Scháfskopf**). Die Gesamtform bildet einen Trochäus, sie ist einfüßig. Entsprechend bei Dreisilbern des Typs **Fénsterkreuz** und **Türrahmen**, die beide nicht über einen Daktylus hinauskommen. Erst beim Viersilber **Fénsterràhmen** kann sich ein zweiter Fuß entfalten. In vielen Komposita geht die Fußbildung nicht auf. Das sog. Alignment (die Grenzabstimmung) zwischen morphologischen und prosodischen Einheiten ist dann nicht möglich. In einem Wort wie **Hérbstabende** beispielsweise kann entweder ein viersilbiger Fuß gebildet werden oder man nimmt die unmittelbare Abfolge zweier betonter Silben in Kauf (**Hérbstàbende**, Akzentzusammenstoß 4.4.; zum Hauptakzent auf dem zweiten Bestandteil einfacher Komposita **Aufgabe 38a**).

In der phonologischen Literatur und insbesondere der zur sog. metrischen Phonologie ist viel über hochdifferenzierte Akzentabstufungen bei Komposita spekuliert worden, vor allem wenn sie mehr als zwei betonte Silben haben (z. B. Giegerich 1985: 134ff.). Unsere bisherigen Ausführungen nehmen die Sache ganz mechanisch. Bezüglich nebenbetonter und unbetonter Silben erheben sie nicht den Anspruch, den weitläufigen Debatten in der Literatur gerecht zu werden, noch phonetisch eindeutig faßbare Betonungsmuster abzuleiten. Festgestellt werden soll lediglich, daß die Fußbildung auch in komplexen Einheiten nach den üblichen Mustern und wenn möglich in den Domänen des prosodischen Wortes verläuft und daß innerhalb des Kompositums genau eine Silbe als potentielle Trägerin eines syntaktischen Akzents, also als hauptbetont ausgezeichnet ist. Wir kommen damit zur Akzentplazierung bei komplexen Komposita (das sind solche mit mehr als zwei Bestandteilen) und beschränken uns dabei auf die Regularitäten zur Plazierung des Hauptakzents.

Komplexe Komposita

Die natürliche Erweiterung des zweigliedrigen Kompositums ist die nach links dergestalt, daß in der Position des ersten Bestandteils eines zweigliedrigen Kompositums wieder ein zweigliedriges erscheint. In **Schrankschlüssel** ersetzen wir **Schrank** durch **Kleiderschrank** und erhalten **Kleiderschrankschlüssel**. Das dreigliedrige Kompositum dieser Art ist linksverzweigend und hat den Hauptakzent auf dem ersten Bestandteil, denn in **Schránkschlüssel** wird der erste Bestandteil betont, in **Kléiderschrankschlüssel** der erste vom ersten (1a,b).

(1) Komplexe Komposita, unmarkierter Fall
    a. **Schránkschlüssel** ['a b] → **Kléiderschrankschlüssel** [['a b] c]
    b. **Schádenersatzforderung, Blúmenkohlsuppe, Lébenshaltungskosten, Spórtwagenfahrer, Institútsratsvorsitzender, Rásenmähermotor**
    c. **Schádenersatzforderung** → **Brándschadenersatzforderung** → **Fláchenbrandschadenersatzforderung** → **Rásenflächenbrandschadenersatzforderung**

1c zeigt, wie die Linksverzweigung ohne Schwierigkeiten fortgesetzt werden kann und zu problemlos verarbeitbaren komplexen Komposita führt, bei denen jeweils der erste Bestandteil den Hauptakzent trägt. Die berühmten und berüchtigten unendlichen Komposita, die das Deutsche hervorzubringen in der Lage ist, beruhen auf diesem Mechanismus.

Der Zugriff auf den ersten Bestandteil als hauptbetont bleibt auch bei Rechtsverzweigung gewahrt, wenn der verzweigte rechte Bestandteil hinreichend stark lexikalisiert ist (Benware 1987; Giegerich 1983; 1985). Verbindet man **Studénten** mit **Wohnheim** zu **Studéntenwohnheim**, ist der erste Bestandteil hauptbetont, obwohl das Wort die Konstituente **Wohnheim** enthält und damit rechtsverzweigend ist (2a,b). Man kann sich das so vorstellen, daß die Akzentuierungsregel von oben nur zwei Bestandteile ›sieht‹, das Ganze also behandelt wie ein einfaches Kompositum. Die Rechtsverzweigung bleibt einfach außer Betracht.

(2) Komplexe Komposita mit lexikalisiertem zweiten Hauptbestandteil
 a. **Wóhnheim** ['b c] → **Studéntenwohnheim** [a ['b c]]
 b. **Fíngerhandschuh, Áltersteilzeit, Sómmersonnenwende, Háuptbahnhof, Lúxushundehütte, Kultúrstaatsminister**

Der Kompositionstyp in 2 ist von besonderem Interesse, weil in der Literatur allgemein angenommen wird, daß die Akzentplazierung bei dreigliedrigen Komposita von der Verzweigsrichtung abhängt. Nach dieser Auffassung müssen dreigliedrige Komposita entweder linksverzweigend [[a b] c] oder rechtsverzweigend [a [b c]] sein. Genau dann, wenn sie rechtsverzweigend sind, soll der zweite Hauptbestandteil den Akzent tragen und von diesem wieder der erste, also Bestandteil b. Damit wäre 3a,b der Normalfall, 2b der besondere Fall bei starker Lexikalisierung des zweiten Hauptbestandteils (R. Wiese 1996; Löhken 1997; Jessen 1999).

(3) Komplexe Komposita mit schwerem zweitem Hauptbestandteil
 a. **Gártenschau** ['b c] → **Bundesgártenschau** [a ['b c]]
 b. **Bundesgártenschau, Landeszéntralbank, Universitätsfráuenklinik, Schienenérsatzverkehr, Atomspérrvertrag, Regierungsbáurat**
 c. **Landesuniversitätsfráuenklinik, Atomwaffenspérrvertrag**

Zur These von der Rechtsverzweigung gehört hinzu, daß sie auch dann greift, wenn beide Hauptbestandteile verzweigen. Zwei Beispiele dafür finden sich in 3c: an der Akzentplazierung von **Universitätsfráuenklinik** ändert sich nichts, wenn der erste Bestandteil zu **Landesuniversitäts** expandiert wird (**Aufgabe 38b**).

Der zweite Hauptbestandteil ist also genau dann betont, wenn er verzweigend und damit morphologisch ›schwer‹ ist. Diese Akzentplazierung ist funktional, insofern sie die Hauptfuge beim markierten Verzweigungstyp anzeigt. Der unmarkierte Typ ist, wie wir oben gesehen haben, linksverzweigend und erstbetont. Der rechtsverzweigende, markierte Typ hat deshalb als Analysehilfe den Akzent auf dem Bestandteil unmittelbar nach der Hauptkonstituentengrenze.

Bei einem verbreiteten Typ von dreigliedrigem Kompositum ist nun der Akzent nicht auf einen der Bestandteile festgelegt, sondern kann sowohl auf dem ersten wie auf dem zweiten liegen. Der Prototyp enthält einen verbalen oder deverbalen zweiten Bestandteil, der mit dem ersten Bestandteil ein Rektionskompositum bildet, d.h. bei dem die Bindung des ersten an den zweiten auf Argumentvererbung beruht (Stadtplanung ← die Stadt planen, 6.2.1).

(4) Komplexe Komposita mit doppelter Akzentuierbarkeit
 Straßenbauamt, Stadtplanungsbüro, Kostendämpfungsgesetz, Müttergenesungswerk, Schulentwicklungsplan, Verkehrsbeeinflussungsanlage

Rein semantisch gesehen kann der erste mit dem zweiten Bestandteil eine Hauptkonstituente bilden (**Stráßenbau+amt**, Linksverzweigung), aber auch der zweite mit dem dritten (**Straßen+báuamt**, Rechtsverzweigung), so daß

Ambiguität vorläge. Ein Problem besteht darin, daß man in vielen Fällen wohl zwei Strukturen mit je eigener Akzentuierung, aber nicht klar unterscheidbare Wortbedeutungen ermittelt. Denn wo liegt der wirkliche und verwendungstaugliche Unterschied zwischen einem Amt für Straßenbau und einem Bauamt für Straßen? Es wurde deshalb vorgeschlagen, der Tatsache Rechnung zu tragen, daß solche Komposita an der Grenze von Morphologie und Syntax liegen. Die Akzentplazierung wäre von außen durch die Fokusstruktur gesteuert (Eisenberg 2002). Einfache Frage-Antwort-Paare können so aussehen:

(5)   a. **Wo wird dein Antrag auf Ausbau dieses Feldweges entschieden? Beim Stráßenbauamt**
     b. **Wer übergibt dem Straßenverkehrsamt die fertige Autobahn? Das Straßenbáuamt**

Beim dreigliedrigen Kompositum kann also sowohl Rechts- als auch Linksverzweigung vorliegen und in beiden Fällen kann sowohl der erste als auch der zweite Bestandteil betont sein.

(6)   Akzentplazierung bei dreigliedrigen Komposita: Übersicht

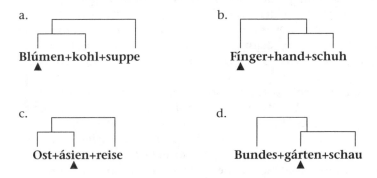

6a ist der Normalfall mit Linksverzweigung (Beispiele in 1), 6b der rechtsverzweigende mit lexikalisiertem zweitem Hauptbestandteil (Beispiele in2). 6c ergibt sich, wenn ein einfaches Kompositum auf dem zweiten Bestandteil betont ist (Aufgabe 38a). 6d schließlich stellt den Normalfall bei Rechtsverzweigung dar (Beispiele in 3). Die Komposita in 4 folgen sowohl der Analyse in 6b als auch der in 6d.

5. Flexion

5.1 Flexion und Paradigmenbildung

Flexionsarten

Im fortlaufenden geschriebenen und gesprochenen Text verknüpfen wir sprachliche Einheiten miteinander, die wir Wortformen genannt haben (1.3.1). Wie eine Wortform genau aussieht, richtet sich einerseits nach dem syntaktischen Kontext, in dem sie steht. Eine Genitivform etwa kann im allgemeinen nicht da stehen, wo eine Dativform steht. Andererseits richtet es sich danach, was die Wortform bedeutet. Eine Pluralform hat in der Regel nicht dieselbe Bedeutung wie eine Singularform.

Die Formen eines Substantivs wie **Haus**, **Hauses**, **Häuser** werden aufgrund ihrer unterschiedlichen Form und Funktion mit grammatischen Kategorien wie Nominativ (Nom) und Genitiv (Gen) einerseits sowie Singular (Sg) und Plural (Pl) andererseits unterschieden. Bei den Formen eines Verbs wie **lege**, **legst**, **legt**, **legen** wird ebenfalls nach Sg und Pl kategorisiert, daneben aber auch nach Kategorien, die es beim Substantiv nicht gibt, wie 1., 2. und 3.Person (Ps). Jede einzelne Wortform ist als substantivisch, adjektivisch, verbal usw. auf bestimmte Weise kategorisiert. Als kategorisierte Wortform ist sie Bestandteil eines Flexionsparadigmas. Die Flexionsmorphologie beschäftigt sich mit der Frage, wie die Wortformen einer Sprache in Flexionsparadigmen organisiert sind. Wie ist das substantivische, adjektivische oder verbale Paradigma aufgebaut? Welche Wortformen gehören dazu und welche Formmerkmale haben sie? Wie verhalten sich die Wortformen innerhalb eines Paradigmas formal und funktional zueinander? Mit ›Funktion‹ bezieht man sich dabei auf die grammatischen Kategorien, mit denen die Formen beschrieben werden. Kategorien wie Nominativ, 3.Person oder Plural müssen in Hinsicht auf die syntaktische und semantische Leistung der jeweiligen Form interpretiert werden. Ziel sind Aussagen darüber, warum die Formen eines Flexionsparadigmas gerade so und nicht anders aufgebaut sind.

Von *Flexion* spricht man allgemein dann, wenn die betrachteten sprachlichen Einheiten Wortformen in einem strikten Sinne sind, also *synthetische Formen* wie die bisher genannten Beispiele. Zusammengesetzte Einheiten wie die Verbformen des Perfekts (**habe gelegt**) oder des Passivs (**wird gelegt**) heißen *analytische* oder *periphrastische Formen* und sind nicht Gegenstand der Flexionsmorphologie im engeren Sinne. Da sie aber ähnlich wie die synthetischen Formen zur Paradigmenbildung neigen und auch als ganze gewisse Worteigenschaften haben, behandeln wir ihre Kategorisierung mit diesen gemeinsam, wo sich das anbietet. Ein Flexionsparadigma umfaßt also nur synthetische Formen, während unter einen allgemeinen Begriff von Wortparadigma auch analytische Formen gefaßt werden können.

Innerhalb der Flexionsmorphologie unterscheidet man traditionell die großen Gebiete *Deklination* und *Konjugation*. Die deklinierten (»gebeugten«) Wortarten haben insbesondere die Flexion in Hinsicht auf Kasus gemeinsam. Im Deutschen gehören dazu die Substantive, Adjektive, Pronomina und Artikel. Von Konjugation spricht man dagegen bei der Flexion der Verben. Ein Verb konjugieren (»verbinden«) meint, seinen Stamm mit den Endungen zusammenzurücken.

Die ältere Grammatik begreift also die Flexion des Substantivs eher als Abwandlung eines Stammes oder einer Grundform (Beugung) und die des Verbs eher als ein Verbinden des Stammes mit den Endungen. Diese Sicht ist am antiken Griechisch und Latein orientiert. Eine Form wie lat. **cantavissem** (»ich hätte gesungen«) enthält aneinandergereiht Markierungen für die Tempusgruppe des Perfekt/Plusquamperfekt (Pf/Ppf), den Konjunktiv (Konj) sowie Person und Numerus. Das Deutsche hat keine Flexionsformen dieser Komplexität. Wir werden aber sehen, daß das Reden von Konjugation wie im Lateinischen auch für das Deutsche gut begründet ist.

Neben Deklination und Konjugation unterscheidet man für Sprachen wie das Deutsche häufig als dritte Flexionsart die *Komparation*. Adjektive haben neben den Formen des Positiv (Pos) wie in **das schöne Wetter** noch die Steigerungsformen des Komparativ (Komp, **das schönere Wetter**) und des Superlativ (Sup, **das schönste Wetter**). Allerdings ist seit jeher umstritten, ob die Formen des Pos, Komp und Sup alle zum selben Flexionsparadigma gehören oder ob man getrennte Paradigmen ansetzen soll (5.2.3).

Das Deutsche gehört zu den flektierenden Sprachen (Gegensatz: isolierende Sprachen mit genau einer Form im Paradigma), und es hat teilweise recht komplexe Flexionsparadigmen. Eine Tendenz zum Abbau des Flexionssystems ist zwar unverkennbar, verglichen mit verwandten Sprachen wie dem Dänischen oder dem Englischen ist das Deutsche aber konservativ (zum Vergleich der germanischen Sprachen E.König/van der Auwera Hg. 1994). Das Flexionssystem ist zentraler Bestandteil seiner Grammatik.

Im Anschluß an die allgemeine Darstellung von 1.3.1 sagen wir im vorliegenden Abschnitt einiges zum Aufbau und zur Analyse von Flexionsparadigmen, bevor in 5.2 und 5.3 die einzelnen Flexionsarten behandelt werden. Wir betrachten zunächst Ausschnitte aus einfachen Paradigmen und insbesondere aus einem verbalen Paradigma, nämlich die Formen des Präteritums (Prt) von **rufen**. Daran lassen sich die wichtigsten Analysewege und Begrifflichkeiten erläutern.

(1) a.

	Sg	Pl
1.	ich rief	wir riefen
2.	du riefst	ihr rieft
3.	sie rief	sie riefen

b.

	Sg	Pl
1.	rief	en
2.	st	t
3.	–	en

Das Teilparadigma von **rufen** listet in 1a das Inventar an Formen und für jede Form die zugehörigen Kategorien. Zur Verdeutlichung sind die Formen des Personalpronomens mit aufgeführt. Jede Form erhält je eine Kategorie des

Numerus und der Person. Die Kategorisierung des Numerus weist zwei, die der Person drei Kategorien auf. Das Kategoriensystem des Paradigmas ist das in 2.

(2)

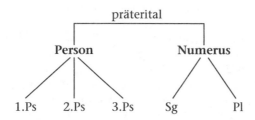

Mit dem System von zwei gleichzeitigen Kategorisierungen ergeben sich insgesamt sechs Positionen im Paradigma. 1a zeigt, wie diese Positionen besetzt sind und es zeigt gleichzeitig, wie sie motiviert sind. Denn wir unterscheiden drei Kategorien der Person und zwei Kategorien des Numerus, weil das Personalpronomen so differenziert ist. Ist das Subjekt ein Personalpronomen, so kongruiert es mit dem Prädikat (genauer: mit seinem finiten Anteil) in Hinsicht auf Person und Numerus.

Diese Kongruenzbeziehung läßt sich am einfachsten beschreiben, wenn das Verb in derselben Weise wie das Pronomen kategorisiert ist. Die Kategorisierung geht dabei vom Pronomen aus. Das Verb kongruiert mit dem Pronomen, nicht etwa das Pronomen mit dem Verb.

(3)

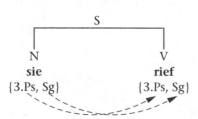

Für das betrachtete verbale Paradigma sind die Kategorien der Person und des Numerus entsprechend 2 extern motiviert. Innerhalb des Paradigmas kann das dazu führen, daß Formen mehrfach kategorisiert sind wie im Beispiel **rief** (1./3.Ps Sg) und **riefen** (1./3.Ps Pl). Synkretismen dieser Art führen *innerhalb* des Paradigmas zu Ambiguitäten. Sie entstehen ja dadurch, daß außerhalb (wie im Beispiel beim Personalpronomen) eine entsprechende Formdifferenzierung gegeben ist: der Verbund von Personalpronomen und Verbform ist in keinem Fall ambig.

Die Präsentation des Paradigmas in 1b rückt andere Information in den Vordergrund als die in 1a. Nichts wird über die externe Motiviertheit der Kategorisierungen gesagt, stattdessen tritt die Art der Formbildung deutlicher hervor. Die Formunterschiede beruhen auf unterschiedlichen Suffixen, wobei eine der Formen durch Suffixlosigkeit gekennzeichnet ist. Nennen wir diese Form, also **rief**, die Grundform des Paradigmas. Das Paradigma enthält dann die Grundform selbst sowie Formen, deren Stamm identisch mit der Grundform ist. Das sind die Merkmale der *Grundformflexion*. Im Deutschen wird das Substantiv meist diesem Typ zugerechnet (4a). Das Verb hat dagegen im Präsensparadigma in allen Formen zumindest ein fakultatives Suffix (4b). Man nennt diesen Typ *Stammflexion*. Die Unterscheidung von Grundform- und Stammflexion ist sprachtypologisch bedeutsam: Sprachen mit Grundformflexion neigen zu Agglutination, solche mit Stammflexion eher zu Fusion (s. u.). Das Deutsche gehört hier wie in manch anderer Hinsicht einem Mischtyp an (Wurzel 1984).

(4) a. Grundformflexion   b. Stammflexion

	Sg	Pl			Sg	Pl
Nom	Tag	–	e	1.	leg	e	en
Gen		es	e	2.		st	t
Dat		e	en	3.		t	en
Akk		–	e				

1b macht weiter deutlich, daß die Kategorisierungen Person und Numerus für den Aufbau des Paradigmas eine unterschiedliche Rolle spielen. Synkretismen kommen nur bei der Person vor, nicht beim Numerus. Es gibt in keiner Person eine Form, die im Sg und Pl übereinstimmt. Die Numeruskategorien gehören sozusagen enger zum Verb als die Personkategorien.

Etwas Ähnliches zeigt sich in 4a für Kasus und Numerus. Synkretismen gibt es nur beim Kasus und wiederum nicht beim Numerus. Der Plural als Numeruskategorie ist hier sogar einheitlich durch **e** gekennzeichnet. Man sagt dann, der Numerus sei beim Verb gegenüber der Person die hierarchisch höhere oder dominante Kategorisierung, beim Substantiv entsprechend dem Kasus gegenüber. Numerus determiniert Kasus beim Substantiv und Numerus determiniert Person beim Verb. Synkretismen treten zuerst im markierten Bereich der determinierten Kategorien auf: sowohl die Kasus- wie die Personmarkierung wird zuerst im Plural abgebaut.

(5) a. Substantivparadigma: **Num > Kas**
     b. Verbparadigma: **Num > Pers**

Solche Hierarchien werden für sämtliche Kategorisierungen aufgestellt, die bei einem Paradigma vorkommen, beim Verb z.B. auch für Modus, Tempus und Genus verbi. Die Hierarchien sind sowohl für den Formenbau selbst als auch für ihre Funktionalität von Bedeutung. Wir besprechen sie in den Einzelheiten bei den verschiedenen Flexionsarten (zum Grundsätzlichen Bybee 1985; Carstairs-McCarthy 1992, 2000; Williams 1994).

Morphologische Form und Ikonismus

Die Flexionsmorphologie kann sich nun nicht damit begnügen, Flexionsformen wie in 1 zu ordnen und zu kategorisieren. Denn letztlich kommt es nicht darauf an, die Wortformen in Hinsicht auf ihre syntaktischen Verwendungen mit syntaktischen Kategorien, sondern in Hinsicht auf die interne Formbildung und damit im eigentlichen Sinne morphologisch zu beschreiben.

Der erste Schritt dazu ist, nur die vorkommenden Formen selbst zu betrachten. Das Paradigma in 1 weist sechs Positionen, aber nur vier Formen auf. Das Ziel ist, eine möglichst einfache, formal und funktional deutbare Ordnung unter den Formen zu etablieren. Es bietet sich 6 an.

(6) a.

	Sg	Pl
Nad	rief	– en
Ad	st	t

Das Paradigma enthält keine Synkretismen mehr. Die Kategorisierung Person wurde ersetzt durch Adressierung (Adg) mit den Kategorien Adressat (Ad) und Nichtadressat (Nad). Offenbar sind die Verbformen im betrachteten Teilparadigma so gebaut, daß am Verb selbst nur die 2.Ps (der Adressat) vom Rest unterschieden wird. Das Paradigma in 6 ist eher morphologisch-formbezogen, das in 1 eher syntaktisch-funktionsbezogen. Paradigmentafeln in traditionellen Grammatiken verwenden in aller Regel die syntaktisch-funktionsbezogene Darstellungsweise mit teilweise überbordenden Synkretismen (vgl. z.B. die Adjektivflexion in 5.2.3). Der Forderung, stärker formorientiert und damit eigentlich morphologisch vorzugehen, wird in den letzten Jahren immer besser entsprochen (dazu z.B. Comrie 1991; Lieb 1992a; Wunderlich/Fabri 1995; Blevins 1995).

Die Formbezogenheit der Analyse kann noch weiter gehen. 6 ist nach dem Grundsatz konstruiert, daß möglichst wenige und im (hier vorliegenden) Extremfall gar keine Synkretismen auftreten. Die Formen einerseits und die Kategorienmengen andererseits sind eindeutig aufeinander abgebildet. Aber betrachten wir die Formen selbst und beziehen wir sie auf die Markiertheitsverhältnisse innerhalb der einzelnen Kategorisierungen. Mit Pl als markiert gegenüber Sg und Ad als markiert gegenüber Nad erhalten wir in unterspezifizierter Darstellung 7.

(7) a. b.

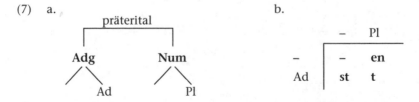

Das unterspezifizierte Paradigma legt Vermutungen über einen Zusammenhang zwischen kategorialer Markiertheit und Aufwand an Formbildung nahe. Offensichtlich ist die doppelt unmarkierte Form **rief** (Nichtadressat, Nichtplural) auch die ›leichteste‹, sie ist affixlos. Alle anderen Formen sind schwerer und möglicherweise gelingt es, die vorkommenden Affixe nach ihrem Gewicht so zu ordnen, daß die Schwere der Form mit der Schwere ihrer kategorialen Belastung korrespondiert.

Etwas Ähnliches wird in 4a nahegelegt. Es fällt auf, daß alle Pluralformen zweisilbig sind. Die Formen der markierten Kategorie Plural dürfen offenbar ein Mindestgewicht nicht unterschreiten, die Formen des Singular können das sehr wohl. Ein solcher Zusammenhang zwischen kategorialem und substantiellem Gewicht von Formen wird *konstruktioneller Ikonismus* genannt. Ikonismen gibt es auf allen Ebenen der grammatischen Beschreibung, auf der phonologischen wie der morphologischen und syntaktischen (Posner Hg. 1981; Haiman Hg. 1985; 2000; Dotter 1990; Simone Hg. 1995). In der Flexionsmorphologie ist auf die Systematik konstruktioneller Ikonismen zuerst von Roman Jakobson hingewiesen worden (Jakobson 1965). Neuerlich wurde dieses Feld besonders von der sog. natürlichen Morphologie beackert (Mayerthaler 1981; Dressler u.a. Hg. 1987; Wurzel 1994). Die vielleicht weitreichendsten Thesen zur Flexionsmorphologie des Deutschen finden sich in einigen Arbeiten von B. Wiese, auf die wir in den folgenden Abschnitten näher eingehen werden (B. Wiese 1994; 1996).

Konstruktioneller Ikonismus als Strukturierungsprinzip natürlicher Sprachen ist theoretisch von besonderem Interesse, weil damit zwei der wichtigsten Grundannahmen des sprachwissenschaftlichen Strukturalismus relativiert werden. Die erste ist die der Arbitrarität des Zeichens. Saussure läßt natürlich Lautmalerisches als Relativierung der Arbitrarität gelten und bezeichnet morphologisch komplexe Wörter aufgrund der Kompositionalität ihrer Bedeutung als teilmotiviert (1967: 79ff.; 156ff.). Mit dem ikonischen Verhältnis von Substanz und Form wird die Arbitrarität aber darüber hinaus eingeschränkt.

Zum Zweiten verträgt ein konstruktioneller Ikonismus sich nicht mit dem Prinzip der doppelten Artikulation. Die strikte Unterscheidung von bedeutungstragenden und bedeutungsunterscheidenden Einheiten (ausführlich Martinet 1967; 3.1) bleibt im Grundsatz bestehen. Zu konstatieren ist aber, daß bestimmte Bedeutungsanteile rein strukturell kodiert werden, ohne daß man sie einem Segment im Sinne eines Morphems zuordnen könnte.

Wir werden in der Grammatik auf unterschiedliche Erscheinungsformen konstruktioneller Ikonismen zu sprechen kommen. Beispielsweise werden manche grammatische Kategorien vorzugsweise mit bestimmten lautlichen Mitteln realisiert. So weisen Maskulina gegenüber Feminina bestimmte Konsonantcluster auf und Diminutivaffixe haben vorzugsweise hohe Vokale. Solche Erscheinungen von ›Lautsymbolik‹ gehen weit über das hinaus, was üblicherweise unter Lautmalerei verstanden wird (Ertel 1969). Iteration wird durch Reduplikation ausgedrückt (zum Deutschen R. Wiese 1990) und Markiertheit allgemein durch ›schwerere‹ Formen.

Morphologische Mittel und ihre Verwendung

Um Ikonismen in der Flexionsmorphologie einer Sprache beschreiben zu können, benötigt man eine Zusammenstellung der Formmittel, von denen sie vorzugsweise Gebrauch macht. Die Formmittel sind Grundlage für eine Erfassung des strukturellen Systems von Paradigmen, mit dem der jeweilige Formenbau beschrieben wird (Lieb 1992a; zur Klassifizierung der morphologischen Mittel allgemein Becker 1990: 91ff.).

Das wichtigste Mittel des morphologischen Formenbaus ist Affigierung, in der Flexionsmorphologie des Deutschen vor allem Suffigierung. Zwei Typen von Suffigierung sind dabei zu unterscheiden, nämlich die *fusionierende* und die *agglutinierende*. In 4a kann man ein agglutinierendes Suffix e als Pluralsuffix ansetzen: Der Plural ist aus dieser Sicht einheitlich durch e gekennzeichnet. Wenn außerdem ein Kasussuffix auftaucht wie beim Dativ, erscheint es danach.

4b enthält kein agglutinierendes Pluralsuffix. Das Suffix **en** steht für 1./3.Ps *und* Plural, das Suffix **t** für 2.Ps *und* Plural. Die Signalisierung von Person und Numerus läßt sich nicht trennen, sie erfolgt gleichzeitig. Das ist das Kennzeichen von fusionierender Suffigierung. Fusionierende Suffixe haben eine stärkere Tendenz zur phonologischen Veränderung als agglutinierende, weil bei letzteren ein einfacheres Form-Funktions-Verhältnis besteht. Ein agglutinierendes Suffix verändert sich in der Regel in allen seinen Vorkommen gleichzeitig. Ein fusionierendes steht eher für sich. Seine Veränderung kann auf bestimmte Wortklassen beschränkt sein.

Die Unterscheidung von fusionierender und agglutinierender Affigierung wurde früher allgemein und wird noch heute gelegentlich zur Basis der typologischen Unterscheidung von flektierenden und agglutinierenden Sprachen gemacht (Finck 1965; zur Einordnung des Deutschen Wurzel 1996). Fusion ist dann das Kennzeichen flektierender Sprachen. Sie haben eher Stammflexion. Das Deutsche fusioniert zwar, hat aber auch ausgeprägt agglutinierende Züge, die wir in Einklang mit dem größten Teil der Literatur hier trotzdem als Flexion abhandeln (**Aufgabe 39**).

Egal ob fusionierend oder agglutinierend, können Suffixe nach ihrem Gewicht geordnet werden. Eine suffixlose Form ist leichter als eine mit Suffix, eine mit vokalischem Suffix leichter als eine mit konsonantischem und eine mit einfach konsonantischem leichter als die mit komplexem. Für die Substantivformen in 4a ergäbe sich die Ordnung **Tag** < **Tage** < **Tagen**, **Tages**. Die beiden letzten Formen sind bisher gleichgewichtig. Eine Ordnung bietet sich hier an nach dem phonologischen Gewicht des Konsonanten. Allgemein geht man dabei von der Sonoritätshierarchie aus: Weniger sonore Konsonanten haben das größere Gewicht (4.2). Damit ergibt sich etwa für die Formen des Pronomens **dieser**, die ausführlich in Abschnitt 5.2.2 besprochen werden, die Ordnung **diese** < **dieser** < **diesen** < **diesem** < **dieses**.

Als weiteres Ordnungskriterium gilt, ob ein Suffix silbisch ist oder nicht. In **Welt+en** führt das Suffix zu Zweisilbigkeit, in **Gabel+n** dagegen nicht, weil die Form auch ohne Suffix zweisilbig ist. Das Suffix in **Welten** hat als schwerer zu gelten als das in **Gabeln**.

Ein wichtiges Formmittel der Flexionsmorphologie des Deutschen sind die Vokalwechsel. Dazu gehören Umlaut (Frontierung) wie in **Hahn – Hähne**, **Mutter – Mütter**, die Vokalhebung bei Verbformen wie in **werfe – wirfst**, **sehe – siehst** und der Ablaut wie in **singe – sang – gesungen**, **schreibe – schrieb – geschrieben**. Das Gewicht der Formen mit Vokalwechsel hängt davon ab, in welcher Reihenfolge die Wechsel auftreten, wenn man von einem Grundvokal ausgeht. So ist **geben** leichter als **gaben** (Ablaut) und **gaben** leichter als **gäben** (Umlaut des Ablauts, dazu weiter 5.3). Treten Suffigierung und Vokalwechsel in Konkurrenz, so führt das Suffix zur gewichtigeren Form. Suffix und Stammform sind gleichzeitig vorhanden, während die Beziehung zwischen Grundvokal und verändertem Vokal paradigmatisch ist und sozusagen im Kopf hergestellt werden muß. Aus diesem Grund ist Suffigierung und allgemein Affigierung das ›bessere‹ morphologische Mittel. Im Sprachwandel findet daher eher eine Ersetzung des Vokalwechsels durch ein Affix statt als umgekehrt. Wir erleben das gerade beim Übergang der starken Verben zur schwachen Flexion.

Das letzte zu nennende Formmittel ist die Bildung von zusammengesetzten (analytischen) Formen wie **hat gerufen, wird gerufen**. Zusammengesetzte Formen sind natürlich schwerer als einfache. Zusammengesetzte Formen untereinander werden wieder in Hinsicht auf das Gewicht ihrer Bestandteile verglichen. So ist **hast gerufen** schwerer als **hat gerufen** und **gerufen worden sein** schwerer als **gerufen werden**.

Das Erkennen von Ikonismen verlangt, daß jede Form in einem Paradigma mit jeder anderen verglichen wird. Eine Form kann in ihrem Bau durch den Bau jeder anderen Form motiviert sein. Die daraus sich ergebende Vorstellung von Morphologie ist nicht, daß es einen Stamm gibt, an den in bestimmter Reihenfolge Affixe gehängt werden. Vielmehr werden Formen als Ganze miteinander verglichen und in ihrem Aufbau beschrieben. Es kann dabei Leitformen oder Grundformen geben, die für den Gesamtbestand eine besondere Rolle spielen. Außer dem Bezug auf Grundformen findet aber auch der Bezug der Formen untereinander statt, so daß sie sich in bestimmten Merkmalen angleichen (*paradigmatischer Ausgleich*, engl. *levelling*). Beispielsweise wird aus **ich backe – du bäckst – er bäckt** durch Ausgleich **ich backe - du backst – er backt**.

Von solchen Überlegungen kommt man dann schnell zu dem Schluß, daß Wortformen nach dem Prinzip der Analogie zu anderen Wortformen gebaut sind. Wenn im Deutschen ein neues Verb entsteht wie **joggen** oder **frusten**, dann werden seine Formen in Analogie zu vorhandenen Verben wie **legen** oder **fasten** gebildet: **ich lege – legte** und **ich jogge – joggte**, aber **ich faste – fastete** und deshalb auch **ich fruste – frustete**. Je mächtiger die Vorbilder, desto zwingender die Analogie.

Seit einigen Jahren gibt es eine ausgedehnte Diskussion darüber, ob man sich den Wortformenbau eher kombinatorisch-syntagmatisch als Zusammensetzung von Stamm und Affixen oder holistisch-paradigmatisch als Analogiebildung vorstellen soll. Der paradigmatische Standpunkt hat dabei an Boden gewonnen, schon weil er sich auf teilweise verschüttete wichtige Traditionen berufen konnte. Der Analogiebegriff hat für die deutsche Grammatik beispielsweise bei Hermann Paul (1975, Original 1880) eine bedeutende Rolle gespielt, danach aber in vielen Morphologien nicht mehr. Eine Ausnahme macht die natürliche Morphologie; zur Betonung des paradigmatischen Aspekts z. B. Plank 1981; Becker 1990; Marle 2000.

Eine Berücksichtigung des paradigmatischen Aspekts verbietet es nicht, Wortformen als Folgen von morphologischen Einheiten im Sinne von Segmenten wie Stammformen und Affixformen darzustellen. In vielen Fällen ist das problemlos möglich, und man kann solchen Formen dann auch morphologische Strukturen zuweisen (6.1.2). Mit den Strukturen ist aber oft nicht alles gesagt, was man in einer Morphologie über Formen sagen will. Der syntagmatische und der paradigmatische Aspekt schließen sich hier genauso wenig aus wie in der Phonologie. Nur ist in der jüngeren Geschichte der Sprachwissenschaft gelegentlich in der Phonologie der paradigmatische Aspekt überbetont worden, während in der Morphologie der syntagmatische im Vordergrund stand. Eine solche Einseitigkeit versperrt den Blick auf manche flexionsmorphologische Regularität. Und sie ist, wie wir später sehen werden, auch in der Wortbildungsmorphologie hinderlich.

5.2 Nominalflexion

5.2.1 Das Substantiv

Die Paradigmentafeln des Substantivs

Das vollständige substantivische Paradigma enthält acht Positionen, je vier für die Kasus im Singular und im Plural. Die einzelne substantivische Wortform wird mit Kategorienpaaren wie Nom Sg, Dat Pl usw. beschrieben. Den Einheitenkategorien des Kasus und Numerus steht beim Substantiv die Wortkategorisierung nach dem Genus gegenüber: Formen eines Paradigmas sind insgesamt entweder Maskulina oder Feminina oder Neutra.

Die acht Positionen des Substantivparadigmas werden im gegenwärtigen Deutsch nicht vollständig ausdifferenziert. Synkretismen gibt es insbesondere beim Kasus. Der Kasus ist gegenüber dem Numerus die ›äußere‹ Kategorisierung beim Substantiv (5.1). Der Kasus zeigt in erster Linie die syntaktische Funktion eines Nominals an, während der Numerus nach der Bedeutung gewählt wird (**Aufgabe 40**).

Die Tendenz scheint in Richtung auf eine weitere Angleichung der Kasusformen zu gehen. So ist im Sg sowohl die Markierung des Dat wie in **einem Mann(e)** im Verschwinden begriffen, der Dat und Akk in **einem Mensch(en)**, **einen Mensch(en)** wird häufig nicht markiert, und sogar der Genitiv in **des Konjunktiv(s)** erscheint nicht immer. Das bedeutet aber nicht unbedingt, daß die Kasus ganz verschwinden. Ihre Signalisierung wird im Nominal aus Artikel + Substantiv weniger vom Substantiv und mehr vom Artikel übernommen (5.2.2).

Zur Anzeige von Kasus und Numerus stehen die Endungen **e** (Schwa), **n**, **s** und **r** sowie Endungslosigkeit und Umlaut zur Verfügung. **n** und **s** können sowohl silbisch als auch nichtsilbisch sein. **(e)n**, **(e)s** bedeuten, daß ein Suffix sowohl silbisch als auch nichtsilbisch vorkommt. Kommt es auf den Unterschied an, so wird **n**, **s** oder **en**, **es** notiert. **r** ist beim Substantiv stets silbisch (**er**). Nach der Wahl der Ausdrucksmittel faßt man die Substantive zu Klassen zusammen, die man *Flexionstypen* zuordnet. Eine typische, in dieser oder ähnlicher Form verbreitete Einteilung liefert für den größten Teil des nativen Wortschatzes die Typen 1 bis 4 (nach Duden 1973). Steht ein Suffix als Ganzes in Klammern, so ist es nicht in jedem Fall obligatorisch.

(1) *Typ 1.* Maskulina und Neutra, stark

a.

	Sg	Pl
Nom	Berg	e
Gen	(e)s	e
Dat	(e)	en
Akk	–	e

b.

	Sg	Pl
Nom	Kind	er
Gen	(e)s	er
Dat	(e)	ern
Akk	–	er

Nach 1a deklinieren die meisten einsilbigen Simplizia des Maskulinums (ca. 90%) und Neutrums (ca.70%), z. B. **Tisch, Tag, Schuh, Bein, Reh, Stück**. Nach 1b einige Maskulina (**Geist, Wald**) und etwa 20% der Neutra (**Buch, Feld, Haus, Huhn, Loch**). Allgemeines Kennzeichen dieses Flexionstyps ist die Bildung des Gen Sg auf (e)s, des Dat Pl auf n und des Pl auf e oder er. Der Pl kann gleichzeitig durch Umlaut angezeigt sein. Bei 1a kann der Umlaut fehlen (**Bach – Bäche, Tag – Tage**). Bei 1b muß der Umlaut stehen, wenn er möglich ist (**Buch – Bücher, Haus – Häuser**). Eine wesentliche Erweiterung erfährt 1a, wenn man die Substantive mit dem sog. Nullplural dazuzählt (**Eimer, Esel, Wagen**). Der Plural ist bei den Maskulina endungslos genau dann, wenn der Stamm auf silbischen Sonoranten endet (**er, el, en**; mit **em** gibt es nur **Atem**, das aber keinen Plural hat). Der Flexionstyp 1 spielt auch für abgeleitete Substantive eine wichtige Rolle (**Aufgabe 41**). Auf die Realisierungsmöglichkeiten für die einzelnen Kasusformen kommen wir später genauer zurück.

(2) *Typ 2.* Maskulina, schwach

a.

	Sg	Pl
Nom	Mensch	en
Gen	en	en
Dat	(en)	en
Akk	(en)	en

b.

	Sg	Pl
Nom	Löwe	n
Gen	n	n
Dat	(n)	n
Akk	(n)	n

2a (**Bär, Held, Fürst, Narr, Christ**) und 2b (**Geselle, Bote, Affe, Hase, Kunde, Erbe**) unterscheiden sich nur durch den Schwa-Auslaut. Die Markierung des Dat und Akk Sg mit **en** bzw. **n** unterbleibt bei 2a eher als bei 2b (dazu weiter Aufgabe 45 unten). Dem Deklinationstyp 2 gehören vor allem Bezeichnungen für höhere Lebewesen an. Er wird auch von vielen Fremdwörtern übernommen, insbesondere wenn sie enden auf **ant** (Demonstrant), **at** (Automat), **ent** (Präsident), **ist** (Optimist), **nom** (Astronom) und **loge** (Astrologe). Die schwachen Maskulina bezeichnen wir gelegentlich als *Generika* (**Aufgabe 42a**).

(3) *Typ 3.* Maskulina und Neutra, gemischt

a.

	Sg	Pl
Nom	**Staat**	– en
Gen	(e)s	en
Dat	(e)	en
Akk	–	en

b.

	Sg	Pl
Nom	**Ende**	– n
Gen	s	n
Dat	–	n
Akk	–	n

Typ 3 wird als Mischtyp bezeichnet, weil er **(e)s** im Gen Sg und **(e)n** im Pl hat. Er erscheint ähnlich wie Typ 2 in zwei Ausprägungen je nachdem, ob der Stamm auf Schwa endet oder nicht. Zu 3 gehören einzelne Maskulina (**Strahl, Fleck, See, Pfau, Mast, Buchstabe, Funke**) sowie etwa 4% der Neutra (**Bett, Ohr, Hemd, Leid, Auge, Ende**).

Instruktiv ist ein Vergleich der Typen 3b und 2. Man kann hier verfolgen, wie Schwankungen und der Übergang von der schwachen zur starken Flexion zustande kommen. Eine ganze Reihe von ehemals nur schwachen Substantiven ist gegenwärtig beiden Typen zuzurechnen, mit Tendenz zur starken Flexion. Dazu gehören etwa **Friede, Funke, Gedanke, Glaube, Haufe, Name, Same, Schade, Wille**. Sie werden aus der schwachen Flexion verdrängt, weil sie Nichtbelebtes bezeichnen. Ihr Flexionsverhalten kann man sich in einem Prozeß der folgenden Art entstanden denken (Wurzel 1985; Köpcke 1995; Thieroff 2000: 320ff.).

Eine Veränderung des Flexionsverhaltens erfolgt nicht willkürlich, sondern orientiert sich an dem vorhandener Flexionsklassen: Als besonders ausgezeichnete Form erhält der Gen Sg die Endung **s** der Typen 1 und 3 (**des Friedens**). Das noch vorhandene Kasussuffix **n** des Gen, Dat und Akk Sg wird nun als Teil des Stammes reanalysiert und auf den Nom Sg übertragen (**der Frieden**). Damit existiert ein einheitlicher Singularstamm **Frieden, Funken** ähnlich wie bei **Wagen, Boden**. Die alten Formen **Friede, Funke** verschwinden aber natürlich nicht sofort. Rein schematisch ergeben sich so für den Gen Sg dieser Substantive drei mögliche Formen. (1) der Gen Sg gemäß 2b (**des Frieden, des Gedanken**), (2) der Gen gemäß 3b nach dem Muster von **Ende** (**des Friedes, des Gedankes**) und (3) schließlich der Gen gemäß 1a vom Nom **Frieden, Gedanken** aus (**des Friedens, des Gedankens**). Alle drei Formen kommen vor, jede hat ihre Logik und Gebrauchsunsicherheiten sind an der Tagesordnung. Sie zeugen weniger von grammatischem Nichtwissen als von Sensibilität für strukturell vorgegebene Alternativen.

In einigen Fällen führt die ›Doppelexistenz‹ der Substantive zu Bedeutungsdifferenzierung. Das kann zur Folge haben, daß sich beide Versionen auch flexionsmäßig stabilisieren, z. B. **Fels – Felsen, Lump – Lumpen, Reif – Reifen, Schreck – Schrecken, Tropf – Tropfen** (Aufgabe 42b,c).

(4) *Typ 4.* Feminina

a.

	Sg	Pl
Nom	Burg	– en
Gen		– en
Dat		– en
Akk		– en

b.

	Sg		Pl
Nom	Wand	–	Wänd e
Gen		–	e
Dat		–	en
Akk		–	e

Die Feminina weisen im Sg keine Kasusmarkierung auf, im Pl ist höchstens der Dativ markiert (4b). Insgesamt lassen sich bei den Feminina vier Gruppen unterscheiden. (1) Substantive mit Schwasilbe (**e,el,er**) im Sg hängen im Pl ein **n** an (**Jacke, Decke, Wiese, Schraube, Katze, Nadel, Nudel, Feder, Natter, Mauer**). (2) Die meisten anderen Feminina hängen im Pl ein **en** an (**Zeit, Frau, Welt, Schrift, Art, Bahn**). Insgesamt bilden etwa 75 % der einsilbigen femininen Simplizia den Pl auf **en**. (3) Die verbleibenden etwa 25 % bilden den Pl auf **e** mit gleichzeitiger Umlautung des Stammvokals wie 4b (**Hand, Axt, Kuh, Kunst, Not, Maus, Braut**). (4) Es gibt auch den Fall, daß der Pl nur durch den Umlaut angezeigt wird (**Mutter, Tochter**).

Der Deklinationstyp 4 wird insbesondere von solchen Grammatiken, die die Kasus- und Numerusbildung getrennt betrachten, als unveränderlich oder endungslos bezeichnet (Grundzüge 599; Flämig 1991: Helbig/Buscha 1998: 237). Diese Qualifikation bezieht sich dann allein auf die Kasusbildung. Eine wirkliche Charakterisierung der Feminina gibt sie nur für den Sg ab, denn im Pl findet sich Unveränderlichkeit auch sonst, vgl. Typ 2.

Als besonderes Kennzeichen der Feminina wird allgemein die konsequente Markierung des Plurals herausgestellt. Der Plural muß bei den Feminina am Substantiv markiert werden, weil die Formen des bestimmten Artikels im Sg und Pl bis auf den Dat gleich sind, der Artikel im allgemeinen also Sg und Pl nicht unterscheiden kann (5.2.2). Der Zwang zur Pluralmarkierung dürfte auch die Erklärung dafür sein, warum der Typ 4b ausschließlich mit Umlaut auftritt: die meisten der morphologisch einfachen Feminina enden im Sg auf **e**, deshalb ist **e** in 4b als Pluralmarkierung nicht besonders wirkungsvoll. Der Umlaut tritt hinzu. Auch dort, wo der Plural endungslos ist, wie bei **Mutter, Tochter**, wird er wenigstens durch Umlaut angezeigt.

Was fängt man nun mit einer derartigen Darstellung des Flexionsverhaltens der Substantive an? Sicher ist sie sinnvoll, insofern sie einen gewissen Überblick gestattet und zeigt, welche Formen überhaupt vorhanden sind. Man kann auch einige Aussagen darüber machen, welche Formen markiert sind. Es fällt auf, daß der Gen Sg ziemlich gut markiert ist, daß der Dat Pl (und mit Einschränkungen der Dat Sg) relativ gut markiert ist, daß die Übereinstimmung zwischen Nom und Akk allgemein groß ist und daß es eine Tendenz zur formalen Unterscheidung von Sg und Pl gibt, wobei der Pl als markierte Kategorie aufwendiger und in diesem Sinn ikonisch kodiert ist.

Auch unabhängig von der funktionalen Interpretation stellen sich einige Fragen grundsätzlicher Art an eine Darstellung wie die obige. Die Substantivflexion des Deutschen gilt seit jeher als ziemlich undurchschaubar, wenn nicht unsystematisch (eine Zitatensammlung dazu in Mugdan 1977: 114). Das fängt an bei der Terminologie, setzt sich fort bei der Einteilung in Flexionsklassen und endet bei der Frage, wo man überhaupt von Regularitäten sprechen kann.

Im Terminologischen geht es vor allem um die Unterscheidung von starker und schwacher Flexion. Für die meisten älteren Grammatiken ist sie selbstverständlich, auch neuere wie die Grundzüge oder Jung 1990 machen sie mit. Der Duden bezeichnet sie schon 1973 als »wenig hilfreich« (1973: 186), später erkennt er in ihr »keinen heuristischen Wert« mehr (1998: 223). Die großen Untersuchungen zur Substantivflexion aus den 70er Jahren (Rettig 1972; Augst 1975; Bettelhäuser 1976; Mugdan 1977) lehnen sie durchweg und teilweise emphatisch ab (Ausnahme: Wurzel 1970). Rettig widmet der Entstehung und Geschichte der Begriffe ein eigenes Teilkapitel seiner Arbeit (1972: 45 ff.). Er zeigt, daß es Jacob Grimm bei ihrer Einführung im wesentlichen um die Erfassung diachroner Gegebenheiten ging. Von den zahlreichen Gründen, die Grimm zur Rechtfertigung der Unterscheidung anführt, treffe lediglich ein einziger »zufällig für einen Aspekt des neuhochdeutschen Systems noch zu«. Dieses eine Kriterium ist, daß die schwache Deklination weniger Kasus formal unterscheidet als die starke. Die Begründung vieler Grammatiken, die schwache Deklination sei schwach, weil sie ein **n** als ›konsonantische Stütze‹ benötige, trifft zumindest nicht Grimms ursprüngliche Intention. Darüber hinaus wird dieses Kriterium aber auch dort, wo es geltend gemacht wird, in der Regel nicht konsequent beachtet.

Es ist also zutreffend, daß man für das gegenwärtige Deutsch weder im Sinne von Grimm noch im Sinne der alltagssprachlichen Bedeutung der Wörter von einer starken und einer schwachen Flexion sprechen kann. Dennoch gibt es keine besondere Rechtfertigung dafür, diese Begriffe aufzugeben. Anders als viele andere, weniger heftig attackierte wie Passiv, Substantiv, Objekt oder Adverb führen sie nicht zu falscher grammatischer Wahrnehmung. Sie haben ersichtlich so wenig mit der Sache zu tun, daß sich jeder mit ihnen erstmals Befaßte fragt, woher sie wohl kommen. ›Stark‹ und ›schwach‹ erfüllen als reine Etiketten eine Bedingung, die eigentlich an alle grammatischen Termini gestellt werden sollte. Es ist deshalb durchaus kein Schade, daß die Begriffe in der neueren Literatur wieder mehr verwendet werden (Köpcke 2000; Wegener 2002; s. a. B. Wiese 2000).

Die Pluralbildung

Zur flexionsmorphologischen Analyse gehört vor allem die genaue Bestimmung der Flexionsendungen. Wir haben in den Schemata 1 bis 4 jeweils eine nicht weiter gerechtfertigte Segmentierung in Stamm und Endung vorgenommen und haben einer Endung bzw. der Endungslosigkeit die gleichzeitige Signalisierung einer Kasus- und einer Numeruskategorie zugeschrieben. Wir haben so getan, als sei die Substantivflexion fusionierend. Ob es sich so verhält, ist jedoch umstritten.

Und wie soll überhaupt segmentiert werden? Betrachten wir die schwachen Maskulina, die nur die Endung (**e**)**n** aufweisen. Was ist der Status dieser Endung? Wurzel beschreibt die verbreitete Auffassung so (1970: 26): »Meist faßt man sie in den obliquen Kasus des Singulars als Kasussuffix auf, während man sie im Nominativ Plural als Numerussuffix betrachtet«. Damit bleibt die Frage unbeantwortet, welches denn die Endungen der obliquen Kasus im Pl seien. Und man kann weiter fragen: was genau heißt es, daß eine Endung ›die Pluralendung‹ in einem Paradigma sei? Ist der Unterschied zwischen den Nominativen entscheidend? Und wenn ja, warum gerade er? Im Paradigma **Mensch** etwa lautet der Gen Sg ebenso wie die Pluralformen, nämlich **Menschen**, und auch die anderen Sg-Formen mit Ausnahme des Nom können **Menschen** lauten. Ist es angesichts dieser Tatsache nicht Willkür, das Suffix **en** als Pluralsuffix zu bezeichnen? (**Aufgabe 43**).

Es ist keine Willkür. Überblickt man die Flexionsschemata insgesamt, so fällt auf, daß die Pluralformen einheitlich gekennzeichnet sind. Das heißt nicht, daß der Plural für jeden Kasus dem Singular gegenüber dasselbe formale Merkmal aufweist. Aber die Pluralformen in einem Paradigma haben stets ein formales Merkmal gemeinsam, sei es eine Endung, eine Endung+Umlaut, ein Umlaut allein oder aber die Endungslosigkeit wie beim Typ 1a. Auch hier, wo kein Unterschied zum Sg besteht, bleibt die Einheitlichkeit des Plurals erhalten. Einheitlich ist auch die Bildung der Stammformen. Ein Substantiv hat maximal zwei unterschiedliche Stammformen, eine für den Singular und eine für den Plural (**Buch – Büch, Atlas – Atlant**). An diese Stammformen treten im Sg die Kasussuffixe, während im Pl zunächst ein Pluralsuffix und dann möglicherweise ein Kasussuffix tritt, z. B. **Büch+er+n**. Das Pluralsuffix ist agglutinierend, es kommt in allen Formen vor. Das entspricht seiner Stellung in der Hierarchie der Kategorisierungen. Numerus ist die höhere Kategorisierung (**Num > Kas**). Die niedrigere, Kasus, kann im Singular durchaus anders kodiert sein als im Plural (5.1).

Man kann so weit gehen, dem Singular und dem Plural der Substantive je gewisse Eigenschaften selbständiger lexikalischer Einheiten zuzuschreiben (Pavlov 1995: 35; 49f.; Baayen u. a. 1997; 6.1.1). Es gibt Hinweise recht unterschiedlicher Art in diese Richtung. Harnisch (2001) beispielsweise beschreibt die Pluralbildung im wesentlichen als Stammflexion, die Kasusbildung nicht. Köpcke (1993) erfaßt die Opposition von Singular und Plural als an Prototypen von Wahrnehmungsschemata gebunden. Wurzel (1988; 1994a) zeigt, daß man aus Genus und Plural auf das gesamte Flexionsverhalten eines Substantivs schließen kann. Mehrere spezielle Untersuchungen der vergangenen Jahre thematisieren die Pluralbildung als Gegenstand in eigenem Recht, und auch in den meisten neueren Grammatiken wird die Pluralbildung für sich auf die nach dem Genus klassifizierten Substantive bezogen. Wir schließen uns diesem Vorgehen an, besprechen zunächst die Systematik des Plurals und kommen dann auf die Verbindung mit der Kasusmarkierung zurück.

Zum Ausgangspunkt nehmen wir die noch weitgehend gültigen Ergebnisse von Augst (1975; 1979). Augst untersucht das ›zentrale Pluralsystem‹, wobei als zentral nicht die relativ seltenen Plurale auf **er**, nicht die auf **s** und nicht der Umlaut gelten. Als Regeln für das zentrale System haben wir dann 5 (Augst 1979: 224f.; zur Übersicht Duden 1998: 229ff.).

(5)   a.   Maskulina und Neutra bilden den Plural auf **e**, Feminina auf **en**
       b.   Substantive auf **e** bilden den Plural auch im Maskulinum auf **en**
       c.   Maskulina und Neutra auf **el, er, en** bilden den Plural endungslos.

Welchen Gültigkeitsgrad haben diese Regeln? Abgeleitete Substantive gehorchen ihnen so gut wie immer. Ableitungsaffixe wie **heit, ung, ling** und **Ge** legen sowohl das Genus als auch die Pluralbildung eindeutig fest. Für Substantive mit den Schwasilben **e, er, el, en** gilt die Regel für über 98%, genau für 2429 von 2476 Substantiven. Für die übrigen gilt sie nur für 84%, nämlich für 1524 von 1819. Gerade diese aber sind es, die besonders häufig vorkommen, die von Kindern mit zuerst gelernt werden, die das ausmachen, was man unter dem Kern des Bestandes an Substantiven versteht. Allgemein gilt also, daß die Pluralform eines Substantivs um so eher aus der Singularform hergeleitet werden kann, je mehr morphologische Struktur es hat. Die mit Schwasilben sind in dieser Hinsicht ein Grenzfall. Das ist einer der Gründe, sie als ›Pseudosuffixe‹ zu bezeichnen. Ob darüber hinaus – besonders bei den Einsilbern – Pluralbildung und phonetische Struktur korrelieren, ist nur im Zusammenhang mit der Genuszuweisung zu klären (Satz, 5.3.1).

Bezieht man die von Augst nicht berücksichtigten Plurale auf **er, s** und mit obligatorischem Umlaut ein, dann ergeben sich sechs Pluralklassen. Mit neuer Typenzählung erhalten wir 6.

(6) Pluraltypen

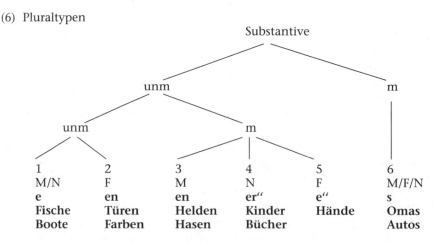

Ein Plural, der silbisch sein kann oder muß, ist mit **e** (Schwa) notiert. Die Genusbezeichnungen sind der Übersicht halber auf einen Buchstaben reduziert. Hochgestellte Anführungszeichen verweisen auf obligatorischen Umlaut. Das Kürzel *m* steht für ›markiert‹, *unm* steht für ›unmarkiert‹.

Der **s**-Plural (Typ 6) tritt in bestimmten lexikalischen Klassen wie den Eigennamen auf (**Schulzes, Emmas, Deutschlands**), dazu in einigen Substantiven niederdeutscher Herkunft (**Relings, Wracks**) und in zahlreichen fremden Wörtern (**Balkons, Briketts, Flops, Gags**). Systematisch finden wir ihn in Mehrsilbern, deren letzte Silbe einen unbetonten Vollvokal als Kern hat (**Uhus, Opas, Echos, Käppis, Muttis, Autos**). Hierher gehört mindestens eine produktive Wortbildungsregel, nämlich die Suffigierung von **i** wie in **Fundi, Sponti, Hirni** (7.2.2). Der **s**-Plural steht schließlich in Abkürzungen und Kurzwörtern (**ICs, LKWs, Profs, Loks**), die in vielen Fällen ebenfalls einen unbetonten Vollvokal als Kern der letzten Silbe haben. Wir sehen dies als hinreichende phonologische Bedingung und strukturellen Kern für die Zuweisung des **s**-Plurals an (Vv für ›Vollvokal‹ in 6). Sie beruht auf dem viel allgemeineren Constraint, daß die unmittelbare Abfolge von Kernvokalen unbetonter Silben zu vermeiden ist. Der **s**-Plural wird in der neueren Literatur entweder als die unmarkierte Pluralform im markierten Bereich (Bornschein/Butt 1987; Wegener 2002) oder aber als unmarkierter, vielleicht sogar einzig regelhafter Plural im gegenwärtigen Deutsch angesehen (R. Wiese 1996: 138; Clahsen 1999). Dieser Sicht schließen wir uns nicht an. Der **s**-Plural ist immer nichtsilbisch, d.h. das [s] kann aufgrund seiner niedrigen Sonorität an fast jeden Stammauslaut treten, ohne daß eine neue Silbe entsteht. Wegener bringt dies mit der Grundfunktion des **s**-Plurals als ›Transparenzplural‹ in Zusammenhang, der die Form der Singularstammform weitgehend unberührt läßt (Wegener 2002: 275 ff.). So treten beim ›normalen‹ Plural von Bach erhebliche Änderungen auf. Die Pluralform **Bäche** hat zwei Silben, der Stammvokal ist umgelautet, der stammauslautende Konsonant ist spirantisiert und gehört nicht zur selben Silbe wie im Singular. Das alles passiert nicht beim Namen **die Bachs** mit **s**-Plural. Man hat damit eine plausible Begründung für das Auftreten dieses Pluralmarkers in den genannten besonderen Wortklassen.

Der Umlaut tritt bei den Typen 4 und 5 obligatorisch, bei Typ 1 aber nur in bestimmten Fällen auf. Von den einsilbigen Maskulina mit umlautfähigem Stammvokal wird fast die Hälfte umgelautet (**Zwang – Zwänge, Klotz – Klötze, Hut – Hüte, Kauz – Käuze**). Es ist deshalb dafür plädiert worden, anstelle von Typ 1 einen Typ mit und einen ohne Umlaut anzusetzen (Thieroff 2000: 274 ff.). Eine Regel für diesen Umlaut gibt es nicht und insgesamt scheint er eher ab- als zuzunehmen. Beispielsweise wurde er früher leichter als heute auch bei Fremdwörtern verwendet (**Aufgabe 44**). Das Pluralsystem kann damit übersichtlich wie in 7 dargestellt werden.

(7) Pluraltypen

	MASK	NEUT	FEM
unmarkiert	e 1		en 2
markiert	en 3	er″ 4	e″ 5
s-Plural	s 6		

Bis auf 5 sind alle Pluraltypen im gegenwärtigen Deutsch zumindest schwach produktiv, d.h. die Substantivklassen, die diese Typen wählen, sind offene Klassen. Für 1 bis 3 ergibt sich das schon aus der Zuordnung produktiver Derivationssuffixe (s.o. Aufgabe 41 und 42). 5 ist schwach produktiv mit **tum** (**Herzogtümer, Heiligtümer**).

Man erkennt einerseits den engen paradigmatischen Zusammenhang zwischen Feminina und Maskulina: Der markierte Pluralmarker des Fem ist der unmarkierte des Mask und umgekehrt. Andererseits gibt es einen Zusammenhang zwischen Mask und Neut. Im unmarkierten Fall gehören beide demselben Typ an. Keine derartigen Gemeinsamkeiten gibt es zwischen Fem und Neut. Das Mask ist zentral insofern es strukturelle Beziehungen zu den beiden anderen Genera hat. Wir kommen auf diese Verhältnisse bei der Artikel- und Pronominalflexion zurück.

Damit sind die Pluralformen der Substantive in den Hauptklassen vollständig gekennzeichnet. Es fehlt lediglich die Verteilung von **n** und **en**. Diese ergibt sich aus der morphoprosodischen Regularität 8.

(8) Morphoprosodische Bedingung für Pluralformen: Die Pluralformen von substantivischen Simplizia enden auf Trochäus

Die Auswirkungen von 8 auf die Pluraltypen 1 bis 6 sind die folgenden.

1. Maskulina und Neutra mit Schwasilbe sind im unmarkierten Fall endungslos (**Eimer, Esel, Wagen, Ruder, Segel, Leiden**). Der Plural ist hier schwächer markiert als bei den vergleichbaren Feminina vom Typ 2.
2. Feminina mit Schwasilbe haben **n** (**Mauer – Mauern, Schwuchtel – Schwuchteln, Dame – Damen**), die ohne Schwasilbe haben **en** (**Frau – Frauen, Burg – Burgen**).
3. Für Typ 3 (schwache Maskulina) gilt eine analoge Regel zu Typ 2. Als einzige Schwasilbe kommt bei den schwachen Maskulina die offene Silbe vor (**Hase – Hasen, Bote – Boten** vs. **Mensch – Menschen, Held – Helden**.
4. Für Typ 4 gibt es keine Allomorphie. Der **er**-Plural tritt an Einsilber und ist deshalb silbisch (**Kind – Kinder, Tuch – Tücher**).
5. Für Typ 5 gilt eine analoge Regel zu Typ 4. Auch hier gibt es keine Allomorphie.
6. Der **s**-Plural tritt nichtsilbisch zum Stamm. Da viele dieser Stämme als solche trochäisch sind, führt das ebenfalls zum Trochäus (**Oma – Omas, Auto – Autos**).

Mit der prosodischen Bedingung 8 ist auch der Grund dafür genannt, daß die Pluralbildung im Deutschen agglutinierend erfolgt. Der Fuß wird einheitlich realisiert. Das bestätigt gleichzeitig die in Aufgabe 43 gemachte Annahme, das Substantiv des Deutschen folge im Prinzip der Grundformflexion. Für abgeleitete Substantive, deren Derivationssuffix einen Vollvokal hat, ist die Pluralbedingung entsprechend modifiziert. Auch solche Plurale enden auf unbetonter Silbe, aber die betonte Stammsilbe geht dieser nicht unmittelbar voraus, deshalb enden z. B. Wörter wie **Fremd+ling+e** und **Heiz+ung+en** nicht auf Trochäus, sondern auf Daktylus (weiter dazu 7.2.1).

Die strukturell ermittelten Markiertheitsverhältnisse vertragen sich bestens mit psycholinguistischen Erkenntnissen zu Erwerb und Verarbeitung von Pluralformen. Von den vielen interessanten Ergebnissen solcher Untersuchungen (z. B. Wegener 1995; Clahsen u. a. 1997; D. Bittner 2000) geben wir hier eines vereinfacht wieder, nämlich die Wahl von **(e)n** vs. **e** in sog. Nonsense- oder Pseudowörtern (Köpcke 1993). Die Versuchspersonen bilden den Plural von

Pseudowörtern, die mit bestimmtem Artikel dargeboten werden wie **der** [knɑːfə], **die** [muːʀ], **das** [kɛt], **die** [pʊxt], **der** [knɔlk]. Die Wörter haben keine Bedeutung, sind aber phonotaktisch wohlgeformt.

Köpcke unterscheidet Umgebungen, in denen eine bestimmte Pluralform gewählt werden muß, von solchen, in denen sie favorisiert ist, bis hin zu solchen, in denen sie nicht vorkommen kann. **(e)n** etwa muß gewählt werden in Substantiven mit Suffix **ung**, **e** in solchen mit **ling**. Lagen solche Bedingungen vor, dann wählten die Versuchspersonen durchweg die erwartete Pluralform sowohl für **(e)n** als auch für **e**.

Favorisiert ist **(e)n** als Typ 2 (morphologisch einfache Fem) und **e** als Typ 1 (morphologisch einfache Mask und Neut). Unter diesen Bedingungen wurde in zwei Dritteln der Fälle tatsächlich **(e)n** gewählt, aber nur in 42% der Fälle **e**.

Ausgeschlossen schließlich ist **(e)n** beispielsweise dort, wo eine andere Pluralform gewählt werden muß, und entsprechend für **e**. Unter diesen Bedingungen wurde immer noch in 10% der Fälle **(e)n**, aber nur in 2% der Fälle **e** gewählt.

Die Versuchspersonen sehen offenbar in **(e)n** eine ›bessere‹ Pluralmarkierung als in **e**. Köpcke nimmt an, daß eine gute Pluralmarkierung eine ist, die (1) als Segment leicht wahrnehmbar ist, die (2) als Pluralmarkierung häufig vorkommt und die (3) wenig in der Gegenkategorie, also im Sg, vorkommt; **(e)n** und **e** sind beide segmental (etwa im Gegensatz zum Umlaut); **(e)n** ist als Pluralmarkierung häufiger als **e**, schon weil ihm zwei produktive Typen zugeordnet sind; **e** kommt im Sg viel häufiger vor als **(e)n**, es ist ja fast ein Charakteristikum für Feminina. Nimmt man noch das größere Gewicht von **(e)n** als konsonantischem Suffix hinzu, dann ist klar, daß es in der gegebenen Funktion ein höheres Maß an Ikonizität erreicht als **e**.

Kasus und Flexionstypen

Vom Numerussystem her läßt sich nun auf einfache Weise auch die Systematik der Kasusendungen fassen. Die dargestellten Flexionstypen zeigen, daß im gegenwärtigen Deutsch zwei Kasusformen noch weitgehend obligatorisch markiert sind, nämlich der Dat Pl und der Gen Sg. In der Art der Realisierung unterscheiden sie sich aber grundlegend.

Der Dat Pl wird nach einer für das Gesamtsystem einheitlichen Regularität realisiert. Er hat stets die Form **n**, niemals **en**. Der Dat Pl wird genau dann markiert, wenn der Pluralform ein nichtsilbisches **n** angehängt werden kann. Damit haben wir keine Markierung des Dat Pl bei den Typen 2 (**die Türen – den *Türenn**), 3 (**die Menschen – den *Menschenn**) und 6 (**die Autos – den *Autosn**). Dagegen wird der Dal Pl markiert beim Typ 4 (**die Kinder – den Kindern**) und 5 (**die Hände – den Händen**). Beim Typ 1 paßt er meist (**die Tische – den Tischen, die Hämmer – den Hämmern**) aber nicht immer (**die Wagen – den *Wagenn**). Ob das **n** steht oder nicht, ist prosodisch determiniert. Grundsatz ist, daß der Trochäus der Pluralform im Dativ erhalten bleibt. Einer Flexionsregel für den einzelnen Flexionstyp bedarf es nicht.

Das ist anders beim Gen Sg. Seine Realisierung als konsonantisches Suffix mit **s** oder **n** muß für den einzelnen Flexionstyp spezifiziert werden. Die schwachen Maskulina haben **n**, die anderen Maskulina und die Neutra haben **s** oder **es**. Bei den Feminina wird der Gen Sg nur unter besonderen Bedingungen markiert, die hier unberücksichtigt bleiben (5.2.2). Als unterspezifizierte Flexionsparadigmen für die Typen 1 bis 6 erhalten wir 9. Unterschieden sind hier einmal Pluralformen von Nichtpluralformen. Bei den letzteren unterscheidet man weiter die Genitivformen von Nichtgenitivformen. Die Darstellung enthält das Minimum an Information, das man zur Rekonstruktion der obligatorisch kasus- und numerusmarkierten Formen benötigt.

(9) Flexionstypen

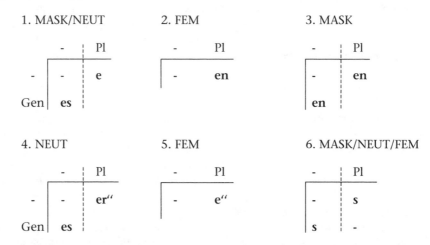

Bei den Maskulina und Neutra weist die unmarkierte Numeruskategorie Singular noch Kasusmarkierungen auf (Typ 1), während der Kasus im Plural bis auf den prädiktablen Dativ abgebaut ist. Numerus determiniert Kasus. Im Mask und Neut gibt es den Typ mit einheitlicher Kasus/Numerusmarkierung (Typ 3 mit **en/en**, Typ 6 mit **s/s**) neben dem mit unterschiedlichen Markern (**es/e**, Typ 1 sowie **es/er"**, Typ 4). Auch hieran wird deutlich, daß die Numerusmarkierung bei den Maskulina und Neutra weniger ausgeprägt ist als bei den Feminina. Ein weiterer struktureller Aspekt wird deutlich, wenn man die Marker nach Genus einerseits und Formtyp andererseits analog zu 7 anordnet.

(10) Flexionstypen

	MASK	NEUT	FEM
unmarkiert	es/e 1	es/e	en 2
markiert	en/en 3	es/er" 4	e" 5
s-Flexion	s/s 6	s/s	s

Man erkennt, wie die Formdifferenzierung nach dem Genus bei den markierten Typen zunimmt. Jedes Genus hat hier seine eigenen Marker. Die genusunabhängige **s**-Flexion fällt in dieser Hinsicht aus dem Rahmen und sieht tatsächlich aus wie der Default-Typ für das Gesamtsystem. Wir interpretieren die Verhältnisse aber nicht so, sondern sehen die Genusunabhängigkeit des s-Flexion als an ihre besondere Funktion im oben beschriebenen markierten lexikalischen Bereich gebunden. Die ›Stammtransparenz‹ wird genusunabhängig realisiert und nicht etwa die Funktion des Genus generell in Frage gestellt.

Die Realisierung des Gen Sg als silbisch/nichtsilbisch folgt beim **n** einfachen phonotaktisch-prosodischen Prinzipien (**der Mensch – des Menschen** vs. **der Bote – des Boten**).

Etwas komplizierter liegen die Verhältnisse beim **s**. In der **s**-Flexion wird das Genitiv-**s** nichtsilbisch realisiert. Das gilt auch dann, wenn der Stamm nicht vokalisch auslautet, wie das bei zahlreichen Fremdwörtern der Fall ist (**des Jobs/*Jobes, des Sets/*Setes**). Im nativen Wortschatz der Typen 3 und 6 muß das **s** nach [z] und [s] silbisch realisiert werden (**des Hauses, des Maßes, des Reflexes, des Schatzes**). Nichtsilbisch wird es dann realisiert, wenn der Stamm schon auf einem Trochäus endet (**des Esels, des Wagens, des Königs, des Feiglings**). In den übrigen Fällen kann es im Prinzip silbisch oder nichtsilbisch sein (**des Tischs/Tisches, des Stoffs/Stoffes; Aufgabe 45**).

Es bleibt zu klären, warum die konsonantischen Suffixe, und unter ihnen besonders die mit **n** und **s**, auf die beschriebene Weise verteilt sind. Beide kommen ja sowohl als Kasus- wie als Numerusendung vor. Allgemein gilt, daß das **n** stärker prosodisch gebunden ist als das **s**. Es syllabiert schwerer und ist deshalb besonders für den Trochäus des Pl geeignet. Das **s** dagegen kann von der phonologischen Substanz her in der Regel genauso gut silbisch wie nichtsilbisch sein. Es ist von daher zuerst für den Gen Sg geeignet und gibt seinen Formen ein erhebliches Gewicht. Weitere Aussagen zum Ikonismus sind im Zusammenhang der Artikel- und Pronominalflexion möglich.

5.2.2 Pronomen und Artikel

Pronominale Flexion

Pronomina sind Wörter, deren Formen im wesentlichen dieselben syntaktischen Funktionen erfüllen können wie ›vollständige‹ Nominale, die Artikel und Substantiv sowie beliebige Attribute enthalten. Einige Beispiele gibt 1.

(1)   a. **Ihr Freund ist verreist, *meiner* bleibt hier**
       b. **Joseph kaufte den ganzen Häuserblock und ließ *ihn* abreißen**
       c. **Karl telefonierte mit der Dame, *deren* Wohnung er mieten wollte**
       d. **Paula schrieb an die Verwaltung, um *dieser* den Wasserschaden mitzuteilen**

Der hervorgehobene Ausdruck in 1a ist eine Form des Possessivpronomens **meiner**, die hier Subjekt ist. Sie erfüllt dieselbe Funktion, die auch das Nominal **mein Freund** erfüllen könnte. Genau das ist gemeint, wenn man sagt, ein Pronomen stehe im prototypischen Fall für ein vollständiges Nominal. In 1b ist die pronominale Form **ihn** direktes Objekt und hat dieselbe Funktion, die auch **den ganzen Häuserblock** haben könnte. In 1c haben wir die Form des Relativums **deren** in der Funktion eines Genitivattributes und in 1d schließlich die Form des Demonstrativums **dieser** als indirektes oder Dativobjekt.

Wie die Pronomina insgesamt eingeteilt werden und wie die einzelnen Typen sich genau verhalten, wird innerhalb der Syntax besprochen (Satz, 5.4). Im Augenblick geht es um das Flexionsverhalten des prototypischen Pronomens, nämlich **dieser**. Die Deklination des Demonstrativums kann als grundlegend für die Deklination aller Pronomina und der Artikel angesehen werden. Sie hat dem Deklinationstyp die Bezeichnung starke oder *pronominale Deklination* eingebracht. Grundlegend ist sie, weil das Demonstrativum von seiner Leistung her als typisch pronominal gelten kann. Im Gegensatz zu den Artikeln, die ja mit einem Substantiv gemeinsam auftreten, muß es alle syntaktischen Funktionen allein tragen.

Gewisse Gebrauchsbeschränkungen gibt es für einige Pronomina höchstens im Gen Sg des Mask und Neut. So wird man kaum sagen **Er erinnert sich dieses/eines/keines**. Daraus wird manchmal geschlossen, diese Formen gebe es nicht (Engel 1988: 668 und insbesondere Thieroff 2000: 249). Der Schluß ist unzutreffend, denn mit ein wenig Kontext erhalten wir wohlgeformte Sätze wie **Er erinnert sich eines/keines von ihnen und Sie nimmt sich dieses wie aller übrigen liebevoll an**.

An der pronominalen Deklination kann man insgesamt am besten studieren, nach welcher Systematik die nominalen Kategorisierungen Genus, Numerus und Kasus kodiert sind. Wir besprechen zunächst die wichtigsten Züge dieser Systematik und wenden uns dann der Frage zu, wie die Artikel von den Pronomina abzugrenzen sind und wie sie flektieren.

Das pronominale Paradigma wird traditionell meist wie in 2 präsentiert. Es ist nach den vier Kasus und den beiden Numeri gegliedert. Im Sg wird außerdem nach dem Genus differenziert. Eine Genusdifferenzierung im Pl gibt es hier wie generell im Deutschen nicht.

(2)

		Sg			Pl
		Mask	Fem	Neut	M/F/N
Nom	dies	er	e	es	e
Gen		es	er	es	er
Dat		em	er	em	en
Akk		en	e	es	e

Alle Formen im Paradigma haben zwei Silben mit trochäischem Fuß. Die verwendeten Suffixe sind, nach dem phonologischen Gewicht geordnet, **e**, **er**, **en**, **em**, **es**. Da der Stamm auf s endet, müssen alle Formen schon aus phonotaktischen Gründen zweisilbig sein: Keiner der in den Suffixen vorkommenden Konsonanten kann mit dem s im Stammauslaut einen Silbenendrand bilden.

Die fünf Suffixe verteilen sich im Paradigma auf 16 Positionen. Je viermal kommen die leichten Suffixe **e** und **er** vor, je zweimal die mit Nasal und wieder viermal das schwerste Suffix **es**. Wie ist diese Verteilung zu erklären? Gibt es insbesondere eine Systematik, die auf einem ikonischen Verhältnis von Form und Funktion beruht?

Einen ersten Einblick gewinnt man, wenn die Kategorien so umgeordnet werden, daß gleiche Formen möglichst zusammen stehen. Als eine Möglichkeit und in verkürzter Schreibweise ergibt sich 3a mit den maximalen Feldern gleicher Formen wie in 3b (›Synkretismusfelder‹).

(3) a. b.

	Mask	Neut	Fem	Pl
Nom	er	es	e	e
Akk	en	es	e	e
Gen	es	es	er	er
Dat	em	em	er	en

	Mask	Neut	Fem	Pl
Nom	er	es	e	e
Akk	en	es	e	e
Gen	es	es	er	er
Dat	em	em	er	en

Die Anordnung zeigt, daß es beim Genus Gemeinsamkeiten des Mask und Neut gegenüber dem Fem gibt. Das Fem seinerseits unterscheidet sich kaum vom Pl. Was den Kasus betrifft, so bilden offenbar Nom und Akk einen Block gegenüber Gen und Dat. Eine Blockbildung ähnlicher Art haben wir schon bei der Substantivflexion festgestellt (5.2.1). Auch dort hatten Mask und Neut viele Gemeinsamkeiten, und auch dort haben sich der Gen und der Dat als die noch am ehesten formal markierten Kasus erwiesen, während der Nom und der Akk weitgehend ohne Kasusmarker bleiben. Keine Gemeinsamkeiten gab es dagegen zwischen Fem und Pl. Bei den femininen Substantiven ist gerade der Plural gut markiert.

Die Feldereinteilung in 3b verträgt sich nun mit diesen Gemeinsamkeiten zwischen den Kategorien nur teilweise. Quer dazu liegt beispielsweise das Viererfeld mit **es**, denn es übergeht die Grenze zwischen Nom/Akk einerseits und Gen/Dat andererseits. Offenbar führt es nicht zur systematisch besten Darstellung, wenn man einfach möglichst große Felder gleicher Form bildet. Schon in seiner frühen Analyse der pronominalen Deklination fordert Bierwisch (1967: 245 f.) deshalb, die Grenzen so zu ziehen, daß ›natürliche Klassen‹ von kategorisierten Einheiten entstehen. Im Anschluß an Williams (1994) schlägt B.Wiese (1996; s.a. Blevins 1995), auf dessen Arbeit wir uns im folgenden entscheidend stützen, als Ausgangspunkt eine Gliederung in Synkretismusfelder wie in 4 vor. Als Synkretismus für die pronominale Flexion gilt dabei nur ein Zusammenfall von Formen, der auch in der Nominalgruppe aus Artikel+Adjektiv+Substantiv nicht aufgelöst wird. So besteht ein Synkretismus zwischen Nom Neut und Akk Neut (**dieses**), weil auch der Ausdruck **dieses kleine Kind** Nom Neut und Akk Neut sein kann. Dagegen besteht kein Synkretismus zwischen **dieses** als Nom Neut und Gen Neut, denn wir haben als Nom **dieses kleine Kind** und als Gen **dieses kleinen Kindes**. Das strengere Kriterium für Synkretismus liefert die 10 Felder in 4 statt der 7 Felder in 3. Indem es genau das berücksichtigt, was die ausgebaute NGr an Formdifferenziertheit aufweist, bringt es das zu Beginn dieses Abschnittes erläuterte Verhältnis von Pronomen und NGr zur Geltung (**Aufgabe 46**).

(4)

	Mask	Neut	Fem	Pl
Nom	er (1)	es	e	e
Akk	en (2)	es (5)	e (6)	e (8)
Dat	em (3)	em	er	en (9)
Gen	es (4)	es	er (7)	er (10)

Zum Ikonismus der pronominalen Flexion

Betrachten wir zunächst weiter die Kasuskategorien. Die hervorstechenden Gemeinsamkeiten zwischen Nom/Akk einerseits und Dat/Gen andererseits hängen zusammen mit der Funktion, die diese Kasus haben. Das gilt für das Deutsche, es gilt aber darüber hinaus für die Kasussysteme der indoeuropäischen Sprachen allgemein (Kuryłowicz 1964; Greenberg 1966). Genauer wird dies wiederum in der Syntax besprochen, aber der Hauptunterschied zwischen beiden Kasusgruppen ist unmittelbar einsichtig.

Jedes Verb des Deutschen kann einen Nominativ als Subjektkasus nehmen, und sei es das sog. leere Pronomen **es** wie in **Es regnet**. Zwar gibt es Sätze ohne Nom (**Mich friert**), aber es gibt keine Verben, die keinen Nom nehmen können (**Der Mann friert**). Strukturell am zweitwichtigsten ist der Akk, der Kasus des direkten Objekts, wie wir ihn beim transitiven Verb finden (**Die Frau kauft einen Mantel; Der Mann vergißt den Regenschirm**). Der Akk ist zudem in besonderer Weise auf den Nom bezogen, denn beispielsweise erscheint er im normalen **werden**-Passiv als Nom (**Der Regenschirm wird von dem Mann vergessen**). Allgemein kann man sagen, daß der Nom und der Akk die primären Kasus des Deutschen sind, sowohl quantitativ wie strukturell-syntaktisch (1.3.2).

Demgegenüber sind der Gen und der Dat markiert, sie kommen erst an dritter und vierter Stelle ins Spiel. Der Gen spielt als Objektkasus kaum eine Rolle (**Sie bedarf deiner Hilfe**) und hat seine Hauptfunktion als Attribut (**der Umfang deiner Hilfe**), also in einem ganz anderen Bereich als Nom und Akk. Möglicherweise hat er als der markierte Kasus überhaupt zu gelten. Der Dat ist zwar wichtiger Objektkasus (**Er schreibt seiner Schwester einen Brief**), er ist jedoch dem Akk gegenüber nachgeordnet. Seine semantische Funktion ist spezieller (als Objekt bezeichnet er in der Regel den Rezipienten oder Adressaten) und seine Syntax ist ärmer. Er gilt deshalb häufig als lexikalischer und nicht als struktureller Kasus (1.3.2). Aus diesen und vielen weiteren Gründen ist man berechtigt, den Dat/Gen als markiert dem Nom/Akk als unmarkiert gegenüberzustellen. Als Kategorienbezeichnungen haben sich Dat/Gen=Obl (obliquer Kasus) und Nom/Akk=Dir (direkter Kasus) eingebürgert. Wir schließen uns dieser Redeweise an, obwohl sie von der traditionellen abweicht, in der die verbregierten Kasus Gen, Dat, Akk als oblique (lat. *obliquus* »schräg«, »schief«) dem Nom als Casus rectus gegenüberstanden. Auf der Basis von 4 entwickelt man damit 5.

(5)

	Mask	Neut	Fem	Pl
–	en, er	es	e	e
Obl	es, em	es, em	er	en, er

Das Schema enthält für jedes Genus und für den Plural die Suffixe, mit denen die obliquen Kasus einerseits und die nichtobliquen andererseits kodiert sind. Beim Neutrum taucht **es** in beiden Kasusgruppen auf, weil es sich in 4 sowohl im Gen wie im Nom/Akk findet und die Synkretismusfelder so angesetzt wurden, daß es sich bezüglich oblique/direkt nicht um dasselbe Suffix handelt.

In 5 sieht man nun deutlicher als in 4, inwiefern die Kasusmarkierung der pronominalen Deklination ikonisch ist. Die obliquen Kasus sind gegenüber den nichtobliquen (direkten) in allen Genera und im Pl entweder durch schwerere Suffixe kodiert (Mask **es, em** vs. **en, er**; Fem **er** vs. **e**) oder formal weiter differenziert (Neut **es, em** vs. **es**) oder beides (Pl **en, er** vs. **e**). Was Kasus betrifft, wird im gegenwärtigen Deutsch durch Suffixe nur teilweise der einzelne Kasus, teilweise aber die Zugehörigkeit einer pronominalen und allgemein einer nominalen Form zur Gruppe der obliquen Kasusformen einerseits und der direkten Kasusformen andererseits angezeigt. Für die Differenzierung innerhalb der einzelnen Kasusgruppen stehen auch andere Mittel zur Verfügung, etwa die Wortstellung und allgemein der syntaktische Kontext. Beispielsweise steht ein Subjekt bei unmarkierter Satzgliedfolge sowohl im Haupt-(Verbzweit-)Satz als auch im Neben-(Verbletzt-)Satz vor dem direkten Objekt (**Die Frau kauft einen Mantel; weil die Frau einen Mantel kauft**).

Ein ähnliches Resultat mit einem vergleichbar ausgeprägten Ikonismus erhält man nun auch für die Kategorien des Genus und Numerus. Die Gemeinsamkeiten liegen hier beim Mask/Neut einerseits und dem Fem/Pl andererseits. Mit B.Wiese (1996) führen wir für Mask/Neut die Kategorie Standard (Std) und für Fem/Pl die Kategorie Nichtstandard (Nstd) ein. Bezüglich der Markiertheitsverhältnisse gilt das folgende.

Beim Genus ist das Fem dem Mask und dem Neut gegenüber im allgemeinen markiert. Wir zeigen das im einzelnen bei der Besprechung des Genus der Substantive (Satz, 5.3.1) und begnügen uns hier mit dem Hinweis auf die Klagen der Feministen und Feministinnen, daß das Mask als Bezeichnung für die geschlechtsübergreifende Gattung (**der Lehrer, der Mensch**) und das Neutrum als Bezeichnung für die geschlechtslose Gattung (**das Kind, das Tier**) gewählt wird. Bei den Numeri ist der Pl fraglos markiert gegenüber dem Sg. Beides zusammen bedeutet, daß wir in der Kategorie Std (Mask/Neut) unmarkierte, in Nstd (Fem/Pl) ihnen gegenüber markierte Kategorien zusammengefaßt haben. Da Genus und Numerus die determinierenden Kategorisierungen sind, erwarten wir beim unmarkierten Genus die schwereren Kasuskodierungen. Und genau so verhält es sich:

(6)

	Std	Nstd
Nom	er, es	e
Akk	en, es	e
Dat	em	er, en
Gen	es	er

Als unterspezifiziertes pronominales Paradigma mit Standard und Oblique als markierten Kategorien erhalten wir 7. Ein konstruktioneller Ikonismus ist hier auf nahezu ideale Weise gegeben. Ein Wunderwerk der unsichtbaren Hand.

(7)

	–	Std
–	e	er, es, en
Obl	er, en	es, em

Die Analyse der pronominalen Flexion kann noch weiter getrieben werden. Bei B. Wiese (1996) etwa finden sich eine zusätzliche Kasuskategorisierung mit Dat/Akk als markierten Objektkasus und eine Genuskategorisierung mit Fem/Neut als markierten Spezialgenera; zu einer semantischen Deutung der pronominalen Flexion D. Bittner 2002. Aus Platz- und Darstellungsgründen lassen wir es mit 7 als Ergebnis bewenden und fragen uns stattdessen, was passiert, wenn ein Pronomen sich auf das gemeinsame Vorkommen mit einem Substantiv spezialisiert und damit zum Artikel wird.

Abgrenzung und Flexion der Artikel

Als syntaktisches Hauptcharakteristikum der Artikel sehen wir also ihr Auftreten mit dem Substantiv an. Oft wird das so verstanden, daß das Substantiv ›Hauptwort‹ und Kern der Nominalgruppe sei. Der Artikel ist dann ›Begleiter des Substantivs‹ (Duden 1984: 314) und hat eine »Hilfswort-Funktion ... im Bereich des Substantivs« (Grundzüge 541; ähnlich Engel 1988: 523 ff.; Weinrich 1993: 406 ff.).

Diese Sicht stößt auf die Schwierigkeit, daß das Substantiv häufig nicht ohne Artikel stehen kann, daß also zumindest eine gegenseitige Abhängigkeit von Substantiv und Artikel besteht (**Der Baum wird gefällt**; *****Baum wird gefällt**). Eine Abhängigkeit des Artikels vom Substantiv besteht nur beim Genus. Wie die Pronomina flektieren die Artikel in Hinsicht auf das Genus. Mask, Fem, Neut sind beim Artikel Einheitenkategorien, während die Genera beim Substantiv als Wortkategorien auftreten. Ein bestimmtes Substantiv hat ein bestimmtes, für alle seine Formen gültiges Genus. Der bestimmte Artikel in **der Baum; die Wiese; das Buch** etwa macht das am Substantiv nicht offen gekennzeichnete Genus sichtbar. Man sah in älteren Grammatiken darin manchmal die Hauptfunktion des Artikels und nannte ihn das Geschlechtswort (Sütterlin 1923: 208; Jude 1975: 106).

Ein Abgrenzungsproblem für die Artikel entsteht dadurch, daß mit dem Substantiv auch viele Einheiten auftreten, die man nicht zu den Artikeln, sondern zu den Pronomina rechnet. Neben **der Baum/ein Baum** haben wir auch **dieser Baum/jener Baum** und neben **die Bäume** auch **diese Bäume/jene Bäume**. Unser Abgrenzungskriterium für Artikel soll sein, ob ein Flexionsparadigma speziell auf den adsubstantivischen Gebrauch abgestimmt ist. Damit ergibt sich:

1. Nicht zu den Artikeln gehören Wörter, deren Formen sowohl adsubstantivisch als auch für sich stehen können wie **dieser, jener, einiger**. Wir haben **Diesen Kuchen mag ich nicht** neben **Diesen mag ich nicht** und entsprechend bei allen anderen Formen des Paradigmas, deshalb ist **dieser** kein Artikel. Dagegen gibt es sowohl einen Artikel **der** wie ein Pronomen **der**. Ihre Paradigmen unterscheiden sich beispielsweise im Dat Pl (**Wir glauben den Sternen** vs. **Wir glauben denen**).
2. Nicht zu den Artikeln gehören etwa **einer, keiner, meiner**. Diese Paradigmen sind morphologisch bezogen auf die Artikel **ein, kein, mein**, sie sind aber selbst nicht in allen Formen adsubstantivisch verwendbar (**Aufgabe 47**).

Die Zahl der Artikel, immer verstanden als Wörter, bleibt mit diesem Abgrenzungskriterium klein und ist beschränkt auf

(8)   **der, ein, kein, mein, dein, sein**.

Außer dem bestimmten und dem unbestimmten Artikel haben wir damit den Negationsartikel **kein** sowie die Possessivartikel **mein, dein** und **sein** (s. aber unten, Aufgabe 48).

Das Paradigma des bestimmten Artikels entspricht weitgehend der pronominalen Flexion (9). Es werden fast dieselben Formdifferenzierungen realisiert, nur daß der Gen des Mask und Neut beim Artikel einen anderen Vokal hat als der Nom und Akk des Neut. Die Trennung der Synkretismusfelder 3 und 5 in 4 oben wird dadurch bestätigt. Die Verteilung der Konsonanten im Auslaut ist exakt dieselbe wie beim Pronomen, so daß sich in Hinsicht auf das ikonische Verhältnis vom Form und Funktion nichts Neues ergibt.

(9)

		Mask	Neut	Fem	Pl
Nom	d	er	as	ie	ie
Akk		en	as	ie	ie
Dat		em	em	er	en
Gen		es	es	er	er

Alle Formen sind einsilbig. Der bestimmte Artikel bildet keinen eigenen Fuß. Er ist im Standardfall unbetont und wird zur Fußbildung entweder nach links integriert (**Er hát die Fráu geséhen**) oder er bildet einen Auftakt zum folgenden Fuß (**Die Fráu hat ér geséhen**). Trotz der hohen Systematizität der Formbildung wird dem bestimmten Artikel die Segmentierbarkeit in Stamm und Flexionsendung häufig abgesprochen (Duden 1998: 311). Ob man **d** den Status einer morphologischen Einheit grundsätzlich absprechen kann, lassen wir an dieser Stelle offen. Mit dem einheitlichen, charakteristischen Anlaut und dem Auslaut auf Vokal oder Vokal+Konsonant weist der bestimmte Artikel Formmerkmale auf, die andere Artikel auch haben. Gegen eine Segmentierung spricht allerdings, daß der einzige Vokal der Formen ein Vollvokal ist.

Diesen anderen Artikeln ist der Bestandteil **ein** gemeinsam. Sie bilden synchron eine formal einheitliche Gruppe mit dem anlautenden Konsonant als distinktivem Element. Historisch sind nur **ein** und **kein** (Grammatikalisierung von **nicht+ein**) verwandt, die Possessivartikel haben andere Wurzeln. Das Vorhandensein eines ›ordentlichen‹, silbischen Stammes führt dazu, daß diese Artikelgruppe Grundformflexion hat. Die Formen des unmarkierten Genus und Kasus sind endungslos. Das hat den strukturellen Effekt, daß der Pl und das Fem prosodisch einheitlich gekennzeichnet sind. Beim Fem tritt im unmarkierten Kasus das Suffix **e** (Schwa) hervor, das ja bei den Substantiven geradezu als Femininmarkierung angesehen werden kann (**Tüte**, **Laube**, **Wanne**, **Schreibe**). Alle in 10 vorkommenden Suffixe sind die der pronominalen Flexion.

(10)

	Mask	Neut	Fem	Pl
Nom	kein	–	e	e
Akk	en	–	e	e
Dat	em	em	er	en
Gen	es	es	er	er

Das ›Fehlen‹ von **er** bzw. **es** in den Artikelformen des Nom Mask bzw. Nom/Akk Neut hat zur Folge, daß sie bei Verwendung dieser Formen am Adjektiv realisiert werden, was zur sog. gemischten Deklination führt (5.2.3). Eine Besonderheit im Verhalten zeigt **ein**, insofern es keinen Plural hat. Was man als Pluralbedeutung des unbestimmten Artikels erwartet, wird im wesentlichen durch Artikellosigkeit des Substantivs realisiert (**ein Baum – Bäume**). Die Artikellosigkeit im Plural vergegenständlichen die Grammatiken gern mit der Rede vom Nullartikel (Erben 1980: 227; Engel 1988: 525; Weinrich 1993: 408f.; Löbner 1986). Die Artikellosigkeit beruht natürlich auf der engen Verwandtschaft des unbestimmten Artikels mit dem Zahlwort **ein**, dem die Pluralbedeutung versperrt ist. Sie wird syntaktisch teuer bezahlt, denn sie führt zu einer konstruktiven Lücke. So haben wir **Sie erinnert sich eines Kindes/seines Kindes**, aber im Plural **Sie erinnert sich *Kinder/seiner Kinder**. Die artikellose Form ist ausgeschlossen, weil der Genitiv nicht hinreichend markiert ist (dazu weiter Satz, 7.3.1; **Aufgabe 48**).

Wir wollen zum Schluß zeigen, wie Artikel- und Substantivflexion zusammenwirken (Durrell 1979; Ágel 1996; Satz, 5.1). In 11b wird dazu das Endungsinventar der Artikelflexion von 10 mit dem Endungsinventar des jeweiligen substantivischen Prototyps vereinigt. Im Mask und Neut ist das die starke Substantivflexion (**Tisch**, **Kind**) im Fem ist Endungslosigkeit gegeben (**Burg**), im Pl ist es wieder die starke Flexion (**Tische**).

(11) a. Mask: **kein Tisch**; Neut: **kein Kind**; Fem: **keine Burg**; Pl: **keine Tische**

b.

	Mask		Neut		Fem		Pl	
	Art	Subst	Art	Subst	Art	Subst	Art	Subst
Nom	–	–	–	–	e	–	e	e
Akk	en	–	–	–	e	–	e	e
Dat	em	e	em	e	er	–	en	en
Gen	es	es	es	es	er	–	er	e

Hinsichtlich Kasus verstärkt das Substantiv die Flexion des Artikels, und das umso mehr, je stärker das Flexiv des Artikels ist. In diesem Sinne kann man von echter Kongruenz zwischen Artikel und Substantiv sprechen. Gut sichtbar wird außerdem, wie der Plural insgesamt und insbesondere auch gegenüber dem Fem schwer wird, obwohl wir mit der starken Flexion lediglich den leichtesten Substantivplural überhaupt wiedergegeben haben. Bei den übrigen Pluraltypen tritt der Effekt noch deutlicher hervor. In einem Satz: Das Substantiv unterstützt die Kasusflexion des Artikels und markiert selbst den Plural.

5.2.3 Das Adjektiv

Starke, schwache und gemischte Flexion

In Ausdrücken wie **gutes Bier**, **die neue Idee** und **ein bemerkenswerter Vorschlag** tritt das Adjektiv in deklinierten Formen zum Substantiv bzw. zum Artikel und Substantiv, es ist Attribut. Während es in der Funktion des Prädikatsnomens (**Else ist klug**) und als Adverbial (**Karl atmet hastig**) unflektiert in der sog. Kurzform erscheint, ist es als Attribut niemals endungslos. Wie die Pronomina und Artikel wird es hier nach Genus, Numerus und Kasus flektiert. Die Kurzform steht außerhalb dieses Flexionsparadigmas, sie ist unflektiert.

Unter den Nominalen weist das Adjektiv, was seine Flexion betrifft, zwei Besonderheiten auf. Einmal wird es nicht nur dekliniert, sondern auch komparariert. Die Bildung der Steigerungsformen – des Positiv, Komparativ und Superlativ – ist eine Art der Flexion, die es nur beim Adjektiv gibt.

Die zweite Besonderheit: Adjektive folgen nicht einem, sondern mehreren Flexionsmustern, wobei die Wahl des Musters von der syntaktischen Umgebung abhängt. Was wir beim Pronomen als mögliche Formalternative in einem Fall (**dieses** vs. **diesen** im Gen Sg des Mask und Neut) und im Verhältnis von Pronomen und Artikel als unterschiedliche Flexionsformen kennengelernt haben (**denen** vs. **den** im Dat Pl usw., vgl. Aufgabe 48), wird beim Adjektiv systematisch und zumindest im geschriebenen Standarddeutsch strikt grammatikalisiert als starke, schwache und gemischte Deklination unterschieden.

Steht das Adjektiv ohne Artikel beim Substantiv, so dekliniert es stark (1). Steht es nach dem bestimmten Artikel oder einer vergleichbar deklinierenden Einheit, so dekliniert es schwach (2). Steht das Adjektiv nach dem unbestimmten Artikel oder einer vergleichbar deklinierenden Einheit, so dekliniert es gemischt (3).

(1) stark
    a. Mask: **heißer Tee**; Neut: **heißes Wasser**; Fem: **heiße Suppe**; Pl: **heiße Suppen**
    b.

		Mask	Neut	Fem	Pl
Nom	heiß	er	es	e	e
Akk		en	es	e	e
Gen		en	en	er	er
Dat		em	em	er	en

(2) schwach
    a. Mask: **der heiße Tee**; Neut: **das heiße Wasser**; Fem: **die heiße Suppe**; Pl: **die heißen Suppen**
    b.

		Mask	Neut	Fem	Pl
Nom	heiß	e	e	e	en
Akk		en	e	e	en
Gen		en	en	en	en
Dat		en	en	en	en

(3) gemischt
    a. Mask: **kein heißer Tee**; Neut: **kein heißes Wasser**; Fem: **keine heiße Suppe**; Pl: **keine heißen Suppen**
    b.

		Mask	Neut	Fem	Pl
Nom	heiß	er	es	e	en
Akk		en	es	e	en
Gen		en	en	en	en
Dat		en	en	en	en

Die Redeweise von starker, schwacher und gemischter Deklination schließt an die bei den Substantiven an (5.2.1). Schwach oder nominal heißt ein Flexionsmuster, in dem die Endung (e)n dominant ist, stark oder pronominal eines, das diese Endung nicht oder wenig verwendet. Trotz Ähnlichkeit im Terminologischen bleibt der Unterschied zur Substantivdeklination aber klar. Während ein bestimmtes Substantiv entweder stark oder schwach oder gemischt dekliniert, bildet ein Adjektiv alle diese Formen.

Wie kommt es zu einem derart differenzierten Flexionsverhalten, wie ist es insbesondere zu deuten, daß das Flexionsmuster kontextabhängig gewählt wird? Einer Erklärung bedarf insbesondere die schwache Flexion. In 16 Positionen enthält das Muster ganze zwei Formen. Noch dringlicher als beim Substantiv und beim Pronomen stellt sich die Frage, welche Kategorisierung diesen ausufernden Synkretismen zugrundeliegt.

Die meisten Grammatiken setzen wie oben drei Flexionstypen an (Erben 1980: 171ff.; Helbig/Buscha 1986: 299ff.; Engel 1988: 571f.; Duden 1995: 277ff.). Andere Konzeptionen unterscheiden nur eine starke und schwache Flexion und erklären die verbleibenden Formunterschiede je individuell (Wurzel 1970: 55ff.; Grundzüge: 628ff.; Jung 1990: 294ff.; Weinrich 1993: 483ff.; Weinrich spricht von großer vs. kleiner Adjektivflexion). Gedeutet wird das Deklinationsverhalten weitgehend einheitlich. Die starke Deklination ist sehr ähnlich der des Pronomens und des bestimmten Artikels. Da die Artikel wesentlich zur formalen Differenzierung von Artikel-Substantiv-Verbindungen beitragen, muß das Adjektiv bei fehlendem Artikel dessen Funktion mitübernehmen und flektiert stark. Fourquet (1973: 122f.) verdinglicht und verallgemeinert diesen Gedanken mit der Rede vom wandernden Kasusmorphem: »Die Kasusanzeiger ... sind beweglich geworden: Sie gehen auf das Attribut über, wenn das vorangehende Wort fehlt, oder wenn es kein Suffix annimmt.«

Eine Deutung dieser Art sagt uns – mit gewissen Einschränkungen – wann ein Adjektiv stark und wann es schwach dekliniert wird, sie sagt aber nicht warum. Zunächst bleibt offen, weshalb die starke Adjektivflexion im Gen Sg des Mask und Neut ein **en** hat, wo die Artikel ein **es** und die Pronomina **es** oder **en** (**dieses/diesen Jahres**) haben. Offenbar weisen die NGr doch nicht generell genau eine starke Form auf (zur Verarbeitung der starken Formen auf **es** und **em** Clahsen u. a. 2001; **Aufgabe 49**).

Die starke Flexion beim Adjektiv ist im übrigen so gut erklärt wie die starke Flexion überhaupt, und dasselbe gilt für die schwache. Die meisten Grammatiken sagen dazu nichts oder versuchen allenfalls, mit den überkommenen syntaktischen Kategorien des Genus, Numerus und Kasus weiterzukommen. Dieses Vorgehen scheint aussichtslos zu sein. In Abschnitt 5.2.2 wurde ja gezeigt, daß die nominalen Formen anders kategorisiert werden müssen, wenn die Systematik des Form-Funktions-Verhältnisses ans Licht kommen soll.

Zunächst zum **en** im Gen Sg der starken Flexion. Wir versuchen, sein Auftreten aus den Restriktionen für Artikellosigkeit herzuleiten. Nicht alle Substantive können im Sg überhaupt ohne Artikel stehen, aber es gibt eine Klasse, zu deren Charakteristik dies gehört, das sind die sog. Stoffsubstantive oder Mass nouns. Sie bezeichnen Substanzen jeder Art und haben eine Reihe grammatischer wie semantischer Eigenheiten, die sie zu einer Klasse mit echtem kategorialen Kern machen. Die allermeisten Mass nouns des Kernbestandes sind Maskulina oder Neutra, die stark flektieren (**Tee**, **Sand**, **Stahl**, **Gips**, **Wasser**, **Holz**, **Eisen**, **Gas**). Die Feminina in dieser Klasse haben fast durchweg eine zweisilbige Grundform mit offener Schwasilbe, d. h. sie bilden den Pl auf **n** (**Suppe**, **Erde**, **Kreide**, **Sahne**). Das ist insofern von Bedeutung, als Einsilbigkeit der Grundform bei den Mass nouns prototypisch an starke Flexion und damit an das **(e)s** im Gen Sg gebunden ist (dazu weiter Satz, 5.3.2).

Die feste Grammatikalisierung des **en** im Gen Sg des Mask und Neut der starken Adjektivdeklination hat ihren Grund also darin, daß das Substantiv bei Artikellosigkeit in aller Regel ein Mass noun ist und seinerseits stark flektiert. Die Regel »genau eine starke Form in der NGr« kann hier befolgt werden. Beim Artikel ist das nicht möglich, weil der Artikel mit Substantiven jeden Flexionstyps, also auch mit schwachen kombinieren muß. Das Pronomen liegt dazwischen. Bei selbständigem Gebrauch muß der Gen stark gebildet sein, bei Gebrauch wie Artikel kann er schwach werden.

Bezüglich der schwachen Adjektivflexion ist zu klären, warum gerade e und en als Suffixe vorkommen und warum sie so verteilt sind wie in 2.

Unter der Voraussetzung, daß die schwache Deklination weitgehend überflüssig ist in dem Sinne, daß die NGr bei starker Artikelflexion auch ohne das Adjektiv die erforderlichen Flexionsmerkmale aufweist, ist zu erwarten, daß die schwache Flexion ihre Information mit unaufwendigen Mitteln kodiert. Das ist auch der Fall. e und en sind die unspezifischsten Suffixe, die das Flexionssystem des Deutschen hat, das gilt für ihre Substanz wie für ihre Funktion. Die offene Schwasilbe ist das einfachste Mittel, Silbigkeit überhaupt zu realisieren und [n] darf als der unmarkierte Sonorant bezeichnet werden (4.3.2). In der Flexion des Deutschen sind e und en als einzige Flexionssuffixe ubiquitär. Wir finden sie beim Substantiv ebenso wie beim Pronomen, Artikel, Adjektiv und Verb (**Aufgabe 50**).

Die Verteilung der beiden Suffixe in der schwachen Deklination erschließt sich über die Funktion von e. e kommt vor im Nom und Akk aller drei Genera, d.h. es kommt vor im Nom und Akk des Sg. Einzige Ausnahme ist der Akk des Mask, der hier wie sonst auch besonders markiert ist. Abgesehen von diesem einen Fall steht e in den direkten Kasus des Sg, en in den obliquen Kasus und im Pl. Es ergibt sich 4a, unterspezifiziert 4b (ähnlich Gallmann 1990: 282f.).

(4) a.   b.

	Sg	Pl		–	Pl
Dir	e	en	–	e	en
Obl	en	en	Obl	en	en

Vergleichen wir dies mit der starken Flexion, dann stellen wir fest, daß e genau dort steht, wo die starke Flexion konsequent nach dem Genus differenziert. Das ist *nur* im Nom (**er, es, e**) und Akk (**en, es, e**) der Fall. In den obliquen Kasus fallen das Mask und Neut jeweils zusammen. Die Adjektivform auf e weist die vorausgehende Form des Pronomens oder Artikels als Genusindikator aus. Das ist vor allem dann funktional, wenn Artikelflexion und Adjektivflexion *ohne* ein folgendes Substantiv zusammenwirken. In **der Grüne, das Grüne, die Grüne** flektiert das substantivierte Adjektiv schwach und auf e. Das Genus wird vom Artikel angezeigt, die Verbindung kann nur entweder Mask oder Neut oder Fem sein. Dagegen ist für **des Grünen** sowohl Mask als auch Neut möglich, und diese Uneindeutigkeit das Genus gilt für die anderen Vorkommen von **en** ebenfalls (B. Wiese 2000; **Aufgabe 51**).

Prosodie der Adjektivformen, Komparation

Auch die Prosodik der Adjektivdeklination paßt gut ins Bild einer Einheit, die sich syntaktisch in die übergeordnete NGr einpaßt. Alle Formen eines adjektivischen Deklinationsparadigmas haben dieselbe Fußstruktur. Bei den morphologisch einfachen enden sie auf einen Trochäus (gélb, gélber, gélbes), auch wenn phonotaktisch der Einsilber möglich wäre (bláu, bláuer, bláues; róh, róher, róhes). Bei abgeleiteten Adjektiven ist daneben der Daktylus verbreitet (rötlich, rötlicher, rötliches ...). Eine gewisse Variabilität in der Fußstruktur tritt nur bei solchen Adjektiven auf, deren Stamm auf Schwasilbe endet. Neben der offenen Schwasilbe kommen solche mit einfachem sonorantischen Endrand (aber nicht auf **m**) vor (5). Ist der Endrand komplex, dann ist das Adjektiv in der Regel ein Derivat (**eisern, wurzeln, laufend**).

(5) a. müde, rege, träge, feige, böse, mürbe, lose, leise
 b. heiter, munter, locker, bieder, nieder, tapfer, hager, teuer
 c. edel, dunkel, eitel, nobel, heikel, multipel
 d. eben, trocken, offen, eigen, selten, trunken, golden

In allen vier Gruppen aus 5 kann in sämtlichen Flexionsformen des Positiv am Trochäus festgehalten werden. Für 5a und 5c ist er sogar obligatorisch. Das stammformbildende Schwa fällt hier immer aus, wir haben als deklinierte Formen **müder, müdes, müden, müdem, müde** bzw. **dunkler, dunkles, dunklen, dunklem, dunkle**. Anders bei 5b und 5d. Sowohl bei auslautendem [R] wie auslautendem [n] ist immer eine dreisilbige und eine zweisilbige Form möglich: **heiterer – heitrer, heiteres – heitres** sowie **trockener – trockner, trockenes – trocknes**. Die Variation führt nicht zur Uneinheitlichkeit der Fußstruktur im Paradigma. Entweder alle Formen sind betroffen oder alle nicht (dazu weiter **Aufgabe 52**).

Die strikte prosodische Einheitlichkeit gilt nicht nur für die Deklination im Positiv, sondern in gleicher Weise für den Komparativ (Komp) und den Superlativ (Sup). Die Bildung der Komparationsformen ist durch große Regelmäßigkeit gekennzeichnet. Im Standardfall wird dem Positivstamm ein **er** zur Bildung der Komparativstammform und ein **st** zur Bildung der Superlativstammform angehängt (6a). Die wichtigsten weiteren Stammbildungsmuster sind aus 6b-h ersichtlich.

(6) | | Pos | Komp | Sup |
|---|---|---|---|
| a. | klein | kleiner | kleinst |
| b. | scharf | schärfer | schärfst |
| | stumpf | stumpfer | stumpfst |
| c. | träge | träger | trägst |
| d. | heiter | heit(e)rer | heiterst |
| e. | eben | eb(e)ner | ebenst |
| f. | dunkel | dunkler | dunkelst |
| g. | zart | zarter | zartest |
| h. | weiß | weißer | weißest |

Adjektive mit umlautfähigem Stammvokal werden im Komp und Sup teilweise umgelautet, teilweise nicht. Umlautung erfolgt paradigmatisch einheitlich, d.h. er betrifft entweder alle Formen des Komp und Sup oder keine. Im Kernbestand der Adjektive mit einsilbigem Stamm gibt es bezüglich Umlaut keine Einheitlichkeit. Zahlreichen umgelauteten (**arm, kalt, nah, lang, fromm, grob, dumm, klug, kurz**) steht eine ganze Reihe nicht umgelauteter gegenüber (**glatt, zart, faul, rund, stumpf, stumm**). Bei anderen wird mal umgelautet, mal nicht (**blaß, schmal, rot, krumm**). Das alles zeigt, daß Umlaut bei der Komparation als morphologisches Mittel nicht konsequent grammatikalisiert ist. Eindeutig geregelt ist dagegen der Ausschluß von Umlaut. Umlaut scheint dann nicht vorzukommen, wenn das Adjektiv ein Ableitungssuffix oder auch nur eine stammbildende Schwasilbe enthält (**ruhig, launisch, gelassen, lose, tapfer, dunkel, trocken**). Das morphologische Gewicht solcher Formen ist damit begrenzt. Und ein Zusammenwirken von Komparationssuffix und Vokalwechsel über ein anderes Suffix hinweg ist prinzipiell ausgeschlossen.

6c-f illustriert die Bildung der Komparationsstammformen, wenn der Pos eine Schwasilbe hat. Für den Komp gelten dieselben Synkopierungsregeln, wie wir sie von der Flexion des Pos kennen. Bei offener Schwasilbe und [l] wird obligatorisch, bei [ʀ] und [n] wird fakultativ synkopiert. Die Superlativstammform ist bei den konsonantisch auslautenden Schwasilben immer zweisilbig (6d-f), bei offener Schwasilbe wird wiederum synkopiert (**trägst**), wobei allerdings die zweisilbige Form zumindest marginal möglich ist (**trägest**, dagegen für 6a ganz ausgeschlossen: *kleinest).

Die beiden letzten Beispiele illustrieren, daß die Superlativstammform zweisilbig wird, wenn der Pos auf koronalen Obstruenten auslautet (**ältest, zartest, blindest, festest, süßest, nassest**). Angesichts von 6c gilt das natürlich auch dann, wenn der Pos mit offener Schwasilbe endet (**müdest, bösest, leisest**). Beim [ʃ] ist die Zweisilbigkeit fakultativ (**raschst/raschest; frischst/frischest**).

Neben der regelmäßigen Formbildung gemäß 6 gibt es einige Adjektive mit Suppletivformen (**gut – besser – best; viel – mehr – meist**) und **hoch – höher** mit Veränderung des Stammauslautes. Unregelmäßig ist auch die Geminatenreduktion im Sup von **groß**, die eigentlich *größest heißen müßte.

Die Stammformen des Komp und Sup werden wie die des Pos einmal zur Bildung der Kurzform und zweitens zur Bildung der deklinierten Formen verwendet. Die Kurzform ist im Komp wie im Pos identisch mit der Stammform (**höher, schneller, weiter**), im Sup wird der Stammform ein **en** angehängt und die zu einem Funktionselement grammatikalisierte Verschmelzung **am** vorangestellt (**am höchsten, am schnellsten, am weitesten**). Die Deklination ist vollständig regelmäßig. Den Typen von Stammformen gemäß 6 wird dasselbe Suffixinventar hinzugefügt wie im Pos: Der Komp und der Sup sind streng agglutinierend.

Ist die Bildung der Komparationsformen ikonisch? Intuitiv hat der Komp eine komplexere Bedeutung als der Pos und der Sup eine komplexere als der Komp (dazu im einzelnen Lang 1987). Bei den nicht deklinierten (den Kurz-) Formen folgt der Formenbau dem unmittelbar. Alle Komparativstämme sind komplexer als die des Pos, sei es, daß sie eine Silbe mehr oder eine komplexere zweite Silbe aufweisen. Der Superlativ hat neben dem schweren Suffix **st** noch die Verschmelzung **am**. Bei den deklinierten Formen fällt die Ikonizität teilweise weniger ins Auge, läßt sich aber ebenfalls zeigen (dazu Wurzel 1987; **Aufgabe 53**).

Wir müssen zum Schluß wenigstens kurz der vieldiskutierten Frage nachgehen, ob es sich bei der Komparation tatsächlich um Flexion oder nicht eher um Wortbildung handelt (zu den Kriterien für diese Unterscheidung allgemein 6.1).

Als Flexionsart steht die Komparation neben der Deklination und der Konjugation. Sie weist ganze drei Formen auf und ist beschränkt auf die Adjektive, also eine Teilklasse der deklinierenden Paradigmen. (Die hier meist noch genannten Adverbien sind nicht systematisch komparierbar. Fälle wie **oft – öfter – am öftesten** oder **bald – eher – am ehesten** sind singuläre Analogiebildungen). Da die Formbildung durch Agglutination erfolgt, gehen das Komparativ- und das Superlativsuffix dem Kasus/Numerus/Genussuffix voraus. Ihre Position kann als stammbildend angesehen werden, ganz so wie bei Ableitungssuffixen (**lich, isch** in 7c,d). Sollte man nicht ein je eigenes Paradigma **alt**[WP], **älter**[WP], **ältest**[WP] und damit ein je eigenes lexikalisches Wort für jede Komparationsstufe ansetzen?

(7)   a. **dick – das dicke Buch; dicker – das dickere Buch**
        b. **dick – das dicke Buch; dickst – das dickste Buch**
        c. **grün – das grüne Buch; grünlich – das grünliche Buch**
        d. **genial – das geniale Buch; genialisch – das genialische Buch**

Die große Regelmäßigkeit der Formbildung und ihre Anwendbarkeit auf die Adjektive insgesamt entspricht notwendigen Bedingungen für Flexion. Die immer wieder ins Feld geführte Nichtkomparierbarkeit einzelner Adjektivklassen wie der Farb-und Formadjektive verfängt nicht. Komparative wie **röter**, **quadratischer** und sogar **verheirateter** oder **unmöglicher** sind nicht formal ausgeschlossen. Sie sind – auch morphologisch – wohlgeformt und verletzen allenfalls semantische, nicht aber im engeren Sinne grammatische Restriktionen.

Ein formales Argument für Flexion ist, daß es keine morphologisch einfachen Komparative und Superlative gibt. Weiter sind mit den Formen der einzelnen Komparationsstufen feste grammatische Bedeutungen verbunden und Tendenzen zur Lexikalisierung gibt es kaum. Die Bedeutung eines Komp oder Sup ergibt sich fast durchweg kompositionell. Von Bedeutung ist auch, daß ein Komparationssuffix stets rechts von einem Derivationssuffix erscheint, also adjazent zu den Kasus/Numerus/Genussuffixen (**freundliches – freundlicheres – freundlichstes**). Schließlich ist Agglutination als solche kein hinreichendes Argument für Derivation, denn wir haben sie auch sonst im Flexionssystem des Deutschen (Aufgabe 51 oben; dazu weiter Bergenholtz/Mugdan 1979: 142f.; Plank 1981: 12; 254f.; allgemeiner Wurzel 1984: 40ff.).

Ein wichtiges Argument zur Entscheidung dieser Frage – wenn man sie überhaupt als einfache Entscheidungsfrage akzeptiert und nicht lieber als Scheinfrage ansehen möchte – kann aus dem syntaktischen Verhalten und insbesondere der Argumentstruktur kommen. Zumindest wesentliche syntaktische Kontexte haben die Komparationsformen gemeinsam, sie sind meist sowohl attributiv (8a) wie prädikativ (8b) und adverbial (8c) verwendbar.

(8) a. **Der alte/ältere/älteste Onkel von Heidemarie**
b. **Der Onkel von Heidemarie ist schön/schöner/am schönsten**
c. **Der Onkel von Heidemarie singt laut/lauter/am lautesten**

Daneben bestehen jeweils spezielle syntaktische Kontexte in Vergleichssätzen wie die Bindung des Pos an **so wie** und des Komp an **als**. Daß sie nicht hinreichend verschieden für die Etablierung je eigener lexikalischer Wörter sind, kann erst in der Syntax gezeigt werden (Satz, 12.3).

5.3 Verbflexion und verbales Paradigma

5.3.1 Übersicht

Das verbale Paradigma ist nur zum Teil ein Flexionsparadigma in dem Sinne wie das Paradigma des Substantivs oder des Pronomens. Das Verb flektiert (›konjugiert‹) einmal in Hinsicht auf Person (**ich rufe – du rufst**) und Numerus (**ich rufe – wir rufen**) mit den Kategorien 1., 2., 3. Ps sowie Singular und Plural (Sg, Pl). Zum zweiten flektiert das Verb in Hinsicht auf Modus (**du rufst – du rufest**) mit den Kategorien Indikativ und Konjunktiv (Ind, Konj) sowie in Hinsicht auf Tempus (**du rufst – du riefst**) mit den Kategorien Präsens und Präteritum (Präs, Prät; das Prät wird häufig auch Imperfekt genannt).

Die nach Person und Numerus flektierten Verbformen heißen *finit* (s. a. 5.3.4). Alle Formen des Präs und Prät sind als Ganze finit. Sie bilden ein System gemäß 1.

(1) Das System der finiten Formen des Präs und Prät

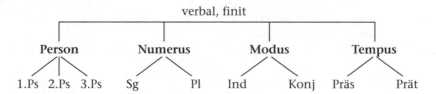

Eine finite Verbform wird gemäß 1 mit vier Einheitenkategorien beschrieben, z. B. **rufst** als 2.Ps Sg Ind Präs oder **riefet** als 2.Ps Pl Konj Prät. Abschnitt 5.3.2 ist der Flexion in Hinsicht auf Person und Numerus gewidmet, Abschnitt 5.3.3 der in Hinsicht auf Tempus und Modus.

Den finiten Formen stehen die *infiniten* gegenüber, das sind nach traditioneller Auffassung der Infinitiv (Inf; **rufen**), das Partizip des Präsens (Part1; **rufend**) und das Partizip des Perfekt (Part2; **gerufen**). Infinite Formen haben eine ähnliche Stellung im verbalen Paradigma wie die Kurzform im adjektivischen. Infinite Formen haben keine Personalendungen. Umstritten ist insbesondere, wie die Imperative (Imp; **rufe – ruft**) in Hinsicht auf Finitheit einzuordnen sind, aber auch bei anderen Formen ist die Zuordnung fraglich (5.3.4).

Alle bisher genannten Formen sind synthetisch, sie bestehen aus genau einer Wortform. Ihnen stehen im verbalen Paradigma als analytische Formen beispielsweise die des Perfekts (**habe gerufen**), des Futurs (**werde rufen**) und des Passivs (**werde gerufen**) gegenüber. Neben dem Vollverb umfassen sie eine oder mehrere Formen von Hilfsverben. Warum diese und weitere derartige Formen ins verbale Paradigma gehören, obwohl sie keine Flexionsformen sind, wird in Abschnitt 5.3.4 besprochen. Dieser Abschnitt zeigt im Überblick, wie das verbale Paradigma des Deutschen mit seinen finiten und infiniten, synthetischen und analytischen Formen systematisch dargestellt werden kann (umfassend jetzt auch Darski 1999). Bei ihrer Darstellung steht man vor ganz anderen Problemen als bei den nominalen Paradigmen, vor allem weil die Formenvielfalt in den verbalen sehr viel größer ist als in den nominalen. Dies hat u. E. zwei Hauptgründe, die bei der Darstellung auch immer wieder in Erscheinung treten.

1. Die verbalen Paradigmen ordnen sich in zwei Hauptklassen, die starken und die schwachen Verben. Hauptcharakteristikum der starken Verben ist, daß sie in der Stammform des Präteritums immer und in der des Perfekts häufig einen anderen Vokal (Ablaut) aufweisen als in der Stammform des Präsens (z. B. **rufe – rief – gerufen; singe – sang – gesungen**). Diese und weitere mögliche Vokalwechsel haben einen erheblichen Einfluß auf die Formbildung der starken Verben insgesamt mit der Folge, daß man sie getrennt von der der schwachen Verben behandeln sollte. Die schwachen bilden die Stammformen regelmäßig mit dem sog. Dentalsuffix **t** (**lege – legte – gelegt; surfe - surfte – gesurft**) und ohne jeden Vokalwechsel. Sie sind der unmarkierte Verbtyp in dem Sinne, daß die neu ins Deutsche gelangenden Stämme schwach flektieren.
Aber auch die starken Verben sind nicht einfach unregelmäßig. Unter den etwa 170 Paradigmen dieser Klasse befinden sich zahlreiche häufig verwendete des Kernwortschatzes, die sich zudem in teilweise großen Gruppen vollkommen gleich verhalten und an produktiven Wortbildungsmustern teilhaben (**singen – besingen - zersingen – vorsingen – absingen – durchsingen** usw.). Ein Verhältnis wie das von starken und schwachen Verben kennen wir – zumindest in dieser Ausgeprägtheit – aus dem nominalen Bereich nicht (eine vollständige Liste der stark und teilweise stark flektierenden Verben in Duden 1998: 134 ff.; Darski 1999: 30 ff.).
2. Noch mehr als bei der Nominalflexion ist für das Verständnis der verbalen Kategorien ihre syntaktische Funktion von Bedeutung: Wie funktioniert die sog. Subjekt-Prädikat-Kongruenz? Wo wird der Konjunktiv verwendet? Was steckt hinter der Unterscheidung von **haben**- vs. **sein**-Perfekt? Wie sind die Formen des Passivs zu beschreiben, welche Passive gibt es überhaupt und welche Verben bilden sie? Solche Fragen können in den folgenden Abschnitten weitgehend, aber nicht vollständig, ausgeklammert werden. Ihre genauere Besprechung bleibt jeweils eigenen Abschnitten innerhalb der Syntax vorbehalten.

5.3.2 Das System der Personalformen

Die Personalformen der schwachen Verben und ihre Funktionalität

Das System der Personalformen wird zunächst für die schwachen Verben beschrieben, danach beschäftigen wir uns mit den Besonderheiten der starken Verben. Betrachtet wird jeweils der Ind Präs und Prät. Der Prototyp eines schwachen Verbs verhält sich wie in 1 und 2.

(1) Präsens, schwach

a.

		Sg	Pl
1.	leg	(e)	en
2.		st	t
3.		t	en

b.

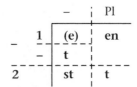

(2) Präteritum, schwach

a.

		Sg	Pl
1.	legt	e	en
2.		est	et
3.		e	en

b.

		Pl
–	e	en
Ad	est	et

Im Prät findet sich ein systematischer Synkretismus zwischen der 1. und der 3.Ps. Bringen wir ihn in der Darstellung zur Geltung, dann erhalten wir als unterspezifiziertes Paradigma 2b mit den Kategorien Plural und Adressat. Formal dominant ist offenbar die Unterscheidung der 2.Ps vom Rest, also der Adressat oder Angesprochene auf der einen Seite vom Sprecher (1.Ps) und dem, worüber gesprochen wird (dem Besprochenen, 3.Ps) auf der anderen.

Alle Formen des Prät sind zweisilbig, auch die 2.Ps Sg, die im Prinzip einsilbig realisiert werden könnte (**du *legtst** statt **du legtest**). Offenbar findet ein paradigmatischer Ausgleich in Hinsicht auf die prosodische Struktur der Formen statt.

Bezüglich Ikonizität gibt es kaum ein Problem. Bei einer Kategorisierung wie in 2b ist die unmarkierte Form die leichteste, und auch das **en** als +Pl, -Adr hat mit dem leichten Konsonant **n** das richtige Gewicht zwischen **e** einerseits und **et** andererseits. Einer Erklärung bedarf lediglich, daß die Form für -Pl, +Adr mit **est** die schwerste im Paradigma überhaupt ist. Wir kommen darauf zurück. Auf die vieldiskutierte Frage, ob man Schwa in den Formen des Prät nicht zum Stamm schlagen und damit eine endunglose und drei Formen mit konsonantischem Suffix ansetzen sollte, kommen wir in Abschnitt 5.3.3 zu sprechen. Im ganzen ist das System des Prät formal recht einfach und funktional durchsichtig.

Komplizierter ist das Präsens. Im Sg des Ind Präs sind die drei Personalformen verschieden. Die 1.Ps hat das meist fakultative Schwa und damit das leichteste Suffix, die 2.Ps hat wie sonst die schwerste Form, aber die 3.Ps fällt aus dem Rahmen. Sie ist nicht formgleich mit der 1.Ps.

Daß im Sg des Ind Präs die weitestgehende Formdifferenzierung auftritt, ist an sich erwartbar. Wir wissen ja, daß ein Formenabbau in der Regel zuerst bei den markierten Kategorien auftritt und dort zu Synkretismen führt. Ps ist von Num determiniert, und der Ind Präs ist gegenüber allen anderen Teilen des verbalen Flexionsparadigmas unmarkiert. Er ist insofern natürlicherweise ohne Synkretismen. Schwer verständlich ist allerdings die Verteilung der Suffixe.

Mayerthaler (1981: 11 ff.) plädiert dafür, die sog. deiktischen Kategorien zur Grundlage einer natürlichen Kodierung der Personalformen zu machen. Deiktische Ausdrücke sind solche, mit denen sprachlich ›gezeigt‹ wird. Bei den Personalformen geht es dabei um die schon erwähnten kommunikativen Rollen des Sprechers, des Adressaten und des Besprochenen (Bühler 1965; genauer dazu Satz, 5.4). Nach Mayerthaler wäre die 1.Ps unmarkiert, eben weil der Sprecher in der Sprechsituation präsent ist und die auf den Sprecher bezogenen Kategorien deshalb im allgemeinen unmarkiert sind. Stärker markiert wäre die 2.Ps, weil der Adressat wie der Sprecher in der normalen Sprechsituation anwesend ist und sprachlich nicht besonders aufwendig identifiziert werden muß. Am stärksten markiert wäre die 3.Ps, weil sie weder sprecher- noch adressatenbezogen ist und das Besprochene anwesend wie abwesend sein kann. Ist es abwesend, so wird es im allgemeinen symbolisch, d.h. mit erheblichem sprachlichen Aufwand kodiert (**der gelbe Stuhl, deinen lieben Bruder**). Ein hoher formaler Aufwand wird deshalb auch für die Personalform der 3.Ps erwartet.

Insbesondere die Hypothese über eine natürliche Kodierung der 3.Ps bleibt empirisch unbestätigt, und das nicht nur für das Deutsche. In vielen Sprachen ist die 3.Ps merkmallos oder auffällig sparsam kodiert. Das Deutsche mit seiner starken 2.Ps und dem fast durchgängigen Synkretismus zwischen der 1. und 3.Ps weicht so weit vom Ideal ab, daß Mayerthaler sein Konjugationsmuster als »ziemlich pathologisch« (1981: 144) bezeichnet, und speziell für die 3.Ps Sg des Ind Präs spricht Richter (1982) vom »skandalösen t«. Auch das Kategoriensystem aus Wunderlich 1997, das 1b zugrundeliegt, hilft nicht viel weiter. Hier werden die 1. und 3.Ps als unmarkiert gegenüber der 2., für den Sg des Ind Präs dann aber die 3. als unmarkiert gegenüber der 1. angesetzt. Eine ikonische Kodierung ergibt sich auch bei dieser Kategorisierung nicht, ganz abgesehen davon, daß sie erst einmal gerechtfertigt werden müßte.

Nun könnte das Abweichen von einer natürlichen Kodierung der Personalformen seinerseits gute Gründe haben. »Die zur Bezeichnung der Personen dienenden Flexionsendungen sind nach allgemein herrschender Annahme ursprünglich nichts anderes, als die an das Verbum angehängten Personalpronomina, die zuerst selbständig gewesen sein müssen, dann aber durch Verlust ihrer Betonung sich verkürzten und mit dem Verbalstamm zu einem Worte verschmolzen wurden.« (Blatz 1896: 442). Heute würde man davon sprechen, daß ein klitisches (»sich anlehnendes«), formal schwaches Pronomen als Personalendung grammatikalisiert wird (**Kommst du mit? Kommste mit?; Wie steht es? Wie steht's?**; Givon 1976; zum Deutschen ausführlich

Nübling 1992). Die Hypothese bezieht sich auf die Veränderung von Personalendungen ebenso wie auf ihre Entstehung. Sprachen ohne Personalendungen gibt es auch heute in großer Zahl, z. B. das Japanische, das Chinesische und die skandinavischen Sprachen.

Die Verschmelzung von Verbstamm und Personalpronomen führt dazu, daß das Pronomen in bestimmten Kontexten verschwindet oder eine untergeordnete Rolle spielt. Diesen Zustand finden wir im Lateinischen und im Altgriechischen vor. Zwar gibt es in diesen Sprachen Personalpronomina, sie werden aber nicht obligatorisch als Subjekt neben dem Prädikat verwendet. Im allgemeinen steckt die Personmarkierung allein in der Verbform, d. h. **canto** (»ich singe«) oder **venit** (»er ist gekommen«) sind vollständige Sätze. Das Fehlen des Subjektpronomens hat solchen Sprachen die Bezeichnung Pro-drop-Sprachen eingebracht (z. B. Stechow/Sternefeld 1988: 294 ff.; solche Sprachen ›lassen das Pronomen fallen‹). Die Kodierung der Personalformen ist semantisch motiviert und sollte den Prinzipien des konstruktiven Ikonismus folgen (**Aufgabe 54**).

Das Deutsche ist keine Pro-drop-Sprache, es hat im allgemeinen ein Subjektpronomen, das mit dem finiten Verb in Hinsicht auf Person und Numerus kongruiert. Seinen Aussagen über das Zusammenwachsen von Verbstamm und Personalpronomen zur personmarkierten Verbform fügt Blatz (1896: 442) die Bemerkung hinzu: »Später verschwand das Bewußtsein von der Bedeutung der Personalendungen und das Pronomen trat zum Überfluß noch vor die Form.« Wenn Subjekt und finites Verb in Person und Numerus kongruieren, liegt eine syntaktische Überbestimmung vor. Statt **ich lege, du legst** wären auch **ich leg**, **du leg** ausreichend. Damit ist nicht gesagt, daß die formale Korrespondenz von Subjekt und Prädikat funktionslos ist, sondern nur, daß sie anders motiviert sein kann als bei Pro-drop-Sprachen (Satz, 9.1).

Eine auf dem deiktischen System fußende Deutung der Personalformen ist dennoch nicht ausgeschlossen. Mayerthalers Prinzip »Je präsenter in der Sprechsituation, desto unmarkierter« muß ja nicht das einzige sein. B. Wiese (1994: 177 f.) argumentiert im Anschluß an Bühler 1965, die 2. wie die 3. Ps Sg seien in der Sprechsituation »deiktisch erreichbar«, auf sie könne gezeigt werden. Die 2. Ps habe zusätzlich die Adressatenfunktion und sei insofern höchstmarkiert. Das von der 1. Ps Bezeichnete ist zwar vorhanden, ist aber nicht Gegenstand des Zeigens und auch in diesem Sinne nicht markiert. Das alles gilt für die aktuelle Sprechsituation, in der deiktisch und nicht symbolisch operiert wird und es gilt deshalb im unmarkierten Numerus, Tempus und Modus (das ›Hier und Jetzt‹ des einzelnen Besprochenen). Die Unterscheidung von 1. und 3. Ps falle schon im Pl weg, weil kein individueller Sprecherbezug mehr gegeben sei und ebenso verhalte es sich im entfernteren Modus (Konj) und Tempus (Prät). Was die Markiertheit von 1. und 3. Ps Sg betrifft, sieht B. Wiese die Verhältnisse also gerade nicht so wie in 1b. Der Ikonismus wäre damit gerettet (**Aufgabe 55**).

Variation der Personalformen

Wir kommen zur Formvariation innerhalb der Konjugationsmuster. Weil die schwachen Verben keine Veränderungen des Stammvokals haben, geht es im wesentlichen um die Verteilung von Schwa und damit um die Frage, wie eine

Form silbifiziert ist. Am umstrittensten ist dabei der Status von Schwa in der 1.Ps Sg des Ind Präs. Wir haben es in 1a als fakultativ eingeführt, d. h. wir lassen neben **ich lege** auch **ich leg** zu. Die meisten Grammatiken thematisieren die Fakultativität nicht, sondern tun so, als sei e die Endung der 1.Ps Sg genau so wie **st** die der 2. und **t** die der 3.Ps (Helbig/Buscha 1986: 26; Engel 1988: 413; Jung 1990: 204f.; Weinrich 1993: 184f.). Die Dudengrammatik stellt immerhin fest, dieses Schwa könne in der Umgangssprache bei allen Verben weggelassen (›apokopiert‹) werden. In der Schrift werde das ›unterdrückte e‹ gewöhnlich durch Apostroph angezeigt (**Ich lauf' mal zum Bäcker**; Duden 1995: 119).

Die Spezialliteratur sieht das anders. Zwei extreme Standpunkte lassen sich unterscheiden. Kloeke (1982: 196f.; 1993) deutet das Schwa der 1.Ps Sg nicht als Personalendung, sondern als sog. Themavokal. In traditioneller Redeweise verbindet ein Themavokal Stamm und Flexionsaffix, wenn beide ohne ihn nicht ohne weiteres verbindbar sind. Als Illustration wird meistens ein konsonantisch auslautender Stamm und ein konsonantisch anlautendes Suffix angeführt, z. B. lat. **leg-e-re** (»lesen«) mit dem mittleren e als Themavokal, der deshalb auch Bindevokal heißt. Kloeke verallgemeinert diesen Begriff so, daß auch das auslautende Schwa als Themavokal gelten kann. Sein wichtigstes Argument ist, daß eine Form wie **lege** polyvalent sei, nämlich Imp Sg, 1.Ps Sg Ind, 1.Ps Sg Konj, 3.Ps Sg Konj. Dies zeige, daß Schwa hier keine Personmarkierung sei. Mit der partiellen Fakultativität von Schwa ist diese Sicht gut vereinbar.

Gerade umgekehrt analysiert Raffelsiefen (1995: 33ff.). Schwa ist für sie Personalendung. Es soll im Prinzip erscheinen, kann aber aus Gründen des paradigmatischen Ausgleichs mehr oder weniger konsequent ausfallen. Der paradigmatische Ausgleich bezieht sich insbesondere auf die Prosodie der Formen. Wir vergleichen dazu den Ind Präs von Verben mit unterschiedlichem Stammauslaut. Es werden nur die jeweils vier verschiedenen Formen aufgeführt, der Einfachheit halber nicht in phonetischer Umschrift aber so, wie sie mit minimaler Silbenzahl realisierbar sind.

(3)	a.	b.	c.	d.	e.	f.	g.
	drohe	klaue	hole	lohne	reife	bete	bade
	drohst	klaust	holst	lohnst	reifst	betest	badest
	droht	klaut	holt	lohnt	reift	betet	badet
	drohn	klaun	holn	lohnen	reifen	beten	baden

Die Stämme sind von a bis g nach der Sonorität des Stammauslauts geordnet. Das konsonantische Suffix mit der höchsten Sonorität ist **n**. Deshalb können alle Formen von 3a,b,c einsilbig realisiert werden. Im Sinne des paradigmatischen Ausgleichs ist es hier am wahrscheinlichsten, daß auch die 1.Ps Sg einsilbig wird: **ich droh/klau/hol**.

In 3d und e ist die Form mit **n** aus phonotaktischen Gründen zweisilbig, und in f, g sind alle Formen zweisilbig. In f und g ist deshalb das Schwa der 1.Ps Sg mehr oder weniger obligatorisch. Insbesondere gilt das für 3g, wo mit Schwa noch zusätzlich die Auslautverhärtung vermieden wird, was ja, wie wir von den Adjektiven wissen, ein relevantes phonologisches Faktum ist (5.2.3). Der offensichtliche Unterschied zwischen dem gängigen **Ich klau nicht** und dem standardsprachlich künstlichen **Ich bad nicht** ist damit erklärt.

Eines Kommentars bedarf noch, daß in 3f und 3g die 2.Ps Sg zweisilbig ist. Die einsilbige Form **du betst** ist phonotaktisch möglich und wird auch sonst so realisiert (z. B. **du rietst, du botst**). Becker (1990: 136) meint, Schwa sei hier »wohl nur durch den Ausgleich der eng verwandten 2. und 3. Person Singular zu erklären.« Genauer ist die Erklärung von B. Wiese (1994), der ja fordert, daß die 2. Ps generell schwerer sein müsse als die 3. Das ist im Singularparadigma des Ind Präs garantiert, wenn beide die gleiche Silbenzahl aufweisen, die 2. aber das schwerere Suffix hat.

Es bleiben die Formen von Verben, deren Stamm nach der maximalen Stammsilbe noch einen Sonoranten aufweist. Wir erhalten solche Verbstämme beispielsweise als Ableitungen von Substantiven wie **Ruder, Segel, Regen, Atem** zu **rudern, segeln, regnen, atmen**, aber sie können auch von ganz anderer Herkunft sein wie **rattern, mildern, lächeln, lispeln, ordnen, ebnen**. Solche Verben haben Personalformen wie in 4.

(4) a. b. c. d.
     ruder   segel   regne   atme
     ruderst   segelst   regnest   atmest
     rudert   segelt   regnet   atmet
     rudern   segeln   regnen   atmen

Der Hauptunterschied zwischen 4a,b einerseits und 4c,d andererseits besteht darin, daß bei den ersteren Schwa vor dem stammauslautenden Liquid erscheint, bei den letzteren nach dem Nasal. Genau so verhält es sich ja auch bei den Infinitiven. Der Grund für diesen Unterschied ist wieder die Syllabierbarkeit des sonorsten Suffixes **n**. Nur bei einer Plazierung von Schwa wie in 4 läßt sich ein vollständiger paradigmatischer Ausgleich erzielen. Für 4c,d gibt es gar keine andere Möglichkeit (Nasal im Stammauslaut), und natürlich ist auch das Schwa der 1.Ps Sg hier obligatorisch.

Für 4a,b fällt wieder die 1.Ps Sg aus dem Rahmen. Notiert sind die Formen, die paradigmatisch ausgeglichen sind. Möglich sind aber **ich ruder – rudere – rudre** und **ich segel – segele – segle**. Wir behandeln sie weiter in **Aufgabe 56**.

Bis auf die sog. Geminatenreduktion sind damit die wichtigsten Varianten der Personalformen bei den schwachen Verben besprochen und wir wenden uns den Besonderheiten der starken Verben zu (zur Geminatenreduktion **Aufgabe 57**).

Starke Verben, Kurzverben, Modalverben

Bei zahlreichen starken Verben stellen wir im Ind Präs keinen Unterschied zu den schwachen fest. Eine Beispielreihe von starken Verben, die denselben Stammauslaut haben wie die schwachen in 3, läßt sich ohne weiteres zusammenstellen:

(5) **fliehen, schreien, schallen, rinnen, rufen, bieten, finden**

Was zu den Verben in 3 gesagt wurde, gilt hier in gleicher Weise. Ein Unterschied ergibt sich dann, wenn die 2. und 3.Ps Sg einen Wechsel des

Stammvokals aufweist. Der Stammvokal kann dabei angehoben werden von [eː] zu [iː] wie in 6a (**befehle – befiehlst – befiehlt**) oder von [ɛ] zu [ɪ] wie in 6b (**breche – brichst – bricht**). Außerdem kann er umgelautet werden wie in 6c (**fahre – fährst – fährt**) oder 6d (**falle – fällst – fällt**).

(6)   a. befehlen, empfehlen, sehen, stehlen
        b. brechen, helfen, sprechen, sterben, treffen, werfen
        c. fahren, graben, schlafen, saufen, tragen
        d. fallen, fangen, waschen
        e. blasen, essen, lesen, stoßen, vergessen
        f. braten, fechten, halten, laden, raten, schelten
        g. backen, fragen, löschen, melken

An den Personalendungen ändert sich bei den Verben in 6a-d gegenüber dem, was bisher besprochen wurde, nichts, und auch für die in 6e ergibt sich die Geminatenreduktion von [ss] zu [s] in der 2.Ps wie wir sie kennen. Neu ist die Geminatenreduktion von [tt] zu [t] in 6f (**er brät, ficht, hält** usw.). Sie wird offenbar ausgelöst durch den Vokalwechsel. Die Reduktion kann gedeutet werden als Gewichtsausgleich in der Gesamtform. Was durch den Vokalwechsel an Gewicht hinzukommt, wird durch die Reduktion eingespart. Die weitere Folge ist, daß auch die 2.Ps einsilbig wird (**du brätst, fichtst, hältst**), so daß das Gewichtsverhältnis zwischen der 2. und der 3.Ps gewahrt bleibt. Ein Vergleich zwischen 6f und 3f,g zeigt eindrucksvoll, daß es jeweils auf das Gesamtgewicht der Formen einerseits und das Verhältnis der Formen andererseits ankommt (B. Wiese 1994).

In 6g sind einige Verben aufgeführt, bei denen der Vokalwechsel im gegenwärtigen Deutsch mehr oder weniger konsequent unterbleibt. Der Verlust des Vokalwechsels ist Teil des Übergangs dieser Verben von der starken zur schwachen Flexion (dazu weiter 5.3.4).

Im Indikativ des Präteritums bilden die starken Verben ihre Personalformen gemäß 7a. Aufgrund des größeren Gewichts des Stammes (Ablaut) sind die 1. und 3.Ps des Sg endungslos und die 2.Ps ist einsilbig. Der Ikonismus der Formen ist hier, wie 7b zeigt, in ähnlicher Weise gegeben wie im Prät der schwachen Verben.

(7)   Präteritum, stark

a.

	Sg	Pl
1.	rief	en
2.	st	t
3.	–	en

b.

		–	Pl
	1.	–	en
Ad	2.	st	t

Der Vollständigkeit halber betrachten wir zum Schluß kurz die Formbildung bei Verben mit Besonderheiten im Gesamtverhalten, das sind neben den sog. Kurzverben **sein, werden, haben, tun** (**Aufgabe 58**) vor allem die Modalverben **dürfen, können, mögen, müssen, sollen** und **wollen** wie in **Du darfst** arbeiten; **Wir wollen lesen** (zur Syntax und Semantik Satz, 3.4). Die Modalverben heißen auch Präteritopräsentia, weil sie die Formen des Präsens im wesentlichen so bilden wie andere Verben das Präteritum (8a,b).

(8) a.

	Sg	Pl
1.	soll	en
2.	st	t
3.	–	en

b.

	Sg	Pl
1.	rief	en
2.	st	t
3.	–	en

Die Präsensformen der Modalverben sind durch Umdeutung (Reanalyse) entstanden (ausführlich Bech 1951; Birkmann 1987; A. Bittner 1996). Bei **wollen** wurde ein Konj zu einem Ind umgedeutet, bei den anderen ein Prät zu einem Präs. Mit der Umdeutung zum Präsens war das Präteritum unbesetzt und mußte neu gebildet werden. Die Neubildung erfolgte ›regulär‹, also mit schwachen Formen (**ich sollte, er durfte**).

Im Präsens der Modalverben haben sich Merkmale des Präteritums der starken Verben im Mittelhochdeutschen reiner erhalten als bei den starken Verben selbst. Das betrifft vor allem den Vokalwechsel vom Sg zum Pl. Bei den starken Verben ist der Wechsel nur noch in wenigen erstarrten und isolierten Formen erhalten, z.B. in **er sang – sie sungen** (»Wie die Alten sungen«). Bei den Modalverben findet sich außer bei **sollen** überall ein Vokalwechsel (**darf – dürfen; kann – können; mag – mögen; muß – müssen; will – wollen**; zum Konj 5.3.4; **Aufgabe 59**).

Die Modalverben konservieren Teile eines alten Konjugationsmusters, das sonst verschwunden ist. Die Eigenheiten ihres Forminventars entstehen nicht durch Bildung neuer Formen, sondern dadurch, daß sie bestimmte allgemein wirksame Veränderungen im Konjugationssystem nicht mitmachen. Man nennt diesen Vorgang *Isolierung*. Isolierung ist eine der wichtigsten Vorgänge bei der Herausbildung neuer grammatischer Kategorien und kategorialer Verschiebungen (Paul 1975: 189 ff.).

5.3.3 Tempus und Modus

Tempus und Modus werden im vorliegenden Abschnitt nur so weit behandelt, wie sie das Flexionssystem des Verbs betreffen, also in den synthetischen Formen des Präsens und Präteritums in Erscheinung treten. Die Bildung der Personalformen im Indikativ der beiden Tempora setzen wir voraus, zur Sprache kommen jetzt die Stammformbildung im Präteritum und der Konjunktiv. Weil das Modussystem der starken Verben das formal ausgeprägtere ist, wird es zuerst behandelt. Das Formeninventar der schwachen Verben kann man in gewisser Weise als Reduktion des Inventars der starken ansehen.

Der Konjunktiv im Präs und Prät der starken Verben

1 vergleicht die Formen des Konj Präs mit denen des Ind. Aufgeführt sind die Formen, die entweder innerhalb des Ind oder des Konj oder zwischen den Modi verschieden sein können. Das sind pro Modusreihe maximal 5.

(1) Präsens, stark

	a. Ind	Konj	b. Ind	Konj
	trag(e)	trage	ruf(e)	rufe
	trägst	tragest	rufst	rufest
	trägt	trage	ruft	rufe
	tragen	tragen	rufen	rufen
	tragt	traget	ruft	rufet
c.	Ind	Konj	d. Ind	Konj
	rat(e)	rate	reit(e)	reite
	rätst	ratest	reitest	reitest
	rät	rate	reitet	reite
	raten	raten	reiten	reiten
	ratet	ratet	reitet	reitet

Die Personalendungen im Konj Präs sind die, die wir schon vom Prät der schwachen Verben kennen. Ist der Stamm einsilbig, dann sind alle Konjunktivformen zweisilbig. Die 1. und 3.Ps fallen im Sg und im Pl formal zusammen. Die Stammform des Konj Präs ist immer die des Infinitivs. Das gilt für alle Verben, sogar für die Kurzverben mit suppletiven Formen im Ind. Hinsichtlich der Stammform verhält sich der Konj einheitlicher oder auch regelmäßiger als der Ind, genau so, wie wir es von der markierten Kategorie im Vergleich zur unmarkierten erwarten.

1 zeigt, daß der Konj Präs für verschiedene Verbtypen verschieden gut markiert ist. In 1a und 1b sind alle Formen bis auf eine distinkt. In der 2. und 3.Ps Sg von **tragen** und vergleichbaren Verben besteht ein Unterschied sowohl im Stammvokal wie im Suffix. Der Umlaut im Stammvokal führt dazu, daß auch in 1c die 2.Ps Sg unterschiedlich ist. In 1d dagegen, einem Verb ohne Vokalwechsel, fallen alle Formen bis auf die 3.Sg zusammen. Gerade die 3.Ps Sg ist aber auch die, die in der wichtigsten Verwendung des Konj Präs, der indirekten Rede, am weitaus häufigsten vorkommt (**Sie sagt, er solle weniger reden**. Jäger 1971; Satz, 4.4).

Will man unter den Verbtypen in 1 einen Standardfall für die Konjunktivbildung auszeichnen, so wäre das der Typ **rufen** in 1b. Dieser Typ ist der verbreitetste bei den starken Verben wie bei den schwachen. Ist der Konj hier markiert, dann durch Silbizität des Suffixes, segmental gesprochen durch Schwa. Schwa ist in allen Formen des Konj vorhanden. Sein Status als ›Konjunktivmorphem‹ ist dennoch umstritten. Wurzel (1970: 66f.) nennt Schwa ein ›Konjunktivelement‹ und Richter (1982) sieht Schwa im Konj als obligatorisch, im Ind dagegen als fakultativ bzw. als reduzierbar an. Die neuere Literatur hebt weniger auf Schwa selbst als auf die Prosodik der Formen ab. Neef (1996: 190) spricht von mindestens einer Nebensilbe im Konj, R.Wiese (1996: 163ff.) von mindestens Zweisilbigkeit. B.Wiese (1994) sieht nicht Schwa oder Silbigkeit an sich als Konjunktivmarkierung, sondern er bewertet das Gesamtgewicht der Form. Das Gewicht der Konjunktivform kann durch Schwa erhöht werden, es gibt dafür, wie wir beim Konj Prät noch sehen werden, aber auch andere Mittel. Worauf es ankommt, ist die ikonische Kodierung und nicht das einzelne Mittel, mit dem das erreicht wird. Die extreme Gegenposition findet sich in Fabricius-Hansen 1997, wo nur solche Formen als deutlich konjunktivisch anerkannt werden, die sich durch mehr als Schwa von der entsprechenden Indikativform unterscheiden. Es stellt sich dann natürlich die Frage, »ob der Konjunktiv wirklich dem Indikativ als finite Konjugationskategorie zur Seite gestellt werden kann« (1997: 15).

Wir wollen das gar nicht bestreiten, sondern lediglich auf das interessante Faktum verweisen, daß Schwa einerseits als entscheidender Konjunktivmarker, andererseits als mehr oder weniger irrelevant dafür angesehen wird. Der Grund für diese Widersprüchlichkeit ist aus 1 ersichtlich. Der Konj wird regelmäßig gebildet, ähnlich wie der Pl beim Substantiv (Zweisilbigkeit!). Diese Regelmäßigkeit macht ihn nicht stark, sondern eher schwach. Denn der Ind ist variabel und dem Konj mehr oder weniger ähnlich. Es gibt zwar ein einheitliches Konjunktivmerkmal, aber keine einheitliche Unterscheidung vom Ind. Jede Formübereinstimmung schwächt den Konj und stärkt den Ind.

Etwas besser als im Präs ist es im Prät um die Konjunktivbildung der starken Verben bestellt. Ein Grund dafür ist, daß der Ind des Prät ein weitgehend unsilbisches Endungsinventar hat. Gegenüber dem Präs ist die Stammform des Prät konsequent durch Ablaut markiert und hat dadurch bereits ein gewisses Gewicht. Der Ablaut ist zwar – anders als der Umlaut und die Vokalhebung im Präs – phonologisch nicht vorhersagbar, aber es gibt ausgeprägte Ablautreihen. Etwa die Hälfte der 170 starken Verben folgt einem der Muster in 2, (weiter 5.3.4).

(2) **schreite – schritt; singe – sang; treibe – trieb; gieße – goß; wiege – wog; werfe – warf; fechte – focht**

Am Vergleich von **treiben** und **singen** sieht man gut, wie die Markierung des Konj im Prät im Prinzip geregelt ist:

(3) Präteritum, stark

a. Ind	Konj	b. Ind	Konj
trieb	triebe	sang	sänge
triebst	triebest	sangst	säng(e)st
trieb	triebe	sang	sänge
trieben	trieben	sangen	sängen
triebt	triebet	sangt	säng(e)t

Bei Verben mit nicht umlautfähigem Vokal (3a) sind alle Formen des Konj von denen des Ind distinkt bis auf die 1./3.Ps Pl, die auch im Ind aus phonotaktischen Gründen zweisilbig ist (**trieben**). Im Konj ist Schwa überall obligatorisch. Bei Verben mit umlautfähigem Stammvokal wird meist umgelautet. Damit ergibt sich die beste Konjunktivmarkierung, die das gegenwärtige Deutsch noch hat. Alle Formen sind vom Ind verschieden (3b). Die meisten sind durch Umlaut und Schwa doppelt markiert. Bei den schwersten Suffixen **st** und **t** führt das dazu, daß Schwa im Konj fakultativ wird, d.h. wir haben **du sängst** neben **du sängest** als Konjunktivform. Dagegen muß es in 3a heißen **du triebest**, weil anderenfalls der Unterschied zum Ind verlorenginge.

Bei [oː], [ɔ], [uː], [ʊ] als Stammvokal tritt der Umlaut im Konj Prät regelmäßig auf, solange der Ablaut überhaupt gesichert ist. Wir haben **log – löge, schloß – schlösse, trug – trüge** und **schund – schünde**. Weniger einheitlich verhalten sich [ɑː] und [a] beim Umlaut. In manchen Fällen gibt es neben Umlaut auch Vokalhebung (**befahl – befähle/beföhle**), in anderen nur Vokalhebung (**warf – würfe**) und bei wieder anderen ist zweifelhaft, ob ein Konj überhaupt gebildet werden kann (**barst – ?bärste**). Um zu zeigen, wo diese Verschiedenheiten ihre Gründe haben, sind in 4 und 5 die Verben mit [ɑː] und [a] im Prät zusammengestellt (Eisenberg 1997: 44 ff.).

(4) a. **befehle – befahl, empfehle – empfahl, stehle – stahl**
 b. **beginne – begann, gewinne – gewann, rinne – rann, schwimme – schwamm, sinne – sann, spinne – spann**

(5) a. **nehme – nahm, gebe – gab, sehe – sah, trete – trat, genese – genas, lese – las**
 b. **breche – brach, esse – aß, erschrecke – erschrak, spreche – sprach, steche – stach, treffe – traf, vergesse – vergaß**
 c. **berge – barg, berste – barst**
 d. **gelte – galt, helfe – half, schelte – schalt, sterbe – starb, verderbe – verdarb, werbe – warb, werfe – warf**

In 4 sind die Verben zusammengestellt, die nach der Dudengrammatik (1995: 132 ff.) im Prät zwei Konjunktivformen haben, nämlich einen mit umgelautetem (**befähle, begänne**) und einen mit angehobenem Vokal (**beföhle/begönne**). Letztere Formen gelten als selten, man erwartet ihr Verschwinden. Historisch gehen sie darauf zurück, daß die starken Verben früher im Plural des Ind Prät einen Vokalwechsel vollzogen haben (**ich befahl – wir befohlen**) und dieser zur Bildung des Konj umgelautet wurde. Dieser ›alte‹ Umlaut verschwindet jetzt mehr und mehr, so daß die starken Verben dann normalen Umlaut als einheitliche Markierung des Konj Prät aufweisen (A. Bittner 1996: 101 f.). Gruppe 4a fällt dann mit 5a zusammen, 4b bleibt eine eigene, aber regelhafte Teilgruppe der starken Verben.

Interessant ist nun das Verhalten der Verben in 5. Die in 5a bilden den Konj Prät mit normalem Umlaut, aber so, daß der Unterschied zum Stammvokal des Präs erhalten bleibt: **nehme – nahm – nähme** mit den Vokalen [eː] – [ɑː] – [æː]. Eine Umlautung [ɑː] – [æː] *oder* [eː], wie sie sonst möglich ist (**Hahn – Hähne** [hɑːn] – [hæːnə] oder [heːnə], vgl. 3.2.2), kommt zumindest nicht häufig vor. Der offenere Vokal hat hier distinktive Funktion.

In 5b wird dasselbe dadurch erreicht, daß der Stammvokal des Prät gegenüber dem des Präs gespannt ist. Bliebe er ungespannt, hätten wir die Formenreihe **breche – brach – bräche** mit [ɛ] – [a] – [ɛ] als Stammvokalen, d.h. der Konj Prät hätte denselben Stammvokal wie das Präs.

Bei den Verben in 5c,d ist der Übergang zum gespannten Stammvokal im Prät nicht möglich, weil die Stammform des Prät eine komplexe Koda hat (jeweils zwei oder drei Konsonanten). Hier wird der Konj Prät entweder marginal (5c) oder der alte Umlaut erhält sich (5d). Nur so kann die Distinktivität zum Präs gewahrt werden (**Aufgabe 60**).

Zum Konjunktiv Prät der schwachen Verben

Das beschriebene Verhalten der starken Verben zeigt sehr schön, wie phonologische Eigenschaften von Formen sich morphologisch auswirken können. Bezüglich des Konj Prät wird deutlich, daß er sowohl dem Ind Prät als auch dem Präs gegenübergestellt werden muß. Er ist die markierte Kategorie von Modus *und* Tempus. Das ist besonders wichtig für eine Bewertung der Formbildung bei den schwachen Verben. Vergegenwärtigen wir uns zunächst ihre Flexion im Indikativ des Prät und kommen wir dann auf den Konjunktiv des Prät zu sprechen.

Die schwachen Verben bilden das Prät durchgängig mit dem Suffix **t**. Was das für die Formbildung im Indikativ bedeutet, sieht man am besten durch Gegenüberstellung von starken Verben. In 6 sind die jeweils vier distinkten Formen von zwei starken Verben (6a,b) und zwei schwachen Verben (6c,d) aufgeführt.

(6) Prät stark, schwach
     a. **rief** –   b. **riet** –   c. **prüft** e   d. **betet** e
        st   st   est   est
        en   en   en   en
        t   et   et   et

6a,b sollen noch einmal zeigen, daß bei den starken Verben im Ind Prät rein phonotaktisch syllabiert wird. Wenn immer möglich, wird aus Stammform und Suffix *eine* Silbe gebildet. Die Information »Prät« steckt im Ablaut der Stammform.

Bei den schwachen Verben steckt sie im Suffix **t** sowie in der durchgängigen Zweisilbigkeit der Formen. Das Muster ist paradigmatisch ausgeglichen und weist damit charakteristische Züge sowohl gegenüber seinem eigenen Präsens als auch gegenüber dem Prät der starken Verben auf. Diese beiden sind prosodisch unausgeglichen, beide haben kein agglutinierendes Suffix wie das **t**. Das schwache Verb mit **t** im Stammauslaut (6d) zeigt lediglich noch, daß das Dentalsuffix konsequent vom Stamm getrennt wird, wenn es nicht syllabierbar ist. Alle Formen sind bei [t] und [d] (**redete**) im Auslaut dreisilbig. Insgesamt ist die Formbildung im Ind Prät der schwachen Verben phonotaktisch durchsichtig und ikonisch gut motiviert.

Dasselbe kann man nun vom Konjunktiv Prät der schwachen Verben feststellen. 7 stellt die Konjunktivformen im Präs und Prät eines starken und eines schwachen Verbs gegenüber.

(7) Konj stark, schwach

	a.	Präs		Prät		b.	Präs		Prät	
		ruf	e	rief	e		prüf	e	prüft	e
			est		est			est		est
			en		en			en		en
			et		et			et		et

Es gibt keinen wesentlichen Unterschied in der Formbildung des Konj bei den beiden Verbtypen. Das Endungsinventar ist überall dasselbe, der einzige Unterschied überhaupt besteht in der Bildung des Präteritalstammes einmal mit Ablaut und das andere Mal mit dem Suffix **t**. Die Formen des Konj Prät der schwachen Verben sind ›gute‹ Konjunktivformen. 7 zeigt, daß sie so gebaut sind wie alle anderen Konjunktive auch und daß sie sich systematisch unterscheiden von denen des Konj Präs. Trotzdem fallen sie zusammen mit den Formen des Ind Prät (6). Das macht ihre Schwäche aus. Es zeigt sich wieder, daß der Konj ›regelmäßig‹ gebildet wird unabhängig vom Ind und sei es, daß es keinen Unterschied mehr gibt. Die Formen des Konj gehen nicht eigentlich verloren, sondern sie werden von denen des Ind überlagert und damit unsichtbar (**Aufgabe 61**).

Das schließt natürlich nicht aus, daß der Konj Prät der schwachen Verben eines Tages ganz verschwindet. Es ist aber ein Unterschied, ob eine Formreihe dem Abbau anheimfällt oder ob sie in einem Vorgang, der genau das Gegenteil von der bei den Modalverben besprochenen Isolierung (5.3.2) darstellt, von einer anderen Reihe überlagert wird. Die Distinktivität zum Konj Präs bleibt ja erhalten, und gerade die Verwendung der beiden Konjunktive etwa in der indirekten Rede ist ein von den Grammatiken nach wie vor viel behandeltes Thema (z. B. Grundzüge: 527; Helbig/Buscha 1986: 196 f.; Engel 1988: 418 ff.).

Es wäre sinnlos, die Frage nach der Verwendung überhaupt zu stellen, wenn man wirklich annehmen müßte, der Konj Prät der schwachen Verben sei nicht mehr existent. In Sätzen wie **Karin hat behauptet, Paul prüfte zu streng** oder **Kämest du pünktlich, verschaffte sie dir einen Sitzplatz** wird die Verbform im jeweils letzten Teilsatz zuerst als Konjunktiv gelesen. Daß andere Formen und namentlich die sog. **würde**-Umschreibung sie irgendwann ganz verdrängen, mag zutreffen. Im gegenwärtigen Deutsch gibt es den Konj Prät aber noch, auch wenn seine Formen bei den schwachen Verben mit denen des Ind zusammenfallen (**Aufgabe 62**).

5.3.4 Gesamtbau des verbalen Paradigmas

In den beiden vorausgehenden Abschnitten haben wir den Kernbereich der Verbflexion beschrieben, waren uns aber bewußt, daß das verbale Paradigma sehr viel mehr als die synthetischen Formen des Präsens und Präteritums umfaßt. Wir gehen jetzt einen Schritt weiter und bringen die Formen in eine Ordnung, die man traditionell und in vielen praktischen Kontexten wie in Sprachlehren, Grammatiken und Wörterbüchern mehr oder weniger übereinstimmend als ›die Formen eines Verbs‹ ansieht.

Ausdrücklich wird damit der Standpunkt vertreten, daß auch analytische Formen wie **hast gesehen** oder **wurden verkauft** zum verbalen Paradigma als einem Wortparadigma gehören. Vorausgesetzt ist also, daß solchen Formen als Ganzen gewisse Worteigenschaften zukommen. Dies im einzelnen nachzuweisen und zu begründen, warum bestimmte Formen ins Paradigma aufgenommen werden und andere nicht, ist schwierig und langwierig. Wir müssen uns mit Einzelhinweisen zu dieser Frage begnügen (weiter Primus 1997; Zifonun 2000; Eisenberg 2003).

Auch geht es im folgenden mehr um eine Gesamtübersicht als um die Diskussion von Detailfragen. Gezeigt werden soll, wie das verbale Paradigma insgesamt aufgebaut ist, welche Kategorientypen vorkommen und wie sie sich zueinander verhalten. Viele Einzelfragen werden an anderer Stelle der Grammatik wieder aufgenommen und ausführlicher behandelt. Etwas genauer besprechen wir lediglich den Aufbau der synthetischen infiniten Formen des Infinitivs, Partizips und Imperativs.

Die Menge der zu einem verbalen Paradigma gehörenden Formen gliedert man in die Hauptklassen der infiniten Formen einerseits und der finiten andererseits: Sie werden klassifiziert in Hinsicht auf Finitheit (1).

(1)

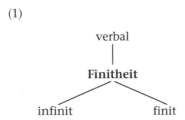

Was ›finit‹ dabei bedeuten soll, ist nicht immer ganz klar. Schon unsere linguistischen Wörterbücher sind sich nicht einig. Bei Bußmann (1990: 243) ist es die in Hinsicht auf Tempus, Modus, Genus verbi, Person *und* Numerus gekennzeichnete Verbform, bei Glück (Hg. 2000: 210; ebenso jetzt Bußmann 2002) ist sie dagegen nur »nach mindestens einer der verbalen Kategorien« bestimmt. Letzteres kann schon deshalb nicht zutreffen, weil wir einen Infinitiv des Präsens (**sehen**) von einem des Perfekt (**gesehen haben**) unterscheiden und weil wir auch passivische Infinitive haben (**gesehen werden**; **gesehen worden sein**). Alle diese Formen sind nach der üblichen Redeweise infinit.

Zumindest für das Deutsche machen ältere Grammatiken genauere Aussagen. Blatz (1896: 441) sieht als finit die Verbformen an, »die eine Aussage enthalten, und darum Person und Numerus bezeichnen.« Wilmanns (1906: 3): »Die Personalendungen stehen stets an letzter Stelle und geben dem Verbum sein eigentümliches Gepräge: sie charakterisieren es in seiner wesentlichsten Funktion, als Mittelpunkt des Prädikats (Verb. finitum).« Damit ist der Bedeutung von ›finit‹ (»begrenzt«) Rechnung getragen. Unterschieden werden muß dann nur noch zwischen einfachen oder synthetischen finiten Formen (**sehe**, **saht**) und zusammengesetzten, analytischen oder periphrastischen finiten Formen (**habe gesehen**, **werde sehen**, **werde gesehen**). Wilmanns zählt nur die einfachen zu den finiten. Wir folgen hier einem verbreiteten Sprachgebrauch und nennen auch periphrastische Formen finit, die eine einfache finite Form als Bestandteil enthalten.

Die infiniten Verbformen

Bei den infiniten Verbformen liegt vom Terminologischen her eine Klassifikation in Infinitive einerseits und Partizipien andererseits nahe. Dem steht entgegen, daß die Partizipien untereinander weder formal noch funktional viel Gemeinsamkeiten haben (s. u.). Das Partizip Präsens (Part1) wird vielmehr regelmäßig vom Inf abgeleitet (**sehen – sehend**), während dies für das Partizip Perfekt (Part2) allenfalls für die starken Verben anzunehmen ist, wenn man vom Ablaut absieht (**sehen – gesehen**). Bei den schwachen Verben sind die Verhältnisse anders geregelt (**legen – gelegt**, s. u.). In den oben zitierten wie in vielen anderen älteren Grammatiken bezeichnet man die Infinitive und Partizipien gemeinsam als Nominalformen des Verbs (Blatz 1896: 441; Wilmanns 1906: 13 ff.). Damit ist ganz Verschiedenes gemeint, beispielsweise daß man den Infinitiv regelmäßig substantivieren kann (**das Sehen**), das Part1 normalerweise wie ein Adjektiv verwendet und flektiert (**sehenden Auges**) und das Part2 prädikativ (als eine Form von ›Prädikatsnomen‹) findet (**Du bist gesehen; Die Tür ist geöffnet**). Auch sonst werden die Infinitive und Partizipien häufig gemeinsam klassifiziert, beispielsweise im System von Gunnar Bech, der sie nach dem sog. Status und der Stufe ordnet (Bech 1983: 12 ff.):

(2)

	1. Stufe Supinum	2. Stufe Partizipium
1. Status	sehen	sehend(er)
2. Status	zu sehen	zu sehen(d+er)
3. Status	gesehen	gesehen(er)

Bech will mit dieser Klassifikation sowohl das Auftreten der Formen mit adjektivischen Flexionssuffixen (Partizip) als auch ohne diese wie in periphrastischen Verbformen (Supinum) erfassen. Mit dem Begriff Supinum knüpft er an die Bezeichnung für bestimmte Verbalabstrakta in der lateinischen Grammatik an, verwendet ihn aber unspezifisch als »nicht adjektivisch flektiert.« Wir werden in verschiedenen Zusammenhängen auf die Klassifikation von Bech zurückkommen. Für den Augenblick entnehmen wir ihr wie den weiteren obigen Hinweisen nur, daß es schwierig ist, die infiniten Verbformen nach einfachen und einheitlichen Kriterien zu klassifizieren. Kritisch ist insbesondere der Status des Part1. Zwar hat es viele Eigenschaften verbaler Formen, aber seine Hauptverwendung ist die als Attribut und es kommt auch nicht in analytischen Verbformen vor (weiter Fuhrhop/Teuber 2000). Wir sehen es als Adjektiv an und schließen es von den Verbformen aus. Die verbleibenden infiniten Verbformen kategorisieren wir nach dem ›Infinitheitstyp‹ (Thieroff 1992: 7 ff.) in die Infinitive und das Partizip 2. Es ergibt sich 3.

(3)

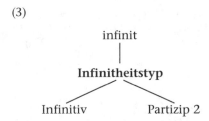

Die wichtigsten Regularitäten zur Bildung des Infinitivs lassen sich in drei Wohlgeformtheitsbedingungen zusammenfassen. (1) Nach dem letzten Vollvokal der Stammform (in der Regel der betonte Stammvokal) weist der Infinitiv genau eine Schwasilbe auf. Diese Bedingung ist eine wortprosodische insofern sie dazu führt, daß ein Infinitiv in der Regel auf einen Trochäus endet. (2) Jeder Infinitiv endet mit einem **n**. (3) Für die Plazierung von Schwa gilt, (a) alle Laute außer **n**, die in der vorausgehenden Silbe einen wohlgeformten Endrand bilden können, gehen Schwa voraus und (b) von den verbleibenden Lauten werden so viele wie phonotaktisch möglich dem Endrand der Schwasilbe zugeschlagen (**Aufgabe 63**).

Die Bedingungen zeigen wieder, daß es ein Ranking unter Wohlgeformtheitsbedingungen geben kann (s.a. Aufgabe 56). Vorrang haben die Prosodie und der Auslaut auf **n**. Erst danach folgen die Constraints über die Verteilung der Laute auf die beiden beteiligten Silben.

Die besprochenen Regularitäten beziehen sich auf die Bildung des Inf Präs, der Schlüsselform im System der Infinitive. Die weitere Klassifizierung erfolgt in Hinsicht auf Tempus, Genus verbi und Form der Infinitive. Bei Ansatz des üblichen Tempussystems (s.u.) haben wir im Deutschen einen Inf Präs (**sehen**), Inf Pf (**gesehen haben**) im Akt wie im Pas (**gesehen werden, gesehen worden sein**). Daneben setzen wir eine Klassifikation nach der Form an. Neben dem ›reinen‹ Inf **sehen** steht der **zu**-Inf wie in **Er ist nicht zu sehen; Er glaubt, etwas zu sehen.** Wahrscheinlich ist auch noch ein **am**-Inf wie in **Sie ist am Arbeiten; Wir waren am Frieren** unterzubringen. Der **am**-Inf gilt als typisch für bestimmte Varietäten des Gesprochenen (›Ruhrgebietsdeutsch‹) und wird als Bestandteil einer Art Verlaufsform angesehen, die sich gegenwärtig im Deutschen schnell ausbreitet. Die umfangreiche Untersuchung von Krause (2002) sieht die Konstruktion als Realisierung der Aspektkategorie ›Progressiv‹ an. Ob der **am**-Inf dafür hinreichend grammatikalisiert ist und wie er ins Paradigma zu intergrieren wäre, lassen wir offen.

Formen wie **zu sehen** (und gegebenenfalls **am Arbeiten**) gelten nach dieser Auffassung als *eine* Wortform. Die Bestandteile **zu** und **am** sind als grammatikalisierte keine Präpositionen mehr (ähnlich wie **am** in Superlativformen, **am schnellsten, am klügsten**). Zweifelsfrei der Fall ist das bei **zu**. Es erscheint sogar im Inneren von Formen wie **abzusehen, auszuarbeiten** und ist nicht vom reinen Inf trennbar (***Er glaubt, etwas zu genau sehen**). Für die Infinitive erhalten wir damit das Teilparadigma 4.

(4)

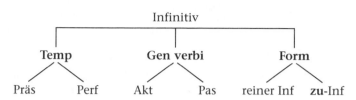

Für die Partizipien wirft die Einordnung ins verbale Paradigma unterschiedliche Fragen auf. Das Part1 ist regelmäßig vom Inf abgeleitet (**sehend, arbeitend**) und kommt vor allem adjektivisch flektiert als Attribut vor (**die arbeitende Bevölkerung**) daneben auch als Prädikat in Partizipialkonstruktionen wie **Auf einen Fehler des Gegners wartend spielte Michael lange Bälle.** Das Part1 kommt, wie oben festgestellt, nicht in periphrastischen Verbformen vor und hat schon insofern einen ganz anderen Status als das Part2. Es liegt deshalb nahe, das Part1 aus dem verbalen Paradigma herauszunehmen und es als deverbales Adjektiv anzusehen.

Sehr viel weitläufiger und komplexer sind die Probleme beim Part2, das häufig allein gemeint ist, wenn man von ›dem Partizip‹ im Deutschen spricht. Das Part2 kommt in voll integrierten periphrastischen Verbformen (z. B. Pf **habe gesehen**; werden-Passiv **werde gesehen**) ebenso vor wie in zweifelhaften (Zustandspassiv **bin gesehen**; kommen+Part2 **komme angelaufen**). Es gibt große Mengen von vollständig lexikalisierten und auch idiomatisierten Adjektiven, die die Form des Part2 haben (**begabt, verrückt, verklemmt, entsetzt**) sowie viele Übergangsstufen, deren Einordnung als verbale bzw. adjektivische Form genauerer Analyse bedarf (Lenz 1993; Rapp 1997). Der systematischen Zwischenstellung des Part2 zwischen den verbalen und nominalen Formen verdankt es auch seine Bezeichnung. Es »hat Teil« an mehreren Kategorien und hieß in der älteren deutschen Grammatik häufig ›Mittelwort‹. Wir kommen auf die Einordnung der Partizipien in verschiedenen Zusammenhängen zurück. Daß es eine verbale Form des Part2 gibt, steht aber außer Frage.

Sie wird bei den starken Verben gebildet durch Präfigierung der Form des Infinitivs mit **ge** (**gesehen, gemessen, gerufen**), meist allerdings mit abgelautetem Vokal (**gefunden, geboren, gelegen**). Bei den schwachen Verben wird ebenfalls **ge** präfigiert, gleichzeitig aber **t** suffigiert (**gemalt, gesegelt, gerudert, geregnet, gewiehert, gemauert, Aufgabe 64**). Gelegentlich spricht man hier von einem Zirkumfix als formbildendem Affix. Damit geht aber bei den starken Verben das einfache Verhältnis zum Inf verloren.

Bei präfigierten Verben ist das Partizip ohne **ge** gebildet (**vermessen, befunden, zerlegen, bemalt, entdeckt, ersetzt**). Damit wird erreicht, daß Partizipien im allgemeinen mit einer unbetonten Silbe als ›Auftakt‹ (jambisch) beginnen und so ein charakteristisches prosodisches Muster bewahren. Bei den Verbpartikeln bleibt **ge** (ähnlich wie **zu** bei den Infinitiven) fest in seiner Position (**aufgerufen, vorbeigesegelt, großgeschrieben**). Die Fixierung von **ge** und **zu** auf die Position vor dem eigentlichen Stamm zieht man häufig zu diagnostischen Zwecken heran. So haben wir **kopfgestanden** aber **gebrandmarkt**, d. h. **brand** ist fest integriert, **kopf** zumindest nicht im selben Maß. In anderen Fällen gibt es beide Möglichkeiten (z.B. **gestaubsaugt** und **Staub gesaugt**, möglicherweise auch noch **staubgesaugt**, 6.2.1; 8.4).

Der Imperativ: Formbildung und Finitheit

Die Einordnung der Partizipien ist kompliziert, im Vergleich zur Einordnung der Imperative aber geradezu harmlos. In unserem System sind die Imperative kategorisiert in Hinsicht auf Numerus, es gibt genau eine Form im Sg und eine im Pl (5).

(5)

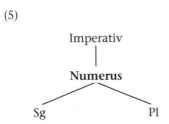

Die Pluralform ist identisch mit der 2.Ps Pl Ind Präs (**seht, legt, segelt**). Die Singularform wird bei den starken Verben, die eine Vokalhebung im Präs haben, ebenfalls mit angehobenem Vokal gebildet und ist dann endungslos (**lies, sieh, wirf**). Sie sieht aus wie die 2.Ps. Sg ohne das Personalsuffix **st**. Raffelsiefen (2002) möchte diesen paradigmatischen Bezug auf die 2.Ps verallgemeinern: auch der Sg Imp sei allgemein mit der 2.Ps identisch, hier aber ohne das Personalsuffix. Dabei gelten bezüglich Schwa dieselben Unsicherheiten wie wir sie von der 1.Ps Sg kennen, wir erhalten **hol+st – hol, bete+st – bete, segel+st – segel** usw. Die Regel funktioniert überall außer bei den starken Verben mit Umlaut in der 2.Ps (**fährst – fahr** und nicht *fähr; **brät+st – brate** und nicht *brät).

Nach A. Bittner (1996: 78ff.) ist der Vokalwechsel im Sg Imp das erste Merkmal, das verlorengeht, wenn ein starkes Verb zur schwachen Flexion wechselt. So haben wir im Gesprochenen häufig schon **ess(e), les(e), seh(e), werf(e)**, aber ausschließlich **du ißt, liest, siehst, wirfst**. Den Umlaut wie in **du schläfst, du läufst** gibt es im Imp nicht (**schlaf(e), lauf(e); Aufgabe 65**).

Ausgangspunkt der Schwierigkeiten mit dem Imp ist, daß seine Formen häufig und bis in die neueste Literatur hinein nicht nur in Hinsicht auf Numerus, sondern auch in Hinsicht auf Person kategorisiert werden. Man nimmt an, die Imperative seien 2.Ps (Lieb 1992; Wunderlich 1992a; Fries 1996). Bei Orientierung an der Form muß man aber feststellen: Die Imperative haben Adressatenbezug sowie eine paradigmatische Orientierung an der 2. Ps, nicht jedoch eine Personmarkierung. Eine 2.Ps im Paradigma kann es nur geben, wenn mindestens eine weitere Ps existiert. Das ist beim Imperativ nicht der Fall.

Vielfach hat man dennoch versucht, ein für die 1., 2. und 3.Ps mehr oder weniger vollständiges Imperativparadigma zu konstruieren. Vielleicht am weitesten ist hier Windfuhr (1967) gegangen, indem er ein Paradigma auf der Basis folgender Verwendungen von Verbformen ansetzt:

(6)

	Sg	Pl
1. Ps	–	gehen wir
2. Ps	geh(e)	geht
3. Ps	gehe jemand	gehen Sie

»Im Paradigma des Imperativs ist somit nur die Stelle der 1.s. [1.Ps Sg] unbesetzt« schreibt er, aber sogar für die 1.Ps finden sich schon Beispiele wie **Na gut, bin ich mal nicht so** (1967: 98). Das eigentlich Unverständliche an solchen Versuchen ist, daß einerseits **geh(e)** und **geht** als 2.Ps Imp angesehen werden, weil sie Adressatenbezug haben. Man argumentiert also semantisch. **Gehe jemand** und **gehen Sie** werden dann aber als 3.Ps Imp angesehen, obwohl sie entweder ebenfalls Adressatenbezug haben oder aber Konjunktive sind.

Unbestreitbar ist allerdings, daß es komplexe und auf den ersten Blick überraschende Überlagerungen von imperativischen und konjunktivischen Konstruktionen gibt, die besonderer Erklärung bedürfen. Paradefälle sind Sätze vom Typ **Lies mal einer von euch die Zeitung vor** oder **Hol bloß niemand die Pistole raus**. Die Verbformen sind Imperative, nicht Konjunktive (Vokalhebung bei **lies**, fehlendes Schwa bei **hol**) und stehen wie diese am Satzanfang. Andererseits haben die Sätze ein Subjekt und sind ohne weiteres durch Konjunktive ersetzbar (**Lese mal einer...**; **Hole bloß niemand...**). Echte Imperative zeichnen sich ja gerade dadurch aus, daß sie kein Subjekt brauchen (**Lies mal die Zeitung vor; Hol bloß die Pistole raus**).

Donhauser (1986; 1987) plädiert dafür, die Möglichkeit der Subjektlosigkeit als syntaktisches Hauptcharakteristikum für die Verwendung von Imperativen anzusehen und sie deshalb zumindest im Deutschen nicht zu den finiten Formen zu zählen. Raffelsiefen (2002) spricht von semifiniten Formen. Fries (1996) plädiert für eine Unterscheidung zwischen Imperativ als Flexionskategorie und als Satzmodus. Letzterem schließen wir uns natürlich an. Als syntaktisches Hauptcharakteristikum des Imperativsatzes kann dann gelten, daß er eine Imperativform in Erststellung hat und kein Subjekt braucht (Satz, 13.1). Der Imperativsatz kann also durchaus als vollständig angesehen werden. Da er darüber hinaus selbständig und auch in diesem Sinne ein finiter Satz ist, ergibt sich, daß die Formen des Imp als finite Verbformen anzusehen sind. Die finiten Formen sind dann insgesamt in Hinsicht auf Imperativität zu kategorisieren: die imperativen stehen den nichtimperativen gegenüber (Thieroff 1992: 7; 7).

(7)

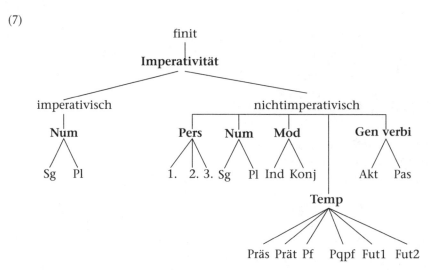

Die Personalformen

Die nichtimperativischen finiten machen die Menge der eigentlichen Personalformen aus (rechter Hauptast in 7). Zählen wir dazu die einfachen und die zusammengesetzten Formen mit finitem Anteil, dann findet nach verbreiteter Auffassung im Deutschen eine Kategorisierung in Hinsicht auf Person, Numerus, Modus, Tempus und Genus verbi statt mit den drei Personkategorien, zwei Modi, sechs Tempora und zwei Genera verbi.

Das Kategoriensystem in 7 kann in vielfältiger Weise modifiziert und anders aufgebaut werden. So haben wir früher (5.3.2) darauf hingewiesen, daß man die drei Personalkategorien in ein binäres System auflösen kann. Besonders umstritten ist weiter, wie viele und welche Tempora das Deutsche hat. Neben den beiden synthetischen, dem Präs und Prät, wurden die vier zusammengesetzten Perfekt (**habe gesehen**), Plusquamperfekt (**hatte gesehen**), Futur 1 (**werde sehen**) und Futur 2 (**werde gesehen haben**) angesetzt. Postuliert werden weiter z. B. das Doppelperfekt (**habe gesehen gehabt**), Doppelplusquamperfekt (**hatte gesehen gehabt**) sowie das Futur des Präteritums 1 (**würde sehen**) und Futur des Präteritums 2 (**würde gesehen haben**), wobei wir hier jeweils nur eine Form des Ind Akt als Beispielform nennen (Satz, 4.3; 4.4).

Bei diesen Formen fällt auf, daß sie verschiedenartige formale Bezüge untereinander haben. So verhält sich das Pf zum Pqpf wie das Dpf (Doppelperfekt) zum Dpqpf. Und das Fut1 verhält sich zum Fut2 wie das Fut Prät1 zum Fut Prät2. Das Präs verhält sich zum Prät wie das Pf zum Pqpf. Man kann überhaupt eine Subklassifizierung aller Formen danach vornehmen, ob ihr finiter Bestandteil im Präs (Präs, Pf, Fut1) oder im Prät steht (Prät, Pqpf, Fut2). Genau diese Klassifikation liegt beispielsweise der traditionellen Unterscheidung von KonjI (Präs, Pf, Fut1) und KonjII (Prät, Pf, Fut2) zugrunde, und seit langem ist vorgeschlagen worden, auch die Indikative so zu gliedern (Weinrich 1964, zur Übersicht Thieroff 1994).

Man kann also erwägen, andere als die sechs Tempora anzusetzen und man kann auch erwägen, die Tempora weiter zu klassifizieren. Dasselbe gilt für das Passiv. Man kann erwägen, mehrere Passivtypen zu unterscheiden, neben dem werden-(Vorgangs-)Passiv **werde geschlagen** zum Beispiel noch das **sein**-(Zustands-)Passiv **bin geschlagen**. Das System in 7 ist also als vorläufig anzusehen. Wir werden es später weiter ausarbeiten.

Im Augenblick soll es um etwas anderes gehen, nämlich um das Verhältnis der einzelnen Kategorisierungen. Was dazu gesagt wird, ist qualitativer Natur und läßt sich ohne Schwierigkeiten auf ein über 7 hinaus entwickeltes Kategoriensystem übertragen.

7 ist ein System von gleichzeitigen Klassifikationen. Es besagt, daß jede finite Form mit fünf Kategorien gekennzeichnet wird. Eine Ordnung unter den einzelnen Kategorien ist noch nicht etabliert.

Zwei Arten von interner Gliederung für die verbalen Kategorisierungen sind vorgeschlagen worden. Die erste faßt sie zu drei Gruppen zusammen und unterscheidet Kongruenzkategorien (die von Person und Numerus) von inhärenten (Modus und Tempus) und relationalen Kategorien (Genus verbi) (Anderson 1985; Thieroff 1992: 11 ff.; 1994a). Kongruenzkategorien sind unmittelbar syntaktisch wirksam, sie regeln die formale Beziehung zum Subjekt. Inhärente Kategorien tragen ihre Bezeichnung, weil sie, so wird argumentiert, solche Außenbeziehungen gerade nicht haben. Sie betreffen nur die Verbform selbst. Relationale Kategorien betreffen die syntaktischen Relationen, die bei der jeweiligen Verbform realisiert sind. Im Aktiv (z.B. **Die Frau kauft den Mantel**) sind das andere als im Passiv (**Der Mantel wird von der Frau gekauft**).

Die zweite Gliederung der Kategorisierungen etabliert eine Hierarchie unter ihnen, wie wir sie im Ansatz für Ps und Num kennengelernt haben (5.1). Bei Berücksichtigung aller fünf Kategorisierungen des Deutschen ergibt sich 8.

(8) Hierarchie der verbalen Kategorisierungen
Genus verbi > Tempus > Modus > Numerus > Person

Mit der Hierarche sollte zunächst vor allem die Ikonizität der Kodierung verbaler Kategorien gezeigt werden (Bybee 1985: 20ff.; 33ff.). Es wird angenommen, daß die morphologischen Marker für die einzelnen Kategorien von innen nach außen in der Reihenfolge wie in 8 auftreten. Am weitesten außen findet sich die Markierung der Person, dann die des Numerus usf. bis hin zum Genus verbi, das dem Verbstamm am nächsten steht. Die für viele Sprachen wichtigen Aspektkategorien (z.B. Perfektiv/Imperfektiv) sind zwischen dem Tempus und dem Genus verbi angesiedelt.

Auf der Funktionsseite entspricht dem, daß die Bedeutung der Kategorien umso ›verbnäher‹ ist, je näher sie dem Stamm stehen. Person und Numerus sind am wenigsten verbal, schon weil sie auch (oder eigentlich) nominale Kategorien sind. Die Moduskategorien betreffen die Möglichkeit und Perspektiven auf die Realisierung von Handlungen, das Tempus ihre zeitliche Situierung. Das ist schon wesentlich ›verbaler‹ als der Bezug auf kommunikative Rollen und Anzahl. Prototypische Verben bezeichnen Zustände und Handlungen, und die werden so versprachlicht, daß ihr Stattfinden in einer möglichen Welt (Modus) und Zeit (Tempus) klar wird. Die Aspektkategorien beziehen sich in der Regel auf den Verlauf von Handlungen, etwa darauf, ob eine Handlung sprachlich als abgeschlossen (perfektiv) oder offen (imperfektiv) dargestellt wird, d.h. hier ist die Handlung selbst betroffen.

Und noch stärker ist das beim Genus verbi der Fall. Die Bedeutung des Passivs dem Aktiv gegenüber wird seit jeher mit Begriffen wie »täterabgewandte Perspektive auf die Handlung«, »Leideform vs. Tatform« usw. beschrieben. Kennzeichnungen dieser Art sollen an dieser Stelle in keiner Weise bewertet werden und selbstverständlich ist es erforderlich, sie alle genauer zu explizieren. Aber auch bei ganz intuitiver Redeweise sollte der Zusammenhang zwischen Kodierung und Funktionalität der verbalen Kategorien plausibel sein.

Ohne einen derartigen Zusammenhang bleibt das verbale Paradigma eine undurchdringliche Anhäufung von Formen. In der zitierten Arbeit von Bybee und vielen weiteren (teilweise auch älteren) Arbeiten wird gezeigt, daß die beschriebenen Zusammenhänge übereinzelsprachlich gelten. Dabei kann die Art und Weise der einzelsprachlichen Realisierung entsprechend den verwendeten morphologischen und syntaktischen Mitteln eine erhebliche Bandbreite haben (**Aufgabe 66a**).

Mithilfe der Hierarchie können weitere interessante Aspekte des Form-Funktionszusammenhanges expliziert werden. So läßt sich feststellen, daß nur unmittelbar benachbarte morphologische Einheiten fusionieren, woraus sich weitreichende Beschränkungen für die Flexionsmorphologie des Verbs ergeben. Im Deutschen etwa fusionieren Ps und Num konsequent. Eine Tendenz zur Fusionierung gibt es auch zwischen den Personalendungen und dem Konjunktivmarker, insbesondere im Konj Präs. Dagegen wird das Prät durch Vokalwechsel oder das agglutinierende Dentalsuffix unabhängig von den Personalendungen realisiert. Eine Interaktion gibt es dagegen zwischen Tempus- und Modusmarker, etwa Umlautung des Stammvokals im Prät. Das alles bestätigt die Wirksamkeit der Kategorienhierarchie auf der Seite der Form.

Weitere Korrelate betreffen den Sprachwandel und die Syntax. Wechselt ein Verb von der starken zur schwachen Flexion, so geschieht dies schrittweise entlang der Bybee-Hierarchie (**Aufgabe 66b**). In der Syntax geht es um die spezifische Wirkung der drei Kategoriegruppen. Die Dreiteilung in Kongruenzkategorien, inhärente und relationale Kategorien unterstellt ja, daß es eine unmittelbar syntaktische Wirkung bei den Kongruenzkategorien von Ps und Num, ausdrücklich aber nicht bei den inhärenten Kategorien von Mod und Temp gibt. Hinsichtlich des Genus verbi bleibt die Sache unklar. Für das Deutsche läßt sich dazu folgendes sagen.

Kongruenz zwischen Subjekt und finitem Verb ist eine syntagmatische Beziehung innerhalb desselben Satzes. Sie betrifft die konstitutiven im Sinne von minimal notwendigen Bestandteile der meisten Typen von einfachen Sätzen, z. B. des ›Aussage-Hauptsatzes‹ (9a,b).

(9) a. Ich geh+e;   Du geh+st

     b. Ich geh+e;   Wir geh+en

Die von der Kongruenz betroffenen Bestandteile des einfachen Satzes sind syntaktisch und semantisch eng aufeinander bezogen. Im Vorkommen und in der Funktion bedingen sie einander.

Wenn nun unter Bezug auf die Hierarchie eine irgendwie damit verwandte Außenwirkung einer weiteren verbalen Kategorie besteht, dann ist sie beim Modus und nicht beim entfernteren Tempus zu erwarten. In der Tat verhält es sich so. Bei der prototypischen Verwendungsweise des Konj Präs (indirekte Rede) ist der Konj regiert. Ob er stehen kann oder nicht, hängt, wie 10 und 11 zeigen, vom Verb im übergeordneten Satz ab.

(10) a. **Renate behauptet, daß Paul Bäcker ist**

    b. **Renate behauptet, daß Paul Bäcker sei**

(11) a. **Renate weiß, daß Paul Bäcker ist**

    b. ***Renate weiß, daß Paul Bäcker sei**

Die Markierung der Rektionsbeziehung in 10b soll andeuten, daß die Verwendbarkeit des Konj im Nebensatz vom Verb **behaupten** abhängig ist. Bei **wissen** ist der Konj nicht ohne weiteres möglich. Etwas Ähnliches läßt sich auch für die wichtigsten Verwendungen des Konj Prät feststellen (dazu im Einzelnen Satz, 4.4). Der Konj ist in diesem Sinne regiert, er ist syntaktisch abhängig und keine inhärente Kategorie. Die syntaktische Abhängigkeit ist vermittelter als bei den Kongruenzkategorien. Sie besteht zwischen Verben verschiedener Sätze im selben Satzgefüge. Daß sie zwischen Verben besteht und nicht zwischen Verb und Nominal (wie die Kongruenz), zeigt wieder, daß Modus verbspezifischer ist als Person und Numerus.

Das Tempus ist nun im Deutschen tatsächlich eine inhärente Kategorisierung. Syntaktisch hat das Tempus keine Außenwirkung. Zumindest für den Indikativ gilt, daß jede Tempusform durch jede andere ersetzt werden kann, ohne daß das die syntaktische Wohlgeformtheit des Satzes berührt.

Bleibt das Genus verbi. Die einfachste, globale Charakterisierung des syntaktischen Verhältnisses von Aktivsatz und Passivsatz verwendet den Begriff ›Diathese‹: Die beiden Satztypen unterscheiden sich dadurch, daß die semantischen Rollen auf unterschiedliche syntaktische Funktionen verteilt sind. Bei der Aktivform des Verbs finden sich z.B. Agens und Patiens im Subjekt und direkten Objekt (12a), bei der Passivform desselben Verbs dagegen in der präpositionalen Ergänzung mit **von** und im Subjekt.

(12) a. *Die Frau* hat *den Mantel* gekauft
    b. *Der Mantel* wird *von der Frau* gekauft

Die ›reine Diathese‹ ist im Deutschen dann gegeben, wenn man, wie in 12, den Passivsatz neben das Perfekt des Aktivsatzes stellt. Bei der Verbform ändert sich dann nur das Hilfsverb (**werden** vs. **haben** oder **sein**). Die Satzstruktur bleibt im übrigen weitgehend erhalten, abgesehen eben von der anderen Verteilung der semantischen Rollen.

Die Kategorien des Genus verbi betreffen die Satzstruktur in ihrer Abhängigkeit von Verb. Die zentrale Rolle des Verbs im Satz beruht auf seiner Valenz, d.h. darauf, daß das Verb die Anzahl und den Typ der Komplemente (Subjekt und Objekte) bestimmt. Das Verhältnis von Aktiv und Passiv betrifft die Valenz des Verbs, die Kategorien des Genus verbi sind die verbspezifischsten.

Einige Aspekte des Verhaltens der verbalen Kategorien sind in 13 zusammengefaßt. Die erste Zeile zeigt, welche Satzglieder jeweils betroffen sind. In der zweiten ist das syntaktische Verhältnis der betroffenen syntaktischen Einheiten eingetragen und in der dritten die Art der Formbildung.

(13)

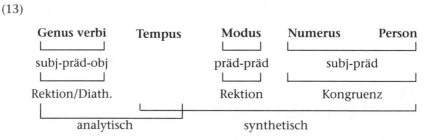

13 zeigt deutlich die Zentralstellung der Tempora im System der verbalen Kategorien und es zeigt gleichzeitig die problematische Zwischenstellung des verbalen Modus zwischen dem Tempus und den strukturell ebenfalls robusten Kongruenzkategorien. Wir werden das Schema im Fortgang der Grammatik weiter ausarbeiten. Der Übersicht halber fassen wir zum Schluß das Kategoriensystem des verbalen Paradigmas noch einmal zusammen, so weit es in diesem Abschnitt entwickelt wurde.

(14) Verbales Paradigma

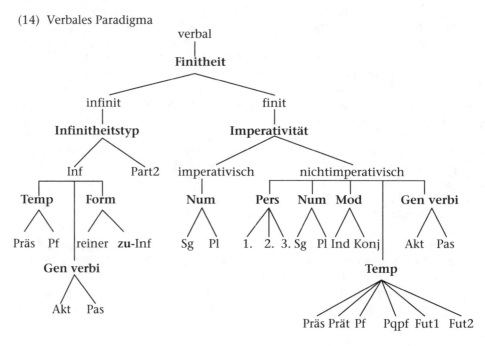

6. Wortbildung I: Allgemeines, Komposition

6.1 Wortbildung als Teil der Morphologie

Die Morphologie beschäftigt sich mit dem Aufbau von Wortformen und Wörtern aus kleinsten ›Wortbausteinen‹, sie fragt nach der Kombinatorik von Einheiten wie Stämmen und Affixen, sie leitet Bedeutungen komplexer Wörter her und macht verständlich, aufgrund welcher Mechanismen neue Wörter entstehen. Abschnitt 6.1.1 bespricht, wie sich der Gegenstand der Morphologie konstituiert und wie Flexions- und Wortbildungsmorphologie voneinander abgrenzbar sind. In 6.1.2 werden die Begriffe erläutert, die man zur Beschreibung der morphologischen Struktur von Wortformen braucht.

Zur Vermeidung von Unklarheiten erinnern wir an die früher vereinbarte Redeweise: Wörter haben eine Formseite und eine Bedeutungsseite. Die Formseite ist ein syntaktisches Paradigma, auch Wortparadigma genannt. Es besteht aus einer Menge von Wortformen mit ihren Kategorien. Die Bedeutungsseite ist die Wortbedeutung, die allen Wortformen des Paradigmas gemeinsam ist (1.3.1).

6.1.1 Wortbildungstypen. Wortbildung und Flexion

Das Rieseninventar an Wörtern, das in einer Sprache wie dem Deutschen zur Verfügung steht, kennt kein einzelner Sprecher genau. Niemand weiß, wieviele Wörter das Deutsche zu einer bestimmten Zeit hat und niemand weiß genau, was ein einzelnes Wort alles bedeuten kann. Nicht einmal die Schreibweise sämtlicher Wörter kann einem einzelnen bekannt sein. Sehr wohl möglich ist es aber, die Regularitäten des Baus der Wörter im Überblick zu erfassen (Zahlen zum Umfang des Wortschatzes in 1.4).

In der Wortbildung geht man dabei meist von vier Grundtypen aus: (1) Bei der Komposition treten an irgendeiner Stelle der komplexen Form zwei Stammformen auf, die einander als unmittelbare Konstituenten nebengeordnet sind (**Edelmut, Fensterrahmen, Baukran, Geisteswissenschaft**). (2) Die Präfigierung enthält ein Wortbildungsaffix, das dem Stamm vorausgeht (**Unmut, Mißmut, erhoffen, verdrehen**), während (3) bei der Suffigierung das Affix dem Stamm folgt (**mutig, freundlich, Ehrung, Sicherheit**). Präfigierung und Suffigierung werden meist zusammengefaßt als Ableitung oder Derivation. (4) Die Konversion schließlich ist dadurch gekennzeichnet, daß gerade keine bestimmte morphologische Einheit vorhanden ist, die ›Konversion‹ signalisiert. Der Stamm bleibt wie er ist. Man spricht deshalb auch von Umsetzung eines Stammes in eine andere Kategorie. Die wichtigsten Arten von Konversion sind im Deutschen die Substantivierung des Infinitivs (**das Lesen, Wandern,**

Maßhalten) und die Substantivierung des Adjektivs (**der Alte, die Abgeordnete, das Unvergessene**).

Wir werden die Wortbildung von den vier Grundtypen her aufrollen und jedem von ihnen einen Hauptabschnitt widmen. Da die Komposition sich in mancher Hinsicht von den drei anderen Typen unterscheidet, behandeln wir sie hier für sich (6.2), die anderen gemeinsam in Kap.7.

Mit der Berufung auf vier Grundtypen soll nicht gesagt sein, daß es neben ihnen nichts Wesentliches in der Wortbildung gibt. Ganz im Gegenteil, wir werden sehen, daß manche Wortbildungstypen so nur schwer zu rubrizieren sind und daß manche Charakteristika der morphologischen Strukturiertheit von Wörtern kaum in den Blick kommen.

Wortbildung und Flexion

Das beginnt mit der Abgrenzung von Wortbildung und Flexion. Betroffen ist in erster Linie die Suffigierung. Suffigierung verwendet morphologische Mittel wie sie auch die Flexion kennt, neben den Suffixen selbst (**gelb – gelblich** vs. **gelb – gelbes**) vor allem den Umlaut (**rot - rötlich** vs. **rot – röter**). Die Abgrenzung von Flexion und Derivation ist in einigen Fällen schwierig. Umso nützlicher ist sie, denn sie zeigt, wie die Flexion einerseits und die Wortbildung andererseits im jeweils prototypischen Bereich ihren unterschiedlichen Funktionen in der Grammatik gerecht werden.

Wortbildungsregularitäten bestimmen die Struktur von Wörtern mit ihrer Formseite und ihrer Bedeutungsseite. Ein Wort gehört außerdem bestimmten syntaktischen Kategorien an: Es ist ein transitives Verb, ein Stoffsubstantiv, ein Adjektiv bestimmter Art usw. Diese Eigenschaften finden sich bei morphologisch einfachen Wörtern genauso wie bei morphologisch komplexen. Meistens finden sich sogar morphologisch einfache und morphologisch komplexe Wörter desselben Bedeutungstyps und derselben syntaktischen Kategorie nebeneinander. Ein Leser ist eine Person, die liest, und ein Dieb ist eine, die stiehlt. Ein Dieb könnte auch **Stehler** genannt werden, wenn es das Wort **Dieb** nicht gäbe. So aber brauchen wir **Stehler** nicht. Es ist ein mögliches Wort, d.h. es genügt allen Wohlgeformtheitsbedingungen an Wörter. Daß es nicht oder fast nicht verwendet wird, liegt an der Existenz von **Dieb**. Man sagt auch, **Stehler** existiere nicht aus externen Gründen, seine Bildung sei *blockiert*. Es gibt keinen Bedarf für das Wort. Blockierung muß strikt von Nicht-Wohlgeformtheit unterschieden werden.

Aus dieser Sicht führen Wortbildungsregularitäten zu Wörtern, die sich in eine gegebene Ordnung – etwa die der Wortarten als syntaktischen Kategorien – einfügen. Es gibt Substantive, Verben, Adjektive, Adverbien, Präpositionen usw. und es gibt bestimmte Subtypen davon. Die Wortbildung bereichert jede der Wortklassen. Die Wortbildung bringt aber im allgemeinen keine neuen syntaktischen Kategorien hervor. Im prototypischen Bereich gibt es keine Klassen von morphologisch komplexen Wörtern, die sich syntaktisch auf systematische Weise anders verhalten als die morphologisch einfachen. Schon Joseph Greenberg (1954; nach Bybee 1985: 81) stellt fest, ein komplexes abgeleitetes Morphem »may always be substituted for some particular class of single morpheme in all instances without producing a change in the construction.« Wäre es anders, dann dürfte man der Wortbildungskomponente nicht die Wortschatz- oder Lexikonerweiterung als eigentliche Funktion zuschreiben, sondern müßte diese in der Konstituierung von syntaktischen Kategorien suchen. Traditionell schreibt man der Wortbildung die Funktion der Lexikonerweiterung zu, ohne das weiter zu thematisieren. Wir werden auf die Frage mehrfach zurückkommen, denn es gibt natürlich Grenzfälle an der Schnittstelle von Morphologie und Syntax. Zunächst begnügen wir uns mit der Feststellung, daß Lexikonerweiterung die Hauptfunktion der Wortbildung ist.

Der Stamm **Leser** besteht aus den Bestandteilen **les** (Verbstamm) und dem Suffix **er**. Die Bedeutung von **Leser** ist, grob gesagt, »jemand, der liest«. Sie ergibt sich aus der Bedeutung des Verbstammes und der morphosemantischen Funktion von **er** (1.3.3). Analog verhält es sich mit der Bedeutung von **Bäcker**, **Lehrer**, **Träumer**, **Quäler** und **Zahler**. Zumindest eine der Bedeutungen solcher Wörter kann gekennzeichnet werden mit »jemand, der x-t«, wobei x für die Bedeutung des Verbstammes steht. Man nennt solche Wörter morphologisch und semantisch *transparent*. Ihre morphologische Struktur ist evident und ihre Bedeutung ergibt sich kompositionell (früh und umfassend dazu Gauger 1971).

Versuchen wir, **er**-Substantive mit anderen Verbstämmen zu bilden, dann stellen wir fest, daß das nicht immer geht. Substantive wie ***Gefaller**, ***Lohner**, ***Schmerzer**, ***Trauer**, ***Gehörer**, ***Freuer** von **gefallen**, **lohnen**, **schmerzen**, **trauen**, **gehören**, **freuen** sind offenbar keine möglichen Wörter. Anders als **Stehler** können sie nicht gebildet werden, d.h. die Bildung von **er**-Substantiven mit Verbstämmen ist systematisch beschränkt. Zur Grammatik des Suffixes **er** gehören seine systematischen Beschränkungen (7.2.1).

Bei Substantiven wie **Schieber**, **Bauer**, **Fehler**, **Füller**, **Unternehmer** ist der Bezug auf einen Verbstamm möglich. Ihre normale (verbreitetste) Bedeutung werden wir jedoch nicht kennzeichnen mit »jemand, der x-t«. Die Wörter sind morphologisch, nicht aber semantisch transparent. Sie sind im Gebrauch von der kompositionellen Bedeutung abgedriftet oder haben sie vielleicht niemals gehabt. Man sieht ihnen das nicht ohne weiteres an, auch wenn wir uns bei **Schieber**, **Unternehmer** und anderen solchen Wörtern ganz gut vorstellen können, wie es zur Bedeutungsverschiebung und damit zum Verlust an semantischer Transparenz (›Demotivierung‹) gekommen ist.

Schließlich findet sich im ›Lexikon‹ (s.u.) eine große Zahl von Wörtern, die von der lautlichen Substanz her so aussehen wie die genannten, die aber nicht ihre morphologische Struktur haben: **Hammer**, **Eimer**, **Teller**, **Eber**, **Kater**, **Otter**, **Splitter**, **Krater**, **Mörser**, **Kaiser**. Ob solche Wörter einmal dem oben beschriebenen Bildungsmuster angehört haben, läßt sich synchron nicht feststellen. Gewisse Merkmale (Genus und Flexionstyp) haben sie mit den **er**-Bildungen gemeinsam, schon deshalb kann man sie nicht umstandslos als morphologisch einfach bezeichnen. Aber morphologisch transparent sind sie nicht, und semantisch transparent schon gar nicht. Deshalb wird das **er** in solchen Wörtern meist als *Pseudosuffix* oder ›charakteristischer Wortausgang‹ bezeichnet.

Wir ziehen als vorläufigen Schluß: Im Lexikon findet sich eine große Zahl von morphologisch einfachen Wörtern neben einer großen von komplexen, die morphologisch und semantisch transparent sind. Erstere sind im Saussureschen Sinne arbiträr, letzere sind strukturell motiviert. Zur strukturellen Motiviertheit gehören systematische Beschränkungen. Zwischen den arbiträren und den motivierten gibt es verschiedene Zwischentypen. Daß es die Zwischentypen gibt, ist angesichts der polaren Prototypen des arbiträren Wortes einerseits und des motivierten Wortes andererseits erwartbar (dazu auch 5.1; 6.1.2).

Vergleichen wir damit die Flexionsmorphologie. Flexionsformen wie die Formen mit unterschiedlichem Kasus und Numerus bei den Substantiven sind im Prinzip bildbar. Für die Kasusformen gilt das generell, für die Numeri mit der Einschränkung, daß markierte Typen wie die Pluralia tantum (**die Ferien, Eltern, Leute, Finanzen, Kosten, Gezeiten**) und Singularia tantum (**das Laub, Glück, Gesindel, Wandern, Lesen**) auf einen Numerus beschränkt sind. Dasselbe gilt für Adjektive und Verben. Verben bilden prinzipiell alle Personalformen in beiden Modi des Präsens und Präteritums und nur besondere Bedingungen führen dazu, daß ein Adjektiv nicht flektierbar (einschließlich steigerbar) ist. Der paradigmatische Zusammenhalt der Formen beruht ja gerade darauf, daß Formen in derselben Position des Paradigmas auch dieselben syntaktischen Vorkommen mit den zugehörigen semantischen Leistungen haben.

Was sich in der Literatur an Kriterien zur Abgrenzung von Flexion und Derivation findet, läßt sich fast durchweg direkt auf das Gesagte beziehen (zusammenfassend und unter Berücksichtigung des Deutschen Plank 1981: 8ff.; Dressler 1989; Wurzel 1996a; allgemein Booij 2000; Haspelmath 2002).

Stets zuerst genannt wird die Regelmäßigkeit der Formbildung bei der Flexion (abgesehen von Suppletion). Das Kriterium besagt insbesondere, daß es bei den offen flektierenden Wortklassen unmarkierte Flexionstypen gibt, denen neu entstandene oder entlehnte Wörter zugeschlagen werden. Deshalb sind beispielsweise Ableitungssuffixe bei den Substantiven fest an Flexionstypen gebunden: **ung** führt zu Feminina mit **en**-Plural, **er** zu starken Maskulina mit endungslosem Plural usw. Entlehnte Verben flektieren stets schwach und bei den Adjektiven gibt es sowieso nur einen Flexionstyp.

Allerdings ist die Regelmäßigkeit der Formbildung nur eine notwendige Bedingung für Flexion, hinreichend ist sie nicht. Insbesondere sollte man nicht ausschließen, daß es regelmäßige Ableitungsbeziehungen gibt. Ein Beispiel ist das Partizip 1. Wörter wie **laufend, schreibend, bergsteigend, maßhaltend, joggend** und **outend** sind, wie in 5.3.4 gezeigt wurde, nicht im verbalen Paradigma und *a fortiori* nicht im verbalen Flexionsparadigma verankert. Sie sind Adjektive, die zumindest mit allen Flexionsformen des Positiv sowie mit der Kurzform vorkommen. Möglicherweise müssen wir sie als defektive Adjektive ansehen, weil sie in Hinsicht auf Komparation stark beschränkt sind. Zu Verbformen werden sie dadurch aber nicht.

Mit der Regelmäßigkeit der Formbildung ist automatisch morphologische und semantische Transparenz verbunden. Der immer gleiche Gebrauch jeder einzelnen Flexionsform verhindert, daß die Form aus dem Paradigma driftet und, wie Wörter das häufig tun, ein Eigenleben im Lexikon führt. Es gibt Fälle, in denen Flexionsformen in eine andere Kategorie gelangen und Flexionssuffixe zu Ableitungssuffixen werden. Beispielsweise ist das adverbbildende **s** in **tags, abends, flugs, anfangs, eingangs** aus dem Genitiv-**s** entstanden. Das hat aber nicht dazu geführt und konnte nicht dazu führen, daß **Tag**, **Abend** usw. ihren Genitiv anders bilden. Der Vorgang hat die Flexion der Substantive nicht verändert. Flexionsmerkmale ändern sich nicht für einzelne Wörter, sondern nur für ganze Wortklassen, die gemeinsam bestimmten strukturellen Bedingungen genügen.

Ein weiteres wichtiges Kriterium ist die Plazierung der Suffixe innerhalb der Wortform. Flexionssuffixe erscheinen außen (im Deutschen im allgemeinen rechts). Derivationsaffixe stehen links davon. Auf wortintern entstehende Flexionsaffixe gibt es einen starken Druck zur Externalisierung (Haspelmath 1993).

In Kap. 5 wurde gezeigt, daß Flexionsmerkmale untereinander strikt geordnet sind und daß diese Ordnung auf ihrer semantischen Funktion wie ihrer syntaktischen Außenwirkung beruht (Hierarchie der Kategorisierungen). Da die Flexionsmerkmale für die syntaktische Analyse von größeren Einheiten, in denen die Formen vorkommen, unmittelbar von Bedeutung sind, ist es funktional, sie immer an derselben Stelle innerhalb der Form zu plazieren. Die wahrnehmungsmäßig stabilste Plazierung ist die am Rand der Form. Alle anderen Möglichkeiten, ›dieselbe Stelle‹ zu identifizieren (z.B. nach dem morphologischen Kern einer Form oder vor dem letzten Ableitungsaffix) sind viel weniger stabil. Wir werden später sehen, daß es auch für Ableitungsaffixe Reihenfolgerestriktionen gibt und diese teilweise ganz ähnlich begründet sind wie bei den Flexionsaffixen. Eine absolute Bedingung wie ›steht nur ganz rechts‹ oder ›steht nur in zweiter Position von rechts‹ wie bei den Flexionsmerkmalen gibt es aber in der Wortbildung nicht.

Gerade das Reihenfolgekriterium zeigt, daß der Übergang von Flexion zu Derivation letztlich kontinuierlich ist. Je höher eine Flexionskategorisierung in der Hierarchie steht, desto näher kommt sie der Derivation. So wurde gezeigt, daß beim Substantiv eine Pluralstammform mit ihrer Bedeutung eher den Charakter eines selbständigen Lexems hat als irgendeine Kasusform (Booij 1996; Baayen u.a. 1997). Das gilt linguistisch wie psycholinguistisch, etwa in Hinsicht auf Worterkennungsexperimente. Und umgekehrt gilt, daß äußere Derivationssuffixe wie das Diminutiv der Flexion nahekommen (7.2.1).

Wortbildung: Strukturen und Prozesse

So viel zur Abgrenzung von Flexion und Wortbildung. Für die Wortbildung haben wir uns noch mit einem Abgrenzungsproblem anderer Art zu befassen, das in den vergangenen Jahren immer erneut aufgeworfen wird. Es handelt sich um die Frage, ob die Wortbildung eher produktive Prozesse oder eher strukturelle Verhältnisse beschreiben soll. Um Reichweite und Implikationen dieser Frage deutlich zu machen, vergegenwärtigen wir uns, wie morphologische Einheiten im Vergleich zu phonologischen und syntaktischen Einheiten miteinander kombinieren.

In der Phonologie geht es zentral um den Aufbau der Silbe als kombinatorischer Grundeinheit. Eine Silbe kann aufgefaßt werden als Folge von Lauten. Es gibt Regularitäten für die Abfolge von Lauten in der Silbe, die so sind, daß jede Sprache nur eine endliche Anzahl von Silben hat. Dabei bestehen große Unterschiede zwischen den Sprachen. Während das Japanische weniger als hundert Silben aufweist, hat das Deutsche im Kernbereich mindestens fünf- bis sechstausend Vollsilben. Trotzdem bleibt die Anzahl der Silben klar begrenzt. Das gilt sogar dann, wenn man die aufgrund der Bildungsregularitäten in einer Sprache möglichen, aber nicht realisierten Silben hinzurechnet.

Ganz anders in der Syntax. Wie eine Silbe als Folge von Lauten, kann ein Satz oder eine syntaktische Phrase als Folge von Wortformen aufgefaßt werden. Aber die Zahl der Wortformen ist in jeder Sprache sehr viel größer als die Zahl der Laute. Dazu kommt, daß die Länge von Sätzen und anderen syntaktischen Einheiten wie den Nominalgruppen prinzipiell nicht beschränkt ist. Der offensichtlichste Grund dafür ist, daß syntaktische Strukturen rekursiv sein können. Einbettungen wie in **das Auto unter der Lampe vor dem Haus an der Ecke vom Marktplatz** kann man beliebig fortsetzen. Aber auch ohne Rekursion ist die Zahl der Sätze unüberschaubar groß. Jede einzelne syntaktische Position, etwa die des attributiven Adjektivs wie in **ein dickes Buch**, kann von einer schier unerschöpflichen Zahl von Einheiten belegt werden.

Syntax ist Kombinatorik. Man kann sie gar nicht betreiben, ohne von vornherein das kombinatorische Element zu berücksichtigen. In der Phonologie hat man die Kombinatorik lange vernachlässigt und sich nur mit den Lauten befaßt. Das war unangemessen, aber immerhin noch Phonologie.

Der Gegenstand der Morphologie und besonders der Wortbildung ist so schwer zu bestimmen, weil die Verhältnisse hier einerseits eher wie in der Phonologie liegen, andererseits denen in der Syntax nahekommen.

Die Zahl der morphologischen Bausteine (wie einfache Stämme und Affixe) ist begrenzt, und ebenso begrenzt ist die Zahl der morphologisch einfachen Wörter. Morphologisch einfache Wörter sind als Zeichen im Prinzip arbiträr und müssen deshalb Wort für Wort gelernt und gespeichert werden. Eine interne Kombinatorik gibt es nur für ihre Lautstruktur, aber nicht für ihre morphologische.

Nicht viel anders verhält es sich mit den Flexionsformen von wortbildungsmäßig einfachen Wörtern. Ein Flexionsparadigma umfaßt eine festliegende Anzahl von Formen, die Kombinatorik der Flexionssuffixe ähnelt in ihrer fixierten Reihenfolge der Lautkombinatorik innerhalb der Silbe. All dies ist noch überschaubar und als Gegenstand der Morphologie vergleichsweise unproblematisch.

Das ändert sich mit den Derivationen. Zwar ist die Menge der Derivationsaffixe begrenzt, aber sie ist viel weniger sicher in der Abgrenzung als die der Flexionsaffixe. Das hat verschiedene Gründe. Einmal verändert sich der Bestand an Derivationsaffixen durch Entlehnung, Reanalyse (7.2) und Grammatikalisierung. Durch Grammatikalisierung entstehen aus selbständigen Stämmen sog. Halbaffixe oder Affixoide wie **frei** in **schadstofffrei, angstfrei, kostenfrei**, wie **mäßig** in **handlungsmäßig, fabrikmäßig, turnusmäßig** oder wie **hoch** in **hochmodern, hochmotiviert**. Sie haben noch die Form des selbständigen Stammes, aber nicht mehr die zugehörige ›normale‹ Wortbedeutung. Ihre Bedeutung ist abstrakter. Sie neigen zur Reihenbildung und können sich durchaus zu echten Derivationsaffixen entwickeln (Vögeding 1981; Schmidt 1987; Lachachi 1992; Motsch 1996).

Zweitens ist der Bestand schwer bestimmbar, weil es viele unproduktive, Pseudo- und sonstige ›unsichere‹ morphologische Einheiten gibt. Und drittens schließlich ist auch das Ergebnis von Derivationen teilweise unsicher. ***Sauberheit, *Mitgliedin, *Ertragbarung*** sind mit Sicherheit keine möglichen Substantive und ***vereinigungen, *entversichern, *unbewaldigen** keine möglichen Verben. Aber wie ist es mit **Imponierer, Lieger, Nützer** und **befrechheiten, massivisieren, entspötteln**? Die Zahl der möglichen, aber nicht im Lexikon verzeichneten Wörter ist um Größenordnungen höher als bei den Silben und viel schwerer abgrenzbar. Grammatikalitätsurteile in der Wortbildung sind häufig noch schwieriger als in der Syntax, weil man leicht ›ungrammatisch‹ mit ›steht nicht im Lexikon‹ verwechselt.

Auch die Kombinatorik ist, wie gesagt, teilweise der syntaktischen ähnlich. Im Kompositum können beliebige Substantivstämme kombiniert werden von **Barockstuhl** über **Telefonstuhl, Großmutterstuhl, Weinflaschenstuhl, Stecknadelstuhl** bis **Religionsstuhl** und **Mehrheitswahlrechtsstuhl**. Einen Unterschied zur Kombinatorik beispielsweise des Genitivattributes gibt es nicht, und schon deshalb gibt es keine Möglichkeit, eine Höchstzahl für den Wortbestand einer Sprache anzugeben.

Damit sind wir bei der ersten praktischen Frage: Wann ist ein Wort lexikalisiert? Die Literatur gibt unterschiedliche Antworten, die einem unterschiedlichen Begriff von Lexikon geschuldet sind. Unter *Lexikalisierung* wird einmal verstanden »Speicherung und Demotivation« (Fleischer/Barz 1992: 15f.). Zum anderen ist von »Aufnahme in den Wortbestand einer Sprache als usuelle Bildung, die im Lexikon gespeichert und bei Gebrauch dort abgerufen wird« die Rede (Bußmann 2002: 405).

Wir schließen uns der zweiten Redeweise an. Ein Wort ist lexikalisiert, wenn es in ›normalem Gebrauch‹ der Sprecher einer Sprache oder von bestimmten Sprechergruppen ist, die ihr ›Speziallexikon‹ haben. Lexikalisierung bedeutet einfach, daß ein Wort zum Wortschatz gehört und als solches bekannt oder ›usualisiert‹ ist. Lexikalisierte Wörter können, aber müssen nicht demotiviert sein. Sind sie demotiviert, so sprechen wir von Idiomen und entsprechend von *Idiomatisierung*. Es ist sinnvoll, diesen Begriff auf Einheiten zu beschränken, die von der Form her komplex sind. Anderenfalls kommt man zu einem etymologischen, aber nicht zu einem synchron-systematischen Begriff von Idiomatisierung.

Die Beschränkung von Lexikalisierung auf demotivierte Wörter beruht auf der Vorstellung, daß in einem Lexikon neben einfachen Einheiten nur das Unsystematische, Idiosynkratische verzeichnet sei.

Die Wortbildungsmorphologie muß alle Wörter einer Sprache beschreiben, die einfachen wie die komplexen, die unmotivierten wie die transparenten. Und sie hat die Regularitäten zum Gegenstand, nach denen morphologisch komplexe Wörter strukturiert sind. Werden nach einer Regularität zu einer gegebenen Zeit neue Wörter gebildet, so ist sie *produktiv*. Die Regularität, auf der die Bildung des Partizip 1 beruht, ist produktiv. Von jedem neuen Verb kann über kurz oder lang die Form aus Verbstamm+**(e)nd** abgeleitet werden (**jobbend, outend, betüpfelnd**). Wir sagen dann auch, das Suffix **(e)nd** selbst sei produktiv. Nach produktiven Regeln gebildete Wörter sind zunächst morphologisch und semantisch transparent.

Regularitäten, nach denen Wörter strukturiert sind, aber nicht oder nur in speziell begrenzten Reihen neu gebildet werden, heißen *aktiv*. Entsprechend reden wir von aktiven Affixen. Wörter, die gemäß einer aktiven Regularität strukturiert sind, sind morphologisch wie semantisch transparent. Als aktiv gilt beispielsweise das Suffix **ling** in Personenbezeichnungen auf verbaler Basis wie **Prüfling, Impfling, Lehrling, Pflegling, Anlernling** (»jemand, der geprüft/ geimpft ... wird«). Als zumindest schwach produktiv gilt **ling** in Personenbezeichnungen mit pejorativer Konnotation auf adjektivischer Basis (**Dümmling, Schönling, Reichling, Süßling, Primitivling, Aktivling, Bräunling**). Noch unklarer ist sein Status in Sachbezeichnungen wie **Bratling, Setzling**. Wir sagen also nicht einfach, **ling** sei aktiv, sondern es ist zu spezifizieren, in welcher Funktion es diese Eigenschaft hat.

Die Wortbildungsmorphologie untersucht Struktur und Bildungsregularitäten der vorkommenden und möglichen Wörter sowie die einfacher morphologischer Einheiten wie Stämme und Affixe: Die Suffixe **lich** und **bar** sind Bestandteile von Adjektiven je bestimmter Art; **ung, er, keit** von Substantiven je bestimmter Art usw. In diesem Sinn gibt es also sowohl ein Lexikon der einfachen morphologischen Einheiten wie ein Lexikon der Wörter einer Sprache.

Der Begriff des Lexikons ist in dieser Verwendung ganz abstrakt (terminologische Übersicht dazu in Lang 1983). Wir sagen beispielsweise: Im Lexikon des Deutschen steht das Adjektiv **schön** mit seinen phonologischen, morphologischen, syntaktischen und semantischen Kennzeichnungen. Wir meinen damit, daß es dieses Wort im Deutschen gibt und daß es diese und jene Eigenschaften hat. Genauso verfahren wir bei dem Affix **ling** und dem Wort **Schönling**. Das Wort **Schönling** hat die Bestandteile **schön** und **ling** sowie eine bestimmte morphologische Struktur. Es entspricht einer Bildungsregularität für **ling** und ist transparent. Dies alles gehört zur Beschreibung von **Schönling** als einem Wort des Deutschen, d.h. einem Wort, das zum Lexikon des Deutschen gehört.

In der neueren Literatur wird dagegen häufig die Frage aufgeworfen, ob man **Schönling** ins Lexikon schreiben müsse, wo man doch wisse, daß es aus **schön** und **ling** bestehe und regelhaft sei. Wir wären damit wieder bei einem Lexikonbegriff, der nur das Nichtableitbare, Idiosynkratische und Idiomatisierte umfaßt. Dieser Lexikonbegriff ist konkret. Er nimmt den Begriff ›Wortbildung‹ wörtlich. Das Wort **Schönling** gibt es für diese Denkweise nur als Wortbildungsprodukt, weil es regelhaft ist. Das strukturelle Denken wird ersetzt durch ein Prozeßdenken mit der Folge, daß der Unterschied zu nur möglichen Wörtern wie **Düsterling, Schlauling, Munterling** usw. verschwindet (dazu im Einzelnen Toman 1983; Olsen 1986; Becker 1990).

Es ist dann nur noch ein kleiner Schritt zu der Frage, wie Wörter und Wortformen nun ›tatsächlich‹ im Kopf gespeichert sind. Der hier maßgebliche Begriff des mentalen Lexikons ist wiederum eine Stufe konkreter. Bei Worterkennungsexperimenten, Sprachstörungen, Versprechern usw. stellt sich beispielsweise heraus, daß produktive Wortbildungsaffixe und regelmäßig verwendete Flexionsaffixe ein ausgeprägteres Eigenleben als unproduktive und idiosynkratische Einheiten haben, wenn es um die Speicherung und Verarbeitung morphologischer Information geht (Leuninger 1993; Aitchison 1997; Günther 1989; 2003).

So interessant Befunde über Speicherung und Verarbeitung sind, so wenig dürfen sie verwechselt werden mit Befunden über die Struktur sprachlicher

Einheiten. Es hat sehr wohl Sinn, Befunde über Speicherung und Verarbeitung mit solchen über die Sprachstruktur zu erklären und auch umgekehrt können strukturelle Gegebenheiten aus Verarbeitungsmechanismen erklärt werden. Die Modellierung des einen durch das andere muß aber ausgeschlossen bleiben. Anderenfalls kommt es nicht zu einer Kooperation, sondern zu einer gegenseitigen Zerstörung der beteiligten Disziplinen.

6.1.2 Morphologische Kategorien, Strukturen, Funktionen

Zur Beschreibung von morphologischen Regularitäten und besonders von Wortbildungsregularitäten hat man sich auf Eigenschaften von Wortformen und Wörtern zu beziehen, die mit ihren morphologischen Strukturen erfaßt sind. Erste Aussagen dazu wurden in Abschnitt 1.3.3 gemacht. Sie sind für das Folgende vorausgesetzt. Der dort gesetzte Rahmen wird jetzt so weit ausgefüllt wie für die Wortbildung erforderlich.

Morphologische Konstituentenkategorien

Zur Formseite jeder Wortform gehört eine Folge von einfachen morphologischen Einheiten, auch Grundformen oder Morphe genannt. Die erste, geläufige Kategorisierung über dem Inventar der Morphe ist die in Stammformen (St) und Affixformen (Af). Beide sind einfache morphologische Konstituentenkategorien.

Als weitere einfache Kategorie benötigen wir *Konfix* (Kf) wie in **Mikro+phon**, **Sozio+loge**, **homo+gen**. Jede der Formen besteht aus zwei Konfixen. Schon intuitiv ist klar, daß es sich dabei weder um einfache Stämme noch um Affixe handelt, sondern um Einheiten, die von beiden etwas haben. Stämme verbinden sich typischerweise mit anderen Stämmen (**Wald+weg**) oder eben mit Affixen (**wald+ig**). Affixe verbinden sich dagegen niemals miteinander zu Wortformen. Konfixe verbinden sich untereinander, aber teilweise auch mit Stämmen und erscheinen dann eher als Präfix (**Bio+schlamm**, **+salat**, **+gas**, **+land**) oder Suffix (**Biblio+**, **Photo+**, **Disko+**, **Karto+thek**; Fleischer/Barz 1992: 67f.). Konfixe sind distributionell stärker restringiert als Stämme, aber weniger als Affixe. Auch wenn sie sich nicht einheitlich verhalten und Abgrenzungsprobleme bleiben, scheint es ein typisches Konfixverhalten und damit die Notwendigkeit einer eigenen Kategorie zu geben (weiter 6.2.3).

Die letzte der einfachen Konstituentenkategorien faßt eine Reihe von nicht mehr produktiven Affixen zusammen wie das **t** in **Fahr+t** und die Pseudoaffixe wie in **Trepp+e**, **Streif+en**. Als morphologische Einheiten eigener Konstituentenkategorie kommen zuerst **e** und **en** infrage, weil sie segmentierbar sind (**Trepp+chen**), (**Streif+chen**). Wir stützen uns auf dieses Kriterium und weisen **t**, **e** und **en**, nicht aber **er** (**Eimer**) und **el** (**Hagel**) der Konstituentenkategorie *morphologischer Rest* (Rst) zu (s.a. Eschenlohr 1999, wo sich eine vergleichbare Kategorie findet). Damit wird zum Ausdruck gebracht, daß solche Einheiten nur noch einen marginalen Status als morphologische Einheiten haben. Sie stehen am Ende der Grammatikalisierungsskala, sind funktional schwach belastet und mehr oder weniger stark in den Stamm integriert.

In Hinsicht auf Grammatikalisierungsgrade ergibt sich für die einfachen morphologischen Einheiten insgesamt die Ordnungsrelation in 1. Die Hauptschwierigkeit bei der Etablierung morphologischer Kategorien beruht eben

(1) Grammatikalisierungsgrade
Stämme > Konfixe > Affixe > Reste

darauf, daß morphologische Einheiten in besonderer Weise der Grammatikalisierung unterworfen sind. Weil Grammatikalisierung als Prozeß einen kontinuierlichen Verlauf hat, gibt es alle Übergangsstufen zwischen den einzelnen Kategorien. Hier wird ganz deutlich, daß grammatische Kategorien als Prototypen zu etablieren sind, die das Gesamtinventar an Einheiten zugänglich machen.

Zu erwähnen ist, daß wir keine einfache Konstituentenkategorie Halbaffix oder Affixoid ansetzen. Halbaffixe wie **frei** in **wartungsfrei, schadstofffrei** und **fehl** in **fehlgehen, Fehlverhalten** liegen im Grammatikalisierungsgrad zwischen den Stämmen und den Affixen. Es ist unklar und umstritten, ob sie einen kategorialen Schwerpunkt mit charakteristischen Distributionseigenschaften bilden, wie es die Konfixe zweifelsfrei tun. In den meisten Fällen kann man die Wörter mit Halbaffix formal als Komposita behandeln, indem man dem einen Bestandteil die besondere Bedeutung zuschreibt, die er als Affixoid hat.

Wir kommen zu den abgeleiteten oder komplexen Konstituentenkategorien. Schon bekannt sind die Stammgruppen (StGr). Dazu gehören die meisten komplexen morphologischen Einheiten. Eine Stammgruppe enthält mindestens eine Stammform und eine weitere morphologische Einheit, die nicht ein Rst ist. Ein Rst ergibt mit einer Stammform wieder eine Stammform (2a), Beispiele für StGr in 2b-e.

(2) Stammgruppen

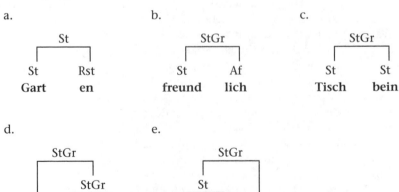

Mit St vs. StGr wird die morphologisch wichtige Unterscheidung von einfachen und komplexen morphologischen Einheiten erfaßt. Alle Stammgruppen sind komplex. Vieles von dem, was hier StGr genannt wird, fällt bei üblicher Redeweise unter einen erweiterten Stammbegriff. Wenn es auf die Unterscheidung von einfach und komplex nicht ankommt, sprechen wir deshalb allgemein von Stämmen.

Eine andere Möglichkeit besteht in der Verwendung von ›Wurzel‹ anstelle von St. Man hat dann Wurzeln als eine Teilklasse der Stämme, braucht also trotzdem noch einen Begriff wie StGr als ›komplexer Stamm‹. Aus der Verwendung von ›Wurzel‹ ergibt sich keine terminologische Erleichterung. Dazu kommt, daß dieser Begriff nur schwer von seiner Verwendung in der historischen Sprachwissenschaft zu lösen ist. Wurzeln sind dort solche einfachen Stämme, die dem Deutschen aus dem Althochdeutschen, Gotischen, Germanischen, Indogermanischen usw. zugewachsen sind (übersichtlich Blatz 1900: 625 ff.). Noch heute wird auf der Suche nach der Wurzel auf Grundformen zurückgegangen, so daß beispielsweise die Form **Haus** als Wurzel sowohl von **Hauses** wie von **Häuser** anzusehen wäre (Grewendorf u. a. 1987: 265; s. a. 279 f.). Im von uns vertretenen Ansatz werden mehrere Stammformen wie **Haus** und **Häus** im morphologischen Paradigma zusammengefaßt. Den Begriff ›Wurzel‹ braucht man dann nicht. Wir sind ja auch froh, daß die Germanistik nicht mehr überall eine Wurzelwissenschaft ist.

Zurück zu den Stammgruppen. Einheiten dieser Kategorie können beliebig komplex sein, ohne daß das kategorial in Erscheinung tritt. Insbesondere bei den Komposita gibt es die vielen berühmten Fälle von praktisch unbegrenzter Länge und damit unbegrenzter Einbettung von Stammgruppen in Stammgruppen (6.2.1). Wortbildungsregularitäten beziehen sich in der Regel auf die unmittelbaren Konstituenten einer Konstruktion und nicht auf tiefere Einbettungen (sog. Adjacency Principle, Siegel 1977; Carstairs 1987).

Der Unterschied zwischen einfachen und komplexen Einheiten schlägt sich beispielsweise bei der Bildung von Präfixverben nieder. Das Präfix **zer** kann so gut wie ausschließlich zu einfachen Stämmen treten (**zergehen, zerteilen, zerkratzen**), während es eine Beschränkung dieser Art für **ver** nicht gibt (**veruntreuen, veranschaulichen, verspekulieren**). So etwas wird mit dem Unterschied von St und StGr erfaßt.

Zur Einführung der letzten Konstituentenkategorie, der *Affixgruppe* (AfGr), beziehen wir uns auf eine spezielle Eigenschaft bestimmter Flexionsaffixe wie in **Brüder+n, fuhr+st** oder **klein+es**. Solche Suffixe schließen eine Form nach rechts ab, d.h. sie lassen rechts von sich keine weiteren Einheiten zu. Wir nennen sie daher *terminal*. Terminale Suffixe bilden mit der übrigen Form zusammen Einheiten der Kategorie Affixgruppe. AfGr ist stets die höchste Kategorie einer Form. Zwei Beispiele in 3. Die Entscheidung, hier eine eigene Konstituentenkategorie anzusetzen, ist natürlich nicht zwingend. Man kann Affixgruppen auch als einen besonderen Typ von Stammgruppen auffassen.

(3) Affixgruppen

a.

```
           AfGr
        ┌───┴──┐
       StGr
    ┌───┴───┐
          StGr
        ┌──┴──┐
     St    St   Af   Af
   Deutsch lehr  er    n
```

b.

```
        AfGr
     ┌───┴──┐
      StGr
    ┌──┴──┐
   Af  St  Af
   ab fuhr st
```

Terminal sind genau die Flexionsaffixe, deren Kategorie in der Hierarchie des betreffenden Paradigmas ganz unten steht, also die Personsuffixe bei den Verben und die Kasussuffixe bei den Substantiven und Adjektiven. Nach den Ausführungen in 5.1 sind das die Suffixe, die am direktesten für die syntaktischen Außenbeziehungen einer Form (Kongruenz und Rektion) verantwortlich sind und nicht agglutinieren. Es ist von daher ganz erklärlich, daß sie nur am Ende einer Form stehen können (**Aufgabe 67, 68**).

Damit sind alle morphologischen Konstituentenkategorien eingeführt, die wir zur Beschreibung des hierarchischen Aufbaus von Wortformen benötigen. Es fällt auf, daß die morphologischen Konstituentenhierarchien – anders als die syntaktischen und die phonologischen – durchweg binär sind. Das ist Ausdruck einer spezifischen Kombinatorik. In der Morphologie sind in aller Regel größere aus kleineren Einheiten mit genau einem unterscheidenden Segment aufgebaut.

Morphologische Markierungskategorien und Paradigmen

Nun zu den beiden Typen von morphologischen Markierungskategorien, zunächst den Einheitenkategorien. Morphe wie **klug** und **klüg** sind einfache Stammformen, die formal und funktional eng zusammengehören. Sie sind, wie die traditionelle Grammatik sagt, Stammformen desselben Adjektivs. Genauso sind **Buch** – **Büch** Stammformen desselben Substantivs und **schwimm** – **schwamm** – **schwomm** Stammformen desselben Verbs.

Ein morphologisches Paradigma ist eine Menge von Stammformen, wobei jede der Formen durch morphologische Einheitenkategorien von den anderen unterschieden ist. Das Paradigma der adjektivischen Stammformen enthält im Falle von **klug** genau zwei Formen. Die eine hat den Grundvokal (Einheitenkategorie Grv), die andere den Umlaut davon (Uml). Allgemein ist die Stammform mit Grundvokal die unmarkierte, die mit Umlaut ist markiert. Genauso verhält es sich bei Substantiven mit zwei Stammformen. Auch hier wird eine unmarkierte mit Grundvokal von einer markierten Form mit Umlaut unterschieden. Als morphologische Paradigmen ergeben sich 4a,b.

(4) Morphologische Paradigmen, Adjektiv und Substantiv
 a. **klug**^{MP}={⟨**klug**, {Grv}⟩, ⟨**klüg**, {Uml}⟩}
 b. **Buch**^{MP}={⟨**Buch**, {Grv}⟩, ⟨**Büch**, {Uml}⟩}

Paradigmen mit morphologischen Grundformen wie im Beispiel sind im Deutschen vergleichsweise einfach aufgebaut. Das einzige morphologische Mittel, das mit einiger Regelmäßigkeit zur Unterscheidung von Stammformen angewandt wird, ist der Vokalwechsel: Umlaut bei den Adjektiven und Substantiven, dazu Ablaut und Vokalhebung bei den Verben.

Einfache schwache Verben haben nur eine Stammform im morphologischen Paradigma, starke dagegen bis zu fünf, z. B. **werf**, **wirf**, **warf**, **würf**, **worf** im Paradigma **werf**^{MP} und **befehl**, **befiehl**, **befahl**, **befähl**, **befohl** im Paradigma **befehl**^{MP}. Aufbauend auf der Systematik der verbalen Stammformen, die in Aufgabe 65 entwickelt wurde, kategorisieren wir folgendermaßen: **werf** ist die Stammform mit dem unabgelauteten (›Ablaut 0‹, abgekürzt Abl0) Grundvokal (Grv). **wirf** hat den unabgelauteten Vokal (Abl0), der angehoben ist (Heb). Mit **wirf** werden die 2. und 3.Ps des Präs (**wirfst**, **wirft**) sowie der Sg des Imp gebildet (**wirf**); **warf** ist die Stammform mit dem ersten Ablaut (Abl1) mit **würf** als umgelautetem Gegenstück (Uml, Bildung des Konj Prät); **worf** schließlich ist die Stammform mit dem zweiten Ablaut (Abl2) zur Bildung des Part2 **geworfen**. Insgesamt ergibt sich 5.

(5)   Morphologisches Paradigma, starkes Verb
      werf^{MP} = {⟨**werf**, {Abl0, Grv}⟩, ⟨**wirf**, {Abl0, Heb}⟩,
             ⟨**warf**, {Abl1, Grv}⟩, ⟨**würf**, {Abl1, Uml}⟩,
             ⟨**worf**, {Abl2}⟩}.

Die Verwendung von morphologischen Paradigmen bringt zahlreiche terminologische Vorteile mit sich. Beispielsweise erlaubt sie es, den traditionellen Morphembegriff auf natürliche Weise zu rekonstruieren.

Die verbreitetste Explikation für *Morphem* ist »kleinste bedeutungstragende Einheit«. Ein Morphem ist danach ein sprachliches Zeichen, dessen Formseite morphologisch einfach ist (so sagt es schon die klassische Definition in Bloomfield 1926; vgl. auch Harris 1942; Hockett 1954). In Analogie zum Phonem (»Menge von Allophonen«, 3.1) ist die Formseite des Morphems aufzufassen als »Menge von Allomorphen«. Setzen wir dafür die Menge der kategorisierten Stammformen an, dann ist ein Morphem ein einfaches morphologisches Paradigma mit der zugehörigen Bedeutung, also ein einfaches Lexem (**Aufgabe 69**).

Ein großer praktischer Nutzen von morphologischen Paradigmen besteht darin, daß wir uns in morphologischen Regeln eindeutig und einheitlich auf die einzelnen Stammformen beziehen können. Denn außer in Hinsicht auf die Form lassen sich Stammformen auch in Hinsicht auf ihre morphologische Verwendung kategorisieren. Es geht darum, welche besonderen Stammformen für die Flexion, die Derivation, die Bildung von Konfixen und die Komposition verwendet werden (s. a. Fuhrhop 1998: 22 ff.). Wir sprechen hier von Kategorisierung in Hinsicht auf den *morphologischen Status*.

Bei einem Verbstamm wie **klag** beispielsweise gibt es eine Stammform, mit der flektiert wird, nämlich **klag**. Sie wird kategorisiert als Flexionsstammform, Einheitenkategorie Flex. In **kläglich** und **Kläger** dagegen erscheint **kläg**, die Derivationsstammform (Einheitenkategorie Der). In **Klagemauer** schließlich steht die Kompositionsstammform **klage** (Kmp) mit der Fuge **e**. In Hinsicht auf den morphologischen Status bildet der Verbstamm **klag** damit ein morphologisches Paradigma gemäß 6a.

(6) a. klag^{MP} = {⟨**klag**, {Flex}⟩, ⟨**kläg**, {Der}⟩, ⟨**klage**, {Kmp}⟩}
    b. chem^{MP} = {⟨**chem**, {Gf}⟩, ⟨**chem**, {Der}⟩, ⟨**chemo**, {Konf}⟩}

Andere Typen von Stämmen weisen im morphologischen Paradigma andere Stammformen auf. So haben wir es bei Fremdwörtern oft mit gebundenen Stämmen zu tun. **Chemie, chemisch** und **Chemoskop** beispielsweise haben nur den Bestandteil **chem** gemeinsam. Das ist die Grundform des morphologischen Paradigmas (Gf). Sie ist offenbar formgleich mit der Derivationsstammform **chem**. Außerdem gibt es noch die Konfixstammform **chemo** (Konf), nicht aber eine Flexionsstammform. Es ergibt sich das morphologische Paradigma mit den Stammformen gemäß 6b.

Der Unterschied zwischen 6a und 6b ist von grundsätzlicher Bedeutung in Hinsicht auf Wortfähigkeit. Das Paradigma in 6a enthält eine Flexionsstammform. Der Stamm ist wortfähig innerhalb einer flektierenden Klasse. Der gebundene Stamm in 6b ist das nicht. Wortfähigkeit in diesem Sinne ist an das Vorhandensein einer Stammform der Kategorie Flex gebunden.

Wir kommen auf die Stammformbildung in 6.2.3 und vor allem 7.2.2 genauer zurück. Deutlich sein sollte, daß man mit der Kategorisierung von Stammformen in Paradigmen viel morphologische Systematik erfassen kann.

Der zweite Typ von Markierungskategorien klassifiziert morphologische Paradigmen mit ihren Bedeutungen, also Lexeme. In der Morphologie, wie sie hier angesetzt wird, gibt es vier Grundkategorien von Lexemen, nämlich die Stämme, die Affixe, Konfixe und Reste (ST, AF, KONF, RST). Alle vier Klassen von Lexemen müssen weiter subkategorisiert werden. Wir führen das im Ansatz für die beiden wichtigsten Kategorien ST und AF vor.

Wie in 1.3.3 dargelegt, werden Stämme in Hinsicht auf ihre syntaktische Grundverwendung als Adjektiv-, Substantiv- und Verbstämme (ADJ, SBST, VB) kategorisiert. Dazu kommt der Vollständigkeit halber die Klasse der Adverbstämme (ADV). Information dieser Art ist für zahlreiche Wortbildungsregeln von Bedeutung. Ob weitere Kategorien und weitere Subkategorien einzuführen sind, bleibt vorerst offen.

Bei den Affixparadigmen kategorisieren wir nach der *morphologischen Verwendung* in Derivationsaffixe (DER) und Flexionsaffixe (FLEX). Die Derivationsaffixe ihrerseits gliedern sich nach der Position in Präfixe (PRF), Infixe (INF, z. B. die Fugen), Suffixe (SUF) und Zirkumfixe (ZIF). Eine zweite Kategorisierung erfolgt in Hinsicht auf Betontheit. **Un** (**unklug**) und **ös** (**skandalös**) etwa sind betont (BT), **be** (**bezahlen**) und **lich** (**freundlich**) sind unbetont (UNBT). Mit UNBT ist dabei eigentlich ›betonungsneutral‹, mit BT dagegen ›nicht betonungsneutral‹ gemeint (4.5).

Die dritte Kategorisierung der Affixe erfolgt in Hinsicht auf Basis- und Zielkategorie der Derivation. So bildet **ling** (**Feigling, Reichling**) unter anderem Substantivstämme auf der Basis von Adjektivstämmen (ADJ/SBST) und **lich** (**freundlich, kindlich**) u. a. Adjektivstämme auf der Basis von Substantivstämmen (SBST/ADJ). Für die Derivationsaffixe (einschl. der Fugen) erhalten wir insgesamt den linken Ast von 7.

(7) Klassifikation der Affixe

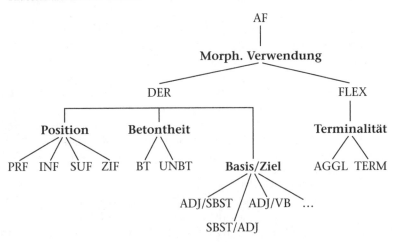

Eine Kategorisierung der Affixe in Hinsicht auf Basis/Ziel besagt nicht, daß ein Affix nur eine Basis haben kann. Die sog. Unitary Base Hypothesis (Aronoff 1976), die das unterstellt, machen wir uns nicht von vornherein zu eigen. Ihr gegenüber steht das Konzept der Affixgeneralisierung (Plank 1981), das gerade auf Vielfalt der Basiskategorien und Einheitlichkeit der Zielkategorien abhebt.

Die Flexionsaffixe (rechter Ast in 7) werden nur einmal klassifiziert, nämlich in agglutinierende und terminale. Bei dieser Redeweise bleibt offen, ob man die agglutinierenden vielleicht besser als nicht terminal oder die terminalen vielleicht besser als nicht agglutinierend bezeichnen sollte.

8 faßt das Gesagte noch einmal am Beispiel der morphologischen Struktur (Konstituentenstruktur und Markierungsstruktur) von **täglich** zusammen (**Aufgabe 70**).

(8)

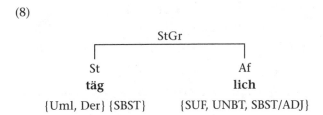

Morphologische Funktionen

Nach den Kategorien bauen wir die Begrifflichkeit für morphologische Funktionen aus. Gemäß 1.3.3 stehen Kopf (hd) und Komplement (kmp) zur Verfügung, dazu kommen jetzt Kern (nuk) und Modifikator (mod).

Der Begriff des Kopfes ist der verbreitetste funktionale Begriff in der Morphologie, aber er wird auch nicht annähernd einheitlich verwendet. Am häufigsten findet sich noch die Auffassung, daß Derivationssuffixe jedenfalls als Köpfe fungieren (dazu allgemein Williams 1981; Zwicky 1985; Becker 1990a). Umstrittener ist das für Präfixe wie **be** und **ver** (Olsen 1990, 1991; Stiebels 1997:

41 ff.), und manchmal werden auch Flexionssuffixe als Köpfe angesehen (Wunderlich/Fabri 1995: 250).

Ein besonderes Problem für den Kopfbegriff stellt die Vermischung von formalen und funktionalen Kriterien dar. Einerseits fordert man funktionale Dominanz des Kopfes, andererseits postuliert man, daß er im Deutschen wie in den germanischen Sprachen generell rechts vom Komplement stehe (sog. Right-hand Head Rule). Wenn beides nicht zusammengehen will, tut man leicht den Fakten, den Begriffen oder beiden Zwang an (7.1).

Im folgenden verstehen wir unter dem Kopf einer morphologischen Einheit diejenige ihrer Teileinheiten, die die Grammatik der Gesamteinheit nach außen bestimmt. So ist **lich** der Kopf von **freundlich**, weil **freundlich** ein Adjektiv ist und dies auf das Vorhandensein von **lich** zurückzuführen ist: **lich** hat die Lexemkategorie SBST/ADJ.

Derivationssuffixe gehören damit zu den Köpfen und es ist auch klar, warum Flexionsaffixe nicht Köpfe in diesem Sinne sind: Ein Derivationssuffix wie **ling** ist der Kopf von **Fremdling**, es macht aus Adjektivstämmen Substantivstämme (ADJ/SBST). Gleichzeitig legt es aber auch das grammatische Geschlecht und den Flexionstyp von **Fremdling** fest. Das Substantiv ist ein stark flektierendes Maskulinum. Daß der Genitiv **Fremdlings** heißt, ist dem Suffix **ling** geschuldet. Dieses Suffix ist deshalb Kopf der Form **Fremdling** wie der Form **Fremdlings** (9a,b). Offenbar werden die Kopfeigenschaften in 9b von **ling** über die Zwischenstufe **Fremdling** zur höchsten Konstituente weitergereicht (neugrammatisch *perkoliert*).

(9)   Morphologischer Kopf und Kern
      a.   b.

Im Gegensatz zum Kopf ist der Kern einer morphologischen Einheit diejenige ihrer Teileinheiten, die – als Morphem – die Grundbedeutung des entsprechenden Wortes trägt. Es ist das traditionelle ›Kernmorphem‹. In **freundlich** ist **freund** der Kern, in **Fremdling** ist es **fremd**. Der Kern einer Gesamteinheit ist in solchen Fällen das Komplement zum Kopf (9a). Deswegen brauchen wir im allgemeinen nicht mit Kern *und* Komplement zu operieren, sondern können uns auf Auszeichnung des Kerns beschränken.

Der Kern einer morphologischen Einheit kann ein Stamm oder ein Konfix sein, nicht aber ein Affix oder ein Rest. Kerne sind nur solche Einheiten, denen eine nichtleere lexikalische Bedeutung zugeordnet ist, die sog. Autosemantika. Affixe und erst recht Reste haben ja die leere Bedeutung. Sie gehen in die Bedeutungskomposition über ihre morphosemantische Funktion ein.

Die nächstliegende Verallgemeinerung aus 9 ist, daß in einer Einheit ohne

Kopfaffix Kopf und Kern zusammenfallen. In **fremd** etwa ist der Stamm sein eigener Kopf und in der Flexionsform (AfGr) **fremdes** ist **fremd** ebenfalls Kopf und Kern.

Die letzte morphologische Funktion Modifikator (mod) wird benötigt für Einheiten, die keinen Einfluß auf die Kategorie der Gesamteinheit haben. Ein typischer Modifikator ist das Nominalpräfix **un** wie in 10. Es kann sowohl bei adjektivischen wie substantivischen Stämmen stehen, wobei die präfigierte Form wieder ein Adjektiv bzw. Substantiv ist (7.1.1).

(10) Morphologischer Modifikator

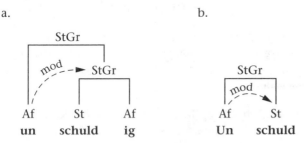

Die Relation mod setzen wir nur zwischen nebengeordneten Konstituenten an. An den Kopf- und Kernverhältnissen ändert ein Modifikator nichts. In 10a beispielsweise ist **schuld** der Kern von **schuldig** wie von **unschuldig** und **ig** ist entsprechend der Kopf.

Modifikatoren spielen vor allem eine Rolle bei den Komposita und bei den Verbpartikeln. In **Abendlicht** etwa ist **abend** Modifikator zu **licht** und in **weggehen** ist **weg** Modifikator zu **gehen**. Diese Funktion scheint im Deutschen auf linksperiphere Einheiten beschränkt zu sein, die zudem den Hauptakzent des Wortes tragen. Ein Modifikator verlangt (zumindest im nativen Wortschatz), daß die Konstituente im Nachbereich intern über Kopf und Kern verfügt, also für sich wortfähig ist. Unter den syntaktischen Relationen entspricht dem Modifikator im Prinzip das Attribut.

Nach dem bisher Gesagten können Derivationsaffixe im Deutschen Köpfe oder Modifikatoren sein. An beide ist keine Bedeutung, sondern im allgemeinen eine morphosemantische Funktion gebunden. Wir sagen etwa, daß **ling** als Kopf die semantische Funktion hat, Personenbezeichnungen bestimmter Art zu bilden. Morphologische Reste haben dagegen, wie gesagt, keine semantische, sondern je nach Vorkommen eine rein prosodische oder morphologisch-prosodische Funktion. Beispielsweise weisen alle Maskulina auf **en** einen endungslosen Plural auf (**die Streifen, Kästen**). Wieder andere Funktionen werden Flexionsaffixen zugeschrieben.

Morphologische Einheiten können Funktionen unterschiedlicher Art haben. Der oben zitierte klassische Morphembegriff ist auch daran gescheitert, daß man dem Morphem unbedingt eine Bedeutung zuschreiben wollte und häufig keine finden konnte. Unser Rückzug von bedeutungstragenden auf allgemein funktionale Einheiten bedeutet aber nicht, daß das Prinzip der doppelten Artikulation infrage gestellt wird. Die phonologische und die morphologische Strukturierung von Wortformen durchdringen und bedingen sich in vieler

Hinsicht, bleiben aber im Prototypischen klar unterschieden. Anders wäre die spezifische Vielfalt der Formbildung in unserem Wortschatz gar nicht zu verstehen.

6.2 Komposition

6.2.1 Das Determinativkompositum und seine Subtypen

Der Prototyp und seine Struktur

Unter den zahlreichen Kompositionsarten, die das Deutsche kennt, gilt als prototypisch das Substantivkompositum. Im einfachsten Fall ist es zweigliedrig mit einem Substantivstamm als zweitem Bestandteil. Der erste Bestandteil kann sowohl substantivisch (1a) wie adjektivisch (1b) und verbal (1c) sein. Weniger häufig sind präpositionale (1d). Andere erste Bestandteile sind ebenfalls möglich, aber viel seltener.

(1)   a. SBST+SBST **Schulheft, Aktenordner, Demokratieverständnis, Computerprogramm, Staatsfinanzen, Geiselbefreiung, Regierungsauftrag**
      b. ADJ+SBST **Edelgas, Großrechner, Falschgeld, Sauerkirsche, Weißbrot, Niedrigstpreis, Kleinstwohnung, Gebrauchtmöbel, Gemischtwaren**
      c. VB+SBST **Eßtisch, Schießplatz, Mischehe, Mußehe, Backofen, Streichquartett, Abhöranlage, Rasierapparat, Präparierkurs**
      d. PR+SBST **Nebenfrau, Überschuhe, Zwischenraum, Unterboden, Beifahrer, Mitbewohner, Durchgang, Ausflucht**

Das Substantivkompositum ist der verbreitetste Worttyp des Deutschen überhaupt. Allein innerhalb der in 1 genannten Klassen gibt es zehntausende möglicher Wörter, und schier unbegrenzt wird ihre Zahl, wenn man die mit mehr als zwei Bestandteilen dazunimmt.

Alle Komposita gehören zur Konstituentenkategorie StGr (Stammgruppe) und enthalten mindestens zwei Stammformen als Konstituenten. Dabei ist im Regelfall der zweite (und allgemein der letzte) Bestandteil sowohl Kopf (hd) als auch Kern (nuk) der Gesamteinheit. Mit Kopf meinen wir dabei die Einheit, die die grammatischen Kategorien des Wortes festlegt: **Haustür** ist wie **Tür** ein Femininum und flektiert wie **Tür**. Mit dem Kern ist dagegen das semantische Zentrum des Wortes gemeint: Eine Haustür ist eine Art von Tür. Der erste Bestandteil schränkt die Extension des zweiten ein, die Klasse der Haustüren ist eine Teilklasse der Türen. Der erste Bestandteil ist Modifikator (mod) des zweiten, bestimmt ihn näher oder ›determiniert‹ ihn. Man bezeichnet ihn meistens als Determinans, den zweiten als Determinatum und das Ganze als *Determinativkompositum*. Diese Redeweise wird allgemein beibehalten, auch wenn die semantische Wirkung des ersten Bestandteils gelegentlich noch abstrakter als die der Teilklassenbildung ist. So ist ein Marzipanferkel nicht unbedingt ein Ferkel, eine Scheinschwangerschaft ist, wenn überhaupt, eine ganz besondere Form von Schwangerschaft und ein Kindergarten bestimmt kein Garten (**Aufgabe 71**).

Die wenigsten Bildungsbeschränkungen weist das Kompositum der Form SBST+SBST auf. Beide Bestandteile können sowohl einfach als auch abgeleitet sein. Echte formale Restriktionen scheint es bis auf das Fugenelement nicht zu geben. Die Fuge wie das **s** in **Regierungsauftrag** oder das **en** in **Doktorandenkolloquium** ist der einzige Typ von morphologischer Einheit, der sich in produktiven Kompositionsregeln als Formmittel findet. Wir behandeln die Fuge deshalb in einem eigenen Abschnitt (6.2.2).

Diesem Grundtyp gegenüber sind Komposita der Form ADJ+SBST und VB+SBST als markiert anzusehen. Sie weisen für den ersten Bestandteil erhebliche Restriktionen auf. Allgemein scheint zu gelten, daß ein Adjektivstamm oder ein Verbstamm dann zugelassen ist, wenn er als solcher gut erkennbar bleibt und eine ›einfache‹ adjektivische bzw. verbale Bedeutung hat. Kann mit einem substantivischen Determinans dasselbe erreicht werden wie mit einem adjektivischen oder verbalen, so wird ihm in der Regel der Vorzug gegeben. Diese generelle Bevorzugung des substantivischen Determinans wirkt sich folgendermaßen aus.

Als adjektivische Erstglieder sind neben einfachen vor allem Stämme mit Pseudosuffixen zugelassen (2a). Stämme mit Derivationssuffixen sind dagegen generell erst einmal ausgeschlossen. Das gilt insbesondere für die produktiven heimischen Suffixe **ig** (*Salzigwasser), **lich** (*Zeitlichvertrag) und **isch** (*Seelischproblem), mit denen Adjektive auf substantivischer Basis abgeleitet werden. Vielfach sind Komposita mit dieser Basis möglich (**Salzwasser, Zeitvertrag, Seelenproblem**).

(2) a. **Muntermacher, Sauerkraut, Bitterschokolade, Dunkelkammer, Edelstahl, Nobelrestaurant, Trockendock, Offenstall, Eigentor**
b. **Modalverb, Realpolitik, Totalverweigerung, Sozialminister, Lokalzeitung, Nationalstaat, Kausalsatz, Mentalzustand**
c. **Relativsatz, Alternativantrag, Putativnotwehr, Aktivmarkt, Defensivstrategie, Produktivkraft, Reflexivpronomen, Kollektivschuld**

Ausgeschlossen sind darüber hinaus Adjektivstämme mit dem Suffix **bar** (*Tragbarfernseher, *Trinkbarwasser), schon weil hier keine einfache, sondern eine vergleichsweise komplexe Adjektivbedeutung vorliegt (›Disposition‹, 7.2.1). Etwas Ähnliches gilt für die Fremdsuffixe **abel** (*Transportabelfernseher, *Diskutabelvorschlag) sowie **ant** und **ent** (*Frappantergebnis, *Intelligentfrage). Bei den beiden letzteren muß das homonyme Substantivsuffix sogar ausdrücklich durch eine Fuge kenntlich gemacht werden, damit es als nichtadjektivisch erkannt wird (**Spekulantenaktie, Dirigentengarderobe**). Dagegen sind erste Bestandteile mit den Fremdsuffixen **al** und **iv** in großer Zahl vorhanden (2b,c): Beide sind sowohl bezüglich der Ableitungsbasis als auch der semantischen Funktion ganz unspezifisch. Sie signalisieren lediglich ›Adjektiv‹. Möglich aber vergleichsweise wenig genutzt sind Superlative und Partizipien (Beispiele in 1b oben).

Ganz ähnlich liegen die Verhältnisse bei den Verbstämmen. Neben einfachen (Beispiele in 1c) finden sich zahlreiche mit den Pseudosuffixen **er, el, (e)n**, wobei diese aber manchmal als Substantivstämme gelesen werden (3a).

(3) a. **Förderband, Plauderstunde, Lieferzeit, Ruderboot, Wandelhalle, Trödelarbeit, Tippelbruder, Sammelstelle, Rechenkünstler, Zeichentrick**
b. **Studierzimmer, Fixierlösung, Rangierlok, Sortierkriterium, Kodiermechanismus, Frankiermaschine, Queruliergehabe, Experimentierfeld, Zitierkartell**

Ganz unproblematisch sind dagegen Verbstämme auf **ier** (3b, auch **isier** ist häufig). Dieses Suffix hat ja über die Verbalisierung hinaus keine spezifischeren Funktionen. Es signalisiert lediglich, daß ein Verbstamm vorliegt. Finite Verbformen kommen als Determinans ebenfalls vor. Es fragt sich hier aber immer, ob sie nicht als substantivisch zu lesen seien (**Mußehe, Istbestand, Sollbetrag**). Produktiv sind solche Muster nicht.

Die so gebildeten zweigliedrigen Komposita können nun auf vielfältige Weise miteinander kombiniert werden und extrem lange linksverzweigende (4a) oder rechtsverzweigende (4b) oder in die eine wie die andere Richtung verzweigende Strukturen bilden (zur Asymmetrie solcher Verzweigungen 4.5.2).

(4) a.

b.

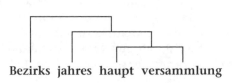

Die Zuweisung von Konstituentenstrukturen beruht – abgesehen vom Prinzip der binären Verzweigung – im allgemeinen Fall nicht auf formalen Kriterien, sondern darauf, welche möglichen Stämme ein komplexes Kompositum enthält. Es gibt die Stämme **Hauptversammlung** und **Jahreshauptversammlung**, nicht aber **Jahreshaupt** oder **Bezirksjahr** als sinnvolle Bestandteile des vorliegenden Wortes. In diesem Sinne spiegelt die Konstituentenstruktur wider, wie sich die Gesamtbedeutung kompositionell ergibt.

Weder der Wortakzent noch die Köpfigkeit eines Kompositums verändern sich mit der Strukturierung. Der Kopf (und Kern) der Konstruktion ist in 4a wie in 4b der letzte Bestandteil. Der Wortakzent (Hauptakzent) liegt beim zweigliedrigen Kompositum auf dem ersten Bestandteil und bleibt, wenn nicht besondere Umstände vorliegen, auf die in 4.5.2 eingegangen wird, auch bei sehr komplexen Komposita auf diese Position fixiert (**Aufgabe 72**).

Das semantische Verhältnis der Bestandteile

Als Konstruktionstyp ist das Kompositum rekursiv, wie wir das sonst nur von syntaktischen Konstruktionen kennen, etwa dem Genitivattribut (**dieses Buch eines Autors der Generation seines Freundes**) oder den Objektsinfinitiven (**Karl hofft zu versuchen zu beginnen zu denken**). Der einzige Unterschied besteht darin, daß syntaktische Einbettungen im allgemeinen in sich abgeschlossen sind und in genau derselben Form überall vorkommen können (sog. maximale Projektionen, Satz, 2.2). Beispielsweise kann das Genitivnominal **seines Freundes** innerhalb wie außerhalb rekursiver Strukturen vorkommen (**angesichts seines Freundes; Er erinnert sich seines Freundes**). Ein Kompositum kann dagegen bestimmte maximale Formen nicht innerhalb des Stammes enthalten, nämlich keine Affixgruppen wie **Versammlungen** oder **Heimkindern**. Solche Formen enthalten ja ein Affix, das sie nach rechts abschließt (6.1.2). Komposita sind also nicht generell endozentrisch (›selbsteinbettend‹).

Das Kompositum vom Typ SBST+SBST ist nicht nur formal, sondern auch in Hinsicht auf seine Interpretierbarkeit mit dem Genitivattribut verwandt. In **das Haus deines Nachbarn** bezeichnet der Genitiv den Besitzer von etwas und heißt deshalb häufig *Genitivus possessoris*, in **ein Mann dieses Alters** bezeichnet er eine Eigenschaft und heißt deshalb *Genitivus qualitatis*. Wie viele und welche solcher semantischen Typen für das Genitivattribut anzunehmen sind, ist ganz ungewiß. Jede Grammatik geht dabei mehr oder weniger ihre eigenen Wege (Satz, 8.3).

Ganz ähnlich verhält es sich beim Kompositum. Viele ältere Grammatiken weisen aber darauf hin, daß die semantische Beziehung zwischen den Bestandteilen des Kompositums noch unbestimmter ist als beim Attribut. Wilmanns etwa spricht von den »mannigfachen Beziehungen« zwischen den Bestandteilen. Die Komposition drücke »immer nur die Verbindung im allgemeinen aus« (1896: 530). Er bringt dazu Beispiele wie **Holztaube** (»Taube aus Holz«) und **Zahnschmerzen** (»Schmerz in den Zähnen«). Genau so verfährt Paul, wenn er Beispiele bespricht wie **Darmsaite** (»Das erste Glied bezeichnet den Stoff«) oder **Tintenfaß** (»Das erste Glied bezeichnet den Gegenstand, für den das zweite bestimmt ist«) und hinzufügt, »Dieselben in erschöpfender Weise in Gruppen einzuordnen ist kaum möglich.« Die semantische Reichweite des Kompositums übertreffe die des Genitivattributs bei weitem (1920: 8f.).

Diese Einsicht älterer Grammatiken ging später verloren. Immer wieder hat man versucht, das allgemeine Determinationsverhältnis auf eine größere oder kleinere Zahl von Grundtypen zu reduzieren (z. B. Motsch 1970; Thiel 1973; Kürschner 1974; Ortner/Ortner 1984; Deutsche Wortbildung 4). Auch wo die Offenheit der Beziehung prinzipiell anerkannt wird, finden sich Listen von Typen »die besonders produktiv sind« (Fleischer/Barz 1992: 98f.) oder die man zu Unrecht als die aus älteren Grammatiken wie der von Paul hinstellt (Naumann 1986: 65f.). So mußte regelrecht neu ›bewiesen‹ werden, daß die Bedeutung eines Kompositums sich rein sprachlich weder ermitteln noch auf wenige Typen beschränken läßt. Günther (1981) kombiniert 14 einfache Substantivstämme des Kernwortschatzes als Erst- und Zweitglieder miteinander und zeigt, wie vielfältig die entstehenden 196 Komposita tatsächlich interpretiert werden.

Heringer (1984) stellt 12 Interpretationen allein für **Fischfrau** vor, von »Frau, die Fisch verkauft« bis »Frau die ein Fischgesicht hat«. Und Becker (1992) hat sogar gezeigt, daß ein Wort wie **Baumkarte** etwa in einem Kartenspiel der Art des Memory gerade auf die Karte verweisen kann, auf der kein Baum abgebildet ist.

Die Schwierigkeit beruht darauf, daß lexikalisierte Komposita in aller Regel eine feste Bedeutung haben und man meint, diese müsse ihre eigentliche, nächstliegende, natürliche usw. Bedeutung sein. Schon der Kalauer »Ein Schweineschnitzel ist ein Schnitzel vom Schwein. Was ist ein Jägerschnitzel?« zeigt aber, wie leicht der Kontext eine andere als die lexikalisierte Lesart induzieren kann. Für okkasionelle Bildungen läßt sich die ›gemeinte‹ Bedeutung allein über den Kontext ermitteln. Es gibt lediglich für einige Klassen von Komposita Präferenzen für eine bestimmte Bedeutung, die auf der Bedeutung oder auch nur der assoziativen Vernetzung eines der Bestandteile beruhen.

Ein Fabriknagel ist viel eher ein Nagel, der in einer Fabrik hergestellt ist als ein Nagel, der in einer Fabrik in eine Wand geschlagen wurde oder der aus einer Fabrik besteht. Mit dem Wort **Fabrik** ist assoziiert, daß sie der Herstellung von etwas dient. Mit dem Wort wird ein entsprechender Stereotyp oder – wie man heute sagt – Frame aktiviert, in dem die Bedeutung von **Nagel** ihren Platz findet. Umgekehrt geht bei einem Wort wie **Rheinbrücke** die Assoziation wahrscheinlich eher vom zweiten Bestandteil aus. Eine Brücke führt über etwas, und dazu paßt **Rhein**. Also ist eher fernliegend, daß **Rheinbrücke** die Bedeutung hat »Brücke, die im Rhein liegt« oder »Brücke, über die man Rheinwein trägt.« Ein Substantiv wie **Sohn** ist per se relational, deswegen liegt die Bedeutung von **Professorensohn** ziemlich fest. Das Determinans bindet eine Stelle und macht aus dem relationalen einen (einstelligen) Prädikatausdruck. In Fanselow 1981; 1981a werden solche und andere relationalen Verhältnisse so beschrieben, daß plausibel wird, warum bestimmte Bedeutungen präferiert sind. Die einzig möglichen sind sie natürlich nicht (dazu weiter Willems 2001; **Aufgabe 73**).

Rektions-, Kopulativ- und Possessivkomposita

Eine morphologisch strukturelle Präferenz für die Bedeutungszuweisung besteht bei vielen der sog. *Rektionskomposita* (Fanselow 1981: 81 ff.; Olsen 1986: 66 ff.; 1992; Rivet 1999). Ein Rektionskompositum hat einen Kopf (letzter Bestandteil) mit spezifischen Rektionseigenschaften. In den meisten Fällen kommt das dadurch zustande, daß der zweite Bestandteil ein abgeleiteter Substantivstamm ist, der von seiner Basis, etwa einem Verb- oder Adjektivstamm, gewisse Valenzeigenschaften beibehält oder ›erbt‹. Der Bezug zur Syntax bringt diese Komposita in die Nähe der sog. Zusammenbildungen (Erben 1993: 34) und läßt sie wegen der spezifischen Art der Köpfigkeit als Grenzfall zur Derivation erscheinen (ein Schwarzarbeiter ist einer der schwarz arbeitet, d.h. man kann erwägen, **schwarzarbeiten** als ›zusammengebildete‹ Basis anzusehen, von der ein **er**-Substantiv abgeleitet wird, s.a. Deutsche Wortbildung 4: 641 ff.).

Betrachten wir als Beispiel für einen Prototyp das Rektionskompositum **Geldwäscherfahndung**. Das Verb **fahnden** besetzt seine Objektstelle mit einem

Präpositionalobjekt (**fahnden nach jemandem** oder **nach etwas**). Dieses Präpositionalobjekt wird bei Substantivierung mit **ung** vererbt, d. h. es findet sich wieder als präpositionales Attribut (**die Fahndung nach jemandem** oder **nach etwas**, genauer 7.2.1). Wird dieses Substantiv nun Kopf eines Kompositums, so kann der erste Bestandteil die semantische Rolle des Attributs und damit letztlich die des Präpositionalobjekts beibehalten: **jemand fahndet nach Geldwäschern → Fahndung nach Geldwäschern → Geldwäscherfahndung**. Die Interpretation des Kompositums ist nicht beliebig, sondern sie wird rückbezogen auf die Valenz (d. h. syntaktische Rektionseigenschaften) des Basisverbs und die damit verbundenen semantischen Rollen. Der zweite Bestandteil hat eine semantische Rolle des Basisverbs geerbt und kodiert sie als Determinans. Im Beispiel ist der erste Bestandteil für sich wieder ein Rektionskompositum (**Geld waschen → Geldwäscher**).

Um wenigstens einen ersten Eindruck von der Wirksamkeit der Argumentvererbung zu erhalten, betrachten wir die Komposita mit Köpfen auf **ung** etwas genauer. Es gibt eine große Zahl von **ung**-Substantiven mit transitiver (5a) wie intransitiver (5b) Basis. Verben mit Dativobjekt kommen dagegen kaum, solche mit Präpositionalobjekt nur vereinzelt als Basis vor.

(5) a. **Nennung, Duldung, Tarnung, Planung, Schulung, Fälschung, Streichung**
    b. **Strahlung, Steigung, Tagung, Drohung, Schwankung, Zuckung**

Die charakteristische Rektionseigenschaft eines transitiven Verbs ist die Bindung des direkten (akkusativischen) Objekts. Und in der Tat können wir problemlos Rektionskomposita bilden, in denen sich die semantische Rolle dieses Objekts wiederfindet wie oben bei **Geldwäscher** oder wie bei **einen Kandidaten nennen → Kandidatennennung** (6a).

(6) a. **Kandidatennennung, Asylantenduldung, Einkommenstarnung, Verkehrsplanung, Managerschulung, Banknotenfälschung, Zuwendungsstreichung**
    b. **Expertennennung, -duldung, -tarnung, -planung, -schulung, -fälschung, -streichung**
    c. **Jahresnennung, Erfolgsduldung, Netztarnung, Monatsplanung, Sprachenschulung, Kopierfälschung, Willkürstreichung**

Die Beispiele in 6b zeigen nun aber, daß die ›Objektinterpretation‹ der Komposita nicht zwingend ist. Wir setzen als ersten Bestandteil einfach ein Substantiv ein, das gut die semantische Rolle des Agens füllen kann, und schon wird eine ›Subjektlesung‹ zumindest möglich. 6c zeigt, daß auch ganz andere Lesungen nahegelegt werden können, beispielsweise eine instrumentale (**Netztarnung**) oder temporale (**Monatsplanung**).

Dasselbe ergibt sich für Ableitungen von intransitiven Verben in 5b. Komposita wie **Körperstrahlung**, **Straßensteigung** und **Linguistentagung** haben die erwartete Subjektlesung. Dagegen sind wir bei **Röntgenstrahlung, Sicherheitssteigung, Syntaxtagung** usw. um nichts klüger als bei den Nichtrektionskomposita. Rektionskomposita haben also insofern ein besonderes Verhalten, als bestimmte Interpretationen grammatisch vorgegeben sind. Im allgemeinen Fall ist aber weder eine Festlegung auf solche vorgegebenen Interpretationen möglich noch kann unter diesen eine einzige als allein richtige ausgezeichnet werden (**Aufgabe 74**).

Das Verhalten der Rektionskomposita hat wiederum eine Parallele beim Genitivattribut. Was hier Subjektlesung genannt wurde, entspricht dem Genitivus subiectivus (**die Strahlung des Körpers; die Steigung der Straße**) und entsprechend die Objektlesung dem Genitivus obiectivus (**die Nennung eines Kandidaten; die Duldung der Asylanten**). Und auch hier gilt wohl, daß die grammatisch induzierten Lesungen beim Kompositum als einer komprimierten, intern kaum strukturierten Konstruktion generell noch weniger ausgeprägt sind als beim genitivischen Attribut.

Wir haben damit die wichtigsten Gesichtspunkte genannt, die für den Bau und die Interpretation der Substantivkomposita von Bedeutung sind (zu den Adjektivkomposita **Aufgabe 75**, zu den Verbkomposita unten). Zu erwähnen sind zwei weitere Typen, die in der Literatur meist als Sonderfälle unter den Determinativkomposita angesehen oder gar nicht zu ihnen gezählt werden.

Die erste Klasse umfaßt die *Kopulativkomposita*. Paul (1920: 7) charakterisiert alte Bildungen wie **Werwolf** (»Mannwolf«) damit, daß »die beiden Glieder verschiedene Seiten desselben Gegenstandes« bezeichnen. Dabei ist der bezeichnete Gegenstand weder das vom ersten noch das vom zweiten Bestandteil Bezeichnete (**Strumpfhose, Schürzenkleid, Nordost, Helldunkel**) oder aber er ist oder umfaßt sowohl das eine wie das andere (**Fürstbischof, Strichpunkt, Österreich-Ungarn, naßkalt**). Beide Gruppen sind als Grenzfall des Determinationskompositums anzusehen und müssen diesem nicht als eigener Kompositionstyp gegenübergestellt werden. Man sieht das schön an Fällen wie **Tierkind** vs. **Tiermensch**. **Tiermensch** wird nur deshalb als Kopulativkompositum verstanden, weil beide Bestandteile sich auf derselben Stufe innerhalb der Begriffshierarchie befinden (Lang 1984: 271; Becker 1992: 27 f.; Breindl/Thurmair 1992).

Den zweiten Sonderfall stellen die *Possessivkomposita* dar, die nach ihrer Bezeichnung in der altindischen Grammatik auch Bahuvrihi genannt werden. Sie dienen meist zur Kennzeichnung von Lebewesen nach dem Prinzip des *Pars pro toto*: Der Kopf des Kompositums ist die Bezeichnung eines Körperteils (deswegen ›possessiv‹), der durch das Determinans näher bestimmt wird. Paul (1920:30) nennt als Beispiele SBST+SBST **Schafskopf, Milchbart, Löwenherz, Hasenfuß** und viele weitere mit adjektivischem Determinans wie **Kahlkopf, Rotbart, Rotkehlchen, Langohr, Blaustrumpf**. Formal handelt es sich um ganz gewöhnliche Determinativkomposita. Ein Schafskopf kann ja auch der Kopf eines Schafes sein, und bei dieser Bedeutung ändert sich nichts sonst am Wort (**Aufgabe 76**).

Unechte und Pseudokomposita

Zum Schluß dieses Abschnittes wollen wir einem weitläufigen und komplizierten Problem der Kompositagrammatik nachgehen, mit dem das Verhältnis von Wortbildung und Syntax aus einer ganz anderen Perspektive beleuchtet wird als wir sie bisher kennengelernt haben.

Wörter wie **aufgrund, anstelle, mithilfe, zugunsten, zulasten** enthalten zwei Stammformen und folgen insofern dem Bauprinzip der Komposita. Andererseits ist klar, daß sie zumindest einen Sonderfall darstellen. Bezeichnen wir als Komposita solche Wörter, die im Bau einer produktiven Wortbildungsregularität folgen (auch wenn sie vielleicht längst idiomatisiert sind), dann gehören die genannten nicht dazu. Das Muster PR+SBST ist nicht nur nicht produktiv, sondern es beruht überhaupt nicht auf einer Bildungsregularität im Sinne von Wortbildung. Derartige Wörter entstehen nicht durch Kombination zweier Stämme, sondern durch *Univerbierung*. Häufig im Text nebeneinander stehende Formen wachsen unter bestimmten Umständen zu einer zusammen. Bei den Beispielen ist der Prozeß des Zusammenwachsens weitgehend abgeschlossen. Die substantivischen Bestandteile sind keine selbständigen Wörter mehr, sie stehen ohne Artikel und Attribute, haben ihre Bedeutung teilweise eingebüßt und können deshalb auch mit der Präposition zusammengeschrieben werden (**aufgrund/auf Grund**). Es handelt sich um einen typischen Grammatikalisierungsprozeß zur Bildung komplexer Präpositionen.

Solche Univerbierungsprozesse gibt es in größerem Umfang und unter Beteiligung von Wörtern unterschiedlicher Kategorien, beispielsweise zur Bildung von Adverbien (**infrage**) und Verben (**kennenlernen, spazierengehen**). In früheren Stadien des Deutschen hat es weitere Univerbierungstypen gegeben, die es heute so nicht mehr gibt. Einer davon war das Zusammenwachsen eines vorausgestellten Genitivattributes mit dem nachfolgenden Kernsubstantiv, aus Fügungen wie **des Freundes Hand, der Menschen Leid** konnten Substantive wie **Freundeshand** und **Menschenleid** entstehen. Der Status der entstehenden Wörter war zunächst ähnlich dem von **aufgrund** und **mithilfe** im gegenwärtigen Deutsch: Komposita dieser Art gab es in dem Umfang, in dem Wörter zusammenwuchsen.

Aufgrund verschiedener Umstände blieb es aber nicht bei den Einzelfällen, sondern es entwickelte sich ein neuer Wortbildungstyp. Einmal waren die ersten Bestandteile der Univerbierungen Substantive, also Wörter aus einer offenen Klasse. Zum Zweiten wurde das dem Kern nachgestellte Genitivattribut der Normalfall (**die Hand des Freundes**), das vorangestellte dadurch in seiner Anwendungsbreite beschränkt. Heute kommt es praktisch nur als Eigenname mit genereller Markierung durch s vor: **Helgas Vater, Ägyptens Zukunft** (sog. sächsischer Genitiv). Die vorangestellten Genitive wurden isoliert, eine Konkurrenz zwischen Kompositum und ähnlich lautendem Attribut war kaum mehr gegeben. Und drittens schließlich gab es das Kompositum vom Typ SBST+SBST schon in der idg. Grundsprache. Der ältere Typ war ein echtes Wortbildungsmuster *ohne* Genitivmarkierung des ersten Bestandteils. Er konnte eine starke Analogiewirkung entfalten.

In der weiteren Entwicklung grammatikalisierte die Genitivmarkierung des ersten Bestandteils zum Fugenelement. Älterer und jüngerer Kompositionstyp wurden ununterscheidbar. Im gegenwärtigen Deutsch gibt es nur noch einen Typ von Determinativkompositum. Die Distribution der Fugenelemente hat synchron wenig mit einer Genitivmarkierung und gar nichts mit Univerbierung zu tun.

Substantivkomposita, die durch Zusammenwachsen entstehen, hat Jakob Grimm ›uneigentlich‹, die anderen ›eigentlich‹ genannt. Er schreibt (1828:

597): »Die uneigentliche Zusammensetzung ist nie ursprünglich, vielmehr überall erst aus einem dem zweiten Wort unmittelbar voranstehenden casus allmählig hervorgegangen«. Das bedeutet zunächst nur, daß uneigentliche Komposita im Erstglied eine Kasusendung haben, weil sie sich allmählich aus einer syntaktischen Konstruktion entwickeln. Grimm kehrt die Implikation dann aber um und legt fest, daß alle und nur die uneigentlichen Komposita Kasus hätten. Damit wird Kasushaltigkeit mit Univerbierung gleichgesetzt. Natürlich ist längst festgestellt worden, daß das nicht geht, weil Univerbierungsmuster sich zu Wortbildungsmustern verselbständigen können. Die Schwierigkeiten mit der Unterscheidung von eigentlichen und uneigentlichen Komposita, die die Wortbildungsforschung bis heute begleiten, beruhen auf der Schwierigkeit, den Übergang zum Wortbildungsmuster dingfest zu machen (dazu z.B. Wilmanns 1896: 4ff.; Paul 1920: 5ff.; Henzen 1965: 36ff.; Munske 2002: 31f.). Wörter wie **aufgrund**, **infrage** oder **kennenlernen** können wohl als uneigentliche Komposita bezeichnet werden. Gegenstand der Wortbildung im eigentlichen Sinne sind sie aber nicht.

Werfen wir zum Abschluß einen Blick auf den vielleicht prominentesten Problemfall dieser Art, den das gegenwärtige Deutsche hat, das sind Verben mit substantivischem ersten Bestandteil wie **handhaben**, **maßhalten**, **hohnlachen**, **staubsaugen**. Wellmann (Duden 1995: 435) bezeichnet die Verbindung eines Verbstammes mit substantivischem Erstglied als »selten« und nach Fleischer/Barz (1992: 296) bilden sie »nur einen kleinen Teil der komplexen Verben.« Günther (1997) hat dagegen im rückläufigen Wörterbuch von Muthmann (1988) über vierhundert Verben dieser Bauart gezählt. Die Wege der Wortbildung sind so verschlungen, daß Wellmann und Fleischer/Barz wohl trotzdem Recht haben.

Wörter des Typs SBST+VB entstehen auf unterschiedliche Weise (Åsdahl-Holmberg 1976; Wurzel 1998). Einmal durch Univerbierung: Substantiv und Verb wachsen in einem Grammatikalisierungsprozeß zusammen und bilden ein Wort (**die Ehe brechen** → **Ehe brechen** → **ehebrechen**, ähnlich **hohnlachen, haushalten, gewährleisten**). Bei Wörtern mit Verbstamm als zweitem Bestandteil hat sich in der neueren Literatur neben Univerbierung der speziellere Begriff *Inkorporation* durchgesetzt: Der Verbstamm inkorporiert einen anderen, hier einen substantivischen Stamm als morphologischen Bestandteil (Mithun 1984; 2000; Wurzel 1994b).

Eine zweite Möglichkeit besteht in der *Konversion* eines Substantivkompositums. Dieser Fall tritt besonders häufig dann auf, wenn der zweite Bestandteil seinerseits deverbal ist: **laufen** → **Lauf** → **Eislauf** → **eislaufen**. Es gibt eine große Zahl von Wörtern dieses Typs, schon wenn man sich auf Bezeichnungen für sportliche Tätigkeiten beschränkt (**eis-, schlittschuh-, ski-, paarlaufen; rükken-, brust-, lagenschwimmen; kunst-, boden-, kürturnen**). Weil solche Verben als Substantive zusammengesetzt und dann zu Verben konvertiert sind, spricht man von verbalen Pseudokomposita. Letztlich muß aber offen bleiben, ob sie nicht teilweise doch analogisch direkt als Verben gebildet sind. Durch Inkorporation sind sie nicht entstanden, weil es kein homonymes Syntagma gibt. Trotzdem zählt man sie gelegentlich zu den Inkorporationsstrukturen, weil dem Wort selbst seine Entstehung nicht anzusehen ist. Wurzel (1998) etwa verweist auf den wichtigen Unterschied zwischen einem inkorporierenden Verb (**ehebrechen**) und einem Verb mit Inkorporationsstruktur (**eislaufen**).

Eine dritte Möglichkeit ist die *Rückbildung*, die besonders bei produktiven Wortbildungsmustern auftritt. Die Substantivierungen mit **er** und **ung** sind solche Muster. Wir haben **backen – Bäcker, lehren – Lehrer** usw. Werden nun mit dem **er**-Substantiv Komposita gebildet, so kann daraus wieder ein Verb rückgebildet werden, z. B. **Lateinlehrer – lateinlehren**. Das Verb **lateinlehren** gibt es nicht, es geht nur um die Demonstration des Mechanismus. **Bergsteiger – bergsteigen** und **Notlandung – notlanden** könnten solche Rückbildungen sein. Sie sind ebenfalls echte Wortbildungsprodukte und gehören zu den verbalen Pseudokomposita.

Pseudokomposita haben eine Wortstruktur wie andere Komposita auch, nur sind sie nicht direkt, sondern indirekt durch Komposition entstanden. Da sie auf Wortbildungsregularitäten beruhen, gehören sie zur Wortbildung. Aber wie kann man das entscheiden? In dem berühmten Fall **Staub saugen/staubsaugen** könnte das Objekt **Staub** inkorporiert worden sein, aus **weil er Staub saugt** wird **weil er staubsaugt**. Genauso gut kann das Verb **staubsaugen** durch Rückbildung aus **Staubsauger** entstanden sein. Im ersten Fall wäre es ein unechtes, im zweiten ein Pseudokompositum. Jedenfalls gibt es das Verb als *eine* Form, denn möglich sind **Er hat Staub gesaugt** und **Er hat staubgesaugt** wie auch **Er hat gestaubsaugt**. Die Form **gestaubsaugt** ist nur dann möglich, wenn der substantivische Bestandteil untrennbar mit dem Verb verbunden ist wie in **gemaßregelt, gehandhabt** usw.

Ein großer Teil der Verben des Bautyps SBST+VB ist nach Günther (1997a) durch Rückbildung, ein noch größerer durch Konversion aus Substantivkomposita entstanden. Das gilt insbesondere für solche Verben, die nur einen Infinitiv und vielleicht ein Partizip, aber nicht irgendwelche finiten Formen haben (**Sie will bausparen, busengrapschen, brandungsschwimmen, freistilschwimmen**, aber **weil sie *bauspart, *busengrapscht, *brandungsschwimmt, *freistilschwimmt**). Die Konversion erfolgt nach dem verbreiteten Schema **Feile – feilen, Dampf – dampfen** usw., nur ist die Basis nicht ein einfaches Substantiv, sondern ein Kompositum in der Form eines Infinitivs (**das Bausparen, Busengrapschen, Brandungsschwimmen, Freistilschwimmen**). Auf diese Weise kann es dabei bleiben, daß Komposition aus Substantivstamm und verbalem Kopf (SBST+VB) nicht produktiv ist, wohl aber produktiv als Rückbildungs- oder Konversionsprodukt (weiter zu den hier angesprochenen Problemen 7.1.3. und 8.4; **Aufgabe 77**).

6.2.2 Die Fuge

Formen und morphologischer Status der Fuge

Im vorausgehenden Abschnitt wurde gezeigt, daß die Kombination von Stammformen zu Komposita nur schwachen Formrestriktionen unterliegt und das semantische Verhältnis zwischen ihnen als prinzipiell offen gekennzeichnet werden muß. Das einzige für die Komposition charakteristische und weitgehend auf sie beschränkte Formmittel ist die Fuge. Nach der Anordnung (Reihenfolge) der Kompositionsglieder kann die Fuge als das wichtigste morphologische Mittel zur Strukturierung von Komposita gelten (Fuhrhop 2000).

Für eine zusammenfassende und am Prototypischen interessierte Beschreibung der Fuge gilt das im besonderen, was für die Wortbildung im allgemeinen gilt: Man kann nicht hoffen, die Vielfalt der Erscheinungen auch nur halbwegs vollständig zu erfassen. Die Entwicklung der Fuge hat ihren Ausgangspunkt bei der Kasusmarkierung des vorausgestellten Genitivattributes. Vieles erinnert bis heute an diesen Ausgangspunkt, vieles ist auf dem Wege zu einem spezifischen morphologischen Mittel der Komposition lexikalisiert worden, und ganze Gruppen von Komposita mit im Ansatz systematischer Fugenbildung sind der Isolierung anheimgefallen. Wir wollen versuchen, die wichtigsten produktiven Regularitäten und einige allgemeine Tendenzen der Fugenbildung im gegenwärtigen Deutsch zu beschreiben und in ihrer Funktionalität zu erfassen. Daß auch dies nicht einfach ist, zeigt die Feststellung der u.W. umfassendsten und am besten systematisierten Materialsammlung zur Fuge: »... bei den Determinativ-Verbindungen mit substantivischem Bestimmungsglied, die doch in manchen Textsorten bis zu 80% aller Komposita ausmachen, zeigt sich ihre ganze, auf den ersten Blick fast regellos wirkende Vielfalt.« (Deutsche Wortbildung 4: 68). Außer auf diesen Abschnitt der ›Deutschen Wortbildung‹ stützen wir uns im folgenden vor allem auf Fuhrhop 1996, 1998, auf die konzise Zusammenfassung in Becker 1992 sowie die unveröffentlichte Magisterarbeit von Frans Plank (Universität Regensburg 1974), die der Autor freundlicherweise zur Verfügung gestellt hat.

Als Fugen kommen vor: **n** (**Blumenvase**), **s** (**Zweifelsfall**), **ns** (**Glaubensfrage**), **e** (**Pferdewagen**), **er** (**Kindergarten**), **en** (**Heldenmut**), **es** (**Siegeswille**) und **ens** (**Schmerzensschrei**). Dabei wird als Fuge genau das angesehen, was über die Form des Nom Sg eines substantivischen Determinans hinausgeht. Ob so verfahren werden kann, bedarf natürlich weiterer Überlegung. Bei einer Form wie **Leidensdruck** beispielsweise könnte auch vom Verbstamm ausgegangen und **ens** statt **s** als Fuge angesetzt werden. Gar nicht auf eine freie Form zu beziehen sind fremde Fugen wie **ial** (**Territorialverteidigung**) und **o** (**Physiotherapeut**; 6.2.3, 7.2.2). Manche Fugen sind an gleichzeitige Umlautung gebunden (**Bücherregal**), manche treten als Ersetzungsmorph auf (**s** für **e** in **Hilfsangebot**). In einem weiteren Sinne kann man hier von ›Subtraktionsfugen‹ sprechen wie in **Wolldecke** und **Sprachunterricht** (Subtraktion von Schwa).

Mit ›Fuge‹ ist dann jede phonologische Veränderung gegenüber einer bestimmten Stammform gemeint. Die Fugenbildung wird verstanden als Bildung der Kompositionsstammform innerhalb eines morphologischen Paradigmas (6.1.2). Ganz verbreitet ist schließlich das Reden von einer Nullfuge (**Waldweg, Tischbein, Burgruine**). Nach der Deutschen Wortbildung (4: 54) haben fast 73% der Substantiv- und 70% der Adjektivkomposita eine Nullfuge. Auch bei Mitzählung aller lexikalisierten Fälle ist also die weitaus überwiegende Zahl der Komposita fugenlos. Gerade deshalb darf man erwarten, daß die Fuge nicht funktionslos ist, wenn sie regelhaft gesetzt wird.

Alle Fugen kommen auch als Flexionsmarker und insbesondere als solche von Substantiven vor. Eine ganze Reihe von Unverträglichkeiten zwischen Fugenform und Flexionsform zeigt aber, wie weit beide im gegenwärtigen Deutsch auseinander liegen (nach Becker 1992): (1) Subtraktive Fugen sind natürlich keine Flexionssuffixe (**Münzautomat, Geschichtsbuch**). (2) Unter den ersten Bestandteilen mit Fuge gibt es ›semantisch falsche Plurale‹ (**Gänse-**

braten; **Sonnenschein**). (3) Unter den ersten Bestandteilen mit Fuge gibt es ›semantisch falsche Singulare‹ (**Anwaltskammer, Freundeskreis**). (4) Es gibt ›formal falsche‹ Genitive bzw. Formen, die keine Substantivformen sind (**Liebesbrief, Einheitskleidung, Mausefalle**). (5) Es gibt bei der Fuge keine **s/es**-Variation wie beim Genitiv, es gibt also nur **Jahresende** und nicht *****Jahrsende** sowie umgekehrt nur **Anwaltskammer** und nicht *****Anwalteskammer**. (6) Der **s**-Plural ist im Deutschen weit verbreitet, aber so gut wie kein Substantiv mit **s**-Plural nimmt eine **s**-Fuge.

Trotz der so demonstrierten Reanalyse von Flexionsmarkern als Fuge wird eine Bindung an die Flexion im allgemeinen nicht einfach aufgegeben. Das zeigt schon die in der neueren Literatur fast durchgängig vorgenommene Unterscheidung von paradigmischen und unparadigmischen Fugen. Erstere sind solche, bei denen der erste Bestandteil mit der Fuge eine Flexionsform bildet (**Menschenrecht, Lebensversicherung**), bei den letzteren ist das nicht der Fall (**Liebesbrief, Mausefalle**). Wirklich sinnvoll ist die Unterscheidung ja nur, wenn sich paradigmische Fugen im Prinzip anders verhalten als unparadigmische. Wir kommen darauf zurück.

Der Bezug auf Flexionsformen ist ein Spezialfall des Bezuges der Fuge auf den ersten Bestandteil. Intuitiv sind wir geneigt, sie nach links zu orientieren und in der Konstituentenstruktur wie in 1 anzubinden, schon weil sie bei der Silbentrennung und der Bildung von Wortresten stets beim ersten Bestandteil bleibt (**Pferde-stall; Pferde- und Rinderzucht**). Die Fuge bildet eine Konstituente nur mit *einem* der Bestandteile des Kompositums. Da sie mit der Bildung der Kompositionsstammform eindeutig eine morphologische Funktion hat, ist sie als Affix und nicht etwa als Rest zu klassifizieren.

(1) a. b.

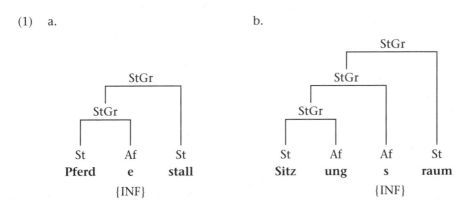

In der Tat spielen die Eigenschaften des ersten Bestandteils in den Regularitäten für die Fuge eine entscheidende Rolle und insofern sind die Strukturen angemessen. Aber auch der zweite Bestandteil hat seine Bedeutung. Fugen stehen sowohl bei substantivischem wie adjektivischem und verbalem Kopf und verhalten sich dabei jeweils unterschiedlich (August 1975: 120; Deutsche Wortbildung 5: 25 ff.). Läßt der erste Bestandteil mehrere Fugen zu, so ist die Wahl zwischen ihnen abhängig vom zweiten Bestandteil. Fugen sind also relational und werden deshalb als Infixe (INF) kategorisiert. Die Formenvielfalt ist allerdings nicht gleichmäßig verteilt, sie ist bei substantivischem Kopf mit

Abstand am größten. Wir konzentrieren uns deshalb auf diesen Fall und betrachten zunächst die Verhältnisse bei verbalem und adjektivischem Determinans.

Paradigmische Fugen bei Stämmen aus offenen Klassen

Die einzige Fuge, die bei verbalem Determinans in größerer Zahl auftritt, ist Schwa. Einfache Verbstämme fordern sie besonders häufig dann, wenn der Stamm auf stimmhaften Obstruenten auslautet (2a; Beispiele nach Fuhrhop 1996).

(2) a. Badehose, Bindevokal, Fragesatz, Hängelampe, Hebebühne, Klebestreifen, Ladebühne, Legehenne, Lesebuch, Liegestuhl, Nagetier, Pflegefall, Reibekuchen, Schiebedach, Schwebebalken, Sterbebett, Zeigefinger
b. Abblendlicht, Abzweigdose, Abbindmittel, Abfragzeit, Aufklebfolie, Zuladmenge, Einleggurke, Vorleszeit, Einschieböffnung, Absterbzeit, Vorzeiggruppe, Absaugzeit

Das Auftreten von Schwa nach stimmhaftem Obstruent sichert die phonologische Identität des Stammes. Eine Tendenz, die Auslautverhärtung zu vermeiden, ist uns verschiedentlich begegnet, beispielsweise bei den Adjektiven vom Typ **müde, träge** (5.2.3). Das Determinans bildet damit einen Trochäus. Die Beispiele in 2b zeigen, daß Verbspezifik und Fußbildung wohl gemeinsam ausschlaggebend sind. Verbpartikeln signalisieren Verbalität, und weil sie betont sind, bilden sie mit dem einsilbigen Stamm einen Trochäus. Was in 2a durch die Fuge erreicht wird, ist in 2b ohne Fuge gegeben. Die Fuge wird deshalb bei Partikelverben signifikant weniger gesetzt. Vielfach bleibt sie möglich, ist aber nicht obligatorisch (**Zulademenge, Vorlesezeit**).

Wie gesagt: es handelt sich bei 2 um eine Tendenz, Gegenbeispiele nach beiden Seiten sind vorhanden (**Reifezeugnis, Wartesaal** vs. **Bindfaden, Schreibblock**). An der Tendenz ändern sie nichts. Daß mit der Fuge nicht nur Auslautverhärtung vermieden, sondern auch Verbalität signalisiert wird, ergibt sich weiter aus dem Verhalten der Schwa-Fuge bei substantivischem ersten Bestandteil, dem wir uns jetzt zuwenden (zum adjektivischen **Aufgabe 78**).

Bei substantivischem Determinans wird Schwa in keinem Fall mit einer vergleichbar starken Tendenz als Fuge gewählt wie bei verbalem. Es kommt bei einigen Feminina mit e-Plural und Umlaut vor (**Händedruck** aber **Handfläche**, **Früchtetee** aber **Fruchtjoghurt**) sowie bei einigen stark Flektierenden (**Ärztestreik** aber **Arztpraxis**). Die einzige größere Gruppe mit Schwa-Fuge scheinen Tierbezeichnungen zu sein. Hier finden sich sowohl solche mit starker Flexion als auch Feminina (3a).

(3) a. **Hundeleine, Pferdewagen, Schweinestall, Gänsebraten, Mäusezahn**
b. **Bärenfell, Spatzenlied, Hasenfuß, Falkenblick, Heldenmut, Diplomatenkoffer, Astronautentreffen, Doktorandenkolloquium**

Die Schwa-Fuge kann keineswegs bei allen Substantiven dieser Art stehen (**Fuchsschwanz, Wolfsrachen, Schafstall**). Trotzdem deutet sich wohl eine Tendenz zur Klassenbildung durch die Fuge an.

Bezeichnungen für Lebewesen und insbesondere für Tiere gehören zu den Gattungsbezeichnungen, deren Bezeichnetes im allgemeinen nach dem natürlichen Geschlecht zu differenzieren ist. Ein Prototyp dieser Art ist das schwache Maskulinum. Es kann in der Regel moviert werden (**Löwe – Löwin, Held – Heldin, Doktorand – Doktorandin**), und wir hatten früher davon gesprochen, daß man schwache Maskulina als Generika bezeichnen und ihnen gewisse Eigenschaften eines eigenen Genus zusprechen kann (5.2.1).

Die schwachen Maskulina verhalten sich bezüglich der Fuge genau so wie die Substantive in 3a, nur eben regelhaft. Sie verwenden konsequent **(e)n** als Fuge, also ihr Pluralaffix, unabhängig davon, ob sie morphologisch einfach oder komplex, ob sie heimisch oder fremd sind (3b). Hier liegt eine Klassenbildung mithilfe der Fuge vor. Formal kann man von einer Pluralfuge sprechen, nicht aber semantisch. Die Fuge zeigt nicht ›Plural‹ an, sondern ›schwaches Maskulinum.‹ Sie ist semantisch genau so weit motiviert wie es die schwachen Maskulina als Klasse sind. Aufgrund des Prototypenschemas für schwache Maskulina (Mehrsilber mit Betonung auf der letzten Silbe) entsteht durch die Fuge wieder ein Trochäus.

Interessant ist ein Vergleich der schwachen Maskulina mit den Feminina desselben Pluraltyps, also mit **(e)n**-Plural. Bei den Feminina ist dies die unmarkierte Pluralform, d.h. die Klasse der Substantive mit **(e)n**-Plural ist unspezifischer als bei den schwachen Maskulina. Ist der Stamm einsilbig, so wird die **en**-Fuge mal gesetzt, mal nicht gesetzt (**Burgtor – Burgenblick, Schriftsetzer – Schriftenverzeichnis, Formklasse – Formenlehre, Zeitrechnung – Zeitenfolge**). Möglicherweise ergibt sich bei Betrachtung großer Wortklassen hier doch eine Tendenz zur Wahl der Fuge nach der Pluralbedeutung.

Bei den Feminina mit Schwa-Auslaut verhält es sich nicht so. Sie sind bereits in der Singularform zweisilbig, d.h. die Einführung des **n** als Fuge führt bei ihnen nicht zu einer prosodischen Veränderung. Sie bilden im Regelfall die Fuge mit **n** (**Bienenzucht, Katzenfutter, Schlangenbiß, Jackentasche, Herdentier, Suppenschüssel**), aber sie sind dabei viel weniger konsequent als die schwachen Maskulina. Der mögliche Bezug auf einen Verbstamm kann beispielsweise schon zu einer anderen Fuge führen (**Erntezeit, Folgekosten** einerseits und **Brühwürfel, Duschvorhang** andererseits; mehr Beispiele in Fuhrhop 1996: 541ff.; 1998: 188ff.).

Eine weitere Fuge mit Schwa+Sonorant ist die **er**-Fuge. Sie tritt nur bei solchen Substantivstämmen auf, die den Plural ebenfalls auf **er** bilden und hat nach allgemeiner Auffassung am besten eine Pluralbedeutung bewahrt (4a).

(4) a. **Räderwerk, Bücherregal, Kleiderschrank, Lichterkette, Häusermeer, Bilderrätsel**
    b. **Radkasten, Buchrücken, Lichtkegel, Hausschlüssel, Bildwand**

Die meisten dieser Stämme kommen, wenn sie eine andere Bedeutung haben, auch mit anderer oder ohne Fuge vor (4b). Eine generische anstatt einer Plurallesung setzt sich bei der **er**-Fuge wiederum bei Tier- und Personenbezeichnungen durch (**Kälberspeck, Rinderwahnsinn, Hühnerei, Kinderarzt**).

Wie wir wissen, ist der **er**-Plural kaum noch produktiv. Das mag ein Grund dafür sein, daß die **er**-Fuge bei dieser (isolierten) Klasse von Substantiven dieselbe Bedeutung wie sonst auch hat (eben »Plural«). Als produktiv gilt die **er**-Fuge nur in der mechanischen Anwendung auf Stämme von Zahlwörtern (Kardinalzahlen: **Zweierbob, Achtergespann**; Deutsche Wortbildung 4: 60). Hier handelt es sich möglicherweise aber eher um ein Suffix (**Endfünfziger, Deutschlandachter**).

Bleibt als letzte Fuge mit Schwa **es**. Sie tritt bei einer ganzen Reihe von Maskulina und Neutra mit **(e)s**-Genitiv auf, ist aber offensichtlich isoliert (**Bundesliga, Jahreszeiten, Meeresrauschen, Siegestaumel, Tagesanbruch**). Produktiv ist nur die einfache **s**-Fuge (s. u.).

Insgesamt sind die bisher betrachteten produktiven oder tendentiell produktiven Fugen paradigmisch, aber ihre Funktion ist nur bedingt einheitlich. Einheitlich ist ihr prosodischer Effekt. Im übrigen signalisieren sie mit unterschiedlicher Ausgeprägtheit die Zugehörigkeit des ersten Bestandteiles zu einem Flexionstyp, zu einer semantischen oder zu einer grammatischen Kategorie.

Die s-Fuge

Anders liegen die Verhältnisse bei der **s**-Fuge. Auch sie kann paradigmisch sein. In der Substantivflexion kommt **s** als Plural- und als Genitivsuffix vor. Als Fuge ist es so gut wie gar nicht paradigmisch im Sinne des Pluralsuffixes. Nur in markierten Fällen wie **Shrimpscocktail** und **Chipstüte** kommt die **s**-Fuge bei ersten Bestandteilen vor. Möglicherweise ist **s** hier aber schon zum Bestandteil des Stammes geworden (Wegener 2002). Im Sinne des Genitivs ist die Fuge häufig paradigmisch (**Abschiedsvorstellung, Lebenszeichen**) und häufig nicht (**Ansichtskarte, Heiratsantrag**). Wir schlagen aber vor, diesen Gesichtspunkt gänzlich außer Acht zu lassen und die **s**-Fuge unabhängig vom Flexionsparadigma zu beschreiben. Ein starker Hinweis in diese Richtung ist, daß die Fuge nicht wie der Genitiv die Varianten **s/es** (**des Stuhl(e)s**) hat.

Die **s**-Fuge tritt regelmäßig auf nach den Substantivierungssuffixen **keit, heit, igkeit, tum, schaft, ung, sal** und **ling** (5a). Diese Suffixe sind uneinheitlich bezüglich des Genus, aber sie sind einheitlich bezüglich ihrer morphologisch-prosodischen Eigenschaften. Alle sind betonungsneutral und fußbildend. Sie ziehen den Wortakzent nicht auf sich, aber sie haben sämtlich einen silbischen Plural (Schwasilbe, 5b). Nach der von uns vertretenen Wortakzenttheorie tragen sie dann einen Nebenakzent und eben dies nennen wir fußbildend (4.5). Das Fugen-**s** tritt, wie 5a im Vergleich zu 5b zeigt, genau in der Position auf, in der paradigmisch die Schwasilbe erscheint. Es ist nicht nur unparadigmisch, sondern geradezu antiparadigmisch. Da es prinzipiell nicht silbisch ist, konserviert es die Prosodie des komplexen Flexionsstammes, zeigt Substantivität für die große Klasse der heimischen betonungsneutralen Substantivierungssuffixe an und markiert eine morphologische Grenze.

(5) a. **Freiheitsglocke, Tapferkeitsoffizier, Genauigkeitsanforderung, Fürstentumsgrenze, Eigenschaftsterm, Zerstörungswut, Schicksalslied, Reichlingssiedlung**

b. **Freiheiten, Tapferkeiten, Genauigkeiten, Fürstentümer, Eigenschaften, Zerstörungen, Schicksale, Reichlinge**

Machen wir die Gegenprobe. Betonungsneutrale heimische Suffixe mit nichtsilbischem Plural nehmen das Fugen-s nicht oder zumindest nicht systematisch. Das trifft insbesondere zu auf die Derivationssuffixe, die selbst Schwa enthalten wie **chen** (**Mädchenschule**), **er** (**Lehrerseminar**), **ler** (**Sportlerherz**) und **ner** (**Rentnerstammtisch**).

Das Fugen-s tritt weiter regelhaft auf bei Deverbativa auf **en**, deren Basis ein einfacher oder ein präfigierter Verbstamm ist (6a,b). Da diese Substantive die Form des Infinitivs haben, ist die Kennzeichnung als Substantiv durch die Fuge besonders gut motiviert.

(6) a. **Lebenszeichen, Schlafenszeit, Essensmarke, Schaffenswahn, Leidensbegrenzung, Wissensdurst**
b. **Überlebenschance, Verbrechensbekämpfung, Wiedersehensfreude, Entzückensschrei, Vermögensfrage, Vertrauensbruch**

Schließlich steht die **s**-Fuge bei einer großen Zahl von maskulinen (7a) und femininen (7b) Substantiven, die Ableitungen von Partikelverben sind. Dabei sind die maskulinen implizite Ableitungen (konvertierte Verbstämme), während die femininen vor allem nach **t** auftreten, egal ob es sich dabei um das alte Suffix handelt oder nicht (Fuhrhop 1998: 180). Bei echten Konversionen haben die Feminina keine **s**-Fuge (**Abkehrbedingung, Anfragegrund, Übergabezeit**).

(7) a. **Abschlagszahlung, Anspruchshaltung, Antragsvolumen, Ausgleichszahlung, Eintragsfrist, Überblicksveranstaltung**
b. **Absichtserklärung, Zufluchtsort, Ankunftszeit, Unzuchtsparagraph, Abfahrtszeit, Ohnmachtsanfall, Armutszeugnis, Mitternachtsblues, Unschuldslamm**

Es sieht so aus, als sei die **s**-Fuge bei den Feminina stärker an phonologische, bei den Maskulina auch an morphologische Bedingungen gebunden. Das würde gut dazu passen, daß sie nur bei den Feminina unparadigmisch ist.

Aber auch hier sollte man nicht die paradigmischen Fälle in 7a von den unparadigmischen in 7b gänzlich trennen. Es geht um dasselbe, nämlich um Signalisierung von ›substantivisch‹ und Markierung einer morphologischen Grenze. Stämme mit Partikeln sind typisch verbal und sie sind komplex. Schon lange wird die These vertreten, die Komplexität des ersten Bestandteils spiele eine Rolle für die Fuge als Konstituentenmarkierer (Žepić 1970) und die s-Fuge diene insbesondere zur Markierung von Substantivität (Briegleb 1935). Beides wird durch 7 bestätigt (**Aufgabe 79**).

6.2.3 Konfixkomposita

Zum Begriff Konfix

Die bisher (6.2.1) behandelten Komposita bestehen aus (mindestens) zwei Formen einfacher oder abgeleiteter Stämme. Dabei ist der zweite Bestandteil bei Substantiv-, Adjektiv- und Verbkomposita eine Flexionsstammform, denn solche Komposita werden wie die entsprechenden einfachen Wörter flektiert. Der erste Bestandteil kann ein Fugenelement enthalten und hat dann die besondere Form einer Kompositionsstammform.

Betrachten wir nun Wörter wie **Hardware, Sweatshirt** oder **Homebanking**. Vom Aufbau her handelt es sich ebenfalls um Komposita. Je nachdem wie gut unsere Englischkenntnisse sind, verstehen wir ihre Bestandteile und damit die Komposita. Als Formen wortfähiger Stämme kommen ihre Bestandteile jedoch im Deutschen nicht vor. Wir werten sie deshalb vielleicht erst einmal als Komposita, die als ganze aus dem Englischen entlehnt sind. Das würde immerhin erklären, warum die Bestandteile im Deutschen nicht wortfähig sind.

Neben **Hardware** findet sich in jedem neueren Wörterbuch eine große Zahl weiterer Komposita mit dem ersten Bestandteil **hard**, z. B. **Hardcover, Harddrink, Harddrug, Hardliner, Hardrock, Hardtop**. Sind sie alle als Komposita aus dem Englischen entlehnt? Wir wissen es nicht ohne weiteres und vor allem: wir sehen es der Wortstruktur nicht an. Ein Teil dieser Wörter kann sehr wohl im Deutschen gebildet sein und weitere sind bildbar, etwa **Hardwalk, Hardpop, Hardpage, Hardgirl, Hardword, Hardsound**. Vielleicht gibt es einige dieser Wörter sogar. Jedenfalls ist möglich, daß ein Bestandteil wie **hard** sich als Wortbildungselement verselbständigt und produktiv wird, ohne daß er wortfähig ist. Er kann es durchaus werden, aber seine Produktivität ist daran nicht gebunden. Wir haben viele Wortpaare mit den Bestandteilen **hard** und **soft** (**Hard/Soft +ware, +drink, +drug, +rock**), aber nur **soft** gibt es als wortfähigen Stamm im Deutschen.

Das ›Herauslösen‹ morphologischer Einheiten aus komplexen Wörtern durch Reanalyse kommt bei Entlehnungen immer wieder vor, und zwar nicht nur bei Komposita, sondern bei allen Wortbildungstypen. Aus Reihen wie **Personality, Publicity, Fidelity, Nobility, Austerity** kann beispielsweise ein Suffix **ity** entstehen, das irgendwann produktiv wird. Gleichzeitig entstehen dadurch Wortbildungsstämme wie **public, fidel, nobil**, die sich, obwohl selbst nicht wortfähig, möglicherweise mit anderen Wortbildungsaffixen verbinden oder zu Bestandteilen von Komposita werden. Man hat diesen Vorgang *Rekombination* genannt (Schmidt 1987b: 33). Rekombination führt zu fremden Wörtern, die nicht als ganze entlehnt sind. Sie sind nach bestimmten Regularitäten im Deutschen gebildet. Meist spricht man von *Lehnwortbildung*. So gebildete Wörter erscheinen dem normalen Sprachteilhaber als fremde Wörter wie andere auch. Für ihn ist in der Regel unentscheidbar und unwichtig, ob Wörter als ganze entlehnt oder ob sie Lehnbildungen sind.

Auf Rekombination als Grundlage zur Bildung fremder Wörter gehen wir etwas genauer beim wichtigsten Wortbildungstyp dieser Art ein, bei der Suffigierung (7.2.2). Im Augenblick kommt es nicht auf die fremden Affixe, sondern auf die Einheiten an, die sich in der Wortbildung ähnlich wie Stämme verhalten. Einem Vorschlag in Schmidt (1987a: 49ff.) folgend, nennen wir sie Konfixe. Ein prototypisches Konfix hat an produktiven Wortbildungsmustern teil und besitzt in derselben Weise wie Stämme eine lexikalische Bedeutung. Wortfähig ist es nicht, d.h. es besitzt insbesondere keine Flexionskonfixform, die für sich vorkommt. Komposita mit mindestens einem Konfix heißen Konfixkomposita (**Hardware**).

Konfixe gibt es nicht nur bei den Anglizismen, sondern bei allen Arten von Fremdwörtern und insbesondere auch den Latinismen und Gräzismen. Ein typisches Beispiel für einen Gräzismus als Konfixkompositum ist **Philologe** mit der Konstituentenstruktur gemäß 1.

(1)

```
                    StGr
            ┌────────┴────────┐
            Kf                Kf
         ┌──┴──┐           ┌──┴──┐
         Kf    Af          Kf    Rst
       Philo   o          log    e
```

Als Kompositum hat das Wort die Konstituentenkategorie StGr. Seine unmittelbaren Konstituenten sind Konfixe, wobei das zweite ein Pseudosuffix der Kategorie Rst enthält. Das erste weist die Fuge o auf, die wie alle Fugen ein Affix ist. Aber sie hat in 1 die Besonderheit, daß sie als Schwester nicht wie Fugen sonst eine Stammform, sondern eine Konfixform hat. Mit dieser bildet sie wieder eine Konfixform und nicht etwa eine Konfixgruppe. Die Konstituentenkategorie KfGr vermeiden wir ganz. Damit ist das Kompositum **Philologe** als ganzes wie Komposita allgemein eine StGr, es enthält aber selbst keine Gruppen. Auf diese Weise werden Gemeinsamkeiten und Unterschiede zu den übrigen Komposita auf plausible Weise zum Ausdruck gebracht.

Analog zur eingeführten Terminologie kann **Philo** in 1 als Kompositionskonfixform und **loge** als Flexionskonfixform bezeichnet werden, wobei diese Form aber nur innerhalb des Kompositums flektierbar ist. Daß eine Flexionskonfixform vorliegt, bedeutet also ausdrücklich nicht, daß **loge** für sich wortfähig wäre.

Zur Abgrenzung der Konfixe vergleichen wir **Philologe** und **Technologe**. Die Einheit **techn** kann nicht nur wie **phil** in Komposita, sondern auch in Ableitungen vorkommen (2a-c). Sie ist basisfähig und wird deshalb als Stamm kategorisiert, genauer als gebundener Stamm (Lexemkategorie GEB, 2). Innerhalb des morphologischen Paradigmas techn^{MP} spielt **techno** die Rolle der Konfixstammform. Die Fuge o macht also aus der Derivationsstammform **techn** die Konfixstammform **techno**. Wir vertreten damit einen engen Begriff von Konfix. Während gebundene Stämme basisfähig und in der Lehnwortbildung weit verbreitet sind (7.2.3), können Konfixe nicht mit Affixen kombinieren. Das ist das Charakteristische dieser morphologischen Kategorie.

(2) a. b. c.

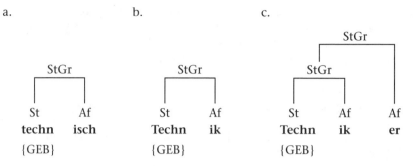

Die Unterscheidung von **phil** und **techn** ist distributionell kein Problem. **Phil** dient nicht als Derivationsbasis. es gibt weder **philisch, Philik, Philiker** noch **Philizität**. Damut erweisen sich **techn** und **phil** als kategorial verschieden. **Techn** ist ein gebundener Stamm, **phil** ein Konfix.

Manchmal liegt die Abgrenzung der beiden Kategorien nicht sofort auf der Hand. Ist beispielsweise **anthrop** ein Stamm oder ein Konfix? Es gibt unseres Wissens weder **anthropisch** noch **Anthropik, Anthropiker** oder **Anthropizität**. Alle sind sie aber, anders als bei **philisch** usw., offenbar mögliche Wörter. Vielleicht gibt es sie sogar in abgelegenen Fachwortschätzen, geläufig ist immerhin **Anthropoid**. Damit wäre **anthrop** ein Stamm (**Aufgabe 80**).

Anders als häufig in der Literatur (Fleischer 1995; Doalies 2000) definieren wir ein Konfix als gebundene morphologische Einheit, die nicht allgemein als Derivationsbasis dient, sondern auf das Vorkommen in Konfixkomposita spezialisiert ist. Das Konfixkompositum wird damit als Wortbildungstyp eigener Art angesehen.

Präkonfixe und Postkonfixe

Eine Subklassifikation der Konfixe erfolgt danach, ob sie den ersten oder den zweiten Bestandteil eines Kompositums bilden. Konfixe sind im allgemeinen auf das eine oder das andere Vorkommen beschränkt, wenn auch nicht ganz so strikt wie Affixe (Präfixe vs. Suffixe). Wie dort handelt es sich bei PRÄ (Präkonfixe) und PST (Postkonfixe) um Lexemkategorien. Wenden wir uns zunächst den Präkonfixen zu. Mindestens zwei Subklassen sind hier auszumachen.

(3) a. **agro, agri, bio, mini, mikro, makro, biblio, phono, disko, neo, turbo, geo, multi, multo, strato, öko, turbo, homo, astro, philo, servo, aequi**
b. **hard, home, allround, low, mid, high, free, fast, short, work**

Die Konfixe in 3a signalisieren »Gräzismus/Latinismus«. Sie treten im unmarkierten Fall mit der Fuge **o**, in einigen Fällen mit **i** auf. Bei manchen von ihnen ist **o** oder **i** Bestandteil des elementaren Konfixes und wird dann natürlich als Fuge nicht noch einmal affigiert (**bio, mini, mikro, biblio** . . .). Auch bei anderem vokalischen Auslaut zweisilbiger Konfixe bleibt dieser erhalten. Wahrscheinlich sollte man also **tele, mega, meta** und ähnliche Einheiten auch zu dieser Gruppe zählen. Wichtig scheint vor allem zu sein, daß das Konfix auf

Trochäus endet. Ihr Prototyp wird durch phonologische Reduktion nach demselben Muster wie der Stamm in **Sponti** gebildet (**Aufgabe 101**).

Eine derartige Bedingung gibt es für die zweite Gruppe nicht. Diese Konfixe sind meist Anglizismen, verhalten sich aber eher sprachenneutral. Aufgrund ihrer Isoliertheit können sie jederzeit zu Stämmen werden.

Nicht zu den Konfixen zählen wir Einheiten wie **super**, **inter**, **trans**. Sie verbinden sich, obwohl lateinischen oder griechischen Ursprungs, allenfalls marginal mit anderen Konfixen. Wirklich produktiv kombinieren sie mit Stämmen als zweitem Bestandteil (**Superauto, Intershop, transalpin**). Es spricht manches dafür, sie zu den Präfixen zu zählen.

Auch die beiden in 3 aufgeführten Klassen von Konfixen kombinieren produktiv und sogar ziemlich frei mit Stämmen, und zwar mit nativen wie mit fremden (**Agrostadt, Agrokultur, Biobauer, Bioseminar, Homekran, Homework**...). Am wenigsten restringiert scheinen die in 3a zu sein. Soweit Präkonfixe nicht Reste einer grammatischen Kategorisierung aus der Herkunftssprache bewahren, sind sie nicht nach Wortartkategorien zu klassifizieren. Es spielt für ihre Verwendung im allgemeinen keine Rolle, ob sie als SBST, ADJ oder VB angesehen werden.

Anders und viel restriktiver sind die Verhältnisse bei den Postkonfixen. Als zweite Bestandteile sind Postkonfixe Kern und vor allem Kopf eines Kompositums, d. h. sie tragen seine grammatischen Kategorien. Das bedeutet zunächst, daß ein Unterschied zwischen substantivischen (4a) und adjektivischen (4b) zu machen ist (inhärent verbale scheint es nicht zu geben).

(4)   a.   SBST: **burger, drom, gramm, graph, lekt, mat, naut, phon, port, shop, skop, tainer, thek, top, ware**
         b.   ADJ: **gen, nom, log, phil, phob, therm**

Die substantivischen Konfixe sind weiter danach zu klassifizieren, welches Genus und welchen Flexionstyp sie nach sich ziehen. In den meisten Fällen wählen sie den unmarkierten Flexionstyp ihres Genus. So sind **Cheeseburger, Soziolekt, Teleskop** Maskulina oder Neutra und flektieren stark, **Diskothek** ist ein Femininum mit **en**-Plural. Aber auch die Wahl des markierten Flexionstyps kommt vor: **Automat** und **Kosmonaut** sind schwache Maskulina.

Bezüglich der Wahl des ersten Bestandteils bestehen ebenfalls erhebliche Restriktionen. Die meisten Postkonfixe kombinieren nur mit fremden Stämmen oder gar mit anderen Konfixen. Das zeigt sich schön an Wörtern wie **Spielomat, Knastologe, Waschomat, sachsophil**, in denen zu nativen Stämmen eine Konfixform gebildet wird. Nur diese Form kann mit den Postkonfixen kombinieren. Das gilt für die substantivischen Postkonfixe in derselben Weise wie für die adjektivischen. In den meisten Fällen kann aus den substantivischen mit **isch** eine adjektivische Einheit gemacht werden (**lektisch, matisch, nautisch, phonisch, skopisch, thekisch**) und umgekehrt aus den adjektivischen ein substantivisches mit dem Rest **e** (**loge, therme**) oder dem Suffix **ie** (**nomie, logie, philie**). Dagegen sind **die Homogene, der Autonome** als Konversionen anzusehen. Die Verbalisierung erfolgt mit **ieren** (**graphieren, skopieren**) oder **isieren** (**matisieren, genisieren, logisieren**; 7.2.2).

Noch einmal: bei den Konfixen handelt es sich um einen Typ von morphologischer Einheit eigener Art, der zwischen den Affixen und den Stämmen angesiedelt ist. Wie Affixe sind Konfixe im allgemeinen auf eine bestimmte Position fixiert. Wie Stämme haben sie lexikalische Bedeutung, kombinieren sie frei mit ihresgleichen und verlangen sie in bestimmten Fällen eine Fuge (**Aufgabe 81**).

7. Wortbildung II: Affigierung und Konversion

Das vorliegende Kapitel behandelt die Wortbildungstypen, bei denen auf der Basis genau eines Stammes ein neuer Stamm gebildet wird. Dabei tritt ein Element aus einer kleinen Klasse von Affixen zum Basisstamm und transponiert ihn in einer Pivot-Struktur als Präfix (7.1) oder Suffix (7.2) in eine an das Affix gebundene Kategorie. Affigierung sieht man meist als den prototypischen Fall von Wortbildung an. Entsprechend gilt die affixlose Umsetzung eines Stammes in eine andere Kategorie als markiert. Konversion wäre ein Grenzfall von Affigierung (7.3).

7.1 Präfixe und Partikeln

7.1.1 Nominale Präfixe

Als nominal fassen wir die Präfixe zusammen, mit denen Adjektive und Substantive gebildet werden. Den Kernbereich machen nach allgemeiner Auffassung **erz**, **miß**, **un** und **ur** aus (Naumann 1986: 94 ff.; Erben 1993: 83, 99; Fleischer/Barz 1992: 199 ff.). Alle vier können den Akzent auf sich ziehen und führen zu Wortpaaren derselben Kategorie (Modifikation), zwei von ihnen im Sinne einer Graduierung (**faul – erzfaul; Feind – Erzfeind** und **alt – uralt; Angst – Urangst**) und zwei im Sinne einer Negation (**verständlich – mißverständlich; Erfolg – Mißerfolg** und **schön – unschön; Gnade – Ungnade**). Am verbreitetsten von ihnen ist **un**, das deshalb im folgenden genauer betrachtet wird. Daneben konzentrieren wir die Darstellung vor allem auf **ex** (**Exgatte, Exminister**), das vielleicht wichtigste Lehnpräfix für Substantive. Nicht übergangen werden darf schließlich **Ge** wie in **Gebüsch, Geschrei, Gelaufe**, schon weil ihm in der Literatur besondere Aufmerksamkeit zuteil wurde.

Das Präfix un

Das Präfix **un** gab es in seiner heutigen Gestalt bereits im Gotischen. Das hohe Alter und die andauernde Produktivität haben dazu geführt, daß im gegenwärtigen Deutsch Idiomatisierungen jeden Grades anzutreffen sind und daß außerdem große Wortgruppen existieren, für die **un** noch aktiv, aber nicht mehr produktiv ist. Kaum ein anderes Präfix führt uns ähnlich eindrucksvoll vor Augen, in welchem Maß das Lexikon zum Gedächtnis der Sprachentwicklung werden kann. Im Bestand der Wörter mit **un** sind einerseits verlorengegangene Stämme und Wortbildungsregularitäten konserviert. Andererseits zeigen sich in produktiven Bildungsmustern deutliche Entwicklungstendenzen.

In 1 ist eine Reihe von Adjektiven (1a) und Substantiven (1b) zusammengestellt, bei denen die Basis des Wortes mit **un** im gegenwärtigen Deutsch nicht mehr existiert. Teilweise existiert nicht einmal mehr der einfache Stamm des Wortes. Ohne die **un**-Präfigierungen wären Einheiten wie **wirsch**, **flat** und **schlitt** ganz aus dem Deutschen verschwunden. (Einige der folgenden Beispielgruppen sind den Arbeiten von Barbara Lenz zu **un** entnommen, insbesondere Lenz 1993; 1995).

(1) a. **unbedarft, unentwegt, ungeschlacht, ungestüm, unwirsch**
    b. **Unbill, Unflat, Ungetüm, Unschlitt, Unglimpf**

In Wörtern wie **unberufen, unverfroren** und **Unfall, Unrat** ist ein formal mögliches Basiswort vorhanden. Sie sind aber so weit idiomisiert, daß der Bezug semantisch ausgeschlossen bleibt. In 2a,b ist ein Bezug herstellbar. Beide Muster sind aktiv und für okkasionelle Bildungen sogar produktiv. Ins Lexikon werden Einheiten dieser Art jedoch kaum mehr aufgenommen (**Aufgabe 82a, b**).

(2) a. **unbequem, undicht, unedel, uneitel, ungar, unklug, unreif, unsanft, unschön, unsicher, unsolide, untreu, unwahr**
    b. **Unart, Undank, Ungeist, Unglaube, Ungunst, Unheil, Unkosten, Unkraut, Unlust, Unmensch, Unrast, Untat, Unwetter, Unwort**

Zwischen 2a und 2b besteht morphologisch ein wesentlicher Unterschied. Für Substantive ist **un** generell nicht mehr oder allenfalls noch schwach produktiv (**Unwort, Unperson** gibt es als Neubildungen immerhin), für Adjektive ist es zweifelsfrei produktiv. Die Adjektive in 2a haben aber einfache Stämme. Deren Zahl ist begrenzt und deshalb ist die Liste solcher **un**-Adjektive abgeschlossen. Existiert ein **un**-Adjektiv mit einfacher Basis nicht, dann liegt das in der Regel daran, daß die entsprechende Position lexikalisch blockiert ist (**lang – kurz/*unlang; jung – alt/*unjung**). Für neu ins Deutsche entlehnte einfache Adjektive ist **un** formal möglich (**unfit, uncool**).

Hochproduktiv ist **un** für komplexe Adjektivstämme, deren Basen selbst nach einem produktiven Muster gebildet sind. Das sind einmal Adjektive mit partizipialer Basis (3a) und zum zweiten solche mit suffigierter Basis (3b, c; **Aufgabe 82c**).

(3) a. **unbeobachtet, unbewiesen, ungewaschen, ungeöffnet, unverarbeitet, unentrostet, ungeheizt, ungesalzen, unzerfetzt, ungeputzt**
    b. **unbrauchbar, untrinkbar, unausführbar, unspielbar, unzerlegbar, unbebaubar, unentwirrbar, unerreichbar**
    c. **unkindisch, unheldisch, unfilmisch, unherrisch, unbelgisch, unkoreanisch, unkünstlerisch, unkämpferisch, unkriegerisch**

Das entscheidende Kriterium für die Bildbarkeit eines **un**-Adjektivs scheint zu sein, daß die nichtpräfigierte Basis selbst einem produktiven Muster für die Adjektivbildung folgt. Bei den Partizipien muß also das zugehörige Verb sein Part2 regelmäßig zu einem Adjektiv konvertieren können. Im allgemeinen gehört dazu bei den transitiven Verben mindestens, daß neben dem **werden**-auch das **sein**-Passiv bildbar ist (5.3.4; 7.1.3):

(4) a. **Der Zusammenhang wird/ist bewiesen**
    b. **Der Zusammenhang ist unbewiesen**

(5) a. **Dieser Aufsatz wird/*ist gelobt**
    b. ***Dieser Aufsatz ist ungelobt**

4 und 5 zeigen, daß die **un**-Präfigierung der Konversion zum Adjektiv folgt. Der Zusammenhang ist so eng, daß Lenz (1993) die Präfigierbarkeit umgekehrt zum Kriterium dafür nimmt, ob die Basis ein Adjektiv ist. Strukturell ähnlich liegen die Verhältnisse für 3b. Wenn wir wissen, daß ein **bar**-Adjektiv nach dem produktiven Muster von einem Verb abgeleitet ist, dann kann es im allgemeinen auch mit **un** präfigiert werden (7.2.1).

Wie weit der Grundsatz auf Adjektive mit anderen Suffixen und insbesondere auf solche mit **ig**, **lich** und **isch** übertragbar ist, bleibt offen. Diese Suffixe leiten Adjektive auch aus Substantiven ab und damit gerät **un** in Konflikt mit der Bildung von Komposita (**Aufgabe 83**). Festhalten kann man lediglich: Wenn ein Adjektiv auf **ig**, **lich** oder **isch** eine morphologisch einfache Basis hat, dann steht der Präfigierung mit **un** formal nichts im Wege (**narbig – unnarbig, wörtlich – unwörtlich, kindisch – unkindisch**). Scheinbare Beschränkungen wie bei **traurig – untraurig** oder **innerlich – uninnerlich** sind nicht formaler Art, sondern beruhen etwa auf Blockierung. Die lexikalische Gegenposition ist anderweitig besetzt (**fröhlich, äußerlich**).

Die nach produktiven Regularitäten gebildeten **un**-Adjektive lassen sich wie die nichtpräfigierten substantivieren. Auf diese Weise wird der Bestand an **un**-Substantiven vermehrt, obwohl **un** für Substantive nicht produktiv ist. Das gilt insbesondere für die Bildung von Abstrakta auf **keit** und **heit** (Wunderlich 1983). Partizipiale Adjektive nehmen **heit** (**Unbeobachtetheit, Unbewiesenheit**), ebenso solche auf **isch**, soweit sie überhaupt substantiviert werden (**Unkindischheit, Unsilbischheit**). Adjektive auf **bar**, **ig** und **lich** nehmen **keit** (**Unbrauchbarkeit, Unfarbigkeit, Unwirtlichkeit**). **Unbrauchbarkeit** hat demnach die Konstituentenstruktur 6a (Ableitung des Substantivs aus dem Adjektiv) und nicht etwa 6b (Ableitung des Substantivs aus dem Substantiv). Man sieht das daran, daß zahlreiche **un**-Substantive kein Gegenstück ohne Präfix haben, z. B. **Unbemerktheit – *Bemerktheit, Unnahbarkeit – *Nahbarkeit, Unwirtlichkeit - *Wirtlichkeit**.

(6) a. 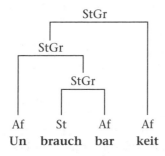 b.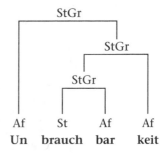

Der Beitrag von **un** zur Bedeutung eines Adjektivs ist mit ›Negation‹ nur unzureichend beschrieben. Genauer kennzeichnet man das Bedeutungsverhältnis zwischen den Adjektiven eines solchen Paares als antonym. Antonymie tritt dabei in zwei Formen auf, nämlich als konträres Gegenteil (**lang – kurz**) und als kontradiktorisches Gegenteil (**lebendig – tot**). Adjektive wie **lebendig** und **tot** sind sog. klassifkatorische Begriffe und als solche nicht graduierbar. Bei normaler Verwendung verstehen wir sie so, daß etwas nur entweder lebendig oder tot sein kann. Nicht lebendig ist gleichbedeutend mit tot und umgekehrt. Das ist das Kennzeichen des kontradiktorischen Gegenteils.

Lang und **kurz** sind dagegen graduierbar. Wenn der Weg nicht lang ist, dann ist er nicht unbedingt kurz und umgekehrt. Der Weg kann weder lang noch kurz sein. Das ist das Kennzeichen des konträren Gegenteils. Mit **un** werden Paare von antonymen Adjektiven beiderlei Art gebildet, je nach Bedeutungstyp der Basis. Lang (1995: 57 ff.) gibt als Beispiele für konträres **un** die in 7a, für kontradiktorisches die in 7b. Vorausgesetzt ist, daß man weiß, welche Adjektive graduierbar sind und welche klassifikatorisch. Auch wenn das nicht immer trivial ist, hat die Unterscheidung ihren guten Sinn (**Aufgabe 84**).

(7) a. konträr: **unglücklich, unklar, unklug, unehrenhaft, unleidlich, unschön, unzüchtig**
    b. kontradiktorisch: **ungiftig, unbewaldet, ungesalzen, unverheiratet, unleserlich, unbepflanzt, unfruchtbar**

Sowohl die morphologischen wie die semantischen Eigenschaften von **un** zeigen, daß dieses Präfix in seiner prototypischen Verwendung keine Kopfeigenschaften hat. Es bildet Adjektive aus Adjektiven und fungiert dabei als Modifikator eines Stammes. Auch die in der Literatur als Valenzänderungen angesehenen Unterschiede in Paaren wie **Karl ist frei von Schuld** vs. ***Karl ist unfrei von Schuld** beruhen nicht darauf, daß **un** die Kategorie des Basisadjektivs ändert (**Aufgabe 85**).

Das Lehnpräfix ex

Ganz anders als **un** und trotzdem wie ein echtes nominales Präfix verhält sich **ex**. Meist wird es in eine Reihe mit Lehnpräfixen wie denen in 8 gestellt. Ihnen ist die Herkunft von lateinischen und griechischen Präpositionen oder Adverbien gemeinsam. Sie sind heute Gemeingut vieler – nicht einmal nur der indoeuropäischen – Sprachen. Für die Bildung von Internationalismen spielen sie eine wichtige Rolle. Die meisten von ihnen lassen sich wie die o. g. nativen

(8) **anti, contra, dis, ex, hyper, in, inter, meta, neo, non, post, prä, super, supra, trans**

Nominalpräfixe den großen Bedeutungsgruppen »Gegensatz« und »Graduierung« zuordnen (Klosa 1996; Kinne 2000).

Mit seiner vergleichsweise einfachen, für eine Reihe von Sprachen ähnlichen und seit mindestens zweihundert Jahren nahezu konstanten Funktion gehört **ex** zu den stabilsten Einheiten dieser Art. Das Präfix ist im Rahmen eines

Projekts zur Lehnwortbildung am IDS Mannheim genau beschrieben worden (Hoppe 1999).

Die Entstehung von **ex** als produktives Affix wird zurückgeführt auf die Aufhebung des Jesuitenordens durch Papst Clemens XIV (1773). Die teilweise mit erheblichem politischen Einfluß ausgestatteten Mitglieder der Societas Jesu hatten in einigen europäischen Ländern schon etwas früher ihre Stellungen verloren und wurden nun als Gruppe angreifbar. Der *Ex*-Jesuit war ein Mann, dessen gesellschaftlicher Status gründlich gelitten hatte. Von den Kanzleien her breitete sich das Wort in den allgemeinen politischen Sprachgebrauch aus und evozierte alsbald Analogiebildungen wie **Exgeneral, Exminister, Exnonne, Exprediger**.

Von Anfang an blieb **ex** im wesentlichen auf die Kombination mit Substantiven als Kern beschränkt. Innerhalb seiner Domäne war es aber weitgehend unrestringiert verwendbar, drang schnell in den Gemeinwortschatz vor und war nicht auf fremde Basen beschränkt. Es ist also zu den Lehnpräfixen zu zählen, nicht aber zu den Fremdpräfixen im engeren Sinn. Für das gegenwärtige Deutsch lassen sich (frei nach Hoppe) als markante Wortgruppen unterscheiden:

(9) a. **Ex-Azubi, -Bürgermeister, -Dekan, -Agent, -Präsident, -Abgeordneter**
  b. **Ex-Gatte, -Freundin, -Partner, -Geliebter, -Schwiegermutter**
  c. **Ex-Hippie, -Franzose, -Berliner, -Katholik, -Kommunist**
  d. **Ex-Kolonie, -Jugoslawien, -DDR, -Weltmacht**
  e. **ex-jugoslawisch, -kommunistisch, -deutsch, -radikal**

Die Basen in 9a bezeichnen Personen in Funktionen, die zeitlich begrenzt oder doch aufhebbar sind. Auch in 9b ist Aufhebbarkeit gegeben, aber sie ist in diesen Bezeichnungen für persönlich-soziale Beziehungen nicht als der Normalfall anzusehen. Ebenso wenig ist das der Fall für die Basen in 9c, bei denen es um Zugehörigkeit von Personen zu Gruppen geht. Eine historisch junge Erweiterung davon auf an Institutionen gebundene Kollektive findet sich in 9d. 9e schließlich zeigt die nicht sehr verbreitete Verwendung in Adjektiven, die von Personenbezeichnungen abgeleitet sind. Möglicherweise muß man hier sogar ein **ex**-Substantiv als Basis ansetzen (d.h. **exjugoslawisch** von **Exjugoslawien**). Damit wäre **ex** ganz auf die Verbindung mit substantivischer Basis beschränkt. Nur vereinzelt tritt es als Stamm auf wie in **seine Ex** (z.B. als »seine ehemalige Freundin«) oder **jemanden exen** (z.B. als »jemanden von der Schule verweisen«).

Ein mit **ex** präfigiertes Substantiv kennzeichnet Personen (**Exminister**) oder Institutionen (**Exkolonie**) als nicht mehr zur Extension der Basis gehörig. Dazu wird eine Bezugszeit etabliert und es wird präsupponiert, daß die Person oder Institution vor der Bezugszeit zur Extension der Basis gehört hat. Ein Exminister kann nur einer sein, der einmal Minister war und es ›jetzt‹, d.h. nach der Bezugszeit, nicht mehr ist.

Das allgemeinste und nächste Synonym zu Substantiven mit **ex** ist die attributive Fügung mit **ehemalig** (**Exminister** = »ehemaliger Minister«). Mit dieser Funktion ist **ex** Bestandteil einer größeren Gruppe von Einheiten, die

Ehemaligkeit bezeichnen (**weiland, vormalig, gewesen, früher, ci-devant**). Ihr Aufkommen und ihre Verbreitung wird als Ausdruck einer Verzeitlichung des Denkens in einer Periode rascher Veränderung gegen Ende des 18. Jahrhunderts gedeutet. Vielleicht kann man auf einem derartigen Hintergrund die anhaltende, funktional stabile und neuerdings auf Bezeichnungen für Institutionen erweiterte Produktivität von **ex** deuten. Damit wäre gleichzeitig erklärt, daß es, ganz anders als bei **un**, kaum Idiomatisierungen mit **ex** gibt. Das Präfix hat keinerlei Neigung zur Integration mit dem Kern, vielmehr wird es im Geschriebenen auch bei einfacher Basis zunehmend durch Bindestrich abgesetzt (**Ex-Freund, Ex-DDR, Aufgabe 86**).

Präfix Ge und Zirkumfix Ge-e

Wir wenden uns als letztes dem Affix **Ge** zu. In mancher Hinsicht ist die Situation hier ähnlich wie bei **un**. Seine heutige Gestalt hat **Ge** seit dem Mhd., in anderer Form ist es aber älter. Wie bei **un** gibt es deshalb Wörter, deren Stamm nicht mehr existiert oder nicht mehr erkennbar ist (**Geselle, Gesinde, Geburt, Gebärde**). In anderen Fällen bleibt der Stamm mit etwas Phantasie erkennbar, aber von Transparenz kann trotzdem keine Rede sein, z.B. **Genick** (**Nacken**), **Genosse** (**Nutzen**), **Gemüse** (**Mus**), **Gewitter** (**Wetter**), **Gefilde** (**Feld**), **Gefäß** (**Faß**), **Gebirge** (**Berg**).

Als aktiv kann **Ge** in solchen Substantiven gelten, in denen es mit einem synchron geläufigen Stamm Kollektiva bildet (Bedeutung »eine Menge/Gesamtheit von etwas«). Dazu gehören die meisten der Substantive in 10 (substantivische Basis) und 11 (verbale Basis). Ein Teil von ihnen ist allerdings so stark idiomatisiert, daß sie nur unter einen weiten Begriff von Kollektivum subsumiert werden können.

(10) Geäst, Gebälk, Gebüsch, Geflügel, Gehölz, Gemäuer, Gerippe, Gesims, Gestühl, Getier, Gezweig

(11) a. Gebell, Gebet, Gebrüll, Geflecht, Geflüster, Geheul, Gehör, Gemisch, Geplauder, Geschenk, Gespann, Gespür, Gewühl
b. Gebäck, Gebiß, Gebot, Gefälle, Gelage, Geläuf, Gesang, Geschoß, Getriebe, Gewächs

Das Besondere an **Ge** ist, daß es sich wie ein Derivationsaffix mit Kopfeigenschaften zu verhalten scheint. Unter den Nominalpräfixen des Kernbereichs findet sich kein anderes, das **Ge** in dieser Hinsicht vergleichbar wäre. Es bestimmt die grammatische Kategorie des Derivats einschließlich seines grammatischen Geschlechts (Neutrum) und Flexionstyps (stark), ganz so wie das sonst Derivationssuffixe vom Typ **ling** und **ung** tun. Wie diese ist **Ge** betonungsneutral und kommt damit nicht in die Nähe des ersten Bestandteils von Komposita, was ja bei **un, ex** usw. durchaus der Fall ist.

Mit den Besonderheiten von **Ge** haben sich ausführlich Plank (1986), Olsen (1991a) und Kloecke (2002: 183ff.) befaßt. Sie gehen der Frage nach, ob **Ge** tatsächlich ein Ausnahmefall für die Rechtsköpfigkeit in der Derivationsmorphologie zumindest im nominalen Bereich ist (zu den Verben 7.1.3). Betrachten wir dazu zunächst noch einmal 10 und 11.

Alle Basen in 10 enthalten einen vorderen Stammvokal. Hintere Vokale in der unmarkierten Stammform werden umgelautet. Die Klasse der möglichen Stammvokale ist genau die, die wir schon von der Selektion des [ç] gegenüber dem [x] kennen (**Bach – Bäche, Wucht** vs. **Wicht** usw., 4.3.2). Die Bindung von **Ge** an eine bestimmte Klasse von Stammvokalen zeigt, daß es seine morphologische Funktion nicht allein erfüllen kann, sondern auf Unterstützung von rechts angewiesen ist. Historisch geht der Umlaut wie sonst auch auf ein dem Stamm folgendes Suffix mit einem vorderen hohen Vokal oder Glide zurück, hier einem [j]. Der Status von **Ge** als echtes Präfix ist damit bereits in Frage gestellt.

Bei den Deverbativa in 11 zeigt sich nun etwas Interessantes. Stämme von starken Verben (11b) erscheinen fast durchweg nicht mit der unmarkierten Stammform (d.h. der des Infinitiv), sondern mit einer markierten, sei es die mit dem Umlaut der 2./3.Ps Sg Präs (**Gebäck, Gewächs** ...) oder mit Ablaut (**Gebiß, Gebot** ...). Stämme von schwachen Verben können nicht als Basis dienen. Weil ein Vokalwechsel ausgeschlossen ist, wäre das Präfix **Ge** sozusagen auf sich allein gestellt (11a).

Damit scheidet die Bildung von Kollektiva gemäß 10 und 11 insgesamt als mögliches produktives Muster für das gegenwärtige Deutsch aus. Vokalwechsel sind als morphologisches Mittel generell nicht mehr produktiv (10, 11b) und eine Beschränkung auf schwache Verbstämme wie in 11a scheitert formal an der Isolierung des **Ge** vom Stamm. Sie wäre semantisch auch sinnlos. Die logische Konsequenz ist, daß sich der ursprüngliche Zustand in neuer Form wiederhergestellt hat. Im einzig produktiven Muster tritt **Ge** nur zusammen mit einer dem Basisstamm folgenden Schwasilbe und ohne jeden Vokalwechsel auf (12).

(12) a. **Gebelle, Gebete, Gebrülle, Geheule, Gelaufe, Gebacke, Gebeiße, Gesinge, Gezanke, Getue**
   b. **Gekrächze, Geschluchze, Geflachse, Geatme, Gerechne, Gezeichne**
   c. **Gefasel, Gezappel, Gewimmel, Geruder, Gejammer, Gepolter, Gezitter**

Für einfache Verbstämme ist das Muster so gut wie durchgängig produktiv, es ist aber auch auf Verbstämme beschränkt. Das Derivat bezeichnet die durch Wiederholung andauernde Tätigkeit oder Handlung und knüpft damit an die alte Kollektivbedeutung an. Für einsilbige Verbstämme (12a,b) ergibt sich problemlos dieselbe prosodische Struktur für die Derivate. Bei Stämmen mit Schwasilbe (12c) ist ein weiteres Schwa möglich (**Gefasele, Gezappele**). Teilweise wird die Konstruktionsbedeutung des Musters erst mit diesem Schwa erreicht. So ist **Gewimmel** als Kollektivum lexikalisiert und hat nicht dieselbe Bedeutung wie **Gewimmele** (dazu auch Neef 1996a).

Olsen (1991: 356) setzt für Substantive gemäß 12 die (hier etwas vereinfacht wiedergegebene) morphologische Struktur 13a an. Aus unserer Analyse ergibt sich eher die Struktur 13b, in der das Derivationsaffix als Zirkumfix (ZIF) erscheint.

(13) a.   b.

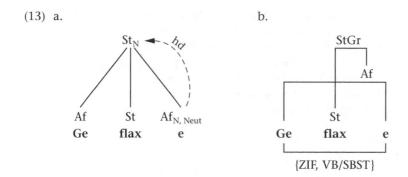

13a erzwingt die Rechtsköpfigkeit durch Bindung der entscheidenden Merkmale des Derivationsmusters an das Suffix Schwa. Das ist insofern problematisch, als Schwa im Auslaut von Substantivstämmen funktional anderweitig hoch belastet ist, im unmarkierten Fall bei den Feminina (**Wiese, Rippe**), im markierten Fall bei den schwachen Maskulina (**Hase, Schwede**; 5.2.1). Daß es daneben auch noch Derivationssuffix zur Ableitung von Neutra sein kann, ist eigentlich ausgeschlossen. 13b schreibt die Ableitungseigenschaften dem Zirkumfix **Ge-e** zu. Ein Prinzip der generellen Rechtsköpfigkeit wird nicht postuliert. Es ist außerhalb des nominalen Bereichs sowieso nicht zu halten (7.1.2).

Angesichts von 13b und den im Text erläuterten Varianten von **Ge-e** läßt sich immerhin feststellen, daß es mit reiner Linksköpfigkeit hier auch nicht geht. Die logische Folge ist das Zirkumfix als markierter Affixtyp. Bezüglich der Konstituentenhierarchie ist 13b dagegen unauffällig, es weist die typische binäre Verzweigung auf (**Aufgabe 87**).

7.1.2 Verbpräfixe und ihre Abgrenzung

In der Wortbildung des Verbs gibt es nur wenige Suffixe. Für das gegenwärtige Deutsch gelten als produktiv lediglich **el** (**schütten – schütteln, kreisen – kreiseln**) und das betonte **ier/isier/ifizier** wie in **reparieren, motorisieren, qualifizieren** (7.2.3). Die meisten verbalen Wortbildungsmuster sind affixlos, also implizite Ableitungen oder Konversionen (**lang – längen, Keim – keimen, Fessel – fesseln, Klammer – klammern**, 7.3) oder sie vollziehen sich durch Veränderungen *vor* dem Stamm. Nur die letztgenannten werden im vorliegenden Abschnitt behandelt.

Die Unterscheidung von Verbpräfixen und Verbpartikeln

Dabei geht es einmal um Derivationspräfixe, die sich weitgehend analog zu Derivationssuffixen verhalten. So macht das Präfix **ent** aus einem Substantiv ein Verb (**Staub – entstauben**) ganz so wie **ung** aus einem Verb ein Substantiv macht (**lösen – Lösung**). Beide sind betonungsneutral und als Kopf des abgeleiteten Stammes anzusehen. Verbale Präfixe können auch formgleich mit Präpositionen sein wie **um** in **umfrieden, umgarnen, umgurten** oder **durch** in **durchleiden, durchschauen, durchstreifen**. Hier ist das Präfix ebenfalls betonungsneutral und – zumindest im produktiven Bereich – Kopf des abgeleiteten Stammes.

Das zweite produktive Verfahren zur Ableitung von Verben operiert im Kernbereich ebenfalls mit präpositionalen (und anderen) Einheiten, aber diese sind nicht Präfixe im üblichen Sinne. Mit der wichtigsten neueren Literatur bezeichnen wir sie als Verbpartikeln. Anders als verbale Präfixe ziehen Verbpartikeln den Akzent auf sich, z.B. **legen – anlegen, stehen – aufstehen, kommen – mitkommen**. Diese Eigenschaft teilen sie mit einigen Nominalpräfixen (**un, miß**) und wie diese sind sie Modifikatoren. Darüber hinaus haben Verbpartikeln aber Eigenschaften, die ihren Status als gebundene morphologische Einheiten infrage stellen. Sie verhalten sich in mancher Hinsicht wie freie Einheiten, also wie Wörter.

Auffällig ist zunächst, wie die Partikelverben ihre infiniten Formen bilden. Beim Partizip 2 tritt **ge** nicht vor die Gesamtform, sondern zwischen Partikel und Stamm (**angelegt, aufgestanden, mitgekommen**). Das Ganze hat alle Eigenschaften *einer* Form, aber die Partikel ist vom Stamm getrennt. Bei den Präfixverben wird das Partizip 2 ohne **ge** gebildet, weil ein Part2 in der Regel nicht mit zwei unbetonten Silben anfängt (**umfriedet, durchlitten**; 5.3.4).

Ähnlich verhält es sich mit dem **zu**-Infinitiv. Der Bestandteil **zu** steht normalerweise vor der Verbform. Sein Status ist umstritten, häufig gilt er als selbständige Einheit (**zu legen, zu stehen**). Bei Verben mit Partikel findet er sich trotzdem in derselben Position wie **ge**: **anzulegen, aufzustehen, mitzukommen**. Solche Ausdrücke werden zusammengeschrieben und damit als eine Form behandelt. Die interne Stellung von **zu** bleibt auch erhalten, wenn vom **zu**-Inf ein Partizip 1 abgeleitet wird: **anzulegend, abzuklärend**.

Eine Trennung der Partikel vom Basisstamm findet schließlich statt bei Substantivableitungen mit dem Zirkumfix **Ge-e**: **das Aufgestehe, Angegebe, Umgefalle**. Dieses Verhalten von **Ge-e** zeigt auch noch einmal, wie eng das Zirkumfix an seine verbale Basis gebunden ist (7.1.1).

Liegt wie in den genannten Fällen eine Trennung der Partikel vom Basisstamm innerhalb einer Form vor, so sprechen wir von morphologischer Trennung (Stiebels 1996: 38ff.). Ihr gegenüber steht die syntaktische Trennung bei den finiten Formen von Partikelverben.

In Sätzen mit Verbendstellung stehen Partikel und Finitum zusammen und bilden jedenfalls eine Wortform (**weil sie anlegt/aufsteht/mitkommt**). In den anderen Satztypen erscheinen sie getrennt und werden dann entweder als Wortformzerlegung oder als syntaktische Phrase analysiert. Das gilt insbesondere für den Verbzweitsatz (**Sie legt an**) und den Verberstsatz (**Steh auf. Stehst du auf?**). Die Partikel bildet mit dem Rest des Finitums eine Form der sog. Verbal- oder Satzklammer. Beide Bestandteile können durch andere Satzglieder beliebig weit voneinander getrennt sein: **Sie legt mit ihrer Jolle an der Mole von Casablanca an** oder **Steh endlich von deinem bequemen Stuhl auf** (dazu im Einzelnen Satz, 13.1).

Wir betrachten in Abschnitt 7.1.3 vor allem Partikelverben, bei denen sowohl morphologische als auch syntaktische Trennung möglich ist. Nur morphologische Trennung liegt insbesondere bei vielen Verben mit substantivischem ersten Bestandteil vor (**notlanden – notgelandet – notzulanden – *Er landet not**). Sie werfen besondere Probleme bei der Getrennt- und Zusammenschreibung auf (8.4).

Eine formale Unterscheidung der Partikel- von den Präfixverben ist problemlos möglich. Es wird aber darauf ankommen, die mit den formalen verbundenen Funktionsunterschiede deutlich zu machen. Die Präfixverben stellen einen ganz normalen Wortbildungstyp dar, die Partikelverben einen ganz speziellen. Das schlägt sich auch in der Vielfalt der Benennung ihres etwas rätselhaften ersten Bestandteils nieder. Neben Verbpartikel haben wir einerseits eine undifferenzierte Subsumierung unter die Präfixe. Daneben finden sich Bezeichnungen wie Halbpräfix, unfestes Präfix, trennbares Präfix, Verbzusatz, Kompositionspartikel und Präverb (Zusammenstellung in Fehlisch 1998: 150f.; s.a. Donalies 1999). Eine solche terminologische Vielfalt deutet auf besondere Analyseprobleme hin. Wenden wir uns nun zunächst den verbalen Präfixen zu.

Im gegenwärtigen Deutsch gibt es etwa ein Dutzend mehr oder weniger produktive verbale Präfixe. Den Kernbereich bilden fünf präpositionale (1a) und fünf voll morphologisierte (1b). Zu den meisten der präpositionalen gibt es eine homonyme Verbpartikel. In 1c findet sich eine Restgruppe mit Einzelpräfixen unterschiedlicher Art. Bei **miß** besteht ein besonderes Verhältnis zum betonten Nominalpräfix gleicher Form, **voll** ist als einziges ein morphologisiertes Adjektiv, **wider** als einziges eine obsolete Präposition und **wieder** ein morphologisiertes Adverb. Wir führen diese Restgruppe hier nur der Vollständigkeit halber auf.

(1)   a. **durchlaufen, hintergehen, überschreiben, umstellen, untergraben**
      b. **bestuhlen, entgiften, erarbeiten, verlegen, zersiedeln**
      c. **mißbrauchen, vollbringen, widerrufen, wiederholen**

Die Präfixe in 1a,b sind Köpfe, auch wenn die Kopfeigenschaften unterschiedlich ausgeprägt sind. Zunächst zum Flexionstyp. Bei Deverbativa wirkt sich Präfigierung nicht aus. Ein starkes Verb bleibt stark, ein schwaches bleibt schwach. Bei Ableitungen von Adjektiven und Substantiven entstehen nur schwache Verben.

Man sollte die Wahl des Flexionstyps bei den Verben nicht mit Köpfigkeit in Zusammenhang bringen. Anders als bei Substantiven besteht beim Verb nicht eine Wahl zwischen Flexionstypen, sondern lediglich eine Unterscheidung zwischen markierter (starker) und unmarkierter (schwacher) Flexion.

Welche Art von Verben wird durch Präfigierung gebildet? Gibt es einheitliche Bildungsmuster und insbesondere einheitliche Zielkategorien? Die Wortbildungslehren und ein Teil der Spezialliteratur ordnen die mit einem bestimmten Präfix gebildeten Verben listenmäßig nach semantischen Gesichtspunkten. So setzen Fleischer/Barz (1992: 322ff.) unter Berufung auf Henzen (1965) für **ent** die Gruppen ›lokal, dynamisch‹ (**enteilen, entnehmen**), ›modal, reversativ‹ (**entehren, enthemmen**) und ›inchoativ‹ (**entfachen, entschlummern**) an. In der Dudengrammatik finden sich für deverbale **ent**-Verben die Gruppen ›entfernen‹ (**enteilen, entlocken**), ›rückgängig machen‹ (**entladen, enthemmen**) und ›inchoativ‹ (**entbrennen, entzünden**) sowie bei desubstantivischen die Bedeutung ›entfernen‹ (**entkernen, entlüften**). Engel (1988: 439) spricht von ›privativ‹ (**entbinden**), ›von ... weg‹ (**enteilen**) und ›Beginn eines Geschehens‹ (**entflammen**; eine umfangreiche Klassifizierung für alle Präfixe und Partikeln in Deutsche Wortbildung 1: 144ff.).

Solche Klassifizierungen stimmen mehr oder weniger überein, eine übergreifende Systematik lassen sie aber nicht erkennen. In einem Teil der neueren Literatur wird deshalb wieder konsequent der Weg über die Prototypen beschritten. Man versucht, die semantischen und syntaktischen Folgen der Präfigierung gemeinsam zu erfassen und vom Prototyp aus speziellere wie weniger produktive Typen zu erfassen. Ähnlich wird bei den Partikelverben verfahren (z.B. Olsen 1996; 1997, Stiebels 1996, Wunderlich 1987, Stiebels/Wunderlich 1994). Sehen wir uns an, was Präfigierung syntaktisch und semantisch bewirkt. Zunächst zu den Präfixen in 1a.

Präpositionale Präfixe

Ein Verb wie **streichen** kann präfigiert werden zu **überstreichen**. Das Basisverb ist transitiv und nimmt neben dem direkten Objekt eine präpositionale Ergänzung mit **über** (2a). Auch das Präfixverb nimmt ein direktes Objekt und eine präpositionale Ergänzung, jedoch sind beide gegenüber der Basis vertauscht. Das Nominal der PrGr wird zum direkten Objekt, das direkte Objekt zur PrGr mit **mit** (2b).

(2) a. **Sie streicht Farbe über den Riß**
    b. **Sie überstreicht den Riß mit Farbe**

Das Charakteristische der Konstruktion in 2a ist neben dem direkten Objekt die PrGr mit einem Akkusativ. In dieser Form tritt sie beim Basisverb für eine ganze Reihe von Verbpräfixen auf. Das Nominal braucht deshalb nicht den Kasus zu wechseln, wenn es zum direkten Objekt des Präfixverbs wird. (So auffällig das Faktum ist: wir lassen offen, ob es strukturelle Bedeutung hat). Für das Präfixverb ist **mit** als Präposition charakteristisch. Diese Präposition tritt bei Verben mit mehreren Präfixen in der besagten Konstruktion auf.

Das semantische Verhältnis von 2b zu 2a ist ebenfalls regelhaft und bei den verschiedenen Präfixen im Prinzip gleich. Beim Prototyp des Basisverbs ist das Subjekt agentiv, das direkte Objekt ein Patiens (also semantisch weitgehend unspezifiziert) und die PrGr ein Direktiv. Die Präposition bezeichnet eine lokale Relation (»etwas über etwas«). Das Nominal im Akk (**den Riß**) bezeichnet den Ort, an dem sich das vom Objekt Bezeichnete (»Farbe«) nach Ausführung der Handlung befindet.

Das Präfixverb weist neben Agens und Patiens einen Instrumental auf. Das Patiens ist das Nominal der PrGr beim Basisverb (**den Riß**). Man charakterisiert seinen Übergang in die Rolle des direkten Objekts damit, daß es nun das Ziel der Handlung sei und die Handlung sich direkt auf dieses Ziel beziehe. Für ein Nominal, das so zum direkten Objekt und Ziel der Handlung gemacht wird, ist in der Sprachtypologie der Terminus Applikativ verbreitet. 2b wird deshalb als Applikativkonstruktion bezeichnet, die Übernahme der Präposition **über** in das Verb als Inkorporation. Mit Inkorporation ist dabei in einem Teil der Literatur ausdrücklich ein syntaktischer Prozeß gemeint. Man leitet etwa die syntaktische Struktur von 2b aus der von 2a ab und beschreibt dabei den Weg der Präposition aus der PrGr ins Verb (Baker 1988). Die Alternative ist, die Pr als lexikalische Einheit mit dem Basisverb zusammenzusetzen, Inkorporation also als Wortbildungsprozeß aufzufassen wie es schon bei den Komposita geschehen ist (6.2.1; Olsen 1996). Wir bleiben bei dieser Sicht. Denn viele der Verben in 3, die dem Applikativmuster folgen, sind lexikalisiert.

(3) überbauen, überdecken, übergießen, überkleben, übermalen, überpinseln, überpudern, überstreichen, überschichten, überschütten, überschwemmen, überspannen, übersprechen, überstempeln, überstreuen, übertünchen, überziehen

Da die Argumente des Präfixverbs in regelhafter Weise auf die Argumente des Basisverbs bezogen sind, liegt ein Fall von Argumentvererbung vor. Er kann wie in 4 zusammengefaßt werden.

(4)

	subj NOM	dirobj AKK	prerg ÜBAKK	prerg MIDAT
streichen	Ag	Pat	Dir	
überstreichen	Ag	Pat		Inst

Das direkte Objekt ist als strukturelle Argumentposition mit der semantischen Rolle des Patiens bei beiden Verben besetzt. Entsprechend gibt es die beiden Passivdiathesen **Der Riß wird mit Farbe überstrichen** und **Farbe wird über den Riß gestrichen**. Das direkte Objekt des Basisverbs wird zum Instrumental ›degradiert‹. Dagegen wird der Akk der präpositionalen Ergänzung in die strukturelle Position des direkten Objekts ›befördert‹.

An einer Analyse gemäß 4 ist nun vor allem deshalb Kritik geübt worden, weil sie keine echte Diathese darstelle. Die **mit**-Phrase sei nicht wirklich ein Instrumental, wie man aus 5 erkennen könne.

(5) a. Mit einem neuen Pinsel überstreicht sie den Riß mit Farbe
 b. Mit einer Plastikgießkanne übergießt er die Blumen mit Wasser
 c. *Mit einer Plastikgießkanne und mit Wasser übergießt er die Blumen

Der Instrumental sei hier **mit einem Pinsel** bzw. **mit einer Plastikgießkanne**. Dieselbe semantische Rolle könne nicht zweimal vergeben werden, deshalb müsse die andere **mit**-Phrase eine andere Rolle haben, was auch der Koordinationstest 5c zeigt.

Als Alternative wurde vorgeschlagen, 2b als eine Art Passiv von 2a anzusehen. Wir erinnern uns, daß ein normales **werden**-Passiv wie in 6 nicht die semantischen Rollen, sondern nur ihre syntaktischen Funktionen ändert und in diesem Sinne eine Diathese ist. Von Argumentvererbung kann man nicht sprechen, eben weil die semantischen Rollen im Passiv dieselben wie im Aktiv sind.

(6) a. **Karl streicht die Tür**
    b. **Die Tür wird von Karl gestrichen**

(7)

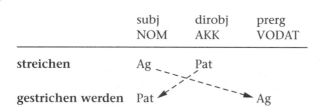

	subj NOM	dirobj AKK	prerg VODAT
streichen	Ag	Pat	
gestrichen werden	Pat		Ag

Die Analyse von Präfixverben als diathesebildend ist insbesondere für die **be-**Verben diskutiert worden (Eroms 1980; s. a. Günther 1987: 180 ff.; Wunderlich 1987: 298 ff.), sie läßt sich aber ohne weiteres auf andere Präfixverben übertragen. In Anlehnung an Wunderlich 1987 sieht sie wie in 8 aus. Basis und Präfixverb haben dieselben semantischen Rollen, nämlich Agens, Patiens und Direktiv. Ein Instrumentalis tritt nicht auf.

(8)

	subj NOM	dirobj AKK	prerg ÜBAKK	prerg MIDAT
streichen	Ag	Pat	Dir	
überstreichen	Ag	Dir		Pat

Der Preis, der für die Lösung in 8 gezahlt wird, ist hoch. Im Satz 2b wäre **mit Farbe** ein Patiens und **die Wand** ein Direktiv. Bei Eroms (1980) ist deshalb von einem Lokalphrasenpassiv die Rede. Die Begriffe Direktiv und Patiens werden so abstrakt, daß sie praktisch leer sind. Wir plädieren deshalb für eine Lösung mithilfe von Argumentvererbung. Die Gründe dafür können im Einzelnen erst im Zusammenhang der Diathesenbildung diskutiert werden (Satz, 4.5). Ein wichtiger Gesichtspunkt ergibt sich aber schon aus dem Verhältnis von Wort und Paradigma, wie es in 1.3 und 5.1 erläutert wurde.

Diathesen sind an Verbformen gebunden, die zum selben Paradigma gehören. Die passivischen Formen sind Formen ›desselben‹ Verbs wie die aktivischen, dafür gibt es formale und semantische Gründe (5.3.4). Deshalb enthält ein Passivsatz im Normalfall vielleicht weniger, aber nicht andere Aktanten als der Aktivsatz. Ein Wortbildungsprozeß wie Präfigierung erzeugt dagegen nicht andere Verbformen innerhalb eines Paradigmas, sondern ein anderes Verb. Dieses Verb hat sein eigenes Paradigma. Eine hohe Regelmäßigkeit bei der Ableitung kann die Grenze zwischen Wortformenbildung und Wortbildung nicht verwischen. Wenn das Präfix der Kopf des abgeleiteten Wortes ist, dann ist zu erwarten, daß dieses Wort seine eigene Argumentstruktur hat.

So hängt alles daran, ob **über** und andere Verbpräfixe als Köpfe anzusehen sind. Den Verben in 3 ist das nicht zu entnehmen. Man kann sie alle als deverbal ansehen, auch solche wie **überpinseln, überpudern, überschichten** mit einem Substantivstamm als Kern. Daß **über** die Valenz ändert, ist für Köpfigkeit nicht ausreichend.

Betrachten wir also eine größere Menge von **über**-Verben (9). Die meisten sind morphologisch transparent und alle weisen dieselbe Argumentstruktur auf wie die in 3.

(9) überbacken, überbrücken, überdehnen, überfahren, überfallen, überfluten, übergrünen, überholen, überladen, überlasten, überlisten, übertragen, überreden, überrumpeln, überstrahlen, übertreffen, überwältigen

Die Verben in 9 haben recht unterschiedliche Basen. Bei **überbacken** ist sie ein transitives Verb, bei **überbrücken** ein Substantiv, bei **überdehnen** ist die **mit**-Phrase schon in der Basis vorhanden, **überfahren** und **überfallen** haben wahrscheinlich intransitive Basen usw. Bei einigen Verben ist die Bedeutung konkret (**überbacken**), manche sind abstrakt (**übertreffen**), die meisten sind sowohl konkret wie abstrakt verwendbar (»jemanden mit einem Auto oder mit einem Argument überfahren«). Trotz solcher Diversität tritt stets die beschriebene Argumentstruktur einschl. der **mit**-Phrase als Instrumentalis auf. Die Rolle der **mit**-Phrase als Instrumentalis ist bei vielen abstrakten Bedeutungen sogar besonders klar ausgeprägt, etwa in Sätzen wie **Du hast sie mit deiner Freundlichkeit geradezu überfahren/überfallen/überholt/überwältigt.**

Das alles spricht dafür, dem Präfix **über** eine einheitliche Funktion zuzusprechen. Das Ergebnis der Präfigierung ist in einem weiten Bereich formal und semantisch homogen, das Präfix mithin Kopf des Wortes.

Was für **über** gezeigt wurde, gilt in ähnlicher Weise für **durch** und **um**. Wir deuten das jeweils durch ein Satzpaar entsprechend 2 und eine Liste möglicher Applikativverben an (10, 11). Etwas anders liegen die Dinge bei **hinter** und **unter** (Aufgabe 88).

(10) a. Man fährt den neuen Stadtbahnwagen durch Hannover
b. Man durchfährt Hannover mit dem neuen Stadtbahnwagen
c. durchbeißen, durchbohren, durchbrechen, durchdringen, durchfeuchten, durchflechten, durchforsten, durchkreuzen, durchleiden, durchlüften, durchgehen, durchschauen, durchschreiten, durchstoßen, durchwühlen

(11) a. Er häkelt blaue Wolle um den Topflappen
b. Er umhäkelt den Topflappen mit blauer Wolle
c. umarmen, umbauen, umfahren, umfassen, umgarnen, umgeben, umglänzen, umgrenzen, umhegen, umkränzen, umkreisen, umnebeln, umrahmen, umsäumen, umschmeicheln, umstellen, umzäunen

be und die übrigen Präfixe mit e

Wir kommen zu den Präfixen aus 1b (**be, ent, er, ver, zer**). Auch sie stammen von Präpositionen bzw. Adverbien ab, sind aber seit langem so weit morphologisiert, daß ein direkter Bezug zur Präposition synchron in keiner Weise besteht. Zur vollständigen Morphologisierung gehört das Fehlen einer homonymen freien Form. Das hat eine Reihe von Konsequenzen, die wir am Beispiel von **be** darstellen, dem Präfix mit dem produktivsten Ableitungsmuster.

Be hat einen gemeinsamen Vorfahren mit **bei**. Schon im Ahd. hatte die Trennung von der homonymen freien Form stattgefunden. Heute ist **be** in mehreren Mustern produktiv, die wir in drei Typen gemäß 12, 13, 14 zusammenfassen (zur Klassifizierung genauer Günther 1974, 1987; Eroms 1980).

(12) a. **Sie denkt an die Folgen**
 b. **Sie bedenkt die Folgen**
 c. **bearbeiten, bedenken, begehen, benagen, bereisen, bescheinen, beschnuppern, besiedeln, bespielen, betreten, bewachen, bewohnen**
 d. **begutachten, bejammern, bejubeln, beklagen, belächeln, bemäkeln, bereden, beschreiben, besprechen, bestaunen, betrauen, beweinen**

Die präpositionale Ergänzung des Basisverbs wird zum direkten Objekt des be-Verbs. Es kommt eine große Zahl von Präpositionen beim Basisverb infrage, bei solchen mit direktiver Bedeutung vor allem **an** und **auf**. Eine relativ einheitliche Subklasse bilden Verba dicendi und Verba sentiendi mit **über** (**Sie gutachtet über etwas – Sie begutachtet etwas**; 12d). Die Pr beim Basisverb regieren den Akk.

Als produktiv hat weiter das Applikativmuster zu gelten, wie wir es von den präpositionalen Präfixen kennen (13). Als Präpositionen beim Basisverb kommen mindestens **an, auf, in** und **über** infrage, beim be-Verb immer **mit**.

(13) a. **Sie klebt Plakate an die Wand**
 b. **Sie beklebt die Wand mit Plakaten**
 c. **bebauen, bedecken, begießen, behängen, bekleben, beladen, bepflanzen, beschlagen, bespannen, besprechen, besprühen, bestäuben, besticken, bestreichen, beträpfeln, beziehen**

Zum dritten Typ gehören die desubstantivischen Verben. Auch sie sind transitiv und nehmen in der Regel eine **mit**-Phrase. Viele sind auf strukturierte Weise lexikalisiert, z. B. metaphorisiert (14b).

(14) a. **Sie bereift ihr Auto nur mit Conti Black Race**
 b. **Er bemäntelt das Problem mit vielen Worten**
 c. **bebildern, bedachen, bedielen, beflaggen, bekränzen, bemasten, besaiten, beschildern, beschirmen, beschriften, besohlen, bestuhlen**

Neben den drei Großgruppen gibt es eine Anzahl kleinerer, deren Produktivität und formaler Status weniger klar ist. Allen gemeinsam ist die Transitivität des **be**-Verbs und der Hang zur prerg mit **mit**. Einige Beispiele in 15.

(15) a. **Sie segelt auf der Ostsee – Sie besegelt die Ostsee**
 b. **Sie folgt dem Rat – Sie befolgt den Rat**
 c. **Sie liefert ihm Bücher – Sie beliefert ihn mit Büchern**
 d. **Sie fragt den Minister – Sie befragt den Minister**
 e. **Jemand atmet – Jemand beatmet das Kind**
 f. **Das Kind ist ruhig – Jemand beruhigt das Kind**

Als Hauptfunktion von **be** ergibt sich die Ableitung transitiver Verben. Die zugelassenen Basen sind vielfältig, 16 faßt sie übersichtlich zusammen.

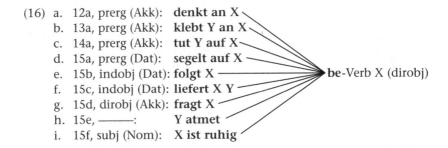

(16) a. 12a, prerg (Akk): **denkt an X**
 b. 13a, prerg (Akk): **klebt Y an X**
 c. 14a, prerg (Akk): **tut Y auf X**
 d. 15a, prerg (Dat): **segelt auf X**
 e. 15b, indobj (Dat): **folgt X** ⟶ **be**-Verb X (dirobj)
 f. 15c, indobj (Dat): **liefert X Y**
 g. 15d, dirobj (Akk): **fragt X**
 h. 15e, ———: **Y atmet**
 i. 15f, subj (Nom): **X ist ruhig**

Im Schema ist das Nominal, das beim **be**-Verb als direktes Objekt erscheint, mit X gekennzeichnet. X kann in der Basisstruktur ein Akk oder Dat in einer PrGr sein (16a-d, wobei **tun** in 16c als Variable für ein »Versehen-Mit-Verb« steht), es kann der Dat des indirekten (16e,f) oder der Akk des direkten Objekts (16g) sein und schließlich auch das Subjekt (16i). 16h zeigt ein einstelliges Verb, das durch **be** transitiv wird (ähnlich Verben wie **sächseln**, **blödeln**, **regnen** usw.). Die Einheitlichkeit des Ergebnisses weist **be** als Kopf seines Verbs aus.

In den meisten Mustern von 16 liegt Argumentvererbung vor: Die Argumentstruktur des **be**-Verbs ist aus der der Basis vorhersagbar, unterscheidet sich aber von dieser auch bezüglich der semantischen Rollen. So wird in 16f aus dem Rezipienten ein Patiens und in 16h aus dem Agens ein Patiens. Argumentvererbung ist, wie wir mehrfach gesehen haben, typisch für Ableitungsaffixe mit Kopfeigenschaften.

Mindestens in einem Fall, nämlich bei den Applikativverben gemäß 16b, geht die Wirkung von **be** darüber hinaus. Vergegenwärtigen wir uns die Bedeutung dieses Falles von ›Lokalphrasenpassiv‹ noch einmal anhand von 17.

(17) a. **Sie schreibt Symbole auf *das Papier***
 b. **Sie beschreibt *das Papier* mit Symbolen**

Von einer Diathese kann für 17b im Verhältnis zu 17a noch weniger die Rede sein als bei präpositionalem Präfix (8). In 17b findet sich ein anderes Verb als in 17a und außerdem eine Präposition beim Direktiv, die in 17a nicht vorkommt (in 17a sind **auf**, auch **an**, **in**, **über** und vielleicht weitere möglich).

Es ist vorgeschlagen worden, die Bedeutung von **be** so zu formulieren, als sei es selbst noch eine Präposition und weitgehend identisch mit **auf** (Olsen 1996). Damit geht man wohl einen Schritt zu weit. Das Präfix ist abstrakter als diese und jede andere Präposition, es drückt höchstens ein ganz allgemeines Nachbarschaftsverhältnis aus. Schon bei einem Satz wie **Sie besohlt die Schuhe mit Gummisohlen** befinden sich die Sohlen bestimmt nicht *auf* den Schuhen.

Andererseits ist das Verhältnis der beiden Strukturen so regulär und so weit syntaktisiert, daß es einem Diatheseverhältnis nahe kommt. Das zeigt sich auch an der Abstraktheit der **mit**-Phrase in 17b, deren Status als Instrumentalis ja umstritten ist. Ihre Abstraktheit sichert die thematische Verbindung zum dirobj in 17a. Die Präfigierung mit **be** gehört in die Morphologie, stellt aber einen Grenzfall zur Syntax dar.

Seine funktionale Einheitlichkeit und hohe Produktivität haben **be** immer wieder zum Gegenstand sprachkritischer Reflexion gemacht. Schon Jakob Grimm (1828) spricht von der »viel- oder allseitigen Einwirkung« auf das vom direkten Objekt des **be**-Verbs Bezeichnete. Später war von einem totalitären Verhältnis, der Krallenpfote, dem inhumanen Akkusativ, von Sprachschematismus und Verkümmerung die Rede. In seiner berühmten Glosse über das Verb **betreuen** aus dem ›Wörterbuch des Unmenschen‹ vergleicht Dolf Sternberger (1968) **jemandem treu sein** mit **jemanden betreuen**: Im »schrägen Licht des Dativs« erscheine das Bezeichnete als »selbständig, gültig und frei«, als Akkusativ beim **be**-Verb werde es dagegen »schärfer angepackt«, das Verhältnis sei »ein totales« (dazu weiter z.B. Weisgerber 1958; Kolb 1960; Polenz 1968). Dem steht in der neueren Literatur meist einfach der Hinweis gegenüber, wie umfangreich die syntaktischen Möglichkeiten eines transitiven Verbs im Vergleich zu allen anderen Verbtypen sind. Nicht Schematismus und Verkümmerung, sondern syntaktische Vielseitigkeit kennzeichnet das transitive Verb. Unsere Ausführungen konnten das nur andeuten. Im Rahmen der Syntax wird ausführlicher davon die Rede sein (Satz, 4.5, 9.1; **Aufgabe 89**).

Von den übrigen Verbalpräfixen hat **ent** das einfachste, weil antonyme, Bedeutungsverhältnis zu **be**. Es gibt eine große Zahl von Verbpaaren des Typs **be-** und **entladen** (18).

(18) **be-, ent- fristen, haaren, kleiden, laden, lasten, lauben, nageln, rahmen, seelen, siedeln, siegeln, sorgen, stauben, wässern, zaubern**

Diese Liste kann verlängert werden (Deutsche Wortbildung 1: 218). Sie enthält mehrere Typen von transparenten **ent**-Verben. Die Opposition zu **be** ist dennoch recht beschränkt. Einmal liegt das daran, daß **ent** auch zu anderen Präfixen (**entflechten – verflechten**) und Partikeln (**entfetten – einfetten**) in – allerdings weniger ausgeprägter – Oppositionsbeziehung steht. Wichtiger ist wohl die markiertere Eigenbedeutung von **ent**. Betrachten wir 19.

(19) **entehren, entfesseln, entfetten, entkernen, entkleiden, entkorken, entlasten, entlüften, entölen, entrosten, entwässern, entvölkern**

Diese und viele weitere **ent**-Verben haben einen substantivischen Kern. Sie sind teils direkt auf eine substantivische Basis (**Last – entlasten, Fleck –**

entflecken) teils auch auf ein Simplexverb beziehbar (**Fett – fetten – entfetten, Wasser – wässern – entwässern**). Sie sind transitiv und bezeichnen Tätigkeiten des Entfernens (privativ). Das vom substantivischen Stamm (**Wasser**) Bezeichnete wird von dem im Objekt Genannten (**die Wiese**) entfernt: **Sie entwässert die Wiese**. Die konverse Bedeutung kann mit **be** erreicht werden, teilweise aber auch ohne (**Sie bewässert/wässert die Wiese**). Bei vielen Verben ist die ›ornative‹ Bedeutung präfixlos realisiert, z. B.: **etwas fetten, ölen**. Die Opposition des **ent**-Verbs besteht dann zum Simplex. **Be** erweist sich bei den Ornativa als funktional schwach, **ent** bei den Privativa als notwendig. Das Ornative ist gegenüber dem Privativen unmarkiert.

Die spezifische Funktion von **ent** wird auch am Dativobjekt in seiner größten Klasse von Verben deutlich (20).

(20) a. enteilen, entfliehen, entgehen, entgleiten, entkommen, entlaufen, entschreiten, entschweben, entschwinden, entspringen, entstammen, entsteigen, entströmen, entweichen
   b. entführen, entleihen, entlehnen, entlocken, entnehmen, entreißen, entwenden

Bei 20a handelt es sich um intransitive Bewegungsverben, deren Dativ die Quelle der Bewegung nennt. Quelle und Ziel von Bewegungen sind typische Dativrollen.

Die Verben in 20b haben neben dem indirekten auch ein direktes Objekt und gehören in die Großgruppe der dreistelligen Verben des Gebens und Nehmens. Im Dat steht der oder das, von dem etwas wegbewegt wird. Üblicherweise spricht man – begrifflich etwas paradox – wie bei den Verben des Gebens von der Rezipientenrolle (Wegener 1985: 271; 1.3.2). Insgesamt ist **ent** weniger produktiv als **be** und weiter an das Kernsystem von Argumentstrukturen gebunden: subj-Agens, dirobj-Patiens, indobj-Rezipient/Quelle. Präpositionale Ergänzungen spielen systematisch kaum eine Rolle (zu **ent** weiter Schröder 1985; Stiebels 1996: 109 ff.; **Aufgabe 90**).

7.1.3 Verbpartikeln

Präpositionale Verbpartikeln

Als entscheidende Besonderheit der Verbpartikeln gegenüber den Präfixen haben wir in Abschnitt 7.1.2 ihre größere Nähe zu freien Formen herausgestellt. Eine typische Verbpartikel wie **an** in **ankleben** hat eine homonyme freie Form, hier eine Präposition, ist betont und wird in bestimmten Kontexten sowohl morphologisch (**angeklebt**) als auch syntaktisch (**Sie klebt das an**) vom Stamm des Basisverbs getrennt. Aber auch bezüglich ihrer Argumentstruktur verhalten sich Partikelverben auf charakteristische Weise anders zum Basisverb als die Präfixverben. Einen Prototyp zeigt 1.

(1) a. **Sie klebt den Zettel an die Wand**
   b. **Sie klebt den Zettel an**

c. anbinden, anhäkeln, anhängen, anheften, anketten, anlehnen, anmalen, annähen, anreihen, anschließen, anschnallen, anschweißen, anstecken

Das Basisverb **kleben** ist transitiv und nimmt neben dem direkten Objekt eine (häufig fakultative) präpositionale Ergänzung, die ein Direktiv ist. Deren Nominal im Akk bezeichnet den Ort, an dem sich das vom Objekt Bezeichnete nach Ausführung der Verbalhandlung befindet. Das lokale Verhältnis zwischen beiden ist durch **an** bezeichnet: **a an b** (**der Zettel an der Wand**) bedeutet, daß a sich in der nächsten Umgebung von b befindet, genauer: a wird durch den Kontakt zu b fixiert (und nicht umgekehrt).
 Das Verb **ankleben** hat die Präposition als morphologischen Bestandteil inkorporiert, das direkte Objekt ist geblieben. Syntaktisch besetzt **ankleben** entsprechend 1 eine Stelle weniger als **kleben**. 1b enthält alles, was 1a enthält außer der Ortsangabe im Nachbereich von **an**. Die Partikel hat dieselbe Bedeutung wie die Präposition, nur bleibt die Ortsangabe implizit. Man kennzeichnet das Verhältnis des Präfixverbs **ankleben** zum Basisverb **kleben** deshalb mit Begriffen wie ›Absorption‹, ›existentielle Schließung der zweiten Stelle‹ oder ›Argumentsättigung‹.
 Im Übergang zum Partikelverb findet keine Argumentvererbung, sondern lediglich die Ersetzung eines expliziten durch ein implizites Argument statt. Die Partikel hat deshalb nicht die Funktion eines Kopfes, sondern sie modifiziert den Stamm des Basisverbs. Diese Sicht verträgt sich gut mit vielen anderen Eigenschaften der Partikeln, beispielsweise ihrer Betontheit. Verbpartikeln bilden Reihen mit dem jeweiligen Stamm ganz so, wie wir es vom ersten Bestandteil der Determinativkomposita kennen (**an-**, **auf-**, **ein-**, **nach-**, **vor-**, **umkleben**).
 Neben dem Prototyp in 1 gibt es zahlreiche weitere, teilweise auch produktive Typen von **an**-Verben, deren Argumentstruktur nicht so einfach auf die des Basisverbs beziehbar ist. Ob die Partikel Kopf ist, bleibt deshalb umstritten.
 Die Verben aus 1c beispielsweise können in der Regel einen Dativ nehmen. Im einfachsten Fall ist das ein Pertinenzdativ, d. h. ein Dativ, der die Zugehörigkeit bezeichnet (**Sie klebt ihm einen Bart an**; Stiebels 1996: 89f.). Syntaktisiert ist er besonders häufig bei abgeleiteten Bedeutungen (**Sie hängt ihm ein Gerücht an**; **Er schließt sich einer Partei an**). Eine andere vieldiskutierte Erscheinung sind ›Verdoppelungen‹ wie in **Sie klebt ihm einen Bart an die Backe an**, bei denen trotz des Partikelverbs eine vollständige PrGr mit **an** wie beim Basisverb steht. Die genauere Besprechung solcher Konstruktionen gehört in die Syntax, wir können sie hier nur erwähnen. Auch bei den Dativverben liegt aber nicht etwas wirklich Neues im Sinne von Argumentvererbung, sondern eher eine Durchmischung zweier Strukturen vor (Olsen 1996a).
 Einen Verbtyp, bei dem man die Bedeutung von **an** noch erkennt, der aber wohl als selbständig zu gelten hat, zeigt 2.

(2) a. **Die Maus knabbert an dem Käse. Sie kratzt an seiner Fassade**
 b. **Die Maus knabbert den Käse an. Sie kratzt seine Fassade an**
 c. anbeißen, anbraten, anfahren, anfangen, anfressen, anfeuchten, anlassen, anpfeifen, ansingen, anstecken, anzahlen

Diese Funktion von **an** chrarakterisiert man meist als »Handlung wird teilweise durchgeführt« oder »Handlung wird begonnen« (inchoativ; Kempcke 1965/67; Deutsche Wortbildung 1: 177, 281 f.; Fleischer/Barz 1992: 332). Direkt anschließbar ist die Konstruktion aus **kommen** mit **an**+Part2 wie in **Maxi kommt angelaufen; Er kommt angekeucht.** Sie wird insbesondere mit Partizipien von Bewegungsverben gebildet. Der Bereich, auf den sich **an** bezieht, ist durch die Zielrichtung von **kommen** gegeben. Im allgemeinen Fall ist das ein Bereich beim Sprecher, d. h. die Konstruktion ist deiktisch (Krause 1994).

Mit **an** in vieler Hinsicht vergleichbar ist **auf**. Es bezeichnet ebenfalls eine Nachbarschaftsrelation, ist dabei aber zusätzlich eingeschränkt. Mit **a auf b** (**die Flasche auf dem Tisch**) wird gesagt, daß a mit b in Kontakt ist, wobei b eine Fläche parallel zur Erdoberfläche aufweist, die a an einer Bewegung in Richtung zum Erdmittelpunkt hindert. Die Präposition **auf** hat in ihrer lokalen Grundbedeutung etwas mit der Schwerkraft und der Orientierung des Menschen auf die Schwerkraft zu tun (genauer Satz, 6.1). Diese Bedeutung ist am reinsten erhalten bei den intransitiven Verben in 3.

(3)   a. **Das Flugzeug setzt auf**
       b. **aufklatschen, aufliegen, aufschlagen, aufsetzen, aufsitzen**

Bei den Verben in 4 ist die Grundbedeutung von **auf** teilweise schon erweitert zu »Kontakt mit einer Fläche«. Viele der Verben haben neben der konkreten eine abgeleitete Bedeutung und nehmen, ähnlich wie **an**, einen Dat für den Rezipienten (**jemandem etwas aufladen**).

(4)   a. **Er stellt Blumen auf den Tisch**
       b. **Er stellt Blumen auf**
       c. **aufbügeln, aufbürden, aufbinden, aufbringen, aufdampfen, aufdrücken, aufkleben, aufladen, auflegen, aufmalen, aufschreiben, aufsetzen, aufsprayen, aufstreuen, auftragen**

Wieder näher an der Grundbedeutung von **auf** sind die Desubstantiva in 5. Gemeint ist ja, daß etwas plaziert wird, so daß ein Haufen, Turm usw. entsteht.

(5)   **aufhäufen, aufreihen, aufschichten, aufstapeln, aufstauen, aufstocken, auftürmen**

Nicht direkt auf die Grundbedeutung beziehbar ist das sehr produktive Muster in 6. Diese Funktion der Partikel geht zurück auf das der Präposition zugrundeliegende Adverb, das die Bedeutung hatte »von unten nach oben, empor«. Sie wird, das zeigt 6 ebenfalls, auf verschiedene Weise metaphorisiert (**Aufgabe 91**).

(6)   **aufbäumen, aufblicken, aufflammen, auffliegen, aufglühen, aufheben, aufkochen, aufjaulen, auflachen, aufleben, aufsehen, aufspringen, aufstehen, aufzucken**

Wie **an** und **auf** lassen sich weitere lokale Präpositionen der alten Schicht auf Verbpartikeln beziehen. In der Regel findet man den oder zumindest einen Grundtyp von Partikelverb, wenn man für die Partikel eine Funktion nahe der Grundbedeutung der Präposition ansetzt. Schon die gar nicht unter diesem Aspekt erstellte Übersicht in Deutsche Wortbildung 1 (144 ff.) zeigt, daß meist eine oder zwei Funktionen dominant sind, die man so deuten kann. Beispielsweise signalisieren fast 75% der **an**-Verben »Kontakt«, 60% der **auf**-Verben »Aufwärtsbewegung« oder »Herstellung eines Kontaktes«, 60% der **aus**-Verben »Entfernen«, 90% der **durch**-Verben »hindurch« oder »vollständige Durchführung« usw.

Entsprechend gibt es im Umkehrschluß Beschränkungen. So ist **kleben** als Kontaktverb par excellence mit den Partikeln **an, auf, um, ein** verträglich, weil die Präpositionen »Kontakt« erfordern oder nicht ausschließen. Präpositionen, die »Nicht-Kontakt« beinhalten, sind als Partikeln hingegen ausgeschlossen. Deshalb gibt es nicht *auskleben, *nebenkleben, *durchkleben usw. Jede einzelne der Partikeln hat so ihre Besonderheiten und verdiente individuelle Behandlung, wir müssen es aber mit der Übersicht zum Kernbestand in 7 bewenden lassen (Zeller 2001; einiges in **Aufgabe 92, 93**).

(7) **abholen, anlöten, aufsetzen, ausführen, durchführen, einbringen, mitnehmen, nachschicken, überfließen, umdrehen, unterkriechen, vorlaufen, zulächeln, zwischenlagern**

Partikelverben an der Grenze zur Syntax

Mit zu Präpositionen homonymen Formen ist die Kategorie Verbpartikel keineswegs erschöpft. Ein weiteres Muster stellt die Bildung von Verbstämmen mit substantivischen Partikeln gemäß 8a dar. Wie in 6.1.2 gezeigt, werden sie meist als substantivische Infinitive gebildet (**das Brustschwimmen, das Korrekturlesen**) und dann zu Verben konvertiert.

(8) a. **brustschwimmen, eislaufen, heimreisen, hofhalten, hohnlachen, irreführen, kopfrechnen, korrekturlesen, preisgeben, reckturnen, schachspielen, teilnehmen, worthalten**
b. **blankputzen, fertigmachen, freisprechen, frischhalten, grünstreichen, kaltstellen, kaputtfahren, krankschreiben, leertrinken, sattessen, schwarzärgern, totlachen, totschlagen, warmhalten**
c. **kennenlernen, liegenlassen, stehenlassen, steckenlassen, klebenbleiben, hängenbleiben, stehenbleiben, spazierengehen, flötengehen**

Die Bildung von Verbstämmen mit adjektivischen Partikeln (8b) hat ebenfalls als produktiv zu gelten. Solche Formen entstehen durch Verwendung eines Adjektivs als Objektsprädikativ in einer dem Resultativ verwandten Funktion wie in **Er putzt ihre Schuhe blank**. Durch Inkorporation des Adjektivs als Verbpartikel entsteht ein neues transitives Verb (**etwas blankputzen; jemanden krankschreiben**). Die Zahl der Verben dieses Typs ist groß und prinzipiell offen.

Nicht produktiv ist dagegen die Bildung von Verbstämmen mit verbalem ersten Bestandteil wie in 8c. Es handelt sich um lexikalisierte Formen mit einer kleinen Klasse von Basisverben. Sie sind syntaktisch heterogen und müssen je für sich untersucht werden. Zweifelsfrei haben aber viele von ihnen Wortstatus (Satz, 7.3).

Mit 7 und 8 ist die Reichweite der Partikelverben noch immer nicht abgesteckt. Als Kandidaten für Verbpartikeln kommen Adverbien unterschiedlicher Klassen infrage (**hierbleiben, weggehen, dabeibleiben, herumreden, dazukommen, hinaufgehen**; zu den sog. Doppelpartikeln Harnisch 1982; McIntyre 2001). Manche Formen von Pronominaladverbien müssen verkürzt werden, wenn sie als Partikel fungieren (**draufhauen, drangeben**) und viele Formen kommen gar nicht frei, sondern nur als Verbpartikel vor (**anheimstellen, emporblicken, zugutehalten**).

Wir befinden uns hier in einem Übergangsbereich von Wort- und Satzgrammatik, der in seiner Systematik noch keineswegs verstanden ist. Von den produktiven Typen in 8b, c wurde gezeigt, daß sie mit der morphologischen und syntaktischen Trennbarkeit Eigenschaften haben, die nicht typisch für Wörter sind. Andererseits haben sie viele Eigenschaften mit Komposita gemeinsam und gehen als Ganze in Wortbildungsprozesse ein. 9a-c bringt einige Beispiele parallel zu 7 und 8a, b, an denen man sieht, daß die Verbstämme einschl. der Partikel als *eine* morphologische Einheit als Wortbildungsbasen fungieren.

(9) a. **Abholung, anlötbar, Aufsetzer, Ausführung, durchführbar**
 b. **Brustschwimmer, Eisläufer, Heimreise, Hofhaltung**
 c. **Krankschreibung, Totschläger, freisprechbar, Warmhalterei**

Bei den produktiven Typen läßt sich immerhin klar erkennen, inwiefern sie sich einerseits wie Wörter, andererseits wie syntaktische Phrasen verhalten. Auch kann man Aussagen darüber machen, welche morphologischen Prozesse ihre Bildungsweise bestimmen. Bei vielen anderen Partikelkonstruktionen ist die Unsicherheit größer. Es liegen keine Wortbildungs-, sondern lediglich Univerbierungsprozesse zugrunde, die eine gewisse Analogiewirkung entfalten. Ob eine Form tatsächlich als Partikel anzusehen und also in das Verb inkorporiert ist, bleibt schwer entscheidbar. Entsprechend groß und gut begründet sind die Unsicherheiten für die Getrennt- und Zusammenschreibung. In Abschnitt 8.4 werden einige der genannten Konstruktionen unter diesem Gesichtspunkt noch einmal etwas näher betrachtet.

Unter den morphologischen Einheiten bilden die Verbpartikeln eine Klasse für sich. Affixbildung dieser Art scheint es nur bei den Verben zu geben (Stiebels/Wunderlich 1994: 947 ff.). Keine andere einfache syntaktische Kategorie ist derart variabel und weitgehend subkategorisiert wie das Verb. Trotz der Beschränkung auf Verben behalten wir die Bezeichnung Verbpartikel bei, schon damit eine Abgrenzung von der Wortart Partikel gewährleistet bleibt.

Die Verbpartikeln sind eine Teilklasse der Affixe, in unserem System bilden sie eine Lexemkategorie (VPRT). Bei der Klassifikation der Affixparadigmen gemäß 7 in 6.1.2 besetzen die Verbpartikeln einen Platz innerhalb der Kategorisierung **Position**. Sie sind weder Präfixe noch Suffixe, sondern in dieser Hinsicht eigenständig. Subklassifiziert werden sie nach der syntaktischen Kategorie der homonymen freien Form als präpositional (PR), substantivisch (SBST) usw. Einheiten, die nur als Verbpartikeln auftreten, werden als GEB (gebunden) kategorisiert. Einschließlich der Zirkumfixe (ZIF) sieht der in Rede stehende Ausschnitt des Kategoriensystems der Derivationsaffixe (DER) dann so aus.

(10)

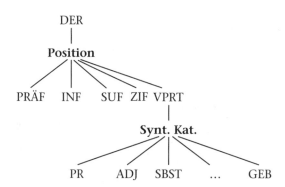

Wieviele Subkategorien von Verbpartikeln anzusetzen sind, bleibt offen. Bezüglich der übrigen Affixkategorisierung ist die Klassifikation der Verbpartikeln unproblematisch. Sie sind betont (BET) und bilden im Regelfall Verben auf verbaler Basis (VB/VB).

Das Schema in 10 berücksichtigt nur Verbpartikeln, die sowohl morphologisch wie syntaktisch trennbar sind. Eine Auszeichnung der nur morphologisch trennbaren ist aber in unserem Kategoriensystem kein Problem.

7.2 Suffixe

7.2.1 Native Suffixe: Bestand und Einzelanalysen

Der Kernbereich dieses Teils der Wortbildung weist ungefähr zwei Dutzend Suffixe in transparenten Wörtern auf. Berücksichtigt man nur produktive Suffixe, so reduziert sich diese Zahl auf etwa ein Dutzend. Den größeren Bestand an Ableitungssuffixen enthält 1.

(1) **bar, chen, e, en, el, er, erei, erweise, haft, heit, ig, in, isch, keit, lein, ler, lich, ling, ner, nis, schaft, sal, sam, tum, ung**

Die wichtigste Kategorisierung von Wortbildungssuffixen ist die in Hinsicht auf Basis/Ziel (6.1.2). Mit **isch** etwa werden Adjektivstämme auf der Basis von Substantivstämmen gebildet (**Held – heldisch**, SBST/ADJ), mit **ling** umgekehrt Substantivstämme auf adjektivischer Basis (**frech – Frechling**, ADJ/SBST). Fast alle der in 1 aufgezählten Suffixe haben Stämme von Substantiven, Adjektiven oder Verben als Basis- oder Zielkategorie. Wir stellen diese Gruppe von Derivationen zwischen offenen flektierenden Klassen in den Vordergrund. Das einzige produktive Muster zur Ableitung von Adverbien ist das mit **erweise** auf adjektivischer Basis (**klugerweise, anständigerweise**) und der Variante **weise** auf substantivischer Basis (**auszugsweise, scharenweise**).

Das Verhalten der einzelnen Suffixe bezüglich der Kategorisierung Basis-Ziel ist in den gängigen Wortbildungen recht genau dargestellt (z. B. Deutsche Wortbildung 2, 3; Fleischer/Barz 1992; Duden 1998; Motsch 1999). Auf dem beschränkten Raum, der im vorliegenden Abschnitt zur Verfügung steht, wird eine Beschreibung Suffix für Suffix deshalb nicht angestrebt. Wir beschränken uns auf exemplarische Analysen wichtiger Grundtypen und wollen darüber hinaus versuchen, den Aufbau des Gesamtsystems an Suffixderivationen zu erfassen. Erst das Gesamtsystem zeigt ja, wie der Wortschatz in dieser Hinsicht strukturiert und erweiterbar ist.

Anders als Präfixe treten Suffixe nicht in paradigmatisch geordneten Gruppen auf, aber sie stehen auch nicht beziehungslos nebeneinander. Das Gesamtsystem zeigt klare Präferenzen für bestimmte Kategorien und Beschränkungen für andere. Beschränkungen betreffen neben den kategorialen sowohl phonologische wie morphologische und natürlich semantische Eigenschaften der Basis- und Zieleinheiten. Sehen wir uns zunächst an, was phonologisch von Belang ist.

Phonologische Eigenschaften der Derivationssuffixe

Präfixe bilden in der Regel für sich genau eine Silbe und sind entweder betont oder unbetont. Aus der Betontheit ergibt sich eine Reihe von prosodischen Beschränkungen. Viel mehr ist zur Phonologie der Präfixe nicht zu sagen.

Bei den Suffixen ist das anders. Nur konsonantisch anlautende Suffixe bilden eine Silbe und auch dies nur dann, wenn sie am Ende einer Wortform stehen: [haim.lıç] (**heimlich**), aber [haimlı.çəs] (**heimliches**). Vokalisch anlautende Suffixe bilden nur nach Vokal eine Silbe für sich, z. B. [dʀoː.ʊŋ] (**Drohung**). Nach Konsonant wird den Präferenzgesetzen entsprechend syllabiert, hier insbesondere entsprechend dem Prinzip der Onsetmaximierung. Meist führt das dazu, daß genau ein Konsonant den Anfangsrand bildet wie in [lai.tʊŋ] (**Leitung**), [ʀuː.fɐ] (**Rufer**).

Die Beispiele erinnern auch daran, daß es eine phonologische Interaktion zwischen Flexions- und Derivationsaffixen gibt. In der Flexionsmorphologie wurde dargelegt, wie weitgehend die Suffixallomorphie davon bestimmt ist. In 2 sind die Derivationssuffixe unter diesem Blickwinkel klassifiziert.

(2) a. **bar, ig, sal, sam, tum**
 b. **heit, keit; ling, schaft, ung; isch, lich; in, nis**
 c. **chen, e, en, el, er, lein, ler, ner**

Die Suffixe in 2 tragen nie den Hauptakzent des Wortes (Lexemkategorie UNBT, ›unbetont‹). Das einzige betonte Suffix **erei** mit seinen Varianten bleibt außer Betracht (**Schweinerei, Bäckerei, Liebelei**; dazu Aufgabe 95 unten).

In 2c finden sich die nicht betonbaren Suffixe. Auch **lein** führen wir der Einfachheit halber hierauf, obwohl es einen betonbaren Silbenkern hat. Es verhält sich bezüglich Betonung strikt analog zu **chen**.

Nichtbetonbarkeit hat für Derivationsaffixe eine Reihe von kombinatorischen Konsequenzen. Insbesondere neigen sie dazu, sich als Silbenbestandteile so zu verhalten wie andere Reduktionssilben auch. Beispielsweise bilden Maskulina und Neutra mit Schwasilbe wie **Hammer, Anker, Ruder** den Plural endungslos, und genau so verhält es sich bei den Derivaten **Heizer, Funker, Denker**. Man kann das für die Suffixe in 2c verallgemeinern. Bilden sie Substantivstämme, dann sind diese Maskulina oder Neutra mit endungslosem Plural (**Blümchen, Tanker, Röslein, Sportler, Rentner**).

Auch sonst verhalten sie sich wie Substantive mit trochäischer Grundform: sie verbinden sich wie diese generell nicht mit silbischen Flexionssuffixen (5.2.1). Dasselbe gilt für die Verbalsuffixe **el** und **er**. Ein morphologisch einfacher Verbstamm wie in **angeln** oder **rudern** verhält sich morphoprosodisch genau so wie ein komplexer, etwa **werkeln** (von **werken**) oder **klappern** (von **Klappe, klappen**; 5.3). Die prosodischen Constraints für die Bildung von Füßen gelten in solchen und vielen anderen Fällen für Wörter mit Reduktionssilben unabhängig vom morphologischen Status ihrer Bestandteile (**Aufgabe 94**).

Die Gemeinsamkeit der Suffixe in 2a ist der einfache Endrand (genau ein Konsonant). Alle verbinden sich mit silbischen Flexionssuffixen. Das hat die Konsequenz, daß ihr Kernvokal mal in geschlossener Silbe steht (**Reich-tum**) und mal in offener (**Reich-tu-mes, Reich-tü-mer**). Bei offener Silbe ist der Vokal gespannt [ʀaiçtuməs]. Ist die Silbe geschlossen, so kann er – wie bei Silben mit einfachem Endrand generell – gespannt oder ungespannt sein. Man hört sowohl [ʀaiçtum] als auch [ʀaiçtʊm]. In geschlossener Silbe ist Gespanntheit des Vokals bei den Suffixen in 2a neutralisiert. Gespanntheit ist paradigmatisch funktionslos, einschlägige Minimalpaare gibt es nicht.

Einen Sonderfall stellt **ig** dar. Als Standardlautung bei geschlossener Silbe gilt [ɪç] mit ungespanntem Vokal und Frikativ, also [fʀɔidɪç] (**freudig**). Obwohl der Vokal hier stets ungespannt zu sein scheint, wird er bei Öffnung der Silbe gespannt. Die Öffnung geht außerdem mit Despirantisierung des [ç] zu [g] einher: [fʀɔidigəs] (4.3.2).

Bei der dritten Suffixgruppe (2b) tritt weder eine Neutralisierung noch ein Wechsel in der Gespanntheit des Vokals auf. Die Gründe dafür sind uneinheitlich, aber besonders aufschlußreich. Denn sie zeigen, welchen verschiedenartigen Einflüssen die Lautstruktur von Suffixen zugänglich ist. In der Gruppe **heit, keit, ling, schaft, ung** kommt ein Wechsel in der Gespanntheit aus phonotaktischen Gründen nicht infrage (Diphthong oder komplexer Endrand). Bei **isch** und **lich** liegt offenbar Analogie zu den entsprechenden Einsilbern vor. In Abschnitt 4.3.2 haben wir gesehen, daß vor [ç] und [ʃ] als einfachem Endrand fast immer ein ungespannter Vokal steht (**Stich, frech, lasch, Busch**).

Es bleiben **in** und **nis**. Die Fixierung auf ungespanntes [ɪ] führt bei ihnen zu Gelenkschreibungen wie in **Lehrerinnen, Hindernisse**. Bei **in** ist sie wohl dadurch verursacht, daß dieses Suffix überwiegend nach einem anderen nichtbetonbaren steht, nämlich nach **er**, und deshalb bei silbischem Flexionssuffix einen Nebenakzent trägt, also [ˈleːʀɐˌʀɪnən]. Dadurch wird das [n] zum Gelenk. Bei **nis** dürfte die Ungespanntheit des Vokals lediglich historische Gründe haben, strukturelle sind nicht zu sehen. Dieses Suffix hat verschiedene Vorgänger, die ein stimmloses [s] in Gelenkposition aufweisen wie **nissi, nissa, nusse**. Die Gelenkschreibung hat sich bis heute bei silbischen Flexionssuffixen erhalten und verhindert das Auftreten des gespannten Vokals (Wilmanns 1896: 353 ff.; zur Prosodik der Derivationssuffixe weiter Eisenberg 1991; Féry 1995: 198 ff.; **Aufgabe 95**).

Kategorienerhaltende Suffixe

Wenden wir uns dem Verhalten der Derivationssuffixe bezüglich der Kategorisierung Basis/Ziel zu. Bei etwa der Hälfte führt eine Ableitung nicht oder in produktiven Teilbereichen nicht zu einer Änderung der syntaktischen Kategorie des Stammes, sie sind kategorienerhaltend (3).

(3)   a. VB/VB **el, er**
      b. ADJ/ADJ **lich**
      c. SBST/SBST **chen, in, lein, ler, ner, schaft, tum**

Aus der Kategorie VB/VB ist nur **el** produktiv mit Verbpaaren wie **brummen – brummeln, drängen – drängeln, husten – hüsteln**. Das Suffix **el** führt zum Bedeutungsanteil »iterativ«. Es verbindet sich mit Verbstämmen, deren Auslaut weniger sonor als [l] ist, d. h. Verben wie *falleln, *murreln sind nicht wohlgeformt. Entsprechende Verbpaare mit **er** sind viel seltener, es gibt z. B. **steigen – steigern, folgern, räuchern, stänkern, klappern, stochern, schlingern**; (Eisenberg 1992: 97 ff.).

Das ADJ/ADJ-Suffix **lich** ist aktiv, wenn nicht produktiv. Es bildet Adjektive auf adjektivischer Basis, die die Bedeutung der Basis modifizieren im Sinne einer Abschwächung oder Verallgemeinerung (4). Da das Suffix alt ist, gibt es zahlreiche idiomatisierte Bildungen wie **kürzlich, fröhlich, kleinlich**.

(4)   **ältlich, ärmlich, bläulich, bräunlich, dicklich, grünlich, kränklich, länglich, rundlich, säuerlich, süßlich**

Die meisten der Suffixe in 3c bilden Personenbezeichnungen oder haben solche als Basis. So bezeichnen Substantive auf **schaft** (Feminina) im einzigen noch produktiven Muster Personenkollektive. Diese Funktion wird meist unterstützt durch die Wahl der Pluralform (Umlaut+Fuge) des Basissubstantivs, grammatikalisiert als Trochäus. Dem Suffix **schaft** geht in der Regel eine Schwasilbe voraus (5).

(5)   **Ärzteschaft, Bauernschaft, Bruderschaft, Brüderschaft, Bürgerschaft, Dienerschaft, Elternschaft, Genossenschaft, Jägerschaft, Lehrerschaft, Professorenschaft, Schwesternschaft**

Ganz ähnlich verhält es sich mit **tum**. Das einzige halbwegs produktive Muster bildet Neutra (die Maskulina **Irrtum** und **Reichtum** sind isoliert), bei denen dem Suffix regelhaft eine Schwasilbe vorausgeht: **Beamtentum, Bürokratentum, Chinesentum, Griechentum**. Das Derivat bezeichnet nicht das Personenkollektiv, sondern die Gesamtheit von Stereotypen, die mit einem Personenkollektiv verbunden sind.

Die Neigung von **schaft** und **tum**, einer Schwasilbe zu folgen, hängt mit einer spezifischen Art der Fußbildung zusammen. Beide Suffixe haben einen silbischen Plural (**schaften, tümer**). Die Grundform im Singular bildet daher einen Daktylus (**Ärzteschaft, Hérzogtum**), der Plural dagegen zwei Trochäen mit einem Nebenakzent auf dem Derivationssuffix (**Ärzteschàften, Hérzogtümer**). Wir haben diese Suffixposition im Rahmen der Akzentlehre fußbildend genannt (4.5).

Als Prototyp und neben **in** produktivstes unter den kategorienerhaltenden Derivationssuffixen gilt **chen**. Es bildet stark flektierende Neutra, wobei der Stammvokal in der Regel umgelautet wird (**Schränkchen, Köpfchen, Schlückchen**). Das Genus ist semantisch motiviert. Bei Lebewesen geht Verkleinerung sprachlich mit ›Geschlechtsabstraktion‹ einher, so daß dem Jungchen und dem Mädchen dasselbe Genus zugeschrieben wird.

Die mit **chen** gebildeten Substantive bezeichnen Individuen oder Individuenklassen. Als Prototypen sind das Eigennamen und Appellativa. Eigennamen bleiben, was sie sind (**Hans – Hänschen, Karin – Karinchen**) und ebenso Appellativa (**Tisch – Tischchen, Bank – Bänkchen**). Stoffsubstantive werden ebenfalls zu Appellativa (**Staub – das Stäubchen, Bier – ein Bierchen**). Das von Stoffsubstantiven Bezeichnete sind Substanzen, die als Bezeichnetes invariant gegen Teilung sind. Eine Diminutivbildung über der Bedeutung von Stoffsubstantiven ist nicht möglich, deshalb kommt es zur Individualisierung (dazu weiter Satz, 5.3).

Diminutivsuffixe neigen generell zur letzten Suffixposition im Wort, und so verhält es sich auch mit **chen**. Manchmal wird deshalb die Auffassung vertreten, die Diminutivsuffixe stellten einen eigenen Typ zwischen den Derivations- und Flexionsaffixen dar (zur weiteren Begründung und allgemein der Diminutivbildungen als Sonderfall der sog. Hypokorismen (›Kosebezeichnungen‹) Dressler 1994).

Da **chen** selbst nicht betonbar ist und als einziges Flexionssuffix ein nicht silbisches **s** zuläßt (**des Mädchens, Bäumchens, Stäubchens**), kann es in jeder der Iktussilbe folgenden Fußposition stehen. Es gibt so gut wie keine prosodischen Beschränkungen für sein Auftreten. **Chen** steht nach der hauptbetonten Silbe (**Mädchen, Bäumchen**), nach Schwasilbe (**Lehrerchen, Eselchen**) und nach fußbildender Silbe (**Minderheitchen, Bruderschaftchen**).

Interessant ist das Verhalten von **chen** bei den Schwasilben, die als Pseudosuffixe fungieren. Die segmentierbaren **e** und **en** werden durch **chen** ersetzt, wobei der Stammvokal in unabgeleiteten Stämmen des Kernbereichs umgelautet wird (**Hase – Häschen, Schräubchen, Bömbchen** sowie **Gärtchen, Öfchen, Häkchen**). Umlaut ist aber nicht Bedingung (**Kistchen, Pfeifchen** sowie **Riemchen, Fetzchen**). Möglicherweise ist **chen** für einige Substantive auf **en** wie **Becken, Degen, Wappen** ganz blockiert (zu den historischen Gründen Wilmanns 1896: 321 f.). Als nicht segmentierbar bleiben **er** und **el** stehen. **Er** findet sich sowohl als stammformbildende Einheit (**Brüderchen, Mütterchen**, die Form **Muttchen** ist ein Einzelfall) als auch in einer der Fuge ähnlichen Funktion (**Kinderchen, Dummerchen**, dazu unten mehr). Trotz des häufigen Vorkommens der Kombination **erchen** scheint diese nicht als produktive Affixkombination abduziert zu werden.

Bei **elchen** ist das der Fall. Neben den ›normalen‹ Bildungen **Eselchen**,

Deckelchen, **Vögelchen** finden wir **elchen** vor allem in zwei Funktionen. Einmal ersetzt es **chen** nach dorsalem Frikativ (**Dächelchen**, **Tüchelchen**, **Löchelchen**), zum anderen ist es ein Mittel, die Verkleinerung zum Grotesken zu steigern (**Chefelchen**, **Präsidentelchen**).

Aus artikulatorischen Gründen wird **chen** nicht nur nach dorsalem Frikativ, sondern auch nach dem dorsalen Nasal [ŋ] und stimmhaften Plosiv [g] vermieden. Meist wird es hier ersetzt durch **lein** (**Dächlein**, **Ringlein**, **Zweiglein**). Nach [k] tritt der Wechsel nicht ein (**Häkchen**, **Deckchen**, **Böckchen**). Das zeigt einmal mehr, daß Auslautverhärtung nicht einfach zu einem identischen Verhalten des entstimmten und des stimmlosen Plosivs führt (4.3.2). Seinerseits wird **lein** nach [l] vermieden (**Spielchen**, **Stühlchen**). Nach el kann es stehen, wobei in der Schrift die Geminatenreduktion grammatikalisiert ist (**Vögelein**, **Spiegelein** mit einem ⟨l⟩). El kann in solchen Formen auch ganz ausfallen (**Vöglein**, **Spieglein**). Im übrigen stehen **chen** und **lein** in textsortenspezifisch und stilistisch eingeschränkter freier Variation (**Aufgabe 96**, zur Movierung **Aufgabe 97**).

Kategorienverändernde Suffixe

Unter den katgeorienverändernden Suffixen bilden die in 6 die wichtigste Gruppe. Zielkategorien sind ADJ und SBST. Als Basiskategorien treten sie ebenfalls in Erscheinung, darüber hinaus aber auch in großem Umfang verbale Stämme.

(6) a. VB/ADJ   bar, lich, sam
     b. SBST/ADJ   haft, ig, isch, lich
     c. VB/SBST   er, nis, ung
     d. ADJ/SBST   keit, heit, ling

Einige der Suffixe in 6 sind eng aufeinander bezogen. Für **heit**, **keit** wurde das in Aufgabe 95a gezeigt, zu **ig**, **isch** und **lich** Aufgabe 98. Als Prototypen sehen wir uns die produktivsten Substantivierer **er** und **ung** sowie den Adjektivierer **bar** an.

Bei den kategorienverändernden Suffixen tritt ein Analyseproblem in den Vordergrund, das wir bisher nur am Rande gestreift haben: nimmt ein abgeleiteter Stamm Eigenschaften der Basis mit, obwohl er einer anderen Kategorie angehört? Neben der Charakterisierung möglicher Basen und des Derivats als solchen geht es auch um das *Verhältnis* von Basis und Ziel. Dazu zunächst die deverbativen **er**-Substantive in 7.

(7) a. **Arbeiter, Dreher, Henker, Funker, Schneider, Sänger**
     b. **Denker, Trinker, Käufer, Zänker, Angler, Raucher**
     c. **Finder, Schnarcher, Pfeifer, Droher, Lacher, Verlierer**

Die Bedeutung des **er**-Substantivs ist »Person, die die durch das Verb bezeichnete Tätigkeit ausübt«, wobei versucht wurde, zwischen professioneller (7a), habitueller (7b) und okkasioneller (7c) Ausübung zu unterscheiden (Fleischer/Barz 1992: 152). Der höchste Anteil fester Lexikalisierungen findet sich natürlich beim Typ 7a.

Meist bezeichnet man Substantive dieses Musters als Nomina agentis oder Agensnominalisierungen. Die erste Bezeichnung ist neutraler, sie bezieht sich auf ein semantisches Merkmal des Substantivs. Letztere macht sich an der semantischen Rolle des Subjekts beim Basisverb fest. Hinreichend ist Agentivität des Subjekts beim Basisverb, notwendig ist sie aber nicht. Die Basen zahlreicher **er**-Substantive wie **Anlieger, Besitzer, Teilhaber, Verlierer** haben kein prototypisch agentives Subjekt. Generell scheint es einfacher zu sein, die Verben einzugrenzen, von denen *keine* **er**-Substantive ableitbar sind. Einige solcher Verbklassen sind die in 8 (***Erstauner, *Auffaller, *Banger, *Aufblüher***).

(8)   a. **erstaunen, schmerzen, wundern, freuen, entsetzen**
       b. **auffallen, behagen, entfallen, fehlen, gefallen, ziemen**
       c. **bangen, grauen, ekeln, schaudern, schwindeln**
       d. **aufblühen, begegnen, fallen, kommen, sterben, verwaisen**

In 8a sind einige sog. psychische Verben aufgeführt, bei denen das Subjekt bezüglich Person/Nichtperson unmarkiert, der Akk eine Personenbezeichnung ist (z. B. **Das erstaunt ihn**). In 8b gilt Ähnliches für den Dat (**Das behagt ihm**). Die Verben in 8c können ganz ohne Subjekt mit Personenbezeichnung im Dat oder Akk stehen (**Mir bangt; Mich ekelt**). In 8d finden sich einige sog. ergative Verben. Von ihnen nimmt man an, daß ihr Subjekt sich semantisch so verhält wie das direkte Objekt von transitiven Verben. Es ist also nicht ein Agens, sondern ein Patiens. Die Begründung, was Nichtagentivität des Subjekts bei diesen und anderen Verbklassen im Einzelnen heißt, kann an dieser Stelle nicht geliefert werden (Satz, 9.1). Plausibel wird aber vielleicht, daß man so zu Verbklassen gelangt, deren **er**-Derivate tatsächlich ungrammatisch sind.

Die nächste Frage ist, ob bei den **er**-Substantiven Argumentvererbung vorliegt. Wir hatten in 6.2.1 gesehen, daß Substantive wie **Pfeifenraucher, Autofahrer** und **Obstverkäufer** als Rektionskomposita gelesen werden können derart, daß der erste Bestandteil auf ein direktes Objekt beim Basisverb bezogen ist (**Pfeifenraucher – jemand raucht Pfeife**). Olsen (1986: 78ff.; 1992) nimmt nun an, Argumentvererbung sei generell bei **er**-Substantiven anzusetzen. Eine Folge wäre beispielsweise, daß Ableitungen von Verben mit obligatorischem Objekt auch ein obligatorisches Attribut oder Determinans haben, z. B. ***Er löst** aber **Er löst Probleme** und deshalb ***Löser** aber **Problemlöser**. Wir lassen die Frage offen, weil ihre Beantwortung eine allgemeine Klärung des Verhältnisses von Substantivvalenz zu Verbvalenz verlangt (Satz, 8.4; zur Diskussion bei den **er**-Substantiven ausführlich Meibauer 1995; Rivet 1999).

Ein weiteres produktives Muster von **er** führt zu Nomina instrumenti. Solche Substantive können prinzipiell auch als Nomina agentis gelesen werden. Ein **Öffner** kann sowohl eine Person wie ein Gerät sein (das Umgekehrte gilt nicht generell). Um Eindeutigkeit zu erzielen, führen wir als Beispiele in 9 geeignete Komposita an.

(9)   **Büchsenöffner, Nußknacker, Teppichklopfer, Bleistiftspitzer, Wasserspeier, Kartoffelschäler, Rasenmäher, Korkenzieher, Aktenordner, Wäschetrockner**

Daß **er** neben Personen- solche Gerätebezeichnungen liefert, ist kein Zufall. Das Gerät, mit dem man eine Tätigkeit vollzieht, wird perzeptiv und kognitiv leicht selbst in die Rolle des Tätigen geschoben. Man spricht auch von Bezeichnungsübertragung oder konzeptueller Verschiebung. Strukturell bedeutsam ist das Verhältnis von Sätzen wie 10a,b.

(10) a. **Karla öffnet die Tür mit dem Schlüssel**
b. **Der Schlüssel öffnet die Tür**

In 10b hat das Verb genau die Bedeutung, die wir als Basis für die **er**-Substantive in 9 brauchen, während 10a die für 7 liefert. In 10b steht das Nominal im Subjekt, das in 10a im Instrumental erscheint. Ein echter Instrumental ist in 10b gar nicht möglich: Wird ein Verb nicht mit einem Agens als Subjekt realisiert, dann tritt als nächstes ein Instrumental in diese Funktion ein (Fillmore 1968: 22 ff.; 1.3.2).

Ob man das Subjekt in 10b tatsächlich als Instrumental ansehen soll, lassen wir wieder dahingestellt. Am systematischen Zusammenhang der Satztypen, der möglicherweise sogar als Diathese zu fassen ist, besteht kein Zweifel (Satz, 3.2.3; Booij 1986).

Der dritte auf 7 beziehbare Typ von **er**-Substantiv bezeichnet das Ergebnis von Tätigkeiten, genannt Nomen acti. Die Bildung von Nomina acti ist noch weiter eingeschränkt als die der Nomina instrumenti. Meist handelt es sich um das Resultat von Tätigkeiten, die Bewegungen oder Lautäußerungen oder beides sind (11). Ein Substantiv wie **Summer** kann dann prinzipiell Nomen agentis, instrumenti wie acti sein (Meibauer 1995: 109 ff.).

(11) **Ächzer, Dreher, Huster, Hopser, Jodler, Rempler, Rülpser, Schluchzer, Schnarcher, Summer, Treffer, Walzer**

Die wichtigsten weiteren Typen von **er**-Substantiven haben nach allgemeiner Auffassung substantivische Basis (Erben 1993: 86 ff.; Fleischer/Barz 1992: 154 ff.; Duden 1995: 508 f.). Zu nennen sind einmal Einwohnerbezeichnungen (**Berliner, Norweger**; Fuhrhop 2003) sowie zum anderen Nomina agentis mit Basen recht unterschiedlicher Art wie Institutionen (**Gewerkschafter**), Disziplinen (**Physiker**) oder Abstrakta (**Polemiker, Hektiker**). Bei diesen Nomina agentis befinden wir uns bereits am Rande dessen, was man zur Suffixmorphologie im Sinne einfacher Verknüpfungsoperationen zählen kann. Statt mit freien haben wir es teilweise mit gebundenen Stämmen zu tun.

(12) a. **Didaktiker, Epiker, Grammatiker, Kritiker, Mechaniker, Musiker, Physiker, Techniker**
b. **Akademiker, Chemiker, Ekstatiker, Fanatiker, Ironiker, Neurotiker, Phlegmatiker, Satiriker, Theoretiker, Zyniker**

In 12a sieht es noch so aus, als trete ein Suffix **er** an Substantivstämme auf **ik**. 12b zeigt aber, daß eine allgemeinere Regularität **iker** suffigiert, wobei die Basis eine konsonantisch auslautende gebundene Stammform ist, die den Hauptakzent auf der letzten Silbe hat. An diese kann stets auch **isch** suffigiert werden, von dem wir ja wissen, daß es den Akzent auf die vorausgehende Silbe fixiert. **lker** und **isch** haben hier dieselbe Distribution (weiter 7.2.2).

Wird das Adjektiv nicht mit **isch**, sondern mit **lich** oder gar nicht gebildet, so erscheint beim Nomen agentis **ler** (13).

(13) **Versöhnler, Kriegsgewinnler, Altsprachler, Zuchthäusler, Volkskundler, Weltrekordler, Gewerkschaftler, Arbeitsrechtler, Sportler, Künstler, Postler**

Desubstantivische Bildungen auf **er** wie **Reeder, Schäfer, Türmer** beruhen nicht mehr auf einem produktiven Muster. Sie kommen unter besonderen Bedingungen vor wie bei l-Auslaut (**Fußballer**) oder wenn der Auslaut mit [l] einen Onset bilden würde, deshalb **Schlagzeuger** statt **Schlagzeugler**. Die Produktivität von **ler** zur Bildung von Nomina actionis scheint zuzunehmen, obwohl die Sprachkritik Formen auf **er** wie **Wissenschafter, Gewerkschafter** lange verteidigt hat (Deutsche Wortbildung 2: 377). Insgesamt dürfte sich **er** mehr und mehr auf verbale Basen beschränken und **ler** die nominalen überlassen (s. a. **SPDler, CSUler** usw.).

Auch **ung** operiert so gut wie ausschließlich auf verbaler Basis, hat aber sonst wenig mit **er** gemeinsam. Nichtdeverbativa wie **Niederung, Waldung, Dünung** sind isoliert. Der deverbale Grundtyp **Befreiung, Versöhnung, Zerstörung** ist das eigentliche Verbalabstraktum, ein Nomen actionis. Sein Anteil an den **ung**-Substantiven macht über 80% aus (Deutsche Wortbildung 2: 94f.). Unter ihnen sind wiederum die Ableitungen von Transitiva dominant, wobei die Komplexität des Stammes keine Rolle zu spielen scheint (14a,b).

(14) a. **Prägung, Duldung, Glättung, Gründung, Impfung, Meldung, Prüfung, Tilgung, Füllung, Lähmung, Regelung, Zügelung**
b. **Abbuchung, Abschwächung, Aufweichung, Befragung, Befreiung, Beleidigung, Einreichung, Erfindung, Entrückung, Unterbringung, Zerstörung**

Die Beispiele wurden so gewählt, daß eine zweistellige Basis mit Subjekt und direktem Objekt existiert, die insbesondere keinen Dativ erfordert. Das Subjekt als Agens und das direkte Objekt als Patiens können per Argumentvererbung beim **ung**-Substantiv auf folgende Weise in Erscheinung treten (Beispiel **jemand prüft jemanden/etwas**).

(15) a. **jemand prüft** (Subjektivus): **Karls Prüfung; die Beamtenprüfung; die Prüfung der Beamten; die Prüfung von Beamten; die Prüfung durch Beamte.**
b. **jemanden/etwas prüfen** (Objektivus): **Karls Prüfung; die Beamtenprüfung; die Prüfung der Beamten; die Prüfung von Beamten.**

Die meisten Konstruktionen können sowohl als Subjektivus wie als Objektivus gelesen werden. Das gilt sogar für die Kombinationen, etwa des sächsischen Genitivs mit einem Rektionskompositum. **Karls Beamtenprüfung** kann heißen, daß der Karl Beamte prüft und daß Beamte den Karl prüfen (und außerdem natürlich, daß Karl die Beamtenprüfung macht). Ob es bei den transparenten **ung**-Substantiven mit transitiver Basis grammatikalisierte i. S. von strukturell fixierte Vererbungsmuster gibt, wird bei den Attributen weiter erörtert (Satz, 8.3; 8.4).

Neben den transitiven gibt es eine große Zahl von **ung**-Substantiven mit intransitiven Basen, und zwar sowohl einstellige (16a) wie zweistellige mit Präpositionalobjekt (16b). Bei ihnen ist die Argumentvererbung im Prinzip einfacher. Es gibt nur die Subjektkodierung entsprechend 15a (**Karls Erblindung** ≙ **Karl erblindet**), während das probj in gleicher Form als Attribut erscheint (**Einwirkung auf** ≙ **einwirken auf**).

(16) a. Landung, Mündung, Windung, Wirkung, Zuckung, Entstehung, Erstarkung, Entzündung, Erblindung
b. Einwirkung auf, Haftung für, Bemühung um, Einigung auf, Erinnerung an, Berufung auf, Einstellung zu, Verfügung über

Gibt es überhaupt systematische Beschränkungen für die Suffigierung von **ung**? Im allgemeinen wird **ung** keine semantisch spezifische, sondern nur die Bildung des Verbalabstraktums auf der jeweiligen verbalen Basis zugeschrieben. Die Aussage der Deutschen Wortbildung (2: 214), die **ung**-Bildung sei vor allem bei Verben eingeschränkt, »die einen andauernden Zustand, einen zeitlich nicht begrenzten Ablauf, einen wiederholten Vorgang oder eine mehrfache Tätigkeit bezeichnen,« überzeugt nicht ohne weiteres. Die angeführten Beispiele lassen sich im ersten Schritt mit Blockierung erklären (***Lebung** wegen **Leben**, ***Schlafung** wegen **Schlaf**, ***Krankung** wegen **Krankheit** usw.).

Eine strukturelle Restriktion scheint bei echten Dativverben vorzuliegen. Verben wie ***Helfung**, ***Dankung**, ***Fehlung**, ***Folgung**, ***Gefallung**, ***Grollung**, ***Mißtrauung**, ***Trotzung**, ***Zürnung** gehören wohl nicht zu den möglichen Wörtern. Der Grund könnte sein, daß der Dativ keinen Platz als Argument beim Substantiv findet. Wie sollte er kodiert sein? Ob das letztlich mit der Semantik der Dativverben oder – was wahrscheinlicher ist – nur am Dativ selbst hängt, muß genauer untersucht werden. Einzelfälle wie **Drohung**, **Huldigung**, **Begegnung** dürften die Gültigkeit der Restriktion nicht infrage stellen.

Die Ermittlung echter Restriktionen für die Bildung von **ung** ist so schwierig, weil es als neutraler Substantivierer mit vielen anderen Substantivierungstypen in Konkurrenz steht und man nicht weiß, ob Bildungen ungrammatisch oder einfach blockiert sind. Die ausgeprägteste Konkurrenz besteht zum substantivierten Infinitiv, der als Konversionsprodukt fast immer gebildet werden kann (7.3). Aber worin besteht der Unterschied? »Die -**ung**-Derivate fassen im Unterschied zu den Infinitivkonversionen den Vorgang profilierter« schreiben Fleischer/Barz (1992: 175). Das ist nicht so unbestimmt, wie es sich anhört. Derivate auf **ung** sind echte Substantive. Der bezeichnete Vorgang wird vergegenständlicht, als zeitlich begrenzt erfaßt und sprachlich zum Objekt gemacht. Das ist durchaus mit der oben zitierten Aussage der Deutschen Wortbildung verträglich. Selbst idiomatisierte substantivische Infinitive bleiben der Verbform näher, sie haben ja nicht einmal einen Plural (Fuhrhop 1998: 17 ff.). Gegenüber dem substantivierten Infinitiv sind die **ung**-Substantive der speziellere Wortbildungstyp. Die **ung**-Bildung hatte in älteren Sprachstufen des Deutschen eine ähnlich allgemeine Substantivierungsfunktion wie heute der substantivierte Infinitiv (Demske 2000).

Die wichtigsten weiteren produktiven **ung**-Bildungsmuster lassen sich auf das Nomen actionis beziehen. Es handelt sich einmal um Substantive, die Zustände bezeichnen. Mit **Verblüffung** kann ein Vorgang, aber auch ein Zustand gemeint sein: **Ihr gelang die Verblüffung der Anwesenden** (Vorgang). **Die Verblüffung der Anwesenden hielt fünf Minuten an** (Zustand). Nur im zweiten Fall ist eine Konkurrenz zu **heit/keit**-Substantiven gegeben, die ja adjektivische Basis haben und in unserem Beispiel natürlich mit dem Partizip gebildet werden (**Verblüffung** vs. **Verblüfftheit**).

Der Übergang vom Vorgangs- zum Zustandsubstantiv ist ein Schritt vom Abstrakten zum Konkreten. Dem kann ein weiterer folgen, der zu Personen- und Gegenstandsbezeichnungen führt. So kann **Abordnung** eine Vorgangs-, Zustands- und Personenbezeichnung sein, **Ausstattung** eine Vorgangs-, Zustands- und Sach- oder Personenbezeichnung. Die Herausbildung abgeleiteter Muster erfolgt bei **ung** in Schritten vom Abstrakten zum Konkreten, während sie, wie wir oben gesehen haben, bei **er** gerade umgekehrt verläuft.

Ein Fall von echter Argumentvererbung mit entsprechender syntaktischer Bindung liegt beim Adjektivsuffix **bar** vor. Es operiert regelmäßig auf transitiven Verben gemäß 17.

(17) a. **Renate löst die Aufgabe**
b. **Die Aufgabe ist von Renate lösbar**
c. **Die Aufgabe wird von Renate gelöst**

Für transitive Verben nach den Standardkriterien ›Akkusativobjekt und **werden**-Passiv‹ scheint die Bildung von **bar**-Adjektiven im Prinzip möglich zu sein (18a). Ausnahmen betreffen Blockierungen insbesondere durch die Konkurrenz von **lich**, jedoch ist **lich** in der fraglichen Funktion nicht mehr produktiv. Die blockierenden **lich**-Adjektive sind nicht zahlreich und auf dem Weg zur Idiomatisierung: **verwerfliche/*verwerfbare Pläne, beachtliche/*beachtbare Erfolge**.

(18) a. biegbar, erregbar, erziehbar, eßbar, lesbar, lösbar, nutzbar, sagbar, teilbar, tragbar, waschbar, vermeidbar, verwundbar
b. brennbar, faulbar, fehlbar, gerinnbar, sinkbar, streitbar, verjährbar, versiegbar

Außer mit transitiven bildet **bar** mit einer Reihe von intransitiven Verbstämmen transparente Adjektive (18b). Wir lassen offen, ob dieses Muster produktiv ist.

Adjektive auf **bar** bezeichnen Dispositionen. In 17b hat das vom Subjekt Bezeichnete die Eigenschaft, daß der vom Basisverb bezeichnete Vorgang an ihm vollzogen werden kann. 17b hat eine passivische Bedeutung und dieselbe Argumentstruktur wie das passivische Verb, aber es ist natürlich nicht bedeutungsgleich mit dem **werden**-Passiv. Der Hauptunterschied beruht darauf, daß das **bar**-Adjektiv die Eigenschaft eines Zustandes bezeichnet, die passivische

Verbform im allgemeinen nicht. Eine unmittelbare Folge davon ist die Unmöglichkeit der **von**-Phrase in den allermeisten Fällen. Sätze wie ***Karl ist von seiner Mutter erziehbar** sind zumindest zweifelhaft (allerdings mit Negation wesentlich akzeptabler). Diese Restriktion hat die **bar**-Konstruktion mit dem Zustandspassiv gemeinsam, bei dem die **von**-Phrase ja auch erheblichen Beschränkungen unterliegt (***Die Aufgabe ist von Renate gelöst**; dazu weiter Pape-Müller 1980: 187 ff.; Askedal 1987: 29 f.; Satz, 4.5). Statt mit **von** tritt der potentiell Handelnde beim **bar**-Adjektiv meist in einer PrGr mit **für** in Erscheinung (**Die Aufgabe ist für Renate lösbar**).

Unter den kategorienverändernden Derivationssuffixen dürfte es – abgesehen von den Partizipialaffixen – kaum eines geben, das mit so hoher Regelmäßigkeit angewendet werden kann wie **bar**. Als Derivationssuffix ist **bar** eher untypisch und nicht etwa eine ›ideale‹ oder gar prototypische Wortbildungseinheit (**Aufgabe 99**).

7.2.2 Das System der nativen Suffixe

Im vorausgehenden Abschnitt ist deutlich geworden, daß die nativen Derivationssuffixe einige Eigenschaften gemeinsam haben. Kein solches Suffix trägt beispielsweise den Hauptakzent des Wortes und alle sind sie einem ›semantic drift‹ unterworfen, der zur Herausbildung von Subtypen neben dem Prototyp einer Suffigierung führt. Man denke etwa an die verschiedenen Typen von **er**-Substantiven, von **ung**-Substantiven usw. Wir haben außerdem gesehen, daß man die Suffixe in die Hauptklassen der kategorienerhaltenden und kategorienverändernden einteilen kann. Weiter wurden sie nach der phonologischen Substanz in Gruppen zusammengefaßt und es wurde gezeigt, daß die Suffixe einer solchen Gruppe auch bestimmte Verhaltensmerkmale teilen.

All das läßt vermuten, daß die Derivationssuffixe nicht lediglich als Menge von Einzeleinheiten anzusehen sind, die wenig miteinander zu tun haben und Einheit für Einheit unabhängig voneinander beschrieben werden sollten. Vielmehr ist mit einem Suffixsystem zu rechnen, dessen Elemente formal aufeinander abgestimmt sind und sich funktional ergänzen.

Einfache und doppelte Suffigierung

Wir betrachten das System der nativen Suffixe im folgenden aus zwei Blickrichtungen, deren jede einige seiner Charakteristika besonders hervortreten läßt. Die erste zeigt, welche Möglichkeiten bei einfacher und doppelter Suffigierung überhaupt bestehen (Schema 1, gestützt auf Überlegungen in Eschenlohr 1996).

In der unteren Zeile des Schemas sind die Kategorien einfacher Basen aus den offenen Klassen Substantiv, Adjektiv und Verb (SBST, ADJ, VB) vermerkt, dazu die auf ihnen operierenden Suffixe. In der mittleren Zeile stehen dieselben Kategorien für einfach suffigierte Basen, wobei in Fettdruck die für die weitere Suffigierung wichtigsten vermerkt sind. Darüber hinaus enthält das Schema

(1) Einfache und doppelte Suffizierung

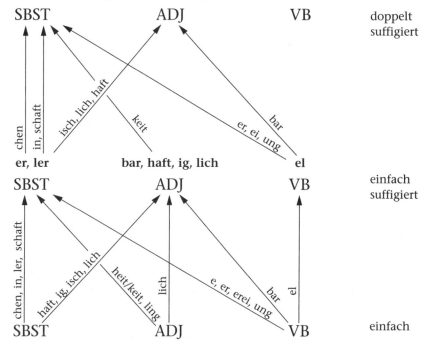

keine Angaben über die jeweilige Art der Basis, also den Typ des jeweils möglichen Substantiv-, Adjektiv- oder Verbstammes. Mehr darüber kommt bei den unten zu behandelnden Suffixketten zur Sprache. Berücksichtigt sind in 1 nur die produktivsten von den nativen Suffixen, und zwar sowohl kategorienerhaltende als auch kategorienverändernde.

Im Ganzen findet eine Bewegung ›von rechts nach links‹ statt. Die Mehrheit der Derivationen verläuft vom Substantiv, Adjektiv oder Verb zum Substantiv. Auch das Adjektiv spielt als Zielkategorie noch eine bedeutende Rolle, während das Verb vor allem als Basiskategorie wichtig ist. Ganz grob und verkürzt kann man sagen: Gegenstands-, Personen- und Sachverhaltsbezeichnungen sind per Suffigierung aus Vorgangs- und Zustandsbezeichnungen ableitbar, aber das Umgekehrte ist viel weniger möglich. Im Sinne der in Abschnitt 1.4 besprochenen Kategorienordnung mit den Polen Nominalität und Verbalität sind Suffigierungsprozesse auf Nominalität gerichtet.

Bestätigt wird diese Tendenz durch die zweite Stufe, den Übergang von einfach zu doppelt suffigierten Stämmen. Erwartungsgemäß sind die Möglichkeiten insgesamt geringer, aber trotzdem der ersten Stufe ähnlich. Beim Verb als Basis gibt es praktisch gar keine Unterschiede. Das Verb auf **el** kann wie das einfache substantiviert und adjektiviert werden (**kreiseln – Kreisler, Kreiselung, kreiselbar** usw., besonders auch mit präfigierten Verbstämmen wie **betüpfeln – Betüpfler, Betüpfung, betüpfelbar**).

Von mit **bar, haft, ig, lich** gebildetem Adjektivstamm sind Zustandsnominalisierungen auf **keit** möglich (**Trennbarkeit, Mannhaftigkeit, Frostigkeit, Freundlichkeit**). Von suffigierten Substantivstämmen sind allgemein Substantivstämme mit **chen** bildbar. Im übrigen ist die Doppelsuffigierung besonders produktiv für Stämme auf **er** und **ler**. Von ihnen können sogar Eigenschafts- und Zustandsbezeichnungen auf **isch**, **lich** und **haft** (**künstlerisch, richterlich, lehrerhaft**) deriviert werden. Substantivierungen auf **er** und **ler** führen in den semantischen Kernbereich des Substantivs. Als Bezeichnungen für Personen und Gegenstände haben sie eine konkrete, für Substantive typische Bedeutung.

Das ist anders bei den Verbalabstrakta, hier repräsentiert durch **ung**. Ein solches Abstraktum bezeichnet Vorgänge oder Zustände. Movierung ist sinnlos und ein Übergang zu anderen Klassen von Abstrakta ausgeschlossen, Substantive dieser Art lassen allenfalls Diminutivbildung zu. Unsere Wortbildung hat die »Endstation Hauptwort« (Ross 1972). Die meisten Wörter sind Substantive. Und je mehr Substantive wir haben, desto größer wird der Anteil der Abstrakta. Einen Rückweg zum Konkreten über die Wortbildung gibt es nicht.

Suffixketten

Unser zweiter Blickwinkel fokussiert die Abfolge von Suffixen, d.h. ihre Anordnung bei der Bildung komplexer Stämme. Diese Abfolge ist teilweise aus 1 ableitbar, es zeigen sich aber, wenn sie explizit gemacht wird, ganz neue Eigenschaften des Suffixsystems. Wir beschränken uns auf Substantivableitungen von einfachen Adjektiv- und Verbstämmen und dabei wieder auf den in Abschnitt 7.2.1 jeweils ausgewiesenen Prototyp, also z.B. bei **er** das Nomen agentis (**Denker**) und bei **ung** das Nomen actionis (**Hebung**; ausführlich zur Suffixabfolge Eisenberg/Sayatz 2004).

Von Adjektivstämmen können Abstrakta (Zustandsbezeichnungen) auf **heit** (**Klugheit**), **keit** (**Sauberkeit**) und **igkeit** (**Neuigkeit**, s.a. Aufgabe 95) abgeleitet werden, von diesen nur noch Diminutiva auf **chen** und **lein**. Danach folgen die Flexionssuffixe in der Reihenfolge Numerus und Kasus. Unmittelbar auf die Derivationssuffixe folgt also, soweit vorhanden, das Pluralsuffix. Fassen wir Suffixe, die nicht miteinander kombinieren, zu einer Gruppe zusammen, erhalten wir 2.

(2) Suffixkette, adjektivische Basen

$$\text{ADJ} > \begin{Bmatrix} \text{heit} \\ \text{keit} \\ \text{igkeit} \end{Bmatrix} > \{\text{chen}\} > \text{Pl}$$

Was das Genus betrifft, starten wir mit genuslosen Basen (Adjektive haben kein Genus als Wortkategorie), gehen dann über zu femininen Abstrakta, dann zu Neutra und schließlich zu den wiederum genuslosen Pluralen.

Ganz ähnlich sieht die Suffixkette aus, die auf verbalen Basen operiert und zunächst zu Verbalabstrakta als Vorgangsbezeichnungen führt (3).

(3) Suffixkette, verbale Basen, Nomen actionis

$$\text{VB} > \begin{Bmatrix} \text{e} \\ \text{ung} \\ \text{en} \end{Bmatrix} > \{\text{chen}\} > \text{Pl}$$

Zwei der Abstrakta sind Feminina (**denken – Denke, heben – Hebung**), eins ist ein Neutrum (**denken – das Denken**). Die Reihenfolge der Genera ist dieselbe wie in 2, nämlich **fem > neut**, nur daß die erste Suffixgruppe auch ein Neutrum enthält.

Die eigentlich interessante ist die dritte Kette. Sie ist die längste und operiert wieder auf verbalen Basen. Ihnen folgt zuerst das Suffix **er** zur Bildung von Nomina agentis (**dichten – Dichter**), danach in einer Gruppe **ling** und **in** (**Dichterling, Dichterin**). Die dann folgende Gruppe besteht aus **schaft** und **tum**, mit denen unterschiedliche Typen von Kollektiva gebildet werden (**Dichterinnenschaft, Dichterinnentum**) und schließlich wieder die Diminutivsuffixe. Insgesamt erhalten wir 4.

(4)   Suffixkette, verbale Basen, Nomen agentis

$$\text{VB} \;>\; \{\text{er}\} \;>\; \begin{Bmatrix} \text{ling} \\ \text{in} \end{Bmatrix} \;>\; \begin{Bmatrix} \text{schaft} \\ \text{tum} \end{Bmatrix} \;>\; \begin{Bmatrix} \text{chen} \\ \text{lein} \end{Bmatrix} \;>\; \text{Pl}$$

VB	{er}	ling/in	schaft/tum	chen/lein	Pl
genuslos	mask	mask/fem	fem/neut	neut	genuslos
[ag]	[ag]	[sexm]	[koll]	[dim]	[plur]

Mit der Suffixkette in 4 ist eine Reihe aufschlußreicher formaler und semantischer Implikationen verbunden, die in 2 und 3 nur im Ansatz hervortreten. In Hinsicht auf die Morphologie ist mit 4 nicht nur die Abfolge der Suffixe gegeben, sondern es ist auch impliziert, daß im Prinzip jedes Suffix einer Gruppe direkt an jedes links von ihm angehängt werden kann. Für **schaft** ergibt sich beispielsweise **Dichterschaft, Dichterinnenschaft** usw., für **chen** ergibt sich **Dichterchen, Dichterlingchen, Dichterschaftchen** usw. Nicht alle Wörter sind gleich sinnvoll und nicht alle Typen sind gleich häufig, aber Bildbarkeit im Sinne von morphologischer Wohlgeformtheit ist gegeben.

Für das Genus ergibt sich die Abfolge mask > fem > neut zwischen dem genuslosen Verstamm und dem genuslosen Plural. Dabei haben das Mask und das Neut jeweils einen eigenen Suffixbereich an den Enden der Hierarchie, während das Fem in zentraler Position einerseits mit dem Mask und andererseits mit dem Neut innerhalb derselben Suffixgruppe auftritt. Das Ganze konstituiert also so etwas wie ein Genuskontinuum.

Phonologisch entspricht dem die Position der Schwasuffixe an den beiden Enden der Kette, auf der einen Seite das Maskulinum **er**, auf der anderen das Neutrum **chen**. Dazwischen liegen die phonologisch schweren Suffixe, mit **schaft** und **tum** als den gewichtigsten. Alle nativen Derivationssuffixe sind morphologische Köpfe, wenn sie in letzter Position stehen. Sie haben dies mit den letzten Bestandteilen von Komposita gemeinsam. Es ist deshalb schon seit langem die Auffassung vertreten worden, Komposition und Suffigierung unterschieden sich im Grundsätzlichen nicht, oder anders gesagt: Derivationssuffixe hätten im selben Sinn Eigenschaften von wortfähigen Stämmen wie die zweiten Bestandteile von Komposita (dazu Höhle 1982; Reis 1983). Und die ›Worthaftigkeit‹ ist dann insbesondere für phonologisch schwere Suffixe wie **schaft** und **tum** genauer beschrieben worden (Toman 1983; Aronoff/Fuhrhop 2002). Aronoff/Fuhrhop haben vor allem das Fugenverhalten solcher Suffixe untersucht und zeigen, wie häufig sie eine Fuge bei der vorausgehenden Einheit fordern, z. B. in **Jünglingstum** wie in **Jünglingstraum** oder in **Lehrerinnenschaft** wie in **Lehrerinnengewerkschaft**. Wir haben es also in der Mitte der Suffixkette mit Einheiten zu tun, die weniger suffixhaft sind als die an den Rändern. Sie sind weniger weit grammatikalisiert und markieren eine natürliche Grenze oder auch Barriere innerhalb der Kette. Was entspricht dem semantisch?

Das links stehende **er** leitet im Kern Nomina agentis ab, wir weisen ihm das semantische Merkmal [ag] (›agentiv‹) zu. Dasselbe Merkmal bekommt der Verbstamm, der prototypisch ein agentives Subjekt hat (7.2.1). Im Sinne der sog. Belebtheitshierarchie, mit der zahlreiche grammatische Eigenschaften des Deutschen semantisch interpretierbar sind, hat Agentivität als höchste Form von Belebtheit zu gelten (Satz, 3.2; 13.1). Die beiden folgenden Suffixe dienen der Ableitung von Bezeichnungen für Personen und Lebewesen, denen der Mensch ein natürliches Geschlecht zuschreibt. Agentivität ist nicht gegeben. Der Prototyp des **ling**-Substantivs bezeichnet männliche Wesen (**Dichterling, Schreiberling, Fremdling**), während insbesondere die deverbalen sexusneutral sind (**Prüfling, Lehrling**). Innerhalb der Suffixkette kann **ling** deshalb als sexusmarkiert [sexm] gelten, genauso wie natürlich **in**. Hinsichtlich Belebtheit stehen beide klar unter **er**.

Es folgen **schaft** und **tum** zur Bildung von Kollektiva. Belebtheit ist bei beiden involviert, aber weniger als bei den weiter links stehenden Suffixen und außerdem bei **tum** (Neutrum) weniger als bei **schaft** (Femininum).

Für die Diminutivsuffixe ist Belebtheit neutralisiert. Sie dienen zur Bildung von Bezeichnungen für Belebtes (**Kindchen, Würmchen, Pflänzchen**) wie unbelebt Gegenständliches (**Schuhchen, Steinchen**) oder Abstraktes (**Ideechen, Geistchen, Läufchen**). Der substantivische Plural hat im Deutschen ebenfalls nichts mit Belebtheit zu tun. Das Deutsche gehört zu den Sprachen mit ›nicht gespaltenem‹ Plural, d. h. vom Pronomen mit der höchsten Belebtheit (**ich**) bis zum Substantiv für absolut Unbelebtes kann im Normalfall überall ein Plural gebildet werden (Corbett 2000: 55 ff.).

Damit sind die Derivationssuffixe von links nach rechts entlang der Belebtheitshierarchie geordnet und man sieht, daß diese nicht nur für Syntax und Flexion, sondern auch für die Wortbildung von Bedeutung ist. Sie geht Hand in Hand mit der Genushierarchie mask > fem > neut. Ein qualitativer Sprung vom Belebten zum hinsichtlich Belebtheit Neutralisierten findet bei den schweren Suffixen des Fem und Neut statt. Überlagert wird die Belebtheitshierarchie von Bedeutungsanteilen für Quantitäten. Links (**er, ling, in**) stehen Einheiten zur Bildung von Individuativa, **schaft** und **tum** bilden Kollektiva und auch die Diminution wie der Plural können allgemein mit der Bezeichnung von Quantitäten in Verbindung gebracht werden. Ein qualitativer Übergang weg vom Individuum findet wieder bei **schaft** und **tum** statt. Ob die Suffixe in dieser Hinsicht, das heißt im Sinne einer ›Quantitätshierarchie‹, ebenfalls als geordnet anzusehen sind, muß vorerst offen bleiben.

7.2.3 Fremdsuffixe

Fremde Suffixe und gebundene Stämme

Das Deutsche hat viele tausend fremde Wörter, die mit Suffixen oder suffixähnlichen Bestandteilen gebildet sind. Einer morphologischen Analyse widersetzen sie sich zunächst, wobei die Widerspenstigkeit teilweise anderer Natur als im nativen Bereich ist. Hat man es dort mit Idiomatisierungen aller Art zu tun, so kommen bei den fremden Wörtern Schwierigkeiten mit der Segmentierung hinzu. Es müssen andere als die gewohnten Segmentierungsverfahren entwickelt werden. Um das deutlich zu machen, vergegenwärtigen wir uns, was Suffigierung im nativen Bereich genau heißt.

(1) a. **freund+lich**   b. **Neig+ung**

Das native Suffix **lich** tritt an eine Stammform des morphologischen Paradigmas **Freund**^{MP}, genauer: es tritt an seine Derivationsstammform. Das morphologische Paradigma **Freund**^{MP} ist substantivisch. Neben der Derivationsstammform **Freund** hat es eine Flexionsstammform, ebenfalls **Freund**. Außerdem weist es die Kompositionsstammform **Freundes** auf (**Freundeskreis**). Wir haben dies die Kategorisierung der Stammformen in Hinsicht auf ihren morphologischen Status genannt (6.1.2). Entsprechendes gilt für 1b, nur ist der Basisstamm hier verbal.

In beiden Fällen stimmt die Derivationsstammform mit der Flexionsstammform überein. Das Substantiv **Freund** und das Verb **neigen** flektieren mit derselben Stammform, die in die Ableitung eingeht. Das gilt nicht immer, aber es ist typisch für den nativen Wortschatz und hat uns veranlaßt, diese Stämme als ›frei‹ oder ›wortfähig‹ zu bezeichnen. Vergleichen wir damit die fremden Wörter in 2 bis 5.

(2) a. **Chem+ie**
      Chem+iker
  b. **chem+isch**
      chem+ikalisch
  c. **Chemo+skop**
  d. **Chemiestudium**
      Chemikerwein

(3) a. **Chin+a**
      Chines+e
  b. **chines+isch**
  c. **Sino+loge**
  d. **Chinareise**
      Chinesenhotel

(4) a. **Pragmat+ik**
      Pragmat+iker
  b. **pragmat+isch**
  c. **Pragma+gramm**
  d. **Pragmatikkurs**
      Pragmatikerwitz

(5) a. **Sozi+alismus**
      Sozi+alist
  b. **sozi+al**
      sozi+alistisch
  c. **Sozio+lekt**
  d. **Sozialismusboom**
      Sozialistenclub

In 2 bis 5 sind fremde Wörter aufgelistet, die morphologisch komplex sein könnten. Sie enthalten mindestens je einen Kandidaten für ein Derivationsaffix. Unter a. finden sich Substantive (je eine Sach- und eine Personenbezeichnung), unter b. Adjektive, c. bringt ein Konfixkompositum und d. je zwei Substantivkomposita mit den Stämmen von a. und b. als erstem Bestandteil. Die Komposita unter d. weisen keine Auffälligkeiten auf. Sie sollen nur zeigen, daß die Kompositabildung bei den fremden Wörtern im Prinzip so geregelt ist wie bei den heimischen. Das weitere Interesse richtet sich auf a. bis c.

Bei den Wörtern unter a. bis c. haben wir genau eine mögliche morphologische Grenze eingetragen. Sie zeigt, wo die jeweilige Stammform endet. Für 2 ergibt sich, daß alle Derivationen mit **chem** gebildet werden, dies ist die Derivationsstammform (Der) des morphologischen Paradigmas. Auch die Grundform (Gf) ist **chem**. Einen größeren gemeinsamen Bestandteil haben die Wörter unter a. bis c. ja nicht. Als Konfixstammform (Konf) ergibt sich **chemo** (c.; 6.2.3). Gf, Der und Konf sind morphologische Einheitenkategorien.

Das morphologische Paradigma weist keine Flexionsstammform auf. Flektierbar sind nur abgeleitete Stämme wie **Chemie** und **chemisch**, nicht aber **Chem**. Dieser Stamm unterscheidet sich von den nativen in zweierlei Hinsicht. (1) Er ist keiner syntaktischen Kategorie zugewiesen, d. h. er ist insbesondere nicht kategorisiert als substantivisch, adjektivisch oder verbal und (2) er hat keine Flexionsstammform, d. h. er ist gebunden und *nicht* wortfähig. Beides hängt natürlich zusammen und wir halten fest: Im nativen Bereich sind die nichtabgeleiteten Stämme kategorial fixiert und wortfähig (Lexemkategorie NGEB für ›nichtgebunden‹). Im Bereich der Fremdwörter können nichtabgeleitete Stämme kategorial unspezifiziert sein. Sie sind dann nicht wortfähig und gebunden (Lexemkategorie GEB). Gebundenheit ist eine hinreichende Bedingung für Fremdheit, notwendig ist sie nicht. In **Stalin+ismus** oder **Extrem+ität** beispielsweise sind die Stämme frei.

Das morphologische Paradigma gebundener Stämme wird so angesetzt wie für 2 erläutert, wir kategorisieren die Stammformen nach ihrem morphologischen Status. Eine Kategorisierung in Hinsicht auf Vokalwechsel wie bei den nativen Stämmen braucht man im allgemeinen nicht (**Aufgabe 100**).

(6)   Stammformen gebundene Stämme

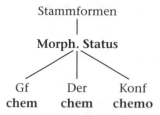

Für 3 ergibt sich als Grundform **chin**, als Derivationsstammform **chines** und als suppletive Konfixstammform **sino**. Unklar bleibt zunächst der Status von **China**. Um ein Derivat handelt es sich nicht, sonst müßte die Derivationsstammform **chines** darin vorkommen. Offenbar bildet **a** zusammen mit der Grundform einen Ländernamen, wobei diese Verkettung keine echte Derivation ist. Wir werden später sehen, daß die Bildung vieler Ländernamen einem ähnlichen Schema folgt.

7 faßt die Stammparadigmen von 2 bis 5 in der Übersicht zusammen. Man sieht, daß die Grundform mal mit der Derivations-, mal mit der Konfix- und

mal mit keiner der anderen Stammformen übereinstimmt. Jede der drei Kategorien ist erforderlich.

(7) Stammparadigmen, gebundene Stämme

	Chem^{MP}	chin^{MP}	pragma^{MP}	sozi^{MP}
Gf	**chem**	**chin**	**pragma**	**sozi**
Der	**chem**	**chines**	**pragmat**	**sozi**
Konf	**chemo**	**sino**	**pragma**	**sozio**

Mit der Isolierung der Stammformen ist noch nicht gesagt, daß die morphologische Segmentierung aufgeht. Damit sie aufgeht, müssen die übrigen Bestandteile Affixe, Affixkombinationen oder Konfixe sein. Es wäre beispielsweise zu zeigen, daß **ie** in **Chemie**, **al** in **sozial** und **ik** in **Pragmatik** Suffixe sind. Schon intuitiv ist klar, daß solche Einheiten den üblichen Anforderungen an Derivationssuffixe nicht vollständig genügen. Eine Kategorisierung nach Basis/Ziel ist nicht möglich, weil die Basis kategorial unspezifiziert ist. Über den problematischen Status von **a** in **China** wurde schon gesprochen. Für das auslautende Schwa stellt sich wie bei den Feminina vom Typ **schreiben – Schreibe** die Frage nach dem Verhältnis zum Pseudosuffix **e** (**Löwe – Chinese**). Und **ial** kann nicht nur adjektivisch, sondern auch substantivisch sein (**Material, Potential**), was bei einem Derivationssuffix im Kernbereich so nicht möglich wäre.

Ob eine segmentierbare Einheit tatsächlich als Suffix abduziert und produktiv in Rekombinationen verwendet wird, ist oft schon aus empirischen Gründen schwer zu entscheiden. Denn man hat für jedes einzelne in Frage kommende Wort zu klären, ob es als ganzes entlehnt wurde, ob es nach einem Entlehnungsmuster reanalysiert wurde oder ob es sich um eine Lehnwortbildung im Deutschen handelt. Viel Material dazu enthält der Registerband des Deutschen Fremdwörterbuchs (Deutsches Fremdwörterbuch 1988). Für das Vorkommen von **ität** beispielsweise ergibt sich 8 (nach Munske 1988: 63).

(8) Zahl der Substantive auf **ität**

Jahrhundert	14	15	16	17	18	19	20
Entlehnungen lat.	4	5	26	15	11	2	
Entlehnungen frz.				7	21	6	
Lehnwortbildung dt.			4	7	18	38	31

Im 14. Jahrhundert gibt es vier Entlehnungen aus dem Lateinischen auf der Basis von Substantiven mit **itas** (**solemnitas** → **Solemnität**, wobei **solemnitas** (≙ »Feierlichkeit«) selbst auch nicht klassisches Latein, sondern eine neulateinische Bildung ist. Ihr Bestand erweitert sich im 16. Jahrhundert auf mehrere Dutzend. Jetzt beginnt die Lehnwortbildung, es entstehen Wörter wie **Satanität, Enormität**. Im Zuge der Entlehnungswelle aus dem Französischen werden ab dem 17. Jahrhundert Gallizismen an dieses Muster angeglichen, z. B. **solidité** → **Solidität**, **originalité** → **Originalität**. Gleichzeitig nimmt die Zahl der Lehnwortbildungen weiter zu, bis sie im 19. Jahrhundert die Oberhand

gewinnt. Das 20. Jahrhundert sieht weit mehr Neubildungen als die 31 vom Fremdwörterbuch berücksichtigten. Bei Mater (1983: 874ff.) sind über 500 Substantive auf **ität** verzeichnet. Der weitaus größte Teil von ihnen dürfte durch Lehnwortbildung entstanden sein.

Die Etablierung eines Bildungsmusters wie die Substantivbildung auf **ität** erfolgt durch Reanalyse. Entlehnte Wörter werden so zerlegt, wie es für die Wortbildung im Deutschen nützlich ist. Was nach Abduktion des Suffixes **ität** von einem Latinismus oder Gallizismus übrigbleibt, muß nicht ein freier Stamm sein.

Muster zur Bildung fremder Wörter können auf zweierlei Weise regelmäßig sein. Einmal gibt es Regeln für die Bildung von Stämmen. Ein berühmtes Beispiel sind die Substantive auf **i** (**Sponti, Sozi; Aufgabe 101**). Zweitens gibt es Regeln für die Substitution von Suffixen. So könnte sich herausstellen, daß **ität** regelmäßig durch ein Verbalsuffix wie **ier** oder **ifizier** ersetzbar ist (**Quantität – quantifizieren**). Wir betrachten die Fremdsuffixe primär unter diesem Aspekt und beginnen mit dem Verbalisierer **ier**, dem wohl verbreitetsten Fremdsuffix des Deutschen überhaupt (zu den Fremdsuffixen auch 6.2.3; Öhmann 1970; Dittmer 1983; und vor allem Fuhrhop 1998).

Der fremde Verbalisierer ier

Mater verzeichnet 1700, Muthmann über 2000 Verben auf **ier** (**plakatieren, halbieren**). Dazu kommen etwa 400 mit dem verwandten Suffix **isier** (**realisieren**) sowie einige Dutzend auf **ifizier** (**mystifizieren**). Die längste Geschichte hat **ier**. Wir finden es seit dem 14. Jahrhundert in Entlehnungen aus dem Französischen, wo es wahrscheinlich als Kontamination aus dem verbalen **er** (**tourner**) und dem substantivischen **ier** (**barbier**) entstanden ist. Es erweitert seine Funktion auf die eines Verbalisierers fremder Stämme, vor allem solcher aus dem Lateinischen (**rezitieren**), Italienischen (**sortieren**) und Französischen (**pausieren**). Die Zahl der **ier**-Verben nimmt im 16. und 17. Jahrhundert stark, danach weniger stark zu. Im 17. bzw. 18. Jahrhundert tauchen **isier** und **ifizier** auf. Am ehesten produktiv ist heute **isier** (s.u.). Mit typischen Anglizismen verbinden sich diese Suffixe kaum. Verbstämme aus dem Englischen werden meist ohne Ableitungssuffix übernommen, können aber durchaus ›latinisierten‹ Verbstämmen gegenüberstehen: **recyclen – rezyklieren, stylen – stilisieren, computern – computerisieren, klonen – klonieren** (s.a. Eichinger 2000: 155).

9 zeigt die wichtigsten Arten von **ier**-Verben, geordnet nach dem Typ der Basis. In 9a ist die Basis substantivisch, in 9b adjektivisch. Die meisten Stämme sind fremd, aber auch heimische kommen vor (**buchstabieren, stolzieren, halbieren**). Bei substantivischen Stämmen wird wie üblich Schwa getilgt (**Plombe – plombieren**).

(9) a. **argumentieren, plombieren, probieren, oxydieren, buchstabieren, hofieren, marschieren, kutschieren, attackieren, maskieren, parfümieren, ruinieren**
b. **aktivieren, halbieren, stolzieren, legitimieren, effektivieren, brüskieren, blondieren, nasalieren, mattieren, fixieren**

c. blamieren, plädieren, tradieren, kollidieren, tendieren, fundieren, korrodieren, studieren, chauffieren, dirigieren, gelieren, spekulieren, kumulieren, gratulieren, diktieren

In 9c tritt **ier** an gebundene Stämme. Viele dieser Stämme treten auch mit anderen Suffixen auf (**blamieren – Blamage, diktieren – Diktat**), einheitliche Muster größerer Reichweite scheint es aber nicht zu geben. Das gilt auch für die Zielkategorie in 9 insgesamt. Über Verbalisierung hinaus gibt es keine Einheitlichkeit. Viele der Verben sind transitiv, aber auch intransitive (**marschieren, plädieren, kollidieren, gratulieren**) mit Komplementen jeder Art sind dabei.

Anders ist das Bild bei **isier**. 10a bringt wie 9a Transpositionen SBST/VB, aber das Ergebnis ist einheitlicher. So gut wie alle Verben sind transitiv mit der Bedeutung »etwas mit X versehen« oder »etwas zu X machen«. Das Affizierte oder Effizierte findet sich im direkten Objekt des derivierten Verbs.

(10) a. alphabetisieren, standardisieren, dialogisieren, kapitalisieren, aromatisieren, symbolisieren, atomisieren, pulverisieren, terrorisieren, motorisieren, magnetisieren
b. aktualisieren, hybridisieren, stabilisieren, polarisieren, konkretisieren, präzisieren, idealisieren, privatisieren, synchronisieren, zivilisieren
c. harmonisieren, politisieren, katholisieren, rhythmisieren, ironisieren, technisieren, heroisieren, allegorisieren, historisieren, kritisieren

Die Deadjektiva in 10b sind transitiv mit der Bedeutung »etwas X machen«. Auch die Ableitungen von gebundenen Stämmen (10c) sind weit überwiegend transitiv. Eine einheitliche semantische Beziehung des Stammes zum Derivat kann es nicht geben, eben weil dieser gebunden ist. Sie läßt sich aber zum fast immer möglichen Adjektiv auf **isch** herstellen, das deshalb der Intuition nach die Basis solcher Verben ist (**harmonisch – harmonisieren**).

Auf der Basis fremder Stämme lassen sich fast beliebig **isier**-Verben bilden, und sie scheinen transitiv zu sein: **syndikalisieren, syndromisieren, synergisieren, synkretisieren, syntagmisieren, syntropisieren**.

Die gute Kombinierbarkeit von **isier** ist auch prosodisch fundiert. Das Suffix trägt den Hauptakzent des Wortes. Weil der betonten noch eine unbetonte Silbe vorausgeht, kann es gut nach betonter und sogar nach einsilbigen Stämmen stehen. Es folgt dann einem Trochäus (**tèchnisíeren, krìtisíeren**). Anderenfalls geht ihm ein Daktylus voraus (**hàrmonisíeren, pòlitisíeren**). Wie die Nebenakzente auf die dem Suffix vorausgehenden Silben verteilt sind, ist in Abschnitt 4.5 beschrieben. Im Augenblick interessiert in erster Linie die Einheitlichkeit des prosodischen Kerns. Vom Wortende her gesehen gibt es keinerlei Unterschiede innerhalb der riesigen Klasse der Verben auf **ier**, **isier** und **ifizier**.

Dasselbe gilt für die Flexion. Die drei Suffixe flektieren schwach und sind in nichts von nativen Stämmen wie **gieren, stieren, zieren** unterschieden. Flexivisch verhalten sie sich wie echte Verbstämme des Deutschen (**Aufgabe 102**).

Neben dem quantitativ eher bedeutungslosen **el** (**klingen** – **klingeln**) sind **ier**, **isier** und **ifizier** die einzigen Verbalisierungssuffixe, über die das Deutsche verfügt. Dabei dienen sie nicht lediglich der Eindeutschung fremder Stämme im Sinne der Bildung großer Verbklassen, sondern sie machen diese Verbstämme gleichzeitig den heimischen Derivationssuffixen zugänglich. Wie wir in 7.2.1 gesehen haben, sind Stämme von transitiven Verben die vielleicht wichtigsten Basen für Derivationen. Das gilt uneingeschränkt auch für Verbstämme auf **ier/isier/ifizier**. 11 wiederholt den entsprechenden Ausschnitt des Schemas für native Derivationssuffixe, und 12 gibt für jede der produktiven Suffigierungen ein Beispiel.

(11) Suffigierungen mit transitiven Basen auf **ier, isier, ifizier**

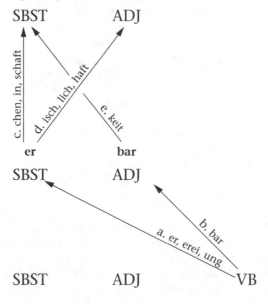

(12) Bildungen mit dem Verbstamm **harmonisier**.
   a. **Harmonisierer, Harmonisiererei, Harmonisierung**
   b. **harmonisierbar**
   c. **Harmonisiererchen, Harmonisiererin, Harmonisiererschaft**
   d. **harmonisiererisch, harmonisiererhaft**
   e. **Harmonisierbarkeit**

Die fremden Verbalisierungssuffixe markieren eine Grenze zwischen den links stehenden fremden und den rechts stehenden nativen morphologischen Bestandteilen. Prosodisch, morphologisch und syntaktisch verhalten sie sich wie prototypische native Verbstämme.

Die fremden Substantivierer

Wir wenden uns den fremden Substantivsuffixen zu und betrachten exemplarisch **ismus**. Mit seiner Hauptfunktion findet **ismus** einen eigenen Platz unter den zahlreichen Substantivierern des Deutschen. Es bildet einen speziellen Typ von Abstraktum, nennen wir ihn einfach **ismus**-Abstraktum. Ismen sind gar nicht leicht zu charakterisieren, auch wenn man viele Worte macht: Syndrome von Verhaltensweisen und ihnen zugrunde liegende stereotype Anschauungen, die in unterschiedlicher, aber je bestimmbarer Weise auf die Bedeutung der Basis bezogen sind. Typisch sind Bezeichnungen für politische, wissenschaftliche, religiöse, künstlerische oder sonstwie gruppenrelevante ›Richtungen‹: **Patriotismus, Sozialismus, Positivismus, Hinduismus, Konstruktivismus, Syndikalismus**. Das **ismus**-Abstraktum hat kein Analogon im nativen Bereich.

Darauf bezogene Tendenzen zur Bildung von Konkreta gibt es, aber sie sind ebenfalls vielfältig und bleiben meist im Grenzbereich von konkret und abstrakt. Wir finden Bezeichnungen für sprachliche Ausdrücke (**Anglizismus, Euphemismus**), Krankheiten (**Rheumatismus, Chauvinismus**), historische Epochen (**Kolonialismus, Föderalismus**) usw. Wie variabel **ismus** ist, zeigt sich schließlich an der Offenheit des Bestandes. Mater verzeichnet knapp 400, Muthmann etwa 800 solcher Substantive.

Ismus hat eine einheitliche, aber markierte Flexion. Der Plural wird schwach per Stammflexion gebildet (**Anglizismus – Anglizismen**). Eine Anpassung an die starke Flexion, die ja das natürliche Integrationsziel sein müßte, ist latent vorhanden. Sie bleibt aber stilistisch markiert (**des Anglizismusses – die Anglizismusse**).

Die Kombinatorik von **ismus** ist weitgehend basisorientiert. Auf der Grundlage von Mater ergeben sich als Hauptklassen 13, 15 und 17.

(13) a. **Dadaismus, Cäsarismus, Sadismus, Trotzkismus, Hellenismus, Buddhismus, Leninismus, Kalvinismus, Darwinismus, Semitismus, Judaismus, Slawismus, Hinduismus**
b. **Snobismus, Fetischismus, Putschismus, Kannibalismus, Vandalismus, Moralismus, Alkoholismus, Kapitalismus, Reformismus, Atomismus, Symbolismus**
c. **Revisionismus, Impressionismus, Protektionismus, Illusionismus, Evolutionismus, Reduktionismus, Aktionismus, Perfektionismus, Sezessionismus**

In 13 tritt **ismus** an Substantivstämme (SBST/SBST). 13a enthält Eigennamen und Einwohnerbezeichnungen, 13b Substantivstämme verschiedener Form, 13c solche auf **ion**.

Das Suffixverhalten der Stämme in 13a,b ist einheitlich. Sie nehmen einerseits **isch** und andererseits **ismus, ist, istisch** und **isier** (14).

(14)

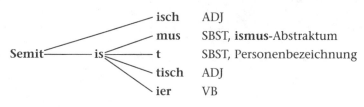

isch ADJ
mus SBST, **ismus**-Abstraktum
Semit — is — t SBST, Personenbezeichnung
tisch ADJ
ier VB

Da **isch** unbetont ist und in der Regel einer betonten Silbe folgt, bleibt der Akzent des einfachen Stammes meist, wo er ist (**Semít – semítisch**). Das Auftreten und die Variation von **isch** scheinen im wesentlichen phonologisch determiniert zu sein. So haben wir die Variante **sch** in **leninsch, trotzkisch** und keine **isch**-Adjektive wie *dadaisch, *buddhaisch, *hinduisch. Der Hiat wird vermieden. Haplologie ist offenbar für *fetischisch blockiert. Insgesamt verhält sich **isch** hier wie gewohnt. Es hat Eigenschaften eines heimischen Suffixes, verbindet sich aber gern mit fremden Stämmen.

Daneben haben wir die durchgängige gegenseitige Substituierbarkeit von **mus, t, tisch** und **ier**. Alle vier folgen **is**, so daß sich **semit+is** als Derivationsstammform für fremde Suffixe aufdrängt (**semitis – semitis+mus/t/tisch/ier**). Die vier Formen **ismus, ist, istisch** und **isier** bilden so etwas wie einen hermetischen Mikrokosmos von Prototypen der Wortbildung. Mit Abstraktum, Personenbezeichnung, Adjektiv und Verb enthält er die für die Derivationsmorphologie wichtigsten Lexemklassen überhaupt. Die paradigmatische Verklammerung durch das gemeinsame **is** ist stabil und wird weiter gestützt durch den Akzent. Alle vier haben in Endposition den Akzent, drei von ihnen auf **is**.

Auch 13c gehört in dieses Muster. Blockiert ist für **ion** jedoch das heimische **isch** (*revisionisch, *illusionisch). Das dürfte semantische Gründe haben. Auf der Basis von Abstrakta (**ion**) macht die Unterscheidung von Adjektiven auf **isch** und **istisch** nicht viel Sinn (**Aufgabe 103**). Außerdem gibt es dafür das fremde Suffix **al**, das nicht an native Stämme tritt (s. u. 15c).

Die in 14 dargestellte Systematik setzt sich fort bei adjektivischer Basis. Wie eben operiert **ismus** auf freien und fremden Stämmen. Eigennamen als Basis fehlen natürlich. 15a versammelt mehrsilbige Adjektive verschiedener Form, 15b solche auf **al**.

(15) a. Parallelismus, Infantilismus, Extremismus, Humanismus, Alpinismus, Modernismus, Synchronismus, Opportunismus, Partikularismus, Relativismus, Aktivismus
  b. Feudalismus, Kolonialismus, Imperialismus, Sozialismus, Radikalismus, Klerikalismus, Formalismus, Nominalismus, Nationalismus, Liberalismus, Föderalismus
  c. Materialismus, Existentialismus, Provinzialismus, Professionalismus, Strukturalismus, Universalismus, Individualismus, Intellektualismus, Industrialismus

Adjektive auf **al** scheinen durchweg als Basis für **ismus**-Abstrakta zur Verfügung zu stehen. 15c zeigt die Stärke dieser Regularität: Adjektive auf **ell** werden in die Derivation auf **al** hineingezogen, ihre Ableitungen auf **ismus** sehen aus wie in 15b. Zwei Typen von derivierten Adjektiven (**feudal, imperial** einerseits und **strukturell, industriell** andererseits) steht nur ein Typ von deriviertem Substantiv gegenüber (**Feudalismus, Imperialismus** vs. **Strukturalismus, Industrialismus**). Die gemeinsame Kombinatorik der Adjektive in 15 sieht so aus:

(16)

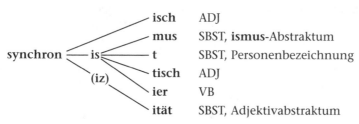

Adjektive auf **isch** sind bildbar, bleiben aber zwischen den Basisadjektiven und denen auf **istisch** teilweise marginalisiert (**synchronisch, feudalisch, provinzialisch**). Neu in 16 ist das Adjektivabstraktum auf **ität**, weitgehend parallel zum nativen **heit** (Radikal+ität – Entschieden+heit). Interessant ist die Variante **izität**. Es scheint sich bei **iz** um ein reines Formelement parallel zu **is** zu handeln, das fakultativ auftritt. Ein handfester semantischer Unterschied zwischen **Feudalität** und **Feudalizität** ist nicht zu sehen. Insgesamt liefern die Ableitungsmöglichkeiten gemäß 16 dreierlei: (1) die fremdwortspezifischen Bildungen auf **ismus** und **istisch**, (2) die zu nativen Bildungen analogen auf **ist** und **ität** sowie (3) die für native Suffixe zugänglichen verbalen Basen auf **isier**. Das Fremde hat seine eigenen Leistungen und Techniken, interagiert aber höchst systematisch mit der Kerngrammatik.

In einer dritten großen Gruppe von Wörtern verbindet sich **ismus** mit gebundenen Stämmen (17)

(17) **Anarchismus, Kubismus, Pazifismus, Syllogismus, Neologismus, Masochismus, Faschismus, Akademismus, Chemismus, Pessimismus, Mechanismus, Antagonismus, Lakonismus, Zynismus, Heroismus, Utopismus, Schematismus**

Den kombinatorischen Schwerpunkt bildet hier die Substituierbarkeit von **ismus** mit **istisch** und **isier**. Diese bilden den harten Kern der gesamten **ismus**-Morphologie. Danach kommt **ist**. Die meisten Stämme in 17 lassen es im Sinne wohlgeformter Bildungen zu. **Akademist, Chemist, Zynist** entsprechen sicherlich den morphologischen Regularitäten, aber sie sind durch Bildungen auf **iker** blockiert.

Weniger eindeutig ist die Systematik von **isch**. Vielfach ist es substituierbar für den Substantivierer **ie** (**anarchisch, akademisch, chemisch, lakonisch**), vielfach für **iker** (**akademisch, chemisch, lakonisch, mechanisch, zynisch**), gelegentlich aber mit beiden nicht (**kubisch, heroisch, germanisch**). Die Gruppen überschneiden sich, ohne deckungsgleich zu sein.

Ein Verhalten dieser Art finden wir beim weitaus größten Teil der fremden Suffixe vor. Sie bilden in einer bestimmten Funktion Reihen und sind mehr oder weniger systematisch in Gruppen füreinander substituierbar. Die funktionale Einheitlichkeit verhilft ihnen zu Aktivität, aber produktiv werden sie kaum, schon weil sie untereinander oder mit nativen Suffixen in Konkurrenz stehen. In rechtsperipherer Position tragen die meisten von ihnen den Hauptakzent. In anderen Positionen und insbesondere bei Kombination mit Suffixen der **ismus**-Gruppe verlieren sie den Akzent und werden prosodisch vollständig integriert. Häufig tragen sie dann nicht einmal mehr einen Nebenakzent.

Sehen wir uns als ein Beispiel die Gruppe von Suffixen an, mit denen schwache Maskulina gebildet werden.

(18) a. **Cellist, Stilist, Bassist, Anglist, Bigamist, Obrist, Pianist, Chronist**
 b. **Adressat, Kandidat, Diplomat, Literat, Kurat, Kastrat, Potentat, Stipendiat, Renegat, Legat**
 c. **Demonstrant, Applikant, Musikant, Flagellant, Spekulant, Kapitulant, Okkupant**
 d. **Präsident, Korrespondent, Student, Agent, Dirigent, Rezipient, Konsument, Dezernent**
 e. **Doktorand, Konfirmand, Proband, Tutand, Diplomand, Habilitand**

Die Substantive in 18 flektieren nicht nur einheitlich, sondern sie haben auch die für schwache Maskulina charakteristische Bedeutung. Fast alle sind Personenbezeichnungen (anders z.B. **Automat, Spirant, Gradient, Summand**, die aber trotzdem schwach flektieren). Die schwache Flexion ist darüber hinaus prosodisch fundiert. Köpcke (1995; 2000) hat gezeigt, daß der Prototyp des schwachen Maskulinums im nichtnativen Bereich einen mehrsilbigen Stamm mit betonter letzter Silbe hat (dem noch eine offene Schwasilbe folgen kann). **Ist, at, ant, ent** und **and** erfüllen sämtlich diese Bedingung. In rechtsperipherer Position sind sie betont. Einheitlichkeit besteht weiter hinsichtlich der Substituierbarkeit durch **ier**. Verben wie **cellieren, adressieren, demonstrieren, präsidieren, doktorieren** dürften im Prinzip bildbar sein.

Damit enden die Gemeinsamkeiten. Wirklich produktiv scheint nur **ist** zu sein. Alle übrigen bilden mehr oder weniger lange Reihen, wobei etwa für **at** kaum mehr als die in 18b aufgeführten Wörter zu finden sind. Die Suffixe stehen sowohl untereinander als auch mit anderen fremden in Konkurrenz, vor allem mit **iker** (**Musiker**), **ator** (**Terminator**), **or** (**Direktor**) und **eur** (**Kontrolleur**). Dazu kommen die heimischen **er, ler** und **ling**, die sich teilweise ebenfalls mit fremden Stämmen verbinden (**Psychiater, Plebejer, Exportler, Existenzler, Naivling, Kopierling**). Die innere – d.h. links von der **ismus**-Gruppe plazierte – Schicht der fremden Wortbildungseinheiten bleibt im Ganzen morphologisch restringiert. Dem entspricht, daß sie sich typischerweise mit Formen gebundener Stämme verbinden und mit ihnen Einheiten bilden, die uns weder morphologisch einfach noch morphologisch komplex zu sein scheinen (4.5; **Aufgabe 104**).

7.3 Konversion

Zum Begriff ›Konversion‹

Alle bisher besprochenen Wortbildungstypen weisen bestimmte Formmerkmale oder Formveränderungen gegenüber ihren Basen auf, sei dies ein Affix, ein Kompositionsglied, ein Vokalwechsel, das Fehlen eines Affixes (Rückbildung), eine Kombination mit Konfix usw. Wortbildungstypen, die nicht auf eine dieser Weisen formal auf eine Basis beziehbar sind, nennt man Konversionen. Eine typische Konversion ist etwa der Übergang vom Verb **laufen** zum Substantiv **Lauf**. Beide verwenden dieselbe phonologische Form als Flexionsstammform, nämlich [lauf]. Dieser Form ist nicht anzusehen, ob sie verbal oder substantivisch ist.

Die begriffliche Explikation von Konversion läuft meist auf Formulierungen hinaus wie »Wortartwechsel ohne Wortbildungselemente« (Naumann 1986: 23), »Transposition ... ohne Stammvokalveränderung oder Affigierung« (Fleischer/Barz 1992: 48) oder »grammatische Umsetzung« (Duden 1998: 426). Das hört sich einfach an und wir erhalten als wichtigste Konversionstypen zwischen den offenen Kategorien Substantiv, Adjektiv und Verb die in 1 und 2.

(1) a. VB/SBST: **laufen – das Laufen**
    b. VB/ADJ: **gestrichen – gestrichen**
    c. ADJ/SBST: **gut – der/die/das Gute**
       gestrichen – der/die/das Gestrichene
       entscheidend – der/die/das Entscheidende

(2) a. VB/SBST: **laufen – der Lauf**
    b. ADJ/VB: **grün – grünen**
    c. SBST/VB: **Gras – grasen**

Ausdrücklich nicht zu den Konversionen gehören sog. implizite Ableitungen, bei denen das Derivat durch einen Vokalwechsel erreicht wird (**schießen – Schuß, werfen – Wurf, liegen – legen, fallen – fällen, Saum – säumen, Raum – räumen**). Zu beachten ist auch, daß es für Konversionsbeziehungen teilweise besondere Redeweisen gibt. So werden etwa die Termini Substantivierung und Adjektivierung gelegentlich auf Konversionsbeziehungen eingeschränkt. Für die Dudengrammatik sind **das Laufen** und **das Gute** Substantivierungen, nicht aber **der Lehrer, die Freiheit** und **die Sitzung** (Duden 1998: 426 ff.; so beispielsweise auch Deutsche Rechtschreibung 1996: 71 ff.). Wir schließen uns dieser Redeweise nicht an, sondern bleiben dabei, daß Substantivierungen abgeleitete Substantive sind, gleichgültig, mit welchen Mitteln die Ableitung erfolgt. Entsprechendes gilt für Adjektivierungen und Verbalisierungen.

Konversion ist keine einheitliche Erscheinung. Den Unterschied zwischen 1 und 2 erfaßt Erben als syntaktische Konversion vs. paradigmatische Umsetzung (1993: 27 f.; ausführlich Vogel 1996). Syntaktische Konversion ist für ihn dann gegeben, wenn das Konversionsprodukt ein Flexionselement der Basis beibehält wie die Infinitivendung in 1a oder das Partizipialflexiv in 1b. Der Extremfall von syntaktischer Konversion in diesem Sinne ist 1c mit dem substantivierten einfachen bzw. partizipialen Adjektiv. Diese Substantive flektieren genau so wie die Basisadjektive. Es gibt sie als Maskulina, Feminina und Neutra mit schwachen (**der Gute**) und starken Formen (**ein Guter**) im Positiv, Komparativ (**der Bessere**) und Superlativ (**der Beste**). Der Paradigmenaufbau solcher Adjektive stellt ein schwieriges Problem dar. Substantive, die in Hinsicht auf Genus, stark/schwach und die Komparativstufen flektieren, gibt es ja sonst im Deutschen nicht.

Syntaktische Konversion

›Syntaktische Konversion‹ gemäß 1 kann auch anders und ganz wörtlich verstanden werden. Ihr Gegenbegriff ist dann ›morphologische Konversion‹ (2). Ein Ausdruck wie **der Gute** enthält nach dieser Auffassung nicht die Form eines abgeleiteten Substantivs, das als Substantiv lexikalisiert und dessen Ableitung zur Wortbildung gehört, sondern er ist in der Syntax generiert. Die Konversionstypen in 1 wären überhaupt nicht Gegenstand der Wortbildung, sondern der Syntax. Wie eine syntaktische Beschreibung aussieht, kann hier nicht dargelegt werden. Wir wollen aber einen wichtigen Aspekt ihres syntaktischen Verhaltens zeigen, aus dem deutlich wird, daß es sich bei den durch Konversion entstandenen Einheiten in 1 nicht um typische Wortbildungsprodukte handelt.

Substantivierte Adjektive wie in **der Gute, die Große, das Alte** flektieren wie Adjektive. Seinen Grund hat das darin, daß sie wesentliche syntaktische Kontexte mit Adjektiven gemeinsam haben (Vater 1987; Olsen 1988). Statt **Der große und der kleine Klaus** kann es auch heißen **Der Große und der kleine Klaus**, den Unterschied muß jedes Kind im Rahmen der Regeln zur Groß- und Kleinschreibung lernen. Dasselbe gilt für die Verwendung als Prädikatsnomen (**Er ist ein alter/Alter**) und es gilt für alle Arten von Adjektiven, einfache wie abgeleitete sowie insbesondere auch partizipiale (**die schreibenden/Schreibenden; die abgeordnete/Abgeordnete**). Eine Folge dieser ›syntaktischen Überlappung‹ von Adjektiv und substantiviertem Adjektiv ist, daß letzteres auf ersteres bezogen bleibt. Jedes Adjektiv ist gemäß 1c substantivierbar und es kann als Substantivierung lexikalisiert und sogar idiomatisiert werden, aber es behält immer auch seine Bedeutung als transparentes Konversionsprodukt. Das Substantiv **Abgeordneter** beispielsweise ist weitgehend idiomatisiert. Diese Leute sind Parlamentsmitglieder und in der Regel alles andere als abgeordnet. Daneben hat **Abgeordneter** aber auch seine ›wörtliche‹ Bedeutung als auf das Adjektiv **abgeordnet** bezogen.

Beim substantivierten Infinitiv (1a) findet sich eine syntaktische Überlappung mit dem Infinitiv als Verbform ebenfalls in mehreren syntaktischen Kontexten. Einer ist der bei sog. transitivem Modalverbgebrauch wie in **Sie will leben/Leben** analog zu **Sie will Milch** (Satz, 3.4). Ein anderer sind bestimmte Subjektsinfinitive. Sätze wie **Bier trinken ist gesund, Bier zu trinken ist gesund** und **Biertrinken ist gesund** bedeuten weitgehend dasselbe, wobei im ersten und zweiten ein verbaler Infinitiv, im letzten ein Rektionskompositum mit einem substantivierten Infinitiv **Trinken** als Kern im Subjekt stehen (Eisenberg u.a. 1975: 112 ff.; Satz, 11.2). In Sätzen mit der sog. Verlaufsform (**Sie ist am arbeiten/Arbeiten**) ist überhaupt schwer zu entscheiden, ob der Infinitiv verbal oder substantivisch ist (Krause 2002: 70 f.). Auch der substantivische Infinitiv kann von allen Verben gebildet werden, auch er lexikalisiert wenig und idiomatisiert selten (**das Schaffen, Treffen, Vermögen, Haben, Unternehmen**), und wenn er es tut, behält er daneben auch eine transparente Bedeutung. Er flektiert wie ein starkes Substantiv im Neutrum, hat aber keinen Plural. Als Substantiv ist er peripher, die Bindung ans Verb bleibt stark. Entsprechend groß sind die Probleme der traditionellen Grammatik für eine Wortartbestimmung immer gewesen. Das echte Nomen actionis ist die explizite Ableitung mit **ung** (7.2.1; s.a. 8.4).

Am schwierigsten sind die Verhältnisse beim Partizip 2 (zum Part1 5.3). Das Part2 ist zweifelsfrei eine verbale Form in periphrastischen Verbformen wie in **Sie ist gegangen; Er wird belohnt**. Auf der anderen Seite ist auch klar, daß es echte partizipiale Adjektive gibt (**ihre begabte Tochter; der verlorene Sohn**). Und schließlich finden wir ohne Schwierigkeiten Konstruktionen, in denen sich der verbale und der adjektivische Gebrauch überlappen. Der Satz **Das Fenster ist gestrichen** kann als Zustandspassiv analog zu **Das Fenster wird gestrichen** (Vorgangspassiv) gelesen werden. Er bedeutet dann etwas anderes als der Kopulasatz **Das Fenster ist gestrichen** analog zu **Das Fenster ist neu**. Das partizipiale Adjektiv gemäß 1b kann ebenfalls als syntaktisch konvertiert angesehen werden. Möglicherweise gibt es daneben aber auch einen echten Wortbildungsprozeß. Schon die Bezeichnung Partizip (traditionell eingedeutscht als ›Mittelwort‹) zeigt, daß die Bindung an das Verb einerseits und das Adjektiv andererseits seit jeher *das* Analyseproblem für die Partizipien darstellt, und daran hat sich bis heute nichts geändert (z. B. Wunderlich 1987a; Lenz 1993; Rapp 1997).

Wir lassen an dieser Stelle alle weiteren Einzelheiten offen, sie gehören in die Syntax. Festgehalten wird aber, daß die syntaktischen Konversionen wie die produktiven Suffigierungsprozesse dem Prinzip ›Endstation Hauptwort‹ unterworfen sind (3). Es gibt den direkten Weg vom Verb zum Substantiv und den indirekten vom Verb (**erwählt**) über das Adjektiv (**erwählt**) zum Substantiv (**der Erwählte**).

(3)

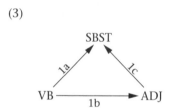

Morphologische Konversion

Wir kommen zu morphologischen Konversionen. Wie sind sie morphologisch zu beschreiben, welche Systematik liegt dem Verhältnis der phonologisch gleichen, kategorial und semantisch verschiedenen Stämme zugrunde?

Eine alte Idee ist, morphologisch einfache Stämme in Hinsicht auf die offenen Kategorien Substantiv, Adjektiv und Verb nicht zu differenzieren. Jeder Stamm könnte im Prinzip jeder der Kategorien angehören wie das bei **laut – lauten – der Laut** oder **grün – grünen – das Grün** tatsächlich der Fall ist. Daß bei vielen Stämmen nur zwei der drei Möglichkeiten ausgenutzt werden und bei den meisten nur eine, wäre nicht systematischen Beschränkungen geschuldet. Bei Bedarf stünden jederzeit alle drei Versionen zur Verfügung (Bergenholtz/Mugdan 1979).

Gegen einen Ansatz dieser Art ist vor allem zweierlei eingewendet worden. Einmal gibt es Stämme, die offensichtlich und als Prototypen in eine der drei Kategorien gehören, d. h. in keiner Weise neutral sind. Ein Prototyp für das Substantiv sind etwa die konkreten Appellativa wie **Stuhl**, **Buch**, **Baum**, einer für das Adjektiv sind Dimensionsbezeichnungen wie **lang, tief, dick** und einer für die Verben sind Tätigkeitsbezeichnungen wie **tragen, lesen, gehen**. Man kann solche Stämme gelegentlich konvertieren, aber dazu bedarf es besonderer Voraussetzungen. Im allgemeinen sind sie kategoriengebunden.

Der zweite Einwand ist, daß bei Kategorienneutralität die möglichen Konversionen auch vorkommen müßten. Das ist aber nicht der Fall. In größerem Umfang gibt es die in 2 und dazu einige vom Typ SBST/ADJ (**orange, ernst, schmuck** und defektiv weil nur prädikativ **angst, feind**). Die Kategorie ADJ/SBST ist auf Bezeichnungen für Sprachen und Farben beschränkt (**sein Englisch, das Schwarz**) und VB/ADJ weist nur wenige isolierte Fälle auf (**starr, wach, wirr**). Die These von der Kategorienneutralität ist damit hinfällig.

Nun erweisen sich bei genauerem Hinsehen aber auch die Typen in 2 als unterschiedlich produktiv (Olsen 1990a: 195 ff.; Eschenlohr 1999: 45 ff.). VB/SBST weist einfache (4a) und präfigierte (4b) Stämme sowie einige mit Partikeln (**Einlaß, Unterhalt**) auf. Sie sind alle stark lexikalisiert, wenn nicht idiomatisiert.

(4) a. **Blick, Halt, Knall, Rat, Schein, Streich, Schwindel, Trott**
 b. **Befehl, Beginn, Beleg, Besuch, Betrag, Entscheid, Erfolg, Erlaß, Verbrauch, Verkehr, Zerfall**

Neubildungen scheint es nur in geringem Umfang und nur im markierten Muster der s-Flexion zu geben (**Dreh, Schwenk, Stau, Treff**; Reis 1983). Hier scheint eine Analogiebildung zu entsprechenden Klassen von Anglizismen vorzuliegen.

Produktiver ist die Konversion von Substantiven zu Verben (SBST/VB, ausführlich Eschenlohr 1999). Es gibt zahlreiche konvertierbare heimische Stämme mit und ohne Pseudosuffix (5a,b), daneben fremde (5c), einige in Analogie zu 5b gebildete auf **er** (5 d) sowie diese und andere Kompositastämme (5 e).

(5) a. **dampfen, feilen, fetten, geigen, hechten, keimen, kleiden, loten, ölen, rosten, schroten**
 b. **atmen, baggern, paddeln, rahmen, regnen, rudern, segeln, segnen, zeichnen**
 c. **bluffen, drummen, flippen, grillen, jazzen, jobben, mobben, shoppen, tippen, trucken**
 d. **berlinern, dienern, lehrern, räubern, schlossern, schneidern, schreinern, tischlern, töpfern**
 e. **fußballern, handhaben, kennzeichnen, langweilen, ohrfeigen, ratschlagen, schiedsrichtern, schriftstellern**

Der Fall 5d wird in der Literatur als atypisch angesehen. Denn allgemein nimmt man an, daß für morphologische Konversionsprozesse ein striktes Einfachheitskriterium gilt: als Basis kommen nur Stämme infrage, die kein Ableitungsaffix aufweisen. Verben wie ***leitungen, *einheiten, *ruhigen** usw. kann es nicht geben (Deutsche Wortbildung 2: 132f., Olsen 1990a: 200f.; Eschenlohr 1999: 206ff.).

Damit steht die interessante Frage, ob ein Wortbildungsmuster produktiv sein kann, das an einfache Basen gebunden ist. Die Zahl der einfachen Basen ist begrenzt und es ist schwer vorstellbar, daß innerhalb einer solchen endlichen Menge plötzlich Neubildungen in größerer Zahl auftreten. Wenn überhaupt, dann ist das bei substantivischen Basen durch Entlehnung möglich. Deswegen sind die Verben in 5c von besonderem Interesse. Sie scheinen in der Tat zu zeigen, daß die Konversion SBST/VB produktiv ist.

Anders verhält es sich bei ADJ/VB. Es gibt eine ganze Reihe solcher Verben wie **faulen, heilen, reifen, runden, schnellen, schrillen, trocknen, trüben, weißen**. Aber ist der Typ produktiv? Olsen (1996a: 201) weist mit Recht darauf hin, daß die Zahl der morphologisch einfachen Adjektivstämme klein und stabil im Vergleich zur Zahl der Stubstantivstämme ist. ADJ/VB kann deshalb durchaus ›strukturell‹ produktiv sein, auch wenn sich kaum Neubildungen beobachten lassen. Eine starke Konkurrenz zu Konversionen sind hier wie auch bei den übrigen Verbalisierungen natürlich die Präfixbildungen.

Aber warum sind morphologische Konversionen auf einfache Basen beschränkt? Zu hohe kognitive Komplexität oder Abstraktheit wie bei der Beschränkung von Mehrfachsuffigierung (7.2.2) kommt als Grund nicht infrage. Konversion ist ausgeschlossen, wenn die Basis überhaupt komplex ist, das Maß an Komplexität spielt keine Rolle.

Affixderivationen haben im Deutschen in aller Regel das jeweilige Derivationsaffix als Kopf. Bei den Suffixen ist das immer so, bei den Präfixen nur bei Nominalableitungen nicht. Verbale Präfixe haben wir wie Suffixe als Köpfe anzusehen (7.1). Der Verbstamm **deut** wird durch ein Suffix zum Adjektivstamm **deutlich**, dieser durch ein Präfix zum Verbstamm **verdeutlich** und dieser wiederum zum Substantivstamm **Verdeutlichung**. Jeder der komplexen Stämme hat genau einen Kopf und das verhindert die Konversion. Der Kopf ist kategorial derart stark und eindeutig gebunden, daß die Umsetzung in eine andere Kategorie ihn sozusagen nicht überschreiben kann.

Die inhärente Bindung eines einfachen Stammes ist vergleichsweise schwach, schon weil sie morphologisch implizit bleibt. Die Beschränkung von Konversionen auf einfache Basen kann umgekehrt als indirekte Bestätigung für die Köpfigkeit der Affixe und insbesondere der verbalen Präfixe genommen werden. Denn nur wenn das Affix als ›Kategorisierer‹ wirkt, wird die Beschränkung der Konversion auf affixlose Basen erklärlich.

Bleibt die Frage nach der Ableitungsrichtung von Konversionen. Ein Konversionsprodukt ist transparent, wenn es in einem regelhaften semantischen Verhältnis zu seiner Basis steht. Ob ein Stamm von einem anderen abgeleitet ist, ist also nur dann feststellbar, wenn man die möglichen semantischen Verhältnisse kennt.

Im allgemeinen wird bis in die neueste Literatur hinein angenommen, es bedürfe dazu regularisierter Bedeutungsbeschreibungen. Ein Stamm A ist von B abgeleitet, wenn die Bedeutungsbeschreibung von A auf die von B zurückgreift, aber nicht umgekehrt. Das Verb **flöten** bedeutet »Flöte spielen« und ist deshalb vom Substantiv **Flöte** abgeleitet und nicht etwa umgekehrt. Ob **starr** von **starren** und **Puder** von **pudern** abgeleitet ist, läßt sich so allerdings nicht ermitteln. Ergibt sich die Ableitungsrichtung nicht zwingend aus der Generalisierung von analogen Fällen, so bleibt sie für die synchrone Analyse offen. Das bedeutet aber weder eine Rückkehr zur These von der Kategorienneutralität einfacher Stämme noch sollte es dazu verleiten, strukturelle durch historische Argumentation zu ersetzen (**Aufgabe 105**).

8. Die Wortschreibung

8.1 Graphematik und Orthographie

Warum sollte eine Grammatik das Geschriebene für sich behandeln? Hat das geschriebene Wort denn eine andere Grammatik als das gesprochene?

Die geschriebene Sprache unterscheidet sich sowohl materiell als auch im Gebrauch von der gesprochenen. Gewöhnlich wird ein geschriebener Text nicht in derselben Situation gelesen, in der er niedergeschrieben wurde, die schriftliche Kommunikation ist ›zerdehnt‹ (Ehlich 1983). Daraus folgt unmittelbar, daß ein geschriebener Text aus sich heraus und weitgehend unabhängig vom Kontext der Äußerung verständlich sein muß. Dem entspricht seine Materialität. Er ist als Token stabil und kann unabhängig vom Ort und der Zeit seiner Entstehung beliebig häufig, in beliebigem Tempo und in fast beliebiger Parzellierung rezipiert werden. Dabei ist die Verständlichkeit geschriebener Texte umso eher garantiert, je stabiler die sprachlichen Einheiten auch als Types sind.

In literalen Gesellschaften entwickelt sich eine einheitliche Schreibung nicht als etwas Erzwungenes, sondern sie ist funktional erforderlich und weitgehend Ergebnis eines quasi natürlichen, jedenfalls aber ohne permanenten Zwang ablaufenden Prozesses. Die Bedeutung, die der Zug zur Einheitlichkeit und Stabilität von Formen für eine Sprache insgesamt hat, kann kaum überschätzt werden. Die Syntax, das Flexionssystem und vor allem die sog. Standardlautung sähen ohne Schrifttradition heute ganz anders aus, die Dialektlandschaft des Deutschen, sein Verhältnis zu anderen Sprachen und sein Wortschatz ebenfalls.

Viele Aspekte der Spezifik verschrifteter Sprachen sind im Rahmen der neueren Forschungen zum Verhältnis von Mündlichkeit und Schriftlichkeit genau beschrieben worden (Goody Hg. 1981; Ong 1987; Glück 1988; Stetter 1997). Für die Behandlung des Geschriebenen in einer Grammatik ist erst einmal wichtig, daß Einheitlichkeit der geschriebenen Formen nicht von vornherein gleichzusetzen ist mit Künstlichkeit, Willkürlichkeit und mangelnder Systematizität. Es würde sich sonst ja kaum lohnen, nach grammatischen Regularitäten zu suchen.

In den folgenden Abschnitten geht es also um die Frage, welche grammatische Information wie in geschriebenen Wörtern kodiert ist. Als maximale Domäne ist die graphematische Wortform im allgemeinen gegeben. Anders als im Gesprochenen, wo die Isolierung der Wortform ein erhebliches Problem darstellt, finden wir sie im Geschriebenen als Buchstabenfolge zwischen Spatien. Grenzfälle gibt es natürlich. Wir thematisieren einige von ihnen im Abschnitt über Getrennt- und Zusammenschreibung (8.4).

Die explizite Beschäftigung mit der geschriebenen Form der Wörter unterstellt, daß sich andere Teile der Grammatik ebenso ausdrücklich mit ihrer Lautform befassen. Wir haben diesen Punkt in verschiedenen Zusammenhängen thematisiert, vor allem bei der Frage nach einer Segmentierbarkeit des Lautkontinuums in Phoneme (3.1) oder einer Determiniertheit von Sprachwahrnehmung durch Schrift überhaupt (2.3.1). Vorerst muß offen bleiben, wie weit unsere Phonologie hier realistisch ist oder nicht doch in mancher Hinsicht schriftdeterminiert. Das gilt selbst für das phonetische Transkribieren. Es gibt keine bessere Grundlage für die Beschäftigung mit der Alphabetschrift als die Erfahrung, wie weitgehend das Transkribieren strukturabhängig ist (2.3).

Trotz derartiger Probleme bleibt es sinnvoll, das geschriebene Wort als solches grammatisch zu analysieren. Denn wenigstens auf Seiten der Schrift ist die Datenlage einigermaßen übersichtlich. Eher selten dürfte nämlich die Lautstruktur unsere Schriftwahrnehmung überformen als die Schriftstruktur den Blick auf das Lautliche.

Grammatische Information ist im Geschriebenen anders kodiert und wird perzeptuell anders (eben visuell statt vorwiegend auditiv) verarbeitet als im Gesprochenen. Und in beiden Materialisierungen kann überhaupt unterschiedliche Information kodiert sein. Die phonologische Form ['ʀɛçn̩] beispielsweise enthält andere und in bestimmter Hinsicht weniger grammatische Information als die graphematischen Formen ⟨rächen⟩ und ⟨Rechen⟩. Letztere ist substantivisch. Erstere ist das keinesfalls und ihre Umlautschreibung zeigt, daß sie wohl paradigmisch an einem Stamm mit ⟨a⟩ hängt (⟨Rache⟩). All das sieht man, aber man hört es nicht.

Umgekehrt sind etwa Fußstrukturen nur im Gesprochenen direkt kodiert: ['ʀɛçn̩] hat eine betonte gefolgt von einer reduzierten Silbe. In geschriebenen Wörtern finden sich zwar vergleichbare Strukturierungen, aber sie kodieren Füße nicht direkt, nicht einheitlich und im Gesamtwortschatz nicht eindeutig (8.2.2).

Die Isolierung der geschriebenen Form als Gegenstand grammatischer Analyse schließt nun natürlich einen Bezug auf Strukturen gesprochener Wörter nicht aus. In den Diskussionen über den Status der Graphematik in der Grammatik hat es in den vergangenen Jahren eine ebenso heftige wie unfruchtbare Auseinandersetzung zwischen sog. Autonomisten und Dependenztheoretikern gegeben. Ist das Schriftsystem einer altverschrifteten Sprache ›autonom‹ oder ist es abhängig vom System der Lautsprache?

Unfruchtbar war die Debatte, weil immer wieder systematische Fragen mit solchen der historischen Entwicklung, des Erwerbs, der kognitiven Verarbeitung und der gesellschaftlichen Funktion von Schrift und geschriebener Sprache konsequent durcheinandergeworfen wurden. Im Vergleich zur Sprache überhaupt (ca. 150.000 Jahre) ist die Schrift jung (ca 5.000 Jahre). Der Mensch spricht, bevor er schreibt und verlernt das Schreiben leichter als das Sprechen. Es ist auch gut begründet, daß wir zunächst das Sprechen meinen, wenn wir über Äußerungen in einer ›natürlichen‹ Sprache reden. Ob aber die Wortgrammatik des gegenwärtigen Deutschen überhaupt und wenn ja in welcher Hinsicht und in welchem Ausmaß davon geprägt ist, daß wir seit Jahrhunderten in immer größerem Umfang schreiben und lesen, hat damit nichts zu tun.

Die autonome Analyse des Geschriebenen ist vor allem ein methodisches Postulat. Erst wenn man weiß, welche grammatische Information in geschriebenen Wörtern steckt, lassen sich kontrolliert Bezüge zu gesprochenen Wörtern herstellen. Welche Seite in welchem Sinne primär ist, bleibt strukturellen

Analysen zwar verborgen. Debatten über Prioritäten setzen solche Analysen aber ihrerseits voraus. Genau dieses Wissen liefert die Grammatik (Günther 1988; Scheerer 1993; Eisenberg 1996a).

In der Autonomiedebatte spielt auch das Normproblem eine Rolle. Die Wortschreibung des Deutschen ist gleich zweimal explizit normiert, nämlich durch ein kodifiziertes – und sogar amtliches – Regelwerk und durch orthographische Wörterbücher (1.2). Das Deutsche ist nicht nur verschriftet, sondern es hat auch eine Orthographie.

Begrifflich ist die Unterscheidung von Orthographie und Graphematik denkbar einfach. Wer eine Orthographie erwirbt, lernt nicht nur schreiben, sondern er lernt richtig im Sinne von normgerecht schreiben. Entscheidend ist letztlich, wie das geschriebene Wort aussieht. Unwichtig ist, nach welchen Regeln die Schreibung zustande kommt. Ein Orthographiefehler ist vorhanden oder nicht vorhanden, soweit die jeweilige Schreibung in der Orthographie geregelt ist.

Eine Graphematik ermittelt dagegen die Regularitäten, die dem normalen Schreiben zugrunde liegen. Sie findet ihre empirische Basis im Schreibusus, d.h. darin, wie tatsächlich geschrieben wird. Sie unterscheidet sich hier in nichts von der Phonologie oder der Syntax.

Abweichungen von der orthographischen Norm wird eine Graphematik nicht einfach aus der Menge der Daten streichen, die sie für eine grammatische Analyse berücksichtigt. Vielmehr wird sie zu klären versuchen, welchen Regularitäten der Schreiber gefolgt ist. Die Schreibung ⟨überschwänglich⟩ war nach der alten Orthographie ausgeschlossen, es mußte ⟨überschwenglich⟩ geschrieben werden. Wer dieses Wort verwendet, wird es wohl auf **Überschwang** beziehen so wie **täglich** auf **Tag** und **gegenständlich** auf **Gegenstand**. Die Schreibung mit ⟨ä⟩ ist deshalb systemgerecht. Norm und System vertragen sich bei der alten Schreibung an dieser Stelle nicht und die Neuregelung von 1996 hat gut daran getan, die Schreibung mit ⟨ä⟩ zuzulassen. Die Graphematik ermittelt die Regularitäten, die dem Schreiben und Lesen zugrunde liegen. Ihr Gegenstand ist das Schriftsystem.

In der Praxis des Schreibens und Schreibenlernens haben wir es also nicht einfach mit einer Reproduktion der Norm zu tun. Die Norm gerät gelegentlich in Konflikt mit dem, wie die Leute schreiben oder eigentlich schreiben wollen. Gerade dort, wo er von der Norm abweicht, beruht der Schreibusus fast immer auf nachvollziehbaren graphematischen Regularitäten. Wenn viele dasselbe falsch schreiben, ist das ein Anzeichen für einen Bedarf an Normänderung (Vorschläge für solche Änderungen im Regelwerk Eisenberg 2002a).

Seit das Deutsche eine explizit normierte Orthographie hat – seit den Beschlüssen der 2. Orthographischen Konferenz von 1901 – ist im Duden-Rechtschreibwörterbuch eine große Zahl von Änderungen sowohl am Regelwerk als auch an einzelnen und an Gruppen von Wortschreibungen vorgenommen worden. Dabei wurde von Seiten des Duden wiederholt festgestellt, er wolle die deutsche Orthographie weder setzen noch einfach konservieren, sondern in ihrer Entwicklung begleiten und auf dieser Grundlage vereinheitlichen. Ein durchaus vergleichbares Ziel setzt sich die Neuregelung, indem sie Regeln vereinfachen und den »Geltungsbereich der Grundregeln« ausdehnen möchte (Müller 1968; Drosdowski 1980; Deutsche Rechtschreibung 1996: 9; s.a. Sauer 1988: 172ff.).

Wir behaupten nicht, daß die von Dudenauflage zu Dudenauflage vorgenommenen Änderungen sämtlich dem Usus folgen, noch behaupten wir gar, daß die Neuregelung von 1996 ihrem Ziel auch nur nahekommt. Die Vorgänge sind als solche wichtig. Änderungen an einer kodifizierten Norm sind möglich. Das Problem liegt nicht so sehr bei der Normiertheit selbst, sondern beim Verfahren, mit dem sie geändert wird. Das Verfahren muß eine Erhebung des Schreibusus vorsehen, es muß eine graphematische Analyse umfassen und es muß einen diese Faktoren berücksichtigenden Entscheidungsweg über Änderungen vorsehen. Verbindlich würde dann eine Norm, die dem Usus folgt und graphematisch fundiert ist.

Ganz ähnlich beim Erwerb. Ein moderner Schreibunterricht lehrt die Kinder längst nicht mehr nur ›Rechtschreiben‹, sondern die Kinder lernen schreiben verbunden mit dem Ziel, möglichst schnell und möglichst reibungslos auch zum richtigen Schreiben vorzustoßen. Für das Lernen ist es von Vorteil, wenn ein Wort auf immer dieselbe Weise und genau in der Form geschrieben wird, in der man es liest. Einheitlichkeit und Konstanz der geschriebenen Form ist funktional von Vorteil. Schon aus diesem Grund führt das normale Schreibenlernen mehr oder weniger zwanglos zum etablierten Usus (Scheerer-Neumann 1996; 2003; Günther 1998a; Feilke 2003).

Schließlich: schon längst nicht mehr werden alle Rechtschreibfehler über denselben Leisten geschlagen. Neuere Fehlertypologien versuchen, Normabweichungen systematisch zu ordnen und einzuordnen. Die meisten Fehler kann man deuten, d.h. man weiß, wie sie zustande kommen. Eine unqualifizierte Feststellung wie »**Vertig** ist eben falsch, richtig schreibt man **fertig**« bleibt dann die Ausnahme. Sobald ein Kind erkennt, daß **fertig** nicht das Präfix **ver** und nicht das Suffix **ig** enthält, also anders strukturiert ist als **verpetzt** und **verbeult** einerseits sowie **giftig** und **flüssig** andererseits, wird es den Fehler nicht mehr machen. Orthographiefehler sind ja nichts anderes als ein spezieller Typ von Grammatikfehler. Sie beruhen fast immer darauf, daß grammatische Eigenschaften eines Wortes nicht erkannt werden. Auch insofern sind Graphematik und Orthographie nicht voneinander zu trennen (dazu Meyer-Schepers/Löffler 1994; Augst Hg. 1994; Hinney 1997; Thomé 2003).

Im Deutschen weicht die orthographische Norm lediglich in Kleinigkeiten und sehr beschränktem Umfang von einem graphematisch rekonstruierbaren Schriftsystem ab. Die folgenden Abschnitte sollen zeigen, wie weitgehend man auf der Basis einfacher graphematischer Regularitäten zu korrekten Wortschreibungen kommt. Die Graphematik ist nicht nur ein Teil der Grammatik, sondern kaum ein anderer Teil der Grammatik dürfte eine auch nur annähernd gleich große praktische Bedeutung haben.

8.2 Buchstabenschreibung

Bei der Buchstabenschreibung geht es um die Regularitäten, die der Anordnung der Buchstaben in der Segmentfolge der graphematischen Wortform zugrunde liegen. Das betrifft einmal die Feststellung des Graphembestandes und zum zweiten die regelhafte Korrespondenz zwischen Lauten und Buchstaben oder Phonemen und Graphemen. Die graphematische Segmentfolge

⟨kalt⟩ korrespondiert mit ihren vier Buchstaben Segment für Segment den Lauten der phonologischen Segmentfolge [kalt]. Bei Sprachen mit Alphabetschrift stellen solche regelhaften Korrespondenzen die Basis der Wortschreibung dar (8.2.1).

Aber nicht alle Vorkommen von Buchstaben sind so fundiert. In der graphematischen Form ⟨blühen⟩ kommt ein ⟨h⟩ vor, dem kein Segment in der phonologischen Form [blyːən] entspricht. Trotzdem ist das ⟨h⟩ regelhaft. Es muß an dieser Stelle geschrieben werden, weil in der phonologischen Form der Kern einer betonten Silbe dem Kern einer Schwasilbe unmittelbar vorausgeht. Das Auftreten von ⟨h⟩ ist an silbenstrukturelle Bedingungen gebunden. Solche silbischen Schreibungen behandeln wir in 8.2.2.

Das ⟨ä⟩ in ⟨kälter⟩ schließlich ist offenbar darauf zurückzuführen, daß diese Form morphologisch mit ⟨kalt⟩ verwandt ist. Das Substantiv ⟨Kelter⟩ wird dagegen mit ⟨e⟩ geschrieben, weil eine derartige Verwandtschaft nicht besteht. Beiden, ⟨kälter⟩ und ⟨Kelter⟩, entspricht dieselbe phonologische Form [kɛltəʀ] (Explizitlautung). Die morphologische Fundiertheit von Buchstabenschreibungen besprechen wir in 8.2.3.

Das Spezifische des hier vertretenen Ansatzes ist, daß die Anordnung der Buchstaben in der graphematischen Wortform nicht ausschließlich auf Lautsegmente bezogen wird. Der Bezug auf Laute macht nur einen – wenn auch den fundierenden – Teil der Buchstabenschreibung aus. Neben diesem alphabetischen weist das Schriftsystem des Deutschen einen silbenschriftlichen und einen morphologischen Anteil auf. Um das Vorkommen und die Anordnung der Buchstaben zu verstehen, muß man sich deshalb nicht nur auf die Laute, sondern auch auf die phonologische und die morphologische Struktur eines Wortes beziehen können.

Weil es im vorliegenden Abschnitt um graphematische Wortformen geht, werden diese durchgängig in spitze Klammern gesetzt. Inhaltlich wird im wesentlichen an Abschnitt 2 der Dudengrammatik angeknüpft (Duden 1998: 56ff.).

8.2.1 Phoneme und Grapheme

In Kap. 3 (Segmentale Phonologie) wurde ein Phonemsystem für das Deutsche entwickelt, bei dem ein Phonem im Sinne des klassischen Strukturalismus als die Menge der distinktiven Merkmale eines kleinsten Lautsegments gilt. Was ein kleinstes Lautsegment ist, ergibt sich mithilfe der Substitutionsmethode per Minimalpaarbildung (2.3.1; 3.1). Auf diese Weise werden für das Kernsystem des Deutschen zwanzig Konsonantphoneme und sechzehn Vokalphoneme angesetzt. Von den sechzehn Vokalphonemen sind acht gespannte sowie sieben ungespannte betonbar und eins, nämlich Schwa, ist nichtbetonbar. Wir machen dieses System von Phonemen zur Bezugsgröße auf der lautlichen Seite der Phonem-Graphem-Korrespondenzen. Die Domäne solcher Korrespondenzen sind einfache morphologische Einheiten. Vorausgesetzt ist dabei in der Regel Explizitlautung.

Das Grapheminventar

Zur Feststellung der Korrespondenzen muß zunächst ein Grapheminventar ermittelt werden. Das Verfahren ist dasselbe wie bei Ermittlung des Phoneminventars. Man segmentiert graphematische Wortformen mithilfe der Substitutionsmethode durch Minimalpaarbildung und erhält die Grapheme als kleinste bedeutungsunterscheidende Segmente der Formseite geschriebener Wörter. Die graphematische Form ⟨halm⟩ hat danach die Graphemfolge wie in 1. (Von Großschreibung wird im Beispiel abgesehen. Sie wird im weiteren stillschweigend mitnotiert).

(1) ⟨*h*alm⟩ **Halm**
⟨*s*alm⟩ **Salm**
⟨h*e*lm⟩ **Helm**
⟨ha*r*m⟩ **Harm**
⟨hal*t*⟩ **Halt**

Rein mechanisch ergibt sich, daß die Form ⟨Halm⟩ vier kleinste Segmente hat, die alle verschieden sind. Insgesamt treten in 1 acht verschiedene Grapheme auf, von denen jedes genau einem Buchstaben entspricht: ⟨h, a, l, m, s, e, r, t⟩.

Nicht alle Grapheme entsprechen genau einem Buchstaben. In der graphematischen Wortform ⟨Schaum⟩ beispielsweise lassen sich die ersten drei Buchstaben nur gemeinsam ersetzen, etwa in ⟨Baum⟩, ⟨Raum⟩, ⟨Saum⟩, ⟨kaum⟩. Mit einiger Mühe läßt sich vielleicht das ⟨ch⟩ durch ein anderes Graphem ersetzen, ⟨staum⟩ und ⟨spaum⟩ sind wohl als wohlgeformt anzusehen. Nicht möglich ist dagegen die Ersetzung von ⟨s⟩ durch irgend ein anderes Graphem X. Einsilber der Form ⟨Xchaum⟩ sind nicht wohlgeformt. Genauso wenig lassen sich ⟨c⟩ und ⟨h⟩ in ⟨ch⟩ sowie ⟨q⟩ und ⟨u⟩ in ⟨qu⟩ voneinander trennen. Im Graphembestand des Deutschen finden sich daher neben Einzelbuchstaben auch die Mehrgraphen (Bigraphen und Trigraphen) ⟨ch, qu, sch⟩. Insgesamt ergibt sich das Grapheminventar in 2.

(2) a. Konsonantgrapheme
⟨p⟩, ⟨t⟩, ⟨k⟩, ⟨b⟩, ⟨d⟩, ⟨g⟩, ⟨f⟩, ⟨s⟩, ⟨ß⟩, ⟨w⟩, ⟨j⟩, ⟨h⟩, ⟨m⟩, ⟨n⟩, ⟨l⟩, ⟨r⟩, ⟨qu⟩, ⟨ch⟩, ⟨sch⟩, ⟨z⟩

b. Vokalgrapheme
⟨a⟩, ⟨e⟩, ⟨i⟩, ⟨ie⟩, ⟨o⟩, ⟨u⟩, ⟨ä⟩, ⟨ö⟩, ⟨ü⟩

Der Graphembestand weicht erheblich vom lateinischen Alphabet ab. Einerseits gibt es Buchstabenformen, die in diesem Alphabet fehlen wie das ⟨ß⟩ und die Umlautgrapheme ⟨ä, ö, ü⟩, dazu gibt es die Mehrgraphen.

Andererseits fehlen einige Buchstaben. Das c kommt nur als Bestandteil von Mehrgraphen vor, das v, x und y gar nicht. Das in 2 aufgezählte Inventar umfaßt nur die Grapheme, die regelmäßig in produktiven Schreibungen des Kernwortschatzes verwendet werden. Die vier nicht aufgenommenen Buchstaben ⟨c, y, v, x⟩ kommen entweder nur in Fremdwörtern vor (⟨Cello⟩, ⟨Comic⟩, ⟨Mythos⟩, ⟨Baby⟩) oder sie erscheinen im Kernwortschatz als markierte Schreibungen wie das ⟨v⟩ anstelle von ⟨f⟩ in ⟨Vogel⟩, ⟨von⟩ und das ⟨x⟩ anstelle von ⟨chs⟩ in ⟨Hexe⟩, ⟨Faxen⟩, ⟨fix⟩. Sie gehören nicht zum Kernbestand, sondern nur zu einem erweiterten Grapheminventar des Deutschen (dazu auch Aufgabe 106 unten).

Man kann gewiß trefflich darüber streiten, ob der eine oder andere dieser Buchstaben nicht doch in den Kernbestand der Grapheme aufzunehmen sei. Wir wollen die weitläufige Debatte darüber nicht reproduzieren. In der Graphematik kommt es vor allem darauf an, die Produktivität der Buchstabenkombinatorik verständlich zu machen und zu zeigen, wie zehntausende von Wörtern des Kernwortschatzes regelhaft mit wenigen Buchstaben geschrieben werden und welche Regularitäten und Besonderheiten die Fremdwortschreibung bestimmen. In großem Umfang treten die ausgeschlossenen Buchstaben eben nur in fremden Wörtern auf (8.6). Das Kernsystem wird unnötig kompliziert und verliert viel von seiner Signifikanz, wenn man es nicht in der angegebenen Weise beschränkt (zum Graphembegriff allgemein Kohrt 1985; Henderson 1986; zum Deutschen Eisenberg 1988; Günther 1988: 79 ff.).

Die Korrespondenz zwischen Graphemen und Phonemen

Wichtiger als ein Streit um einzelne Grapheme ist die Feststellung, daß wir überhaupt in der Lage sind, ein Grapheminventar auf prinzipiell dieselbe Weise zu ermitteln wie ein Phoneminventar. Nur weil das möglich ist, können wir für die Grapheme einen vergleichbaren Status in graphematischen Wortformen unterstellen wie ihn die Phoneme in phonologischen Wortformen haben. Und nur deshalb ist es sinnvoll, nach regelmäßigen Korrespondenzen zwischen Phonemen und Graphemen zu fragen. Setzen wir das Phonemsystem einerseits und das Graphemsystem andererseits so an wie erläutert, dann ergeben sich einfache und eindeutige Korrespondenzen. In den meisten Fällen entspricht einem Phonem als einfacher phonologischer Einheit ein Graphem als einfache graphematische Einheit. 3 listet die Korrespondenzen für die Konsonanten in Form sog. GPK-Regeln (Graphem-Phonem-Korrespondenzregeln). Um ganz deutlich zu machen, daß es sich um Korrespondenzen zwischen distinktiven Einheiten handelt, notieren wir die Phoneme in der Tabelle in Schrägstrichen //. Weil 3 die Phonemschreibweise verwendet, werden gespannte Vokale in den

(3) GPK-Regeln, Konsonanten

/p/ → ⟨p⟩	/pɔst/ - ⟨Post⟩	/ç/ → ⟨ch⟩	/mɪlç/ - ⟨Milch⟩
/t/ → ⟨t⟩	/ton/ - ⟨Ton⟩	/v/ → ⟨w⟩	/vɛʁk/ - ⟨Werk⟩
/k/ → ⟨k⟩	/kalt/ - ⟨kalt⟩	/j̯/ → ⟨j⟩	/j̯ʊŋ/ - ⟨jung⟩
/b/ → ⟨b⟩	/bʊnt/ - ⟨bunt⟩	/h/ → ⟨h⟩	/haʁt/ - ⟨hart⟩
/d/ → ⟨d⟩	/dʊʁst/ - ⟨Durst⟩	/m/ → ⟨m⟩	/mɪlç/ - ⟨Milch⟩
/g/ → ⟨g⟩	/gʊnst/ - ⟨Gunst⟩	/n/ → ⟨n⟩	/napf/ - ⟨Napf⟩
/kv/ → ⟨qu⟩	/kval/ - ⟨Qual⟩	/ŋ/ → ⟨ng⟩	/j̯ʊŋ/ - ⟨jung⟩
/f/ → ⟨f⟩	/frɔʃ/ - ⟨Frosch⟩	/l/ → ⟨l⟩	/lɪçt/ - ⟨Licht⟩
/s/ → ⟨ß⟩	/ʁus/ - ⟨Ruß⟩	/ʁ/ → ⟨r⟩	/ʁɛçt/ - ⟨Recht⟩
/z/ → ⟨s⟩	/zamt/ - ⟨Samt⟩	/t͡s/ → ⟨z⟩	/t͡saʁt/ - ⟨zart⟩
/ʃ/ → ⟨sch⟩	/ʃʁot/ - ⟨Schrot⟩		

Beispielen ohne Längenzeichen notiert. Im weiteren Text bleiben wir meist bei der neutralen Schreibweise in eckigen Klammern, schon weil gelegentlich auch von Allophonen oder allgemein Lauten die Rede ist.

Eine GPK-Regel hat allgemein die Form einer sog. kontextfreien Ersetzungsregel, bei der eine Folge von Phonemen auf eine Folge von Graphemen bezogen ist: $[X_1 \ldots X_m] \rightarrow \langle Y_1 \ldots Y_n \rangle$. Auch die Einerfolge gilt natürlich als Folge. Mit Kontextfreiheit ist gemeint, daß ein Phonem oder eine Phonemfolge unabhängig vom Kontext des Vorkommens bestimmten Graphemen oder Graphemfolgen entspricht. Wenn gleichzeitig Eindeutigkeit der Abbildung verlangt ist, darf jedes Phonem nur einmal in einer GPK-Regel vorkommen. Das ist in 3 der Fall bis auf [k], [v], [t] und [s], die sowohl für sich als auch in den Phonemfolgen [kv] und [t͡s] (Affrikate) vorkommen. In diesen Regeln ist die Korrespondenz auf spezielle Kontexte bezogen. Es handelt sich dabei offensichtlich um markierte Fälle.

Konsonantphoneme, die in 3 nicht vorkommen, erscheinen entweder nur in Regeln für markierte Schreibungen (z.B. in fremden Wörtern) oder sie unterliegen besonderen Kontextbedingungen (zu weiteren Einzelheiten **Aufgabe 106**). Insgesamt zeigt 3, daß die segmentale Grundlage der Konsonantschreibung im Deutschen denkbar einfach ist. Fast durchweg sind Einzelphoneme und Einzelgrapheme eineindeutig aufeinander bezogen.

Wir halten noch einmal fest, daß es sich bei 3 um die Darstellung von Korrespondenzen und nicht um die Ableitung von Graphemen aus Phonemen handelt. Gezeigt wird, welche Schreibungen sich für bestimmte phonologische Formen ergeben. Verwendet wird das etablierte Format der Ersetzungsregel, das für den vorliegenden Zweck vollkommen ausreicht. Die neuere grammatiktheoretische Diskussion über das Verhältnis von Ableitungsregeln und sog. Deklarativformaten muß dazu nicht reproduziert werden (Gazdar u.a. 1985: 43ff.; Jackendoff 1997: 12ff., 41ff.; 1.1).

Etwas anders als bei den Konsonanten ist das Regelsystem für die Vokale strukturiert, aber auch hier ist die Zuordnung im wesentlichen kontextfrei und die Abbildung eindeutig. Gespannte Vokale werden in 4 wieder ohne Längenzeichen notiert.

(4) GPK-Regeln, Vokale

a. Gespannte Vokale

/i/ → ⟨ie⟩	/kil/ - ⟨Kiel⟩
/y/ → ⟨ü⟩	/vyst/ - ⟨wüst⟩
/e/ → ⟨e⟩	/vem/ - ⟨wem⟩
/ø/ → ⟨ö⟩	/ʃøn/ - ⟨schön⟩
/æ/ → ⟨ä⟩	/bæʀ/ - ⟨Bär⟩
/ɑ/ → ⟨a⟩	/tʀɑn/ - ⟨Tran⟩
/o/ → ⟨o⟩	/ton/ - ⟨Ton⟩
/u/ → ⟨u⟩	/mut/ - ⟨Mut⟩

b. Ungespannte Vokale

/ɪ/ → ⟨i⟩	/mɪlç/ - ⟨Milch⟩
/ʏ/ → ⟨ü⟩	/hʏpʃ/ - ⟨hübsch⟩
/ɛ/ → ⟨e⟩	/vɛlt/ - ⟨Welt⟩
/œ/ → ⟨ö⟩	/kœln/ - ⟨Köln⟩
/a/ → ⟨a⟩	/kalt/ - ⟨kalt⟩
/ɔ/ → ⟨o⟩	/fʀɔst/ - ⟨Frost⟩
/ʊ/ → ⟨u⟩	/gʊʀt/ - ⟨Gurt⟩

c. Reduktionsvokal

/ə/ → ⟨e⟩   /kɪʀçə/ - ⟨Kirche⟩

d. Diphthonge
/ai/ → ⟨ei⟩   /bain/ - ⟨Bein⟩
/au/ → ⟨au⟩   /t͡saun/ - ⟨Zaun⟩
/ɔi/ → ⟨eu⟩   /hɔi/ - ⟨Heu⟩

Alle Vokale des Systems kommen in GPK-Regeln vor. Sie werden auf einfache Grapheme abgebildet bis auf das [i], dem der Mehrgraph ⟨ie⟩ entspricht. Die Abbildung der betonbaren Vokale ist eindeutig, aber nicht eineindeutig. Paare von gespannten und ungespannten Vokalen werden – bis auf [i/ɪ] und den Sonderfall [æ] – auf dasselbe Graphem bezogen, z. B. [u/ʊ] auf ⟨u⟩, [o/ɔ] auf ⟨o⟩ usw. Dieser doppelte Bezug auf ein Vokalgraphem kann vermieden werden, wenn man mit einem statt mit zwei Vokalsystemen arbeitet. Wir wissen ja, daß gespannte und ungespannte Vokale in Wörtern des Kernwortschatzes nur einen geringen Überlappungsbereich haben, d. h. weitgehend komplementär verteilt sind (4.3.2). Man kann deshalb durchaus erwägen, nur ein Vokalsystem anzusetzen und Gespanntheit/Ungespanntheit aus der Silbenstruktur abzuleiten. Die Phonem-Graphem-Beziehungen für die betonbaren Vokale sind dann eineindeutig. Die Existenz nur eines Systems von Vokalgraphemen wird gelegentlich sogar als Hinweis darauf genommen, daß auch nur ein Vokalsystem angesetzt werden sollte (Vennemann 1991; Becker 1998). Das graphematische System macht aus dieser Perspektive deutlich, daß die Trennung von segmentaler und prosodischer Information beim Operieren mit zwei Vokalsystemen nicht konsequent durchgeführt ist.

Etwas Ähnliches gilt für die Regel in 4c. Schwa wird auf ⟨e⟩ abgebildet, aber Schwa tritt ja bei Standardlautung in Silben mit Sonorant gar nicht auf, sondern erscheint lediglich bei bestimmten Explizit- und Überlautungen (4.4). Das ⟨e⟩ für Schwa im Geschriebenen ist aus dieser Sicht nichts anderes als ein Markierer für die Silbizität eines Sonoranten oder Silbizität überhaupt. Wir schreiben [ʀaːtn̩] als ⟨raten⟩ und [noːbl̩] als ⟨nobel⟩ sowie [boːtə] als ⟨Bote⟩.

Besonderer Rechtfertigung bedarf es, daß wir eigene GPK-Regeln für die Diphthonge ansetzen, obwohl die Diphthonge nach den Ausführungen in 3.2.2 nicht zu den Phonemen gehören. Begründung für die Regeln in 4d ist, daß die Schreibweisen ⟨ei⟩ und ⟨eu⟩ nicht ›lautgetreu‹ sind. Sie ergeben sich nicht aus der jeweiligen Phonemfolge. Im Grunde wird aber auch hier Segmentales mit Prosodischem vermischt. Die Lösung in 4d ist technisch am einfachsten, das ist ihre ganze Rechtfertigung (zur Schreibung der Diphthonge weiter 8.2.2; **Aufgabe 107**).

Mit den GPK-Regeln in 3 und 4 läßt sich jedes Wort des Deutschen schreiben, das nicht, wie manche Fremdwörter, andere als die vorkommenden Laute aufweist. Mit einem solchen System ist der alphabetische Anteil des Schriftsystems isoliert. Der alphabetische Anteil ist das, was man an den graphematischen Wortformen auf Korrespondenzen zu einer rein segmentalphonologischen Repräsentation zurückführen kann. Wir sprechen hier auch von *phonographischen Schreibungen*.

Viele Wörter haben rein phonographische Schreibungen, d. h. mit den Regeln in 3 und 4 schreiben wir sie richtig. ⟨Hobel⟩, ⟨Tisch⟩, ⟨kalt⟩, ⟨müde⟩, ⟨loben⟩, ⟨raten⟩, ⟨in⟩, ⟨auf⟩, ⟨mit⟩, ⟨oder⟩, ⟨sondern⟩ sind solche Wörter. Man darf annehmen, daß Kinder, wenn sie in der sog. alphabetischen Phase des Erstschrifterwerbs lautierend schreiben, ein Regelsystem dieser Art verwenden (Dehn 1985; Scheerer-Neumann 1987; Hinney 1997; zusammenfassend Günther 1990; 1998a).

Viele weitere interessante Spekulationen setzen hier an. So drängt sich die Frage auf, ob die Wortschreibung nicht überhaupt auf ein System von GPK-Regeln reduziert werden könne. Sieht die ideale Orthographie so aus?

Eine derartige Orthographie würde voraussetzen, daß alle, die Deutsch schreiben, über das entsprechende Phonemsystem verfügen. Die Funktionalität unserer Orthographie beruht aber gerade darauf, daß sie viel abstrakter und damit lautunabhängiger ist als eine rein phonembasierte. Und so einfach wie in 3 und 4 ginge es auch rein technisch nicht. Die Formen ⟨halt⟩, ⟨Ban⟩, ⟨reißt⟩, ⟨singkst⟩, die nach 3 und 4 geschrieben sind, differenzieren wir tatsächlich in ⟨halt⟩ – ⟨hallt⟩, ⟨Bahn⟩ – ⟨Bann⟩, ⟨reist⟩ – ⟨reißt⟩, ⟨singst⟩ – ⟨sinkst⟩. Um solche absolut notwendigen Differenzierungen zu realisieren, wird eben auf Silbisch-Prosodisches und Morphologisches zurückgegriffen, wie wir es in den beiden folgenden Abschnitten darstellen.

In 3 und 4 wurde die Blickrichtung von Lautlichen zum Geschriebenen gewählt. Diese Blickrichtung ist nicht die einzig mögliche und auch nicht in irgendeiner Weise natürlicher als die vom Geschriebenen auf das Lautliche. Man kann ohne weiteres PGK-Regeln (Phonem-Graphem-Korrespondenzen) für das Deutsche formulieren, und einiges wurde dazu im Verlauf der Darstellung bereits gesagt. Allgemein läßt sich auf der Basis von 3 und 4 feststellen: Immer, wenn die Segmentfolge einer phonologischen Wortform ein Phonem [X] enthält, dann enthält die Segmentfolge der entsprechenden graphematischen Wortform an der betreffenden Stelle das Graphem ⟨Y⟩. Damit ist der Umfang abgesteckt, in dem das Lautlich-Segmentale im geschriebenen Wort aufgehoben ist.

Auch die Eindeutigkeit der Beziehung zwischen der Lautstruktur und der Schriftstruktur von Wörtern ist keineswegs an die Blickrichtung von der Lautform her gebunden. Vielmehr erweisen sich bestimmte Zusammenhänge erst dann als eindeutig, wenn der Blick von der Schriftform auf die Lautform gerichtet wird. Wir kommen auf diesen wichtigen Aspekt des Verhältnisses von Lautstruktur und Schriftstruktur zurück.

Der Phonembegriff des klassischen Strukturalismus erweist sich als bestens geeignet zur Erfassung von Graphem-Phonem-Korrespondenzen. Die Buchstaben des Alphabets werden im Prinzip so verwendet, wie sich die Strukturalisten das Funktionieren der Phoneme als bedeutungsunterscheidende Einheiten vorgestellt haben. Dieser Phonembegriff ist offensichtlich schriftbasiert. Er genügt einer systematischen Erfassung des Verhältnisses von Lautstruktur und Schriftstruktur, aber er genügt nicht, wenn man die Lautstruktur selbst in ihrer Funktionalität verstehen möchte (Lüdtke 1969; Stetter 1996; 1997: 47ff.).

8.2.2 Silbische Schreibungen

Für das Gesprochene fungiert die Silbe artikulatorisch und auditiv als eine Basiseinheit. Was man als Laute isolieren kann, ist in der Silbe artikulatorisch durch Koartikulation unter Berücksichtigung auditiver Faktoren zu größeren Einheiten integriert, die gleichzeitig Träger prosodischer Information sind. Im Geschriebenen gibt es keine Silben in diesem Sinne, wohl aber wird das Segmentale als Graphemfolge auf der Silbenebene überformt. Die Produktionsseite scheint dabei eher von untergeordneter Bedeutung gegenüber der Perzeption zu sein. Im Geschriebenen ist silbische Information vor allem für das Auge als *Schreibsilbe* kodiert. Es kommt darauf an, dem Auge die Einzelsilbe und die Silbenfolge von Wortformen effektiv zugänglich zu machen.

Schreibung des Anfangsrandes

Zur Erfassung des silbischen Anteils an der Wortschreibung des Deutschen gehen wir ähnlich vor wie bei der Beschreibung der Lautstruktur von Wortformen und Wörtern. Zunächst werden Besonderheiten der Schreibung der Einzelsilbe und ihrer Bestandteile betrachtet, wobei es vor allem um das geschriebene Äquivalent zur Vollsilbe geht (analog zu 4.3). Zum Zweiten betrachten wir die Schriftstruktur von Mehrsilbern, darunter vor allem die des prototypischen Zweisilbers aus Vollsilbe und Reduktionssilbe (analog zu 4.4). So weit wie möglich beschränken wir uns auf einfache morphologische Einheiten. Alles Morphologische einschl. der Funktionalität silbischer Schreibungen für die morphologische Analyse kommt in Abschnitt 8.2.3 zur Sprache.

Den Zugang zum silbenschriftlichen Anteil findet man am einfachsten über Abweichungen der korrekten von der phonographischen Schreibung. Für den *Anfangsrand* der Vollsilbe ergibt sich folgendes.

Alle einfachen Anfangsränder bis auf den mit [ʔ] werden phonographisch geschrieben. Dasselbe gilt für den Standardanfangsrand aus Obstruent und Sonorant (4.3.1). Unterschiede bestehen bei den Affrikaten. Setzen wir [t͡s] und [p͡f] als Onsetaffrikaten an, dann ergibt sich für das Geschriebene eine Vereinfachung gegenüber dem Lautlichen. [p͡f] wird phonographisch als ⟨pf⟩ (**Pferd**, **Pflicht**) geschrieben. Es tritt als Schreibaffrikate nur insofern in Erscheinung, als ⟨pf⟩ eine Kombination von Obstruentgraphemen und nicht wie sonst beim Standardonset (⟨tr⟩, ⟨pl⟩, ⟨pr⟩ usw.) eine Folge von Obstruent- und Sonorantgraphem ist sowie dadurch, daß mit ⟨pf⟩ lange Anfangsränder aus drei Segmenten wie ⟨pfl⟩ und ⟨pfr⟩ bildbar sind. Das ist mit Obstruentgraphemen im allgemeinen nicht möglich.

Die zweite Affrikate [t͡s] wird als ⟨z⟩ geschrieben, also graphematisch auf ein Buchstabensegment reduziert. Sie tritt als Schreibaffrikate gar nicht in Erscheinung, sondern bildet einen einfachen Anfangsrand (⟨Zahn⟩, ⟨zu⟩, ⟨ziehen⟩) oder mit ⟨w⟩ einen zweisegmentigen (⟨Zweck⟩, ⟨zwar⟩, ⟨zwei⟩, ⟨zwischen⟩). Insgesamt ist das Affrikatenproblem auf der Buchstabenebene sozusagen echt schriftsprachlich gelöst. Die eine Affrikate hat zwei Segmente, die andere eins. Eine Entscheidung *muß* getroffen werden.

Eine weitere Abweichung vom Phonographischen betrifft Anfangsränder mit [ʃ]. Die phonographische Entsprechung ⟨sch⟩ bildet einen einfachen sowie zweisegmentige mit ⟨w⟩ und den Sonorantgraphemen (⟨schwach⟩, ⟨schmuck⟩, ⟨schnell⟩, ⟨schlank⟩, ⟨schräg⟩). Wo [ʃ] vor [t] und [p] Obstruentencluster bildet, erscheint es im Geschriebenen als ⟨s⟩ (⟨Stahl⟩, ⟨streng⟩, ⟨Span⟩, ⟨Split⟩, ⟨spröde⟩). Graphematisch werden die markierten Ränder damit von den übrigen getrennt und gleichzeitig werden graphematische Überlängen wie ⟨schtr⟩ und ⟨schpl⟩ vermieden. Zu Leseschwierigkeiten kann es nicht kommen, weil [ʃ] und [s] in komplexen Anfangsrändern komplementär verteilt sind. Im Ganzen ist der Anfangsrand der Schreibsilbe stärker regularisiert, strukturell einfacher und in der Länge weniger variabel als in der Sprechsilbe (Eisenberg 1989; Butt/Eisenberg 1990; Duden 1998: 63f.).

Schreibung von Kern und Endrand

Das entscheidende strukturelle Merkmal des *Kerns* der Schreibsilbe wurde bereits in 8.2.1 genannt. Es gibt nur eine Reihe von Vokalgraphemen. Ein Unterschied wie der zwischen gespannten und ungespannten oder langen und kurzen Vokalen wird im Geschriebenen bis auf ⟨ie⟩ und ⟨i⟩ auf der segmentalen Ebene nicht gemacht.

Mehr Struktur als in der Sprechsilbe findet sich bei den Diphthongen. Den drei phonologischen [ai], [ɔi], [au] stehen die fünf graphematischen ⟨ai⟩, ⟨ei⟩, ⟨au⟩, ⟨eu⟩, ⟨äu⟩ gegenüber. Da ⟨äu⟩ morphologisch determiniert ist, bleiben an dieser Stelle vier zu behandeln. Deren Struktur ist teils phonographisch (⟨ai⟩, ⟨au⟩), bei den beiden anderen aber nur ganzheitlich auf den Lautwert zu beziehen. Dazu kommt, daß [ai] zwei Entsprechungen hat, wobei die verbreitetere, das ⟨ei⟩, gerade nicht phonographisch ist.

Die Schreibdiphthonge bilden ein in sich geschlossenes kombinatorisches System gemäß 1. Das Phonographische tritt zum Teil hinter der rein graphematischen Kombinatorik zurück. Allein mit Blick auf diese interne Strukturiertheit wird verständlich, warum sich sowohl ⟨ai⟩ als auch ⟨ei⟩ trotz ihrer phonographischen Redundanz im System halten und andere Diphthongschreibungen wie ⟨öu⟩ und ⟨ey⟩ verdrängt haben. Das ⟨ai⟩ als ›Vereinfachung‹ einer Orthographiereform zu opfern, wäre systemwidrig (so vorgeschlagen z. B. in Augst 1985: 70ff.).

(1) Schreibdiphthonge

	i	u
e	ei	eu
a	ai	au

Das Operieren mit nur einer Reihe von Vokalgraphemen für den Kern der Schreibsilbe läßt vermuten, daß Korrelate zu Silbenschnitteigenschaften besonderer Kodierung bedürfen. Wir sind damit bei den Graphien, die die Interaktion von Kern und Endrand betreffen. Sie werden in der Literatur je nach Verständnis des phonologischen Korrelats als Vokallängen-, Gespanntheits- oder Dehnungs- und Schärfungsgraphien behandelt. (Die Literatur ist abundant, zur Übersicht Augst 1980; Eisenberg 1989; Maas 1992; Primus 2000).

Man gewinnt den Zugang zu diesem Bereich am einfachsten über die Schreibung des prototypischen Zweisilbers aus Vollsilbe und Reduktionssilbe. Hier zeigt sich jeweils eine einfache Grundfunktion der verschiedenen graphematischen Mittel, aus denen dann weitere Funktionen etwa für den Einsilber und für morphologisch komplexe Wortformen ableitbar sind. Der Trochäus als

Folge von betonter und unbetonter Silbe spielt ja sowohl für die Flexionsmorphologie der offenen Wortklassen wie für die Derivationsmorphologie eine wichtige Rolle. Kennt man die Charakteristika der Wortschreibung in Hinsicht auf die Fußstruktur überhaupt, dann erschließt sich auch ihre Funktion in anders strukturierten Wortformen.

Schärfungsgraphien

Das Reden von ›Vokallänge‹ oder ›Dehnung und Schärfung‹ verwendet phonologische Begriffe. Was sie erfassen, soll ein Äquivalent in der Struktur des geschriebenen Wortes haben. Beginnen wir mit der wichtigsten Schärfungsgraphie, das ist die Gemination von Konsonantgraphemen wie in ⟨Halle⟩, ⟨Puppe⟩, ⟨Schatten⟩. Die Grundregularität für das Auftreten von Doppelkonsonantgraphemen lautet: »Ein Doppelkonsonantgraphem erscheint immer dann, wenn im phonologischen Wort ein ambisilbischer Konsonant (Silbengelenk) auftritt. Verdoppelt wird das Graphem, das dem ambisilbischen Konsonanten phonographisch entspricht.« Die genannten Beispielschreibungen ergeben sich aus [halə], [pʊpə], [ʃatən].

Im Gegensatz zu den GPK-Regeln ist die Geminationsregel kontextgebunden. Sie führt ein neues Graphem unter festliegenden Bedingungen ein, eine Art graphematische Epenthese. Die Bedingungen ergeben sich aus der phonologischen Struktur in 2a, in der wir der Deutlichkeit halber die phonologischen Silben als σ_p eintragen. Aus den GPK-Regeln ergibt sich zunächst die graphematische Wortform in 2b mit als σ_g ›Schreibsilben‹. Das ambisilbische Graphem ⟨l⟩ ist nicht zugelassen, die Geminationsregel macht daraus 2c, wo jede Schreibsilbe ihr eigenes Graphem ⟨l⟩ hat.

In 2d sind die strukturellen Bedingungen zusammengefaßt. Dabei steht X_{gi} für das Graphem, das auf das Phonem X (i-te Position in der Segmentfolge) durch eine GPK-Regel bezogen ist. Wie die Geminate können auch weitere Elemente der silbischen Schreibung, auf die wir gleich zu sprechen kommen, durch solche strukturgebundenen Epentheseregeln eingeführt werden (Eisenberg 1993: 81 ff.).

(2)   Gelenkschreibung

a.   b.   c.

  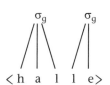

d.

Welche Reichweite hat die Regularität, welche Ausnahmen oder Subregeln gibt es? Systematisch beschränkt ist sie auf solche Gelenke, denen graphematisch genau ein Buchstabe entspricht. Für Mehrgraphen gilt sie nicht. [kyçə], [taʃə] werden als ⟨Küche⟩, ⟨Tasche⟩ und nicht etwa *⟨Küchche⟩, *⟨Taschsche⟩ geschrieben. Es handelt sich um eine in der Graphemform selbst begründete Subregularität und nicht um irgendwelche Ausnahmen. Weiter gilt die Regel dann nicht, wenn einem Gelenk eine Graphemfolge entspricht. Das ist der Fall bei [ŋ], [p͡f] und [t͡s]. Der velare Nasal wird als ⟨ng⟩ geschrieben, also [vaŋə], [klɪŋə] als ⟨Wange⟩, ⟨Klinge⟩. Die Affrikate [t͡s] hat die Gelenkschreibung ⟨tz⟩, also erscheinen [kat͡sə], [hɪt͡sə] als ⟨Katze⟩, ⟨Hitze⟩. Auch hier handelt es sich um eine echte Subregularität, die aus der Materialität der Schriftform gut begründet ist. Im allgemeinen signalisiert eine Folge von mehreren Konsonantbuchstaben zwischen zwei Vokalbuchstaben, daß der erste von beiden ungespannt zu lesen ist (ein Vorschlag zur expliziten Ordnung der Bedingungen in Sternefeld 2000).

Weitere Subregularitäten oder gar Ausnahmen zur Gelenkregel gibt es u. W. im Kernwortschatz nicht, und auch ihre Funktionalität liegt auf der Hand. Als Silbengelenk haben wir in 4.4 einen Konsonanten bezeichnet, der allein zwischen einem betonten ungespannten und einem unbetonten Vokal steht und deshalb zu beiden Silben gehört. Ausdrücklich in Zweifel gezogen wurde ein Konzept von Silbengelenk, das mit dem Begriff der Silbengrenze operiert und davon spricht, die Grenze liege irgendwo im ambisilbischen Konsonanten. Dieses Konzept wurde abgelehnt, weil Silbengrenzen nicht generell phonetische oder phonologische Materialität besitzen und in diesem Sinne epiphänomenal sind. Wenn man weiß, welche Segmente zur ersten und welche zur zweiten Silbe gehören und die Silben sich nicht segmental überlappen, weiß man auch, wo die Grenze liegt. Anderenfalls wie bei den Gelenken weiß man es nicht, obwohl man ohne Zweifel zwei Silben vor sich hat.

Die Materialität des geschriebenen Wortes ist eindeutig segmental. Buchstaben sind Segmente, die vielleicht zu größeren Segmenten wie den Mehrgraphen zusammengefaßt werden können, die ihre eigene Segmentalität dadurch aber nicht einbüßen. Während die Segmenteigenschaften der Laute in vielfältiger Weise autosegmental, d.h. kontextuell gebunden werden, ist das bei den Buchstaben – jedenfalls wenn sie gedruckt sind – nicht der Fall.

Dasselbe gilt für größere Einheiten wie die Silbe. Eine Schreibsilbe ist segmental abgegrenzt. Mit der Gemination wird segmentale Identität von Schreibsilben erreicht, wir erhalten Folgen von disjunkten Silben wie ⟨Hal-le⟩, ⟨Pup-pe⟩, ⟨Schat-ten⟩, ⟨Klin-ge⟩, ⟨Kat-ze⟩. Die Silbentrennung am Zeilenende macht von diesen Silbenfolgen Gebrauch, es sei denn, die Gelenkschreibung ist als Mehrgraph *ein* Graphem. In diesem Fall wird vor dem Mehrgraphen getrennt, d.h. ausschlaggebend ist nun die Identität des Graphems (⟨Kü-che⟩, ⟨Ta-sche⟩; 8.3).

Trotz ihrer hohen Systematizität ist die Gelenkregel als Basis für die Gemination von Konsonantgraphemen immer wieder in Zweifel gezogen worden. Der Grund ist, daß nicht alle Geminaten so hergeleitet werden können. Die Regularität besagt ja erst einmal nur, wie ambisilbische Konsonanten geschrieben werden. Aber sie sagt nicht, daß alle Geminaten von Konsonantgraphemen auf Gelenkschreibungen zurückgehen. Wie es sich damit verhält, kann erst im

Zusammenhang der morphologischen Schreibungen geklärt werden (8.2.3; **Aufgabe 108**).

Dehnungsgraphien

Mit ähnlich hoher Systematizität wird das Zusammentreffen einer betonten offenen und einer unbetonten nackten Silbe markiert. Zwischen den phonographischen Schreibungen solcher Silben ist regelmäßig ein ⟨h⟩ eingefügt. Für [ʀuː.ə], [myː.ə], [fliː.ən], [dʀoː.ən] schreiben wir ⟨Ruhe⟩, ⟨Mühe⟩, ⟨fliehen⟩, ⟨drohen⟩. Es handelt sich dabei ausdrücklich um ein sog. stummes ⟨h⟩, das kein segmentales Äquivalent im Lautlichen hat. Leider halten manche Didaktiker nach wie vor die Überzeugung hoch, es gebe hier etwas zu hören (Ossner 1996: 377; richtig z. B. schon Hamann 1773; jetzt Neef/Primus 2001).

Das stumme ⟨h⟩ zwischen den beiden Vokalgraphemen wird meist als silbentrennendes, silbenöffnendes oder silbeninitiales ⟨h⟩ bezeichnet. Wir wollen vom *silbeninitialen* ⟨h⟩ sprechen, schon weil es bei orthographischer Silbentrennung zur zweiten Silbe geschlagen wird (⟨Ru-he⟩, ⟨Mü-he⟩, ⟨flie-hen⟩, ⟨dro-hen⟩). Weitere Gründe für diese Bezeichnung kommen gleich zur Sprache. Da betonte Vokale in offenen Silben gespannt und lang sind, gehört dieses Element zu den Dehnungsgraphien.

Das silbeninitiale ⟨h⟩ steht in den flektierenden Wörtern der offenen Klassen nach sämtlichen Vokalgraphemen außer ⟨i⟩ sowie in einer größeren Zahl von Wörtern mit dem Schreibdiphthong ⟨ei⟩, z.B. ⟨Reihe⟩, ⟨Weiher⟩. Nach den anderen Schreibdiphthongen steht es nicht. Die einzige Schreibung dieser Art fand sich bis zur Neuregelung der Orthographie in ⟨rauhes⟩, ⟨rauhen⟩, jetzt ⟨raues⟩, ⟨rauen⟩ analog zu ⟨blaues⟩, ⟨klauen⟩ (**Aufgabe 109**).

Was die eigentliche und wichtigste Funktion des silbeninitialen ⟨h⟩ ist, bleibt umstritten. Wir können seine Distribution recht genau beschreiben, haben damit aber noch nichts über seine Funktion gesagt (Primus 2000). Zumindest plausibel ist jedoch, daß sich für die Funktion in silbischen Schreibungen ein sequentieller von einem klassifikatorischen Aspekt unterscheiden läßt.

Der sequentielle besteht einmal in der Vermeidung einer Häufung bestimmter Vokalbuchstaben, insbesondere von ⟨e⟩ und ⟨i⟩. Profillose Formen wie *⟨zieen⟩, *⟨ween⟩ werden verhindert zugunsten von ⟨ziehen⟩, ⟨wehen⟩. Noch wichtiger dürfte die Rolle des ⟨h⟩ als Segmentierer sein. In den betrachteten zweisilbigen Formen steht es am Anfang der zweiten Silbe. Es markiert die für das Lesen so wichtige Grenze und weist damit bestimmte Vokalgrapheme einer der beiden Silben zu. Wird der Umlaut ›linearisiert‹ als ⟨ae⟩, ⟨oe⟩, ⟨ue⟩ geschrieben, dann können ⟨naen⟩, ⟨droen⟩, ⟨muen⟩ als [næːn], [dʀøːn], [myːn] gelesen werden. Das wird durch die Schreibungen ⟨nahen⟩, ⟨drohen⟩, ⟨muhen⟩ verhindert. Entsprechend bei der Abfolge von ⟨eie⟩. Diese Folge von Vokalbuchstaben kann graphematisch ⟨ei⟩, ⟨e⟩ wie in ⟨schreien⟩ oder ⟨e⟩, ⟨ie⟩ wie beim Fremdsuffix ⟨ier⟩ (⟨kreieren⟩) sein. Ähnlich bei ⟨eei⟩ als ⟨e⟩, ⟨ei⟩ oder ⟨ee⟩, ⟨i⟩ sowie bei ⟨iee⟩ als ⟨i⟩, ⟨ee⟩ oder ⟨ie⟩, ⟨e⟩. Die Möglichkeit tatsächlicher Fehlanalysen ist zwar gering wenn nicht überhaupt ausgeschlossen. Das bloße Vorhandensein von ⟨e⟩, ⟨i⟩, ⟨ei⟩, ⟨ie⟩ und ⟨ee⟩ als graphematische Segmente reicht aber aus zur Etablierung des silbeninitialen ⟨h⟩ als Segmentierungshilfe (⟨weihen⟩, ⟨Reihe⟩). Jedenfalls haben wir hier den Grund dafür zu suchen, daß

⟨h⟩ nach ⟨ei⟩ vorkommt, nach den übrigen Schreibdiphthongen ⟨au⟩, ⟨eu⟩ und ⟨ai⟩ aber nicht. Das Beispiel führt eindrucksvoll vor Augen, wie ein Segmentierungsproblem mit segmentellen Mitteln gelöst wird.

Der Beitrag des ⟨h⟩ zur Silben*klassifikation* wird deutlich aus Schreibungen wie ⟨ro-tes⟩, ⟨spä-tes⟩, ⟨Ru-te⟩ im Vergleich zu ⟨ro-hes⟩, ⟨nä-her⟩, ⟨Ru-he⟩. Der Silbenaufbau ist in beiden Gruppen von Formen derselbe. Einer offenen ersten folgt eine zweite Silbe mit einfachem Anfangsrand. Die graphematische Einheitlichkeit geht über die phonologische hinaus, denn in der phonologischen Form ist die zweite Silbe in der letzteren Formengruppe ja nackt. Nackte Schreibsilben werden hier vermieden und das silbeninitiale ⟨h⟩ fungiert als zusätzlicher Indikator für sanften Silbenschnitt. Wiederum *muß* es nicht stehen, aber seine Funktion als Lesehilfe steht außer Frage. Bemerkenswert an diesem Zug des Schriftsystems ist, daß er funktional wohl nützlich, aber nicht zwingend ist und dennoch mit hoher Regelmäßigkeit realisiert wird. Es entstehen regularisierte Muster, die die visuelle Analyse erleichtern.

Der einheitliche Aufbau des graphematischen Zweisilbers aus offener Silbe gefolgt von einer mit einfachem Anfangsrand ist nur an einer Stelle systematisch unterbrochen. Wenn die zweite Silbe mit einem Sonorantgraphem ⟨r⟩, ⟨l⟩, ⟨n⟩ oder ⟨m⟩ beginnt, kann die erste mit einem ⟨h⟩ geschlossen werden. Mit diesem *silbenschließenden* oder *Dehnungs*-h kommt es zu Schreibungen wie ⟨Fuhre⟩, ⟨Kohle⟩, ⟨Bohne⟩, ⟨Rahmen⟩.

Als silbische Schreibung tritt das Dehnungs-h produktiv ausschließlich in der genannten Position zwischen Vokal- und Sonorantgraphem in Stämmen flektierender Wörter auf. Im Unterschied zum silbeninitialen lassen sich für das Dehnungs-h nicht hinreichende, sondern nur notwendige Bedingungen angeben. Wenn es steht, liegt die beschriebene Struktur vor, das Umgekehrte gilt nicht. Insgesamt steht es in etwas weniger als der Hälfte der Fälle, in denen es stehen könnte (⟨Ware⟩, ⟨Schere⟩, ⟨Schale⟩, ⟨Schule⟩, ⟨Töne⟩, ⟨Krone⟩, ⟨Krume⟩, ⟨Blume⟩).

Auch die Funktionen des Dehnungs-h sind vielfältig und hinsichtlich ihrer Gewichtung umstritten. Mit dem silbeninitialen ⟨h⟩ teilt es den Bezug auf Positionen nach betontem Langvokal. Beide stummen ⟨h⟩ können also teilweise dieselben Funktionen haben (Primus 2000). Eine besondere Funktion des Dehnungs-h ergibt sich aus der Stellung der Sonoranten im Phonemsystem. Sie sind Konsonanten, weisen unter diesen aber die höchste Sonorität auf. Wie die Vokale haben sie Stimmton und bilden deshalb mit ihnen einen kohärenten Block von Lauten im Zentrum der Silbe (4.2). In komplexen Silbenrändern ist das dem Vokal am nächsten stehende Segment in aller Regel ein Sonorant. Umgekehrt heißt das etwa für den Endrand: Folgt dem Vokal ein Sonorant, so ist der Endrand des Einsilbers wahrscheinlich komplex wie in [haʀt], [ʔɛʀnst], [kalt], [gan̥t͡s], [vams], und im Zweisilber ist die erste Silbe geschlossen wie in [kan̩tə], [hal̩də], [vɪn̩də], [ʔam̩zəl]. Beides korreliert damit, daß der vorausgehende Vokal ungespannt und kurz ist. Rein statistisch ist ein Vokalgraphem also eher ungespannt und kurz zu lesen, wenn ihm ein Sonorantgraphem folgt. Das Dehnungs-h ist deshalb eine Lesehilfe. Es zeigt an, daß das vorausgehende Vokalgraphem gespannt und lang zu lesen ist.

Die Sonoranten spielen weiter eine besondere Rolle in nichtbetonbaren Silben. In zahlreichen Formen kommt es bei phonographischer Schreibung zu

Folgen wie ⟨er⟩, ⟨el⟩, ⟨en⟩ als Bestandteilen von Silben mit unterschiedlichem morphologischen Status als Pseudo-, Flexions- oder Derivationssuffix. Das Dehnungs-h macht aus phonographischen Schreibungen wie ⟨Lerer⟩, ⟨denen⟩, ⟨Heler⟩, ⟨Zener⟩ solche wie ⟨Lehrer⟩, ⟨dehnen⟩, ⟨Hehler⟩, ⟨Zehner⟩ und markiert so die betonte Silbe. Der silbische Gesamtaufbau der Form ist damit ›auf einen Blick‹ klar.

Daß das Dehnungs-h nur in ungefähr jedem zweiten der möglichen Fälle steht, wird oft als Ärgernis empfunden und als Anzeichen dafür, daß unsere Orthographie eben doch nicht recht systematisch sei. Das Dehnungs-h markiert jedoch einen Übergangsbereich. In [ʀuː.e] ist die zweite Silbe nackt, in [ʀuː.tə] ist sie mit einem Obstruenten bedeckt, in [ʀuː.nə] dagegen ›nur‹ mit einem Sonoranten. Im ersten Fall tritt stets ein silbeninitiales ⟨h⟩ auf, im zweiten tritt (in morphologisch einfachen Formen!) nie ein ⟨h⟩ auf und im dritten zur Hälfte ein Dehnungs-h. Systematischer kann man den Übergangsbereich als solchen gar nicht kenntlich machen.

Immer wieder ist versucht worden, weitere Regularitäten für die Distribution des Dehnungs-h herauszufinden. Klar zu sein scheint seine Funktion für den Gewichtsausgleich in der Schreibsilbe. Tendenziell steht ein ⟨h⟩ um so eher, je leichter der Anfangsrand ist (⟨kahl⟩, ⟨kühl⟩, ⟨kühn⟩) und um so seltener, je komplexer er ist (⟨klar⟩, ⟨schwer⟩, ⟨Strom⟩). Eine strikte Regel gibt es nicht, wohl aber strikten Ausschluß bei bestimmten Anfangsrändern. Beispielsweise steht das Dehnungs-h nie in Silben, die mit ⟨sch, qu, t, p⟩ anfangen. Wie weit man solche und ähnliche Beschränkungen deuten kann, lassen wir offen (zu den Fakten weiter Roemheld 1955; August 1980; **Aufgabe 110**).

Als dritte größere Gruppe von Dehnungsgraphien haben wir die Gemination von Vokalgraphemen wie in ⟨Beere⟩, ⟨Seele⟩ zu besprechen.

(3) a. [veː.ə] ⟨We-*he*⟩
    b. [keː.lə] ⟨Ke*h*-le⟩
    c. [zeː.lə] ⟨Se*e*-le⟩

Vom silbeninitialen ⟨h⟩ (3a) über das Dehnungs-h (3b) rücken wir mit der Verdoppelung von Vokalgraphemen (3c) immer näher an den Silbenkern heran. Und je näher wir dem Kern kommen, desto weniger Konsequenz finden wir bei der Kennzeichnung des Silbenschnitts vor.

In nichtfinaler Position findet sich die Verdoppelung von Vokalgraphemen vor allem vor ⟨r⟩, ⟨l⟩, ⟨s⟩, ⟨t⟩ und nur für ⟨a⟩, ⟨e⟩, ⟨o⟩ (4a-c).

(4) a. ⟨Aar⟩, ⟨Haar⟩, ⟨Maar⟩, ⟨Paar⟩, ⟨Aal⟩, ⟨Saal⟩, ⟨Aas⟩, ⟨Maat⟩, ⟨Saat⟩, ⟨Staat⟩
    b. ⟨Beere⟩, ⟨Heer⟩, ⟨leer⟩, ⟨Meer⟩, ⟨Speer⟩, ⟨Teer⟩, ⟨scheel⟩, ⟨Seele⟩, ⟨Reet⟩, ⟨Beet⟩
    c. ⟨Moor⟩, ⟨Moos⟩, ⟨Boot⟩

⟨i⟩ und ⟨u⟩ werden nicht verdoppelt, weil das zu gestaltlosen und zudem von ⟨n⟩, ⟨m⟩ und weiteren Buchstaben visuell schlecht trennbaren Strichfolgen führen würde. Auch Umlautgrapheme werden aus ähnlichen Gründen nicht verdoppelt. Statt der Geminate erscheint ein einfaches Umlautgraphem (⟨Paar⟩ – ⟨Pärchen⟩, ⟨Boot⟩ – ⟨Bötchen⟩).

Neben dem Kernbestand in 4 gibt es einige strukturelle Sonderfälle wie ⟨Waage⟩, ⟨doof⟩, ⟨Koog⟩.

Trotz der geringen Zahl von Einheiten lassen sich für das Auftauchen von Doppelvokalgraphem im Kernbestand notwendige Bedingungen angeben. Die Beschränkung auf die Position vor ⟨r⟩ und ⟨l⟩ ist eine Verschärfung des Kontextes für das Dehnungs-h. Das ⟨t⟩ und ⟨s⟩ andererseits sind die Grapheme, die am häufigsten am Ende komplexer Endränder stehen. Insgesamt markiert die Geminate Gespanntheit und Länge vor den Graphemen, die meist am Anfang oder Ende komplexer Endränder und damit nach ungespanntem Vokal stehen.

Einen Sonderfall im Sinne einer Subregel stellt das ⟨ee⟩ in offener Silbe dar. Meist unterscheidet man die Gruppe in 5a als Kernbestand von den fremden Wörtern in 5b. Nach der Neuregelung kommen dazu solche wie in 5c, die früher nur mit ⟨é⟩ (⟨Exposé⟩) geschrieben werden durften.

(5) a. ⟨Fee⟩, ⟨Klee⟩, ⟨Lee⟩, ⟨Schnee⟩, ⟨See⟩, ⟨Tee⟩
    b. ⟨Allee⟩, ⟨Armee⟩, ⟨Kaffee⟩, ⟨Kaktee⟩, ⟨Klischee⟩, ⟨Komitee⟩, ⟨Livree⟩, ⟨Orchidee⟩, ⟨Püree⟩
    c. ⟨Dublee⟩, ⟨Exposee⟩, ⟨Kommunikee⟩, ⟨Varietee⟩

Die Substantive aus 5, die einen silbischen Plural (**en**) haben, weisen an sich die phonologische Struktur für das silbeninitiale ⟨h⟩ auf, z.B. [zeːən]. Es müßte dann *⟨Sehen⟩ und *⟨der/die Seh⟩ geschrieben werden entsprechend ⟨drehen⟩ ⟨gehen⟩ usw. bei den Verben. Da das Substantiv Grundformflexion hat und die einsilbige Form als Singularform eine wichtige Rolle spielt, wird anders verfahren als beim Verb. Unabhängig von der Silbizität des Plurals oder des Genitiv Singular schreibt man das betonte [eː] in offener Silbe als ⟨ee⟩ und behält es im ganzen Paradigma bei. Wir schreiben nicht *⟨die Seeen⟩, *⟨die Feeen⟩, sondern ⟨die Seen⟩, ⟨die Feen⟩ genau so wie ⟨die Tees⟩, ⟨die Gelees⟩, ⟨die Armeen⟩, ⟨die Exposees⟩ usw. Damit ist eine paradigmatische Vereinheitlichung von der Grundform her (als sog. Explizitform vgl. 8.2.3) gegeben. Daß gerade beim ⟨ee⟩ so verfahren wird, liegt an der Notwendigkeit zu seiner Trennung von ⟨e⟩ für Schwa im Auslaut. Ein einfaches ⟨e⟩ für betontes [e] in offener Silbe sowie [ə] in offener Silbe wäre hoch belastet. Ähnlich wie beim ⟨ee⟩ wird dann auch beim ⟨ie⟩ verfahren (⟨das Knie⟩ – ⟨die Knie⟩).

Wir kommen zum ⟨ie⟩, dem einzigen Graphem, das nach 8.2.1 segmental Gespanntheit repräsentiert. ⟨ie⟩ steht genau dann, wenn die phonologische Wortform ein gespanntes i in betonter Silbe, also ein [iː] aufweist. Damit ist es silbenstrukturell nicht in der Weise beschränkt wie die übrigen Dehnungsgraphien. Im Einzelnen gilt: (1) ⟨ie⟩ steht dort, wo bei den anderen Vokalgraphemen Gespanntheit und Länge rein prosodisch kodiert sind, vgl. ⟨Mie-te⟩, ⟨Kie-pe⟩ vs. ⟨Bo-te⟩, ⟨Hu-pe⟩. (2) ⟨ie⟩ steht dort, wo nach anderen Vokalgraphemen ein Dehnungs-h steht, vgl. ⟨Bie-ne⟩, ⟨Die-le⟩ vs. ⟨Boh-ne⟩, ⟨Doh-le⟩. (3) In Verben steht ⟨ie⟩ auch beim silbeninitialen ⟨h⟩, vgl. ⟨flie-hen⟩, ⟨zie-hen⟩. Bei Substantiven steht es außer bei ⟨Vieh⟩ (vgl. ⟨viehisch⟩) im allgemeinen ohne silbeninitiales ⟨h⟩ (**Aufgabe 111a**). (4) ⟨ie⟩ steht auch in nichtflektierbaren und pronominalen Formen sowie in Affixen, die die genannten Bedingungen erfüllen, vgl. **nie, hier, wie, die, sie** und **ieren** wie in **diskutieren, flektieren** sowie **ie** wie in **Chemie, Dynastie, Häresie** (8.6).

Von der allgemeinen Regularität für die Schreibung ⟨ie⟩ gibt es ein paar lexikalische Ausnahmen (⟨Wisent⟩, ⟨Biber⟩, ⟨Sirup⟩, ⟨Tiger⟩, ⟨Bisam⟩, ⟨Bibel⟩), aber auch einige strukturelle. So nimmt man an, daß ⟨ie⟩ nicht am Wortanfang stehen kann (⟨Igel⟩, ⟨Isegrimm⟩) und daß in derselben Position bei Pronomina ⟨ih⟩, also ⟨i⟩ mit Dehnungs-h steht (⟨ihnen⟩, ⟨ihren⟩ und die paradigmatisch zugehörigen einsilbigen Formen wie ⟨ihn⟩, ⟨ihm⟩, ⟨ihr⟩). Sonst steht einfaches ⟨i⟩ (⟨wir⟩, ⟨dir⟩, ⟨mir⟩) (**Aufgabe 111b**).

Wie andere Vokalgrapheme zeigt auch das ⟨ie⟩ nicht selbst Gespanntheit und Länge an, sondern steht nur dort, wo ein [i] sowieso gespannt und lang gelesen werden muß. Anders als bei den anderen Vokalgraphemen ist der Unterschied gespannt/lang vs. ungespannt/kurz aber segmental als ⟨ie⟩-⟨i⟩ kodiert. Wenn man im Phonemsystem Vokalpaare wie /i/-/ɪ/ und /u/-/ʊ/ ansetzt, kann man im Graphemsystem mit ebenso guten Gründen ein Graphempaar ⟨ie⟩-⟨i⟩ ansetzen. Die Alternative wäre, ⟨ie⟩ als Schreibdiphthong zu analysieren. Auch wenn eine der historischen Quellen für ⟨ie⟩ Diphthongschreibungen sind, wäre eine derartige Analyse synchron umständlich und im Gesamtsystem der Diphthongschreibungen geradezu kontraproduktiv, weil sie deren Systematik nicht trifft.

In den bisher betrachteten Grundformen und morphologisch einfachen Formen sind Dehnungsgraphien als Anzeiger für Dehnung generell redundant, aber als Silbenschnittmarkierung und im Sinne eines Gewichtsausgleichs für Schreibsilben hochfunktional. Konsequent werden offene Silben in einsilbigen Grundformen bei Adjektiven (⟨froh⟩, ⟨zäh⟩) und Substantiven markiert (⟨Zeh⟩, ⟨Zoo⟩, ⟨Knie⟩, ⟨Vieh⟩).

Mit den phonographischen und silbischen haben wir den Teil der Buchstabenschreibungen erfaßt, die sich auf die einzelne phonologische Wortform beziehen lassen. Wir bezeichnen sie insgesamt als *phonologische Schreibungen*. Die phonologischen Schreibungen stellen die Grundlage für das Operieren der Morphologie in der Wortschreibung dar, der wir uns jetzt zuwenden. Phonologische Schreibungen als Input für die Morphologie heißen auch *Explizitformen*. Explizitformen enthalten die graphematische Substanz für den logographischen Anteil des Systems (**Aufgabe 112**).

8.2.3 Morphologische Schreibungen

Morphemkonstanz und Explizitform

In den beiden vorausgehenden Abschnitten haben wir besprochen, welche Regularitäten der Schreibung einfacher morphologischer Einheiten im Kernbereich des Lexikons zugrunde liegen. Grundlage der Schreibung von Stämmen und Affixen sind Graphem-Phonem-Korrespondenzen (phonographische Schreibung, 8.2.1), die von silbenbezogenen Regularitäten überformt werden (silbische Schreibung, 8.2.2). Das Ergebnis dieser beiden Blöcke von Regularitäten bezeichnen wir insgesamt als phonologische Schreibungen.

Die phonologische Schreibung einfacher morphologischer Einheiten bildet die Grundlage für den morphologischen Teil des Schriftsystems. Der vorliegende Abschnitt beschäftigt sich mit der Frage, wie und welche morphologische Information in graphematischen Wortformen kodiert ist. Was kann man der Buchstabenfolge einer Wortform über ihren morphologischen Aufbau entnehmen?

Betrachten wir zunächst das Grundprinzip der Schreibung morphologisch komplexer Einheiten.

(1) a. [ʀoːt]   <rot>
    b. [ʀoːt]   <rot>   ⎫
       [əs]   <es>   ⎬ <rotes>
    c. [ʔɛnt]   <ent>   ⎫
       [taʀn]   <tarn>   ⎬ <enttarnen>
       [ən]   <en>
    d. [tʊʀn]   <turn>   ⎫
       [hoːzə]   <hose>   ⎬ <Turnhose>
    e. [zʊmpf]   <sumpf>   ⎫
       [faltəʀ]   <falter>   ⎬ <Sumpffalter>

Wie früher verabredet (8.2.1), wird von einer phonologischen Form in Explizitlautung ausgegangen. Die Schreibungen dieser Einheiten verknüpfen wir zu komplexen morphologischen Wortformen. Jede der einfachen Einheiten behält ihre Schreibung bei, durch die Verknüpfung ändert sich nichts. Und es kommt so zu allen möglichen Buchstabenfolgen, die in einfachen Formen nicht auftreten, wie ⟨ntt⟩ in 1c, ⟨rnh⟩ in 1d und ⟨mpff⟩ in 1e. Solche Folgen signalisieren bereits, daß die Form morphologisch komplex sein muß.

In morphologisch komplexen phonologischen Wortformen findet sich eine große Zahl von spezifischen Assimilations- und Reduktionsprozessen, die es im Geschriebenen nicht gibt. In der Form [ʔɛntaʀnən] beispielsweise tritt bei Standardlautung jedenfalls eine Geminatenreduktion auf ein [t] ein. Diese Reduktion ist typisch für morphologische Grenzen. Weiter kommt es zur üblichen Reduktion der Schwasilbe und möglicherweise zur Tilgung des glottal Stop, so daß sich insgesamt eine phonologische Form wie [ɛntaʀn] ergibt. Im Geschriebenen sind derartige Reduktionen ausgeschlossen. Die geschriebene morphologische Einheit behält ihre Gestalt unter fast allen Bedingungen, ihre Segmentfolge ist stabil. Man kann dies als ein Prinzip der Morphemkonstanz bezeichnen, das das Geschriebene klar vom Gesprochenen unterscheidet.

Der Begriff Morphemkonstanz (auch Schemakonstanz oder Stammprinzip) hat als Charakteristikum geschriebener morphologischer Einheiten noch eine weitere Bedeutung. Aus 6.1.2 wissen wir, daß einfache morphologische Einheiten und insbesondere Stämme in morphologischen Paradigmen organisiert sind. Ein solches Paradigma enthält eine Menge von Stammformen. Beim Verb sind das etwa die Formen des Stammes mit unterschiedlichem Vokal wie [ʃvɪm], [ʃvam], [ʃvɔm] (**schwimmen**) und beim Substantiv können das die Singular- und die Pluralstammform sein wie [ʃtɔk] – [ʃtœk] (**Stock**).

Bevor man von Stammkonstanz spricht, muß man wissen, welche Stammform in welcher Gestalt der Konstantschreibung zugrunde liegt. Was ist es, was konstant gehalten wird, was diesen Dreh- und Angelpunkt für die Wortschreibung darstellt? Es sind die sog. *Explizitformen*. Explizitformen werden grundsätzlich phonologisch geschrieben. Ihre Schreibung liefert die morphologische Einheit in einer Form, die trotz möglicher phonologischer Variation konstant oder weitgehend konstant bleibt.

Das Deutsche verwendet für die Schreibung des Kernwortschatzes zwei Typen von Explizitformen, nämlich (1) prosodisch determinierte und (2) morphologisch determinierte. Wir wenden uns zunächst den prosodisch determinierten Explizitformen zu und besprechen ihre Bedeutung jeweils für die Schreibung von Stämmen und Affixen.

Prosodisch determinierte Explizitformen

Prosodisch determinierte Explizitformen sind Schreibungen phonologischer Formen, die auf einen Trochäus oder Daktylus enden, wobei die Ultima bzw. Pänultima nicht ein konsonantisch anlautendes Suffix/Pseudosuffix (Endung) enthält.

Der bekannteste Fall dieser Art ist die Nichtberücksichtigung von Auslautverhärtung in der Schrift. Die Form [kɪnt] würde phonographisch ⟨Kint⟩ geschrieben. Durch Bezug auf die zweisilbige Form des Genitivs [kɪndəs] mit der phonographischen Schreibung ⟨Kindes⟩ ergibt sich die Stammschreibung ⟨Kind⟩. Die Genitivform ist eine Explizitform. Sie liefert die Stammschreibung auch für die Fälle, in denen kein Trochäus vorhanden ist.

Als Explizitform muß nicht der Genitiv, es kann genauso gut eine Pluralform wie [kɪndəʀ] oder [kɪndəʀn] genommen werden. Wichtig ist nur, daß die Form die geforderte prosodische Struktur hat. Bei einem Femininum wie [bʊʀk] etwa ist allein die Pluralform [bʊʀɡən] ⟨Burgen⟩ zweisilbig und eine mögliche Explizitform.

Im Kernwortschatz gilt eine Konstantschreibung dieser Art für alle Formen innerhalb der Flexionsparadigmen von Substantiven, Adjektiven und Verben. Darüber hinaus gilt sie auch für die Stammformen in abgeleiteten Wörtern. So wird [fʀɔɪntlɪç] mit ⟨d⟩ und [bɛveːkbaʀ] mit ⟨g⟩ auf der Basis von Explizitformen wie ⟨Freundes⟩ und ⟨bewegen⟩ geschrieben. Die Schreibung der Explizitformen hält die ganze Wortfamilie zusammen.

Wenn ein Affix mehrere Formen hat, kommt die Regularität ebenfalls zur Anwendung. Beispielsweise ist [valdiɡəs] Explizitform bezüglich des ⟨g⟩ in ⟨waldig⟩. Das ist unabhängig davon, ob [valdɪk] oder [valdɪç] gesprochen wird, ob also lediglich Auslautverhärtung oder zusätzlich Spirantisierung des [k] zu [ç] auftritt (4.3.2). Dasselbe gilt für mehrsilbige, morphologisch einfache Formen wie [køːnɪç] und [ʔeːvɪç] mit Explizitformen wie [køːnɪɡə] und [ʔeːvɪɡəs], die zu ⟨König⟩ und ⟨ewig⟩ führen. Da das Suffix bzw. Pseudosuffix [ɪç] unbetont ist, fungiert hier ein Daktylus als Explizitform (**Aufgabe 113**).

Nach dem gerade beschriebenen Muster setzen sich nun alle Charakteristika von silbischen Schreibungen durch, die wir in 8.2.2 eingeführt haben. Ist eine Gelenkschreibung, ein silbeninitiales ⟨h⟩, ein Dehnungs-h oder ein Doppelvokalgraphem Bestandteil einer phonologischen Schreibung, dann bleiben sie in fast allen morphologisch verwandten Formen erhalten. Ihre Konservierung ist insbesondere unabhängig davon, ob die äquivalente phonologische Wortform die der silbischen Schreibung entsprechenden Strukturmerkmale hat. Wir demonstrieren den allgemeinen Zusammenhang an 2 bis 5 (⟨nass⟩, ⟨genässt⟩ in neuer Orthographie).

(2) Gelenkschreibungen
  phonologisch   morphologisch
  ⟨sinnen⟩, ⟨Sinnes⟩   ⟨sinnst⟩, ⟨sinnlich⟩
  ⟨nasses⟩, ⟨nässen⟩   ⟨nass⟩, ⟨genässt⟩
  ⟨Sitte⟩, ⟨gesittet⟩   ⟨sittsam⟩, ⟨sittlich⟩
  ⟨singen⟩, ⟨Singer⟩   ⟨singst⟩, ⟨Gesang⟩
  ⟨Blitzes⟩ ⟨blitzen⟩   ⟨Blitz⟩, ⟨geblitzt⟩
  ⟨lachen⟩, ⟨Lacher⟩   ⟨Lachgas⟩, ⟨lachhaft⟩
  ⟨trocken⟩, ⟨trockenster⟩   ⟨trocknen⟩, ⟨Trockner⟩
  ⟨wischen⟩, ⟨Wischung⟩   ⟨wischfest⟩, ⟨wischst⟩

Die Beziehung zwischen den Gelenkschreibungen in den Explizitformen links und denselben Schreibungen in der rechten Spalte wird ausdrücklich als Merkmal morphologischer Transparenz verstanden. Besteht ein morphologischer Zusammenhang synchron nicht, so kann es auch unterschiedliche Stammschreibungen geben, z.B. ⟨spinnen⟩ – ⟨Spindel⟩, ⟨können⟩ – ⟨Kunst⟩, ⟨sammeln⟩ – ⟨gesamt⟩, ⟨schaffen⟩ – ⟨Geschäft⟩.

(3) Silbeninitiales ⟨h⟩
  phonologisch   morphologisch
  ⟨ruhen⟩, ⟨Ruhe⟩   ⟨ruhst⟩, ⟨geruht⟩
  ⟨drohen⟩, ⟨Drohung⟩   ⟨droht⟩, ⟨bedrohlich⟩

Das silbeninitiale ⟨h⟩ steht nach allen Vokalgraphemen, auch dem ⟨ie⟩ wie in ⟨ziehen⟩, ⟨zieht⟩ und es bleibt als morphologische Schreibung sogar dann erhalten, wenn dieses ⟨ie⟩ nur in einer markierten Stammform auftritt wie bei ⟨sehen⟩, ⟨siehst⟩, ⟨sieht⟩. Das silbeninitiale ⟨h⟩ ist immer das letzte Graphem des Stammes und markiert damit eine morphologische Grenze. Deshalb muß es wegfallen, wenn bei unregelmäßiger Stammformbildung an der entsprechenden Stelle ein anderes Graphem steht wie in ⟨hohes⟩ – ⟨höchstes⟩, ⟨ziehen⟩ – ⟨gezogen⟩, ⟨Schuhe⟩ – ⟨Schuster⟩.

Das silbeninitiale ⟨h⟩ kann natürlich als historische Schreibung in isolierten Formen überleben, in denen es nach der synchron wirksamen Regularität nicht stehen würde wie in den berühmten Beispielen ⟨Fehde⟩ ← mhd. ⟨vehede⟩, ⟨Draht⟩ ← ⟨drehen⟩, ⟨Naht⟩ ← ⟨nähen⟩ und ⟨Mahd⟩ ← ⟨mähen⟩.

Mit derselben Regelmäßigkeit wird das Dehnungs-h morphologisch übertragen. Interessant ist, daß das Dehnungs-h bei Verben des Kernwortschatzes

(4) Dehnungs-h
  phonologisch   morphologisch
  ⟨wohnen⟩, ⟨Wohnung⟩   ⟨wohnt⟩, ⟨wohnlich⟩
  ⟨lehren⟩, ⟨Lehre⟩   ⟨gelehrt⟩, ⟨lehrbar⟩
  ⟨stehlen⟩, ⟨gestohlen⟩   ⟨stehlt⟩, ⟨stiehlt⟩

mit vergleichsweise hoher Wahrscheinlichkeit auftritt. Insgesamt steht es nur in jedem zweiten möglichen Fall, bei den Verben aber viel häufiger (5a vs. 5b). Die meisten Verben, in denen es nicht steht, sind deadjektivisch oder desubstantivisch (5c).

(5) a. ⟨fahren⟩, ⟨ehren⟩, ⟨kehren⟩, ⟨zehren⟩, ⟨mahlen⟩, ⟨prahlen⟩, ⟨fehlen⟩, ⟨stehlen⟩, ⟨johlen⟩, ⟨fühlen⟩, ⟨wühlen⟩, ⟨nehmen⟩, ⟨mahnen⟩, ⟨gähnen⟩, ⟨dehnen⟩, ⟨sehnen⟩, ⟨stöhnen⟩, ⟨wohnen⟩
   b. ⟨hören⟩, ⟨stören⟩, ⟨schwelen⟩, ⟨malen⟩, ⟨holen⟩, ⟨spülen⟩
   c. ⟨garen⟩, ⟨scharen⟩, ⟨scheren⟩, ⟨quälen⟩, ⟨schälen⟩, ⟨ölen⟩, ⟨spulen⟩, ⟨grämen⟩, ⟨schämen⟩, ⟨planen⟩, ⟨tränen⟩

Offenbar spielt das Dehnungs-h für die morphologische Markierung des Stammes bei Verben eine größere Rolle als bei Substantiven und Adjektiven. In dieses Bild paßt auch, daß bei den beiden einzigen Verbstämmen mit gespanntem Vokal und zwei gemeinsam syllabierbaren Konsonanten das Dehnungs-h stehen muß: ⟨ahnden⟩, ⟨fahnden⟩. In markierten Substantivstämmen dieser Art steht es nicht: ⟨Mond⟩, ⟨Pferd⟩.

Bleibt als letzte silbische Schreibung die Verdoppelung von Vokalgraphemen. Auch sie ist auf Stämme beschränkt und wird konsequent innerhalb einer Wortfamilie beibehalten: ⟨Staaten⟩ vs. ⟨Staat⟩, ⟨staatlich⟩. ⟨leeren⟩, ⟨Leerung⟩ vs. ⟨geleert⟩, ⟨leerte⟩. Die Stammschreibung ändert sich aber dann, wenn Umlaut auftritt, ⟨Boot⟩ – ⟨Bötchen⟩. Für die Schreibung des Umlauts gelten allgemein andere Regeln als wir sie bisher kennengelernt haben. Seine Explizitformen sind morphologisch, nicht prosodisch fundiert (s. u.).

Silbenstrukturelle Basiertheit und morphologische Konservierung der Dehnungs- und Schärfungsgraphien sind als solche funktional für das Schreiben und insbesondere das Lesen, ihre Funktionalität reicht aber noch weiter. Sie spielen auch eine Rolle für die morphologische Strukturierung komplexer Formen selbst. Innerhalb der Flexion trifft das insbesondere auf die Formen des Verbs zu.

Aus 5.3 wissen wir, daß die Flexionssuffixe des Verbs von der segmentalen wie der prosodischen Substanz her heterogener als die des Substantivs und des Adjektivs sind. Das führt dazu, daß Verbformen regelmäßig eine segmentale Struktur haben, die nicht zu ihrer prosodischen paßt. Wäre die Form nicht morphologisch komplex, dürfte sie den betreffenden segmentalen Aufbau nicht haben. Unter dieser Voraussetzung ist es funktional, die Gliederung einer Form in Stamm und Suffix besonders anzuzeigen. Genau das geschieht durch die Dehnungs- und Schärfungsgraphien. Auf diesen Zusammenhang hat insbesondere Maas (1989; 1992) hingewiesen.

Gelenkschreibungen, Dehnungs-h und silbeninitiales ⟨h⟩ folgen unmittelbar dem Kerngraphem der Stammsilbe (Stämme mit Diphthongen lassen wir der Einfachheit halber beiseite). Die Gelenkschreibung und das silbeninitiale ⟨h⟩ markieren gleichzeitig das Ende des Stammes, z. B. ⟨roll+st⟩, ⟨droh+st⟩. Beim Dehnungs-h folgt noch ein einzelnes Sonorantgraphem, aber auch hier wird die morphologische Gliederung direkt angezeigt: ⟨kehr+st⟩, ⟨lahm+t⟩.

Als Beispiel für den Analysebeitrag von Dehnungsgraphien vergleichen wir die Formbildung eines Verbs ohne Dehnungs-h (⟨⟨holen⟩⟩), eines Verbs mit Dehnungs-h (⟨⟨zahlen⟩⟩) sowie eines Verbs mit zwei phonographisch geschriebenen Konsonantbuchstaben nach dem Vokalgraphem des Kerns (⟨⟨walten⟩⟩), s. a. 5.3.2.

(6) Indikativ
   a. Präs   Präs
      ⟨hole⟩   ⟨zahle⟩
      ⟨holst⟩   ⟨zahlst⟩
      ⟨holt⟩   ⟨zahlt⟩
      ⟨holen⟩   ⟨zahlen⟩

   b. Prät   Präs   Prät
      ⟨holte⟩   ⟨walte⟩   ⟨zahlte⟩
      ⟨holtest⟩ ⟨waltest⟩ ⟨zahltest⟩
      ⟨holte⟩   ⟨waltet⟩ ⟨zahlte⟩
      ⟨holten⟩ ⟨walten⟩ ⟨zahlten⟩
      ⟨holtet⟩   ⟨waltet⟩ ⟨zahltet⟩

Im Präsensparadigma von ⟨holen⟩ in 6a sehen zwei der vier unterschiedlichen Formen so aus, als hätten sie einen ungespannten Vokal ((⟨holst⟩, ⟨holt⟩). Daß der Vokal gespannt ist, ergibt sich erst aus der morphologischen Analyse oder eben aus dem Dehnungs-h wie bei ⟨zahlen⟩. 6b zeigt, daß das Prät von ⟨holen⟩ bis auf die 3.Ps Sg so aussieht wie das Präs von ⟨walten⟩, während ein derartiges Analyseproblem bei ⟨zahlen⟩ wegen des Dehnungs-h nicht auftritt. In den Formen, die nicht die Struktur von Explizitformen haben, zeigt das Dehnungs-h tatsächlich Dehnung an. Es ist nicht redundant, weil gespannte und ungespannte Vokale paarweise auf dasselbe Vokalgraphem bezogen sind.

Derselbe Effekt tritt bei den Substantiven in großem Umfang auf, wenn diese einsilbige oder auf der letzten Silbe betonte Formen im Paradigma haben (5.2.1). Das Substantiv im Kernbereich hat ja Grundformflexion. Ist die Grundform einsilbig, so ist sie bezüglich der Dehnungs- und Schärfungsgraphien keine Explizitform. Hat dieser Einsilber genau einen Konsonanten im Endrand, dann kann der Vokal sowohl gespannt als auch ungespannt sein. Gespanntheit ist in diesem Kontext distinktiv und *muß* in der geschriebenen Form angezeigt werden. 7 zeigt einige Minimalpaare des in Rede stehenden Typs.

(7) a. [beːt] – [bɛt]   ⟨Beet⟩ – ⟨Bett⟩
     b. [baːn] – [ban] ⟨Bahn⟩ – ⟨Bann⟩
     c. [ʃʀoːt] – [ʃʀɔt] ⟨Schrot⟩ – ⟨Schrott⟩

Im Vergleich zu 6 zeigt 7 etwas Interessantes und Wichtiges. Beim Substantiv spielt die Gelenkschreibung, also die Schärfungsgraphie, die entscheidende Rolle für eine Desambiguierung. Die Dehnungsgraphien kommen nicht konsequent zur Anwendung. Insbesondere gilt das auch für das silbeninitiale ⟨h⟩, das ja in Fällen wie ⟨Seen⟩, ⟨knien⟩ usw. vermieden wird.

Für das Verb spielen die Dehnungsgraphien eine so große Rolle, weil das Verb mit seinen wenig sonoren Flexionssuffixen [st] und [t] in vielen Formen Silben mit komplexen Endrändern auch dann bildet, wenn der Stamm vokalisch oder mit einfachem Konsonant auslautet. Ganz vereinfacht kann man sagen: Aufgrund der Spezifika des jeweiligen Flexionsparadigmas braucht das Substantiv im Kernbereich die Gelenkschreibungen, das Verb die Dehnungsgraphien (**Aufgabe 114, 115**).

Morphologisch determinierte Explizitformen

Prosodisch determinierte Explizitformen stellen die Basis für eine Konstantschreibung morphologischer Einheiten und insbesondere von Stammformen bereit, deren Variation im Gesprochenen rein phonologischer Natur ist. Bei morphologisch determinierten Explizitformen ist das anders. Hier geht es um lautliche Unterschiede zwischen Stammformen, die morphologisch relevant sind. Morphologisch relevant sind im Deutschen vor allem Vokalwechsel (5.2; 5.3), wobei für das Geschriebene allein der Umlaut von Bedeutung ist. Allgemein gilt, daß den morphologisch fundierten Umlauten die Umlautgrapheme ⟨ä⟩, ⟨ö⟩, ⟨ü⟩ und der Schreibdiphthong ⟨äu⟩ entsprechen.

Die Grundregularität betrifft alle Umlaute, seien die Vokale gespannt oder ungespannt und betreffe das Umlautverhältnis flexions- oder derivationsmorphologische Kategorien (⟨Sohn – Söhne⟩ einerseits und ⟨Dorf – dörflich⟩ andererseits). Für eine bestimmte morphologische Umlautfunktion wie die Signalisierung des Plurals bei Maskulina mit e-Plural (6.2.1) sind die überhaupt denkbaren sieben Fälle im Prinzip auch realisiert oder als wohlgeformte Strukturen realisierbar (8; der Umlaut ist hier strukturell fakultativ).

(8) a. ⟨Floh⟩ – ⟨Flöhe⟩; ⟨Kopf⟩ – ⟨Köpfe⟩
b. ⟨Fuß⟩ – ⟨Füße⟩; ⟨Bund⟩ – ⟨Bünde⟩
c. ⟨Hahn⟩ – ⟨Hähne⟩; ⟨Stand⟩ – ⟨Stände⟩
d. ⟨Traum⟩ – ⟨Träume⟩

Alle Umlautgraphien machen die Stammformen mit Umlautgraphem denen mit Grundvokal visuell ähnlich, wobei diese Ähnlichkeit wohl über das hinausgeht, was in der entsprechenden Lautform an phonetischer Ähnlichkeit vorhanden ist. Der Status der einzelnen Umlautgraphien als morphologisches Kodierungsmittel ist dabei unterschiedlich. Für ⟨ö⟩ und ⟨ü⟩ gibt es GPK-Regeln. Beide kommen als phonographische Schreibungen vor, in denen sie synchron nichts mit Umlaut zu tun haben (⟨schön⟩, ⟨Löffel⟩, ⟨kühn⟩, ⟨dünn⟩; 4.3; 5.2.1). Für ⟨äu⟩ und ⟨ä⟩ liegen die Dinge teilweise anders.

⟨äu⟩ ist fast durchweg morphologisch motiviert. Wenn der Diphthong [ɔi] morphologisch auf [au] bezogen ist, wird er stets als ⟨äu⟩ geschrieben (⟨Haus⟩ – ⟨Häuser⟩ – ⟨häuslich⟩; ⟨kaufen⟩ – ⟨Käufer⟩ – ⟨käuflich⟩). Das Umgekehrte gilt ebenfalls. Wo ⟨äu⟩ geschrieben wird, liegt eine morphologische Grundlage vor. Anderenfalls schreibt man ⟨eu⟩ wie in ⟨Eule⟩, ⟨Leute⟩, ⟨streunen⟩, ⟨heute⟩. Schreibungen wie ⟨Knäuel⟩, ⟨Säule⟩, ⟨räuspern⟩, ⟨sträuben⟩ sind selten und als Ausnahmen anzusehen.

Dasselbe gilt für [ɛ] als Umlaut des ungespannten [a], vgl. ⟨Bach⟩ – ⟨Bäche⟩, ⟨lachen⟩ – ⟨lächeln⟩ mit ⟨Becher⟩, ⟨hecheln⟩. Einige der Ausnahmen wie ⟨überschwenglich⟩ wurden mit der Neuregelung beseitigt, man kann jetzt ⟨überschwänglich⟩ und muß sogar ⟨Gämse⟩ und ⟨behände⟩ sowie andererseits ⟨Wechte⟩ statt ⟨Wächte⟩ schreiben. Als Ausnahmen bleiben ⟨Lärm⟩, ⟨Geländer⟩ und wenige andere. Bei [eː] bzw [æː] als Umlaut des gespannten [ɑː] wird ebenfalls konsequent morphologisch geschrieben, vgl. ⟨Wahn⟩ – ⟨wähnen⟩, ⟨Stahl⟩ – ⟨Stähle⟩ – ⟨stählen⟩ – ⟨stählern⟩ vs. ⟨Mehl⟩, ⟨dehnen⟩, ⟨Lehm⟩. Hier gibt es allerdings eine größere Zahl von synchron nicht fundierten Umlautschreibungen wie die in 9.

(9) a. ⟨Bär⟩, ⟨Krähe⟩, ⟨Strähne⟩, ⟨Häher⟩, ⟨Märe⟩, ⟨Mähre⟩, ⟨Häme⟩, ⟨Träne⟩
    b. ⟨sägen⟩, ⟨erzählen⟩, ⟨gähnen⟩, ⟨mähen⟩, ⟨fähig⟩, ⟨träge⟩, ⟨während⟩.

Als Äquivalent eines gespannten Vokals verhält sich ⟨ä⟩ so wie ⟨ö⟩ und ⟨ü⟩. Ist der Umlaut morphologisch fundiert, dann wird ⟨ä⟩ geschrieben, aber nicht nur dann. Das weitere Vorkommen von ⟨ä⟩ hat uns veranlaßt, hier auch eine GPK-Regel für phonographische Schreibungen anzusetzen (8.2.1). Das Verhalten des Umlautgraphems ⟨ä⟩ für gespannten Vokal hängt natürlich damit zusammen, daß der Status von [æː] als Phonem zwiespältig ist (4.2). Mit der großen Zahl von Fremdwortschreibungen wie ⟨Ära⟩, ⟨Äther⟩, ⟨Molybdän⟩, ⟨Pleistozän⟩ nimmt die morphologisch nichtfundierte ä-Schreibung zu. Insgesamt folgen die Umlautgraphien bei [ɑː] dem Prinzip, daß morphologisch fundierter Umlaut auch in der Schrift erscheint. Das Umgekehrte gilt nicht immer und kann schon wegen des vorhandenen Graphembestandes gar nicht gelten. Die Feststellung des neuen orthographischen Regelwerks, ⟨Bär⟩, ⟨sägen⟩, ⟨Ähre⟩ usw. seien ›Ausnahmen‹, verkennt einmal mehr, wie wortstrukturelle Information graphematisch kodiert ist (Deutsche Rechtschreibung 1996: 28).

Graphematische Differenzierung homophoner Formen

Wenden wir uns zum Schluß wenigstens kurz der Frage zu, wie graphematische Wortformen gegenüber phonologischen differenziert sein können.

In der Buchstabenfolge einer graphematischen Wortform ist eine wortstrukturelle Analyse kodiert, die Segmentales, Silbisch-Prosodisches und Morphologisches umfaßt. Sehr häufig gilt dabei der Grundsatz, daß eine bestimmte Graphie immer dann verwirklicht ist, wenn ein bestimmtes wortstrukturelles Merkmal vorliegt, aber nicht umgekehrt. Das wortstrukturelle Merkmal ist hinreichend für ein graphematisches Merkmal, nicht jedoch notwendig.

Wie ein Wort geschrieben wird, hängt damit (a) von der zugrundegelegten wortstrukturellen Analyse ab und (b) von der Wahl unter alternativ zur Verfügung stehenden graphematischen Mitteln. Es kann deshalb einerseits zu sog. Varianten oder Doppelformen für eine phonologische Form kommen, andererseits aber auch zur graphematischen Differenzierung homophoner Wörter.

Eine unterschiedliche Analyse liegt etwa den Schreibungen ⟨Schubs⟩ – ⟨Schups⟩ zugrunde. Die erste beruft sich auf ⟨schieben⟩, ⟨Schub⟩, die zweite schreibt phonographisch analog zu ⟨Schnaps⟩, ⟨Raps⟩. In ⟨Koog⟩ – ⟨Kog⟩ und ⟨Reet⟩ – ⟨Ret⟩ wird von unterschiedlichen Mitteln ohne unterschiedliche strukturelle Analyse Gebrauch gemacht. Man kann sich aber vorstellen, daß solche Varianten als standarddeutsch vs. regional (›norddeutsch‹) gewertet werden. Ganz ähnlich ist es bei vielen Fremdwörtern, deren Schreibung vom Grad der Integration in den Kernwortschatz abhängt wie bei ⟨Oxyd⟩ – ⟨Oxid⟩, ⟨Delphin⟩ – ⟨Delfin⟩, ⟨Yacht⟩ – ⟨Jacht⟩, ⟨Ghetto⟩ – ⟨Getto⟩. Für solche Fälle kann man in der Regel erklären, warum es zur Variation kommt. Welchen Status die Varianten haben, wie sie in der Schreibpraxis oder vom orthographischen Wörterbuch bewertet werden, ob sie überhaupt zulässig sind usw. hat mit der graphematischen Faßbarkeit meist nicht viel zu tun (zu den Doppelformen weiter Muthmann 1994; Bramann 1987; Gabler 1990).

Als graphematische Differenzierung homophoner Wörter werden Formpaare wie die in 10 angesehen. In der alten Prinzipiendebatte erfaßt man sie meist unter einem ›lexikalischen‹ oder ›semantischen‹ Prinzip und tut ihnen damit zu viel Ehre an (dazu Rahnenführer 1980; Herberg 1980; Augst 1981).

(10) a. ⟨Beeren⟩ – ⟨Bären⟩, ⟨Leib⟩ – ⟨Laib⟩, ⟨Lerche⟩ – ⟨Lärche⟩, ⟨Lied⟩ – ⟨Lid⟩, ⟨Mohr⟩ – ⟨Moor⟩, ⟨Miene⟩ – ⟨Mine⟩, ⟨Seite⟩ – ⟨Saite⟩, ⟨Sohle⟩ - ⟨Sole⟩, ⟨Wahl⟩ – ⟨Wal⟩
b. ⟨lehren⟩ – ⟨leeren⟩, ⟨mahlen⟩ – ⟨malen⟩, ⟨wieder⟩ – ⟨wider⟩

Zu den paarweise unterschiedlichen Schreibungen in 10 kommt es in der Regel dadurch, daß neben der unmarkierten (z. B. ⟨Lied⟩, ⟨Leib⟩) auch eine markierte existiert und Verwendung findet (⟨Lid⟩, ⟨Laib⟩). In anderen Fällen und insbesondere beim Dehnungs-h kann nicht einfach von einer markierten und einer unmarkierten Schreibweise gesprochen werden, beide Möglichkeiten sind nahezu gleichberechtigt (⟨mahlen⟩ – ⟨malen⟩, ⟨Sohle⟩ – ⟨Sole⟩).

Eine graphematische Differenzierung wie in 10 ist systematisch wie praktisch für das Deutsche marginal. Sie betrifft so gut wie nie alle Formen eines Flexionsparadigmas. Die betreffenden Verben gehören in der Regel unterschiedlichen Flexionstypen an (⟨gemalt⟩ – ⟨gemahlen⟩), die Substantive ebenfalls (⟨die Laibe⟩ – ⟨die Leiber⟩), und manchmal kommt noch ein unterschiedliches Genus dazu (⟨der Wal⟩ – ⟨die Wahl⟩).

Die vorhandenen Möglichkeiten zur Homophonendifferenzierung werden keineswegs konsequent ausgenutzt, und schon gar nicht kann davon die Rede sein, daß ein semantisches oder lexikalisches Prinzip dieser Art strukturbildende Kraft habe. Sein Sinn liegt im wesentlichen beim Teekesselchen (**Aufgabe 116**).

8.3 Silbentrennung

Die Silbentrennung ist ein eher marginaler Bereich unserer Orthographie. Beim Schreiben kann man sie immer vermeiden und viele Textverarbeitungsprogramme nehmen sie dem Schreiber vollständig ab.

Andererseits sind mit der Silbentrennung einige interessante Probleme verbunden. Es gibt bisher kein Trennprogramm, das in einem größeren Wortschatz alle Silbentrennungen richtig macht. Darüber hinaus scheint nicht ganz klar zu sein, was eine richtige Silbentrennung überhaupt ist. Die unmittelbar nach der Neuregelung von 1996 erschienenen Rechtschreibwörterbücher wiesen in keinem Bereich so viele Unterschiede auf wie in diesem.

Wir wollen die Silbentrennung so weit behandeln, daß ihre Fundierung sowie Gründe für die genannten Schwierigkeiten deutlich werden. Auf die an Einzelfällen aufgehängten Haarspaltereien der einschlägigen Literatur gehen wir nicht ein. Auch folgen wir nicht der neuerdings verbreiteten Redeweise von ›Worttrennung am Zeilenende‹. Es werden nicht Wörter, sondern Silben voneinander getrennt. Daß man nicht immer genau weiß, was eine Silbe ist, ändert daran nichts. Wir sprechen ja auch von Substantivgroßschreibung, obwohl es mit dem Begriff Substantiv erhebliche Probleme gibt.

Silbentrennungsregeln

Die Hauptregel zur Silbentrennung lautet nach der Neuregelung: »Geschriebene Wörter trennt man am Zeilenende so, wie sie sich bei langsamem Sprechen in Silben zerlegen lassen.« (Deutsche Rechtschreibung 1996: 118). An der Regel ist gegenüber früher nichts Wesentliches verändert worden; ja, sie gilt im Grunde so schon seit 1902: »Mehrsilbige Wörter, die man über zwei Zeilen zu verteilen gezwungen ist, trennt man im allgemeinen nach Sprechsilben, d. h. so, wie sie sich beim langsamen Sprechen von selbst zerlegen...« (Deutsche Rechtschreibung 1902: 18; zur Neuregelung weiter Günther 1992 sowie August 1997 und die dort zitierte Literatur; ein nur auf Schreibsilben gestütztes System von Trennungsregeln in Geilfuß-Wolfgang 2002).

An den Formulierungen ist kritisiert worden, daß sie auf die Silbengliederung beim *Sprechen* abheben. Eine geschriebene Form kann man nicht durch Sprechen zerlegen, auch nicht durch langsames. Dazu kommt die Schriftunabhängigkeit des Sprechens. Die phonologische Wortform [natsioːn] (**Nation**) ist für manche Sprecher zweisilbig, für andere ist sie dreisilbig. [vɔln] (**wollen**) mag als gesprochene Form für manchen einsilbig sein, für die meisten ist sie zweisilbig. Man vermeidet derartige Schwierigkeiten wenigstens teilweise, wenn in der Hauptregel von langsamem Vorlesen statt von langsamem Sprechen die Rede ist. Die Leseaussprache führt fast immer zu Zerlegungen, die für die Silbentrennung brauchbar sind.

Die so modifizierte Regel führt trotzdem nicht immer zum Ziel. Es bleiben Fälle, in denen man unterschiedliche oder überhaupt keine sichere Intuition darüber vorfindet, wie zu trennen sei. Die Berufung auf Silbengrenzen des Gesprochenen – auch des Vorgelesenen – kann nicht funktionieren, wenn es keine Silbengrenzen gibt. In Abschnitt 4.4 ist dargelegt worden, daß Silbengrenzen keine eigene phonologische Materialität besitzen. Man kann ihre Lage angeben, wenn man weiß, wo eine Silbe aufhört und die nachfolgende anfängt. Aber woher weiß man das? Die phonologische Wortform [ʔeːklɪç] (**eklig**) kann zerlegt werden als [ʔeː.klɪç] und [ʔeːk.lɪç]. Beide Zerlegungen weisen wohlgeformte Silben auf. Die erste hat den Vorteil, daß sie für die zweite Silbe der Onsetmaximierung folgt und damit einem Präferenzgesetz genügt. Aber was nützt die Berufung auf ein Präferenzgesetz, wenn damit nicht eine Sprecherintuition getroffen ist? In zahlreichen Fällen scheinen die Sprecher tatsächlich der Onsetmaximierung zu folgen, wenn sie spontan syllabieren. Unser Beispiel gehört jedoch nicht zu diesen Fällen. Manche Sprecher sind unsicher. Andere syllabieren [ʔeːklɪç], gerade weil es der orthographischen Trennung **ek-lig** entspricht. Wir haben also gelegentlich nicht nur keine intuitiv fundierten Grammatikalitätsurteile, sondern wir haben sogar eine Berufung auf das Geschriebene, das ja erst erklärt werden soll.

Die Silbentrennung betrifft mögliche Zerlegungen graphematischer Wortformen. Graphematische Wortformen sind segmental aufgebaut und deshalb immer zerlegbar. Wie sie zerlegt werden, hängt teilweise von phonologischen Gegebenheiten ab, teilweise aber von anderen und insbesondere rein graphematischen. Sehen wir uns zunächst an, wie sich der einfachste Prototyp von Mehrsilber bezüglich Silbentrennung verhält. Natürlich ist das einmal mehr der Zweisilber aus betonter und unbetonter Silbe ohne interne morphologische Grenze. In Hinsicht auf Silbenschnitt und die daran gebundenen internuklearen Segmentfolgen sind dabei vier Fälle gemäß 1a-d zu unterscheiden.

(1) a. [knɔi.əl]   Knäu-el, Mau-er, Schlei-er, Klei-e
       [tʁuː.ə]   Tru-he, Hä-her, Brü-he, Rei-he
    b. [zeː.gəl]   Se-gel, Ru-der, Wa-gen, A-tem, Ju-gend
       [ʁɑː.mən]   Rah-men, Boh-ne, Boh-le, Bah-re
    c. [kɪʂən]   Kis-sen, Mat-te, Rip-pe, Bag-ger
       [kat͡sə]   Kat-ze, Hop-fen, Zan-ge
       [kʏçə]   Kü-che, He-xe, Be-cken, Ma-sche
    d. [vɪn.dəl]   Win-del, Fal-ter, Kur-ve, Mas-ke
       [ʔɛʁn.tə]   Ern-te, Half-ter

Bei Typ 1 ist die erste Silbe offen, die zweite ist nackt. Im Geschriebenen steht nach den meisten Diphthongen eine offene Silbe, sonst eine mit silbeninitialem ⟨h⟩. Die Schreibsilbe mit einfachem Anfangsrand, die hier erscheint, taucht nun in sämtlichen weiteren Fällen ebenfalls auf. Egal, ob der betonte Vokal gespannt ist (1b), ob er ungespannt und der nachfolgende Konsonant Gelenk ist (1c) oder ob dem betonten Vokal mehrere Konsonanten folgen (1d): Im Geschriebenen liegt die Silbengliederung immer so, daß die zweite Silbe mit genau einem Graphem beginnt. Syllabierungsprobleme ergeben sich nicht. Die Silbengliederung der graphematischen Wortform ist natürlich, weil sie entweder isomorph der der phonologischen Wortform ist oder – wie bei den Gelenken – auf einfache Weise aus ihr folgt. Und sie führt zu einem einfachen und weitgehend einheitlichen Ergebnis. Wir fassen es in der *ersten Grundregel* der Silbentrennung zusammen: »Zwischen Vokalgraphemen liegt eine Trennstelle. Sind Konsonantgrapheme vorhanden, dann wird vor dem letzten getrennt.«

Wir sprechen von einer Trennungs*regel* und nicht von einer Regularität, weil offen bleiben muß, wie weit sie tatsächlich reicht und wie sie fundiert ist. Es handelt sich um eine Art Faustregel, die aber wahrscheinlich nicht immer mit dem Prinzip der Onsetmaximierung vereinbar ist. Zwar wissen wir, daß die nichtbetonbare Silbe im Deutschen entweder nackt ist oder zu einfachem Onset neigt. Es ist aber nicht gesagt, daß dies zur Grundlage der Silbentrennungsregel gemacht werden kann. Die ›Ein-Graphem-Regel‹ hat eine überragende praktische Bedeutung, und vom Prototyp in 1 her entfaltet sie eine erhebliche Analogiewirkung. Wie weit sie strukturell fundiert ist, muß aber geklärt werden (s. u).

Die *zweite Grundregel* der Silbentrennung ist aus den Formen in 2 und 3 ersichtlich.

(2) a. **be±denken, ent±tarnen, zer±teilen, un±denkbar, ab±geben**
    b. **auf±fliegen, ent±brennen, Erz±übel, ent±eilen**

(3) a. **Klein±kind, Groß±mutter, Brenn±nessel, Pferde±wagen**
    b. **Miet±spiegel, Tief±flieger, Dorf±platz, Wurf±anker, Wasser±eimer**

Die zweite Grundregel lautet: »Bei Formen mit Präfixen, Verbpartikeln und Komposita wird die Silbentrennung an der morphologischen Grenze vorgenommen.« Die Regel beruht darauf, daß Präfixe (traditionell ›Vorsilben‹), Verbpartikeln und die Bestandteile von Komposita innerhalb einer phonologischen Wortform je selbständige Syllabierungsdomänen darstellen. Entsprechend gelten sie als selbständige prosodische Einheiten (4.4). Und auch in der Wortbildungsmorphologie zeigen sie viele Gemeinsamkeiten im Verhältnis zu den Suffixen (7.1).

Die zweite Grundregel geht natürlich jeder anderen Trennungsregel und insbesondere der ersten Grundregel (›Ein-Graphem-Regel‹) voraus. Sie konstituiert ja die Domänen, in denen die erste Grundregel wirksam wird. In 2b und 3b finden sich Beispiele, bei denen nach der Ein-Graphem-Regel anders getrennt werden müßte, z.B. *ent+b-rennen, *Er-z+übel, *Miet+s-piegel. Grundregel 2 und Grundregel 1 kommen nie miteinander in Konflikt.

Die Trennung von Suffixen und andere Problemfälle

Nun zu den Suffixen. Nichtsilbische Suffixe werden generell in die Syllabierungsdomäne des Stammes integriert. Am Ende einer Form führen sie trivialerweise nie zu neuen Trennstellen (4).

(4)   **Ham-mer – Ham-mer+s, Kun-de – Kun-de+n, leg – leg+st, mü-de – mü-de+s**

Auch vokalisch anlautende Suffixe gehören generell zur selben Syllabierungsdomäne wie der Stamm. Endet der Stamm auf Vokalgraphem, werden Suffixe für sich abgetrennt (5a), sonst mit genau einem Konsonantgraphem (5b). Entsprechend bei mehreren Suffixen (5c). Insgesamt liegen die Trennstellen wieder genau dort, wo sie nach Regel 1 hingehören.

(5)   a. **frei-er, bau-en, reu-ig, Klau-er,**
      b. **leich-ter, glau-ben, Dro-hung, Schu-he, Bo-ten**
      c. **frei-e-re, leich-te-res, bau-en-der**

Beginnt ein silbisches Suffix mit Konsonantgraphem, dann mit genau *einem*. Das hat sein phonologisches Äquivalent. Suffixe mit mehreren Konsonanten im Anlaut gibt es im Deutschen so gut wie nicht. Es ist deshalb kein Wunder, daß wieder nach der Ein-Graphem-Regel getrennt wird (6a). Die Regel setzt sich auch durch, wenn aufgrund von Onsetmaximierung eine andere Trennung angezeigt wäre (6b).

(6)   a. **Reich±tum, Frech±heit, freund±lich, Freund±schaft, Sport±ler**
      b. **wirk±lich – *wir-k+lich, Feig±ling – *Fei-g+ling, Wag±nis – *Wa-g+nis**

Fazit: Innerhalb der Syllabierungsdomäne des Stammes wird nicht einfach phonologisch syllabiert. Die Silbentrennung setzt möglichst ein ganzes Suffix auf die neue Zeile. Und das umso mehr, wenn gleichzeitig der Ein-Graphem-

Regel genügt ist. Graphematisch und morphologisch determinierte Trennung befinden sich weitgehend in Übereinstimmung.

Es bleiben zwei Typen von Konfliktfällen. Der erste beruht darauf, daß phonologisches Syllabieren – d.h. das Bilden wohlgeformter Silben innerhalb einer Syllabierungsdomäne – unter besonderen Bedingungen nicht mit der Ein-Graphem-Regel zusammenpaßt (7).

(7) a. **Karp-fen** – *Kar-pfen, **Rat-sche** – Ra-*tsche, **Rät-sel** – *Rä-tsel
   b. **neb-l+ig** – *ne-bl+ig, **wid-r+ig** – *wi-dr+ig, **Seg-l+er** – *Se-gl+er, **knusp-rig** – *knus-prig
   c. **erheb±lich** – *erhe-b+lich, **löb±lich** – *lö-b+lich, **beweg±lich** – *bewe-g+lich, **täg±lich** – *tä-g+lich
   d. **Ad-ler** – *A-dler, **Sport±ler** – *Spor-t+ler, **Rad±ler** – *Ra-d+ler
   e. **Mag-net** – Ma-gnet, **Hyd-rant** – Hy-drant, **nob-les** - no-bles, **Zyk-lus** – Zy-klus

In 7a ist nur die erste der jeweils aufgeführten Formen orthographisch zulässig. Die Ein-Graphem-Regel hat orthographisch Vorrang auch dann, wenn die zweite Silbe mit homorganischem Plosiv+Frikativ anlautet und Affrikate ist. Diese Trennung geht an der Intuition vieler Schreiber vorbei. Ähnliches gilt für Trennungen bei **st** wie in *El-ster, *Ger-ste. Auch sie sind nicht zugelassen. Daß man so trennen möchte, kann allerdings auch der langen Gewöhnung an das Verbot der **st**-Trennung geschuldet sein.

Derselbe Effekt stellt sich in 7b ein. Diese Formen enden mit einem vokalisch anlautenden Suffix. Beide angegebenen Trennmöglichkeiten liegen neben der morphologischen Grenze, aber die zweite, die der Onsetmaximierung folgt, ist nicht normgerecht. Interessant ist, daß der Konflikt in 7c nicht aufzutreten scheint: Trennstelle und morphologische Grenze fallen hier zusammen. Auch in 7d tritt der Konflikt jedenfalls weniger in Erscheinung als in 7a und b, weil die Alternativtrennung zu phonologisch nicht vorkommenden Anfangsrändern wie [dl] und [tl] führt. Bei den Beispielen in 7e schließlich sind seit der Neuregelung beide Möglichkeiten zugelassen. Man beschränkt sie aber auf Fremdwörter, ohne daß irgendwie begründet würde, warum die Alternativen hier gelten und in 7a,b ausgeschlossen bleiben. Dabei gibt es für einen Teil der Fremdwörter durchaus eine besondere Motivation dadurch, daß ihr Silbenschnitt variabel ist: manche sagen [tsyːklʊs], andere sagen [tsʏklʊs] (4.2).

Die zweite Problemgruppe umfaßt als Prototyp Adverbien und Pronominaladverbien, die als zweiten Bestandteil eine Präposition mit Vokalgraphem am Anfang haben. Neben den Trennungen **hin-auf**, **dar-aus**, **her-an** sind jetzt auch **hi-nauf**, **da-raus**, **he-ran** zugelassen. Synchron lassen sich solche Wörter vielfach nicht einfach morphologisch segmentieren und auch über die Lage der Silbengrenze besteht keine klare Intuition.

Genauso wird bei anderen Wörtern und insbesondere Komposita verfahren, deren morphologische Gliederung unklar ist. Das Wort **Kleinod** wurde früher als Kompositum analysiert und kann deshalb **Klein-od** getrennt werden. Zulässig ist daneben die phonologisch basierte Trennung **Klei-nod**. Sehr häufig gibt es solche Alternativen bei Fremdwörtern. **Hekt-ar** und **Red-aktion** sind etymologisch korrekt, zulässig sind aber auch **Hek-tar** und **Re-daktion** (**Aufgabe 117**).

8.4 Getrennt- und Zusammenschreibung

In Rechtschreibbüchern und orthographischen Regelwerken wird die Getrennt- und Zusammenschreibung wie selbstverständlich als ein Bereich der Wortschreibung behandelt. Aber selbstverständlich ist das nicht, denn es geht gerade um die Frage, was ein Wort ist. Wir befinden uns an der Grenze von Wort- und Satzgrammatik.

Schreibprobleme oder Zweifelsfälle kann es bei der Getrennt- und Zusammenschreibung aus unterschiedlichen Gründen geben. So kommt es vor, daß zwei häufig nebeneinander stehende Wortformen zu einer zusammenwachsen (Univerbierung). Das Adverb **zweifelsohne** etwa ist aus der Fügung **Zweifels ohne** entstanden, die dann selbst verschwunden ist. Zum zweiten gehen Wörter aus Inkorporationen hervor. In **ölfördernd** ist das Objekt **Öl** in die Form des Part1 inkorporiert. Wir haben das Wort **ölfördernd** neben dem Syntagma **Öl fördernd**, beide Schreibungen müssen erlaubt sein. Zum dritten können Wörter durch Prozesse wie Rückbildung entstehen und dann ebenfalls einem Syntagma homonym sein. Wenn **Bäcker** von **backen** und **Hehler** von **hehlen** abgeleitet ist, dann kann umgekehrt **holzfällen** von **Holzfäller** rückgebildet sein und wieder gibt es das Wort neben dem Syntagma **Holz fällen**. Insgesamt geht es meist um das Verhältnis von syntaktischen Phrasen zu unterschiedlichen Typen von Pseudokomposita (6.2.1; zur Ausformulierung der Typen weiter Jacobs 2001).

Wir werden im folgenden einige für das Deutsche typische Univerbierungs-, Inkorporations- und Wortbildungsprozesse so weit betrachten, daß ihre Bedeutung für die Getrennt- und Zusammenschreibung sichtbar wird. Das wichtige Ergebnis in Hinsicht auf orthographische Regelungen wird sein: Eine normative Festlegung auf Getrenntschreibung *oder* Zusammenschreibung kann in vielen Fällen nicht vorgenommen werden. Es muß sowohl die Schreibung als Wort (zusammen) wie als Syntagma (getrennt) zugelassen sein.

Univerbierung

Beginnen wir mit einem Beispiel für Univerbierung. Die Sätze 1a-d demonstrieren verschiedene Verwendungsweisen von **so**. In 1a bedingt **so** den Gebrauch des **daß**-Satzes. Dieser nennt die Folge, die es hat, daß Karls Parken ein bestimmtes Maß an Unmöglichkeit übersteigt. In 1b ist **so** modal verweisend. Es geht nicht mehr um ein Maß, sondern um eine Art und Weise, die irgendwo

(1) a. **Karl parkt auf dem Bürgersteig so unmöglich, daß er abgeschleppt wird**
b. **Karl parkt auf dem Bürgersteig so, daß er abgeschleppt wird**
c. **Karl parkt auf dem Bürgersteig, so daß er abgeschleppt wird**
d. **Karl parkt auf dem Bürgersteig, sodaß er abgeschleppt wird**

anders oder gar nicht genannt wird. In 1c ist auch die Art und Weise verschwunden. Der Nebensatz bezeichnet die Folge von Karls Tun, er ist konsekutiv. Die meisten Grammatiken sprechen von einer zusammengesetzten Konjunktion **so daß**. Der letzte Schritt zur Bildung einer ›einfachen‹ Konjunktion ist rein formaler Art, einen wesentlichen semantischen Unterschied zu 1d gibt es nicht. Beide Schreibweisen sind erlaubt, der Übergang führt zu zwei Formvarianten ein und derselben Einheit. Mit der Univerbierung zu **sodaß** findet ein Grammatikalisierungsproceß sein vorläufiges Ende.

Im Bestand der Konjunktionen gibt es eine Reihe weiterer Einheiten, die noch ihre Entstehung durch Univerbierung zu erkennen geben, etwa **nachdem, obwohl, wenngleich**. Ein Muster, das eine stärkere Analogiewirkung hätte entfalten können, hat sich aber nicht herausgebildet. Das ist anders bei den Präpositionen vom Typ **anhand, infolge**. Ihre Zahl ist größer als die der Konjunktionen und wir können gewisse Aussagen über die Bildungsweise machen. Im allgemeinen verbindet sich eine einfache, einsilbige Präposition mit einem ebenfalls einfachen Substantiv, wobei abstrakte Feminina besonders häufig vorkommen. Kandidaten könnten beispielsweise **in Form** und **auf Bitten** sein. Die entstehende komplexe Präposition regiert meist den Genitiv, d. h. sie übernimmt den Attributkasus vom substantivischen Bestandteil. Man kann sich die Entstehung der Präposition so vorstellen, daß ein vorausgestellter Genitiv nachgestellt wird, z. B. **an deines Vaters Statt → an Statt deines Vaters**, und daß dann die komplexe Präposition entsteht: **anstatt deines Vaters**. Als voll grammatikalisiert gelten die in 2a, als in zwei Schreibweisen vorkommend die in 2b.

(2) a. **anhand, anstatt, infolge, inmitten, zufolge, zuliebe**
   b. **anstelle/an Stelle, aufgrund/auf Grund, aufseiten/auf Seiten, mithilfe/mit Hilfe, vonseiten/von Seiten, zugunsten/zu Gunsten, zulasten/zu Lasten, zuungunsten/zu Ungunsten, zuzeiten/zu Zeiten**

Verfährt die Orthographie hier vernünftig? Sind die in 2a tatsächlich stärker grammatikalisiert und weniger transparent als die in 2b? Man hätte die Frage in jedem Einzelfall zu untersuchen und beispielsweise zu klären, ob das Substantiv in der PrGr auch sonst ohne Artikel stehen kann (**zu Zeiten**, aber nur **an der Hand** und nicht *an Hand), ob die substantivische Form überhaupt noch außerhalb solcher Konstruktionen vorkommt (**Stelle**, aber nicht ***Gunsten**), wie sich die Bedeutungen der beiden Formen zueinander verhalten (**anstelle deines Vaters** vs. **an der Stelle deines Vaters**) usw. Solche Untersuchungen sind schwierig und führen nicht in allen Fällen zu einem klaren Ergebnis. Das Zulassen beider Schreibungen entspricht aber weitgehend der Intuition, wobei für die Mehrheit der Ausdrücke in 2b wie in 2a eher eine Tendenz zur Zusammenschreibung besteht. Die Neuregelung von 1996 hat in diesen Bereich eingegriffen, indem sie z. B. bei **aufseiten, vonseiten, zugunsten** und **zuungunsten** die Getrenntschreibung zuläßt, die es vorher nicht gab. Ein solcher Schritt zurück bedeutet eine Degrammatikalisierung. Er wäre nur gerechtfertigt, wenn tatsächlich eine Tendenz zur Getrenntschreibung beobachtbar ist. Fundierte Aussagen dazu gibt es u. W. nicht, eine Berechtigung zum Eingriff schon gar nicht.

Inkorporation von Adjektiven

Wörter in einer ganz anderen Größenordnung entstehen nach dem Muster, das 3 illustriert.

(3) a. **schwerbeschädigt, schwerbehindert, schwerkrank, schwerverständlich, schwerreich; engbefreundet, engliiert, engverbunden; vollbesetzt, vollentwickelt, vollbeladen, vollelastisch; halbgar, halbnackt, halbblind, halbverhungert**
b. **nichtflektierbar, nichtbewohnt, nichtmetallisch, nichtöffentlich, nichtgrün**

Bei den Adjektiven in 3a ist die Bedeutung des zweiten Bestandteils durch einen adjektivischen Stamm im Sinne einer Verstärkung oder Abschwächung modifiziert. Der modifizierende Stamm kann im allgemeinen auch einer im Superlativ sein (**schwerstbehindert, engstverbunden**). Wie bei zweigliedrigen Komposita (einschl. der Pseudokomposita) üblich, trägt der erste Bestandteil den Hauptakzent des Wortes.

In der entsprechenden syntaktischen Fügung ist das zuerst stehende Adjektiv Attribut zum zweiten. Das zweite trägt als Kern der Konstruktion im unmarkierten Fall den Akzent: **Er ist schwer behíndert** vs. **Er ist schwérbehindert**. Bei der syntaktischen Konstruktion ist der Kern rhematisch. Es geht zuerst um die Mitteilung, daß eine Behinderung vorliegt. Von der Behinderung wird dann weiter festgestellt, daß sie schwer sei. Bei dem entsprechenden Wort geht es von vornherein um *Schwer*behinderung. Seine Verwendung liegt beispielsweise dann nahe, wenn von Behinderung schon die Rede war und es jetzt um deren Differenzierung geht. Beim Beispiel **schwerbehindert** kommt dazu, daß dieses Wort terminologisiert ist. Es wird – ähnlich wie **schwerbeschädigt** – für Personen verwendet, deren Behinderung etwa in der Sozialgesetzgebung festgelegten Kriterien entspricht. Für die Möglichkeit einer Zusammenschreibung ist das aber nicht ausschlaggebend. Wir können nach dem Muster von 3a neue Wörter bilden und sie sofort zusammenschreiben, z. B. in einem Satz wie »**Du bist ja schwérbetrunken, aber trotzdem noch vóllaktiv.**«

In 3b bildet der adverbiale Stamm **nicht** den ersten Bestandteil. Der Mechanismus ist im Prinzip derselbe wie bei 3a (zu **nicht** als Präfix 7.1.1). Auch nach diesem Muster können neue Wörter gebildet werden, z. B. **nichtbewußt, nichtzeitlich, nichthoch**.

Wichtig ist, daß wir es in 3 und ähnlichen Konstruktionen mit produktiven Mustern zu tun haben. Neubildungen erfolgen durch Inkorporation sowie durch Komposition analog dazu. Inkorporation und direkte Komposition der Bestandteile sind praktisch kaum voneinander zu trennen. Gemeinsam führen sie zu hoher Produktivität. Die Bedingungen, an die diese Produktivität gebunden ist, sind in den Einzelheiten noch zu untersuchen.

Große und vielfältige Klassen von möglichen Pseudokomposita ergeben sich, wenn der zweite Bestandteil einen Verbstamm enthält, dessen Valenzeigenschaften ins Spiel kommen. Wie eben ist das produktive Muster meist eine Kombination aus Inkorporation und direkter Komposition. Der Verbstamm bindet aufgrund seiner Valenzeigenschaften Einheiten bestimmter Art als Ergänzungen, die er unter speziellen Bedingungen dann auch inkorporiert. Analog dazu findet Komposition statt.

Als ersten Fall dieser Art betrachten wir die schon erwähnte Verbindung eines Part1 transitiver Verben mit dem Stamm eines Substantivs, das im Syntagma als direktes Objekt auftritt. Wir hatten früher (5.3.4) dafür argumentiert, das Part1 nicht als Verbform, sondern trotz seiner regelmäßigen Bildbarkeit als vom Infinitiv abgeleitetes Adjektiv anzusehen (**laufend, sehend, diskutierend, energisierend, skatend**). Die zentrale Verwendung des Part1 ist die als attributives Adjektiv (**die laufenden Kosten; ein skatendes Mädchen**).

Es scheint nun so zu sein, daß ein Substantivstamm, der formgleich mit einem möglichen direkten Objekt ist, auch inkorporiert werden kann. Das betrifft in erster Linie Stoffsubstantive und bestimmte Abstrakta, die ohne Artikel verwendbar sind. So haben wir **die Bier trinkenden Fans** und dazu **die biertrinkenden Fans**. Ebenso **der strümpfestopfende Assistent, die erfolgsuchende Ministerin** und **die gewinnversprechende Aktion**. Die Zahl der so bildbaren Wörter ist praktisch unbegrenzt. *Daß* diese Einheiten Wortstatus haben, ist unbestreitbar, und ebenso unzweifelhaft ist, daß wir dies im Geschriebenen durch Zusammenschreibung sichtbar machen. Wo die Inkorporation aufhört und die direkte Bildung von Komposita (hier: Rektionskomposita) anfängt, ist wiederum unklar, für die Schreibung aber auch unerheblich.

Neben transparenten Bildungen, deren Bedeutung kaum von der einer syntaktischen Fügung unterscheidbar ist, gibt es nun eine ganze Reihe von lexikalisierten und anders abgeleiteten Typen dieser Form. Einige wichtige nennt 4.

(4)   a. **ratsuchend, fleischfressend, aufsehenerregend, gewinnbringend, eisenverarbeitend, erfolgversprechend, laubtragend, fußballspielend**
     b. **herzerquickend, satzeinleitend, schmerzstillend, nervtötend, atemraubend, gewerbetreibend, tonangebend**
     c. **freudestrahlend, hilfeflehend, kraftstrotzend, bluttriefend, magenleidend, wutschnaubend, angstbebend**
     d. **freiheitsberaubend, nutzbringend, gärungshemmend, friedliebend, friedensgefährdend, ordnungsliebend**

4 ordnet die Wörter nach formaler Nähe zum nächstliegenden Syntagma. Zu denen in 4a gibt es eine analoge syntaktische Konstruktion mit direktem Objekt (**Rat suchend, Fleisch fressend**). Manche der Wörter sind in besonderer Weise terminologisiert (**fleischfressende Pflanze, eisenverarbeitende Industrie**), ihr Wortstatus hängt aber nicht an diesem Faktum. Bei den Wörtern in 4b erscheint das Substantiv nicht in der Form des ersten Bestandteiles als Objekt. Es braucht einen Artikel (**einen Satz einleitend, das Herz erfrischend**) oder die Form des Plurals (**Schmerzen stillend, Nerven tötend**). Ein Schreibproblem tritt hier schon nicht mehr auf, weil Syntagma und Wort auch unabhängig von der Zusammenschreibung verschiedene Form haben. Orthographische Regelungen wären überflüssig.

Das gilt a fortiori für 4c. Das Syntagma mit ähnlicher Bedeutung enthält nicht ein Nominal wie bisher, sondern eine PrGr (**vor Freude strahlend, um Hilfe flehend**). Eine Getrenntschreibung wie *****Freude strahlend** kommt nicht infrage. Genauso bei 4d. Diese Wörter sind insofern weiter morphologisiert, als sie eine Fuge enthalten. Nur zum Teil sind sie direkt aus einem nominalen und einem partizipialen Anteil gebildet. So hat man **freiheitsberaubend** wohl auf **Freiheitsberaubung** und **ordnungsliebend** auf **Ordnungsliebe** zu beziehen.

Das Fazit ist wie eben: Wörter aus Substantivstamm und Part1 können nach einem produktiven Muster gebildet werden, das homonym zu einem Syntagma aus direktem Objekt und partizipialem Adjektiv ist. Die Schreibweise richtet sich danach, ob die zu schreibende Einheit das eine oder das andere ist (4a). Es gibt außerdem verschiedene Formen von stärkerer Morphologisierung dieses Worttyps, bei denen durchweg kein Schreibproblem auftritt (mindestens die in 4b – d). Durch Aufzählen aller möglichen Wörter im Rechtschreibwörterbuch ist die Konstruktion nicht erfaßbar, weil sie prinzipiell offen ist. Probleme für die Schreibung entstehen dadurch nicht.

Die Neuregelung von 1996 läßt die Typen 4b-d als Wörter zu, 4a aber nicht. Hier ist nur das Syntagma erlaubt mit der absurden Konsequenz, daß Rektionskomposita mit Stoffsubstantiven und Abstrakta als erstem Bestandteil ausgeschlossen sind. Ein klarer Systemverstoß.

Inkorporation und Verbpartikel

Eine besondere Rolle für Inkorporations- und analoge Wortbildungsprozesse spielen Konstruktionen mit Verbpartikel. Auch in ihrer vollständig grammatikalisierten Form behält eine Verbpartikel ja gewisse rudimentäre Eigenschaften eines selbständigen Wortes. Allein die Tatsache, daß die Partikel syntaktisch (**abgeben – gibt ab**) wie morphologisch (**abgeben – abzugeben, abgegeben**) vom Stamm getrennt wird, macht sie zur Basis vielfältiger Analogien. Wir nehmen einige der in 7.1.3 genannten Typen von möglichen Verbpartikeln wieder auf und betrachten ihr Verhalten in Hinsicht auf Getrennt- vs. Zusammenschreibung.

Beginnen wir mit der Inkorporation von Adjektiven. Das produktivste Muster basiert auf der Funktion von Adjektiven als Objektsprädikativ zu transitiven Verben. Mit dem Adjektiv wird über das vom direkten Objekt Bezeichnete prädiziert und es hat dabei dieselbe Stellung wie eine Verbpartikel. Es ist deshalb ein Kandidat für Inkorporation (5).

(5) a. **Helga streicht ihr Fahrrad** *grün/an*
    b. **Ödipus schlägt seinen Vater** *tot/nieder*
    c. **Karl kocht die Kartoffeln** *weich/ab*

Das (einfache) transitive Verb bezeichnet einen Vorgang, der das vom direkten Objekt Bezeichnete affiziert und ihm dadurch Eigenschaften beibringt, die es sonst nicht hätte. Das Adjektiv spezifiziert solche Eigenschaften. Wird es als Partikel analysiert, dann ist es mit dem Verbstamm zusammenzuschreiben: **grünstreichen, totschlagen, weichkochen** (6).

(6) a. **weil Helga ihr Fahrrad grünstreicht/grün streicht**
    b. **daß Ödipus seinen Vater totschlägt/tot schlägt**
    c. **indem Karl die Kartoffeln weichkocht/weich kocht**

Die Inkorporation erfolgt umso leichter, als sie nicht mit morphologischen Veränderungen verbunden ist. Inkorporiert wird die Kurzform. Das bedeutet, daß das Syntagma – abgesehen vom Akzent – homonym mit dem komplexen Verb bleibt. Das Adjektiv kann wie sonst auch modifiziert werden (**völlig grün, ganz tot, vollkommen weich**) und es ist vorfeldfähig (**Grün streicht Helga ihr Fahrrad**). Die syntaktische Konstruktion Objektsprädikativ wird durch die Inkorporation selbstverständlich nicht beseitigt. Außer bei sehr weitgehender Idiomatisierung gibt es immer beides, das Wort (Zusammenschreibung) und das Syntagma (Getrenntschreibung).

Eine grobe und vorläufige Analyse liefert als Typen mit parallelem Syntagma die in 7. Hier existiert stets ein Satz mit und ohne Objektsprädikativ (**Sie putzt die Zähne blank – Sie putzt die Zähne**). Am verbreitetsten sind wohl Fälle mit transitiver Basis (7a). In 7b ist die Basis nicht transitiv, wohl aber das komplexe Verb. 7c listet einige Reflexiva, die untereinander aber noch gewichtige Unterschiede aufweisen.

(7) a. blankputzen, grünstreichen, totschlagen, hochheben, kleinreiben, gelbfärben, kleinschneiden, glattschleifen, geradebiegen, flachdrücken, weichkochen
b. leertrinken, leerkaufen, vollschreiben, vollquatschen, müdereden, festkleben, festziehen, heiligsprechen, schwindliglügen, totrauchen, schwarzärgern
c. sich totschämen, totfreuen, krankwundern, kranklachen, langlegen, wundliegen, totsiegen, heiserreden, geradesetzen

Eine Reihe mehr oder weniger stark idiomatisierter Verben bringt 8a. Mindestens bei einigen von ihnen ist die Vorfeldfähigkeit des adjektivischen Bestandteils fraglich. Das ist ein starkes Indiz für Grammatikalisierung (***Fest legt er sich**). 8b und c zeigen, daß mit einigen abstrakten Verben lange Reihen gebildet werden, was durchaus zur Produktivität beiträgt. Ein zum Wort homonymes Syntagma wie in 7 ist nicht zwingend, weil das Adjektiv stehen *muß* (**Sie schreibt ihn krank** aber ***Sie schreibt ihn**). Es gibt also gute Gründe, hier stets zusammenzuschreiben.

(8) a. krankschreiben, volladen, lahmlegen, freilegen, festlegen, reinwaschen, festhalten, genaunehmen, schwernehmen, nahebringen
b. saubermachen, schönmachen, irremachen, kaltmachen, festmachen, bekanntmachen, kaputtmachen, großmachen, schlechtmachen
c. bloßstellen, sicherstellen, bereitstellen, zufriedenstellen, hochstellen, fertigstellen, geradestellen, richtigstellen, freistellen, klarstellen, kaltstellen

Wie ist das Bildungsmuster beschränkt? Der übliche Ansatz bei einer Charakterisierung als Resultativ (Bausewein 1990: 236 ff.) hilft nicht recht weiter. Das Adjektiv bezeichnet im allgemeinen Fall wohl weniger eine Eigenschaft als Resultat, sondern eine, die sich im Verlauf ergibt. **Helga streicht ihr Fahrrad**

grün ist wahr, wenn sie dabei ist, das zu tun. Nur bei Punktualität des Vorgangs ergibt sich als Sonderfall die Eigenschaft als Resultat: **Karl schlägt die Vase kaputt.** Damit ist über Agentivität des Subjekts und Affiziertheit des Objekts hinaus eine weitere Restriktion klar. Der Objektsprädikativ dieser Art ist nicht möglich, wenn das Verb selbst bereits resultativ ist. Das gilt etwa für zer-Verben (7.1.2). Wir haben **Karl zerschlägt die Vase**, aber nicht *Karl zerschlägt die Vase kaputt.

Rein formaler Art ist die Restriktion, daß ein Adjektiv nicht inkorporierbar ist, wenn das Verb schon eine Partikel hat. Das Adjektiv wird dann aus der Partikelposition verdrängt und auch nicht wie eine solche betont (9).

(9) a. **weil Helga ihr Fahrrad grün anstreicht**
 b. **daß Karl das Bild fest aufklebt**

Trotz aller Unvollständigkeit läßt unsere Beschreibung den Schluß zu, daß Objektsprädikative der in Rede stehenden Art grundsätzlich inkorporierbar sind. Die alte Frage, ob sie mit dem Verbstamm eine Einheit bilden (Heringer 1972; Pütz 1982), hat dann eine differenzierte Antwort. Bei starker Idiomatisierung gibt es nur ein komplexes Verb, bei den transparenten Typen gibt es sowohl ein Verb als auch ein Syntagma. Daraus folgt, daß Zusammenschreibung stets erlaubt sein muß. Die Neuregelung von 1996 hat die Verhältnisse einmal mehr auf den Kopf gestellt, indem sie Zusammenschreibung generell verbietet und ihre Möglichkeit lexikalisch als Sonderfall regeln möchte (Deutsche Rechtschreibung 1996: 45 f.; **Aufgabe 91b, 118**).

Inkorporation, Rückbildung, Konversion

Der letzte und komplizierteste Worttyp, den wir besprechen, ist der mit verbalem Zweitglied und substantivischem Erstglied. Er wirft zugleich die meisten Schreibprobleme auf.

Eine Schlüsselstellung kommt dabei dem Infinitiv zu. Infinitive mit substantivischem Erstglied werden in großer Zahl durch Rückbildung (**Lebensversicherung** → **lebensversichern, Bauchredner** → **bauchreden**) und Konversion gebildet (**Heimarbeit** → **heimarbeiten, Hungerstreik** → **hungerstreiken**; Günther 1997; 6.2.1). Und wie wir wissen, haben infinite Verbformen, vor allem aber der Infinitiv, gegenüber den finiten Formen eine Sonderstellung im verbalen Paradigma (5.3.4).

Für den augenblicklichen Zusammenhang bedeutet das: wenn es einen verbalen Infinitiv gibt, dann ist damit noch nicht viel über die Existenz des verbalen Paradigmas insgesamt gesagt. Der Infinitiv ist in der Regel die erste Form eines Paradigmas, die vorhanden ist. Ob es sich bei der entsprechenden Einheit tatsächlich um ein Verb im Sinne von »Wort einer flektierenden Klasse« handelt und der erste Bestandteil einer Verbpartikel grammatisch zumindest nahe kommt, weiß man erst, wenn das Paradigma insgesamt und das Verhalten aller Formen, auch der finiten, bekannt ist (dazu auch Aufgabe 77).

Im einfachsten Fall sind der substantivische und der verbale Bestandteil in allen Formen fest miteinander verbunden wie bei einem Kompositum, Prototyp **brandmarken**. Part2 und **zu**-Infinitiv heißen **gebrandmarkt** und **zu**

brandmarken, d.h. es liegt keine morphologische Trennbarkeit des ersten Bestandteils vor. Auch syntaktisch ist er nicht trennbar, denn für die finiten Formen im Verbzweitsatz ergibt sich **ich brandmarke, du brandmarkst** und nicht etwa ***ich marke brand**. Ein Schreibproblem tritt nicht auf, alle Formen werden zusammengeschrieben. 10 listet eine Reihe solcher Verben.

(10) **brandmarken, handhaben, lobpreisen, lustwandeln, maßregeln, nachtwandeln, sandstrahlen, schlußfolgern, wetteifern**

Meist jedoch ist das substantivische Erstglied zumindest in bestimmten Vorkommen trennbar. Zwei Prototypen sind **biertrinken** und **klavierspielen**.

Der verbale Infinitiv **biertrinken** ist konvertiert aus dem substantivischen **das Biertrinken**, der seinerseits ein Inkorporationsprodukt ist. Inkorporiert wurde ein Stoffsubstantiv in der Funktion eines direkten Objekts. Bilden wir nun Sätze mit anderen Formen als dem reinen Infinitiv, dann werden diese stets als Syntagma aufgefaßt. Es gibt den reinen Infinitiv **biertrinken** (11a), aber sonst nur Fügungen aus Verb und direktem Objekt (11b-d).

(11) a. **Karl will biertrinken / Bier trinken**
 b. **Karl versucht, Bier zu trinken /*bierzutrinken**
 c. **Karl hat Bier getrunken /*biergetrunken**
 d. **Karl trinkt Bier /*trinkt bier**

Genauso verhält sich **klavierspielen**. Auch hier gibt es nur den reinen Infinitiv, also **Karl will klavierspielen** neben **Karl will Klavier spielen**. Im Syntagma hat **Klavier** allerdings nicht einfach die Funktion eines direkten Objekts. Das Substantiv ist in dieser spezifischen Verwendung nicht erweiterbar, es steht für sich. **Auf dem Klavier spielen** und **mit dem Auto fahren** bedeuten etwas anderes als **Klavier spielen** und **Auto fahren**. Die stärker restringierte Form bezeichnet die allgemeine, prototypische Tätigkeit des Klavierspielens oder Autofahrens. Die Grammatiker haben dafür verschiedene Bezeichnungen vorgeschlagen wie ›freier Akkusativ‹, ›Akkusativ des Inhalts‹ oder ›Umstandsobjekt‹ (Eisenberg 1981: 82). Klar zu sein scheint, daß es sich um eine *syntaktische* Beziehung zwischen Substantiv und Verb handelt, um eine besondere Art von Objekt (s.u.). Aufgegeben werden kann sie nur beim reinen Infinitiv. 12a,b bringt einige Beispiele für die beiden beschriebenen Typen.

(12) a. **biertrinken, goldsuchen, fleischfressen, fischbraten, sandschaufeln, geldwaschen, freudebringen, garnspinnen**
 b. **klavierspielen, autofahren, radiohören, flöteblasen, pfeiferauchen, sopransingen, skilaufen, tangotanzen**

Bei den Verben in 12 zeigt der substantivische Bestandteil keinerlei Tendenz, in Richtung auf eine Verbpartikel zu grammatikalisieren. Der Akkusativ steht in vielen Satztypen in einer Position, in der auch Partikeln stehen (13). Gerade deshalb muß aber wohl jede Verwechslungsmöglichkeit ausgeschlossen werden.

(13) a. Karl trinkt heute vormittag *Bier*
Karl spielt heute vormittag *Klavier*
Karl reist heute vormittag *ab*
b. weil Karl heute vormittag *Bier* trinkt
weil Karl heute vormittag *Klavier* spielt
weil Karl heute vormittag *ab*reist

Vergleichen wir damit das Verhalten von Infinitiven, die durch Rückbildung oder Konversion aus echten Substantivkomposita und gerade nicht aus substantivischen Infinitiven entstehen, also Infinitive wie **strafversetzen** (← **Strafversetzung**), **bausparen** (← **Bausparer**) und **bergsteigen** (← **Bergsteiger**). Hier gibt es wie eben die verbalen Infinitive, aber es gibt kein homonymes Syntagma. Die Bestandteile **straf**, **bau** und **berg** können nicht Objekt werden. Aber natürlich könnten sie sich in Richtung auf Verbpartikeln entwickeln. In bestimmter Hinsicht wäre das eine Degrammatikalisierung, denn aus einem echten morphologischen Bestandteil würde einer mit zumindest rudimentären Worteigenschaften.

Für eine Entwicklung zur Partikel wäre erforderlich, daß der substantivische Bestandteil überhaupt vom verbalen trennbar ist. Zunächst wird man mit morphologischer Trennbarkeit rechnen, erst dann mit syntaktischer. Bei **bausparen** beispielsweise ist die morphologische Trennung wahrscheinlich akzeptabel (**bauzusparen, baugespart**), die syntaktische aber nicht (***er spart bau**). Damit kann das Verb **bausparen** aber keine finiten Formen im Verbzweitsatz haben. Trennbarkeit und Verwendbarkeit von Formen hängen zusammen.

In der Literatur sind immer wieder Vorschläge zur differenzierten Erfassung von Trennbarkeit und Formbildung gemacht worden (dazu insbesondere Åsdahl-Holmberg 1976; Stiebels/Wunderlich 1994; Wurzel 1994b). Obwohl die Grammatikalitätsurteile teilweise recht unsicher sind, stellt sich u. E. heraus, daß strukturell nur zwei Typen mit einiger Sicherheit zu unterscheiden sind, nämlich die morphologisch trennbaren (14) und die syntaktisch trennbaren (15) (Eisenberg 1981; Eschenlohr 1999).

(14) **bausparen, bergsteigen, ehebrechen, preiskegeln, punktschweißen, strafversetzen, wetturnen, kopfrechnen, schutzimpfen, bauchreden, manndecken, kunststopfen, teilzahlen, bruchlanden, bauchlanden**

(15) **eislaufen, achtgeben, haltmachen, hohnlachen, kopfstehen, maßhalten, preisgeben, standhalten, stattfinden, teilnehmen, notlanden, hofhalten, amoklaufen, probesingen, schlangestehen, worthalten**

Syntaktische Trennbarkeit impliziert dabei morphologische, d. h. alle Verben in 15 sind auch morphologisch trennbar. Was den Formen*bestand* betrifft, so unterscheiden sich 14 und 15 nicht wesentlich. Insbesondere haben die Verben aus 14 in der Regel auch alle finiten Formen, nur sind diese lediglich im Verbletztsatz verwendbar (16), während die der Verben aus 15 auch im Verbzweitsatz (und natürlich im Verberstsatz) stehen können (17).

(16) a. weil er bauspart – *er spart bau
    b. wenn wir bergsteigen – *wir steigen berg
    c. wer ihn strafversetzt – *er versetzt ihn straf
    d. daß du wetturnst – *du turnst wett

(17) a. weil er eisläuft – er läuft eis
    b. wenn wir haltmachen – wir machen halt
    c. wer ihn preisgibt – er gibt ihn preis
    d. daß du teilnimmst – du nimmst teil

Die Verben in 15 (und damit 17) kommen den Partikelverben offensichtlich am nächsten, aber nur wenige verhalten sich genau so wie sie. Insbesondere ist bei vielen von ihnen unklar, ob der erste Bestandteil vorfeldfähig ist oder durch Adverbien vom Verbstamm getrennt werden kann (18). Beides ist bei echten Verbpartikeln nicht möglich.

(18) a. ?eis laufen wir immer gern – ?daß wir eis gern laufen
    b. ?halt machst du hier drüben – ?daß du halt hier drüben machst
    c. ?preis gibst du ihn nicht – ?daß du ihn preis nicht gibst
    d. ?stand kann er kaum halten – ?daß er stand kaum halten kann

In 15, 17 und 18 sind **eis, halt, kopf, stand** usw. jedoch nicht nur keine Verbpartikeln, auch von den substantivischen Bestandteilen in 12b (**Auto, Klavier**...) unterscheidet sie so gut wie alles. Denn die in 15 sind nicht nur kategorial keine Substantive (mit ihnen kann nicht referiert werden, sie sind nicht quantifizierbar), sondern sie haben auch keine entsprechende syntaktische Funktion. Ihre einzige Gemeinsamkeit mit den Substantiven ist paradigmatischer Art: sie stimmen formal mit der Grundform von Substantiven überein (dazu auch **Aufgabe 120**).

Die kritische Grenze für Getrennt- vs. Zusammenschreibung, zwischen Syntagma und Wort, liegt also zwischen den Typen 12b und 15. Deren operationale Unterscheidung ist aber durchaus möglich. Wir demonstrieren das durch Vergleich von **Klavier spielen** und **eislaufen**.

(19) a. **Sie spielt auf dem Klavier ⊃ Sie spielt Klavier**
    b. **Sie läuft auf dem Eis ⊅ Sie läuft eis**

(20) a. **Sie spielt Klavier – Sie spielt ein altes Klavier**
    b. **Sie läuft eis – *Sie läuft ein festes Eis**

19 (mit ⊃ für »Implikation«) erweist die semantische Integration des Bestandteils **eis** ins Verb, im Gegensatz zu **Klavier**. 20 zeigt die funktionale Nähe von **Klavier** zum direkten Objekt, wiederum im Gegensatz zu **eis**.

Eschenlohr (1999: 133f.) führt die Nichtproduktivität des Typs 15 eben auf die Unmöglichkeit zurück, daß substantivische Bestandteile sich wie echte Partikeln verhalten. Mit der Beweglichkeit der Partikeln wäre eine Wiederannäherung an den Status eines echten Substantivs wie in 12b gegeben. Dieser Vorgang ist blockiert. Er würde ja bedeuten, daß Grammatikalisierung als

Partikel und Degrammatikalisierung als Substantiv Hand in Hand gehen. Eine gewisse Reihenbildung ist möglich, ein produktives Muster etabliert sich nicht.

Ziehen wir den Schluß auf die Getrennt- und Zusammenschreibung. Nach weitaus überwiegender Auffassung haben die Pseudokomposita der betrachteten Art einen verbalen Infinitiv. Für diesen kann es nur Zusammenschreibung geben. Darüber hinaus muß Zusammenschreibung für alle Verben des Typs 14 und 15 erlaubt sein, insbesondere auch für 15. Das ergibt sich zwingend aus der Analyse, die ja besagt, daß 15 in seiner Produktivität gerade deshalb beschränkt ist, weil der Übergang der ersten Bestandteile zum Substantiv blokkiert ist. Wird der substantivische Anteil syntaktisch getrennt, so muß Kleinschreibung erlaubt sein. Systemgerecht und mit der alten Orthographie vereinbar wäre also **weil er kopfsteht** und **er steht kopf**.

Die Neuregelung verbietet solche Schreibungen. Unter Trennbarkeit versteht sie ausschließlich syntaktische Trennbarkeit, morphologische kennt sie nicht (Deutsche Rechtschreibung 1996: 42). Bei syntaktischer Trennbarkeit schreibt sie generell Groß- und Getrenntschreibung vor: **weil er Kopf steht; weil sie Eis läuft** und **er steht Kopf; sie läuft Eis**. Ausgenommen davon ist lediglich eine geschlossene Liste von ersten Bestandteilen, die als ›verblaßt‹ gelten und korrekt geschrieben werden dürfen (**heim, irre, preis, stand, statt, teil, wett, wunder**; Deutsche Rechtschreibung 1996: 44; 46; zur nachträglichen Rechtfertigung des Ansatzes der Neuregelung Gallmann 1999, Kritik daran in Bredel/Günther 2000).

Die mechanische Regelung »schreibe den substantivischen Bestandteil von verbalen Pseudokomposita stets getrennt und groß, wenn er syntaktisch trennbar ist« verwischt insbesondere den Unterschied zwischen 12b und 15. Sie ist, das muß man zugestehen, an Einfachheit kaum zu überbieten. »Einfach« meint dann aber lediglich die Regelformulierung. Ein Lehrer wird in Zukunft jedem Schüler auf einfache Weise sagen können, wie es richtig ist.

Damit ist der Lehrer aus dem Schneider. Der Schüler aber kann nicht mehr wie bisher einfach seiner Intuition folgen und einen Unterschied machen zwischen **eislaufen** und **Eis essen**; **seiltanzen** und **Seil aufwickeln; er lacht hohn** und **er äußert Hohn; sie hat recht** und **sie beugt Recht**. Der Unterschied ist abgeschafft.

Den Lernenden soll das Deutsche oder etwas über das Deutsche beigebracht werden, das Deutsche wie es ist. Es ist kein guter Weg, eine Sprache aus didaktischen Gründen zu verändern. Hoffen wir, daß der Schreibusus die Neuregelung zur Getrennt- und Zusammenschreibung bald übergeht.

8.5 Groß- und Kleinschreibung

Status und Funktion der Großschreibung

Wie alle Sprachen, die das lateinische Alphabet verwenden, zeichnet das Deutsche Wortformen bestimmter Kategorien oder in bestimmten Funktionen durch Großschreibung aus. Steht eine Wortform am Satzanfang, dann wird sie groß geschrieben. Dasselbe gilt für Anredepronomina, die der Form nach 3.Ps Pl des Personalpronomens oder des Possessivums sind. Ihre besondere Funktion als adressatenbezogene Form, deren Pluralbedeutung neutralisiert ist, wird dadurch in der Schrift deutlich gemacht: **Wir wollen Sie/sie morgen treffen; Man hat Ihren/ihren neuen Vertrag geschickt** (5.2.2).

Groß geschrieben werden außerdem die Eigennamen und die Substantive. Ist ein Eigenname zusammengesetzt, so gilt Großschreibung für alle seine Bestandteile außer für Artikel, Präpositionen und Konjunktionen, die nicht am Anfang des Eigennamens stehen. Wir schreiben also **Freiherr Reinhard von Dalwigk zu Lichtenfels, Vereinigte Staaten von Amerika, Grün und Bilfinger**. Viele Eigennamen werden regelmäßig mit dem bestimmten Artikel verwendet, ohne daß dieser ihr Bestandteil im Sinne der Großschreibung ist: **Wir fahren in die Alpen/in die Schweiz**. In manchen Fällen ist der Artikel ausdrücklich als Bestandteil des Namens konventionalisiert. Man schreibt ihn dann groß, außer wenn er als flektierte Form von der Grundform abweicht, also zum Beispiel **Eins der langweiligsten Blätter ist Die Zeit, aber auch in der Welt steht nicht viel mehr**.

Mit Regeln dieser Art kann der normale Schreiber einigermaßen leben. Bei den Anredepronomina gibt es gar keine, bei den Satzanfängen so gut wie keine Probleme. Die Substantivgroßschreibung ist die eigentliche Domäne der Grammatik, denn Substantiv ist eine grammatische Kategorie, genauer: eine syntaktische. Was ein Substantiv ist, wird im Prinzip in der Syntax geklärt (Satz, 5.3). Der vorliegende Abschnitt kann diese Klärung nicht vorwegnehmen, er kann aber die für die Großschreibung wichtigsten Substantivkriterien nennen.

Am unsichersten ist die Großschreibung der Eigennamen, denn was ein Eigenname ist, läßt sich nicht ausschließlich grammatisch explizieren. Alle Versuche, das zu erreichen, sind bisher gescheitert. Trotzdem stellt die Großschreibung der Eigennamen praktisch das geringere Problem dar. Viele unserer Nachbarsprachen leben ganz gut mit ihr und kaum jemand fordert ihre Abschaffung.

Bekämpft wurde und wird die Substantivgroßschreibung. Seit Jahrhunderten empfinden viele sie als widernatürlich und willkürlich. In der neueren Reformdiskussion galt sie lange Zeit als das Merkmal unserer Orthographie, das man zuerst abschaffen müsse. Ziel war der Übergang zur sog. gemäßigten Kleinschreibung wie sie das Englische, Französische, Spanische usw. haben, bei der nur die Eigennamen groß geschrieben werden (Nerius 1975; August 1983). Umso unverständlicher muß die Neuregelung von 1996 erscheinen, denn sie verlangt mehr Großschreibung als früher.

Schon ein erster Blick auf die historische Entwicklung der Orthographie des Deutschen zeigt, wie schwierig es ist, die Substantivgroßschreibung abschließend zu bewerten und eine einfache Entscheidung für oder gegen sie als einzig systemgerecht und im Einklang mit der Entwicklung zu erweisen.

Die Auszeichnung bestimmter Wortformen durch Großschreibung wurde möglich, indem man Buchstabenformen verschiedener Entwicklungsstufen des lateinischen Alphabets gleichzeitig verwendete. Mit der karolingischen Minuskel war eine Alphabetform erreicht worden, die sich signifikant von der antiken Kapitalschrift unterschied. Antike Buchstabenformen wurden im Mittelalter zunächst als Initiale verwendet. Von dieser sehr eingeschränkten Verwendung her breiteten sie sich in einem jahrhundertelangen, komplizierten und teilweise chaotisch anmutenden Prozeß über die Nomina sacra, über

Auszeichnungen zur Ehrerbietung allgemein, über die Hervorhebung von Eigennamen und anderer als wichtig angesehener Wörter immer weiter aus und wurden dann im späten 16. und im 17. Jahrhundert bei starken regionalen Ungleichzeitigkeiten auf ihre heutige Verwendung eingeschränkt.

Dieser Prozeß ist in seinen Grundzügen und für einige Zeiträume auch im Detail gut erforscht (Bergmann/Nerius u.a. 1997; Rädle 2003). Im ganzen bestätigt er Entwicklungstendenzen, wie man sie für Alphabetschriftsysteme allgemein beobachtet und erwartet.

Was die Funktionalität betrifft, liegt eine Anpassung an die Bedürfnisse des leisen Lesens vor. In den literalen Gesellschaften unseres Schriftenkreises ist das leise Lesen im Verhältnis zum Schreiben immer wichtiger geworden, zumal das Schreiben zu einem guten Teil durch das Drucken und damit professionalisierte Tätigkeiten ersetzt wurde. Eine gewisse Gegenläufigkeit ergab sich aus der Einführung und Durchsetzung der allgemeinen Schulpflicht im 19. Jahrhundert, die ja jeden einzelnen zum Schreiben hinführen sollte. Der Trend zur ›Leseschrift‹ wurde dadurch letztlich aber nicht aufgehalten.

Er besteht in einer zunehmenden formalen Durchgliederung des Schriftbildes durch Wortformabgrenzungen, Absätze, Satzzeichen und eben Großschreibung. Die Gliederung dient der schnellen Informationsentnahme durch das Auge. Sie wird dieser Funktion umso eher gerecht, je einheitlicher sie im Verwendungsgebiet einer geschriebenen Sprache durchgesetzt und je weiter sie grammatikalisiert ist (Saenger 1982; Raible 1996).

Unsere Großschreibung erfüllt diese Bedingungen in allen Bereichen außer bei einem Teil der Eigennamen. Sie ist grammatikalisiert und erleichtert das Lesen. Selbst holländische Muttersprachler lesen schneller, wenn das Niederländische, das normalerweise eine gemäßigte Kleinschreibung hat, nach den Regeln des Deutschen geschrieben wird (Bock u.a. 1989; Bock 1990). Andererseits bestehen die erwarteten Schreibschwierigkeiten tatsächlich. Im 3. und 4. Schuljahr der Grundschule stammt ungefähr jeder vierte Rechtschreibfehler aus dem Bereich der Groß-Klein-Schreibung (Menzel 1985).

Mit dem einfachen Ausspielen des Schreibens gegen das Lesen sollte man trotzdem vorsichtig sein. Rechtschreibfehler sind ein besonderer Typ von Grammatikfehler, das gilt auch für die meisten Normverstöße im Bereich der Groß- und Kleinschreibung. Man muß schon sehr gute Gründe und klare Ziele haben, um einen Eingriff in die gewachsene grammatische Struktur einer Sprache zu riskieren. Die Schrift ist zum Schreiben und Lesen da. Sie muß in der Schule gelernt werden, aber sie ist nicht dazu da, um in der Schule gelernt zu werden. Wer einen Lerngegenstand verändert, weil er es nicht schafft, ihn so zu lehren wie er ist, stellt die Verhältnisse auf den Kopf. Gerade bei der Groß- und Kleinschreibung müssen wir uns fragen, ob das Fehlerzählen und das Punkterechnen ein möglicher Weg zum Schreiben- und Lesenlernen ist.

Das Substantiv als Kern der Nominalgruppe

Die Regel »Substantive werden groß geschrieben« ist denkbar einfach und denkbar einfach anwendbar, wenn man weiß, was ein Substantiv ist. Im Rahmen der lexikalisch ausgerichteten Wortartenlehre muß ein Wort entweder zu den Substantiven gehören oder eben nicht. Dem Wort selbst wird die

Eigenschaft der Substantivität zugeschrieben. Wie es im Lexikon steht, ist es Träger der Wortart (1.4; konsequent wird so verfahren z. B. in Nerius u. a. 1987: 153 ff.).

Unsere Relativierung des Wortartenkonzepts für die Grammatik beruht auf der These, Wortarten seien syntaktische Kategorien unter anderen. Syntaktische Kategorien ihrerseits sind Mengen von syntaktischen Einheiten, die auf dieselbe Weise verwendet werden (1.3). Die neuere Diskussion um ein Verständnis der Substantivgroßschreibung kreist um dieses Problem. Man bemüht sich zu klären, welches die typisch substantivischen Verwendungen von Wortformen sind. Dabei haben sich als zentral einmal die Rolle des Substantivs innerhalb der NGr und zum zweiten bestimmte Verwendungen der NGr selbst herausgeschält.

Die Verwendung des Substantivs innerhalb der NGr ist bestimmt durch seine Funktion als Kern (nuk). In dieser Funktion steht es dem Artikel gegenüber, der den Kopf (hd) der NGr bildet (1a,b). Außer den Artikeln können in der Kopfposition bestimmte Pronomina stehen, z. B. **dieser, jener Baum** usw. (5.2.2).

(1) a. b.

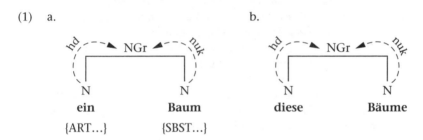

Als Kern kann das Substantiv innerhalb der NGr Attribute haben, die es modifizieren, beispielsweise ein adjektivisches oder ein präpositionales Attribut (2).

(2)

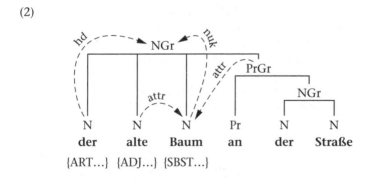

An der Rolle von Kopf und Kern innerhalb der NGr ändert sich durch die Attribute nichts. Die Modifizierbarkeit des Kerns durch Attribute zeigt, daß er das semantische Zentrum der Gesamtkonstruktion darstellt, ganz so wie wir es vom Kern komplexer Wörter her kennen (6.1.2).

Die Zuschreibung der Kopffunktion hebt den Artikel von den Attributen ab und weist ihm eine zentrale Rolle innerhalb der NGr zu. Rudolf Hotzenköcherle, der mit als erster eine syntaktische Sicht auf die Substantivgroßschreibung hatte, spricht von der Rahmenkonstruktion aus Artikel und Substantiv (1955: 41 ff.; Eisenberg 1981: 79 f.; 94 ff.). Stetter (1990: 209 f.) verweist auf die »regelmäßige Verknüpfung von Artikel und Substantiv« als Kennzeichen für die Großschreibung, ähnlich bei Maas (1992: 160 ff.; 1994), Munske (1995) und Gallmann (1997: 214 ff.), wo davon die Rede ist, daß die »eigentliche Nominalgruppe ... immer von einer DP-Hülle umgeben« sei. Diese ›Determinerphrase‹ enthält den Artikel (dazu unten mehr).

Eine dritte funktionale Komponente enthält die NGr mit der Kodierung von Quantitäten. In vielen Fällen wird sie mit dem Artikel oder mit Artikel und Numerus realisiert (**dieser Baum, ein Baum, diese Bäume**). Weitere explizite Quantitätsangaben erscheinen aber als Ausdrücke, die sich teilweise eher wie Artikel und teilweise eher wie Adjektive verhalten (**dieser eine Baum, mancher Baum, diese vielen Bäume**). Die Gruppe der Numeralia im engeren Sinne flektiert in der fraglichen Position gar nicht und wird deshalb häufig als eigene Wortart geführt (**diese drei Bäume; diesen drei Bäumen**; s. u).

Wir können das grammatisch komplizierte Verhältnis von Determination und Quantifikation an dieser Stelle nicht verfolgen (Satz, 5.2). Ohne viel Aufwand läßt sich aber zeigen, daß immer dann eine Tendenz zur Kleinschreibung besteht, wenn die eigentliche Kernfunktion innerhalb der NGr verlorengeht und die determinierende oder quantifizierende in den Vordergrund tritt.

Formal ist das Kernsubstantiv durch das Genus ausgezeichnet. Genus ist für das Substantiv und nur für das Substantiv eine syntaktische Wortkategorie. Die dem Kern vorausgehenden flektierenden Einheiten sind vom Substantiv in Hinsicht auf das Genus regiert: **ein jeder Baum, eine jede Pflanze, ein jedes Haus**. Insbesondere die Kopfeinheit wird auf diese Weise vom Kern formal abhängig. Ein Genustest gehört deshalb seit jeher zu den einfachsten und sichersten Erkennungsprozeduren für das Substantiv.

Viel unsicherer ist der diagnostische Wert von Numerus und Kasus. Beide sind keine ausschließliche Domäne der Flexion des Substantivs. Zwar wissen wir, daß das Substantiv zur Markierung des Numerus und der Artikel zur Markierung des Kasus neigt (5.2). Eine einfache formale Auszeichnung des Kerns gibt es aber nicht. Auch werden wir gleich sehen, daß Grammatikalisierungs- und Idiomatisierungsprozesse insbesondere die Kasusflexion vielfach kaum tangieren. Man sieht eine Kasusmarkierung häufig auch dann noch, wenn ein Ausdruck das semantische Korrelat der Kernfunktion längst verloren hat.

Die semantische Leistung des Substantivs als Kern einer NGr erfaßt Stetter (1989; 1990) mithilfe des Begriffs Kennzeichnung. Eine Kennzeichnung hat die Form **Dies ist ein** x, z. B. **Dies ist ein Baum** oder **Dies ist eine Teekanne**. Mit einer Kennzeichnung wird ein Objekt von allem unterschieden, was nicht ein x, also ein Baum, eine Teekanne usw. ist. Kennt jemand die Bedeutung eines Substantivs, dann weiß er, wie es verwendet wird. Er ist in der Lage, ein beliebiges Objekt mit dem Substantiv zu kennzeichnen oder nicht zu kennzeichnen. Er weiß, ob etwas ein Baum, eine Teekanne usw. ist.

In der kanonischen Form der Kennzeichnung sind die Funktionen von Kopf und Kern der NGr aufgehoben. Substantive dienen zur Kennzeichnung von etwas, worauf man sich mit einem Pronomen, durch eine Zeiggeste oder sonstwie bezieht.

Für die Praxis der Großschreibung schließen sich unmittelbar zwei Fragen an. Die erste: *Muß* ein Ausdruck in der beschriebenen Form der NGr auftreten, damit er ein Substantiv sein kann? Er muß nicht. Es gibt Substantive und Substantivverwendungen anderer Art. Beispielsweise können die Stoffsubstantive ohne Artikel stehen (**Sie hackt Holz; Gold wird immer billiger**) und auch das normale Appellativum braucht im Plural den Artikel nicht (**Sie kauft Blumen; Bäume pflanzt man im November**). Wir haben mit der Standardform der NGr das ›normale Verhalten‹ eines Substantivs erfaßt. Eine ausformulierte Grammatik zeigt natürlich, daß auch in anderen Formen der NGr die Kennzeichnungsfunktion des Substantivs gegeben ist.

Die zweite Frage wird umgekehrt gestellt: Enthält jeder Ausdruck, der die Grundelemente einer NGr aufweist, auch ein Substantiv? An dieser Frage scheiden sich die Geister. Betrachten wir als Beispiele 3a-c.

(3)   a. im allgemeinen, im folgenden, im wesentlichen, um ein beträchtliches, zum besten, im entferntesten, im einzelnen, im ganzen
       b. binnen kurzem, seit langem, von neuem, von weitem, bei weitem, bis auf weiteres, ohne weiteres
       c. der einzelne, das ganze, die zwei, der dritte, ein jeder, das wenige, das meiste, der eine

Für ein an der Kennzeichnungsfunktion orientiertes Konzept enthalten die Ausdrücke sämtlich kein Substantiv. Sie sind entweder quantifizierend (**um ein beträchtliches, ohne weiteres, das ganze**...) oder verweisend (**im folgenden, bis auf weiteres, der eine**...) oder beides und haben damit gerade nicht die Bedeutung, die der NGr mit prototypischem Kern zugeschrieben wird. Man schreibt sie deshalb klein wie referierende/verweisende und quantifizierende Ausdrücke sonst auch.

Eine Argumentationslinie dieser Art findet sich beispielsweise in den genannten Arbeiten von Stetter und Munske. Sie hat den unbestreitbaren Vorteil, weitgehend im Einklang mit dem hergebrachten Schreibusus zu stehen. Wie immer er zustande gekommen ist, im besprochenen Bereich scheint sich der hergebrachte Usus an syntaktischen Bedingungen als notwendig und einer semantischen Bedingung als hinreichend für Substantivität zu orientieren. Substantive müssen Kennzeichnungen sein. Anderenfalls schreibt man klein.

Die Gegenposition argumentiert weitergehend syntaktisch. Die Ausdrücke in 3a enthalten einen Artikelrest in der Verschmelzung sowie am zweiten Bestandteil eine Kasusmarkierung. Die Kasusmarkierung ist auch am zweiten Bestandteil in 3b vorhanden. 3c enthält von der Form her ganz normale Kombinationen aus Kopf und Kern von Nominalgruppen. Nach dem Konzept der Neuregelung von 1996 werden die zweiten Bestandteile von 3a durchgängig, die von 3c teilweise groß geschrieben. Die von 3b nicht. Das ist aber eher einem ›Reformunfall‹ geschuldet. Gallmann stellt ausdrücklich fest, dies passe »ausgesprochen schlecht in die Systematizität der Neuregelung« (1997: 232; Deutsche Rechtschreibung 1996: 72f.). Die Neuregelung hat versucht, die

Großschreibung von *ihrem* Substantivkonzept her zu regularisieren (**Aufgabe 119**).

Funktionen der Nominalgruppe

Bisher war vom Kern der NGr die Rede. Für die NGr als ganze gibt es wieder eine Anzahl typischer Verwendungsweisen, die ihrerseits zum Kriterium für das Vorhandensein eines Substantivs gemacht worden sind (z. B. Eisenberg 1981: 82 ff. für Komplementpositionen; Maas 1992: 159 ff. integriert mit dem internen Aufbau der NGr; Stetter 1990: 211 ff. und Gallmann 1997: 227 ff. für Komplemente und Adverbiale).

Die Argumentationslinien und jeweils reklamierten Anwendungsfälle sind hier noch vielfältiger als beim Bezug auf die interne Struktur der NGr, denn es steht ja praktisch deren gesamte externe Syntax zur Debatte. Einigkeit besteht in Hinsicht auf die zentrale Rolle der Verbkomplemente. Eher isoliert ist die Position, das Spezifische des Substantivs sei seine Nichtspezifik, denn es könne mit Ausnahme des finiten Prädikatsteils »jede beliebige Satzgliedfunktion übernehmen.« (Nerius u. a. 1987: 156).

Bleiben wir zur Illustration der Anwendung des Kriteriums bei im weiteren Sinne verbgebundenen Satzgliedern. Ein Anzeichen für Nichtsubstantivität ist dann die eingeschränkte syntaktische Verwendbarkeit eines Ausdrucks in diesem Bereich. Besteht zwischen einem potentiell nominalen Ausdruck x und einem verbalen Ausdruck y eine spezielle Rektionsbindung derart, daß x nicht auch in anderen Komplementfunktionen wie Subjekt, direktes, indirektes oder präpositionales Objekt auftreten kann, dann enthält x wahrscheinlich kein Substantiv im Sinne der Großschreibung. Kasusvariabilität ist dabei natürlich vorausgesetzt.

(4) a. **ins schwarze treffen, im dunkeln lassen, im trüben fischen, auf dem trockenen sitzen, im argen liegen, im verborgenen bleiben**
 b. **leid tun, recht haben, pleite gehen, teil haben, schlange stehen, heim reisen, irre werden, wunder nehmen**
 c. **angst sein, gram sein, schuld sein, feind sein, pleite sein, bange sein, recht sein**

In 4 sind einige von vielen möglichen Fällen aufgeführt, für die das Satzgliedkriterium greifen könnte. 4a enthält metaphorisierte Verwendungen von PrGr mit spezifischer Verbbindung. Nicht die Metaphorisierung selbst zählt, sondern die idiomatisierte Bindung an ein Verb oder eine kleine Verbklasse als ihre Folge.

Auch in 4b ist es unmöglich, eine der offenen Komplementfunktionen für den nichtverbalen Anteil anzugeben. Was er ›wirklich‹ ist, ob er überhaupt Satzgliedfunktion hat oder vielleicht sogar Verbpartikel ist, kann für die Frage der Groß/Kleinschreibung nach dem gerade besprochenen Kriterium sogar offen bleiben. Entscheidend ist erst einmal, daß jedenfalls keine der prototypischen Verwendungen vorliegt.

4c enthält Verbindungen mit **sein**. Noch weniger als in 4b besteht ein Hang zur Großschreibung. Grund ist wahrscheinlich die konstruktive Analogie zum

Kopulasatz mit prädikativem Adjektiv, z. B. **Ihm ist angst/schlecht; Sie ist klug/pleite**. Bezüglich solcher Fälle bestehen sogar für die Neuregelung von 1996 wenig Zweifel.

Das gilt nicht für 4a und 4b. In 4a will die Neuregelung generell groß schreiben, schon weil hier ›vollständige‹ NGr mit Artikelrest vorliegen. Die Ausdrücke in 4b sind nicht einheitlich geregelt worden. Einerseits sind **Leid tun**, **Recht haben** und **Pleite gehen** vorgesehen, andererseits aber Zusammenschreibungen wie **teilhaben, teilmöblieren, heimreisen** und **irrewerden** als *einzige* Schreibmöglichkeit. Damit hat man sich in vielen Fällen gegen den hergebrachten Usus und die Intuition gestellt, Korrekturen sind eigentlich unvermeidlich (weiter 8.4; **Aufgabe 120**).

Für die Mehrzahl der Fälle in 4 würde sich auch nach den an 2 und 3 entwickelten Kriterien keine Großschreibung ergeben. Die in Rede stehenden Ausdrücke lassen sich kaum als prototypische Kerne von NGr erweisen. Alles andere wäre auch erstaunlich. Denn im Prinzip erwarten wir, daß eine intern regulär strukturierte Phrase die regulären Verwendungen hat und daß umgekehrt die regulären Verwendungen auch entsprechende interne Strukturierungen erfordern.

Soviel zur Großschreibung der Substantive. Sie ist grammatisch in weit höherem Maß rekonstruierbar als die der Eigennamen. Sehen wir uns den wesentlichen Unterschied an.

Eigennamen

Ein Teil der Eigennamen gehört zu den Substantiven und stellt deshalb kein besonderes Schreibproblem dar. Als Eigennamen haben **Sandra, Emil, Istanbul** und **Rußland** unter den Substantiven besondere grammatische Eigenschaften wie andere Substantivklassen auch. Beispielsweise können Eigennamen ohne Artikel stehen (**Istanbul ist prächtig**) und unabhängig vom sonstigen Flexionsverhalten als sächsischer Genitiv mit **s** dem Kernsubstantiv der NGr vorausgehen (**Sandras/Emils Mutter**, Satz, 5.2).

Auch bei zusammengesetzten Eigennamen oder wenn beim Namen ein Artikel stehen muß, gibt es kaum besondere Schreibprobleme. Am Anfang des Abschnitts wurden einige Regeln für Schreibungen wie **die Slowakei, der Jangtse, das Schwarze Meer** und **die Jungfrau von Orleans** aufgeführt. Solche Ausdrücke enthalten stets mindestens ein Substantiv, sind aber als ganze nicht zu ihnen zu zählen. Munskes Feststellung »In einem Rechtschreibsystem, das alle Substantive groß schreibt, bieten die Eigennamen keinerlei Probleme, da sie sämtlich Substantive sind« (1995: 286) ist sicher unzutreffend. Wie oben erwähnt, ist die Herausbildung der Substantivgroßschreibung historisch als ein Syntaktisierungsprozeß anzusehen, dem unter anderem eine Eigennamengroßschreibung vorausging.

Woher also weiß man, daß ein zusammengesetzter Ausdruck mit der Form einer NGr ohne Kopf wie **Schwarzes Meer, Siebenjähriger Krieg** oder **Hohe Tatra** ein Eigenname ist? Sie müssen nicht Eigennamen sein, denn natürlich sind auch **das schwarze Meer, der siebenjährige Krieg** und **die hohe Tatra** korrekte Schreibungen. Allerdings bedeuten sie etwas anderes als die Eigennamen.

Daß man hier mit morphosyntaktischen Mitteln allein nicht weiterkommt, zeigt auch umgekehrt die Verwendbarkeit von Eigennamen in regulär strukturierten NGr, etwa **der große Jangtse, die Schweiz der reichen Leute, das Berlin von vor hundert Jahren**. Ist ein Eigenname zusammengesetzt, erkennt man ihn allenfalls wieder an der Großschreibung wie in **der Siebenjährige Krieg zwischen Fritz und Maria** oder **das südliche Schwarze Meer**. Nicht einmal die Pluralbildung gibt ein Kriterium ab, denn auch **die beiden Koreas, die vielen Neustadts** und **die drei Schwarzen Meere** sind korrekte Eigennamenschreibungen.

Die Verwendung eines Ausdrucks als Eigenname hängt in vielen Fällen allein daran, was er bedeutet. Das Bezeichnen genau eines Objekts kann es nicht sein, sonst müßten **die ältere Großmutter Bismarcks** oder **die linke Socke Cäsars am Tag seiner Ermordung** Eigennamen sein. Schon besser ist die Charakterisierung von Eigennamen als identifizierende Etiketten, als Labels sozusagen, die dem Bezeichneten angeheftet sind. Sie hebt darauf ab, daß Eigennamen im Unterschied zu Substantiven keine begriffliche Bedeutung hätten, also nicht mit semantischen Implikationen verbunden seien. Trotz *nomen est omen* kann jemand, der Fritz heißt, gerecht oder ungerecht, schwarz oder gelb, Ossi oder Wessi sein. Ein Stuhl dagegen hat vier Beine und eine Lehne.

Gänzlich ohne Begriffsinhalt sind aber auch Eigennamen nicht. Wer **Fritz** heißt, ist bei normaler Verwendung des Ausdrucks ein männliches Wesen. Als Eigenname kann man **Stolze Fregatte** nur richtig verwenden, wenn man weiß, daß es sich um eine Rosensorte handelt. Bei **Schwarzes Meer**, **Große Heide** und **Schlesisches Tor** steckt der Begriffsrest auf die eine oder andere Weise in den Bedeutungen der Bestandteile. Bei einem Eigennamen handelt es sich daher um einen »Ausdruck, der ein Individuum in einer gekennzeichneten Menge benennt.« (Stetter 1990: 207). Die Kennzeichnung einer Menge erfolgt wie bei den Substantiven, die Benennung des Individuums innerhalb der Menge geht auf eine Namensgebung zurück, auf einen Taufakt, nach dessen Vollzug man sagen kann »**Dieser Mann** *heißt* **Fritz** oder **Dieses Meer** *heißt* **Schwarzes Meer**. Im *heißen* steckt die rein extensionale Zuordnung zu einem Individuum, allerdings eben innerhalb der gekennzeichneten Klasse.

Ein Ausdruck ist genau dann ein Eigenname, wenn er als solcher verstanden wird. Die Großschreibung hat hier noch viel häufiger als beim Substantiv die Aufgabe, den Eigennamen als solchen kenntlich zu machen. Eigennamen werden groß geschrieben. Daß ein Ausdruck ein Eigenname ist, erkennen wir aber häufig nur an der Großschreibung. Mit Zirkularität hat das nichts zu tun, denn Großschreibung ist ein grammatisches Mittel des Geschriebenen (**Aufgabe 121**).

8.6 Zur Schreibung der Fremdwörter

Die Fremdwortschreibung gehört für eine Grammatik zu den schwierigen Gegenständen. Unsicher ist, wann fremde Schreibungen produktiv und funktional sind. Unsicher ist, welche Schreibungen in den Kernbereich integriert sind und welche nicht. Und unsicher ist vor allem, wie die Normierung von Fremdwortschreibungen vonstatten geht und vonstatten gehen sollte.

Fremdwörter begegnen uns vor allem im Geschriebenen. Das gilt für die Sprachproduktion wie für die Rezeption. Wir verwenden Fremdwörter eher, wenn wir schreiben als wenn wir sprechen, und wir lesen mehr Fremdwörter als wir hören. Häufig verlangen wir, ein Fremdwort geschrieben zu sehen, um seine Form zu erkennen. Das kommt bei heimischen Wörtern so gut wie nicht vor. Selbst wenn sie komplex und unbekannt sind, hilft die geschriebene Form kaum weiter als die gesprochene.

Umso gravierender ist, daß die Graphematik sich mit den Fremdwörtern wenig beschäftigt hat. Orthographische Regeln beziehen sich meist ausschließlich auf den Kernwortschatz, während die Fremdwortschreibung als Einzelfallregelung über das Wörterbuch erfaßt ist. Man hat darin wohl den Reflex eines lange tradierten Sprachpurismus zu sehen. Die Fremdwörter wurden grammatisch marginalisiert. Anzuerkennen ist, daß die Neuregelung der Orthographie mit ihrer expliziten Behandlung der Fremdwörter im Regelteil hier ein Zeichen gesetzt hat (Deutsche Rechtschreibung 1996: 37 ff.).

Die Fremdwörter sind sehr unterschiedlich über die Varietäten des Deutschen und damit über den Gebrauch bei einzelnen Sprechergruppen verteilt. Sie häufen sich in Fachwortschätzen, im Wortschatz bestimmter Szenen und im Bildungswortschatz. Natürlich bedeutet das nicht, daß diese Wortschätze untereinander viel gemeinsam haben. Die Explikation von ›Fremdwort‹ für den Sprachgebrauch unserer Grammatik ist eine Explikation ex negativo. Fremde Wörter sind solche, die im Verhältnis zum Kernwortschatz strukturelle Auffälligkeiten aufweisen, und Fremdwörter sind solche fremden Wörter, die Bestandteile aus anderen Sprachen enthalten (1.4; 7.2.2). Damit ist keinerlei graphematische Einheitlichkeit postuliert.

Fremdwörter stellen eine lexikalische Brücke zwischen dem Deutschen und anderen, besonders anderen europäischen Sprachen dar. Die meisten sog. Internationalismen sind im Deutschen Fremdwörter. Welchen praktischen Wert Internationalismen für das Sprachenlernen und für die internationale Kommunikation tatsächlich haben, ist weitgehend ungeklärt. Noch unklarer ist, welche Rolle dabei eine größere oder geringere orthographische Ähnlichkeit der Wörter spielt. Wer sich überhaupt mit Musik beschäftigt, wird am Unterschied von **sinfonia** und **Symphonie** kaum etwas zu leiden haben, und wer überhaupt mit dem Schwedischen in Berührung kommt, wird selbst in **säsong** unser **Saison** wiedererkennen.

Was hier ›richtig‹ oder auch nur ›nützlich‹ ist, bleibt in der Regel Ansichtssache und wird meist nicht oder schlecht begründet. So beklagt man einerseits, das Deutsche passe sich etwa in der Computerterminologie zu sehr dem Englischen an. Ihm sei die Kraft zur Integration von Anglizismen verlorengegangen, und eine Sprache ohne Integrationskraft sei eine tote Sprache (Zimmer 1997). Andererseits wird nach Internationalität gerufen und dem Deutschen seine Eigenbrötelei vorgehalten. Genau mit dieser Begründung haben die Kultusminister der deutschen Länder im Jahre 1995 Schreibungen wie **Asfalt** und **fantastisch** zurückgewiesen. **Asphalt** und **phantastisch** seien internationaler.

Eine Stichprobe unter 30 europäischen Sprachen hat indes ergeben, daß das Deutsche, Englische und Französische bezüglich der für Gräzismen typischen Grapheme ⟨th⟩, ⟨ph⟩ und ⟨rh⟩ besonders konservativ sind. Es geht also gar nicht um Internationalität, sondern darum, daß die Schreibweisen der drei großen westeuropäischen Sprachen sich gegenseitig stützen unabhängig davon, was in den vielen anderen Sprachen geschieht (Munske 1997a).

Die Fremdwortschreibung weist insgesamt weniger Konstanz auf als die Schreibung des Kernwortschatzes. Das Kommen und Gehen vieler Fremdwörter wie der immerwährende Prozeß ihrer Integration ist für jedermann sichtbar. Sprachveränderung wird dem normalen Sprachteilhaber bei den Fremdwörtern direkt erfahrbar. Diese Erfahrung ist der wichtigste immanente Grund für die andauernden Fremdwortdebatten. Was sich verändert und zudem noch als grammatisch marginal und chaotisch gilt, wird als veränderbar angesehen. Noch stärker als die Orthographie allgemein ist die Schreibung der Fremdwörter reformerischen Ambitionen ausgesetzt, obwohl, wie gesagt, das linguistische Wissen über diesen Teil der Graphematik noch in den Kinderschuhen steckt.

Fremde Grapheme und Phonemkorrespondenzen

Ein generelles Kennzeichen der Schreibung von Fremdwörtern ist ihre aufwendige Kodierung. Fremdwörter sind nicht nur phonologisch länger (enthalten mehr Laute pro morphologische Einheit) als nichtfremde, sondern sie enthalten darüber hinaus noch einmal mehr Buchstaben pro kodierten Laut. Eine Auszählung von Klaus Heller hat ergeben, daß der Anteil der Mehrgraphen in Fremdwörtern den in nichtfremden erheblich übersteigt. Von den 289 nur in Fremdwörtern vorkommenden Korrespondenzen zwischen Lauten und Buchstaben ist fast die Hälfte mit Digraphen realisiert, z. B. ⟨ch⟩ für [k] (**Chaos, chronisch**), ⟨ot⟩ für [oː] (**Depot, Trikot**) oder ⟨oo⟩ für [uː] (**Saloon, Boom**). Bei knapp 30% beziehen sich drei oder mehr Buchstaben auf einen Laut, beispielsweise ⟨sse⟩ auf [s] (**Hausse**) oder ⟨ant⟩ auf [ã] (**Pendant, Restaurant**). Nur in gut 20% der fremden Laut-Buchstaben-Korrespondenzen entspricht die Zahl der Lautsegmente der der Buchstaben (Heller 1981, nach Munske 1986).

Dabei ist allerdings zu berücksichtigen, daß Hellers Zuordnungen nicht GPK-Regeln im Sinne von 8.2.1 sind, sondern sich in unserer Konzeption zum großen Teil als silbische oder morphologische Schreibungen erweisen. Außerdem ist das Vorkommen vieler der Mehrgraphe auf wenige morphologische Einheiten beschränkt (s. u.). Der Anteil von 20% 1:1-Zuordnungen erfaßt nur die Zuordnungen selbst und weder ihr Vorkommen in sprachlichen Einheiten noch gar ihre Tokenfrequenz. Trotzdem gilt wohl, daß die geschriebene Form von Fremdwörtern im Durchschnitt länger ist als die von phonologisch gleichlangen nichtfremden.

Angesichts der hohen Zahl von fremden Korrespondenzen beschränken wir uns im folgenden auf eine illustrative Auswahl. Betrachtet werden häufige und charakteristische Schreibungen der drei großen Entlehnungs- und Lehnbildungsbereiche mit morphologischen Bestandteilen aus dem Griechischen/Lateinischen, aus dem Französischen und aus dem Englischen. Eine mit Häufigkeitsangaben versehene Zusammenstellung solcher Korrespondenzen findet sich in Munske 1997b.

Gräzismen und Latinismen sind bezüglich der Graphem-Phonem-Korrespondenz zum großen Teil vollständig in das Deutsche integriert: **Demokratie**,

Statistik, Professor, Soziologe, Fraktur, diktatorisch, strategisch werden im Standarddeutschen so ausgesprochen, daß ihre Schreibung zu den GPK-Regeln des Kernwortschatzes paßt. Damit ist nicht gesagt, daß sie graphematisch vollständig integriert sind, also auch in Hinsicht auf die graphematische Kodierung ihrer silbischen und morphologischen Eigenschaften.

Besondere GPK-Regeln sind in diesem Bereich rar. Bei den Vokalen werden [y] und [ʏ] ziemlich allgemein dem ⟨y⟩ zugeordnet (**Mythos, Psyche, System, kryptisch**). Das ⟨y⟩ war schon im Lateinischen eine Fremdschreibung für Gräzismen. Als weitere Besonderheit kann gelten, daß das ⟨ä⟩ in der Regel morphologisch nicht fundiert, also nicht eine Umlautschreibung ist, sondern per GPK-Regel geschrieben wird (**Gräzismus, Präzision, Äther, anämisch**; vgl. aber Aufgabe 100). Schreibungen dieser Art gibt es im Kernwortschatz auch, aber sie sind dort nicht der Regelfall.

Eine typisch fremde Konsonantschreibung ist ⟨x⟩ für [ks]. Sie findet sich in Gräzismen wie in Latinismen (**lax, fix** (»fest«), **toxisch, Hexagramm, Xylophon**). Eine andere betrifft das [v], das im Kernwortschatz als ⟨w⟩ und in den Latinismen als ⟨v⟩ erscheint (**Vase, Verb, zivil, privat**). Die übrigen Besonderheiten sind entweder selten oder auf die eine oder andere Weise im Vorkommen beschränkt. Dazu gehören vor allem die Digraphen, mit denen man im Lateinischen einen Bezug zu bestimmten silbenstrukturell markierten Schreibungen des Griechischen herstellen wollte. Sie sind im Deutschen einfach zu Kennzeichen für bestimmte Gräzismen geworden. Am verbreitetsten sind ⟨ph⟩ für [f] (**Phase, Graphik**) und ⟨th⟩ für [t] (**Thema, Pathos**), die sich auf griech φ und ϑ beziehen. Weniger häufig sind ⟨rh⟩ für [ʀ] (**Rhema, Rheuma, Rhythmus, Katarrh**) und ⟨ch⟩ für [k] (**Christ, Chlor, Chaos, synchron**), die sich auf ῥ und χ beziehen. Vor allem gängige Wörter mit ⟨ph⟩, ⟨th⟩ und ⟨rh⟩ sind einem starken Integrationsdruck ausgesetzt.

Weitere silbenbezogene Schreibungen gibt es in großer Zahl. Zu den häufigeren gehört die Schreibung von [k] und [t͡s] als ⟨c⟩ wie in **contra, Corpus, circa, Caesium**. Die Affrikate [t͡s] wird in der Position vor dem Glide [i̯], wenn er seinerseits vor vokalisch anlautendem Suffix oder Pseudosuffix steht, als ⟨t⟩ geschrieben (**Aktie, Spatium, Ratio, Tertiär, Station**). In zahlreichen Fällen hat diese Schreibung eine morphologische Basis. So sind **infektiös, Infektion** auf **Infekt** beziehbar. **Apposition** kann zu **appositiv, Lektion** zu **Lektor** und **potentiell** zu **potent** gestellt werden. Daneben gibt es aber auch viele phonographische Schreibungen, z.B. **Tendenz, tendenziös** oder **Provinz, provinziell**. Die Neuregelung von 1996 sieht vor, daß generell sowohl mit ⟨t⟩ wie mit ⟨z⟩ geschrieben werden kann, wenn ein entsprechender morphologischer Bezug herstellbar ist. Erlaubt sind danach **potentiell** (**potent**) wie **potenziell** (**Potenz**) oder **differentiell** (**different**) wie **differenziell** (**Differenz**).

Auch zahlreiche Gallizismen und Anglizismen lassen sich mit den GPK-Regeln des Kernwortschatzes schreiben (z.B. **Leutnant, Likör, marode, ordinär** und **Flop, Printer, fit, pink**). Der Anteil mit fremden Laut-Buchstaben-Korrespondenzen dürfte hier aber höher sein als bei den Gräzismen/Latinismen. Werfen wir zunächst einen Blick auf die Anglizismen.

Häufige und typische Vokal-Korrespondenzen sind [a] → ⟨u⟩ (**Cup, Truck, Slum, Butler**); [ɛː] → ⟨ai⟩ (**Trainer, Airline**); [ɛ] → ⟨a⟩ (**Fan, Camping, Champion**) sowie [iː] als ⟨ea⟩ (**Team, Beat, Jeans**) oder als ⟨ee⟩ (**Teen, Jeep, Meeting**).

Am häufigsten überhaupt ist die Korrespondenz [i] → ⟨y⟩ im unbetonten Auslaut oder als Pseudosuffix von Substantiven (**Baby, Story, City, Party**) und Adjektiven (**sexy, easy, happy**).

Bei den Konsonanten geht es vorrangig um ⟨ch⟩ und ⟨c⟩. ⟨ch⟩ steht meist für [ʃ] (**Match, Ketchup, Chip**), ⟨c⟩ steht für [s] (**Center, City, Agency**) und [k] (**Cup, Cape, Camping, Colt**). Beides findet sich auch in Gallizismen, z.B. **charmant, Chance, Champignon** sowie **Nuance, Balance** und **Coupé, Courage**. Stets sind hier Laute, die das Deutsche im Kernwortschatz ebenfalls verwendet, anderen Buchstaben oder Buchstabenfolgen als dort zugewiesen. Eine Integration ist in vielen Fällen durch Anpassung an die GPK-Regeln des Kernwortschatzes möglich. Es kommt zu Schreibungen wie **Babie, Kup, Ketschup** usw.

Anpassungen dieser Art sind aber seltener als man auf den ersten Blick erwarten sollte. Ein Grund dürfte sein, daß auf diese Weise meist nur eine Teilintegration erreicht wird. So haben **Kup** und **Ketschup** noch die fremde Korrespondenz [a] → ⟨u⟩. Eine weitergehende Integration würde, wenn sie graphematisch erfolgte, **Kap** und **Ketschap** ergeben, und wenn sie phonologisch erfolgte [kʊp] und [kɛtʃʊp]. Für die letztere Form von Integration hat sich die Bezeichnung *Leseaussprache* eingebürgert. Eine Leseaussprache setzt sich natürlich für Anglizismen viel schwerer durch als etwa für Latinismen, wo sie ja gang und gäbe ist.

Besondere Bedeutung hat die Leseaussprache dann, wenn ein Fremdwort auch fremde Laute enthält. In einer Reihe von Anglizismen kommt ein [ʒ] vor, meist im Cluster [dʒ]. Das Cluster wird geschrieben als ⟨j⟩ (**Job, Jeep, Jazz, Joint**) oder als ⟨g⟩ (**Gin, Agent, Teenager, Manager**). Eine Integration hat in solchen Fällen mit lautlicher Anpassung zu beginnen, die graphematische kann der phonologischen folgen (**Aufgabe 122**).

Das [ʒ] taucht in großem Umfang auch in Wörtern aus dem Französischen auf. Die Schreibungen sind dieselben wie in Anglizismen, also ⟨j⟩ (**Journalist, Jargon, Jongleur**) und vor allem ⟨g⟩ (**Genre, Ingenieur, Regie, Orange**). Am häufigsten steht dieses ⟨g⟩ im Suffix *age* (**Montage, Garage, Spionage, Sabotage**; 3.2.1).

Insgesamt stellt sich heraus, daß die wichtigsten besonderen Konsonantschreibungen für Anglizismen und Gallizismen im Deutschen weitgehend übereinstimmen. Unser Schriftsystem scheint bei den Konsonantschreibungen lediglich einen Unterschied zwischen ›alte Sprache‹ (Griechisch/Latein) und ›neue Sprache‹ (Englisch/Französisch) zu machen (s.a. 6.2.3). Die Unterscheidung von Anglizismen und Gallizismen hängt, was die Laut-Buchstaben-Korrespondenz betrifft, ihrerseits weitgehend an den Vokalen.

Verbreitet sind in Gallizismen besondere Korrespondenzen für [u] und [o]. Das gespannte [u] erscheint als ⟨ou⟩ in unbetonter wie in betonter Position und ist entsprechend kurz (**Tourist, Boutique, Souvenir, Routine**) oder lang (**Tour, Route, Velours, Parcours**; beide Vorkommen in **Troubadour**). Ähnlich beim [o] in unbetonter (**Chauffeur, Chaussee, Restaurant**) und betonter Position (**Tableau, Niveau, Plateau**). Von anderer Art ist die Schreibung des [o] als ⟨ot⟩. Der für das Französische typische ›stumme Konsonantbuchstabe‹ im Auslaut fungiert einerseits als Dehnungszeichen (**Depot, Bonmot, Jabot**), ist in den meisten Fällen aber auch morphologisch fundiert (**Trikot** – **Trikotage**; ähnlich **Debüt** – **Debütant, Porträt** – **porträtieren, Filet** – **filetieren**).

Andere charakteristische Vokalschreibungen werden produktiv nur in bestimmten morphologischen Einheiten verwendet, insbesondere in Suffixen. So kommt [ø:] als ⟨eu⟩ überwiegend in **eur** vor (**Redakteuer, Friseur, Ingenieur, Monteur**). Das gespannte und betonte [e:] ist überwiegend an **er** (**Bankier, Atelier, Portier**) sowie é und ee gebunden (**Café, Varieté, Kommuniqué, Komitee, Allee, Armee**). Die Neuregelung von 1996 läßt stets **ee** zu.

Die häufigsten Nasalvokale in Gallizismen des Deutschen sind [õ] und [ã] oder [ɑ̃]. Ersterer steht meist im Suffix (Pseudosuffix?) **on** (**Balkon, Karton, Waggon, Beton**), letzterer erscheint als ⟨en⟩ (**Genre, Pendant, Pension**), als ⟨an⟩ (**Orange, Branche, Revanche**) sowie im Suffix **ent** (**Abonnement, Reglement, Revierement**). Eine Integration verläuft wiederum so gut es geht phonologisch mit Hilfe des velaren Nasals [ŋ], z. B. [balkɔŋ, ʔoʀaŋʒə] oder über die Leseaussprache, z. B. [ʔabɔnɛmɛnt]. Eine graphematische Anpassung darüber hinaus gibt es im allgemeinen nicht (**Aufgabe 123**).

Fremde silbische und morphologische Schreibungen

Wir hatten schon darauf hingewiesen, daß viele der genannten Fremdschreibungen bei genauerer Analyse im silbenbezogenen Teil der Graphematik abzuhandeln wären. Es stellt sich dann die Frage, ob nicht auch silbische Schreibungen des Kernwortschatzes in fremden Wörtern eine Rolle spielen. Gibt es silbische Kodierungsmittel des Kernwortschatzes, die sich mehr oder weniger konsequent auch in fremden Wörtern durchsetzen?

Erster Kandidat dürfte die graphematische Kennzeichnung des Silbenschnitts sein. Im Kernwortschatz ist der sanfte Schnitt (betonter, gespannter Vokal in offener oder mit genau einem Konsonanten geschlossener Silbe, 8.2.2) im allgemeinen nicht gekennzeichnet. Lediglich das ⟨ie⟩ tritt regelmäßig als eine derartige Kennzeichnung auf, darüber hinaus gibt es die Vokalgraphemverdoppelungen (**See, Boot**), das silbeninitiale ⟨h⟩ (**wehen, Ruhe**) sowie das Dehnungs-h (**Kohle, dehnen**). Keine dieser Dehnungs-Markierungen ist notwendig in dem Sinne, daß bei ihrem Fehlen ein Kodierungsproblem auftreten kann. Alle sind sie funktional, alle unterstützen sie das Lesen, aber alle sind strukturell nicht unabdingbar. Und so hat sich keine von ihnen in Fremdwörtern durchgesetzt.

Eine Integration ist nirgends mit der regelmäßigen Übernahme der Dehnungsmarkierer verbunden. Wenn überhaupt, kann man von einer systematischen Dehnungsmarkierung lediglich bei einigen Suffixen und Pseudosuffixen sprechen, namentlich dem oben erwähnten ⟨ee⟩ sowie vor allem dem ⟨ie⟩ wie in **Hysterie, Chemie, Harmonie** und im Verbalisierungssuffix **ier/isier/ifizier**.

Anders verhält es sich mit dem scharfen Schnitt. Ein Konsonant in der Position eines Silbengelenks wird im Kernwortschatz als Geminate repräsentiert (**Matte, Schlüssel**), in einigen Fällen als Folge von zwei oder drei verschiedenen Buchstaben (**Brücke, Küche, Asche, Stange, Katze**). Die Kennzeichnung von Silbengelenken ist im Kernwortschatz strukturell notwendig und produktiv. Sie wird mit großer Konsequenz realisiert.

Dasselbe gilt für die meisten Bereiche des Fremdwortschatzes. In Wörtern aus den flektierenden Klassen ist insbesondere die Gemination konsequent durchgeführt (1a). Im Fremdwortschatz betrifft sie häufiger auch die stimmhaften Plosive, wo sie im Kernwortschatz ja selten ist (1b).

(1) a. **Zigarre, Villa, Mannequin, Interesse, Pantoffel, Etappe, Etikette, bizarres, brünettes, steppen, jetten**
 b. **Hobby, Lobby, Mobbing, jobben, Teddy, Paddy, Pudding, groggy, Nugget, joggen**

In betonten Ableitungs- und Pseudosuffixen kommt die Gemination ebenfalls zum Zuge, z. B. **Politesse, Hostesse, Prinzessin, Zigarette, Operette, Lanzette**. Direkt in Opposition stehen hier etwa die Adjektivsuffixe ⟨al⟩ und ⟨ell⟩, also **tangentiales, feudales** vs. **sequenzielles, nominelles**.

Die markierten Formen von Gelenkschreibung treten in Fremdwörtern viel seltener auf als die Geminaten. ⟨sch⟩, ⟨ch⟩ und ⟨ng⟩ gibt es kaum, Schreibungen wie **Gamasche, Epoche, Diphthonge** muß man suchen. Das ⟨ck⟩ kommt vor (**Baracke, Perücke**), daneben aber ⟨kk⟩ (**Mokka, Sakko**). Auch das ⟨tz⟩ kommt vor (**Matratze, Haubitze**), daneben wieder in größerer Zahl ⟨zz⟩ (**Skizze, Pizza, Grandezza, Terrazzo, Intermezzo**) sowie einfaches ⟨z⟩ (**Matrize, Mestize, Notizen**). In diesem Fall kann der dem [t͡s] vorausgehende Vokal häufig auch gespannt sein.

Die morphologische Übertragung von Gelenkschreibungen auf Positionen, in denen der entsprechende Konsonant nicht Gelenk ist, erfolgt bei Fremdwörtern innerhalb von Flexionsparadigmen mit derselben Konsequenz wie im Kernwortschatz. Wie eng die Gemination an die Gelenkposition einerseits und das zugehörige Flexionsparadigma andererseits gebunden ist, zeigen schön die Anglizismen vom Typ 2 (Augst 1995; Eisenberg 1996).

(2) **Cut – cutten, Flip – flippen, Flop – floppy, Hot – hotten, Jet – jetten, Job – jobben, Mob – Mobbing, Pep – peppig, Pin – pinnen, Pop – poppig, Shop – Shopping, Set – Setting, Step – steppen, Stop – stoppen**

Die jeweils zuerst genannten Substantive haben keine trochäische Form im Flexionsparadigma. Sie folgen der s-Flexion, haben also weder einen silbischen Plural noch einen silbischen Gen Sg. Deshalb kommt es nicht zur Gemination des finalen Konsonantbuchstabens. So bald eine Gelenkposition in Erscheinung tritt, wird geminiert, und zwar mit allen zugehörigen Flexionsformen. Wir schreiben nicht etwa **jobben – *du jobst**, sondern **du jobbst**. In dieser Hinsicht ist **jobben** voll integriert. Umgekehrt zeigt die Schreibung **Sie ist fit** vs. **Sie ist fitter als er** den relativen paradigmatischen Abstand, der beim Adjektiv zwischen der Grundform und dem Komparativ besteht. Die Grundform **fit** wird wohl erst dann als ***fitt** geschrieben werden, wenn sich der attributive Gebrauch dieses Adjektivs ganz etabliert hat (**ein fitter Spieler**).

Bei der Gemination von Konsonantgraphemen entfaltet das Deutsche eine erhebliche integrative Kraft. Das kann umgekehrt als Indiz für die zentrale Stellung der Geminationsregel im graphematischen System genommen werden.

Die Schreibung der Fremdwörter zeigt aber noch etwas anderes. Einerseits sind Konsonantgrapheme ziemlich konsequent nach der im Deutschen wirksamen Regularität geminiert. Daneben gibt es aber zahlreiche Geminaten, die mit dieser Regularität nichts zu tun haben. Sie entstehen beispielsweise durch Assimilation des Konsonanten eines Präfixes an den Stammanlaut. **Ad+finität** wird zu **Affinität**, ähnlich **Alliteration, Assimilation, Kollegium, Kommunikation**.

In anderen Fällen erhält sich einfach eine Stammschreibung der Herkunftssprache unabhängig davon, ob die Geminate im Deutschen eine Gelenkposition hat. So haben wir in lat. **míssio** notwendigerweise ein ⟨ss⟩, während die deutschen Wörter **Missión, Dèmissión, mìssioníeren** auf der entsprechenden Silbe entweder keinen oder einen Nebenakzent tragen. Man würde also auch vergeblich nach einem Zusammenhang zwischen Nebenakzent und Geminate suchen. Einen systematischen Zusammenhang gibt es mit Sicherheit nicht, zumal ja Gespanntheit in neben- und unbetonten Silben neutralisiert ist, ohne daß dies von Bedeutung für die Schreibung wäre. Man hört [kɔleːgə] wie [koleːgə] und [vɔluːmən] wie [voluːmən], schreibt aber stets **Kollege** und **Volumen** (**Aufgabe 124**).

Wie so oft im Kernwortschatz können wir auch hier hinreichende Bedingungen für die Wirksamkeit einer Regularität angeben: wenn Gelenk, dann Gemination. Das Umgekehrte gilt nicht. Graphematische Regularitäten haben meist die Form von Implikationen, nur selten die von Äquivalenzen.

Aufgabenstellungen

1. (S. 21)
Syntaktische Struktur
Weisen Sie den folgenden Sätzen eine syntaktische Struktur zu, soweit das nach dem Muster von 7 möglich ist.

a. **Karla wandert aus**
b. **Karl stopft Strümpfe**
c. **Paula schreibt ihrem Sohn einen Zettel**

2. (S. 28)
Diathese, semantische Rollen
a) Zu welchem Aktivsatz gehören die folgenden Passivsätze?

  a. **Abel ist von Kain mit der Axt erschlagen worden**
  b. **Karl wird von Paula der größte Angeber genannt**
  c. **Dem Manne kann geholfen werden**
  d. **Karl wird verrückt**
  e. **Hier wird gearbeitet**

b) Geben Sie die semantischen Rollen an, die den Verbkomplementen in den Sätzen unter a) zugeordnet sind.

3. (S. 38)
Wortarten: die Numeralia
Ein Wortartenkontinuum eigener Art stellen die Bezeichnungen für Kardinalzahlen dar. Machen Sie sich das am Kontext **wegen x Dollar** klar, wobei Sie, soweit möglich, **wegen** mit Genitiv verwenden.

4. (S. 57)
Artikulationsort
a) Geben Sie das Merkmal für den Artikulationsort bei folgenden Konsonanten an:
[m] (**Flamme**); [ç] (**Sichel**); [ŋ] (**singen**); [ʒ] (**Courage**); [g] (**Wagen**); [z] (**Reise**); [x] (**Woche**); [f] (**Affe**); [d] (**Ruder**); [ʀ] (**Ware**); [p] (**Hupe**); [l] (**Halle**); [n] (**Kanne**); [ʃ] (**Esche**); [s] (**gießen**).
b) Nennen Sie möglichst viele Konsonanten des Deutschen, deren Artikulationsort mit
  a. labial
  b. velar
  c. alveolar
  d. palatal
  zu kennzeichnen ist.

5. (S. 59)
Artikulierendes Organ
a) Geben Sie die Merkmale für das artikulierende Organ bei den Konsonanten aus Aufgabe 4b an.
b) Nennen Sie möglichst viele koronale Konsonanten des Deutschen. Welche Artikulationsorte haben sie?
c) Was ist das Gemeinsame der Konsonantfolgen [pf] (**Pfahl**); [ts] (**Zahn**); [lt] (**alt**); [nt] (**rennt**); [mp] (**Lump**); [mpf] (**Dampf**)?

6. (S. 61)
Artikulationsart
a) Ordnen Sie in der folgenden Menge von Obstruenten jedem Plosiv den Frikativ zu, der ihm artikulatorisch am ähnlichsten ist: [p] (**Klappe**); [f] (**Waffe**); [s] (**Kasse**); [ʃ] (**Asche**); [t] (**Matte**); [k] (**Backe**); [x] (**Wache**).
b) Was spricht dagegen, die Konsonanten des Deutschen in die Hauptklassen nasal und oral einzuteilen?

7. (S. 64)
Konsonantartikulation, Zusammenfassung
Nennen Sie Artikulationsort, Artikulationsart und Artikulator der Konsonanten, deren Artikulation in den folgenden Skizzen dargestellt ist. Nennen Sie zu jeder Skizze die zugehörigen Konsonanten.

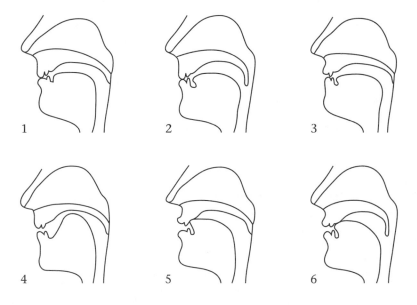

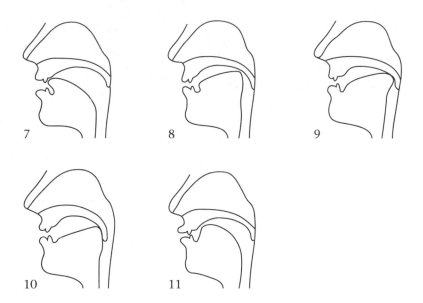

8. (S. 64)
Analphabetische Lautdarstellung
Otto Jespersen (1913: 259) verwendet folgendes System zur artikulatorischen Beschreibung von Sprachlauten.

Die analphabetischen Zeichen.

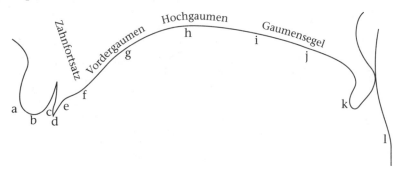

Jespersen gibt dazu folgende Erläuterungen (mit Verweisen in seinem Buch): »Lateinische Buchstaben (:a bis :l) bezeichnen die Artikulationsstellen s. 2. 41; werden entweder als Exponenten oben angebracht oder mit : versehen (:a usw.); Zwischenstandpunkte (:a b = näher an :a als an :b usw.; blc genau in der Mitte zwsichen :b und :c s. S. 17, Anm.
Griechische Buchstaben (α bis ζ) bezeichnen die artikulierenden Organe: α Lippen 2.11; β Zungenspitze 3.1; γ Zungenfläche 4.1; δ Gaumensegel 5.1; ε Stimmbänder 6.1; ζ Atmungsorgane 7.1 – Nebenzeichen A Unterkiefer 2.9; Δ Zäpfchen 5.8. – Sternchen (bei β, γ) 4.21.
Zahlzeichen (neben α, β, γ, δ, ε stehend) bedeuten Grad und Form der Öffnung: 0 Verschluß 2.11; 1 und 2 Enge, 1 rillenförmige und 2 spaltförmige, s. 2.22, 3.4, 3.5; δ2 5.41; ε1 Stimme 6.131, ε2 Hauch 6.16; 3 usw. größere Öffnungen; α3,

α5, α7 runde Lippenöffnungen 2.51; α4, α6, α8 spaltförmige Lippenöffnungen 2.52; γ3, γ5, γ7 dünne Zungenflächenöffnungen, γ4, γ6, γ8 breite Zungenflächenöffnungen 4.5 ff.; δ3 grösste Senkung des Gaumensegels 5.5; ε3 Blasen 6.17. – Zwischenstufen (1 2 zwischen 1 und 2 usw.) s. S. 21 Anm.
Zu den Zeichen parallel stehn I für Seitenöffnungen 2.31, 3.8 (εI Flüstern 6.15), R für Rollen oder Schnurren 2.32, 3.71, 5.8, 6.14, und V für Kesselraum 4.21.
Zahlzeichen, neben ζ stehend, bedeuten Druckabstufungen 7.1.
Punkt bzw. Doppelpunkt (. oder ..) bedeutet Verweilen in der Stellung, s. S. 61 Anm. 2 und 12.12.
Strich (–) bedeutet Bewegung oder Gleiten, 2.6; wird die betreffende Stellung nicht erreicht, so wird dies durch (bezeichnet, vgl. 6.51 und über () 5.61, 6.64.
Gänsefüsschen („) bedeuten Ruhestelle des betreffenden Organs. Angabe der Passivität der Zungenspitze (βe usw.) vgl. S. 41, Anm. 2.«

Was ist der Vorteil eines solchen Systems? Benennen Sie die Laute [p], [ŋ], [s], [l] und [v] in diesem System.

9. (S. 66)
Vokale, Zungenhöhe und Frontierung
Bestimmen Sie die Merkmale der Vokale in den folgenden Wörtern nach Zungenhöhe und Frontierung: **Beet**, **Los**, **Mut**, **Wahn**; **Lied**, **Krieg**; **den**, **näht**.

10. (S. 69)
Vokale des Englischen
a) Ordnen Sie die in der folgenden Skizze wiedergegebenen Lippen- und Zungenpositionen den Vokalen in den englischen Wörtern **food**, **father**, **head**, **heed**, **had**, **hid**, **good** zu (nach Ladefoged 1993).

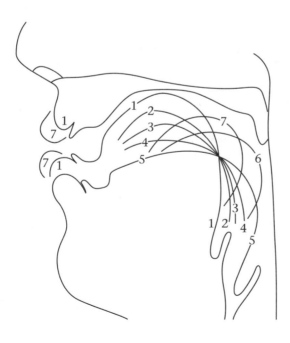

b) Beschreiben Sie die Vokale aus a) artikulatorisch und weisen Sie ihnen Positionen im Vokalviereck zu.

11. (S. 71)
Vokale, Länge und Gespanntheit
a) Nennen Sie Wörter, in denen die Vokale folgende Merkmale haben.

   a. geschlossen/vorn/ungerundet/lang
   b. geschlossen/vorn/ungerundet/kurz
   c. geschlossen/vorn/gerundet/kurz
   d. halboffen/hinten/gerundet/kurz
   e. halbgeschlossen/hinten/gerundet/lang
   f. halbgeschlossen/vorn/gerundet/ungespannt

b) Beschreiben Sie die Vokale in den folgenden Wörtern in Hinsicht auf Länge und Gespanntheit: **Militär, libidinös, Literatur, jovial, fossil**.

12. (S. 81)
Konsonantenschema für das Deutsche
In IPA 1999: 86 setzt man für das Deutsche 21 Konsonanten an, die durch folgende Beispielformen illustriert werden.

*P*asse	*T*asse	*K*asse
*B*aß	*d*aß	*G*asse
*M*asse	*n*asse	la*ng*e
*f*asse	rei*ß*e	ra*sch*e
*W*asser	*r*eise	Gara*g*e
di*ch*	*D*ach	*h*asse
*j*a	*R*asse	*l*asse

Suchen Sie die den gekennzeichneten Buchstaben bzw. Buchstabenfolgen entsprechenden Laute aus dem IPA heraus und erstellen sie danach das Konsonantschema für das Deutsche.

13. (S. 82)
Vokalschema für das Deutsche
a) Monophthonge. IPA 1999 gibt folgendes Vokalschema für das Deutsche an.

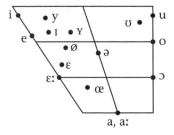

a. Geben Sie für jeden Vokal ein Beispiel
b. Warum wird bei zwei Vokalen ein Längungszeichen hinzugefügt?
c. Für welche Paare von gespannten/ungespannten Vokalen entsteht ein Darstellungsproblem?

b) Nach den IPA-Konventionen transkribiert man die Diphthonge in **beiden**, **Beuten** und **bauen** als [aɪ], [ɔɪ], [aʊ]. Tragen Sie die Diphthonge ins Vokalviereck ein, indem Sie einen Pfeil vom ersten zum zweiten Vokal des Diphthongs ziehen.

14. (S. 82)
Transkription
Transkribieren Sie folgende Wörter nach den für das Deutsche dargelegten Konventionen Laut für Laut.

a. **Lage, Wagen, liegt, Regen, regnen, wanken, wirklich, hungern, traurig, trauriger, reisen, reißen, reiben, reist, reißt, reibst.**
b. **Balkon, Garage, sozial, Friseur, Demonstrant, souverän**

15. (S. 83)
Enge vs. weite Transkription
Schon im IPA von 1949 wurden für Beispieltranskriptionen Übersetzungen der Äsop-Fabel vom Nordwind und der Sonne verwendet. Der erste Satz dieses Textes lautet:
»Einst stritten sich Nordwind und Sonne, wer von ihnen beiden wohl der Stärkere wäre, als ein Wanderer, der in einen warmen Mantel gehüllt war, des Weges daherkam.«
Vergleichen Sie die drei folgenden Transkriptionen dieses Satzes.

a. aɪns ˈʃtʁɪtn̩ zɪç ˈnɔʁtvɪnt ʊn ˈzɔnə, veʁ fən im ˈbaɪdn vol dəʁ ˈʃtɛʁkəʁə veʁə, als aɪn ˈvandəʁəʁ, deʁ ɪn aɪn ˈvaʁm ˈmantl̩ gəˌhʏlt vaʁ, dəs ˈveɡəs daˈhɛʁkaɪm.
b. a̯ɪnst ˈʃtʁɪtn̩ zɪç ˈnɔrtvɪnt ʊnt ˈzɔnə, veːɐ̯ fən ˈiːnən ˈbaɪdn̩ voːl deːɐ̯ ˈʃtɛrkəʁə veːrə, als a̯ɪn ˈvandəʁɐ, deːɐ̯ ɪn ˈa̯ɪnən ˈvarmən ˈmantl̩ gəˌhʏlt vaːɐ̯, dəs ˈveːɡəs daˈhe̯ɐ̯kaːm.
c. ʔaɪnsˈʃtʁɪtn̩zɪçˈnɔɐ̯tvɪntʊnˈzɔnə |veʁfəniːnbaɪdⁿnvoːldəˈʃtɛʁkəʁəveˈʁə | ʔalzaɪmˈvandəʁɐ |dɛʁɪnaɪnˈvaːm̥mantl̩ɡəˌhʏltʰvaːɐ̯ | dəs ˈveːɡəsdaˈhe̯ɐ̯kʰaːm ‖

16. (S. 86)
Substitutionstest
a) Die Segmentierung einer Lautform in kleinste Segmente kann man erreichen, indem man durch Vergleich mit anderen Formen alle kleinsten kommutierbaren Abschnitte aufsucht. Führen Sie das Verfahren für die Formen [bal] (**Ball**) und [veːt] (**weht**) durch.
b) Meistens findet man nicht alle Formen, die zu einer vollständigen Analyse entsprechend a) notwendig sind. Wie kann man dann verfahren? Machen Sie einen Versuch mit der Form [bʁoːt] (**Brot**).

c) Die Segmentierung kann man auch erreichen, indem man Formen sucht, die mit der zu segmentierenden Form in den isolierten Segmenten jeweils übereinstimmen. Segmentieren Sie die Form [kɛnən] (**kennen**), indem Sie Formen suchen, die mit dieser vom rechten Rand aus gesehen in einem, zwei, drei usw. kleinsten Segmenten übereinstimmen (Beispiel nach Basbøll/Wagner 1985: 10).

17. (S. 87)
Komplementäre Verteilung
a) Die Konsonanten [l] und [ř] sind im Koreanischen komplementär verteilt. Beschreiben Sie die Verteilung dieser Konsonanten (nach Gleason 1955: 57).

	[l]			[l]			[ř] flapped	
1	kal	that'll go	8	ilkop	seven	15	iřɨmi	name
2	kɨnɨl	shade	9	ipalsa	barber	16	kiři	road
3	mul	water	10	onɨlppam	tonight	17	kɨřəm	then
4	pal	leg	11	pulpʰyən	discomfort	18	kəřiřo	to the street
5	pʰal	arm	12	silkwa	fruit	19	sařam	person
6	səul	Seoul	13	tɨlčʰaŋ	window	20	uři	we
7	tatɨl	all of them	14	əlmana	how much	21	yəřɨm	summer

[l ř] are in complementary distribution and form one phoneme. State this distribution.

/ɨ/ is a high back unrounded vowel.

b) Beschreiben Sie die Verteilung von [h] und [ŋ] in Einsilbern des Deutschen. Sind die beiden Konsonanten Allophone desselben Phonems?

18. (S. 90)
r-Laute
Meinhold/Stock (1982: 131 f.) nehmen drei Allophone von /ʀ/ an, nämlich [ʀ], [ʁ] und [ɐ]. Als mögliche Umgebungen werden betrachtet (1) Morphemanlaut (**Rat, treten**), (2) nach kurzem Vokal außer in Affixen (**Narr**), (3) in den Präfixen **er, her, ver, zer** und dem Suffix **er**, (4) nach langem Vokal vor Silbengrenze (**Gehorsam**), (5) nach langem Vokal in einsilbigen Wörtern (**Moor**). Stellen Sie Vermutungen darüber an, welches der Allophone in den einzelnen Positionen in der sog. Standardlautung überwiegt.

19. (S. 94)
Stimmlose dorsale Obstruenten
a) Beschreiben Sie vollständig die Verteilung von [ç] und [x] in morphologisch einfachen Einheiten.
b) Basbøll/Wagner (1985: 76) sehen [x] und [h] als Varianten eines Phonems, [ç] dagegen als eigenes Phonem an. Wie kann man diese Auffassung begründen? Berücksichtigen Sie bei Ihrer Überlegung auch fremde Wörter wie **Chemie, Chirurg**.

c) Können Sie Argumente dafür finden, die Laute [x], [ç] und [k] als Allophone eines Phonems anzusehen?

20. (S. 94)
Zur Distribution des velaren/dorsalen Nasals [ŋ]
Vergleichen Sie die Distribution von [ŋ] und [n]. Berücksichtigen Sie dabei das Vorkommen von [n] in (1) **Nacht**, (2) **Knack**, (3) **Schnee**, (4) **Sinn**, (5) **Huhn**, (6) **Rand**.

21. (S. 94)
Ungespannte Vokale
a) Geben Sie für jeden ungespannten Vokal zwei Beispiele des Typs [vɪlə] (**Wille**), d. h. in der Position vor einem Konsonant und Schwa.
b) In Wortpaaren wie **Hund – Hündin, Gott – Götter, Macht – Mächte** wird der betonte Vokal der zweiten Form der Umlaut des Vokals der ersten Form genannt. Ist der Umlaut im Deutschen phonologisch eine einheitliche Erscheinung?
c) Es gibt Wörter im Deutschen, bei denen in Basisposition 1 ein gespannter Vokal auftritt. Finden Sie solche Wörter?

22. (S. 96)
Gespannte Vokale
a) Geben Sie Minimalpaare für alle Paare von gespannten Vokalen entsprechend 4 an.
b) Suchen Sie nach Minimalpaaren für die Korrelation gespannt/ungespannt vom Typ **Beet – Bett** und **Höhle – Hölle** (dazu auch 2.3.2 und 4.3.2).

23. (S. 101)
Reim
a) Formulieren Sie anhand der folgenden Verse die Grundregeln, nach denen der Endreim gebildet wird (aus Eugen Roth: Bücher).

Ein Mensch, von Büchern hart bedrängt,
An die er lang sein Herz gehängt,
Beschließt voll Tatkraft, sich zu wehren,
Eh sie kaninchenhaft sich mehren.
Sogleich, aufs äußerste ergrimmt,
Er ganze Reihn von Schmökern nimmt
und wirft sie wüst auf einen Haufen,
sie unbarmherzig zu verkaufen.

b) Betrachten Sie nun folgende Strophe und formulieren Sie die Regeln genauer (aus Frank Wedekind: Der Tantenmörder).

Das Geld war schwer zu tragen,
viel schwerer die Tante noch.
Ich faßte sie bebend am Kragen
und stieß sie ins tiefe Kellerloch.–

24. (S. 104f.)
Sonoritätshierarchie
a) Was könnte Vennemann veranlaßt haben, die stimmhaften Plosive und die stimmlosen Frikative in der Hierarchie einander gleichzustellen? Suchen Sie nach Anhaltspunkten aus dem Deutschen.
b) In ihrem berühmten Buch »The Sound Pattern of English« (Fachjargon »SPE«) führen Chomsky und Halle drei binäre *Major class features* als Basiskategorien für die Lautklassifikation ein (1968: 301ff.): »Reduced to the most rudimentary terms, the behavior of the vocal tract in speech can be described as an alternation of closing and opening. During the closed phase the flow of air from the lungs is either impeded or stopped, and pressure is built up in the vocal tract; during the open phase the air flows out freely. This skeleton of speech production provides the basis for the major class features ...«
Die drei Hauptklassen von Lauten sind (1) ± ›sonorant‹: »Sonorants are sounds produced with a vocal tract cavity configuration in which spontaneous voicing is possible; obstruents are produced with a cavity configuration that makes spontaneous voicing impossible.« (2) ± ›vocalic‹: »Vocalic sounds are produced with an *oral* cavity in which the most radical constriction does not exceed that found in the high vowels [i] and [u] and with vocal cords that are positioned so as to allow spontaneous voicing; in producing non vocalic sounds one or both of these conditions are not satisfied.« (3) ± ›consonantal‹: »Consonantal sounds are produced with a radical obstruction in the midsagittal region of the vocal tract; nonconsonantal sounds are produced without such an obstruction.«
Mithilfe dieser Merkmale definieren Chomsky und Halle eine Menge von Lautklassen, wie wir sie als Sonoritätsklassen kennengelernt haben. Dazu gehören (Bezeichnungen teilweise geändert): Vokale, Glides, Liquide, Nasale, Obstruenten. Überlegen Sie, wie die Merkmalsverteilung bei diesen Klassen ist.
c) Welche Merkmale werden den Laryngallauten [ʔ] und [h] auf der Basis der Major class features zugewiesen?

25. (S. 113)
Artikulatormarkierungen
a) Stellen Sie die Kategorisierungen zusammen, hinsichtlich derer die einzelnen Artikulatoren markiert werden.
b) Geben Sie die Artikulatormarkierungen einschließlich aller Defaultwerte für [k], [z] und [l] an.

26. (S. 114)
Phoneminventar
Geben Sie die unterspezifizierten Artikulatormarkierungen für folgendes Phoneminventar an: /p,t,k,ʔ,b,d,g,f,v,s,z,ʃ,ʒ,x,j,h,m,n,l,ʀ,i,ɪ,e,ɛ,a,a,y,ʏ,ø,œ,o,ɔ,u,ʊ/. Behandeln Sie /ʀ/ wie einen stimmhaften Frikativ. Sehen Sie stimmlos generell als markiert gegenüber stimmhaft an. Markieren sie, auch wenn einiges redundant ist, jeweils primären und sekundären Artikulator sowie den Kopf.

27. (S. 115 f.)
Anfangsrand: Obstruentencluster
a) Stellen Sie aufgrund der Wortlisten in 1 die möglichen Kombinationen aus [ʃ]+Frikativ sowie [s]+Frikativ zusammen. Was fällt auf?
b) Nennen Sie artikulatorische und distributionelle Argumente dafür, [ts] und [pf] im Anfangsrand als ›monosegmental‹ zu bewerten.

28. (S. 116)
Anfangsrand: Kombinationen aus Obstruent und Sonorant
a) Geben Sie für jede der in 2 (Text) markierten Kombinationen aus Obstruent und Sonorant mindestens zwei Beispiele.
b) Erstellen Sie ein Schema nach dem Muster von 2, in dem die homorganischen Verbindungen aus Obstruent und Sonorant markiert sind.

29. (S. 117)
Anfangsrand: Opposition stimmhaft/stimmlos
a) Die Zahl der Minimalpaare wird wesentlich größer, wenn man solche wie **Kern – gern** oder **kalt – galt** zuläßt. Ezawa unterscheidet diese als ›Einzeloppositionen‹ von den im Text genannten Beispielen für sog. ›systematische Oppositionen.‹ Warum ist der Unterschied wichtig?
b) Was dürften die strukturellen Gründe dafür sein, daß die Oppositionen [s–z] und [ʃ–ʒ] im Anfangsrand funktional so schwach belastet sind?

30. (S. 118)
[v] im Anfangsrand
Zeigen Sie, daß es sich bei dem ersten Laut in Formen wie **Weg, wohl** nicht um einen Glide, sondern um einen stimmhaften Frikativ handelt. Denken Sie dabei an Opposition *und* Kontrast.

31. (S. 120)
Diphthonge
a) Bei der Frage nach einer phonologisch angemessenen Repräsentation der schließenden (in der Literatur wegen der Nukleusfunktion des ersten Bestandteils auch ›fallend‹ genannten) Diphthonge geht es nicht nur um den Öffnungsgrad des zweiten Bestandteils. Eine verbreitete Systematisierung nimmt eine phonologische Repräsentation der folgenden Art an (z. B. Ramers/Vater 1995: 108 ff.; R. Wiese 1996: 159 ff.; Maas 1996: 25).

Hauptargument für den Ansatz von /a/ als ersten Bestandteil von allen Diphthongen ist, daß dann keiner von ihnen zwei gerundete Vokale aufweist. Das scheint eine generelle Bedingung für intramorphemische Vokalfolgen zu sein, z. B. **Leo, Boa, Makao, manuell, Museum, Theater, Diät** (Hall 1992: 135 f.). Leuchtet das Argument ein?

b) Beschreiben Sie den Wechsel von [au] zu [ɔi] in **Haus – Häuser** so weit wie möglich als normale Umlautung.

32. (S. 126)
Nasalassimilation

a) In Formen wie [ʀɪŋ] (**Ring**) und [vaŋə] (**Wange**) ist [ŋ] nach den Ausführungen im Text auf /Ng/ beziehbar. Umgekehrt erscheint /Ng/ in der Regel als [ŋ], in einigen Fällen jedoch als [ŋg]. Wann ist das der Fall? Berücksichtigen Sie Formen wie a. ([ŋ]) und b. ([ŋg]).

    a. **Tanger, Inge, Finger, Hunger, Angel**
    b. **Tango, Ingo, fingieren, Ungarn, Angeber, Ingrid**

b) Beschreiben Sie die regressive Nasalassimilation an Morphem- und Wortgrenzen wie in a,b. Findet eine Assimilation leichter in Richtung auf den dorsalen oder leichter in Richtung auf den labialen Artikulator statt?

    a. **ungenau, ankommen, an Gabi, an Karl, ingang**
    b. **unpassend, anbeten, an Brigitte, an Peter, inbezug**

c) Gibt es in Formen wie **haben, schwappen, laden, Matten, Lagen, knakken** eine Nasalassimilation? Wie wäre sie zu beschreiben?

d) Beschreiben Sie die Ableitungsschritte, die in einer derivationellen Grammatik gemacht werden müssen, um [ŋ] aus /Ng/ abzuleiten, z. B. /ʀɪNg/ → [ʀɪŋ].

33. (S. 128)
Auslautverhärtung, g-Spirantisierung

a) Insbesondere in norddeutschen Varietäten gibt es die Aussprache [ʀat], [glas], [gʀap] statt standardsprachlich [ʀɑːt], [glɑːs], [gʀɑːp] (**Rad, Glas, Grab**). Bei welchen Formen findet der Wechsel von [ɑː] zu [a] statt?

b) Gibt es einen dem in Aufgabe a) beschriebenen vergleichbaren Effekt auch bei g-Spirantisierung? Machen Sie eine generelle Aussage über die Gespanntheit des Vokals in Substantiv- und Adjektivstämmen mit /ç,x/ im einfachen Endrand.

c) Müßte der Plosiv in /ng/ als Basisform zu [ŋ] nicht der Auslautverhärtung unterliegen?

d) Läßt sich aus der Auslautverhärtung ein Argument dafür gewinnen, daß zumindest eine Variante von /ʀ/ ein stimmhafter Frikativ ist?

34. (S. 129)
Epenthese von Reduktionsvokalen
a) Interpretieren Sie folgendes Schema zur Verteilung der Sonoranten im Auslaut morphologisch einfacher Formen (nach Wurzel 1970: 170).

	r	l	m	n	Obstr
r		Kerl	Wurm	Horn	Ort
l	Keller		Halm	Köln	Zelt
m	Eimer	Hammel		–	Samt
n	Donner	Tunnel	–		Front
Obstr	Vater	Segel	Atem	Segen	Kraft

b) Vergleichen Sie die Suffixe **isch, lich, ig, nis** einerseits und **ung, sam, tum, ling, er** andererseits. Was fällt auf, wenn man das Verhältnis von Kernvokal und nachfolgendem Konsonant betrachtet?

35. (S. 130)
Silbische Konsonanten
Transkribieren Sie die folgenden Formen. Markieren sie dabei die silbischen Sonoranten, soweit Zweisilbigkeit vorliegt:

a. **laufen, lächeln, wollen, nehmen, gähnen, hellem, Helmen**
b. **locken, schwappen, glauben**

36. (S. 132)
Gelenke
Geben Sie für jeden Konsonant, der im Deutschen als Gelenk auftreten kann, ein Beispiel. Was ist die Besonderheit bei stimmhaften Obstruenten als Gelenk?

37. (S. 145)
Prosodie fremder Wörter
a) Kombinieren sie den Stamm **Person** mit den Suffixen **al, ist, istisch, ismus, ier, erei, lich, chen** und machen Sie sich klar, wie es jeweils zur Fußbildung kommt.
b) Suchen Sie nach grammatischen Termini, bei denen **iv** trotz rechtsperipherer Position nicht den Hauptakzent trägt. Wo hat diese Idiosynkrasie ihre Grenzen?
c) Beschreiben Sie das Flexions- und Betonungsverhalten der Substantivendung **(t)or**.

38. (S. 146 ff.)
Kompositionsakzent
a) Unter den zweigliedrigen Komposita können oder müssen viele entgegen der Grundregel auf dem zweiten Bestandteil betont werden. Wie kann man sie strukturell beschreiben?

rotgrün, graubláu, dunkelrót, steinréich, nagelnéu, Osterdíenstag, Jahrhúndert, Nordamérika.

b) Schieben Sie zwei je für sich stark lexikalisierte Komposita wie **Haustür+Türklinke** oder **Hosentasche+Taschenmesser** zu einem dreigliedrigen Kompositum zusammen. Wie werden solche Kontaminationen akzentuiert und was kann man dem entnehmen?

39. (S. 156)
Agglutination im Deutschen
Nennen Sie zwei grammatische Kategorien des Deutschen, die durch agglutinierende Suffixe realisiert werden.

40. (S. 158)
Zur Funktion von Kasus und Numerus
Machen Sie sich den Unterschied in der Funktion von Kasus und Numerus am Beispiel des Genitivs klar. Suchen Sie Genitive in unterschiedlicher syntaktischer Funktion im Sg und im Pl.

41. (S. 159)
Flexionstyp abgeleiteter Substantive
a) Nennen Sie Ableitungssuffixe und Endungen, die zu starker Flexion führen.
b) Nennen Sie Ableitungssuffixe, die das Femininum nach sich ziehen. Warum gibt es keine, die zum Typ 4b führen?

42. (S. 159 f.)
Schwache und gemischte Flexion
a) Was könnte der Grund dafür sein, daß die im Text genannten Gruppen von Fremdwörtern den Typ 2 und nicht etwa den Typ 1 wählen?
b) Was haben die Substantive gemeinsam, die vom Typ 2 zum Typ 3 übergehen?
c) Gibt es Ableitungssuffixe, die zu gemischter Flexion führen?

43. (S. 163)
Kasus- und Numerusmorphem
a) Nach Mugdan (1977: 73) ist das Substantivparadigma im Deutschen morphematisch folgendermaßen aufgebaut (›Agglutination‹):

Form	Morphemstruktur
Nom Sg	Stamm
Gen Sg	Stamm + Gen

Dat Sg	Stamm + Dat
Akk Sg	Stamm + Akk
Nom Pl	Stamm + Pl
Gen Pl	Stamm + Pl + Gen
Dat Pl	Stamm + Pl + Dat
Akk Pl	Stamm + Pl + Akk

Mit welcher Art von Überlegung könnte man für diesen Morphemaufbau argumentieren? Insbesondere: warum gibt es kein Sg- und kein Nom-Morphem? Analysieren Sie die Paradigmen **Hund** und **Giraffe** nach dem Schema. Leuchtet Ihnen die gefundene Lösung ein?

b) Untersuchen Sie die Verteilung von **n** und **en** als Pluralendungen von Maskulina und Neutra (Typen 2 und 3).

c) Für eine Form wie **Wagen** (Nom Sg) könnte man eine der folgenden Segmentierungen erwägen:

   a. **Wag+en**
   b. **Wag+e+n**
   c. **Wage+n**
   d. **Wagen**

Welche Segmentierung halten Sie für ›richtig‹? Gibt es Unterschiede zwischen **Wagen**, **Segen**, **Regen** einerseits und **Schrecken**, **Garten**, **Haken** andererseits?

44. (S. 165)
Plural von Fremdwörtern

a) Suchen Sie nach Fremdwörtern, die den Plural mit Umlaut realisieren.
b) Was ist das Besondere an der Pluralbildung von Fremdwörtern wie **Radien**, **Zentren**, **Villen**, **Fresken**, **Mythen**?

45. (S. 169)
Realisierung der Kasusmarker

a) Geben Sie die Realisierungsmöglichkeiten des Gen Sg an für **Schaf**, **Rentner**, **Witz**, **Kitsch**, **Grün**, **Urteil**, **Leben**, **Hans**, **Floh**, **Feld**, **Lärm**, **Boss**.
b) Häufig wird, auch im Geschriebenen, das **s** bzw. **es** des Gen Sg als fakultativ angesehen. Bei welcher Art von Wörtern bleibt der Kasusmarker besonders häufig weg?
c) Bei welchen der folgenden Maskulina und Neutra kann kein Dativ-**e** stehen? **See**, **Schuh**, **Stuhl**, **Saal**, **Leben**, **Beruf**, **Opa**, **Alter**, **Hans**.
d) Warum kann für viele Sprecherinnen und Sprecher die Dativ- und die Akkusativmarkierung bei schwachen Maskulina wie **Demonstrant**, **Mensch** eher wegfallen als bei **Bote**, **Philologe** (dem Demonstrant vs. dem Bote)?

46. (S. 171)
Pronominale Flexion: Synkretismen

a) Zeigen Sie, daß die Felder 6 und 8 (Suffix **e**) sowie die Felder 7 und 10 (Suffix **er**) nicht jeweils gemeinsam Synkretismusfelder im strengen Sinne sind.

b) Zeigen Sie, daß **es** in den Feldern 4 und 5 unterschiedliche Allomorphe hat, wenn die Form **dieses** wie ein Artikel zusammen mit einem Substantiv verwendet wird.

47. (S. 175)
Pronomen vs. Artikel
a) Stellen Sie eine Liste der Pronomina zusammen, die stark flektieren.
b) Zeigen Sie, in welchen Formen sich das Pronomen **der**^{WP} vom Artikel **der**^{WP} unterscheidet.
c) Wie kann man Pronomina und Artikel so segmentieren, daß beide exakt dasselbe Inventar an Flexionssuffixen haben?

48. (S. 176)
Possessivartikel
Gehören **mein**, **dein**, **sein** in dasselbe Paradigma oder soll man verschiedene Paradigmen ansetzen? Wenn ja, welche?

49. (S. 179)
Adjektivflexion: Verteilung der Suffixe
Ein sehr weitgehender Vorschlag zur Erfassung der Flexionsregeln des Adjektivs liegt in Darski 1979 vor. Darski formuliert zwei Regeln (1979: 200):

1. Kommen in der Substantivgruppe (**Determinativ +**) **Adjektiv + Substantiv** im Singular der Kasus und das Genus und im Plural nur der Kasus formal zum Ausdruck, so hat das Adjektiv im Nominativ Singular aller Genera und im Akkusativ Singular bei Feminina und Neutra das Suffix **-e**, sonst in allen anderen Fällen sowohl im Singular als auch im Plural das Suffix **-en**.
2. Kommen in der Substantivgruppe (**Determinativ +**) **Adjektiv + Substantiv** im Singular der Kasus und das Genus und im Plural der Kasus formal nicht zum Ausdruck, so nimmt das Adjektiv die entsprehenden Suffixe des Determinativs **dies-er**, **dies-e**, **dies-es**; **dies-e** (Plural) im erforderlichen Fall an.

In wiefern sind auch diese Regeln von dem im Text charakterisierten Typus? Was bedeutet die Aussage, in einer Substantivgruppe kommen Genus und Kasus »formal zum Ausdruck«?

50. (S. 180)
e und **(e)n** als stammbildende und als Flexionssuffixe
Wo kommen **e** und **(e)n** als stammbildende und als Flexionssuffixe außer beim Adjektiv sonst noch vor?

51. (S. 180)
Gemischte Adjektivdeklination
Im Text wird die These vertreten, die schwache Flexion habe dort ein **e**, wo die starke nach Genus differenziert. Wird diese These durch die gemischte Flexion bestätigt?

52. (S. 181)
Prosodie adjektivischer Flexionsformen
Die im folgenden wiedergegebenen Regularitäten sind ausführlich entwickelt in Raffelsiefen 1995.
a) Betrachten Sie den Anfangsrand der zweiten Silbe bei den Adjektiven in 5a gegenüber denen in 5b-d. Was fällt auf?
b) Was könnte der Grund dafür sein, daß Schwa vor [l] in flektierten Adjektivformen obligatorisch synkopiert wird, vor [ʀ] und [n] aber fakultativ?
c) Woran könnte es liegen, daß Adjektive wie **lila**, **rosa**, **prima** im Standarddeutschen nicht flektieren?

53. (S. 183)
Ikonizität der Komparationsformen
Welche Anzeichen von Ikonizität gibt es in der Formbildung des Stammes der deklinierten Formen im Komparativ und Superlativ?

54. (S. 188)
Konjugationsmuster
Als natürliche Kodierung von Person und Numerus wird nach den Ausführungen im Text häufig ein Konjugationsmuster angesehen, bei dem die 3.Ps gegenüber der 2., die 2.Ps gegenüber der 1. und der Pl gegenüber dem Sg markiert ist. Wie weit entspricht das folgende Muster aus dem Lateinischen (Ind Präs Passiv von **monere** »ermahnen«) diesen Forderungen?

	Sg	Pl
1.	moneor	monemur
2.	moneris	monemini
3.	monetur	monentur

55. (S. 188)
Bedeutung des Plurals
Was bedeuten **wir legen/ihr legt/sie legen** im Verhältnis zu **ich lege/du legst/sie legt**? Verwenden Sie zur Beschreibung die Begriffe für die kommunikativen Rollen (Sprecher, Adressat, Besprochenes).

56. (S. 190)
Bewertung von Formvarianten
Warum gibt es für die Verben des Typs **rudern** und **segeln** drei Formen für die 1.Ps Sg? Machen Sie sich Gedanken über die Vor- und Nachteile der einzelnen Varianten.

57. (S. 190)
Geminatenreduktion bei [ss]
a) Beschreiben Sie die Formen [ʀaɪ̯st] und [vaɪ̯st]. Geben Sie insbesondere verschiedene Möglichkeiten der morphologischen Analyse an.
b) Überlegen Sie, bei welchen Verben die Geminatenreduktion des **s** auftritt oder auftreten kann.

58. (S. 191)
Konjugation der Kurzverben
Die sog. Kurzverben mit ihrer teils suppletiven Konjugation sind besonders frequent und haben im Deutschen verschiedene Funktion, z. B. als Hilfsverben (**sein, haben, werden**, teilweise **tun**) oder Kopulaverben (**sein, werden**; Nübling 1999; 2000). Konjugieren diese Verben vollständig unregelmäßig oder bewahren sie Merkmale der Konjugation im Deutschen?

59. (S. 192)
Modalverben
Betrachten Sie die Konjugation von **möchten, brauchen** und **wissen**. Was fällt auf?

60. (S. 196)
Konjunktiv Präteritum, stark
a) Bei einigen der Verben in 5d scheint der Konj Prät mit angehobenem Vokal recht stabil zu sein, bei anderen nicht. Woran könnte das liegen?
b) Beschreiben Sie die Bildung des Konj Prät bei den sog. Kurzverben **sein, werden, haben, tun** (5.3.2)

61. (S. 197)
Konjunktiv Präsens, schwach
Wie bilden Verben mit silbischem Sonoranten im Stammauslaut vom Typ **rudern, segeln, öffnen, atmen** den Konj Präs?

62. (S. 197)
Indikativ/Konjunktiv Präteritum, ›gemischt‹
a) Wie bilden die Präteritopräsentia den Konj Prät?
b) Eine Gruppe mit einheitlichem, aber markiertem Flexionsverhalten stellen die sog. Rückumlautverben **brennen, kennen, nennen, rennen, senden, wenden** dar. Beschreiben Sie ihr Verhalten im Ind und Konj Prät.

63. (S. 200)
Bildung des Infinitivs
Machen Sie sich klar, daß die folgenden Infinitive den im Text genannten Wohlgeformtheitsbedingungen entsprechen. Erläutern Sie insbesondere, warum man sowohl Bedingung (3a) wie (3b) benötigt.

a. **beten, laufen, bitten, treffen, seufzen, grapschen, atmen, regnen**
b. **führen, fühlen, irren, fallen, faulen, eilen**
c. **mauern, lauern, feiern, steuern**
d. **rudern, zögern, stottern, segeln, faseln, kritteln**
e. **fliehen, sehen, drohen, freuen, schreien, bauen**

Nicht den Bedingungen genügen u. W. lediglich zwei Typen von Infinitiven, nämlich einmal **nähern, wiehern** und zum anderen **sein, tun**. Warum nicht?

64. (S. 201)
Partizip 2 der starken und schwachen Verben
a) Ermitteln Sie zu den folgenden stark gebildeten Partizipien die analogen schwachen Formen. Was haben die in a. gegenüber denen in b. gemeinsam?

   a. erschrocken, gewogen, bewogen, gehangen, gemahlen, geschmolzen, geschaffen, gequollen, gespalten, gewichen
   b. verblichen, verschollen, gedungen, gemolken, gegoren, geglommen, gesalzen, gekrischen, gesogen, gekoren, geschoren, gesotten, gestoben, getroffen (zu **triefen**), geloschen, gesonnen, gewunken

b) Formulieren Sie eine möglichst einfache Regel zur Plazierung des **t** im Part2 der schwachen Verben.

65. (S. 202)
Vokalwechsel bei starken Verben
a) Mit der Vokalhebung im Sg des Imp haben wir alle Formen genannt, in denen bei den starken Verben ein Vokalwechsel eintreten kann. Machen Sie sich die Systematik der Vokalwechsel durch Bezug auf den jeweiligen Grundvokal klar und geben Sie an, welche Formen des Paradigmas der starken Verben welchen Vokal haben können. Abgesehen vom Rückumlaut kommen die möglichen Wechsel vor bei den Verben **werfen, schlafen, geben**.
b) Zu einigen intransitiven starken Verben gibt es abgeleitete transitive Verben mit abgesenktem Stammvokal (sog. Kausativierung), z. B. **sinken – senken, liegen – legen, trinken – tränken**. Bei einem Verb wie **erschrecken** (ähnlich **hängen**) ist eine derartige Absenkung nicht möglich, weil der Stammvokal nicht ein hoher Vokal ist. Trotzdem gibt es das intransitive starke und das transitive schwache Verb (**ich erschrecke** vs. **ich erschrecke dich**). Da beide Paradigmen sich teilweise überschneiden, kommt es zu Unsicherheiten im Gebrauch. Geben Sie die Schlüsselformen für die beiden Paradigmen an.

66. (S. 206)
Bybee-Hierarchie
a) Zeigen Sie, daß für Präs und Prät, also die synthetischen Verbformen, die Reihenfolge Temp > Mod > Num > Ps bei der Anordnung der morphologischen Marker zumindest nicht verletzt ist. Betrachten Sie schwache wie starke Verben.
b) An verschiedenen Stellen haben wir gesehen, daß die Vollverben nicht einfach in starke und schwache eingeteilt werden können. Vielmehr gibt es eine Reihe von Mischtypen, die sich auch als Übergangstypen von stark zu schwach finden (ausführlich A. Bittner 1996). Diese Mischtypen kann man entlang der Bybee-Hierarchie ordnen. Dazu nehmen wir mit Wunderlich/ Fabri 1995 den Imp als äußere Kategorie in die Hierarchie auf und betrachten als Hauptmerkmale des starken Verbs: (1) Vokalhebung im Imp, (2) Vokalhebung oder Umlaut in der 2./3. Ps des Präs, (3) Ablaut im Prät

und (4) starkes Part2. Ein Verb, das alle diese Merkmale hat, ist stark und gehört zur Klasse 1 (z. B. **werfen**). Ein Verb, dem nur die Vokalhebung im Imp fehlt, ordnen wir der Klasse 2 zu (z. B. **fahren**). Verben, denen auch die Vokalhebung in der 2./3. Pers des Präs fehlt, gehören zur Klasse 3 (z. B. **heben**). Einem Verb der Klasse 4 fehlt auch das starke Prät (z. B. **mahlen**). Die Verben der Klasse 5 sind schwach, d. h. sie haben auch kein starkes Part2. Suchen Sie zu jeder der Klassen einige Verben.

67. (S. 220)
Morphologische Konstituentenkategorien
a) Für welche der morphologischen Einheiten in den folgenden Wortformen würden Sie die Kategorie Rst in Erwägung ziehen?
munter, namentlich, Heimat, Villa, unten, Lampe, zwischen
b) Kann man Konfixe wie **graph**, **log**, **krat** einer der Hauptkategorien Substantiv, Adjektiv oder Verb zuweisen?
c) Die folgenden Formen sehen so aus, als enthielten sie wortintern ein terminales Suffix: **Sangesbrüder, Mannesalter, Menschenhand, Herzenslust**. Um was für eine Art von morphologischer Einheit handelt es sich tatsächlich?

68. (S. 220)
Morphologische Konstituentenstrukturen
a) Geben Sie die morphologischen Konstituentenstrukturen folgender Wortformen an: **heimatlichstes, kleinkarierter, Mikrophonverstärker, Unwirklichkeit**.
b) Machen Sie sich Gedanken über die Position der Fuge in der Konstituentenstruktur. Gehört sie eher zur vorausgehenden, zur nachfolgenden Einheit oder zu beiden?

69. (S. 221)
Freie vs. gebundene Morpheme
Bei Bloomfield (1926, Übersetzung Bense u. a. 1976) heißt es:
»9. Definition. Eine minimale Form ist ein MORPHEM; ihre Bedeutung ist ein SEMEM ...
10. Definition. Eine Form, die eine Äußerung sein kann, ist FREI. Eine Form, die nicht frei ist, ist GEBUNDEN.«
Ergibt sich aus diesen Definitionen automatisch, daß jedes morphologisch einfache Wort ein freies Morphem ist?

70. (S. 223)
Morphologische Markierungskategorien
Geben Sie die morphologischen Markierungskategorien gemäß 6 und 7 (Text) für alle einfachen morphologischen Einheiten der Form **Untragbarkeit** an.

71. (S. 226)
Determinativkompositum: Kopf und Kern
a) Geben Sie die Konstituentenstrukturen von **Haustür** und **Pressefreiheit** an und bestimmen Sie für beide Kopf und Kern.

b) Was ist die Besonderheit von Einheiten wie **Kassel Huskies, Hannover-Land, Gin Tonic, Schmidt-Büring, Jahrhundert**.

72. (S. 228)
Kompositum: Konstituentenstrukturen
a) Geben Sie schematisch die Konstituentenstrukturen an für **Hochschulpolitik, Kreiskrankenhaus, Lohnsteuerjahresausgleich**.
b) Zeigen Sie, wie sich die Mehrdeutigkeit von Wörtern wie **Schnellzugrestaurant, Stadtparkwächter** in der Konstituentenstruktur niederschlägt.
c) Wörter wie **Weltwirtschaftsordnung, Jahreswirtschaftsbericht** haben offensichtlich mehrere Konstituentenstrukturen, aber nicht mehrere Bedeutungen. Wie kommt das zustande?

73. (S. 230)
Interpretation von Komposita
a) Welche Lesungen fallen Ihnen zu einem Wort wie **Gummiadler** ein?
b) Beschreiben Sie die Wirkung des ersten Bestandteils **Schul** in den Wörtern **Schulgebäude, Schuldach, Schulstreß, Schulpflicht**.

74. (S. 232)
Rektionskomposita
a) Machen Sie sich klar, wie es zur Interpretation von Komposita mit **er**-Substantiven als zweitem Bestandteil als Rektionskomposita kommt (**Bombenleger, Taxifahrer, Arzthelfer, Drogenfahnder**; Olsen 1986: 68 ff.).
b) Überlegen Sie, ob das Suffix **erei** zu Rektionskomposita führen kann.

75. (S. 232)
Adjektivkomposita
a) Nach Deutsche Wortbildung 5 (18 ff.) haben etwa 40 % der Adjektivkomposita ein substantivisches Determinans (a), aber etwa 53 % ein adjektivisches (b). Ist das Zweitglied ein Partizip 2, so haben dagegen fast 67 % ein substantivisches und nur 23 % ein adjektivisches Determinans (c, d). Wie erklärt sich dieser Unterschied?

   a. **blattgrün, brusthoch, altersschwach, nachtaktiv, kilometerlang, seekrank**
   b. **graugrün, frühreif, naßkalt, mathematisch-naturwissenschaftlich, hellblau**
   c. **batteriegetrieben, rechnergestützt, maschinengeschrieben, mundgeblasen, gasbeheizt**
   d. **tiefverwurzelt, gelbgesprenkelt, blankpoliert, leergegessen, starkbefahren**

b) Für folgende Adjektivkomposita mit partizipialem zweiten Bestandteil nehmen Fleischer/Barz (1992: 241 f.) an, daß sie auf unterschiedliche Weise zustande kommen. Was ist damit gemeint?

a. blankgebohnert
b. glasfaserverstärkt
c. querschnittsgelähmt
d. nickelbebrillt

76. (S. 232)
Zahlwörter: Kardinalzahlen
Die Bezeichnungen für Kardinalzahlen gelten als der unmarkierte Typ von Zahlwort. Sie dienen dem einfachen Zählen und der allgemeinsten Angabe von definiten Quantitäten, es gibt sie in allen Sprachen und ihre Formbildung weist die größten Regelmäßigkeiten auf (Greenberg 1978a; Suppes/Zinnes 1963; H. Wiese 1995).
a) Machen Sie sich die Systematik der Zahlwortbildung im Deutschen an folgenden Beispielen klar.

a. 5, 50, 500, 5000, 50 000 ...
b. 5, 15, 25, 35, 45, 55 ...

b) Ist es gerechtfertigt, bei den Zahlwörtern von einem Sonderfall von Komposition zu sprechen?
c) Welche Grammatikalisierungserscheinungen gibt es bei der Bildung von Zahlwörtern? Sehen Sie eine allgemeine Tendenz?

77. (S. 235)
Pseudokompositum und verbales Paradigma
Je weitergehend ein Wort des Bautyps SBST+VB lexikalisiert ist, desto mehr Formen des verbalen Paradigmas bildet es. Wie verhält es sich damit bei den Verben **kopfrechnen, probesingen, bergsteigen, fotokopieren**?

78. (S. 238)
Fuge bei adjektivischem Determinans
a) Formulieren Sie die Grundregel für die Fuge bei adjektivischem Determinans. Berücksichtigen Sie folgende Beispiele.

Grünfläche, Klugredner, Altliberaler, Leisetreter, Mürbeteig, Loseblatt, Bösewicht, Edelmut, Doppelkinn, Mittelweg

b) Läßt sich für Wörter wie die folgenden eine einheitliche Deutung des o als Adjektivfuge geben?

Elektrosmog, Chemotherapie, Psychostreß, Morphosyntax, Semantosyntax, Technopark, Ethnolinguistik

79. (S. 241)
Das Fugenverhalten von Suffixen
a) Betrachten Sie das Fugenverhalten der Suffixe **nis** (**Ereignis, Erkenntnis**), **in** (**Lehrerin, Beamtin**) und **erei** (**Dieberei, Wascherei**).

b) Deverbale Substantive auf **en** haben nicht immer ein Fugen-s: **Erdbebenwarnung, Guthabenzinsen, Hustensaft, Kostenrechnung**. Wie erklärt sich das?
c) Betrachten Sie das Fugenverhalten von **schaft, tum** und **lich** nach links, d.h. bezüglich der vorausgehenden Einheit.

80. (S. 244)
Konfixkomposita
a) Bestimmen Sie die morphologischen Kategorien der ersten Bestandteile von **Histologe, Seismologe, Psychologe**.
b) Gibt es Konfixe, die dem nativen Bestand an morphologischen Einheiten angehören?
c) Betrachten Sie den Wortakzent von Konfixkomposita. Wird er wie bei den Determinativkomposita allgemein zugewiesen?

81. (S. 246)
Konfixe in Markennamen
In der Liste der Markennamen von Voigt (1981: 130ff.) finden sich die Einträge unter a. mit **Bay** (Bayer) und die in b. mit **Host** (Höchst). Machen Sie sich Gedanken über die jeweils vorliegende morphologische Struktur.

a. **Baycryl, Baydur, Bayflex, Baylon, Baymidur, Baypren, Baysilon**
b. **Hostadur, Hostaflex, Hostaflon, Hostaform, Hostalen, Hostalit, Hostaphan, Hostapor, Hostaset, Hostyren**

82. (S. 248)
Substantive mit **un** und **miß**; komplexe Adjektive mit **un**
a) Beschreiben Sie das Bedeutungsverhältnis von Substantivpaaren wie

 a. **Höflichkeit – Unhöflichkeit; Bildung – Unbildung**
 b. **Gewitter – Ungewitter; Summe – Unsumme**
 c. **Mensch – Unmensch; Kraut – Unkraut**

b) Gibt es ähnliche Bedeutungsverhältnisse wie in a) auch bei Substantiven mit **miß**?
c) Vor Substantivstämmen und einfachen Adjektivstämmen zieht **un** in der Regel den Akzent auf sich (**Glück – Unglück; Klug – Unklug**). Betrachten Sie die Akzentplazierung bei **un** vor komplexen Adjektivstämmen der Typen **ungreifbar, unbegreifbar, unangreifbar, unbegreiflich**.

83. (S. 249)
Komposita mit **un**
Bei Fleischer/Barz (1992: 271) heißt es: »Ist die Basis ein Kompositum, dann wird -un- als Infix in die Kompositionsfuge gesetzt: **koch(un)fertig, verhandlungs(un)fähig, verkehrs(un)tauglich** ... Die Stellung von **un**- vor dem Kompositum ist in der Regel blockiert (Ausnahmen: **un-selbstkritisch, un-zurechnungsfähig**), oder sie negiert nur das Erstglied: **unwahrheitsfähig** ›der Unwahrheit fähig‹.« Läßt sich die These in dieser Allgemeinheit halten? Was sagen Sie zur Charakterisierung von **un** als Infix?

84. (S. 250)
Adjektive mit **nicht** als Präfix
Vergleichen Sie die Bedeutung von Adjektiven mit **un** und solchen mit **nicht** als Präfix (**nichtglücklich, nichtgiftig**).

85. (S. 250)
Argumentblockierung durch **un**
Viele **un**-Adjektive können fakultative präpositionale Ergänzungen nicht nehmen, die beim entsprechenden nichtpräfigierten Adjektiv stehen können, z. B.

dankbar/*undankbar für etwas; frei/*unfrei von etwas; froh/*unfroh über etwas; verheiratet/*unverheiratet mit jemandem

Lenz (1995: 86) schließt aus dieser sog. Argumentblockierung, daß sich die **un**-Adjektive »nicht durch eine allgemeine Wortbildungsregel aus dem jeweiligen Basiswort ableiten lassen.« Das bedeutet letztlich, daß die Präfigierung unregelmäßig oder idiosynkratisch ist. Trifft diese Sicht zu?

86. (S. 252)
Substantive mit **ex** und **alt**
a) **Ex** verbindet sich nicht mit Personenbezeichnungen in der Form von festen Syntagmen aus Adjektiv+Substantiv: *****Ex-Starker Mann, *Ex-Rechte Hand, *Ex-Leitender Angestellter**. Hoppe (1999: 79 f.) sieht diese Restriktion als »nicht systembedingt« und »jederzeit veränderbar« an. Stimmen Sie dem zu?
b) Sehen Sie sich die Verwendung von **alt** im Verhältnis zu **ex** an in Wörtern wie **Altkanzler, Altbürgermeister, Altbischof, Altnazi, Altlinker, Althippie**. Was fällt auf?

87. (S. 254)
Beschränkungen für das Zirkumfix **Ge-e**
Aus der Beschreibung von **Ge-e** ergibt sich die Erwartung, daß dieses Affix auf große Klassen von Verbstämmen nicht anwendbar sein dürfte. Welche könnten das sein?

88. (S. 260)
Die Präfixe **unter** und **hinter**
a) Es gibt eine größere Zahl von Präfixverben mit **unter**, die dem Applikativmuster folgen, z. B.:

unterbauen, unterbinden, unterbrechen, unterfahren, unterfordern, untergraben, unterhalten, unterjochen, unterkellern, unterlaufen, unterlegen, untermauern, unterminieren, unterspülen, unterstreichen, untersuchen, unterwerfen

Obwohl diese Liste noch wesentlich verlängert werden kann, hat **unter** als Präfix nicht denselben Status wie **durch, über, um**. Worin besteht der Unterschied?

b) Stellen Sie (beispielsweise mithilfe eines gängigen Rechtschreibwörterbuchs) die Verben mit dem Präfix **hinter** zusammen. Was fällt auf?

89. (S. 263)
Das Präfix **be**
a) Es gibt zahlreiche Verben des Typs **beerdigen, bewilligen, beseitigen**. Wie soll man sie morphologisch analysieren?
b) Warum sind Verben der folgenden Typen nicht wohlgeformt?

   a. *beaktiven, *betendenzen, *befunktionen, *beinterviewen
   b. *beweglaufen, *beabholen, *beaufpassen

90. (S. 264)
Die Präfixe **ent, er, ver, zer**
a) Sind die Stämme der Verben **empfangen, empfehlen, empfinden** morphologisch einfach oder komplex?
b) Welches der Präfixe **er, ver** oder **zer** kommt bezüglich seiner Kopfeigenschaften **be** am nächsten?
c) Beschreiben Sie die Funktion von **ver** in folgenden Verbklassen:

   a. verarbeiten, verbauen, verbraten, verbrauchen, verfressen, verfüttern, verheizen, verplempern, verspielen, vertrinken, vertrödeln
   b. verbrennen, verfahren, verhören, verlaufen, verlesen, verschlucken, versprechen, vertippen, verrechnen, verwählen

d) Beschreiben Sie die Funktion von **zer** in folgenden Verben:

   a. zerbersten, zerbröckeln, zerbrechen, zerfließen, zergehen, zerlaufen
   b. zerbeißen, zerhacken, zerkochen, zerreden, zerschneiden, zersingen

91. (S. 266)
Verbpartikel **auf**
a) Können Sie sich erklären, wie es zur Funktion von **auf** in Verben wie den folgenden kommt?

aufbrauchen, aufessen, aufkaufen, aufrauchen, aufteilen, aufzehren

b) Haben wir es bei den folgenden Verben mit der Verbpartikel **auf** zu tun?

aufmachen, aufblättern, aufbaggern, aufbiegen, aufbleiben, aufblühen, aufbohren, aufdrehen, aufknöpfen, aufgraben, aufreißen

92. (S. 267)
Verbpartikeln **ab, ein**
a) Welche Besonderheiten hat **ab** als präpositionale Verbpartikel? Was bedeutet **ab** in Verben wie:

abblättern, abbrechen, abbröckeln, abfahren, abgehen, abreisen

b) Gibt es für **ein** einen Verbtyp, der wie **an** in 1 und **auf** in 4 (Text) auf ein Basisverb mit präpositionaler Ergänzung zu beziehen ist?

93. (S. 267)
Verbales Präfix vs. Verbpartikel
a) Gibt es zu allen präpositionalen verbalen Präfixen eine homonyme Verbpartikel?
b) Bezüglich des Verhältnisses von Präfix- und Partikelverb wird gelegentlich die Auffassung vertreten, im Normalfall trete »dasselbe Verb in beiden Varianten auf« (Fleischer/Barz 1992: 342). Für welche der Einheiten trifft das am ehesten zu?

94. (S. 271)
Suffixbildung durch Reanalyse
Die im Text konstatierte teilweise Irrelevanz morphologischer Grenzen für die Wortprosodie ist Voraussetzung dafür, daß Morphemgrenzen verschoben und so neue Affixe gebildet werden. Können Sie sich vorstellen, wie das Suffix **ler** in **Sportler**, **Wissenschaftler** entstanden ist? Wie verhält es sich mit **ner** in **Zöllner**, **Söldner**?

95. (S. 272)
Allomorphie und Wortprosodie
a) Wie ist die Verteilung von **heit**, **keit** und **igkeit** geregelt?
b) Nichtbetonte Suffixe wie die in 1 sind im allgemeinen auch betonungsneutral, d.h. sie beeinflussen die Lage des Hauptakzents im Wort nicht (4.5). Wie verhält sich **isch** in dieser Hinsicht?
c) Vergleichen sie folgende Wortreihen auf **erei**.

   a. **Bäckerei, Wäscherei, Schreinerei, Bildhauerei**
   b. **Knabberei, Sabberei, Stotterei, Zitterei**
   c. **Fieberei, Köderei, Puderei, Eiferei**
   d. **Backerei, Wascherei, Schreinerei, Bildhauerei**

Wie könnte eine morphologische Analyse solcher Wörter aussehen?

96. (S. 274)
Diminutivbildung
a) Bilden Sie die Diminutivformen von **das Leben, der Reisende, der Erwählte**.
b) In den Wortbildungslehren wird meist die Auffassung vertreten, **chen** könne neben Substantiv- auch Adjektivstämme als Basis haben, vgl. **Dummchen, Kleinchen, Grauchen**. Ist diese Annahme zwingend?
c) Als Ausnahmen zur Umlautbildung bei **chen** werden meist Beispiele wie **Frau – Frauchen, Kuh – Kuhchen, Tau – Tauchen** genannt. Warum wird hier nicht umgelautet?

97. (S. 274)
Movierung
Die Ableitung von Wörtern zur Bezeichnung männlicher oder weiblicher Lebewesen aus solchen, die nicht oder nicht ausschließlich die jeweilige Funktion haben, bezeichnet man als Movierung oder Motion. Das wichtigste Movierungssuffix des Deutschen ist **in** zur Bezeichnung weiblicher Lebewesen, insbesondere Personen auf der Basis von Maskulina.
a) Bilden Sie die movierte Form von **Zauberer, Fremdling, Fisch, Friseur, Steward, Prinz, Diakon.**
b) Warum wird vielfach die Verwendung substantivierter Partizipien (**der Studierende/die Studierende**) der mit movierten Formen (**der Student/die Studentin**) vorgezogen?
c) Gibt es einen funktionalen Unterschied von **in** in **Ärztin, Lehrerin, Sekretärin** einerseits und **Pfarrerin, Meisterin, Chefin** andererseits?
d) Die Präsidentin des Dachdeckerverbandes begrüßte die Versammelten auf dem letzten Neujahrsempfang des Verbandes so: »Liebe Dachdeckerinnen und Dachdecker, Mitgliederinnen und Mitglieder. Liebe Kolleginnen und Kollegen, Dachrinnen und Dachren.« (keine Lösung).

98. (S. 274)
ig, isch, lich
Aus den Beispielen in a. bis c. ist jeweils ein Prototyp für Adjektive auf **ig, isch** und **lich** zu ersehen. Erklären Sie den Unterschied.

a. **bergig, eckig, farbig, fleckig, freudig, kantig, traurig, waldig, windig, wollig**
b. **äffisch, dilettantisch, grüblerisch, heldisch, homerisch, kindisch, kriegerisch, tierisch, schurkisch**
c. **ärztlich, bildlich, brieflich, kindlich, ländlich, peinlich, sommerlich, täglich, weiblich, wissenschaftlich, zeitlich**

99. (S. 280)
bar vs. **lich**
In einer seiner Funktionen ist **lich** von **bar** kaum zu unterscheiden, z.B. **erklärlich – erklärbar, verletzlich – verletzbar**. Daß **lich** dennoch eine andere Stellung im System der Suffixe hat als **bar**, sieht man etwa an folgenden Adjektiven. Erläutern Sie den Unterschied.

a. **unauflöslich, unaussprechlich, unbeschreiblich, unerforschlich, unerschöpflich, unersetzlich, unvermeidlich, unzertrennlich**
b. **greifbar, drehbar, formbar, heizbar, hörbar, lesbar, belastbar**

100. (S. 286)
Umlaut in fremden Wörtern
Gibt es in fremden Wörtern Frontierung von Vokalen, die dem Umlaut entspricht? Suchen Sie vor allem nach Wörtern mit umlautauslösendem Suffix.

101. (S. 288)
Sponti
Betrachten Sie folgende Substantive auf **i**, die meist als sog. Hypokorismen (Kosenamen) fungieren. Nach welchem Muster werden sie gebildet?

Studi, Abi, Nazi, Schlaffi, Depri, Uni, Kathi, Gabi, Rudi, Susi, Fundi, Klinsi, Sozi.

102. (S. 289)
ier, isier, ifizier
a) Als eine flexivische Besonderheit der fremden Verbalisierer gilt, daß sie das Partizip 2 ohne **ge** bilden (**harmonisieren – harmonisiert**). Wie erklärt sich das?
b) Betrachten Sie die folgenden Verben auf **ifizier**. Lassen sie sich systematisch von denen auf **isier** trennen?
qualifizieren, mumifizieren, personifizieren, glorifizieren, falsifizieren, ratifizieren, identifizieren, entnazifizieren.
c) Betrachten Sie die Pedifizierung bei den Verben **addieren, parodieren, korrespondieren, stilisieren, legalisieren, monologisieren, amerikanisieren, modifizieren, personifizieren**. Wo treten Unsicherheiten auf?

103. (S. 292)
ismus, istisch
a) Erläutern Sie den Bedeutungsunterschied zwischen Adjektiven auf **isch** und **istisch**
b) Soll man Adjektive auf **istisch** von Substantiven auf **ist** ableiten (**Formalist – formalistisch**)? Für das Adjektiv ergäbe sich die morphologische Segmentierung **form+al+is+t+isch**
c) Einige Eigennamen verbinden sich mit **ianismus** statt mit **ismus**, z.B. **Freudianismus, Kantianismus, Goetheanismus, Hegelianismus, Wagnerianismus.** Sehen Sie notwendige Bedingungen für diese Variation?

104. (S. 294)
Einwohnerbezeichnungen
Eine große Gruppe von semantisch einheitlichen Personenbezeichnungen sind die Bezeichnungen für Einwohner. Bei Bewohnern von Städten bleibt es im wesentlichen bei phonologisch determinierter Allomorphie von **er**-Substantiven (**Kölner, Münchner, Basler, Hannoveraner**). Bezeichnungen für Einwohner von Ländern sind etwas komplexer. Sehen Sie Regelhaftigkeiten im Verhältnis zum Ländernamen und zum Adjektiv auf **isch** (**Spanier – Spanien – spanisch**)?

a. **Finne, Grieche, Schotte, Lappe, Pole, Baske, Schwede, Böhme, Lette, Sachse**
b. **Brasilianer, Amerikaner, Afrikaner, Peruaner, Mexikaner, Kolumbianer**
c. **Chinese, Sudanese, Vietnamese, Burmese, Ceylonese, Nepalese, Panamese**

105. (S. 300)
Konversion: Semantik von SBST/VB
Zur semantischen Klassifikation von Derivationen gibt man meist Paraphraseformeln an dergestalt, daß auf der einen Seite das Basiswort und auf der anderen das Derivat auftritt. In seiner umfangreichen Untersuchung zu den desubstantivischen Verben des Deutschen setzt Kaliuščenko (1988: 26ff.) die folgenden Grundtypen an:

1. Verben, deren motivierendes Substantiv das Merkmal eines der Teilnehmer der Situation bezeichnet, vgl.: **Er kellnert** ≙ **Er ist *Kellner*.**
2. Verben, deren motivierendes Substantiv einen der Teilnehmer der Situation bezeichnet, vgl.: **Der Alte fischt** ≙ **Der Alte fängt *Fische*.**
3. Verben, deren motivierendes Substantiv eine Handlung, einen Prozeß, einen Zustand oder eine Beziehung bezeichnet, vgl.: **Das Kind fiebert** ≙ **Das Kind hat *Fieber*.**
4. Verben, deren motivierendes Substantiv eine Charakteristik der Handlung (Ort, Zeit, Art und Weise) bezeichnet, vgl.: **Sie zelten** ≙ **Sie wohnen im *Zelt*.**
5. Verben, deren motivierendes Substantiv die Situation in ihrer Gesamtheit bezeichnet, vgl.: **Es tagt** ≙ **Es wird *Tag*.**

Für die Paraphrasierung innerhalb der Grundtypen werden dann insgesamt 28 sog. Deutungsformeln zur Feindifferenzierung angegeben, mit deren Hilfe eine mechanische Klassifizierung der Verben möglich ist (1988: 113). Wir begnügen uns hier mit den Grundtypen. Versuchen Sie, die Verben aus 5a und 5c (Text) auf die Grundtypen zu verteilen.

106. (S. 308)
GPK-Regeln, Konsonanten
a) Warum kommen die Konsonanten /ʔ/ und /ʒ/ nicht in 3 vor?
b) Wofür steht /ç/ in der Regel /ç/ → ⟨ch⟩?
c) Wie ist die Zuordnung von /f/ und /v/ zu ⟨f⟩, ⟨w⟩ und dem nicht in der Grundmenge 2 der Grapheme vorkommenden ⟨v⟩ im Prinzip geregelt?
d) In welcher Silbenposition kommt die Phonemfolge /kv/ im Deutschen vor?
e) Wäre es denkbar, anstelle der Regel /ŋ/ → ⟨ng⟩ die Graphemfolge ⟨ng⟩ mithilfe der ja sowieso vorhandenen Regeln /n/ → ⟨n⟩ und /g/ → ⟨g⟩ zu erfassen?

107. (S. 309)
GPK-Regeln, Vokale
a) Welche der folgenden Vorkommen des ⟨ü⟩ beruhen auf GPK-Regeln?
⟨betrügen⟩, ⟨dümmer⟩, ⟨dünner⟩, ⟨führen⟩, ⟨fürchten⟩, ⟨Hüne⟩, ⟨Hühner⟩, ⟨hündisch⟩, ⟨kühn⟩, ⟨Lüge⟩, ⟨müde⟩, ⟨Rücken⟩, ⟨Sünde⟩, ⟨wünschen⟩, ⟨verfügen⟩.
b) In welcher Position wird gespanntes /i/ nicht als ⟨ie⟩, sondern in der Regel als ⟨i⟩ geschrieben?

108. (S. 315)
Gelenkschreibungen
a) Gilt die Grundregel für Gelenkschreibung nur bei nichtbetonbaren Silben in der zweiten Fußposition oder gilt sie auch bei nicht betonten Silben?
b) Gilt die Gelenkregel für flexionsmorphologisch komplexe Formen wie für einfache oder gilt sie nur für einfache? Alle Beispiele im Text sind morphologisch einfach!
c) Erläutern Sie die Verteilung von ⟨z⟩ und ⟨tz⟩ in den Formen **Kerze**, **Walze**, **Zange**, **Zug**, **Witze**, **kratzen**.
d) In wiefern stellen Formen mit ⟨ss⟩ wie **Kissen**, **Klasse**, **müssen** einen Sonderfall unter den Gelenkschreibungen dar?

109. (S. 315)
Silbeninitiales ⟨h⟩
a) Nennen Sie für jedes Vokalgraphem zwei Beispiele mit silbeninitialem ⟨h⟩. Greifen Sie dabei auch auf morphologisch komplexe Formen zurück. In einigen Fällen ist es schwierig, einfache Formen zu finden.
b) Suchen Sie Wörter mit dem Diphthong [ei] und nachfolgendem [ə], die mit bzw. ohne silbeninitiales ⟨h⟩ geschrieben werden (Beispiel: ⟨Weiher⟩ vs. ⟨Geier⟩).

110. (S. 317)
Dehnungs-h
a) Wie ist das Dehnungs-h nach ⟨ie⟩ und ⟨i⟩ verteilt?
b) Als Ausnahmen zur Grundregularität des Dehnungs-h werden meist genannt ⟨ahnden⟩, ⟨fahnden⟩, ⟨Föhrde⟩, ⟨Fehde⟩, ⟨Nähte⟩, ⟨Drähte⟩. Wie hat man solche Formen einzuordnen?
c) Sind ⟨ohne⟩, ⟨mehr⟩, ⟨sehr⟩ Ausnahmen von der Regel, daß das Dehnungs-h in Stämmen flektierender Einheiten auftritt?

111. (S. 318f.)
⟨ie⟩ (dazu auch Aufgabe 109a, 110a)
a) Machen Sie sich Gedanken über die Schreibung der Stammformen von ⟨schreien⟩, ⟨spielen⟩ einerseits und ⟨leihen⟩, ⟨verzeihen⟩ andererseits.
b) Sehen Sie irgendwelche Regelmäßigkeiten bei der Schreibung des [iː] in den Pronominalformen ⟨die⟩, ⟨sie⟩; ⟨ihn⟩, ⟨ihr⟩; ⟨wir⟩, ⟨mir⟩, ⟨dir⟩?

112. (S. 319)
Graphem-Phonem-Korrespondenz und ›Polyrelationalität‹
In ›Deutsche Orthographie‹ (Nerius u. a. 1987: 79ff.) finden sich Zuordnungsregeln für Phoneme und Grapheme der folgenden Art.

a.   b.

Wie kommt es zu einer solchen ›polyrelationalen‹ Darstellung?

113. (S. 321)
Morphologische Schreibung, Auslautverhärtung
a) Geben Sie Explizitformen an, von denen sich das ⟨g⟩ in [bɛveːkt] ⟨bewegt⟩, [leːkst] ⟨legst⟩ und [kaʀk] ⟨karg⟩ herleitet.
b) Geben Sie Explizitformen an, von denen sich das ⟨r⟩ am Ende von [mʊntɐʀ] ⟨munter⟩ und [noːblɐʀ] ⟨nobler⟩ auch dann herleitet, wenn man für den Zweisilber ein rhotaziertes [ʀ], also z. B. [mʊntɐ] ansetzt.
c) Was ist das Besondere an Schreibungen wie ⟨doof⟩, ⟨fünf⟩, ⟨zwölf⟩?
d) Was ist das Besondere an Schreibungen wie ⟨und⟩, ⟨ob⟩, ⟨ab⟩?

114. (S. 324)
Morphologische Schreibung, Geminatenreduktion
a) Vergleichen Sie die Schreibungen ⟨das Vögelein⟩, ⟨er rät⟩, ⟨du liest⟩ mit ⟨das Spieglein⟩, ⟨du reist⟩, ⟨du döst⟩. Worin besteht der Unterschied?
b) Wie kommt es zum ⟨dt⟩ in ⟨sie sandte⟩, ⟨er wandte⟩?
c) Welche Regelhaftigkeit liegt der Geminatenreduktion in Fällen wie ⟨Lehrerinnen⟩ – ⟨Lehrerin⟩, ⟨Ereignisse⟩ – ⟨Ereignis⟩, ⟨Iltisse⟩ – ⟨Iltis⟩ und ⟨Busse⟩ – ⟨Bus⟩ zugrunde? Wie verhält es sich mit ⟨innen⟩ – ⟨in⟩ und ⟨mitten⟩ – ⟨mit⟩?

115. (S. 324)
s-Schreibung
Die Schreibung der Phoneme /z/ und /s/ fällt im Deutschen aus dem Rahmen, schon weil das lateinische Alphabet nur den Buchstaben **s** zur Verfügung stellt. Das **z** steht im Deutschen nicht für die s-Schreibung zur Verfügung und das ß übernimmt nur in beschränktem Umfang die Korrespondenz zu /s/. Ermitteln Sie die Regeln der s-Schreibung anhand folgender Daten. Legen Sie die Neuregelung zugrunde.

a. ⟨Sohn⟩, ⟨sanft⟩, ⟨Wiese⟩, ⟨Muse⟩
b. ⟨Wasser⟩, ⟨wissen⟩, ⟨Flusses⟩, ⟨gewusst⟩, ⟨Fluss⟩, ⟨dass⟩
c. ⟨Straße⟩, ⟨Muße⟩, ⟨weiß⟩, ⟨Fuß⟩
d. ⟨List⟩, ⟨Raps⟩, ⟨legst⟩, ⟨gutes⟩, ⟨bis⟩, ⟨das⟩

116. (S. 327)
Teekesselchen und Palindrom
a) Nennen Sie Beispiele für Substantive, deren homophone Grundform man mit den graphematischen Mitteln des Deutschen differenzieren könnte, aber nicht differenziert.
b) Eine radikale Variante des morphologischen Prinzips ist, daß man ein Wort vorwärts wie rückwärts lesen kann. Glaubt man hinreichend fest an dieses Prinzip, dann erweisen sich solche Palindrome (›Spiegelwörter‹) als besonders stabil, weil eine Veränderung am einen Ende zwangsläufig eine am anderen Ende nach sich ziehen würde. Einfache Beispiele sind ⟨OTTO⟩ und ⟨ANNA⟩. Finden Sie weitere Spiegelwörter?

117. (S. 331)
Silbentrennung
a) Kritiker der Neuregelung zur Silbentrennung haben als mögliche, aber unsinnige Trennungen immer wieder Beispiele wie **Tee-nager, Kast-rat, Preise-lastizität, Disk-retion, Komp-resse** gebracht. Worauf beriefen sie sich dabei wohl?
b) Entwerfen Sie die Struktur eines Regelwerks, das die Prototypen der Silbentrennung übersichtlich präsentiert.

118. (S. 338)
Objektsprädikativ und Partikelverb
Betrachten Sie die Verben in 7b. Welcher syntaktischen Funktion beim jeweiligen Basisverb entspricht ihr direktes Objekt?

119. (S. 348)
Groß-Klein-Schreibung, Zahlwörter
a) Nach Deutsche Rechtschreibung (1996: 77) werden **viel, wenig, ein** und **ander** mit allen ihren Flexionsformen klein geschrieben, also etwa **das wenige, das andere** im Gegensatz zu **das Meiste, das Einzige**. Ist die Regelung haltbar?
b) Klein geschrieben werden Kardinalzahlen unter eine Million. Warum ist das so und welche sollte man auch groß schreiben dürfen?

120. (S. 349)
Groß-Klein-Schreibung: Wortparadigmatische Begründung
a) In Zeitangaben wie **heute abend, gestern nachmittag** wurde der zweite Bestandteil bis zur Neuregelung klein geschrieben mit der unzutreffenden Begründung, es handele sich um ein Adverb (Duden 1991: 31). Nach der Neuregelung ist er groß zu schreiben, also **heute Abend, gestern Nachmittag, Dienstag Vormittag**. Wie läßt sich das rechtfertigen?
b) Gibt es andere Zweifelsfälle der Großschreibung, die man ähnlich wie die unter a) begründen kann?

121. (S. 350)
Groß-Klein-Schreibung: Eigennamen
a) Zu den einfachen Eigennamen, die eine Teilklasse der Substantive sind, gehören auch die Produktnamen wie **Honda, Ford, Shell** und **Esso**. Können solche Ausdrücke auch wie andere Substantivtypen und insbesondere wie Appellativa und Stoffsubstantive verwendet werden?
b) Halten Sie es für richtig, daß wir schreiben **mecklenburgische Landschaft, berlinischer Autor**, aber **Mecklenburger Landschaft, Berliner Autor**?

122. (S. 354)
Integration von Anglizismen
a) Vergleichen Sie die phonologischen Integrationen von **Job** und **Jazz**.
b) Warum sind Wörter wie **Center** und **City** bezüglich des ersten Segments graphematisch nicht ohne weiteres integrierbar?
c) Kann man sagen, daß **Koks** (von engl. **cokes**) und **Keks** (von engl. **cakes**) graphematisch vollständig in den Kernwortschatz integriert sind?
d) Beschreiben Sie die Integrationsformen von engl. [beibi] (**Baby**) ins Deutsche.

123. (S. 355)
Integration von Gallizismen
a) Führen Schreibungen wie **Haschee, Exposee** anstelle von **Haché, Exposé** zur vollen graphematischen Integration solcher Wörter?
b) Warum kommt es so gut wie gar nicht zu graphematischen Integrationsversuchen vom Typ **Balkong, Saisong** analog zu **Gesang, Belang**?

124. (S. 357)
Gelenkschreibungen in Fremdwörtern
a) Warum schreibt man Wörter wie **Kritik, Politik, Replik, Rubrik** trotz Betonung auf der letzten Silbe nicht mit ⟨ck⟩?
b) Die Neuregelung sieht Schreibungen wie **nummerieren** und **platzieren** als einzige Möglichkeit vor (früher war auch noch **Packet** vorgesehen). Lassen sich solche Regelungen verteidigen?
c) Anglizismen wie **Boß, Dreß** und **Streß** werden schnell und vollständig ins Deutsche integriert. Insbesondere übernehmen sie das ⟨ß⟩ und die starke Flexion. Warum?

Lösungshinweise

1.
Wir geben als Beispiel die Struktur von Satz c. Das indirekte Objekt wird dem direkten nebengeordnet (1.3.2). PRP und COM implizieren jeweils auch SBST.

(2)

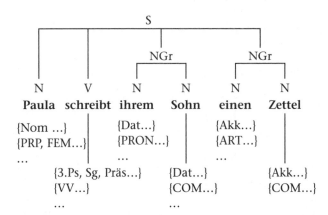

2.
a) a. **Kain hat Abel mit der Axt erschlagen**
   b. **Paula nennt Karl den größten Angeber**
   c **(Jemand) kann dem Manne helfen**
   d. Dieser Satz ist bei der nächstliegenden Lesung nicht ein Passivsatz, sondern einer mit dem sog. Kopulaverb **werden** wie in **Karl wird klug**.
   d. **(Jemand) arbeitet hier**

   Man sieht, daß bei Passivsätzen ohne **von**-Phrase im Aktivsatz ein Subjekt ›erfunden‹ werden muß.

b) a. Agens, Patiens, Instrumental
   b. Agens, Rezipient, Patiens oder Agens, Patiens, Patiens (Satz 4.5).
   c. Agens, Rezipient oder Benefaktiv
   d. entfällt
   e. Agens, Lokativ

3.
wegen eines Dollars: als Numerale flektiert **ein** annähernd wie ein Pronomen, aber doch nicht genauso (5.2.2).
wegen zweier/dreier/?vierer Dollar: bei **zwei**, **drei** und vielleicht **vier** gibt es im gegenwärtigen Deutsch noch den Genitiv, andere Kasus nicht.

wegen fünf/sechs/neunzig Dollar: ab **fünf** sind die Numeralia nichtflektierbar.

wegen hundert/einem Hundert Dollar: bei **hundert** ist eine Substantivierung als ›Mengeneinheit‹ möglich. Ebenso bei **tausend**.

wegen einer Million/zwei Millionen Dollar: bei **million** ist nach der Dudennorm nur Großschreibung vorgesehen, d.h. die Verwendung als Substantiv. Ebenso bei **milliarde** usw. Der Usus läßt aber wohl auch noch **wegen millionen Dollar** zu, oder?

Insgesamt findet bei den Kardinalia ein Übergang von einem Artikelwort über Nichtflektierbarkeit zu einem Substantiv statt. Zu bemerken ist, daß die Kardinalia dabei eine ganz unterschiedliche Funktion in der NGr haben. Der Artikel fungiert als sog. Kopf, das Substantiv als Kern einer NGr (Satz, 5.2; s.a. **Aufgabe 76**).

4.

a) [m] labial (Oberlippe); [ç] palatal; [ŋ] velar; [ʒ] alveolar; [g] velar; [z] alveolar; [x] velar; [f] labial; [d] alveolar; [ʀ] uvular; [p] labial; [l] alveolar; [n] alveolar; [ʃ] alveolar; [s] alveolar.

b)   a. labial (Oberlippe):   [p] (**Pech**); [b] (**Bau**); [m] (**Maus**)
    b. velar: [k] (**Korb**); [g] (**Gift**); [x] (**hoch**); [ŋ] (**Ring**)
    c. alveolar: [t] (**Tisch**); [d] (**Dorf**); [s] (**Riß**); [z] **Sohn**); [ʃ] (**Schall**); [ʒ] (**Genie**); [n] (**nett**)
    d. palatal: [ç] (**Stich**); [j] (**Joch**)

5.

a) [m] labial (Unterlippe); [ç] (medio-)dorsal; [ŋ] (post-)dorsal; [g] (post-) dorsal; [z] apikal; [x] (post-)dorsal; [f] labial; [d] apikal; [ʀ] (post-)dorsal; [p] labial; [l] apikal; [n] koronal; [ʃ] koronal. Bemerkung: apikale Laute können auch koronal genannt werden. Sie bilden artikulatorisch eine Teilklasse der koronalen. Koronale, die nicht apikal sind, heißen auch laminal.

b) [t] (**Tee**); [d] (**Dach**); [n] (**Nacht**); [r] (**Rat**); [s] (**Riß**); [z] (**sehr**); [ʃ] (**Schaf**); [ʒ] (**Loge**); [l] (**Los**). Die Laute sind alveolar und können auch nach dental verschoben sein.

c) Die Konsonanten einer Folge sind mit demselben Organ und am selben Ort, allenfalls an unmittelbar benachbarten Orten gebildet. Man nennt solche Laute *homorganisch* oder *homorgan*.

6.

a) Ordnet man jedem Plosiv den Frikativ mit dem nächsten Artikulationsort oder dem nächsten Artikulator zu, so ergeben sich die Paare [p-f], [t-s], [k-x]. Mit [t] wäre ein zweites Paar [t-ʃ] zu bilden, d.h. [ʃ] hat keinen homorganen Plosiv.

b) Der Hauptnachteil wäre die Heterogenität der Klasse der oralen Laute. So haben die Liquide [l] und [r] mehr mit den Nasalen als mit den Plosiven und Frikativen gemeinsam. Insbesondere gibt es unter den Nasalen und Liquiden keine stimmlosen Laute (›Sonoranten‹, s.u.).

7.
1. labial/plosiv/labial: [p, b]; 2. labial/nasal/labial: [m]; 3. dental/frikativ/labial: [f, v]; 4. palatal/frikativ/dorsal: [ç, j]; 5. alveolar/plosiv/koronal: [t, d]; 6. alveolar/nasal/koronal: [n]; 7. alveolar/frikativ/koronal: [s, z]; 8. velar/frikativ/dorsal: [x]; 9. velar/plosiv/dorsal: [k, g]; 10. velar/nasal/dorsal: [ŋ]; 11. postalveolar/frikativ/koronal: [ʃ, ʒ].

8.
Der Vorteil eines solchen Systems besteht darin, daß man dem Zeichen die Merkmale des Lautes direkt ansieht. Bei der Darstellung wird zuerst der Artikulator mit Grad der Öffnung, danach der Artikulationsort genannt. Für die primäre Engebildung erhalten wir [p]: α0:a; [ŋ]: ȷ0:kj; [s]: β1:e; [l]: βI:fe; [v]: α2:d. Stimmton wird aufgefaßt als rillenförmige Enge am Kehlkopf: ε1.
Mit Jespersens System lassen sich durch Aneinanderreihung komplexer Zeichen auch Bewegungsabläufe darstellen.

9.
Beet: halbgeschlossen, vorn; **Los**: halboffen, hinten; **Mut**: geschlossen, hinten; **Wahn**: offen, hinten; **Lied, hier**: geschlossen, vorn. Dabei liegt das [i] in **Lied** weiter oben und vorn als das in **Krieg**; **den, näht**: halbgeschlossen, vorn. Für viele Sprecher ist der Vokal in **näht** mindestens halboffen. In zahlreichen und insbesondere norddeutschen Dialekten sind die beiden Vokale gleich.

10.
a) **food**: 7; **father**: 5; **head**: 3; **heed**: 1; **had**: 4; **hid**: 2; **good**: 6
b) **food**: hinten, geschlossen; **father**: hinten, offen; **head**: vorn, halbgeschlossen; **heed**: vorn, geschlossen; **had**: vorn, halboffen; **hid**: fast vorn, fast geschlossen; **good**: hinten, fast geschlossen. **food** hat starke Rundung, **good** weniger starke; alle anderen sind ungerundet.

Vokalviereck:

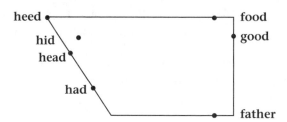

11.
a) a. **Biest**; b. die erste Silbe in **Libelle**; c. die erste Silbe in **hydriert**; d. die erste Silbe in **Kommando**; e. **Sohn**; f. die erste Silbe in **Köcher**.
b) **Militär**: Vokalfolge [ɪ], [i], [æː] (ungespannt/kurz, gespannt/kurz, gespannt/lang)
libidinös: [i], [i], [i], [øː] (gespannt/kurz, gespannt/kurz, gespannt/kurz, gespannt/lang)

Literatur:[ɪ], [ɛ], [a], [uː] (ungespannt/kurz, ungespannt/kurz, ungespannt/kurz, gespannt/lang)
jovial:[o], [i], [ɑː] (gespannt/kurz, gespannt/kurz, gespannt/lang)
fossil:[ɔ], [iː] (ungespannt/kurz, gespannt/lang).

In den Beispielen aus 11a und 11b läßt sich übereinstimmend feststellen, daß alle Langvokale gespannt und alle ungespannten Vokale kurz sind. Gespannte Vokale können offenbar sowohl lang als auch kurz sein. Außerdem scheint zu gelten, daß alle Langvokale betont sind (dazu weiter 3.2.2, 4.4). In mehrsilbigen Stämmen von Fremdwörtern können Kurzvokale, die nicht den Kern der hauptbetonten Silbe bilden, häufig sowohl gespannt als auch ungespannt artikuliert werden (z. B. [i] oder [ɪ] in der ersten Silbe von **Militär**, [o] oder [ɔ] in der ersten Silbe von **jovial** usw.). Ob hier eine durchgängige phonologische Systematik vorliegt, ist fraglich. Die Aussprache von Fremdwörtern ist teilweise normativ geprägt worden (Becker 1996: 5f.; 4.4).

12.
Unter Berücksichtigung von IPA 1999 ergibt sich folgendes Konsonantschema.

	Bilab.	Lab.dent	Dental	Alv.	Postalv.	Retrofl.	Palatal	Velar	Uvular	Pharyng	Glottal
Plosive	p b			t d				k g			ʔ
Nasal	m			n				ŋ			
Fricative		f v		s z	ʃ ʒ		ç	x ʁ			h
Approximant							j				
Lateral				l							

Das Schema enthält auch den glottalen Plosiv [ʔ], obwohl er in der Liste der Beispielwörter nicht vorkommt (er wird orthographisch nicht wiedergegeben). Ein stimmhaftes Gegenstück zu [ç] gibt es nicht, dafür aber den palatalen Approximanten [j]. Der meist angesetzte Laut [x] (**Dach**) ist ersetzt durch [x]. Als r-Laut findet sich sein stimmhaftes Gegenstück [ʁ]. Einen anderen r-Laut gibt es nicht, d.h. im Grundvorkommen ist r nach dieser Auffassung ein Frikativ (dazu 4.3.2).

13.
a) a. IPA 1999 gibt folgende Liste von Beispielwörtern (Kennzeichnung der entsprechenden Buchstaben durch Kursivdruck): b**ie**ten, b**i**tten, b**e**ten, B**e**tten, b**ä**ten, h**ü**ten, H**ü**tten, G**oe**the, G**ö**tter, h**a**tten, b**a**ten, B**eu**te, sp**u**ten, B**u**tter, b**o**ten, B**o**tten.
   b. Die Längungszeichen beim [ɛː] und [aː] werden hinzugefügt, weil in diesen Fällen eine Paarbildung gespannt/ungespannt (bei Kohler ersetzt

durch geschlossener/offener) nicht möglich ist.

c. Für die Paare [ø]-[œ], [o]-[ɔ] und natürlich beim [a] kann man nicht davon sprechen, daß der gespannte Vokal weiter vom Zentralvokal Schwa entfernt liege als sein ungespanntes Gegenstück.

b.

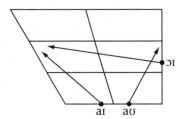

Die Repräsentation fixiert den ersten Vokal, gibt für den zweiten aber nur eine Richtung an. In der Tat ist umstritten, ob der zweite Vokal nicht jeweils höher anzusetzen ist. Es ergäbe sich [ai], [au], [ɔi] (4.3.2).

14.
a. [laːɡə], [vaːɡən], [liːkt], [ʁeːɡən], [vaŋkən], [vɪʁklɪç], [huŋəʁn], [tʁauʁɪç], [tʁauʁɪɡəʁ], [ʁaɪzən], [ʁaɪsən], [ʁaɪst], [ʁaɪst], [ʁaɪpst].
b. [balkɔ̃] (oder [balkɔŋ]), [ɡaʁaːʒə], [zotsjaːl], [fʁizøːʁ], [dɛmɔnstʁant], [zuvɛʁɛːn]

15.
Transkription a. ist aus Kohler 1990, b. und c. entstammen Pompino-Marschall (1995: 256f). Version c. ist als phonetischer *Text* geschrieben (z.B. keine Wortabstände, Grenzzeichen für Intonationsphrasen) und weist auch die meisten phonetischen Details auf (glottaler Verschlußlaut, Aspiration, Entstimmung von Plosiven, Varianten der r-Laute, silbische Sonoranten usw.). Für a. und b. ist dagegen nicht klar, welche dieser Transkriptionen weiter ist und dem Phonemischen näher kommt. Die Version b. etwa schreibt das r konsequent phonemisch als [r]. Andererseits reduziert sie gelegentlich stärker als a., z.B. [veːɐ̆] vs. [veʁ]. In a. wird besonders am Ende von Wortformen reduziert, einmal sogar über eine ganze Silbe hinweg ([im] für **ihnen**). Version c. ist bezüglich silbischer Information insgesamt expliziter (Markierung von Diphthongen, Langvokalen, silbischen Sonoranten).

16.
a) [bal]   [veːt]
   [val]   [ɡeːt]
   [bɛl]   [vuːt]
   [bau]   [veːn]

b) Zwei Wege liegen nahe. Beim ersten arbeitet man mit möglichen Formen, d.h. solchen, die es nicht gibt, aber geben könnte. Die Zerlegung von [bʁoːt] kann dann beispielsweise so vorgenommen werden:

[bʁoːt]
[ʃʁoːt]
[bloːt]   mögliche Form
[bʁuːt]
[bʁoːm]

Der andere Weg besteht darin, ein kommutiertes Segment stehen zu lassen und ein Minimalpaar mit dieser Form zu bilden, z. B.:

[bʁoːt]
[ʃʁoːt]
[ʃloːt]
[bʁuːt]
[bʁoːm]

Hier muß man annehmen, daß die Kommutation von [ʁ] zu [l] im Prinzip nach [b] ebenso gut möglich ist wie nach [ʃ].

c) [kɛnən] **kennen**
[ʁeːgəln] **regeln**
[ʁamən] **rammen**
[ʁɪnən] **rinnen**
[pɛnən] **pennen**

Das Verfahren ist leichter durchführbar als das unter a), weil man im allgemeinen eher geeignete Formen findet. Bei der Analyse von rechts wie im Beispiel bietet sich die Verwendung eines rückläufigen Wörterbuchs an (Mater 1983; Muthmann 1988; Theissen u. a. 1992).

17.
a) [ř] steht intervokalisch, [l] steht sonst.
b) [h] steht nur allein im Silbenanlaut (**halt, Hut**). [ŋ] steht dort nicht, sondern nur nach dem Vokal, im Silbenendrand, z. B. [klaŋ] (**Klang**), [baŋk] (**Bank**). Die beiden Konsonanten sind hier (und in allen übrigen Kontexten) komplementär verteilt. Sie würden von den Strukturalisten dennoch nicht als Allophone desselben Phonems angesehen werden, weil sie phonetisch zu verschieden sind. Das vieldiskutierte weil dehnbare Zusatzkriterium phonetische Ähnlichkeit für Allophone beruht darauf, daß die kontextuelle Veränderung eines Lautes nach einem Ökonomieprinzip erfolgen sollte, das die artikulatorische Anpassung an die Umgebung begrenzt.

18.
(1) über 80% [ʁ], (2) 60% [ʁ], (3) über 90% [ɐ], (4) über 90% [ɐ], (5) über 60% [ɐ]. In Position 1 gibt es außerdem einen Anteil von 15% [r], in Position 2 von 13% [r] und 8% des sog. Nullallophons (kein Segment, sondern Rhotazierung – hier Dehnung – des [a]). Die Zahlen gehen zurück auf eine Untersuchung von H. Ulbrich (Ulbrich 1972; s. a. 4.3).

19.

a) Die einfachste Formulierung ist die oben im Text verwendete: [x] steht nach nichtvorderen (oder auch: hinteren) Vokalen, sonst steht [ç].
Diese Formulierung macht [x] zur markierten Variante, für sie werden besondere Bedingungen angegeben (**Buche, pochen, machen** usw.). Sie setzt voraus, daß [a] zu den nichtvorderen bzw. hinteren Vokalen gehört (3.2.2). [ç] steht ›sonst‹, d. h. im allgemeinen (*Elsewhere*-Regel). Es ist die unmarkierte Variante (**Stich, frech, Bücher, Milch, manch** usw.). Die Frage, ob [x] oder [ç] die unmarkierte Variante ist, bleibt aber umstritten (4.3.2).

b) [ç] und [h] kommen beide im Anlaut vor, müssen also zu verschiedenen Phonemen gehören. [x] kommt in dieser Position nicht vor. [x] ist zu [h] komplementär verteilt, nicht aber zu [ç], vgl. **Kuchen – Kuhchen** (von **Kuh**) oder **tauchen – Tauchen** (von **Tau**). Also können [x] und [ç] nicht zum selben Phonem gehören, wohl aber [x] und [h]. Wir bemerken, daß Minimalpaare wie **Kuchen – Kuhchen** nur dann zulässig sind, wenn man morphologische Grenzen außer Betracht läßt. Der Fall wird seit Moulton 1947; 1962 immer wieder aufgerollt.

c) In Wörtern wie **Echse, Büchse, Dachs, Ochse** steht ein [k] zwischen einem ungespannten Vokal beliebiger Qualität und einem [s]. In dieser Position kann weder ein [ç] noch ein [x] stehen, d. h. es gibt eine Menge von Umgebungen, in denen die drei Laute komplementär verteilt sind. Phonetisch hinreichend ähnlich sind sie auch. [x] und [k] unterscheiden sich nur durch den Artikulationsmodus. Eine Lösung dieser Art hätte zur Folge, daß [k] zu zwei Phonemen gehört, nämlich zu /k/ und zu /ç, x, k/ (Phonemic overlapping). Eine genauere phonetische Analyse zeigt, daß phonemisches Überlappen besonders bei schnellem Sprechen an der Tagesordnung ist. Beispielsweise kann sich der alveolare Flap [ɾ] beliebig einem [d] annähern, ein [ʀ] wird zu einem Frikativ [ʁ] (Aufg. 18 oben), ein [n] assimiliert zu einem [m] wie in [zɛmf] (**Senf**) usw.

20.
In den drei ersten Kontexten (Anfangsrand der Silbe vor betontem Vokal) kommt [ŋ] nicht vor. Im Kontext 4 stehen sowohl [n] als auch [ŋ]: [zɪn] – [zɪŋ] (**Sinn - sing**), [ban] – [baŋ] (**Bann - bang**) usw., d. h. nach ungespanntem Vokal stehen [n] und [ŋ] in Opposition. Nicht dagegen nach gespanntem (5). Hier steht nur [n]. Von besonderer Bedeutung für das Verhältnis der beiden Laute ist 6. Beide stehen im Einsilber des nativen Wortschatzes nur vor jeweils einem Plosiv, nämlich dem homorganischen: [ʀant], [bʊnt] (**Rand, bunt**) vs. [tsaŋk], [flɪŋk] (**Zank, flink**).
In der Literatur wird erwogen, [ŋ] in Position 4 auf [ng] und in Position 6 auf [n] zurückzuführen. Im ersten Fall wäre es durch Verschmelzung zweier Phoneme entstanden, im zweiten Fall wäre es Allophon von /n/. Ein selbständiges Phonem /ŋ/ gäbe es zumindest in den genannten Kontexten nicht (dazu weiter 4.3.2).

21.

a) **Rille, Rinne; Gülle, Stücke; Mucke, Kutte; Elle, Wette; Schöffe, Böcke; Sonne, Socke; Halle, Ratte.**

b) Umlaut ist Frontierung, d. h. Übergang zum nächsten vorderen Vokal so, daß sich an der Rundung nichts ändert.

c) Einmal gibt es zahlreiche Formen dieser Art mit internen morphologischen Grenzen wie **dehnst, gerührt, Boots** (»Stiefel«). Unter den morphologisch einfachen finden sich **Mond, Wust** sowie eine größere Zahl auf [ʀt] wie **Pferd, Wert, Schwert, Geburt.** Bei den letzteren hängt die Gespanntheit mit der Hebung des Vokals vor vokalischem /ʀ/ zusammen. Es gibt aber auch Realisierungen, bei denen der Vokal gesenkt ist, also z. B. [p͡feɐt] und [p͡fɛɐt] (**Pferd**) (dazu weiter 4.3.2).

22.

a) spielen – spülen, Ski – Schuh, liegen – legen, biegen – Bögen, biegen – Bogen, bieten – bäten, bieten – baten.
spülen – spulen, lügen – legen, Sühne – Söhne, früh – froh, brüten – bräten, brüten – braten.
Ruhe – Rehe, fuhren – Föhren, Buden – Boden, Stuhl – Stahl.
lege – löge, Reh – roh, nehme – nähme, heben – haben.
bögen – Bogen, lögen – lägen, lögen – lagen.
logen – lägen, logen – lagen.
Väter – Vater.
Zu den Umlauten von /a/ wie in **Väter, läge** usw. siehe auch die Ausführungen im weiteren Text.

b) **Schiefer – Schiffer, Dühne – dünne, Mus – muß, stehlen – stellen, Höhle – Hölle, Ofen – offen, Väter – Vetter, lahm – Lamm.**

23.

a) Zwei Verse reimen sich, wenn ihre letzte betonte Silbe in Kern und Endrand (eben im ›Silbenreim‹) übereinstimmen. Noch folgende unbetonte Silben stimmen ganz überein.

b) Der zweite und vierte Vers zeigen, daß die letzten betonten Silben auch über den Reim hinaus, aber nicht vollständig übereinstimmen dürfen: **Kragen** reimt sich auf **tragen,** ebenso **schlank – blank, Preuße – Sträuße** und sogar **Pflicht – Licht,** wo die eine Silbe ganz in der anderen enthalten ist.

24.

a) Die stimmlosen Plosive können sowohl mit stimmhaften als auch mit stimmlosen Frikativen kombinieren ([kv], [ʃv] in **Qual, Schwein** und [ts], [pf] in **Zahn, Pferd**). Stimmlose Frikative und stimmhafte Plosive kombinieren aber nicht miteinander.

b) Die Merkmalsverteilung sieht so aus:

	sonorant	consonantal	vocalic
Vokale	+	−	+
Glides	+	−	−
Liquide	+	+	+
Nasale	+	+	−
Obstr	−	+	−

Obwohl die neuere Silbenphonologie sich häufig und ausdrücklich als Nach-SPE-Phonologie bezeichnet, wurde vom gerade illustrierten Verfahren immer wieder Gebrauch gemacht, wenn es um die Begründung von Sonoritätshierarchien ging (ausführlich dazu z. B. Clements 1990). Man kann in der Begründung zu den Major class features durchaus etwas sehen, was sich später auch in der phonetisch fundierten Phonologie der artikulatorischen Gesten findet (s. u.).

c) Die Laryngallaute werden klassifiziert als [+sonorant], [-consonantal], [-vocalic]. Sie erweisen sich damit – auf den ersten Blick absolut gegenintuitiv – als Glides. Die Merkmalszuweisung [-consonantal] ergibt sich daraus, daß die Enge- bzw. Verschlußbildung bei den Laryngalen außerhalb des Ansatzrohres (vocal tract) stattfindet.

25.

a) lab: Öffnungsgrad/Frontierung/Rundung
   kor: Öffnungsgrad/Frontierung/Gerilltheit
   dor: Öffnungsgrad/Frontierung/Gespanntheit
   lat: Öffnungsgrad
   vel: Öffnungsgrad
   lar: Öffnungsgrad/Stimmhaftigkeit

b) [k]: {[lab: offen/vorn/unger], [kor: offen/vorn/flach], [dor: offen1/vorn/ungesp], [lat: offen], [**vel**: geschl], [*lar*: offen/stl]}

   [z]: {[lab: offen/vorn/unger], [**kor**: krit/vorn/gerillt], [dor: offen1/vorn/ungesp], [lat: offen], [vel: geschl], [*lar*: offen/sth]}

   [l]: {[lab: offen/vorn/unger], [**kor**: geschl/vorn/flach], [dor: offen1/vorn/ungesp], [**lat**: offen], [vel: geschl], [*lar*: offen/sth]}

26.

/p/: {[**lab**: geschl], [*lar*: stl]}
/t/: {[**kor**: geschl], [*lar*: stl]}
/k/: {[**vel**: geschl], [*lar*: stl]}
/ʔ/: {[**lar**: geschl]}
/b/: {[**lab**: geschl]}
/d/: {[**kor**: geschl]}
/g/: {[**vel**: geschl]}
/f/: {[**lab**: krit], [*lar*: stl]}
/v/: {[**lab**: krit]}
/s/: {[**kor**: ger], [*lar*: stl]}
/z/: {[**kor**: ger]}

/l/: {[**kor**: geschl], [**lat**: offen]}
/ʀ/: {[**dor**: krit/hinten]}
/i/: {[**dor**: offen1/vorn/gesp]}
/ɪ/: {[**dor**: offen1/vorn]}
/e/: {[**dor**: offen2/vorn/gesp]}
/ɛ/: {[**dor**: offen2/vorn]}
/a/: {[**dor**: offen3]}
/ɑ/: {[**dor**: offen3/gesp]}
/y/: {[**lab**: ger], [**dor**: offen1/vorn/gesp]}
/ʏ/: {[**lab**: ger], [**dor**: offen1/vorn]}
/ø/: {[**lab**: ger], [**dor**: offen2/vorn/gesp]}

/ʃ/: {[**kor**: krit], [*lar*: stl]}   /œ/: {[**lab**: ger], [**dor**: offen2/vorn]}
/ʒ/: {[**kor**: krit]}   /o/: {[**dor**: offen2/hinten/gesp]}
/x/: {[**dor**: krit], [*lar*: stl]}   /ɔ/: {[**dor**: offen2/hinten]}
/j/: {[**dor**: krit]}   /u/: {[**dor**: offen1/hinten/gesp]}
/h/: {[**lar**: krit]}   /ʊ/: {[**dor**: offen1/hinten]}
/m/: {[**lab**: geschl], [**vel**: offen]}
/n/: {[**kor**: geschl], [**vel**: offen]}

27.
a) In der folgenden Übersicht sind die möglichen Kombinationen mit Kreuz markiert. Die Kombination [ʃk] kommt nur in Eigennamen (**Skoda**) oder als ›eingedeutschte‹ Aussprache wie in [ʃkaːt] vor.

	p	b	t	d	k	g	f	v
ʃ	+		+		(+)			+
s	+		+		+		+	

Es fällt auf, daß in der zweiten Position jeweils nur der stimmlose Plosiv auftritt. Bei den Frikativen sind der Stimmhafte (native Wörter wie **Schwamm, schwach, schwer, Schwung**) und der Stimmlose (fremde Wörter wie **Sphäre, Sphen**) komplementär verteilt.
Die Beschränkung auf einen Plosiv eines Paares sth/stl hängt damit zusammen, daß Stimmhaftigkeit nach den Sibilanten im Anfangsrand neutralisiert ist. Schneidet man in **Span** und **Stein** das [ʃ] ab, so hört man [baːn] und [da̯in], d.h. es steht der stimmhafte Plosiv (Lenisartikulation, unaspiriert). Man hat davon gesprochen, daß diese Eigenschaft der Plosive im Anfangsrand ein Komplement zur Auslautverhärtung im Endrand sei (z.B. Maas 1996).
b) Bei [ts] öffnet der koronale Artikulator nicht vollständig, sondern in die kritische Position. Bei [pf] wird der labiale Artikulator gleichzeitig nach hinten verschoben. Einen vorderen (bilabialen) stimmlosen Frikativ gibt es im Deutschen nicht. Bei beiden Affrikaten kann man davon sprechen, daß artikulatorisch lediglich eine besondere Art der Verschlußlösung vorliegt. Chomsky/Halle (1968: 318ff.) führen zur Beschreibung der Affrikaten das Merkmal [delayed release] (»verzögerte Verschlußlösung«) ein. Artikulatorisch fügen sich die Affrikaten gut in den Anfangsrand ein, weil sie hier Teil der Öffnungsbewegung sind.
Der distributionelle Hauptgesichtspunkt ist, daß beiden Affrikaten ein weiterer Laut im Anfangsrand folgen kann, der stimmhaft ist. Damit verhalten sie sich so wie einfache Obstruenten auch (s.u.). Dieses Argument wird besonders dann hoch bewertet, wenn man den Anfangsrand generell auf zwei Segmente beschränken möchte (z.B. R. Wiese 1996). Die Diskussion um den mono- vs. bisegmentalen Status der Affrikaten wird so ausdauernd geführt, weil man gern eine Lösung hätte, die für sämtliche Positionen dieser Cluster gilt (»Einmal Phonem – immer Phonem«). Wir kommen auf ihr Verhalten in anderen Positionen als dem Anfangsrand zurück.

28.
a) **platt, Plan; prall, Pracht; blau, Blut; braun, Brut; treu, Traum; drall, Drang; Knack, Knick; klamm, Klang; krumm, Krach; Gneis, Gnom; glatt, gleich; grau, Gries; flach, Flur; frech, Frau; Wrack; schmal, Schmaus; schnell, Schnee; schlau, Schlepp; schräg, Schrank.**

b) Homorganische oder fast homorganische Cluster sind durch o gekennzeichnet

	m	n	l	R
p	○		+	+
b	○		+	+
t		○	○	+
d		○	○	+
k	+	+		⊕
g	+	+		⊕
f	○		+	+
v	○			+
ʃ	+	⊕	⊕	+

29.
a) Einzeloppositionen treten im Text so gut wie nie als solche in Erscheinung. Sie könnten genauso gut gänzlich homonym sein, ohne daß dies Folgen für das Erkennen der Formen im Kontext hätte.

b) Im dicht besetzten Feld der koronalen Frikative ist im einfachen Anfangsrand beim nativen Wortschatz aus auditiven Gründen nur die ›Doppelopposition‹ [z–ʃ] (**Saal – Schal, Sicht – Schicht**) ausgenutzt. Man kann das als gleichzeitige Entstimmung und Palatalisierung auffassen.

30.
Opposition: Die Opposition stimmhaft/stimmlos ist beim labialen Frikativ im einfachen Anfangsrand als einzige unter den Frikativen ›normal‹ belastet, z.B. **Wall – Fall, Wels – Fels, winden – finden, wühlen – fühlen.** Teilweise wird sie beeinträchtigt durch die Opposition [v-p͡f] (**Wahl – Pfahl**).
Kontrast: Anders als [j] steht [v] vor Vokalen jeden Öffnungsgrades: **wie, Wicht, Weh, Werk, Wall, Wahl, wo, Wolf, Wuchs, Wurst.**

31.
a) Die Alternative besteht darin, den zweiten Bestandteil von /ɔy/ als ungerundet anzusehen, also /ɔi/. Der in der Aufgabenstellung skizzierte Vorschlag ist aus unserer Sicht ein Beispiel für phonologische Übersystematisierung. Die Diphthonge /ai/ und /ay/ sind auditiv kaum diskriminierbar, deshalb gibt es den zweiten so nicht.

b) Umlautung heißt im allgemeinen ›Frontierung unter Beibehaltung der Rundung‹ (**Huhn – Hühner, Sohn – Söhne**). Beim Diphthong [au] → [ɔi] muß aus ökonomischen Gründen einer der vorhandenen Diphthonge als Ergebnis der Umlautung gewählt werden. In manchen Dialekten ist das [ai]. [ɔi] wird der Umlautbeziehung aber eher gerecht: [u] → [y] entspricht der normalen Umlautung, und [y] wird aufgrund der in Aufgabe a) genannten Bedingung entrundet zu [i].

32.

a) Hat die dem [g] folgende Silbe einen Vollvokal als Kern, so wird [ŋg] gesprochen, d.h. /N/ wird an /g/ assimiliert (b.). Bei nachfolgenden Reduktionssilben erscheint nur [ŋ] (a.).

b) Die regressive Assimilation über Morphem- und Wortgrenzen hinweg ist möglich, wenn die entsprechenden Silben innerhalb eines Fußes liegen. Wir haben also [ʔʊŋgɛnau] und [ʔʊŋgenau]. Die Assimilation an den dorsalen Plosiv erfolgt leichter als die an den labialen. [ʔʊmpasn̩t] statt [ʔʊnpasn̩t] (**unpassend**) ergibt sich nur bei schnellem Sprechen. Der Grund für diese Asymmetrie liegt wohl darin, daß das durch Assimilation entstehende [m] als selbständiges Phonem eine wichtige Rolle spielt. In Fällen wie [ʔɪmbɛtsuk] etwa hat die Form sogar doppelten Bezug (**in Bezug, im Bezug**).

c) Das Duden-Aussprachewörterbuch sieht vor [ˈhɑːbn̩], [ˈknakn̩] usw. Realistischer sind – auch bei Standardlautung – [ˈhɑːbm̩], [ˈknakŋ̍] (W. König 1989: 2,93). Es findet also progressive Assimilation statt. Wie die regressive tritt sie vornehmlich bei Plosiven auf, daneben vor allem bei Nasalen.

d) Es sind zwei Schritte zu machen. Aus /ʀɪNg/ wird im ersten Schritt durch Assimilation [ʀɪŋg]. In dieser Form muß nun noch das [g] getilgt werden (g-Deletion, dazu ausführlich R. Wiese 1996: 224ff.). Bei Formen wie **Mango** (Aufg. a) oben) unterbleibt die Tilgung des [g]. Dieser an sich markierte Fall wird in der Ableitung einfacher als der Standardfall, was natürlich unbefriedigend ist. Eine Alternative ist, [ŋ] im Standardfall als Verschmelzung aus /Ng/ anzusehen und so die g-Tilgung zu vermeiden.

33.

a) Als hinreichend für einen Kernbereich von Fakten scheint folgendes zu gelten. Der gespannte, betonte (und damit lange) Vokal im Zweisilber vor einem einzelnen Obstruenten wie in [ʀɑːdəs], [gʀoːbə], [t͡suːgəs] kann dann durch einen ungespannten Vokal ersetzt werden, wenn der Obstruent der Auslautverhärtung unterliegt wie in [ʀat], [gʀɔp], [t͡sʊk]. Die Regel ist beschränkt auf Vokale ohne Rundungsopposition in unabgeleiteten Substantiv- und Adjektivstämmen des nativen Wortschatzes. Sie steht in Zusammenhang mit der sog. Grundformflexion, der diese Wortklassen folgen (5.1). Für Verben gilt sie im allgemeinen nicht, obwohl es auch beim Verb vergleichbare Vokalwechsel gibt. Auch für deverbale Stämme gilt sie nicht (**loben – Lobes – Lob; fliegen – Flug; lieben – lieb**). Über den Kernbereich hinaus sind einige Wörter lexikalisch für die Regel markiert, z.B. **Städte** (auch gespannt) – **Stadt, sieben – siebzig** u.a.

Die hier behandelte Regularität ist nicht zu verwechseln mit der fakultativen Vokalalternation nicht hauptbetonter Vokale in mehrsilbigen Fremdwörtern (Aufgabe 11b; 4.4).

b) Einen vergleichbaren Effekt gibt es auch bei g-Spirantisierung ([tɑːx-tax] **Tag**). Im übrigen steht in Substantiv- und Adjektivstämmen mit /ç, x/ im einfachen Endrand fast immer ein ungespannter Vokal, auch als Bestandteil eines Diphthongs (ähnlich bei [ʃ]): **Stich, frech, Dach, Lock, Luch**. Ausnahmen mit je unterschiedlichem Status sind z. B. **Buch** und **hoch**.

c) Für eine Oberflächenphonologie ist das kein Problem. Die Auslautverhärtung ist artikulatorisch motiviert und /ng/ tritt niemals mit Plosiv in Erscheinung. In einer derivationellen Phonologie muß das /g/ getilgt sein, bevor die Auslautverhärtung wirksam werden kann.

d) Das /ʀ/ kann in den entsprechenden Positionen der Auslautverhärtung unterworfen werden. Es alterniert dann zum stimmlosen Frikativ [x], z. B. [vɪʀt – vɪxt] (**Wirt**). Voll in der Regel sind Fälle wie [ʔɪʀə–ʔɪxt] (**irre-irrt**).

34.

a) Das Schema zeigt schön den Zusammenhang von Zweisilbigkeit und Syllabierbarkeit. Syllabierbarkeit führt tatsächlich zum Einsilber und umgekehrt ist Zweisilbigkeit an Nichtsyllabierbarkeit gebunden. Formen mit zwei gleichen Sonoranten wie mit zwei Nasalen sind vermieden. Das Schema wurde aufgestellt, bevor die neuere Silbenphonologie ihren Siegeszug begann.

b) Einem ›hohen‹ Konsonanten ([ling: krit]) geht ein [ɪ] voraus. Wurzel (1970: 170) schlägt vor, diese Wahl des Vokals wie ein epenthetisches Schwa zu behandeln.

35.

a. **laufen** [laufn̩], **lächeln** [lɛçl̩n], **wollen** [vɔln̩], **nehmen** [neːm̩], **gähnen** [gæːn̩], **hellem** [hɛlm̩], **Helmen** [hɛlm̩].
Als silbisch wird der Sonorant markiert, der tatsächlich Träger der Nukleusfunktion ist.

b. **locken** [lɔkn̩] oder [lɔkŋ̩], **schwappen** [ʃvapn̩] oder [ʃvapm̩], **glauben** [glaubn̩] oder [glaubm̩]

36.
Alle Konsonanten bis auf [v], [j], [ʒ], [ʔ] und [h] treten als Gelenk auf: **Schippe, Robbe, Matte, Kladde, Hacke, Bagger, Waffe, Wasser, Asche, quasseln, Sichel, Wache, Summe, Sonne, Wange, Halle, Karre**. Das Besondere bei den stimmhaften Obstruenten ist, daß sie als Gelenk auch im Endrand vorkommen können.

37.

a) Man kann den Stamm mit seinen Derivaten in drei Reihen ordnen

a. **Persón – Persónchen – persönlich**. Verhalten wie ein nativer Stamm.
b. **Persón – Pèrsonál – Pèrsonàlität – pèrsonàlisiéren – Pèrsonàlisieréi**.
Hier rückt der Hauptakzent mit den verwendeten Suffixen immer weiter nach hinten. Alle komplexen Formen stimmen bezüglich der betonten Silben überein (**al** und **isier** sind betont, wo sie vorkommen).
c. **Pèrsonál – Pèrsonalíst – Pérsonalísmus – pèrsonalístisch**. In den doppelt suffigierten Formen verliert **al** den Akzent, weil die den Hauptakzent tragenden Suffixe hier – anders als in b. – einsilbig sind.

b) **Ablativ, Passiv, Adjektiv, Ergativ, Indikativ, Elativ, Stativ, Superlativ, Inchoativ, Frikativ, Prädikativ, Optativ** ... Zweifelhaft ist die Betonung von Bezeichnungen für semantische Rollen (**Agentiv, Objektiv**). Auch bei Spontanbildungen wie **Diminutiv, Flexiv** kann **iv** den Hauptakzent tragen. Immer betont ist es z. B. in **Plosiv, Gerundiv**.

c) Rechtsperipher steht **(t)or** im allgemeinen nach betonter Silbe, also an sich in nicht fußbildender Position (**Dóktor, Senátor, Prozéssor, Mótor**). Bei silbischem Flexionssuffix bildet es dennoch einen Fuß: **Doktóren, Senatóren, Prozessóren, Motóren**. Dieses ungewöhnliche Verhalten geht mit gemischter Flexion einher (**des Dóktors – die Doktóren**). Bei anderer Betonung liegt auch ein anderes Flexionsverhalten vor. So ist **(t)or** in **Tenór, Motór** Teil des Stammes (Pl. **Tenóre, Motóre**). Dasselbe gilt für **Mónitor – Mónitòre**.

38.

a) **Rotgrün** bedeutet »sowohl rot als auch grün«, während **graublau** auch bedeuten kann »ein graues Blau«. Dann ist Betonung des ersten Bestandteils möglich. Bei **dunkelrot, steinreich, nagelneu, stockdumm, stocksteif** usw. hat der erste Bestandteil die Funktion einer Graduierung. Diese Einheiten können auf ganz verschiedene Weise betont werden, u. a. mit Betonung auf *beiden* Bestandteilen. Sie haben dann wohl eine Phrasen- und nicht eine Wortbetonung. Man sieht das, wenn man etwa **stéinreich** (»reich an Steinen«, Wortakzent) neben **stéinréich** hält (»elend reich«, Phrasenakzent, hier mit Akzentzusammenstoß, bei dem die Fußbildung nicht aufgeht).

Wörter wie **Osterdíenstag, Jahrhúndert** bilden Reihen mit dem zweiten Bestandteil. Man kann das als Kontrastbetonung ansehen. Nach Becker (1992) handelt es sich hier wie bei **Gintónic, Nordwésten** um appositive Strukturen. Bei **Nordamérika, Ostásien** kommt es wohl auf das perzipierte Innen-Außen-Verhältnis an. Wir sagen **Nórddeutschland**, weil wir drin sind und **Nordamérika**, weil wir draußen sind.

b) Bei **Háustürklinke** und **Hósentaschenmesser** ergibt sich Betonung auf dem ersten Bestandteil. Es liegt Linksverzweigung vor. Das zeigt erneut, daß Linksverzweigung der unmarkierte Fall ist.

39.

(1) Das Prät der schwachen Verben (**lege – leg*t*e, legst – leg*t*est, legen – leg*t*en, legt – leg*t*et**). Eine ›Störung‹ gibt es in der 3.Ps Sg (**legt – legte**, 5.3.1).

(2) Der Komparativ (**das dicke Buch – das dick*er*e Buch; des dicken Buches – des dick*er*en Buches** usw.). Die Agglutination ist hier vollständig regelhaft (5.2.3).

40.

Beispiele:

a. **Der Antrag des/der Studenten**: Genitiv-Attribut
b. **Sie erinnert sich ihres Freundes/ihrer Freunde**: Genitiv-Objekt

c. **Angesichts der Leistung/Leistungen unserer Regierung/Regierungen**: (1) Genitiv regiert von der Präposition **angesichts**, (2) Genitiv-Attribut.

Die jeweilige syntaktische Funktion kann der Gen im Sg wie im Pl erfüllen. Die syntaktische Funktion hat also nichts mit dem Numerus, sondern nur etwas mit dem Kasus zu tun. Andererseits ist es wohl sinnvoll, von einer Bedeutung des Pl und einer des Sg zu sprechen. Ob man aber von einer Bedeutung des Genitiv sprechen kann, ist zumindest fraglich.

41.

a) Stark flektieren die Maskulina und Neutra auf **bold** (Wahnbold), **ig** (Honig), **ich** (Teppich), **ling** (Feigling), **erich** (Enterich), **ian** (Grobian), **nis** (Schrecknis), **sal** (Scheusal), **icht** (Kehricht). Dazu die mit Nullplural auf **chen** (Täubchen) und **lein** (Söhnlein) sowie **ler** (Dörfler), **ner** (Rentner), **en** (Wagen), **sel** (Schnipsel), **tel** (Gürtel) und schließlich die Kollektiva auf Ge...e (Gebirge)(nach Duden 1995: 227). Nicht alle diese Endungen sind Wortbildungsaffixe im eigentlichen Sinn und schon gar nicht sind sie alle produktiv (7.2). Das einzige Suffix, das **er** nach sich zieht, ist **tum**. Dieses Suffix ist kaum mehr produktiv.

b) **erei** (Backerei), **elei** (Kabbelei), **in** (Studentin), **heit** (Gleichheit), **keit** (Brüderlichkeit), **schaft** (Bürgschaft), **ung** (Haltung). Daß ein Suffix zum Typ 4b führt, ist unwahrscheinlich. 4b ist ja an den Umlaut gebunden. Es müßte sich zumindest um ein Suffix mit umlautfähigem Vokal handeln wie **tum – tümer**.

42.

a) Es handelt sich bei den Prototypen um Personenbezeichnungen, die masculini generis sind. Ihr Genus ist semantisch motiviert. In aller Regel können sie als Basis zur Bildung von Feminina auf **in** dienen (**Demonstrant – Demonstrantin**). Das gilt auch für fast alle anderen Substantive des Typs 2. Sie bezeichnen in der Regel eine Gattung von Lebewesen und sind in diesem Sinne und in dieser Verwendung ›geschlechtsneutral‹. Deshalb nennen wir sie Generika (7.2.1; zum Prototyp des schwachen Maskulinums Köpcke 1995).

b) Es scheint für die Maskulina eine Tendenz zur semantischen Homogenisierung der Flexionstypen zu geben derart, daß Typ 2 für Generika reserviert wird. So endeten **Balken, Barren, Bogen, Garten, Kasten, Schlitten, Spaten** früher auf e. Auch eine – vergleichsweise schwache – Bewegung in umgekehrter Richtung ist zu beobachten. So hatten die Generika **Rabe, Schöffe, Heide** früher ein **en** (Paul 1917: 38; 42ff.). Diese Bewegung ist eng mit einem morphologischen Erfordernis verbunden. Die Movierung (Bildung von Feminina) mit **in** würde bei Substantiven auf **en** zur Folge **enin** führen (die **Rabenin, Heldenin**). Eine solche Morphfolge wird wegen des *Horror aequi* vermieden (sog. Haplologie, Plank 1981: 149 ff.).

c) Kandidaten sind Bildungen auf **o** wie **Konto, Fresko, Risiko, Saldo** (dazu auch Aufgabe 43d) sowie solche auf **or** wie **Doktor, Autor, Indikator, Vektor, Faktor, Direktor**. Sie bilden den Pl auf **en**, den Gen Sg mit **s** (niemals **es**, das unterscheidet sie von den gemischten des Kernwortschatzes). Der Typ auf **o** ist mit Sicherheit nicht produktiv, solche Substantive wählen in der Regel den **s**-Plural (s.u.). Der Typ auf **or** ist beschränkt produktiv. Er verschiebt im Pl den Wortakzent, damit am Ende der Form die allgemein geforderte Folge aus betonter und unbetonter Silbe entsteht (7.2.2).

43.
a) Als Begründung kann die Markiertheit herangezogen werden. Die unmarkierten Kategorien Nom und Sg wären jeweils durch Endungslosigkeit charakterisiert (konstruktioneller Ikonismus: je mehr Bedeutung, desto mehr Form). Betrachten wir als Beispiel die Form des Dat von **Hund**^{WP}. Im Dat Sg (**dem Hund**) käme heraus **Hund+ø**, im Dat Pl (**den Hunden**) käme heraus **Hund+e+n**. Zweierlei ist an dieser Analyse unschön. (1) man ist gezwungen, mit dem Nullmorphem zu arbeiten und (2) das sogenannte Dativ-Morphem sieht für den Sg anders aus als für den Pl (ø vs. **n**).
b) **n** steht bei Substantiven, die enden auf **e**, **el**, **er** (**Schwaben**, **Muskeln**, **Bauern**), sonst steht **en**. Es handelt sich also um phonologisch determinierte Morphemvarianten (Allomorphe im strengen Sinne). Das gilt für die Pluralendungen allgemein nicht, d.h. das Deutsche hat nicht ein Pluralmorphem im strengen Sinne (Kloeke 1982: 155ff.).
c) Faßt man **e** oder **en** als Flexionssuffix auf, so kommt man dem Flexionstyp 3b nahe. Dagegen spricht z.B., daß wir hier Stammflexion und nicht wie sonst Grundformflexion hätten. Wurzel (1979: 26f.) schlägt vor, das **en** als ›Stammbildungsmorphem‹ anzusehen (Segmentierung a). Es ergäbe sich – wie bei d – wieder eine Variante von gemischter Flexion. Der Vorschlag ist überzeugend für **Schrecken**, **Garten**, **Haken**, **Wagen**, weil das **en** hier manchmal abgestoßen wird (**schrecklich**, **Gärtlein**, **Häkchen**). Bei **Segen**, **Regen**, **Becken** ist das nicht möglich. Segmentierung b kommt unter keinen Umständen in Betracht.

44.
a) Beispiele sind **Äbte**, **Altäre**, **Bischöfe**, **Choräle**, **Kapläne**, **Päpste**, **Pröpste**, **Kardinäle**. Einige von ihnen können auch schon ohne Umlaut verwendet werden. Warum so viele fromme Wörter betroffen sind, bleibt zu klären.
b) Es handelt sich um einen Fall von Pluralbildung durch Stammflexion. Die Singularendung (z.B. **us** in **Radi+us**) wird abgetrennt, bevor die Pluralendung angehängt werden kann (**Radi+en**, Wurzel 1984: 95ff; Harnisch 1994; 2001). Besonders häufig kommt das bei Wörtern auf **us**, **um** und **a** vor, wenn sie als die prototypischen Genusanzeiger für das Mask, Neut und Fem des Lateinischen gelten können (Eisenberg 2001: 203f.).

45.
a) **Schafs**, **Schafes**; **Rentners** (wegen trochäischem Stamm kein silbisches **s**); **Witzes** ([s] im Auslaut); **Kitschs**, **Kitsches**; **Grüns** (bei **s**-Plural ist kein silbisches **s** möglich); **Urteils** (trochäisch); **Lebens** (trochäisch); **Hansens** (nur bei Eigennamen auf [s]); **Flohes**, **Flohs** (dazu weiter Kohrt 1992); **Felds**, **Feldes**; **Lärms**, **Lärmes** (an **Feld** vs. **Lärm** sieht man, daß aus Syllabierungsgründen im einen Fall **es** vorgezogen wird (**Feldes**), im anderen **s** (**Lärms**)).

Bosses wie **Witzes** oben. Bemerkenswert ist, daß solche Anglizismen auf [s] aus phonologischen Gründen sofort den Flexionstyp 2 wählen und niemals die **s**-Flexion, dazu Eisenberg 1996.

b) Ein erster Anhalt ergibt sich daraus, daß der Zweifelsfälle-Duden (Duden 2001: 862) eine Reihe von Wörtern aufzählt, bei denen das Genitiv-**s** »fälschlich weggelassen« werde, »obwohl es standardsprachlich stehen muss«. Im wesentlichen handelt es sich um Eigennamen (**des Spiegel, des Karfreitag, des Barock**) sowie um mehrsilbige Fremdwörter (**des Dynamo, des Vitamin, des Konjunktiv**). Außerdem sind viele Wörter der **s**-Flexion betroffen, darunter auch Einsilber (**des Flop, des Gag**). Eine Bedingung dürfte sein, daß der Gen durch den Artikel klar markiert ist.

46.

a) Für Feld 6 erhalten wir **die Blume/die blaue Blume**, für Feld 8 **die Blumen/die blauen Blumen**. Für Feld 7 erhalten wir **der Blume/der blauen Blume**, für Feld 10 **der Blumen/der blauen Blumen**.

b) Feld 4: **dieses/diesen Monats; dieses/diesen Jahres**. In Feld 5 ist allein **dieses Jahr** möglich.

47.

a. **dieser, jener, solcher, meiner, keiner, einer, mancher, einiger, jeder, weniger, vieler, welcher**.

b. Ein Unterschied ist in allen Formen des Genitivs sowie im Dat Pl gegeben. Er besteht darin, daß alle diese Formen beim Pronomen zweisilbig mit silbischem [n] als zweiter Silbe sind: **dessen, deren, denen** statt **des, der, den**. Beim Gen ist das Ausdruck der allgemeinen Tendenz zur Markierung dieses Kasus. Beim Dat Pl dürfte der Grund sein, daß ein Formenzusammenfall mit dem Akk Sg des Mask vermieden wird, der ja seinerseits als Objektkasus besonders herausgehoben ist.

c. Das Pronomen wird so segmentiert, daß alle Formen auf Schwa enden. Schwa ist dann Teil des Stammes oder ein sog. stammbildendes Morphem. Auch beim Artikel wird nur der Konsonant segmentiert. Beim bestimmten Artikel ist dies besonders schwierig, weil man eine Reihe von Stammformen bekommt (**de, da, die**; Kloeke 1985: 76f.). Als einheitliches Endungsinventar für Artikel und Pronomen ergäbe sich:

	Mask	Neut	Fem	Pl
Nom	r	s	–	–
Akk	n	s	–	–
Gen	s	s	r	r
Dat	m	m	r	n

48.

Mein, dein, sein flektieren jeweils nach dem Muster von 10 (Text), während ihr Verhältnis zueinander nicht flexivischer Art ist. Auf die Idee, sie im selben Paradigma zu sehen, kann man kommen, weil die Possessivartikel insgesamt eine ähnliche Struktur bilden wie das Personalpronomen (s. folgende Seite).

Die Alternative zu einem stark suppletiven Superparadigma von Possessivartikeln ist eine Menge von maximal acht Paradigmen, deren Verhältnis durch Paradigmen- bzw. Wortkategorien beschrieben wird.

		Pers Pron	Poss Art
	1.Ps	ich	mein
Sg	2.Ps	du	dein
	3.Ps	er/sie/es	sein/ihr/sein
	1.Ps	wir	unser
Pl	2.Ps	ihr	euer
	3.Ps	sie	ihr

49.
Die Regeln geben an, (1) wann ein Adjektiv **e** oder **en** als Endung hat (schwache Flexion) und (2) wann es wie **dieser** flektiert (starke Flexion). Etwas kommt nach dieser Auffassung genau dann »formal zum Ausdruck«, wenn die Substantivgruppe mindestens an einer Stelle dieselbe Endung hat wie die pronominale Flexion.

50.
Substantiv: als Flexionssuffix kommt **e** vor als Dat Sg (**dem Tische**) und als Pl (**die Tische, die Hände**). Eine wichtige Rolle spielt es als stammbildend für die Feminina (**die Suche, Laube, Güte, Schraube**) sowie (weniger wichtig) bei den schwachen Maskulina (**der Hase, Löwe, Philologe**). (e)n kommt als Kasusanzeiger (**des/dem/den Menschen**) und als Pl vor (**die Menschen/Frauen**). Als stammbildend haben wir es vornehmlich bei den Maskulina (**der Garten/ Haufen**).
Pronomen: **e** kommt als Flexionssuffix bei den nichtobliquen Kasus des Fem und im Pl, **en** im Akk Mask und Dat Pl vor.
Verb: **e** ist Flexionssuffix für den Sing Imp (**bete**), die 1. Ps Sg Präs Ind (**ich bete**), den Konj (**du sagest, du liefest**). (e)n kommt vor im Inf (**beten**), in der 1./3. Ps Pl (**wir/sie beten**) sowie im Part 2 von starken Verben (**geworfen**; 5.3.2).

51.
Die These wird bestätigt, natürlich. Die gemischte ist genau dort stark, wo die schwache abweichend von der starken ein **e** hat.

52.
a) Die zweite Silbe aller Adjektive in 5a lautet mit stimmhaftem Obstruent an. Die zweisilbige Kurzform mit offener Schwasilbe scheint nur dort aufzutreten, wo es sonst in der Kurzform zu Auslautverhärtung käme. Das ist eine notwendige Bedingung, hinreichend ist sie nicht (vgl. **grob, gelb, lieb, mild, schräg**).
b) Im Suffixinventar der Adjektivdeklination finden sich solche mit [R] und [n] im Auslaut, nicht aber mit [l]. Es scheint einen Constraint zu geben, der

darauf hinausläuft, daß Formen mit demselben Sonoranten vor und nach dem einzigen Schwa standardsprachlich nicht ganz akzeptabel sind. Deswegen muß neben **heitrer** und **trocknen** aus **heiterer** und **trockenen** möglich sein. Über den Zwang zur paradigmatischen Vereinheitlichung werden die anderen dreisilbigen Formen dann ebenfalls möglich. Bei [l] gibt es eine solche Beschränkung nicht. Hier obsiegt die Bildung des üblichen Fußes.

c) Die Adjektive haben gemeinsam, daß sie auf unbetontem Vollvokal enden. Eine Flexion würde zu einem Hiatus zwischen zwei unbetonten Silben führen. Als Ersatzformen werden deshalb **rosanes**, **lilaner** usw. gebildet, in denen der Hiat vermieden ist.

53.
Für den Komparativ gibt es kein Problem. Es gilt das, was im Text über die Kurzform ausgeführt wurde. Der Superlativ hat von der phonologischen Substanz der Konsonanten her ein wesentlich schwereres Suffix als der Komparativ (**st** gegenüber **n**), aber dieses Suffix ist im Standardfall 6a,b nicht silbisch, d.h. der Stamm hat eine Silbe weniger als im Komp. In allen Fällen von 6c bis 6h ist das nicht notwendigerweise so. Hier liegt echter Ikonismus vor. Interessant sind vor allem 6g und h. In 6g kann an sich syllabiert werden, stattdessen ist aber Zweisilbigkeit gefordert (**zartest** vs. **zartst**, letztere Form ist allenfalls umgangssprachlich möglich). Und bei [s], [z] kommt keine Geminatenreduktion wie z.B. beim Verb in Frage (**du reist** – ***du reisst**). Der Sup bewahrt also stets die volle lautliche Substanz des Suffixes.

54.
Wir setzen eine Segmentierung der folgenden Art an, wobei das **e** am Ende des Stammes wohl als sog. Themavokal (s.u.), jedenfalls aber nicht als Teil der Personalendungen anzusehen ist.

	Sg	Pl
1.	mone or	m ur
2.	ris	m ini
3.	tur	n tur

Der Pl ist mit **m/n** markiert. Die 3.Ps ist einheitlich, die 1. fast einheitlich markiert. Außerdem ist die 3. durch das **t** einheitlich von der 1. unterschieden. All das paßt zur geforderten Struktur. Unklar ist jedoch das Gewichtsverhältnis zwischen 2. und 3.Ps. Die 2.Ps hat formal eine Sonderstellung. Die Kategorie Adressat ist auf besondere Weise markiert.

55.
1.Ps: **wir legen** schließt den Sprecher oder die Sprecher ein und kann außerdem Adressaten und Besprochenes einschließen, letzteres auch dann, wenn die Personen/Objekte nicht an der aktuellen Sprechsituation beteiligt sind.
2.Ps: **ihr legt** bezieht sich auf eine Mehrheit von Adressaten. Sprecher sind ausgeschlossen. Unter den Adressaten können auch Personen/Objekte sein, die nicht an der aktuellen Sprechsituation beteiligt sind.

3.Ps: **sie legen** bezeichnet eine Mehrheit von Personen/Objekten (Besprochenes) unter Ausschluß von Sprecher und Adressat.

56.
Die Formen **ruder/segel** haben den Vorteil, daß sie in Hinsicht auf die Stammform und die Prosodie ins Paradigma passen. Ihr Nachteil ist, daß kein Schwa als Personmarkierung erscheint. Das ist bei **rudere/segele** der Fall, aber diese Formen haben im Paradigma eine Silbe zu viel. Bei **rudre/segle** schließlich stimmen Endung und Prosodie, nicht aber die Stammform.
Das Beispiel zeigt erneut, wie sich Formvarianten aufgrund von Regelkonflikten ergeben können. Es gibt sozusagen Prinzipien der Formkonstruktion (›Constraints‹), die sich nicht miteinander vertragen. Es fragt sich dann, welche Constraints die stärkeren sind und sich durchsetzen.
Der Gedanke einer Rangfolge zwischen den Constraints, die für den Bau von Formen relevant sind, ist Grundlage der sog. Optimalitätstheorie. Sie unterwirft alle möglichen Formen (Kandidaten) einem Bewertungsverfahren, in dem alle relevanten Constraints zum Zuge kommen. Man will auf diese Weise ermitteln, welche Constraints einzelsprachlich und universell welche Bedeutung haben. Die Optimalitätstheorie wurde zuerst auf den Bau phonologischer Wörter angewandt, breitet sich aber auch in andere Bereiche aus (Prince/Smolensky 1993; Kager 1999; zum Deutschen Raffelsiefen 1995; G. Müller 2000; kurze Zusammenfassung in Féry 1997). Sie kann als eine Variante von Markiertheitstheorien gelten.

57.
a) Die Form [ʀai̯st] kann zu **reisen** und **reißen** gehören und jeweils 1. und 2.Ps Sg sowie 2.Ps Pl sein. In der 2.Ps Sg ist ein s ausgefallen, z. B. **du reisst → du reist**. Die Form [vai̯st] kann als 2.Ps Sg sogar von drei Verben stammen, nämlich von **weisen**, **weißen** und **wissen**. Die alten Formen bei stimmhaftem Stammauslaut **du reisest, du weisest** sind im gegenwärtigen Deutsch verschwunden. Die Geminatenreduktion ist beim **s** voll grammatikalisiert und wird sogar in der Schrift vollzogen (Wurzel 1970).
b) Sie tritt regelmäßig auf in Fällen wie **du kratzt, du pflanzt, du hext, du wächst**. Nur wenigen dürfte es auffallen, wenn sie auch in **du nascht** und **du wäscht** vollzogen wird.

58.
Sie bewahren durchgängig die entscheidenden Formmerkmale wie: (1) Im Sg des Ind Präs sind alle Formen verschieden; (2) In allen anderen Teilparadigmen sind die Personalendungen bzw. die Synkretismen verteilt wie sonst. Allgemeines Prinzip: je markierter das Teilparadigma, desto regelmäßiger die Flexion. Das Verb **tun** ist im Präs prosodisch vollständig ausgeglichen. Es ist das einzige im übrigen regelmäßig flektierende Verb, das ganz mit einsilbigen Formen flektiert werden kann: **tu, tust, tut, tun**.

59.
Für die drei Verben gibt es (jeweils unterschiedliche) Konjugationsprobleme im Zusammenhang mit dem Flexionsverhalten der Modalverben.

Für **möchten** besteht das Problem darin, daß es etymologisch verwandt ist mit **mögen**. Noch in der Grammatik von Blatz (1896: 544) erscheint nur **mögen**, nicht aber **möchten**. Das Prät von **ich mag** heißt **ich mochte**, d. h. im Prät fallen die Formen beider Verben zusammen. Eine Infinitivform **möchten** gibt es nicht, sie wird hier nur als Name des Paradigmas **möchten**[WP] verwendet. Rein formal gehört **möchten** zu den Rückumlautverben.

Das Verb **brauchen** hat als 3.Ps Sg sowohl **sie braucht** als auch **sie brauch**. Das zeigt, daß dieses Verb eine gewisse Nähe zu den Modalverben hat (eigentlich **nicht brauchen**. Es geht dabei u. a. um die Frage, ob es heißt **Sie brauch nicht weinen** oder **Sie braucht nicht zu weinen**).

Bei **wissen** haben wir die 3.Ps Sg obligatorisch ohne **t**: **sie weiß**. **Wissen** hat trotzdem im gegenwärtigen Deutsch den Status eines echten Vollverbs.

60.
a) Es scheint so zu sein, daß die Anhebung von [a] nach [ʏ] zu einem stabileren Konj führt als die geringere Anhebung von [a] nach [œ] (**hülfe, stürbe, würfe** vs. **gölte, schölte**). Unklar ist **würbe**.
b) Vom Ind Prät aus gesehen, bilden die Kurzverben den Konj regelmäßig nach dem Muster der starken Verben insofern sie den Stammvokal umlauten: **war – wäre, wurde – würde, hatte – hätte, tat – täte**. Bei **wurde** und **hatte** spricht man besser von gemischter als von starker Flexion. Diese Verben haben wie die schwachen Verben auch in allen Formen des Ind eine silbische Personalendung.

61.
Öffnen und **atmen** einerseits sowie **rudern** und **segeln** andererseits verhalten sich einheitlich, wie wir es auch vom Ind her kennen (5.3.2). Bei **öffnen** und **atmen** fallen alle Formen des Ind und Konj bis auf die 3.Sg zusammen (**sie atmet** vs. **sie atme**). Bei **rudern** und **segeln** gibt es Probleme bei der Formbildung. Die 1.Ps Sg heißt **ich segle** oder **ich segele** und hat damit nur Formen, die es auch im Ind gibt. Die 3.Ps Sg ist dreisilbig (**sie segele**) und erfüllt alle Anforderungen. Die übrigen Formen können aber nicht dreisilbig sein (**du *segelest, wir *segelen, ihr *segelet**), sondern werden, wenn überhaupt, nach dem allgemeinen Konjunktivmuster zweisilbig gebildet (**du segelst, wir segeln, ihr segelt**). Sie fallen mit den Formen des Ind zusammen.

62.
a) Die Modalverben bilden den Konj Prät dann mit Vokalwechsel, wenn sie diesen im Pl des Präs als Hebung oder Umlaut vollziehen: **durfte – dürfte, konnte – könnte** usw., aber **sollte – sollte, wollte – wollte**. Auch **wissen** vollzieht den Vokalwechsel: **wußte – wüßte**. Ein Zweifelsfall ist wieder **(nicht) brauchen: brauchte – brauchte/bräuchte**.
b) Die Bezeichnung stammt von Jakob Grimm, der angenommen hatte, im Prät dieser Verben sei der Umlaut vorhanden und dann rückgängig gemacht worden. Tatsächlich ist er nur im Präs vollzogen worden, weil im Prät die Bedingungen für Umlaut nicht erfüllt waren (es bedurfte dazu im Ahd. eines [i] in der nachfolgenden Silbe). Die Rückumlautverben stellen einen Mischtyp zwischen stark und schwach dar. Der Konj Prät kann im

gegenwärtigen Deutsch kaum gebildet werden, weil er mit dem Präs zusammenfällt (**brennte**). **Senden** und **wenden** haben auch schwache Formen: **sendete, wendete**.

63.
Der Standardtyp findet sich in a. Hier wird die Pänultima maximal gemacht ([beːt], [lauf], [bɪt] ...). Es folgt dann noch ein silbisches [n] bzw. [ən]. Bei **atmen, regnen** kann der Schwa vorausgehende Nasal weder dem Endrand der Pänultima noch dem der Ultima (Schwasilbe) zugeschlagen werden. Es bleibt für sie nur die Position vor Schwa.
Das Besondere in b. ist, daß der Stamm auf Liquid auslautet. Dieser Liquid muß vor Schwa stehen, obwohl er mit dem auslautenden [n] einen Endrand bilden könnte. Wegen (3a) sind Formen wie **führn, *fühlen* aber ausgeschlossen.
Anders verhält es sich in c. Das [ʀ] kann der Pänultima nicht zugeschlagen werden, weil [ʀ] nicht tautosyllabisch (d. h. in derselben Silbe) einem Diphthong folgen kann (4.3.2).
Der komplexe Endrand der Schwasilbe ergibt sich bei den Infinitiven in d. aus Bedingung (3b). Der Liquid kann nicht der Pänultima zugeschlagen werden, wohl aber kann er mit [n] einen Endrand bilden.
In e. sind keine Konsonanten vorhanden. Hier kann Schwa nur mit dem auslautenden [n] eine (nackte) Silbe bilden.
Nähern und **wiehern** sind Ausnahmen, weil sie gegen (3a) verstoßen. Entsprechend gibt es auch die wohlgeformten Infinitive **nähren, stieren** (dazu Neef 1996: 110 ff.).

64.
a) Zum starken und zum schwachen Partizip in a. gibt es jeweils einen Infinitiv gleicher Form, wobei das stark flektierende Verb eine andere Bedeutung hat als das schwach flektierende. In der Regel ist das schwach flektierende transitiv, z. B. **erschrocken – erschreckt**, beide mit dem Infinitiv **erschrecken**. Das stark flektierende Verb ist intransitiv (**er erschrickt**), das schwach flektierende als das regelmäßige ist transitiv (**er erschreckt jemanden**).
Die Partizipien in b. sind teilweise isoliert (z. B. **verschollen, gedungen**). In den meisten Fällen befindet sich das Verb im Übergang zur schwachen Flexion. Einen Sonderfall stellt **gewunken** dar, insofern sich hier die starke gegenüber der schwachen Form mehr und mehr durchsetzt. In vielen Fällen sind die Sprecherurteile bei der Bewertung insbesondere der Formen in b. unsicher.
b) Wie bei den starken Verben bezieht man sich auf den Infinitiv. Die Regel kann so formuliert werden: Trenne **n** und unmittelbar vorausgehendes Schwa ab. Ist **t** dann syllabierbar, füge **t** an (**geführt, gefühlt, gemauert, gefaselt, gehört, gebaut**). Ist **t** nicht syllabierbar, füge Schwa+**t** an (**gebetet, geatmet, geregnet**). Das Part2 ist am Wortende prosodisch weniger strikt organisiert als der Inf. Die wesentliche prosodische Bedingung bezieht sich auf den Wortanfang.

65.

a) Ein starkes Verb kann maximal 5 verschiedene Stammvokale haben: **werf, wirf, warf, würf, worf**. Bezeichnen wir den Stammvokal des Infinitivs als V (**werfen**), dann ist V^h der diesem gegenüber angehobene Vokal des Imp (**wirf**) und der 2./3.Ps Sg Ind Präs (**wirfst, wirft**). Letzterer kann auch ein Umlaut sein (**schläfst, schläft**, V^u).
Den Stammvokal des Prät bezeichnen wir als 1. Ablaut von V und nennen ihn V^{1a}. Dieser kann im Konj Prät wiederum angehoben werden (›alter Umlaut‹ **würfe**, V^{1ah}) oder er kann umgelautet sein (**gäbe**, V^{1au}). Der zweite Ablaut V^{2a} schließlich ist der Stammvokal des Part2 **geworfen**. Die Systematik der Vokalwechsel läßt sich so zusammenfassen (Wunderlich 1995):

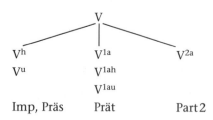

Alle Vokalwechsel sind hier direkt auf den Stammvokal des Inf bezogen. Am linken Ast sind die Vokale eingetragen, die außer V im Imp und im Präs vorkommen können. Am mittleren Ast die des Prät und rechts der des Part2. Alle Formen, die nicht für einen der Vokale besonders markiert sind, enthalten V.

b) Das intransitive starke Verb **erschrecken: erschrick** (Imp); **ich erschrecke, du erschrickst; ich erschrak; ich erschräke** (Konj Prät); **ich bin erschrocken**.
Das transitive schwache Verb **erschrecken: erschreck(e) ihn** (Imp); **ich erschrecke ihn, du erschreckst ihn; ich erschreckte ihn** (Ind/Konj Prät); **ich habe ihn erschreckt**.

66.

a) Die Kategorien von Ps und Num fusionieren, können also nur gemeinsam denen von Mod und Temp gegenübergestellt werden.
Für den Konj Präs haben wir als morphologischen Marker Schwa angesetzt. Schwa steht, wie gefordert, links von der Personalendung.
Das Prät der schwachen Verben wird mit dem links von der Personalendung stehenden **t** gebildet, die geforderte Reihenfolge ist gegeben. Dasselbe gilt für das Verhältnis vom Konj Prät zum Konj Präs der schwachen Verben.
Bei den starken Verben wird das Prät durch Vokalwechsel, also links von der Personalendung markiert. Der Konj Prät hat Schwa zwischen dem Ablaut und der Personalendung. Eine Form wie **lief+e+st** weist die Formmerkmale von Ps/Num, Mod und Temp voneinander isolierbar und in der ›richtigen‹ Reihenfolge auf. Ihr Ikonismus tritt trotz ihrer Komplexität deutlich zutage.

b) Die Zuordnung der Verben zu den einzelnen Klassen hängt natürlich zum Teil davon ab, was man überhaupt an starken bzw. schwachen Formen für ein Verb ansetzt. Weitgehend unkontrovers dürften aber folgende Zuordnungen sein.

1	2	3	4	5
stark	keine Hebg. im Imp	keine Hebg. 2./3. Ps	kein 1. Ablaut	kein starkes Part2
werfen	fahren	heben	mahlen	legen
geben	laufen	stehen	gären	sagen
helfen	raten	genesen	hauen	drehen
stehlen	halten	scheren	spalten	zeigen
brechen	tragen	stecken	salzen	rügen
essen	waschen	melken	sieden	beben

67.

a) Alle aufgezählten Wörter enthalten ein Element, das irgendwie reihenbildend und zumindest typisch für eine Anzahl von Wörtern ist. In **munter** ist es das Pseudosuffix **er**, in **namentlich** das **t** (**wissentlich, ordentlich**), in **Heimat** das unproduktive Suffix **at** (**Zierat, Monat**), zu **Villa** etwa **Gala, Lava, Toga**, zu **unten** haben wir **oben, hinten** sowie **unten – unter** usw.; **Lampe** gehört zur großen Klasse von Feminina mit Schwa im Auslaut und **zwischen** gehört zu einer Reihe von Wörtern mit dem gemeinsamen Formmerkmal **zw** sowie dem gemeinsamen Bedeutungsmerkmal »Zweiteilung« (**zwischen, zwei, Zwitter, Zweifel**; Plank 1981: 228). Die Beispiele vermitteln einen kleinen Eindruck davon, wie vielfältig die Formbeziehungen zwischen Wörtern sein können.

Bleiben wir beim oben etablierten Kriterium Segmentierbarkeit, dann gehören **t**, **at** (**Heimat – Heimchen**), **e** und in **unten** sogar das **n** (**unten – unter**) zu den Resten.

b) Solche Konfixe bilden mit entsprechenden Suffixen sowohl Substantivstämme (**Fotografie, Theologie, Demokratie**) als auch solche von Adjektiven (**fotographisch, theologisch, demokratisch**) wie Verben (**fotographieren, theologisieren, demokratisieren**). Für eine Kategorisierung als substantivisch spricht aber, daß sie auch Substantive affixlos bzw. mit Schwa bilden, bei denen zudem der Hauptakzent des Wortes auf dem Konfix liegt (**Fotograph, Theologe, Demokrat**; 6.2.2).

c) Es handelt sich um Fugenelemente, die synchron nicht als Flexionsaffixe zu werten sind. Man sieht das z. B. an Wörtern wie **Hoffnungsschimmer**, bei denen das **s** kein Genitivsuffix sein kann.

68.

a)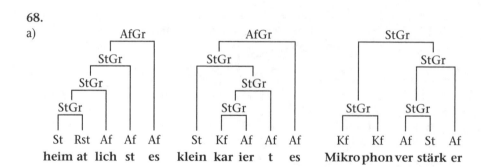

Bei **Mikro** ist zu erwägen, ob das **o** Fuge und damit Af sein kann (6.2.3). Für **Unwirklichkeit** gibt es zwei Analysen, nämlich ((**Un**(**wirk lich**))**keit**) und (**Un**((**wirk lich**)**keit**)). Die Bedeutung des Gesamtwortes muß sich bei beiden Analysen kompositionell ergeben.

b) Zu dieser Frage 6.2.2.

69.

Es ergibt sich nicht automatisch, weil Bloomfield ›frei‹ an ›Äußerung‹ bindet. Ob jedes Wort eine Äußerung sein kann, ist unklar. Klar ist dagegen für Bloomfield das Umgekehrte. In der 11. Definition heißt es: »Eine minimale freie Form ist ein WORT.« Ob beispielsweise Artikel oder Präpositionen Äußerungen sein können, wird von Bloomfield nicht direkt thematisiert.

70.

Der Basisstamm **trag**: {Präs, Unm}{VB,NGB} (unmarkierter Präsensstamm eines verbalen Paradigmas aus der Klasse der nicht gebundenen Stämme); **un**: {PRF, BT, ADJ/ADJ} (Betontes Präfix, bildet Adjektivstamm aus Adjektivstamm); **bar**: {SUF, UNBT, VB/ADJ} (unbetontes Suffix, bildet Adjektivstamm aus Verbstamm); **keit**: {SUF, UNBT, ADJ/SBST} (unbetontes Suffix, bildet Substantivstamm aus Adjektivstamm).

71.

a) In **Haustür** ist **tür** sowohl Kopf als auch Kern. Bezogen auf die einfachen morphologischen Einheiten, fallen Kopf und Kern dagegen bei **Pressefreiheit** nicht mehr zusammen:

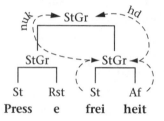

b) Das Gemeinsame der Einheiten ist, daß nicht der zweite, sondern der erste Bestandteil der Kern ist. Nicht ganz klar und weiterer Überlegung wert ist die Frage, ob der erste Bestandteil auch der Kopf ist. Ortner/Ortner (1984: 61f.) sprechen treffend von Inversionskomposita. Außer bei dem singulären Fall **Jahrhundert** wäre allerdings zu klären, ob es sich tatsächlich um Wörter handelt. Jedenfalls sind sie markiert und auf spezielle semantische Typen wie bestimmte Klassen von Eigennamen beschränkt (zum Akzentkriterium 4.5).

72.

a) ((Hoch schul)politik); (Kreis(kranken haus)); ((Lohn steuer)(jahres ausgleich))
b) Beide Wörter haben sowohl die Struktur (A(BC)) wie ((AB)C).
c) Eine Ordnung gilt in bestimmter Hinsicht (**Wirtschaft**) und hat einen Geltungsbereich (**Welt**). Beide Aspekte sind unabhängig voneinander und in sofern austauschbar. Bei genauem Hinsehen unterscheiden sich die Lesungen (**Welt**(**wirtschafts ordnung**)) und ((**Welt wirtschafts**)**ordnung**) allerdings voneinander. Die erste Ordnung befaßt sich mit der Wirtschaft allgemein, die zweite nur mit der Weltwirtschaft. Dem Wort **Weltwirtschaftsgipfel** beispielsweise geben wir normalerweise die erste Struktur.

73.

a) Ein Gummiadler besteht aus Gummi, er frißt Gummi, baut sein Nest aus Gummi, ist das Wahrzeichen einer Gummifabrik, er stiehlt Gummi, riecht gern Gummi (nur in dessen Nähe wird er heimisch), er verletzt sich nicht beim Absturz (im Gegensatz zum Steinadler) und liebt Wälder aus Gummibäumen mit seinen Verwandten, den Bärchen, als größten Raubtieren. Bedenken Sie, daß alle diese Bedeutungen ohne Metaphorisierung auskommen – anders als die Bedeutung »Brathuhn«.
b) In **Schulgebäude** ist mit **Schule** die Institution gemeint (die einen Ort hat, eben ihr Gebäude). In **Schuldach** steht **Schule** für das Gebäude selbst, in **Schulstreß** für eine Menge von Prozessen, die mit der Institution verbunden sind. **Schulpflicht** schließlich meint mit **Schule** nicht eine einzelne Institution, sondern die Institution als Prinzip.
Die Beispiele zeigen, daß in Komposita einzelne Bedeutungsausprägungen oder -varianten eines ihrer Bestandteile zur Geltung kommen können. Um das Konzept »Schule als Institution« gruppieren sich die Varianten »Schule als Gebäude«, »Schule als Menge von Prozessen« und »Schule als Prinzip«. Eine systematische Beschreibung der Bedeutung von **Schule** verlangt die systematische Beschreibung dieser Varianten, die in verschiedenen sprachlichen Kontexten (und eben auch in Komposita) in Erscheinung treten (Bierwisch 1983: 77 ff.).

74.

a) Bei Komposita, deren Kopf eine Agensnominalisierung auf **er** (backen – **Bäcker**, schlafen – **Schläfer**) ist, kann der erste Bestandteil eines Kompositums wie das Objekt gelesen werden, und zwar wie das direkte (**Bombenleger, Taxifahrer**), das indirekte (dativische, **Arzthelfer**) oder das präpositionale (**Drogenfahnder**). Eine Subjektlesung ist hier natürlich strukturell ausgeschlossen.

b) Mit dem Suffix **erei** können u. a. Substantive abgeleitet werden, die den Ort einer Handlung bezeichnen. Daraus ergibt sich die Lesung von **Brotbäckerei, Gardinenwäscherei** usw. als Rektionskomposita.

75.

a) Das Partizip als zweiter Bestandteil hat in der Regel auch dann noch verbale Eigenschaften, wenn es als Adjektiv lexikalisiert ist. Das substantivische Erstglied spielt in den meisten Fällen die semantische Rolle eines Komplements oder Adjunkts zum Verb, d. h. es handelt sich um Rektionskomposita. Die in c. aufgeführten Beispiele sind alle instrumental zu lesen, aber andere semantische Rollen sind ebenfalls möglich. Auch in d. kann man von Rektionskomposita in einem weiteren Sinne sprechen, nur sind die zugrundeliegenden Beziehungen heterogener: **Das ist tief verwurzelt** (**tief** ist adjektivisches Adverbial); **Das ist blank poliert** (**blank** ist äußeres Attribut; Satz, 7.3). Ganz generell bewahren Komposita mit partizipialem zweiten Bestandteil viele Eigenschaften des zugehörigen Verbs (›Zusammenbildung‹).

b) **blankgebohnert** ist Form eines Verbs; **glasfaserverstärkt** ist ein echtes Adjektivkompositum; **querschnittsgelähmt** ist eine Rückbildung aus **Querschnittslähmung** (zum Begriff ›Rückbildung‹ unten mehr); **nickelbebrillt** enthält ein sog. Pseudopartizip, das direkt auf substantivischer Basis gebildet ist (**Brille – bebrillt**).

76.

a) a. Die erste Stelle (d. h. die jeweils größte Zehnerpotenz) der Zahl wird bis 10^3 je unterschiedlich markiert. Ab 10^3 gibt es für jeweils drei Zehnerpotenzen eine eigene Bezeichnung. Insgesamt also:

5	50	500	5.000	50.000	500.000	...	...
10^0	10^1	10^2	10^3	10^4	10^5	10^{6-8}	10^{9-11}
–	zig	hundert	–	zig	hundert	...	...
			tausend	tausend	tausend	...	...
						Million	...
							Milliarde

b. Die regelmäßig gebildeten zweistelligen Zahlen haben die Form **a+und+b+zig** mit a=x·10^0 und b=y·10^1 (1 ≤ x,y ≤ 9). Die erste Zahl einer Dekade hat die Form **b+zig** (statt 0+und+b+zig, z. B. **vierzig, fünfzig**).

b) Soweit die Zahlwörter die Form haben **ab** mit **b** als Bezeichnung für eine Zehnerpotenz und **a** als Bezeichnung von deren Anzahl, kann man von Komposita sprechen: **drei+hundert, fünf+hundert+tausend**. Das zuletzt genannte Zahlwort etwa hat die Konstituentenstruktur ((**fünf hundert**) **tausend**).

c) Die allgemeine (und erwartbare) Tendenz ist: je kleiner die Zahl, desto höher der Grad an Grammatikalisierung. Den Zahlen von 1 bis 12 entsprechen arbiträre Wörter, den Potenzen von 10^1 ein Suffix; den höheren ein Wort, das auch substantivierbar ist (**ein Hundert, Tausend**). Die noch höheren Potenzen werden mit echten Substantiven bezeichnet (**eine Million, eine Milliarde** s.a Aufgabe 3).

77.
Kopfrechnen hat nur den Inf, **probesingen** außerdem die Partizipien (**probesingend, probegesungen**), **bergsteigen** hat darüber hinaus die finiten Formen im Verbletztsatz (**weil wir bergsteigen**), **fotokopieren** auch in den übrigen Satztypen (**du fotokopierst**). Die Grammatikalitätsurteile sind allerdings teilweise unsicher (weiter 8.4).

78.
a) In den allermeisten Fällen bleiben Adjektive, wenn sie überhaupt als Determinans möglich sind, ohne Fuge und erscheinen in der Kurzform. Auf Schwasilbe auslautende Stämme bleiben erhalten. Das gilt insbesondere auch für solche mit offener Schwasilbe wie in **Leisetreter, Müdemacher**. Wie bei verbalem ersten Bestandteil wird hier Auslautverhärtung vermieden. Bei **doppelt** findet eine Angleichung an die übrigen Stämme auf **el** statt.
b) Eine einheitliche Deutung ist möglich durch Bezug auf Adjektive mit **isch**. Solche Adjektive können selbst ja nicht als Determinans auftreten (6.2.1, 6.2.3).

79.
a) Alle drei weisen phonologische Eigenschaften besonderer Art auf. Bei **nis** verhindert der Auslaut die **s**-Fuge (**Erkenntnisgewinn**). Das Movierungssuffix steht meist nach **er** und kann deshalb einen eigenen Fuß bilden, wenn ihm eine unbetonte Silbe folgt: **Lehrerinnenzimmer**. Das Besondere an **erei** ist, daß es den Hauptakzent auf sich zieht. Es stimmt die Fuge auf die prosodische Umgebung ab: **Diebereiverfolgung** vs. **Diebereienlager**.
b) Das **s** steht nur bei einfachen oder präfigierten (also nichttrennbaren) Stämmen, die Neutra sind (Fuhrhop 1996: 535).
c) Die Suffixe **schaft** und **tum** fordern in vielen Fällen eine Fuge bei der vorausgehenden Einheit, z. B. in **Lehrerinnenschaft, Jünglingstum, Volkstum**. Sie werden deshalb auch als ›Kompositionssuffixe‹ bezeichnet (weiter 7.2.2). Das Suffix **lich** fordert regelmäßig die Fuge **t** nach **n** in Schwasilbe (**namentlich, wesentlich, öffentlich**). Diese Fuge ist artikulatorisch bedingt. Fleischer/Barz (1992: 261) sprechen von ›Gleitkonsonant‹.

80.
a) Nur **Hist** ist ein Konfix. Es kommt in Komposita wie **Histologe** (»Gewebeforscher«), **Histologie, Histogramm** vor. **Seism** ist auch Derivationsbasis und deshalb Stamm (**seismisch, Seismik**). **Psych** hat als freier Stamm zu gelten. Es gibt nicht nur **psychisch**, sondern auch **Psyche** mit dem Plural **Psychen**. Dieses Wort verhält sich genauso wie andere Feminina mit dem Rest **e** (**Biene, Bohne**).

b) »Als Konfixe sind ferner einige heimische Grundmorpheme zu qualifizieren, die in mehr als einer WBK (Wortbildungskonstruktion, P. E.) mit gleicher Bedeutung vorkommen.« (Fleischer/Barz 1992: 122). Dazu gehören **schwieger** und **stief** in erster sowie **wart** (**Hauswart**) und **falt** (**Einfalt**) in zweiter Position.
c) In der Grundregularität scheint die Klassifizierung in Gräzismen/Latinismen einerseits und sonstige andererseits durchzuschlagen. Erstere ziehen den Akzent auf den zweiten Bestandteil, letztere verhalten sich wie Komposita sonst auch.

81.
Mit dem trochäischen ersten Bestandteil folgen die Höchst-Produktbezeichnungen dem kanonischen Muster der Konfixkomposita, während **Bay** eher als Präfix wahrgenommen wird. Der Grund für diesen Unterschied ist wohl einfach der, daß die erste Silbe von **Bayer** vokalisch auslautet. Mit der kanonischen Struktur ist das Präkonfix **Hosta** sehr flexibel und kann beispielsweise auch mit Stämmen kombinieren (**Hostaform**).

82.
a) In a. liegt Negation vor (Bildung eines antonymen Gegenbegriffes, dazu unten mehr). In b. und c. werden Teilklassen zum Oberbegriff gebildet, in b. durch Verstärkung und c. durch Abwertung. Einen Sonderfall mit Quasisynonymie stellt **Kosten – Unkosten** dar (Lenz 1995: 31 f.).
b) Bei **miß** sind die Typen a. und c. vorhanden (**Achtung – Mißachtung; Erfolg – Mißerfolg** und **Ernte – Mißernte; Ton – Mißton**). An der Möglichkeit der Subklassenbildung zeigt sich die Nähe von Substantiven mit **un** und **miß** zu Determinativkomposita.
c) Bei den genannten Typen kann der Akzent im Prinzip auf dem Stamm, er kann aber auch auf dem Präfix liegen. Ähnlich wie bei komplexen Komposita des Typs **Straßenbáuamt** vs. **Stáßenbauamt** (Aufgabe 38) wird er dem jeweiligen Fokusexponenten zugewiesen, z. B. **Dies ist nicht nur unságbar, es ist auch undénkbar.** Aber **Du hältst das offenbar für dénkbar, sie hält es dagegen für úndenkbar.**
Es scheint nun bei den verschiedenen Adjektivtypen Präferenzen dafür zu geben, wo der Akzent im unmarkierten Fall liegt. Bei den **bar**-Adjektiven von einfachen Verbstämmen bleibt er auf dem Stamm (**undénkbar**, a.). Bei präfigierten Verbstämmen ebenfalls (**unentschúldbar**, b.)

   a. undénkbar, untrínkbar, unwándelbar, unháltbar, untrágbar
   b. unentschúldbar, unverwéndbar, unzertéilbar, unverstéllbar
   c. únauffindbar, únansprechbar, únabzählbar, únwahrnehmbar

Bei **bar**-Adjektiven von Verbstämmen mit Verbpartikel liegt er dann auf **un**, wenn es das Adjektiv ohne **un** gibt (**ánwendbar – únanwendbar**, c.), sonst scheint er auf dem Stamm zu liegen, z. B. **unantástbar, unabdíngbar**. Dasselbe gilt für Adjektive auf **lich**, wenn **lich** eine ähnliche Funktion wie **bar** hat, z. B. **unwiederbrínglich, unersättlich, undurchdrínglich**, dazu auch Aufgabe 99. Die Regularitäten, die hier obwalten, sind u. W. noch nicht genau untersucht.

83.
Die These gilt allenfalls für Komposita, die (1) als Adjektivkomposita gebildet sind und (2) als zweiten Bestandteil ein mit **un** präfigierbares Adjektiv enthalten. Der zweite Punkt zeigt, daß **un** hier nicht als Infix aufgefaßt werden kann. Ein Typ von Kompositum, bei dem **un** generell in erster Position aufzutreten scheint, sind beispielsweise die auf **isch**: **unabendländisch, unweltmännisch, unsprachpflegerisch**.

84.
Das Präfix **nicht** realisiert das kontradiktorische Gegenteil. Unterschiede in der Bedeutung ergeben sich damit nur für die Adjektive in 7a: **unglücklich** ist konträr zu **glücklich, nichtglücklich** ist kontradiktorisch.

85.
Adjektive wie **dankbar, frei, froh** usw. haben als einstellige Prädikate eine spezifische Bedeutung. **Jemand ist frei** kann bedeuten, daß er nicht frei von etwas, sondern daß er einfach frei ist. Die Bedeutung »frei von etwas« gibt es auch, aber sie ist nicht die einzige. Die Präfigierung operiert regelhaft auf der einfachen Bedeutung, ist also hier nicht idiosynkratisch (dazu z. B. Eisenberg 1976: 57 ff.).

86.
a) Ein Präfix ist im Deutschen allgemein an die Kombination mit einem Stamm gebunden. Ein Stamm ist eine morphologische Einheit, die intern weder eine Wortgrenze noch gar Flexion aufweist. Die Idiomatisierung syntaktischer Fügungen führt im allgemeinen nicht zu morphologischen Einheiten, die an Affigierungsmustern teilhaben. Insofern ist die Restriktion systembedingt.

b) Bei den drei letzten Beispielen ist **alt** eher antonym zu **ex**. Ein Altnazi ist leider immer noch einer, ein Exnazi nicht. Bei den übrigen Verbindungen mit **alt** liegt Teilsynonymie mit **ex** vor. Ein Altkanzler ist ein ehemaliger, genauso wie ein Exkanzler. Allerdings besteht zwischen den beiden Verwendungen von **alt** ein Zusammenhang. Einem Altkanzler schreibt man viel eher Kanzlereigenschaften zu als einem Exkanzler. Deshalb sprechen wir heutzutage auch von der ehemaligen DDR als der Ex-DDR, aber nicht von der ehemaligen BRD als der Ex-BRD. Sie heißt allenfalls ›die alte Bundesrepublik‹.

87.
Ausgeschlossen sind Verbstämme, die sich nicht mit der Prosodie von **Ge-e** vertragen. Das sind einmal präfigierte wie in ***Gebeschimpfe, *Gezersäge** sowie solche mit dem betonten Suffix **ier** wie in ***Gestudiere, *Getrainiere**. In beiden Fällen wird auf **erei** zurückgegriffen (**Beschimpferei, Zersägerei, Studiererei, Trainiererei**). Bei Partikelverben ist **ge-e** dagegen verwendbar: **aufpassen – Aufgepasse, abmalen – Abgemale**.

88.

a) Der Unterschied besteht darin, daß bei den **unter**-Verben kaum einmal Argumentvererbung vorliegt. Ein Basisverb mit **unter** in einer präpositionalen Ergänzung gibt es nur vereinzelt. Viele der **unter**-Verben sind idiomatisiert, bei wenigen hat **unter** noch eine lokale Bedeutung. Man hat den Eindruck, daß die Produktivität von **unter** zu einem guten Teil an Analogiebildungen zu **über** hängt (**überbauen, überfordern** ...).

b) Es findet sich eine wesentlich geringere Zahl von Verben als bei den übrigen Präfixen, etwa:

hinterbringen, hinterfragen, hintergehen, hinterlassen, hinterlegen, hintertreiben, hinterziehen

Diese Verben sind weitgehend idiomatisiert, die meisten folgen auch nicht dem Applikativmuster. Als Präfix ist **hinter** wohl nicht produktiv.

89.

a) Es gibt zwei größere Gruppen transparenter Verben. Die eine enthält Adjektivstämme auf **ig** (a). Die andere ist direkt auf Substantivstämme zu beziehen (b). Hier ist die Analyse von **be-ig** als Zirkumfix zu erwägen.

    a. **bewilligen, befleißigen, bekräftigen, bemächtigen, berichtigen, benötigen, belästigen, begünstigen, begütigen**

    b. **beerdigen, bescheinigen, berechtigen, beabsichtigen, berichtigen, beseitigen, beköstigen**

b) a. **be**-Verben sind (wie andere Präfixverben) prosodisch an den Auftakt gebunden (Jambus). Sie stehen in aller Regel vor einer betonten Silbe. Insbesondere bei Basen mit betontem Suffix wird zur Bildung von Verbstämmen deshalb **ieren** verwendet (**aktivieren, funktionieren**).

    b. Hier stimmt zwar die Prosodie, aber **be** müßte mit der Partikel abtrennbar sein. Das ist es grundsätzlich nicht. Desubstantiva wie **beauftragen, bevormunden** sind natürlich möglich, aber nicht *beauftragen aus **auftragen**.

90.

a) Synchron sind sie als einfach anzusehen. Ihre erste Silbe geht auf **ent** zurück. Sowohl der Nasal wie der Plosiv sind durch regressive Assimilation an das [f] frontiert worden.

b) Nach Eroms (1980: 61ff.) ist das bei **er** der Fall. Es gibt insbesondere zahlreiche transitive **er**-Verben, deren Basisverb eine präpositionale Ergänzung hat. Gegenüber **be** zeichnen sich die **er**-Verben durch Resultativität aus, z.B. **erarbeiten, erbitten, erfassen, ergreifen, erjagen, erstreben, erwandern**.

c) a. **ver** ist in einem weiteren Sinne resultativ. Im Objekt dieser transitiven Verben steht aber nicht wie bei **er** das sog. effizierte (d.h. hergestellte oder beschaffte) Objekt, sondern das Mittel, mit dem die Tätigkeit vollzogen wird. Prototyp ist **verbrauchen**.

b. Die Verben bezeichnen unbeabsichtigt mißglückte Tätigkeiten. In der Ausführung wird ein bestimmtes zieldefinites Muster verfehlt (daher nicht ***sich versterben, *sich verlügen**). Der Prototyp ist reflexiv (**sich vertun**) und impliziert die Verantwortlichkeit des vom Subjekt Bezeichneten. **Ver** gilt unter den Verbalpräfixen als das vielseitigste und unübersichtlichste. Es geht auf drei verschiedene Präpositionen zurück (viel Material in Schröder 1988).

d) So gut wie alle **zer**-Verben haben verbale Basen, Prototyp und gemeinsamer Bedeutungsgehalt ist **zerstören**. Das Zerstörte steht bei intransitiven Verben im Subjekt, bei transitiven im direkten Objekt. Die Basisverben spezifizieren die Art und Weise, in der die Zerstörung vor sich geht.

91.

a) Denkbar ist ein Anschluß an den Typ **aufhäufen** (5) oder **aufheben** (6), die ja beide etwas mit Veränderung bzw. Verschwinden zu tun haben. **Aufheben** etwa wird direkt so metaphorisiert. Die Literatur kennzeichnet den Typ mit »völlig« (Kempcke 1965), »Vollständige Durchführung« (Deutsche Wortbildung 1), »perfektiv« (Fleischer/Barz 1992), »egressiv« (Stiebels 1996). Eine Herleitung der Bedeutung findet sich u. W. nirgends.

b) Bei diesen Verben ist die Partikel nicht auf eine Präposition, sondern auf ein prädikatfähiges Wort zu beziehen, das als defektives Adjektiv oder Adverb zu klassifizieren ist: **Sie macht die Tür auf – Die Tür ist auf.** Ähnlich **Die Tür ist zu; Das Licht ist an/aus; Der Bart ist ab** (Stiebels/Wunderlich 1994: 914f.; Stiebels 1996: 160f.).

92.

a) Als Präposition ist **ab** im gegenwärtigen Deutsch marginal. Lokal wird sie fast nur in Ausdrücken wie **Der Zug geht ab Köln** gebraucht. In **Ab der dritten Ampel kannst du 60 fahren** ist schon eine temporale Komponente enthalten. Die Verben bedeuten »Entfernen und Loslösen von einem Objekt« (**abblättern**) oder »Beginn einer sich entfernenden Bewegung« (**abfahren**; Stiebels 1996: 91 ff.). Die Ähnlichkeit von **ab** mit **von** ist wohl verantwortlich dafür, daß **von** nicht als Verbpartikel erscheint.

b) Der Typ existiert genau so trotz des Unterschiedes zwischen **ein** und **in**: **Er fährt das Heu in die Scheune – Er fährt das Heu ein**. Die entsprechenden Verben können transitiv oder intransitiv sein, z. B. **eindringen, einfliegen, einnehmen, einmarschieren, einsaugen, eintreten**. Zu **in** vs. **ein** und den Verben mit substantivischem Stamm wie **eingipsen, eintüten** ausführlich Fehlisch 1998.

93.

a) Für **hinter** scheint es, abgesehen vom marginalen **hinterhaken**, keine Partikelverben zu geben. Auch als Präfix ist **hinter** insofern untypisch, als es nicht mit lokaler Bedeutung vorzukommen scheint, vgl. **hinterbringen, hintertragen, hintergehen, hintertreiben**.

b) Am ehesten ist das bei **durch** der Fall. Partikel und Präfix entsprechen sich hier teilweise auch außerhalb der lokalen Lesung, vgl. **etwas durchfáhren – durch etwas dúrchfahren; etwas durchdénken – etwas dúrchdenken; die Nacht durchféiern – die Nacht dúrchfeiern** (zu **durch** und **um** Eroms 1982). Präfixe und Partikeln unterscheiden sich bei den ›Doppelformen‹ im Prinzip wie sonst auch. Warum gerade **durch**, **über**, **um** und **unter** in beiden Funktionen vorkommen, ist u. W. nicht bekannt.

94.

Das Suffix **ler** hat sich aus der Suffigierung von **er** an die Stämme von Verben wie **angeln** (**Angler**), **nörgeln** (**Nörgler**), **betteln** (**Bettler**) durch Abspaltung (›Abduktion‹) des **ler** gebildet. Man spricht auch von Suffixerweiterung des **er** zu **ler**. Das **el** in den genannten Verbstämmen war ursprünglich selbst ein Suffix, so daß **ler** letztlich aus der Fusion zweier Suffixe entstanden ist. Suffixreanalyse scheint immer auf Suffixfusion zu beruhen. Im gegenwärtigen Deutsch ist **ler** produktiv als Variante von **er** (vgl. dort). Bei **ner** könnten die Dinge ähnlich liegen (**öffnen – Öffner** oder auch **lügen – Lügner**). **Ner** ist jedoch nicht produktiv geworden (Plank 1981; Eisenberg 1992; Fuhrhop 1998).

95.

a) Nach betonter Silbe steht **heit** (**Frechheit, Klugheit, Beliebtheit**), nach unbetonter, aber betonbarer Silbe steht **keit** (**Freundlichkeit, Ewigkeit, Gelehrsamkeit, Unfehlbarkeit**). Nach unbetonbaren Silben kann sowohl **heit** wie **keit** stehen (**Sicherheit, Einzelheit, Trockenheit; Sauberkeit, Eitelkeit**). Die ältere der beiden Varianten ist **heit**. In Wörtern wie *Traurigheit hat sich **keit** zur Vermeidung der Lautfolge [çh] von **heit** abgespalten. Die Motivation war also ursprünglich eine segmental-artikulatorische, nicht eine prosodische. Es ist deshalb nicht erstaunlich, daß nach Schwasilben sowohl **heit** wie **keit** stehen kann.

Wegen **Neuigkeit, Genauigkeit, Leichtigkeit** wird häufig **igkeit** als weitere Variante angenommen (Giegerich 1987; Fleischer/Barz 1992), denn in solchen Wörtern gibt es keine Basis auf **ig** (*neuig, *genauig, *leichtig). R. Wiese (1996: 100f.) setzt dagegen eine Morphemfolge **ig+keit** an. Der Streit gibt wenig her, weil **igkeit** in den genannten Vorkommen nicht produktiv geworden ist. Produktiv ist es lediglich nach **los** (**Kinderlosigkeit**) und **haft** (**Trottelhaftigkeit**). Da diese beiden Einheiten zum Nebenakzent neigen, spricht das für eine prosodische Lösung: **ig** trennt das fußbildende **keit** von **los** und **haft**.

b) Das Suffix **isch** stellt eine Rarität dar. Es fixiert den Akzent auf die ihm vorausgehende Silbe (**chilénisch, koreánisch, musikálisch**). Die Basis für dieses Verhalten liegt in der Fremdwortmorphologie (7.2.3). Die Regel ist aber so stark, daß gelegentlich sogar nichtbetonbare Silben im nativen Bereich davon erfaßt werden (**evangelisch-luthérisch**). Im allgemeinen ist **isch** betonungsneutral, wenn ihm eine nichtbetonbare Silbe vorausgeht. Vorzukommen scheint es nur mit **er** wie in **spielerisch, trügerisch, versöhnlerisch** (s. u.).

c) In a. handelt es sich um die Folge **er+ei** mit der Funktion »Ort, an dem die Handlung ausgeführt wird.« Die Substantive in b. haben als Basis Verben mit einer einheitlichen phonologischen Struktur, die als solche diagrammatisch mit den Bedeutungsmerkmalen »iterativ und pejorativ« verbunden ist. Sie weisen nur das Suffix **ei** auf, von ihnen kann aber **erei** abduziert werden. In d. finden sich Beispiele, in denen **erei** in eben dieser Funktion normalen Verbstämmen suffigiert werden kann (**Backerei** und **Wascherei** haben keinen Umlaut und mithin verbale Basis). In c. zeigt sich, daß bei Verben auf **er** derselbe Effekt wiederum mit **ei** allein erreicht wird (ausführlich Eisenberg 1992: 95 ff.).

96.
a) Eine Diminutivbildung scheint generell ausgeschlossen zu sein bei Konversionen von infiniten Verbformen, auch wenn sie lexikalisiert sind (7.3).
b) Die Auffassung ist nicht zwingend. Zu klären wäre, ob solche Wörter nicht von durch Konversion gebildeten Substantiven abgeleitet sind (**der Dumme, Kleine, Graue**).
c) Der Grund dürfte sein, daß **chen** hier durch den Anlaut [ç] als Suffix ausgewiesen ist. Minimalpaare wie [kuːçən] – [kuːxən] (**Kuhchen – Kuchen**) haben in strukturalistischen Debatten immer wieder eine Rolle für die Frage gespielt, ob eine phonologische Analyse morphologische Information zu berücksichtigen habe (z. B. Moulton 1947).

97.
a) **Zauberer – Zauberin**. Ein **er** fällt aus, man nennt das Haplologie. Substantive mit **ling** können nicht moviert werden, ebensowenig solche Tierbezeichnungen wie **Fisch**. In beiden Fällen scheint etwas Ähnliches vorzuliegen. Mit **in** wird nicht mechanisch eine feminine aus einer maskulinen Form abgeleitet. Vielmehr scheint ein speziellerer Aspekt der Paarbildung im Sinne einer Relevanz für die Geschlechtsdifferenz ausschlaggebend zu sein.
Friseur – Friseurin – Friseuse; Steward – Stewardeß; Prinz – Prinzeß – Prinzessin (sog. Affixpleonasmus). **Diakon – Diakonin – Diakonisse – Diakonissin** (zu diesen Erscheinungen Plank 1981: 76 ff., 96 ff.).
b) Bei **der/die Studierende** spricht man von Differentialgenus. Der Vorteil solcher Bildungen ist zweierlei. Einmal hat die Form des Fem nicht die des Mask als morphologische Basis (Eva ist stammesgeschichtlich nicht aus der Rippe von Adam gemacht, sondern wohl älter als dieser) und zum zweiten verschwindet im Plural der Unterschied zwischen den Formen zur Bezeichnung männlicher und weiblicher Personen ganz. Movierung setzt das Genus der Basis, im allgemeinen das Mask, als unmarkiert, und zwar sowohl formal wie semantisch. **Der Student** bezeichnet einerseits die Gattung der Studierenden (sog. Genus commune) und als Teilklasse davon die männlichen Studierenden (zu den Asymmetrien dieser Art Pusch 1980).
c) **Ärztin** ist ausschließlich eine Berufsbezeichnung, **Pfarrerin** kann auch die Frau des Pfarrers meinen. Der Unterschied zwischen ›funktioneller‹ und ›matrimonieller‹ Bedeutung movierter Formen ist im Schwinden begriffen.

98.
In a. handelt es sich um Ornativa; in b. sind die Basen Bezeichnungen für Lebewesen, das Adjektiv hat die Bedeutung »in der Art von«. Der funktional neutralste Adjektivierer ist **lich**.

99.
Mit verbalen Basen ist **lich** nicht mehr produktiv. Die entsprechende Klasse von Adjektiven ist deshalb isoliert. Viele weisen einen hohen Lexikalisierungsgrad auf. Zu den **un**-Adjektiven in a. gibt es keine nichtpräfigierten (*auflöslich, *aussprechlich), wohl aber entsprechende auf **bar** (**unauflösbar** – **auflösbar**). Zu den Adjektiven in b. gibt es keine auf **lich** (dazu weiter Lenz 1995: 73ff.; 98ff.).

100.
Umlaut findet sich beispielsweise bei Wörtern mit Diminutivsuffix (**Skandälchen**, **Divisiönchen**, **Strukürchen**). Ob umgelautet wird, hängt vom Grad der Integration ab. Bedingung ist außerdem, daß der umgelautete Vokal Kern einer betonten Silbe ist (**Mótorchen** – **Motórchen**). Gelegentlich wird im Plural umgelautet (**General** – **Generäle**).
Umlaut findet sich außerdem vor **lich** (**Person** – **persönlich**, **Natur** – **natürlich**) und in Paaren wie **dubios** – **dubiös**, **lepros** – **leprös**. Ob man in Fällen wie **popularisieren** – **populär**, **Monstrosität** – **monströs** von Umlaut sprechen soll, bleibt zu klären.

101.
Den Input für solche Bildungen geben in der Regel Wörter ab, die den Akzent auf der ersten Silbe haben, aber nicht präfigiert sind. Von diesen Wörtern wird die erste Silbe kopiert (**Student** – **Stu**; **spontan** – **spon**). Beginnt die zweite Silbe des Basiswortes mit einem Konsonant, so wird dieser ebenfalls kopiert (**Student** – **Stud**; **spontan** – **spont**). Dann wird **i** angehängt. Es ergibt sich ein Trochäus. Die **i**-Substantive folgen natürlich der **s**-Flexion.
Für bestimmte Fälle müssen die Regeln noch verfeinert werden, so für **Depri**, **Manni** (**Manfred**), **Ossi** (Greule 1983; Féry 1997; Köpcke 2003).

102.
a) Im Partizip steht **ge** nur dann, wenn der hauptbetonten Stammsilbe keine unbetonte Silbe vorausgeht. Den fremden Verbalisierungssuffixen geht stets mindestens eine unbetonte Silbe voraus.
b) Eine klare Funktionstrennung zwischen **isier** und **ifizier** scheint es nicht zu geben. Im Regelfall muß **ifizier** natürlich nach einer betonten Silbe stehen: Wörter wie **umqualifizieren** sind prosodisch markiert. Fuhrhop (1998: 68) vermutet, daß **isier** nicht nach alveolarem Frikativ steht (***klassisieren**, ***russisieren**).
c) a. ier   – ´ –   addieren
           ` – ´ –   parodieren
           ` – – ´ –   korrespondieren
   b. isier   ` – ´ –   stilisieren
              ` – – ´ –   legalisieren

| `–`–´–   monologisieren
| –`–`–´–   amerikanisieren `––`–´–
c. ifizier `––´–   modifiziern
| –`––´–              personifizieren `–`–´–

Das produktive **isier** ist auch prosodisch am variabelsten. Schwankungen in der Akzentierung treten vor allem bei potentiell dreifüßigen Formen auf, die mit oder ohne Auftakt akzentuiert werden können (**amerikanisieren, personifizieren**).

103.
a) Die Bedeutung von **istisch** ist auf den **ismus** bezogen, die von **isch** auf die jeweilige Basis.
b) Die Ableitung **ist** → **istisch** geht weder semantisch noch morphologisch auf. Das **t** hat eine syllabische Funktion. Es garantiert, daß die vorausgehende Silbe, die ja betont ist und einen ungespannten Vokal enthält, geschlossen bleibt. Die Form ohne **t** wäre **formalisisch**. Hier würde dem ⟨i⟩ ein gespanntes [iː] und dem ⟨s⟩ ein stimmhaftes [z] entsprechen. Die Alternative wäre **formalissisch** mit Gelenkschreibung. Auch das würde die Einheitlichkeit von **is** zerstören. Die Lösung mit dem Infix **t** ist da weitaus eleganter.
c) Mit **ianismus** kann wohl dann eine besondere Ehrerbietung ausgedrückt werden, wenn der Eigenname in der Basis einsilbig ist oder auf Schwasilbe endet (**Thatcherismus – Wagnerianismus**).

104.
Einwohnerbezeichnungen auf Schwa stammen meist von zweisilbigen Stämmen mit [ən] (**Schweden – Schwede**) oder Einsilbern mit **land** (**Finnland – Finne**). Beim Adjektiv wird Schwa getilgt (**schwedisch, finnisch**).
Die Endung **aner** ist meist bezogen auf Ländernamen mit **ien** (**Brasilien, Kolumbien**) oder auf Stämme mit offener Silbe im Auslaut (**Amerika, Peru, Mexiko**). Das Adjektiv substituiert regelmäßig **er** (**afrikanisch**).
Einwohnerbezeichnungen auf **ese** stehen fast nur nach Stämmen, deren letzter Konsonant ein Sonorant ist. Das Adjektiv tritt an die Stelle von Schwa (**chinesisch, sudanesisch**).
Das Verhältnis von Ländername, Einwohnerbezeichnung und Adjektiv ist morphologisch besonders interessant. Die Ländernamen stellen eine geschlossene Klasse von Eigennamen dar und sollten morphologisch einfach sein. Tatsächlich gibt es aber charakteristische Endungen, die immer wieder vorkommen, wie **ei** (**Türkei**), **ien** (**Arabien**), **istan** (**Kurdistan**) und **land** (**Lappland**). Sehr viel regelmäßiger sind die Einwohnerbezeichnungen, die meist auf **er, aner, ese** oder Schwa enden und auf den Ländernamen bezogen sind. Vollends regelmäßig ist die Bildung der **isch**-Adjektive. Weil das semantische Verhältnis der drei Wortgruppen stabil ist, gibt es keinerlei Idiomatisierungen (ausführlicher Fuhrhop 1998: 141ff.).

105.
Wir geben einige Beispiele. 5a: **Das Wasser dampft** ≙ **Das Wasser wird zu Dampf** (1). **Karl feilt** ≙ Karl arbeitet mit der *Feile* (2). **Karl fettet das Backblech** ≙ Karl versieht das Backblech mit *Fett* (2). 5c: **Karl blufft** ≙ Karl führt einen *Bluff* aus (3). **Karl drummt** ≙ Karl spielt auf den *Drums* (2).

106.
a) /ʔ/ ist hinsichtlich seiner Distribution so gut wie vollständig morphologisch und prosodisch determiniert (3.2). Ihm entspricht deshalb kein Graphem. /ʒ/ und seine Schreibung wird bei den Fremdwörtern behandelt (8.6).

b) In /ç/ steht das unmarkierte Allophon für das Phonem mit den Varianten [ç], [x] und [k], vgl. ⟨mich⟩, ⟨schwach⟩, ⟨wachsen⟩. Die Schreibung ⟨ch⟩ für [k] ist dabei auf die Position vor [s] beschränkt wie in ⟨Ochse⟩, ⟨Büchse⟩, ⟨wechseln⟩, ⟨Luchs⟩ usw. (zu diesem Fall von phonemischer Überlappung auch 4.3).

c) Nach den Korrespondenzregeln entspricht im nativen Wortschatz dem /f/ das ⟨f⟩ und dem /v/ das ⟨w⟩. Ausnahmen finden sich für /f/ im Anlaut einer geschlossenen Gruppe von Formen, die aber zum Teil eine hohe Tokenfrequenz haben: ⟨ver⟩, ⟨von⟩, ⟨vor⟩, ⟨voll⟩, ⟨viel⟩, ⟨Vogel⟩, ⟨Vieh⟩, ⟨Volk⟩, ⟨Vater⟩, ⟨Vetter⟩, ⟨Veilchen⟩, ⟨Vettel⟩, ⟨Vers⟩. In fremden Wörtern steht ⟨v⟩ meist für /v/ (⟨Villa⟩, ⟨Vokabel⟩, ⟨Sklave⟩, ⟨vital⟩), aber auch hier gibt es Ausnahmen. Echte Sonderfälle stellen Formen wie ⟨doofes⟩, ⟨Fünfer⟩, ⟨zwölfe⟩ dar, bei denen im Zweisilber wie [doːvəs] ein ⟨f⟩ für /v/ steht (ausführlicher Günther 1988: 95ff).

d) Innerhalb einfacher morphologischer Einheiten kommt /kv/ nur im Silbenonset vor. Es stellt dann den gesamten Onset dar (**Quark**, **Quelle**, **quer**, **Quirl**; 4.3.1).

e) Der Status von /ŋ/ als Phonem ist umstritten. Setzt man /ng/ als ›zugrundeliegende‹ Phonemfolge für [ŋ] an, dann wird die GPK-Regel für /ŋ/ nicht benötigt (4.3.2). Man muß dann allerdings auch Formen wie [dʊŋkəl] ⟨dunkel⟩ als durch Nasalassimilation aus /dʊnkəl/ entstanden ansetzen. Bei unserem Vorgehen muß in dieser Form ein ⟨g⟩ getilgt werden, sonst ergibt sich ⟨dungkel⟩ (Eisenberg 1993: 83ff).

107.
a) Synchron eindeutig phonographisch sind ⟨dünner⟩, ⟨Hüne⟩, ⟨kühn⟩, ⟨müde⟩, ⟨Rücken⟩. Eindeutig morphologisch im Sinne einer Umlautschreibung sind ⟨dümmer⟩, ⟨fürchten⟩, ⟨Hühner⟩, ⟨hündisch⟩, ⟨wünschen⟩. Zweifelhaft sind ⟨betrügen⟩ – ⟨Trug⟩, ⟨führen⟩ – ⟨Fuhre⟩, ⟨Lüge⟩ – ⟨Lug⟩, ⟨Sünde⟩ – ⟨Sund⟩, ⟨verfügen⟩ – ⟨Fug⟩. Geht man den Etymologien nach, dann erweist sich zumindest ein Teil der phonographischen Schreibungen des ⟨ü⟩ historisch ebenfalls als Umlautschreibung, z. B. ⟨Rücken⟩ – ahd. ⟨ruggi⟩, ⟨dünn⟩ – ahd. ⟨thunni⟩. Ähnlich ⟨ö⟩ in ⟨Söhne⟩ – ⟨Sohn⟩ vs. ⟨Föhn⟩ und auch ⟨ä⟩ in ⟨wähnen⟩ – ⟨Wahn⟩ vs. ⟨gähnen⟩ (August 1997a; 8.2.3).

b) ⟨ie⟩ steht dann nicht, wenn dem /i/ in der phonologischen Wortform ein /ʔ/ vorausgeht wie in ⟨Igel⟩, ⟨Ire⟩, ⟨Iris⟩.

108.

a) Ausschlaggebend ist die Fußstruktur, d. h. der ambisilbische Konsonant. Das zeigt sich z. B. an morphologisch einfachen Wörtern auf ⟨ig⟩ und ⟨ich⟩.

   a. ⟨billig⟩, ⟨Essig⟩, ⟨knorrig⟩, ⟨mollig⟩, ⟨Pfennig⟩, ⟨ruppig⟩, ⟨struppig⟩
   b. ⟨Bottich⟩, ⟨Drillich⟩, ⟨Lattich⟩, ⟨Rettich⟩, ⟨Sittich⟩, ⟨Teppich⟩

b) Sie gilt für komplexe wie für einfache Formen. Das ist von besonderer Bedeutung für Substantive mit einsilbiger Grundform (⟨Ställe⟩, ⟨Sinne⟩, ⟨Blätter⟩), für Adjektive mit einsilbiger Grundform (⟨schnelles⟩, ⟨dumme⟩, ⟨matter⟩) und vor allem auch für Verben, deren Grundform ja komplex ist (Stammflexion; ⟨schwellen⟩, ⟨schwimmen⟩, ⟨bitten⟩).

c) ⟨tz⟩ ist Gelenkschreibung, sonst steht ⟨z⟩.

d) Als phonographische Schreibung für das stimmlose [s] wurde in 8.2.1 ⟨ß⟩ angesetzt, eine Gemination von ⟨ß⟩ als Gelenkschreibung gibt es aber nicht. Die Gründe für diese Besonderheit besprechen wir im Zusammenhang der **s**-Schreibung (8.2.3).

109.

a) ⟨Gewieher⟩, ⟨fliehen⟩; ⟨Brühe⟩, ⟨früher⟩; ⟨Ehe⟩, ⟨stehen⟩; ⟨Flöhe⟩, ⟨höher⟩; ⟨Häher⟩, ⟨nähen⟩; ⟨Rahe⟩, ⟨nahes⟩; ⟨Lohe⟩, ⟨drohen⟩; ⟨Truhe⟩, ⟨ruhen⟩.

b) Insgesamt finden sich im Kernwortschatz folgende Fälle ohne ⟨h⟩ und mit ⟨h⟩ (nach August 1980):

   a. ⟨Eier⟩, ⟨Zweier⟩, ⟨Dreier⟩, ⟨Kleie⟩, ⟨Schleie⟩, ⟨seiet⟩, ⟨freies⟩, ⟨Geier⟩, ⟨Schleier⟩, ⟨Leier⟩, ⟨Feier⟩, ⟨schneien⟩, ⟨schreien⟩, ⟨speien⟩.
   b. ⟨Geweihe⟩, ⟨Reihe⟩, ⟨Weihe⟩, ⟨Reiher⟩, ⟨Weiher⟩, ⟨gedeihen⟩, ⟨weihen⟩, ⟨leihen⟩, ⟨seihen⟩, ⟨verzeihen⟩.

110.

a) Nach ⟨ie⟩ tritt ein Dehnungs-h nur dann auf, wenn es morphologisch determiniert ist wie in ⟨befehlen⟩ – ⟨befiehlt⟩, entsprechend ⟨empfiehlt⟩, ⟨stiehlt⟩. Nach ⟨i⟩ steht es so gut wie ausschließlich in pronominalen Formen wie ⟨ihr⟩, ⟨ihn⟩, ⟨ihm⟩, ⟨ihrer⟩ usw. (Eisenberg 1983: 68f; Maas 1992: 318).

b) Bei ⟨ahnden⟩ und ⟨fahnden⟩ handelt es sich um Sonderfälle unterschiedlicher Art. Trotz Wegfall des zweiten Vokals in ahd. ⟨anado⟩ weist ⟨ahnden⟩ den gespannten Vokal auf. ⟨fahnden⟩ ist Intensivform zu ⟨finden⟩ – ⟨fand⟩ (!). In ⟨Föhrde⟩ (verwandt mit ⟨Fjord⟩) geht das ⟨de⟩ auf ein Suffix zurück. Hier ist im übrigen auch die Schreibung ⟨Förde⟩ zugelassen. ⟨Fehde⟩ geht auf die reguläre mhd. Schreibung ⟨vehede⟩ zurück. Das Wort wurde im 19. Jhdt. künstlich wiederbelebt. ⟨Nähte⟩ gehört etymologisch zu ⟨nähen⟩, ⟨Drähte⟩ zu ⟨drehen⟩. In beiden Fällen ist das ⟨h⟩ eigentlich silbeninitial und im Weiteren morphologisch determiniert.

c) Nur ⟨ohne⟩ ist eine Ausnahme (nichtflektierbar). Zu ⟨mehr⟩ vgl. ⟨mehren⟩, ⟨mehrere⟩, zu ⟨sehr⟩ vgl. ⟨versehren⟩.

111.

a) Die Schreibung von ⟨leihen⟩, ⟨verzeihen⟩ ist insgesamt vollständig regelhaft. Das silbeninitiale ⟨h⟩ bleibt in allen Formen erhalten (⟨lieh⟩, ⟨verziehen⟩). Bei ⟨schreien⟩ und ⟨speien⟩ heißt das Partizip 2 ⟨geschrien⟩ und ⟨gespien⟩ in Analogie zu ⟨die Knie⟩. Vor der Neuregelung waren auch die morphologischen Schreibungen ⟨geschrieen⟩ und ⟨gespieen⟩ erlaubt.

b) ⟨Die⟩, ⟨sie⟩ folgen wie die zweisilbigen Formen ⟨dieser⟩, ⟨diese⟩, ⟨diesem⟩ der allgemeinen Regularität für ⟨ie⟩. Sie ⟨ihn⟩, ⟨ihr⟩ ist ein Bezug auf den ›normalen‹ Kontext des Dehnungs-h im Zweisilber ⟨ihnen⟩, ⟨ihren⟩; ⟨ihm⟩ ist eine Analogie dazu. Die Formen ⟨wir⟩, ⟨mir⟩, ⟨dir⟩ sind markierte Schreibungen. Aber sie sind als Gruppe phonologisch einheitlich und von den beiden anderen Gruppen unterschieden.

112.

Die Darstellung beruht auf konsequenter Vermischung von phonographischer und silbischer Schreibung. In a. wird nicht zwischen dem markierten Fall ⟨i⟩, dem Prototyp ⟨ie⟩, dem silbeninitialen ⟨h⟩ in ⟨ieh⟩ und dem Dehnungs-h in ⟨ih⟩ unterschieden. In b. nicht zwischen der phonographischen Schreibung ⟨k⟩ und der Gelenkschreibung ⟨ck⟩. Das ⟨ch⟩ entspricht nach unserer Analyse überhaupt nicht einer k-Schreibung, sondern es gehört zu /ç,x,k/.

Das eigentlich Problematische an solchen Darstellungen ist, daß sie den Eindruck von Willkür und Nichtsystematizität der Orthographie erwecken. Nerius u.a. fördern diesen Eindruck, indem sie von »Unregelmäßigkeiten« im Deutschen sprechen und anderen Sprachen bescheinigen, bei ihnen sei »die Entsprechung zwischen Phonem und Graphem als wesentlich günstiger ... zu beurteilen« (1987: 82; dazu auch Maas 1995).

113.

a) Mögliche Explizitformen sind [bɛveːɡʊŋ] ⟨Bewegung⟩ oder [bɛveːɡən] ⟨bewegen⟩, dann [leːɡən] ⟨legen⟩ und [kaʁɡəs] ⟨karges⟩. Beim Adjektiv sind alle Flexionsformen explizit.

b) Mögliche Explizitformen sind [mʊntəʁəs] ⟨munteres⟩ und [noːblərəs] ⟨nobleres⟩.

c) Die Explizitformen haben hier ein [v], vgl. [doːvəs], [fʏnvə], [t͡sœlvə]. Der Grund für diese Schreibung dürfte sein, daß das [v] im Kernwortschatz so gut wie nie der Auslautverhärtung unterliegt (4.2).

d) Es handelt sich um eine Art Übergeneralisierung der gerade besprochenen Konstantschreibung auf einige Funktionswörter.

114.

a) In allen Fällen liegt Geminatenreduktion vor. Bei den zuerst genannten Formen geht sie nicht mit Vokalwechsel einher. Geminatenreduktion dieser Art gibt es ohne Vokalwechsel vor allem bei ⟨s⟩. Der Grund ist, daß das ⟨s⟩ in dieser Position sowohl auf [z] wie auf [s] bezogen ist.

b) Die Verben haben Rückumlaut so wie ⟨brennen⟩ – ⟨brannte⟩. Das ⟨d⟩ gehört zum Stamm, das ⟨t⟩ ist Präteritalsuffix. Es handelt sich um konsequent morphologische Schreibungen.

c) Die Gelenkschreibungen werden in Suffixen und Pseudosuffixen zu einfachen Konsonantbuchstaben reduziert. Das gilt auch für ⟨Bus⟩, wo ⟨us⟩ noch immer analog zu ⟨Omnibusse⟩ – ⟨Omnibus⟩ geschrieben wird. Bei völliger Trennung von ⟨Omnibus⟩ und abgeschlossener Integration müßte natürlich ⟨Buss⟩ geschrieben werden, wahrscheinlich mit den Plural ⟨Büsse⟩.

Zwischen ⟨innen⟩ und ⟨in⟩ sowie ⟨mitten⟩ und ⟨mit⟩ besteht eine etymologische Beziehung, aber kein transparentes Ableitungsverhältnis.

115.
/z/ korrespondiert immer mit ⟨s⟩ (a). Als Gelenk und auf Gelenk morphologisch bezogen korrespondiert /s/ mit ⟨ss⟩. Mit Doppel-s wird außerdem die Konjunktion ⟨dass⟩ geschrieben (b).
Ist Stimmhaftigkeit bei /z/-/s/ distinktiv, dann korrespondiert /s/ mit ⟨ß⟩. Das gilt weiter für die Positionen von /s/, die darauf morphologisch bezogen sind (c). Beispiel: ⟨weisen⟩ – ⟨weißen⟩ und deshalb morphologisch ⟨sie weist⟩ – ⟨sie weißt⟩. In allen anderen Fällen korrespondiert /s/ mit ⟨s⟩ (d).
Unsere Korrespondenzregeln in 8.2.1 berücksichtigen nur für /z/ den unmarkierten Fall, für /s/ aber einen markierten. Das ist theoretisch unbefriedigend, technisch aber die einfachste Lösung. Anderenfalls erhielte man mit /z/ → ⟨s⟩ und /s/ → ⟨s⟩ eine Uneindeutigkeit.

116.
a) ⟨Bremse⟩ (»Fahrzeug«) – ⟨Brämse⟩ (»Insekt«); ⟨Heide⟩ (»Landschaft«) – ⟨Haide⟩ (»Nichtreligiöser«); ⟨Kiefer⟩ (»Baum«) – ⟨Kifer⟩ (»Knochen«); ⟨Ton⟩ (»Erde«) – ⟨Tohn⟩ (»Klang«); ⟨Weide⟩ (»Baum«) – ⟨Waide⟩ (»Wiese«).
b) ⟨Ebbe⟩, ⟨Esse⟩, ⟨Kajak⟩, ⟨Radar⟩, ⟨nennen⟩, ⟨Retter⟩, ⟨Rentner⟩, ⟨Reittier⟩, ⟨Regallager⟩, ⟨Lagerregal⟩, ⟨neben⟩, ⟨Renner⟩, ⟨Rotor⟩, ⟨stets⟩, ⟨nun⟩, ⟨neuen⟩, ⟨Solos⟩, ⟨Uhu⟩, ⟨Marktkram⟩ (Pfeiffer 1984).

117.
a) Die Kritiker berufen sich auf eine Formulierung im amtlichen Regelwerk, die Ähnliches besagt wie unsere Ein-Graphem-Regel (Deutsche Rechtschreibung 1996: 119). Die Kritik stellte zurecht fest, daß die Domäne dieser Regel in der amtlichen Formulierung nicht eindeutig morphologisch beschränkt ist. Überprüfen Sie den Sachverhalt am amtlichen Regelwerk.
b) (1) Morphologische Trennung (Komposita, Präfixe, silbische Suffixe mit genau einem Graphem vor dem Kerngraphem). (2) Phonologische Trennung einschl. Onsetmaximierung. (3) Die in Hinsicht auf (1) und (2) unklaren Fälle dürfen auf jeweils beide Weisen getrennt werden.
Ein Regelwerk dieser Art findet sich in Eisenberg 2002a.

118.
Beispiel: **Sie trinkt den Becher leer** vs. **Sie trinkt aus dem Becher.** Dem direkten Objekt entspricht entweder ein präpositionales Objekt oder ein präpositionales Adverbial. Ein Bezug auf nominale Objekte scheint nicht vorzukommen. Diese Tatsache für sich genommen erzwingt schon die Zusammenschreibung von **leertrinken** usw.

119.
a) Weil die genannten vier Wörter sich so verhalten, daß man sie mal groß und mal klein schreiben möchte, sollte Kleinschreibung erzwungen werden. Man sah darin eine Vereinfachung. Die Regelung hat sich als nicht haltbar erwiesen. Man muß zulassen **Sie arbeitet zu viel** aber **Das Wenige hast du auch noch vergessen.**
b) Ab **hundert** können die Kardinalzahlwörter auch wie Maßeinheiten verwendet und deshalb groß geschrieben werden, z. B. **viele Hunderte, mehrere Tausend** wie **ein Dutzend, zehn Byte**. Ab **Million** ist das Zahlwort morphosyntaktisch ein echtes Substantiv, das sogar obligatorisch die Pluralform verwendet, vgl. **eine Milliarde, zehn Milliarden** (s. a. Aufgabe 3, 76).

120.
a) Gallmann (1997: 220 f.) spricht von einem lexematisch-paradigmatischen Konzept von Substantivität (in unserer Terminologie entspricht dem ›wortparadigmatisch‹). Gemeint ist, daß eine Wortform, die als solche formgleich mit einer eines substantivischen Paradigmas ist, auch als Substantiv kategorisiert werden kann, selbst wenn sie nicht im für Substantive typischen syntaktischen Kontext auftritt. Gallmann möchte das Konzept vor allem auf ›Juxtapositionen‹, das sind enge Appositionen vom Typ **Aufschwung Ost, Prinzip Hoffnung, Stadt Rom** angewendet wissen. Man kann hier aber durchaus auch erwägen, von einer substantivtypischen syntaktischen Konstruktion zu sprechen (Satz, 8.3).
b) Die Reformer haben versucht, Fälle wie die in 4a oder auch die ersten Bestandteile von **kopf stehen, eis laufen, rücken schwimmen** so zum Substantiv zu machen und groß zu schreiben. Eine Lösung, die nicht trägt (8.4).

121.
a) Sie können je nach dem Bezeichneten als Appellativa oder Stoffsubstantive verwendet werden, z. B. **zwei grüne Hondas, blaugefärbtes Aral**. Gelegentlich kommt es dazu, daß ein Produktname sich im Sinne eines ultimativen Ziels der Werbung als Appellativum oder Stoffsubstantiv etabliert, etwa wenn es heißt »Hast du mal ein Tempo?« oder »Kauf bitte eine Tube Uhu.« Denn: »Sag nicht Banane, sag Chiquita.« (Voigt 1985).
b) Die Wörter auf **isch** sind Adjektive und werden zurecht klein geschrieben. Die auf **er** werden von den meisten Grammatiken zu Adjektiven erklärt, haben aber so gut wie keine adjektivischen Eigenschaften. Sie stehen nur präsubstantivisch und sind weder deklinierbar noch komparierbar. Bildbar sind sie auf der Basis von Eigennamen und insbesondere Ortsnamen. Fuhrhop (1993) nennt sie Stadtadjektive und geht der Frage nach, warum sie, obwohl Adjektive, nicht flektierbar sind.

122.
a) Bezüglich des ersten Segments wird **Job** kaum integriert, es bleibt beim [dʒ]. Bezüglich des Auslauts ist es ebenfalls markiert. Der Auslaut nach ungespanntem Vokal ist in solchen Substantiven regelmäßig in einigen Flexionsformen Gelenk. Das ist bei **Job** nicht der Fall. Die Verhältnisse liegen bei

Jazz insofern anders, als es hier die vollständig integrierte Form [jat͡s] gibt. Sie hat einen silbischen Gen Sg, in dem die Affrikate Gelenk ist.

b) Eine graphematische Integration könnte nur zu **Senter** und **Sity** führen. Ein solches ⟨s⟩ müßte im Kernwortschatz aber stimmhaft gelesen werden.

c) Eine Buchstabenfolge ⟨ks⟩ gibt es im Kernwortschatz bei morphologisch einfachen Einheiten nicht. Die Standardschreibung für [ks] ist ⟨chs⟩, in morphologisch einfachen Einheiten aber nur nach ungespanntem Vokal (**Fuchs, Wachs**). **Koks** und **Keks** bleiben also markiert.

d) Phonologisch wird zu [beːbi] integriert, so daß sich die Korrespondenz [eː] → ⟨a⟩ ergibt. Graphematisch führt das aber nicht zu **Beby**. Integriert wird allenfalls zu **Babie**, was auch durch Rückbildung vom englischen Plural **babies** unterstützt wird.

123.

a) Im Kernwortschatz ist bei Einsilbern mit offener Silbe eine Dehnungsmarkierung erforderlich, z. B. **See, Fee** (8.2.2). Sobald ein weiteres Element erscheint, tritt das morphologische Prinzip zurück (**die Seen, Feen**, nicht *****Seeen, *Feeen**). Bei den mehrsilbigen Gallizismen liegen die Verhältnisse in allen Punkten anders. Das Eigengewicht des Stammes ist hinreichend groß, alle Flexionssuffixe sind nichtsilbisch. Von Integration kann keine Rede sein, die Schreibungen bleiben markiert.

b) ⟨ng⟩ ist im Kernwortschatz Gelenkschreibung, in Gallizismen nicht. Würde phonologisch zu [balkɔŋ] mit dem Plural [balkɔŋə] integriert, ergäbe sich mit Sicherheit die Schreibung **Balkong**. Das ist aber nicht der Fall. Viel wahrscheinlicher ist die reine Leseaussprache als [balkoːn] mit dem Plural [balkoːnə].

124.

a) Es gibt eine Reihe von Anzeichen dafür, daß das [k] in der Explizitform nicht als Gelenk fungiert. Bei **Kritik** etwa ist im Pl die erste Silbe betont (**Krítiken**). In allen Wörtern kann das [i] vor [k] gespannt sein. Und in vielen anderen Fällen ist die entsprechende Silbe gar nicht betont (**Metrik, Panik, Ästhetik**).

b) Bei den drei Wörtern kann der jeweils vorausgehende Vokal gespannt sein [numɛriːʀən, plat͡siːʀən, pakɛːt]. Mit der Gelenkschreibung wird außerdem der morphologische Zusammenhang zu anderen Fremdwörtern wie **numerisch** oder **Plaza** zerrissen. Die neuen Regelungen lassen sich nicht verteidigen.

c) Bei auslautendem [s] kann die s-Flexion nicht realisiert werden, weil der Genitiv wie der Plural silbisch sein *muß*. Deshalb wird die starke Flexion gewählt. Die vollständige Integration solcher Wörter ist also rein phonologisch bedingt.

Siglen

ALASH	Acta linguistica Academiae scientiarum Hungaricae. Budapest.
Beitrr	Beiträge zur Geschichte der deutschen Sprache und Literatur. Halle.
Beitrr (Tüb)	Beiträge zur Geschichte der deutschen Sprache und Literatur. Tübingen.
BNF	Beiträge zur Namensforschung. Heidelberg.
CLS	Papers from the Annual Regional Meeting of the Chicago Linguistic Society. Chicago.
CPs	Cognitive Psychology. New York.
DaF	Deutsch als Fremdsprache. Leipzig.
DD	Diskussion Deutsch. Frankfurt.
DRLAV	Documentation et Recherche en Linguistique Allemande Contemporaine – Vincennes. Paris.
DS	Deutsche Sprache. Berlin.
DU	Der Deutschunterricht. Seelze
FL	Foundations of Language. Dordrecht.
FoL	Folia Linguistica. Den Haag.
FoLH	Folia Linguistica Historica. Series 2. Berlin.
GAGL	Groninger Arbeiten zur Germanistischen Linguistik. Groningen.
GL	Germanistische Linguistik. Hildesheim.
HSK	Handbücher zur Sprach- und Kommunikationswissenschaft. Berlin.
IJGLSA	Interdisciplinary journal for Germanic linguistics and semiotic analysis. Berkeley.
Info DaF	FInfo DaF. Informationen Deutsch als Fremdsprache. München.
IRAL	International Review of Applied Linguistics in Language Teaching. Heidelberg.
JGL	Journal of Germanic Linguistics. Cambridge.
JIPA	Journal of the International Phonetic Association. London.
JL	Journal of Linguistics. London.
JS	Journal of Semantics. Dordrecht.
KBGL	Kopenhagener Beiträge zur Germanistischen Linguistik. Kopenhagen.
LAB (West)	Linguistische Arbeiten und Berichte. Berlin.
Language	Language. Baltimore.
LaSp	Language and Speech. New York.
L&CP	Language and cognitive processes. Utrecht.
LB	Linguistische Berichte. Opladen.
LeSt	Lingua e Stile. Bologna.
LeuvB	Leuvense Bijdragen. Löwen.
LI	Linguistic Inquiry. Cambridge (Mass.).
LiLi	Zeitschrift für Literaturwissenschaft und Linguistik. Stuttgart.
Ling&Phil	Linguistics and Philosophy. Dordrecht.
Lingua	Lingua. Amsterdam.
Linguistics	Linguistics. Berlin.
Mspråk	Moderna Språk. Lund.
Mu	Muttersprache. Wiesbaden.
NELS	Proc. of the Annual Meeting of the North East Linguistic Society. Amherst.
NLLT	Natural Language & Linguistic Theory. Dordrecht.
NphM	Neuphilologische Mitteilungen. Helsinki.
OBST	Osnabrücker Beiträge zur Sprachtheorie. Osnabrück.
PD	Praxis Deutsch. Velber.
Phonetica	Phonetica. Basel.

PzL	Papiere zur Linguistik. Tübingen.
RLV	Revue des Langues Vivantes. Brüssel.
S&P	Sprache und Pragmatik. Lund.
SiL	Studies in Language. Amsterdam.
Spr.wiss.	Sprachwissenschaft. Heidelberg.
Stl	Studium Linguistik. Kronberg.
STUF	Sprachtypologie und Universalienforschung. Berlin.
STZ	Sprache im technischen Zeitalter. Stuttgart.
SuS	Sprachpflege und Sprachkultur. Leipzig.
TL	Theoretical Linguistics. Berlin/New York.
Word	Word. New York.
WW	Wirkendes Wort. Düsseldorf.
ZDL	Zeitschrift für Dialektologie und Linguistik. Wiesbaden.
ZDPh	Zeitschrift für deutsche Philologie. Halle.
ZDSL	Zeitschrift für deutsche Sprache und Literatur. Seoul.
ZDS	Zeitschrift für deutsche Sprache. Berlin.
ZDW	Zeitschrift für deutsche Wortforschung. Berlin.
ZfG	Zeitschrift für Germanistik. Leipzig.
ZfS	Zeitschrift für Semiotik. Berlin.
ZGL	Zeitschrift für germanistische Linguistik. Berlin.
ZPSK	Zeitschrift für Phonetik, Sprachwissenschaft und Kommunikationsforschung. Berlin.
ZS	Zeitschrift für Sprachwissenschaft. Berlin.

Literaturverzeichnis

Abraham, W. (Hg.) (1982): Satzglieder im Deutschen. Vorschläge zur syntaktischen, semantischen und pragmatischen Fundierung. Tübingen
Abraham, W. (1988): Terminologie zur neueren Linguistik. 2Bde. Tübingen. 2. Aufl.
Abraham, W. (1995): Deutsche Syntax im Sprachenvergleich. Grundlegung einer typologischen Syntax des Deutschen. Tübingen
Ágel, V. (1996): Finites Substantiv. ZGL 24. S. 16–57
Ágel, V./Brdar-Szabó, R. (Hg.)(1995): Grammatik und deutsche Grammatiken. Tübingen
Aitchison, J. (1994): Words in the mind. An introduction to the mental lexicon. Oxford. 2. Aufl.
Aitchison, J. (1997): Wörter im Kopf. Eine Einführung in das mentale Lexikon. Tübingen
Allport, A. u.a. (Hg.)(1987): Language Perception and Production: Relationships between Listening, Speaking, Reading, and Writing. London
Ammon, U. (1995): Die deutsche Sprache in Deutschland, Österreich und der Schweiz. Berlin
Anderson, S.R. (1985): Inflectional Morphology. In: Shopen, T. (Hg.): Language Typology and Syntactic Description. Bd 3: Grammatical Categories and the Lexicon. Cambridge. S. 150–201
Antos, G. (1996): Laien-Linguistik. Studien zu Sprach- und Kommunikationsproblemen im Alltag. Am Beispiel von Sprachratgebern und Kommunikationstrainings. Tübingen
Anward, J. (2000): A dynamic model of part-of-speech differentiation. In: Vogel, P./Comrie, B. (Hg.) (2000). S. 3–45
Aronoff, M. (1976): Word formation in generative grammar. Cambridge (Mass.)
Aronoff, M. (1994): Morphology by Itself. Stems and Inflectional Classes. Cambridge (Mass.)
Aronoff, M./Fuhrhop, N. (2002): Restricting Suffix Combinations in German and English. NLLT 20. S. 451–490
Åsdahl-Holmberg, M. (1976): Studien zu den verbalen Pseudokomposita im Deutschen. Stockholm
Askedal, J.O. (1987): Syntaktische Symmetrie und Asymmetrie im Bereich der passivischen Fügungen des Deutschen. In: CRLG (Hg.): Das Passiv im Deutschen. Tübingen 1987. S. 17–49
Auer, P. (1991): Zur More in der Phonologie. ZS 10. S. 3–36
Auer, P./Uhmann, S. (1988): Silben- und akzentzählende Sprachen. Literaturüberblick und Diskussion. ZS 7. S. 214–259
Augst, G. (1975): Untersuchungen zum Morpheminventar der deutschen Gegenwartssprache. Tübingen
Augst, G. (1979): Neuere Forschungen zur Substantivflexion. ZGL 7. S. 220–232
Augst, G. (1980): Die graphematische Dehnungsbezeichnung und die Möglichkeit einer Reform. DS 8. S. 306–326
Augst, G. (1981): Über die Schreibprinzipien. ZPSK 34. S. 734–741
Augst, G. (1983): Neue Vorschläge zur Groß- und Kleinschreibung. DD 14. S. 641–657
Augst, G. (1985): Regeln zur deutschen Rechtschreibung vom 1. Januar 2001. Entwurf einer neuen Verordnung zur Bereinigung der Laut-Buchstaben-Beziehung. Frankfurt
Augst, G. (Hg.)(1994): Fehler: Defizite oder Lernschritte? DU 46,II
Augst, G. (1995): Einfacher und doppelter Konsonant in Anglizismen. In: Ewald, P./Sommerfeldt, K.-E. (Hg.): Beiträge zur Schriftlinguistik. Festschrift für Dieter Nerius. Frankfurt. S. 27–37
Augst, G. (1997): Die Worttrennung. In: Augst, G. u.a. (Hg.)(1997). S. 259–268
Augst, G. (1997a): Relative Motiviertheit im etymologischen Wörterbuch. In: Konerding, K.-P./Lehr, A. (Hg.): Linguistische Theorie und lexikographische Praxis. Tübingen. S. 83–98

Augst, G. u. a. (Hg.)(1997): Zur Neuregelung der deutschen Orthographie. Begründung und Kritik. Tübingen
Baayen, R.H. u. a. (1995): The CELEX Lexical Database (CD-ROM). Linguistic Data Consortium, University of Pennsylvania. Philadelphia
Baayen, R.H./Lieber, R./Schreuder, R. (1997): The morphological complexity of simplex nouns. Linguistics 35. S. 861–877
Baker, M. (1988): Incorporation: A Theory of Grammatical Function Changing. Chicago
Bartsch, R. (1985): Sprachnormen: Theorie und Praxis. Tübingen
Basbøll, H./Wagner, J. (1985): Kontrastive Phonologie des Deutschen und Dänischen. Segmentale Wortphonologie und -phonetik. Tübingen
Baurmann, J. u. a. (Hg.)(1993): homo scribens. Perspektiven der Schriftlichkeitsforschung. Tübingen
Bausewein, K. (1990): Akkusativobjekt, Akkusativobjektsätze und Objektsprädikative im Deutschen. Tübingen
Beaugrande, R.A. de/Dressler, W.U. (1981): Einführung in die Textlinguistik. Tübingen
Bech, G. (1951): Grundzüge der Entwicklungsgeschichte der hochdeutschen Modalverba. Kopenhagen
Bech, G. (1983): Studien über das deutsche Verbum infinitum. Tübingen. Original 1955/1957
Becker, Th. (1990): Analogie und morphologische Theorie. München
Becker, Th. (1990a): Do words have heads? ALASH 40(1990/91), 1/2. S. 5–17
Becker, Th. (1992): Compounding in German. Rivista die Linguistica 4. S. 5–36
Becker, Th. (1996): Zur Repräsentation der Vokallänge in der deutschen Standardsprache. ZS 15. S. 3–21
Becker, Th. (1998): Das Vokalsystem der deutschen Standardsprache. Frankfurt/M.
Bense, E./Eisenberg, P./Haberland, H. (Hg.)(1976): Beschreibungsmethoden des amerikanischen Strukturalismus. München
Benware, W.A. (1987): Accent variation in German nominal compounds of the type (A(BC)). LB 108. S. 102–127
Berg, Th. (1992): Umrisse einer psycholinguistischen Theorie der Silbe. In: Eisenberg, P./ Ramers, K.H./Vater, H. (Hg.)(1992). S. 45–99
Bergenholtz, H./Mugdan, J. (1979): Einführung in die Morphologie. Stuttgart
Berger, D. (1968): Interpunktionsfragen in der Sprachberatung. Die wissenschaftliche Redaktion 5. Mannheim. S. 30–43
Bergmann, R./Nerius, D. u. a. (1997): Die Entwicklung der Großschreibung im Deutschen von 1500 bis 1700. Heidelberg
Berkemeier, A. (1997): Kognitive Prozesse im Zweitschrifterwerb. Zweitalphabetisierung griechisch-deutsch-bilingualer Kinder im Deutschen. Frankfurt
Bethin, Chr. (1982): Polish Syllables. The Role of Prosody in Phonology and Morphology. Columbus (Ohio)
Bettelhäuser, H.-J. (1976): Studien zur Substantivflexion der deutschen Gegenwartssprache. Heidelberg
Bierwisch, M. (1967): Syntactic features in morphology: General problems of so-called pronominal inflection in German. In: To honor Roman Jakobson. Den Haag. Bd.1. S. 239–270. Deutsch in: Kiefer, F. (Hg.): Morphologie und generative Grammatik. Frankfurt 1975. S. 1–55
Bierwisch, M. (1983): Semantische und konzeptuelle Repräsentation lexikalischer Einheiten. In: Růžička, R./Motsch, W. (Hg.): Untersuchungen zur Semantik. Berlin. S. 61–99
Bierwisch, M./Lang, E. (Hg.)(1987): Grammatische und konzeptuelle Aspekte von Dimensionsadjektiven. Berlin
Bierwisch, M./Motsch, W./Zimmermann, I. (Hg.)(1988): Syntax, Semantik und Lexikon. Berlin
Birkmann, T. (1987): Präteritopräsentia. Morphologische Entwicklungen einer Sonderklasse in den altgermanischen Sprachen. Tübingen
Bittner, A. (1996): Starke ›schwache‹ Verben, schwache ›starke‹ Verben. Deutsche Verbflexion und Natürlichkeit. Tübingen
Bittner, A. u. a. (Hg.) (2000): Angemessene Strukturen: Systemorganisation in Phonologie, Morphologie und Syntax. Hildesheim

Bittner, D. (2000): Sprachwandel durch Spracherwerb? Pluralerwerb. In: Bittner, A. u. a. (Hg.) (2000). S. 123–140
Bittner, D. (2002): Semantisches in der pronominalen Flexion. ZS 21. S. 196–233
Blake, B. J. (1994): Case. Cambridge
Blatz, F. (1896): Neuhochdeutsche Grammatik mit Berücksichtigung der historischen Entwicklung der deutschen Sprache. Zweiter Band. Satzlehre (Syntax). Karlsruhe. 3.Aufl.
Blatz, F. (1900): Neuhochdeutsche Grammatik mit Berücksichtigung der historischen Entwicklung der deutschen Sprache. Erster Band. Einleitung. Lautlehre. Wortlehre. Karlsruhe. 3. Aufl.
Blevins, J. P. (1995): Syncretism and paradigmatic opposition. Ling&Phil 18. S. 113–152
Bloch, B. (1941): Phonemic overlapping. American Speech 16. S. 278–284
Bloch, B. (1950): Studies in Colloquial Japanese IV. Phonemics. Language 26. S. 86–125
Bloomfield, L. (1926): A Set of Postulates for the Science of Language. Language 2. S. 153–164. Deutsch: Eine Grundlegung der Sprachwissenschaft in Definitionen und Annahmen. In: Bense, E. u. a. (Hg.)(1976). S. 36–48
Bock, M. (1990): Zur Funktion der deutschen Groß- und Kleinschreibung. In: Stetter, C. (Hg.)(1990). S. 1–33
Bock, M./Hagenschneider, K./Schweer, A. (1989): Zur Funktion der Groß- und Kleinschreibung beim Lesen deutscher, englischer und niederländischer Texte. In: Eisenberg, P./Günther, H. (Hg.)(1989). S. 23–55
Bommes, M. u. a. (Hg.) (2002): Sprache als Form. Wiesbaden
Booij, G. (1986): Form and meaning in morphology: the case of Dutch ›agent nouns‹. Linguistics 24. S. 503–517
Booij, G. (1996): Inherent versus contextual inflection and the split morphology hypothesis. In: Booij, G./Marle, J. v. (Hg.)(1996). S. 1–17
Booij, G. (1997): Allomorphy and the autonomy of morphology. FOL 31. S. 25–56
Booij, G. (1997a): Autonomous morphology and paradigmatic relations. In: Booij, G./Marle, J. v. (Hg.): Yearbook of Morphology 1996. Dordrecht. S. 35–53
Booij, G. (2000): Inflection and derivation. In: Booij, G. u. a. (Hg.) (2000). S. 360–369
Booij, G./Marle, J. v. (Hg.)(1996): Yearbook of Morphology 1995. Dordrecht
Booij, G. u. a. (Hg.) (2000): Morphologie. Ein internationales Handbuch zur Flexion und Wortbildung. 1. Halbband. Berlin
Bornschein, M./Butt, M. (1987): Zum Status des s-Plurals im gegenwärtigen Deutsch. In: Abraham. W./Århammer, R. (Hg.): Linguistik in Deutschland. Tübingen. S. 135–153
Borsley, R. D. (1997): Syntax-Theorie. Ein zusammengefaßter Zugang. Deutsche Bearbeitung von Peter Suchsland. Tübingen
Bramann, K.-W. (1987): Der Weg zur heutigen Rechtschreibnorm. Abbau orthographischer und lexikalischer Doppelformen im 19. und 20. Jahrhundert. Frankfurt
Bredel, U. u. a. (Hg.) (2003): Didaktik der deutschen Sprache. Ein Handbuch. 2 Bde. Paderborn
Bredel, U./Günther, H. (2000): Quer über das Feld das Kopfadjunkt, ZS 19. S. 103–110
Breindl, E. (1989): Präpositionalobjekte und Präpositionalobjektsätze im Deutschen. Tübingen
Breindl, E./Thurmair, M. (1992): Der Fürstbischof im Hosenrock. Eine Studie zu den nominalen Kopulativkomposita im Deutschen. DS 20. S. 32–61
Brekle, H. (1986): Einige neuere Überlegungen zum Thema Volkslinguistik. In: Brekle, H./Maas, U. (Hg.): Sprachwissenschaft und Volkskunde. Opladen. S. 70–76
Brekle, H. (1996): Die Buchstabenformen westlicher Alphabetschriften in ihrer historischen Entwicklung. In: Günther, H./Ludwig, O. u. a. (Hg.)(1996). 1.Halbband. S. 171–204
Briegleb, O. (1935): Das verfemte Zwischen-s bei Wortzusammensetzung. Leipzig
Brockhaus, W. (1995): Final Devoicing in the Phonology of German. Tübingen
Browman, C. P./Goldstein, L. (1989): Articulatory gestures as phonological units. Phonology 6. S. 201–251
Browman, C. P./Goldstein, L. (1992): Articulatory phonology: An overview. Phonetica 49. S. 155–180
Bühler, K. (1965): Sprachtheorie. Die Darstellungsfunktion der Sprache. Stuttgart. Original 1934

Büring, D. (1991): Semantische Transparenz und Linking. LB 135. S. 346–374
Bußmann, H. (1990): Lexikon der Sprachwissenschaft. Stuttgart. 2. Aufl.
Bußmann, H. (2002): Lexikon der Sprachwissenschaft. Stuttgart. 3. Aufl.
Butt, M. (1992): Sonority and the Explanation of Syllable Structure. LB 137. S. 45–67
Butt, M. (1994): Phonologische Merkmale und die Struktur der Silbe im Deutschen. Magisterarbeit Univ. Hannover
Butt M./Eisenberg, P. (1990): Schreibsilbe und Sprechsilbe. In: Stetter, C. (Hg.)(1990): Zu einer Theorie der Orthographie. Tübingen. S. 33–64
Butt, M./Fuhrhop, N. (Hg.)(1998): Variation und Stabilität in der Wortstruktur. Hildesheim.
Bybee, J.L. (1985): Morphology. A Study of the Relation Between Meaning and Form. Amsterdam
Carstairs, A. (1986): Macroclasses and paradigm economy in German nouns. ZPSK 39. S. 3–11
Carstairs, A. (1987): Allomorphy in Inflexion. London
Carstairs-McCarthy, A. (1992): Current Morphology. London
Carstairs-McCarthy, A. (2000): Lexeme, word-form, paradigm. In: Booij, G. u.a. (Hg.) (2000). S. 595–607
Chomsky, N. (1957): Syntactic Structures. Den Haag
Chomsky, N. (1973): Strukturen der Syntax. Den Haag. Übersetzung von Chomsky 1957
Chomsky, N./Halle, M. (1968): The Sound Pattern of English. New York
Clahsen, H. (1999): Lexical entries and rules of languages: A multidisciplinary study of German. Behavioral and Brain Sciences 22. S. 991–1060
Clahsen, H. u.a. (1997): Morphological structure and the processing of inflected words. TL 23. S. 201–249
Clahsen, H. u.a. (2001): The mental representation of inflected words: an experimental study of adjectives and verbs in German. Language 77. S. 510–543
Clark, J./Yallop, C. (1980): An Introduction to Phonetics and Phonology. Oxford
Clements, G.N. (1985): The geometry of phonological features. Phonology Yearbook 2. S. 225–252
Clements, G.N. (1990): The role of the sonority cycle in core syllabification. In: Kingston, J./Beckman, M.E. (Hg.): Between the Grammar and Physics of Speech. Cambridge. S. 283–340
Comrie, B. (1991): Form and function in identifying cases. In: Plank, F. (Hg.)(1991). S. 41–55
Corbett, G. (2000): Number. Cambridge
Coseriu, E. (1971): System, Norm und ›Rede‹. In: Coseriu, E. (Hg.)(1971): Sprache: Strukturen und Funktionen. 12 Aufsätze zur allgemeinen und romanischen Sprachwissenschaft. Tübingen. 2.Aufl. S. 53–72
Coulmas, F./Ehlich, K. (Hg.)(1983): Writing in Focus. Berlin
CRLG (Hg.) (1987): Das Passiv im Deutschen. Tübingen
Darski, J. (1979): Die Adjektivdeklination im Deutschen. Spr.wiss. 4. S. 190–205
Darski, J. (1999): Bildung der Verbformen im Standarddeutschen. Tübingen
Debus, F./Leirbukt, O. (Hg.)(1997): Aspekte der Modalität im Deutschen. Hildesheim
Dehn, M. (1985): Über die sprachanalytische Tätigkeit des Kindes beim Schreibenlernen. DD 81. S. 25–51
Demske, U. (2000): Zur Geschichte der ung-Nominalisierung im Deutschen. Beitrr (Tüb) 122. S. 365–411
Deutsche Rechtschreibung (1902): Regeln für die deutsche Rechtschreibung nebst Wörterverzeichnis. Herausgegeben im Auftrage des Königlich Preußischen Ministeriums der geistlichen, Unterrichts- und Medizinal-Angelegenheiten. Berlin
Deutsche Rechtschreibung (1996): Deutsche Rechtschreibung. Regeln und Wörterverzeichnis. Tübingen
Deutsche Wortbildung. Typen und Tendenzen in der Gegenwartssprache. Düsseldorf 1973–1978. Berlin 1991–1992.
  1. Hauptteil: Kühnhold, I./Wellmann, H. (1973): Das Verb
  2. Hauptteil: Wellmann, H. (1975): Das Substantiv
  3. Hauptteil: Kühnhold, I./Putzer, O./Wellmann, H. u.a. (1978): Das Adjektiv
  4. Hauptteil: Ortner, L./Müller-Bollhagen, E. u.a. (1991): Substantivkomposita

5. Hauptteil: Pümpel-Mader, E. u. a. (1992): Adjektivkomposita und Partizipialbildungen

Deutsches Fremdwörterbuch (1988): Deutsches Fremdwörterbuch. Siebenter Band. Quellenverzeichnis, Wortregister, Nachwort. Berlin

Dieckmann, W. (1991): Sprachwissenschaft und öffentliche Sprachdiskussion – Wurzeln ihres problematischen Verhältnisses. In: Wimmer, R. (Hg.): Das 19. Jahrhundert. Sprachgeschichtliche Wurzeln des heutigen Deutsch. Berlin. S. 355–373

Diewald, G. (1997): Grammatikalisierung. Eine Einführung in Sein und Werden grammatischer Formen. Tübingen

Dittmer, E. (1983): Form und Distribution der Fremdwortsuffixe im Neuhochdeutschen. Spr.wiss. 8. S. 385–398

Donalies, E. (1999): Präfixverben, Halbpräfixverben, Partikelverben, Konstitutionsverben oder verbale Gefüge? – Ein Analyseproblem der deutschen Wortbildung. In: Studia Germanica Universitatis Vesprimiensis 3,2. S. 127–143

Donalies, E. (2000): Das Konfix. Zur Definition einer zentralen Einheit der deutschen Wortbildung. DS 28. S. 144–159

Donalies, E. (2002): Wortbildung im Deutschen. Tübingen

Donhauser, K. (1986): Der Imperativ im Deutschen. Studien zur Syntax und Semantik des Deutschen Modussystems. Hamburg

Donhauser, K. (1987): Verbaler Modus oder Satztyp? Zur grammatischen Einordnung des deutschen Imperativs. In: Meibauer, J. (Hg.)(1987). S. 57–74

Dotter, F. (1990): Nichtarbitrarität und Ikonizität in der Syntax. Hamburg

Dowty, D. (1991): Thematic proto–roles and argument selection. Language 67. S. 547–619

Dressler, St./Schaeder, B. (Hg.)(1994): Wörterbücher der Medizin. Beiträge zur Fachlexikographie. Tübingen

Dressler, W.U. (1973): Einführung in die Textlinguistik. Tübingen

Dressler, W.U. (1989): Prototypical Differences between Inflection and Derivation. ZPSK 42 (1989). S. 3–10

Dressler, W.U. (1994): Diminutivbildung als nicht-prototypische Wortbildungsregel. In: Köpcke, K.-M. (Hg.)(1994). S. 131–148

Dressler, W.U. u.a. (Hg.) (1987): Leitmotivs in Natural Morphology. Amsterdam

Drosdowski, G. (1980): Der Duden – Geschichte und Aufgabe eines ungewöhnlichen Buches. Mannheim

Duden (1973): Grammatik der deutschen Gegenwartssprache. Mannheim. 3. Aufl.

Duden (1984): Grammatik der deutschen Gegenwartssprache. Mannheim. 4. Aufl.

Duden (1985): Richtiges und gutes Deutsch. Wörterbuch der sprachlichen Zweifelsfälle. Mannheim. 3. Aufl.

Duden (1990): Aussprachewörterbuch. Wörterbuch der deutschen Standardaussprache. Mannheim. 3. Aufl.

Duden (1991): Rechtschreibung der deutschen Sprache. Mannheim. 20. Aufl.

Duden (1995): Grammatik der deutschen Gegenwartssprache. Mannheim. 5. Aufl.

Duden (1996): Rechtschreibung der deutschen Sprache. Mannheim. 21. Aufl.

Duden (1998): Grammatik der deutschen Gegenwartssprache. Mannheim. 6. Aufl.

Duden (2000): Aussprachewörterbuch. Wörterbuch der deutschen Standardaussprache. Mannheim. 4. Aufl.

Duden (2001): Richtiges und gutes Deutsch. Wörterbuch der sprachlichen Zweifelsfälle. Mannheim. 5. Aufl.

Durrell, M. (1979): Some problems in the morphology of the German noun phrase. Transactions of the Philological Society. S. 66–88

Durrell, M. (2002): Hammer's German Grammar and Usage. London. 4. Aufl.

Dürscheid, C./Schwarz, M./Ramers, K.-H. (Hg.)(1997): Sprache im Fokus. Festschrift für Heinz Vater. Tübingen

Ehlich, K. (1983): Development of writing as social problem solving. In: Coulmas, F./Ehlich, K. (Hg.) (1983). S. 99–131

Ehlich, K. (1993): HIAT: A transcription system for discourse data. In: Edwards, J.A./Lampert, M.D. (Hg.): Talking Data. Transcription and coding in discourse research. Hillsdale. S. 123–148

Ehlich, K./Rehbein, J. (1976): Halbinterpretative Arbeitstranskription. LB 45. S. 21–41

Eichinger, L.M. (Hg.)(1982): Tendenzen verbaler Wortbildung in der deutschen Gegenwartssprache. Tübingen
Eichinger, L.M. (2000): Deutsche Wortbildung. Eine Einführung. Tübingen
Eisenberg, P. (1976): Oberflächenstruktur und logische Struktur. Untersuchungen zur Syntax und Semantik des deutschen Prädikatadjektivs. Tübingen
Eisenberg, P. (1980): Integrative Syntax. In: Lieb, H.-H. (Hg.): Oberflächensyntax und Semantik. Tübingen. S. 70–85
Eisenberg, P. (1981): Substantiv oder Eigenname? Über die Prinzipien unserer Regeln zur Groß- und Kleinschreibung. LB 72. S. 77–101
Eisenberg, P. (1983): Writing System and Morphology. Some Orthographic Regularities of German. In: Coulmas, F./Ehlich, K. (Hg.)(1983). S. 63–80
Eisenberg, P. (1988): Die Grapheme des Deutschen und ihre Beziehung zu den Phonemen. GL 93/94. S. 139–154. Wieder in Hoffmann, L. (Hg.)(1996). S. 346–360
Eisenberg, P. (1989): Die Schreibsilbe im Deutschen. In: Eisenberg, P./Günther, H. (Hg.)(1989). S. 57–84
Eisenberg, P. (1991): Syllabische Struktur und Wortakzent. Prinzipien der Prosodik deutscher Wörter. ZS 10. S. 37–64
Eisenberg, P. (1992): Suffixreanalyse und Syllabierung. Zum Verhältnis von phonologischer und morphologischer Segmentierung. FoLH 13 (1992). S. 93–113
Eisenberg, P. (1993): Linguistische Fundierung orthographischer Regeln. Umrisse einer Wortgraphematik des Deutschen. In: Baurmann, J. u.a. (Hg.)(1993). S. 67–93
Eisenberg, P. (1996): Zur Typologie der Alphabetschriften: Das Deutsche und die Reform seiner Orthographie. In: Lang, E./Zifonun, G. (Hg.)(1996). S. 615–631
Eisenberg, P. (1996a): Sprachsystem und Schriftsystem. In: Günther, H./Ludwig, O. (Hg.)(1996). S. 1368–1380
Eisenberg, P. (1997): Konjunktiv als Flexionskategorie im gegenwärtigen Deutsch. In: Debus, F./Leirbukt, O. (Hg.)(1997). S. 37–56
Eisenberg, P. (2001): Die grammatische Integration von Fremdwörtern. In: Stichel, G. (Hg.) (2001). S. 183–209
Eisenberg, P. (2002): Struktur und Akzent komplexer Komposita. In: Restle, D./Zaefferer, D. (Hg.) (2000). S. 349–365
Eisenberg, P. (2002a): Grundregeln der deutschen Orthographie. In: Wahrig Universalwörterbuch Rechtschreibung. München 2002 und Gütersloh 2003. S. 33–87
Eisenberg, P./Baurmann, J. (1984): Fremdwörter – fremde Wörter. PD 67. S. 15–26
Eisenberg, P./Butt, M. (1996): Phonological Word Structures. Categorial and Functional Concepts. In: Sackmann, R. (Hg.): Theoretical Linguistics and Grammatical Description. Amsterdam. S. 129–150
Eisenberg, P./Günther, H. (Hg.)(1989): Schriftsystem und Orthographie. Tübingen
Eisenberg, P./Hartmann, D./Klann, G./Lieb, H.-H. (1975): Syntaktische Konstituentenstrukturen des Deutschen. In: LAB (West) 4. S. 61–165
Eisenberg, P./Ramers, K.H./Vater, H. (Hg.)(1992): Silbenphonologie des Deutschen. Tübingen
Eisenberg, P./Sayatz, U. (2004): Left of number. Animacy and plurality in German nouns. In: Gunkel, L. u.a. (Hg.): Explorations in Nominal Inflection. Berlin. Im Druck.
Engel, U. (1988): Deutsche Grammatik. Heidelberg. 1. Aufl.
Engel, U. (1991): Deutsche Grammatik. Heidelberg. 2. Aufl.
Engel, U./Schumacher, H. (1978): Kleines Valenzlexikon deutscher Verben. Tübingen. 2. Aufl.
Erben, J. (1980): Deutsche Grammatik. Ein Abriß. München. 12. Aufl.
Erben, J. (1993): Einführung in die deutsche Wortbildungslehre. Berlin. 3. Aufl.
Eroms, H.-W. (1980): Be-Verb und Präpositionalphrase. Ein Beitrag zur Grammatik der deutschen Verbalpräfixe. Heidelberg
Eroms, H.-W. (1982): Trennbarkeit und Nichttrennbarkeit bei deutschen Partikelverben mit **durch** und **um**. In: Eichinger, L.M. (Hg.)(1982). S. 33–50
Ertel, S. (1969): Psychophonetik. Untersuchungen über Lautsymbolik und Motivation. Göttingen
Eschenlohr, S. (1996): Derivational morphology and the system of word classes in German. ALASH 43. S. 93–110
Eschenlohr, S. (1999): Vom Nomen zum Verb: Konversion, Präfigierung und Rückbildung im Deutschen. Hildesheim

Essen, O. von (1953): Allgemeine und angewandte Phonetik. Berlin
Ezawa, K. (1972): Die Opposition stimmhafter und stimmloser Verschlußlaute im Deutschen. Tübingen
Fabricius-Hansen, C. (1997): Der Konjunktiv als Problem des Deutschen als Fremdsprache. In: Debus, F./Leirbukt, O. (Hg.)(1997). S. 13–36
Fanselow, G. (1981): Zur Syntax und Semantik der Nominalkomposition. Tübingen
Fanselow, G. (1981a): Neues von der Kompositafront oder zu drei Paradigmen in der Kompositagrammatik. SL 11. S. 43–54
Fanselow, G./Felix, S. W. (1987): Sprachtheorie. Eine Einführung in die Generative Grammatik. Band 1: Grundlagen und Zielsetzungen. Tübingen
Fehlisch, U. (1998): Zur Einordnung denominaler **ein**-Verben im deutschen Verbsystem. In: Olsen, S. (Hg.)(1998). S. 149–247
Feilke, H. (2003): Entwicklung schriftlich-konzeptueller Fähigkeiten. In: Bredel, U. u. a. (Hg.) (2003). S. 178–192
Féry, C. (1995): Alignment, syllable and metrical structure in German. Tübingen (=SfS-Report 02–95, Sem. für Sprachwiss. Univ. Tübingen)
Féry, C. (1997): Uni und Studis: die besten Wörter des Deutschen. LB 172. S. 461–489
Fillmore, Ch. (1968): The Case for Case. In: Bach, E./Harms, R. (Hg.): Universals in Linguistic Theory. New York. S. 1–88
Finck, F. N. (1965): Die Haupttypen des Sprachbaus. Darmstadt. Original 1909
Fischer-Jørgensen, E. (1975): Trends in phonological theory. Kopenhagen
Flämig, W. (1991): Grammatik des Deutschen. Einführung in Struktur- und Wirkungszusammenhänge. Berlin
Fleischer, W. (1975): Wortbildung der deutschen Gegenwartssprache. Tübingen. 4. Aufl.
Fleischer, W. (1995): Konfixe. In: Pohl, J./Erhardt, H. (Hg.): Wort und Wortschatz. Beiträge zur Lexikologie. Tübingen. S. 61–68
Fleischer, W./Barz, I. (1992): Wortbildung der deutschen Gegenwartssprache. Tübingen
Fluck, H.-R. (1997): Fachsprachen. Einführung und Bibliographie. Tübingen. 5. Aufl.
Fourquet, J. (1973): Prolegomena zu einer deutschen Grammatik. Düsseldorf. 4. Aufl.
Fries, N. (1996): Flexionsmorphologie und Syntax des Imperativs im Deutschen und Neugriechischen. S&P 42
Fudge, E. (1987): Branching Structure within the syllable. HJL 23. S. 359–377
Fuhrhop, N. (1996): Fugenelemente. In: Lang, E./Zifonun, G. (Hg.)(1996). S. 525–550
Fuhrhop, N. (1998): Grenzfälle morphologischer Einheiten. Tübingen
Fuhrhop, N. (2000): Zeigen Fugenelemente die Morphologisierung von Komposita an? In: Thieroff, R. u. a. (Hg.) (2000). S. 201–213
Fuhrhop, N. (2003): ›Berliner‹ Luft und ›Potsdamer‹ Bürgermeister: Zur Grammatik der Stadtadjektive. LB 193. S. 91–108
Fuhrhop, N./Teuber, O. (2000): Das Partizip 1 als adjektivischer Infinitiv. In: Bittner, A. u. a. (Hg.) (2000). S. 173–190
Gabler, B. (1990): Schubs oder Schups? Orthographische Varianten im »Großen Duden.« SuS 39. S. 80–83
Gallmann, P. (1990): Kategoriell komplexe Wortformen. Das Zusammenwirken von Morphologie und Syntax bei der Flexion von Nomen und Adjektiv. Tübingen
Gallmann, P. (1997): Konzepte der Nominalität. In: Augst, G. u. a. (Hg.)(1997). S. 209–241
Gallmann, P. (1999): Wortbegriff und Nomen-Verb-Verbindungen. ZS 18. S. 269–304
Gauger, H.-M. (1971): Durchsichtige Wörter. Zur Theorie der Wortbildung. Heidelberg
Gazdar, G. u. a. (1985): Generalized Phrase Structure Grammar. Cambridge (Mass.)
Gessinger, J. (1994): Auge & Ohr. Studien zur Erforschung der Sprache am Menschen 1700–1850. Berlin
Geilfuß-Wolfgang, J. (2002): Optimal Hyphenation. In: Neef, M. u. a. (Hg.): The Relation of Writing to the Spoken Language. Tübingen. S. 115–130
Giegerich, H. (1983): Metrische Phonologie und Kompositionsakzent im Deutschen. PzL 28. S. 3–25
Giegerich, H. (1985): Metrical Phonology and Phonological Structure. German and English. Cambridge
Giegerich, H. (1987): Zur Schwa-Epenthese im Standarddeutschen. LB 112. S. 449–469
Giegerich, H. (1992): English Phonology. An Introduction. Cambridge

Giegerich, H. (1992a): Onset maximisation in German: the case against resyllabification rules. In: Eisenberg u. a. (Hg.)(1992). S. 134–171
Gleason, H. A. (1955): Workbook in Descriptive Linguistics. New York
Gloy, K. (1993): Sprachnormenforschung in der Sackgasse? Überlegungen zu Renate Bartsch, Sprachnormen: Theorie und Praxis. Beitrr(Tüb) 115. S. 30–65
Glück, H. (1988): Schrift- und Schriftlichkeit. Eine sprach- und kulturwissenschaftliche Studie. Stuttgart
Glück, H. (Hg.) (1993): Metzler Lexikon Sprache. Stuttgart
Glück, H. (Hg.) (2000): Metzler Lexikon Sprache. Stuttgart. 2. Aufl.
Goldsmith, J. A. (1990): Autosegmental and Metrical Phonology. Oxford
Golston, Ch./Wiese, R. (1998): The structure of the German root. In: Kehrein, W./Wiese, R. (Hg.) (1998). S. 165–185
Goody, J. (Hg.)(1981): Literalität in traditionalen Gesellschaften. Frankfurt
Greenberg, J. (1954): A quantitative approach to the morphological typology of language. JJAL 26. S. 178–194
Greenberg, J. H. (1966): Some universals of grammar with particular reference to the order of meaningful elements. In: Greenberg, J. H. (Hg.): Universals of Language. Cambridge (Mass.). S. 73–113. 2. Aufl.
Greenberg, J. H. (1978): Some generalizations concerning initial and final consonant clusters. In: Greenberg, J. H. (Hg.): Universals of human language. Stanford. S. 243–279
Greenberg, J. H. (1978a): Generalizations about numeral systems. In: Greenberg, J. H. u. a. (Hg.): Universals of Human Language. Stanford. Bd. 3. S. 250–295
Greule, A. (1983): ›Abi‹, ›Krimi‹, ›Sponti‹. Substantive auf i im heutigen Deutsch. Mu 94. S. 207–217
Grewendorf, G. u. a. (1987): Sprachliches Wissen. Eine Einführung in moderne Theorien der grammatischen Beschreibung. Frankfurt
Griffen, T. D. (1982): German /R/. Lingua 56. S. 297–316
Grimm, J. (1828): Deutsche Grammatik. Zweiter Teil. Göttingen
Grundzüge: siehe Heidolph, K.-E. u. a. (1981)
Günther, H. (1974): Das System der Verben mit BE- in der deutschen Sprache der Gegenwart. Tübingen
Günther, H. (1981): N+N: Untersuchungen zur Produktivität eines deutschen Wortbildungstyps. In: Lipka, L./Günther, H. (Hg.)(1981). S. 258–282
Günther, H. (1987): Wortbildung, Syntax, **be**-Verben und das Lexikon. Beitrr (Tüb) 109. S. 179–201
Günther, H. (1988): Schriftliche Sprache. Strukturen geschriebener Wörter und ihre Verarbeitung beim Lesen. Tübingen
Günther, H. (1989): Experimentelle Morphologieforschung. In: Günther, H. (Hg.) Experimentelle Studien zur Flexionsmorphologie. Hamburg. S. 9–26
Günther, H. (1990): Neues zum Schriftspracherwerb. Mu 100. S. 290–304
Günther, H. (1992): RE-REP-LIK. Zur linguistischen Rekonstruktion und zur anwendungsorientierten Formulierung der orthographischen Worttrennungsregel im Deutschen. DS 20. S. 244–254
Günther, H. (1997): Zur grammatischen Basis der Getrennt-/Zusammenschreibung im Deutschen. In: Dürscheid, C. u. a. (Hg.)(1997). S. 3–16
Günther, H. (1998): Phonographisches Lesen als Kernproblem der Dyslexie. In: Günther, H./Weingarten, R. (Hg.): Schriftspracherwerb. S. 98–115
Günther, H. (2003): Mentale Repräsentationen morphologischer Strukturen. In: Booij, G. u. a. (Hg.): Morphologie. 2. Halbband. Berlin. Im Druck
Günther, H. (1998a): Die Sprache des Kindes und die Schrift der Erwachsenen. In: Huber, L. u. a. (Hg.): Einblicke in den Schriftspracherwerb. München. S. 21–30
Günther, H./Ludwig, O. u. a. (Hg.) (1996): Schrift und Schriftlichkeit. Ein internationales Handbuch interdisziplinärer Forschung. Berlin (1.Teilbd. 1994, 2. Teilbd. 1996. = HSK10)
Habermann, M. (Hg.) (2002): Historische Wortbildung des Deutschen. Tübingen
Haiman, J. (Hg.) (1985): Iconicity in Syntax. Amsterdam
Haiman, J. (2000): Iconicity. In: Booij u. a. (Hg.) (2000). S. 280–288
Hall, T. A. (1989): German syllabification, the velar nasal, and the representation of schwa. Linguistics 27. S. 807–842

Hall, T.A. (1992): Syllable structure and syllable-related processes in German. Tübingen
Hall, T.A. (1993): The Phonology of German /R/. Phonology 10. S. 83–105
Hall, T.A. (1999): Phonotactics and the prosodic structure of german function words. In: Hall, T.A,/Kleinhenz, U. (Hg.) (1999). S. 99–131
Hall, T.A. (2000): Phonologie. Eine Einführung. Berlin
Hall, T.A./Kleinhenz, U. (Hg.) (1999): The phonological word. Amsterdam
Halle, M. (1995): Feature Geometry and Feature Spreading. LI 26. S. 1–46
Hamann, J.G. (1773): Neue Apologie des Buchstaben h. In: Hamann, J.G.: Schriften zur Sprache. Einleitung und Anmerkungen von Josef Simon. Frankfurt 1967. S. 179–191
Harnisch, R. (1982): ›Doppelpartikelverben‹ als Gegenstand der Wortbildungslehre und Richtungsadverbien als Präpositionen. In: Eichinger, L.M. (Hg.) (1982). S. 107–133
Harnisch, R. (1994): Stammerweiterung im Singular – Stammflexion im Plural. Zum Bautyp der deutschen Substantivflexion. In: Köpcke, K.-M. (Hg.) (1994): S. 97–114
Harnisch, R. (2001): Grundform- und Stamm-Prinzip in der Substantivmorphologie des Deutschen. Heidelberg
Harras, G. (Hg.) (1995): Die Ordnung der Wörter. Kognitive und lexikalische Strukturen. Berlin
Harris, Z.S. (1942): Morpheme Alternants in Linguistic Analysis. Language 18. S. 169–180. Deutsch in: Bense, E. u.a. (Hg.) (1976). S. 129–143
Hartung, W. (1977): Zum Inhalt des Normbegriffs in der Linguistik. In: Normen in der sprachlichen Kommunikation. Berlin, S. 9–69
Haspelmath, M. (1993): The diachronic externalization of inflection. Linguistics 31. S. 279–309
Haspelmath, M. (2002): Understanding Morphology. Oxford
Heidolph, K.-E. u.a. (1981): Grundzüge einer deutschen Grammatik. Von einem Autorenkollektiv unter Leitung von Karl-Erich Heidolph, Walter Flämig und Wolfgang Motsch. Berlin
Heike, G. (1992): Zur Phonetik der Silbe. In: Eisenberg, P./Ramers, K.H./Vater, H. (Hg.) (1992). S. 1–44
Heinemann, W./Viehweger, D. (1991): Textlinguistik. Eine Einführung. Tübingen
Helbig, G. (1992): Probleme der Valenz- und Kasustheorie. Tübingen
Helbig, G./Buscha, J. (1986): Deutsche Grammatik. Ein Handbuch für den Ausländerunterricht. Leipzig. 9. Aufl.
Helbig, G./Buscha, J. (1998): Deutsche Grammatik. Ein Handbuch für den Ausländerunterricht. Leipzig. 18. Aufl.
Helbig, G./Schenkel, W. (1991): Wörterbuch zur Valenz und Distribution deutscher Verben. Tübingen. 8. Aufl.
Heller, K. (1981): Untersuchungen zur Begriffsbestimmung des Fremdwortes und zu seiner Schreibung in der deutschen Gegenwartssprache. Diss. A, Univ. Leipzig
Henderson, L. (1986): On the use of the term ›grapheme‹. L&CP 1. S. 135–148
Hentschel, E./Weydt, H. (1995): Die Wortarten im Deutschen. In: Ágel, V./Brdar-Szabó, R. (Hg.) (1995). S. 39–60
Henzen, W. (1965): Deutsche Wortbildung. Tübingen. 3. Aufl.
Herberg, D. (1980): Zur Annahme eines lexikalischen Prinzips der Schreibung des Deutschen. ZPSK 33. S. 31–41
Heringer, H.J. (1972): Deutsche Syntax. Berlin. 2. Aufl.
Heringer, H.J. (1984): Wortbildung: Sinn aus den Chaos. DS 12. S. 1–13
Heringer, H.J. (1988): Lesen lehren lernen. Eine rezeptive Grammatik des Deutschen. Tübingen
Hildebrandt, B.F.O./Hildebrandt, L.M. (1965): Das Deutsche R. Regelhaftigkeiten in der gegenwärtigen Reduktionsentwicklung und Anwendung im Fremdsprachenunterricht. Linguistics 11. S. 5–20
Hinney, G. (1997): Neubestimmung von Lerninhalten für den Rechtschreibunterricht. Ein fachdidaktischer Beitrag zur Schriftaneignung als Problemlöseprozeß. Frankfurt
Hockett, Ch.F. (1942): A System of Descriptive Phonology. Language 18. S. 3–21
Hockett, Ch.F. (1954): Two Models of Grammatical Description. Word 10. S. 210–251. Deutsch in: Bense, E. u.a. (Hg.) (1976). S. 303–331
Hoffmann, L. (Hg.) (1996): Sprachwissenschaft. Ein Reader. Berlin
Höhle, T. (1982): Über Komposition und Derivation: zur Konstituentenstruktur von Wortbildungsprodukten im Deutschen. ZS 1. S. 76–112

Hoppe, G. (1999): Das Lehnpräfix **ex-**. Beiträge zur Lehnwortbildung. Tübingen
Hoppe, G. u. a. (1987): Deutsche Lehnwortbildung. Beiträge zur Erforschung der Wortbildung mit entlehnten WB-Einheiten im Deutschen. Tübingen
Hoppe, G./Link, E. (1998): Eine Einführung in den Gegenstandsbereich. In: Hoppe, G. (1999). S. 1–50
Hotzenköcherle, R. (1955): Großschreibung oder Kleinschreibung? Bausteine zu einem selbständigen Urteil. DU 7,3. S. 30–49
Huber, W./Kummer, W. (1974): Transformationelle Syntax des Deutschen 1. München
Hurch, B. (1996): Morphoprosody. Some reflections on accent and morphology. In: Singh, R./Ford, A. (Hg.)(1996): Trubetzkoy's Orphan. Amsterdam. S. 189–221
IPA (1949): The Principles of the International Phonetic Association being a description of the International Phonetic Alphabet and the manner of using it, illustrated by texts in 51 languages. London. Reprinted 1984
IPA (1996): The International Phonetic Alphabet (revised to 1993, corrected 1996). JIPA 25. Zwischen S. 24 und 25
IPA (1999): Handbook of the International Phonetic Association. A guide to the use of the International Phonetic Alphabet. Cambridge
Jackendoff, R. (1997): The architecture of the human language faculty. Cambridge (Mass.)
Jacobs, J. (2001): Zum System der Getrennt- und Zusammenschreibung im Deutschen. Univ. Wuppertal
Jacobs, J. u. a. (Hg.) (1993): Syntax. Berlin (1. Teilbd. = HSK 9.1)
Jäger, S. (1971): Gebrauch und Leistung des Konjunktivs in der deutschen geschriebenen Hochsprache der Gegenwart. WW 21. S. 238–254
Jakobson, R. (1965): Quest for the essence of language. Diogenes 51. S. 21–37. Wieder in: Jakobson, R.: Selected Writings, BdII. Den Haag 1971. S. 345–359
Jakobson, R. (1966): Zur Struktur des russischen Verbums. In: Hamp, E. P. u. a. (Hg.): Readings in Linguistics II. Chicago. S. 22–30. Original 1932
Jakobson, R./Halle, M. (1960): Grundlagen der Sprache. Berlin
Jespersen, O. (1913): Lehrbuch der Phonetik. Leipzig. 2. Aufl.
Jessen, M. (1988): Die dorsalen Reibelaute [ç] und [x] im Deutschen. LB 117. S. 371–396
Jessen, M. (1999): German. In: van der Hulst, H: (Hg.): Word prosodic systems in the languages of Europe. Berlin. S. 514–545
Jørgensen, P. (1970): Tysk Grammatik III. Kopenhagen. 3. Aufl.
Joos, M. (Hg.)(1957): Readings in Linguistics. The Development of Descriptive Linguistics in America, 1925–56. Chicago
Jude, W.K. (1975): Deutsche Grammatik. Neufassung Rainer F. Schönhaar. Braunschweig. 16.Aufl.
Jung, W. (1990): Grammatik der deutschen Sprache. Mannheim. 10. Aufl.
Kaliuščenko, V.D. (1988): Deutsche denominale Verben. Tübingen
Kehrein, W./Wiese, R. (Hg.) (1998): Phonology and Morphology of the Germanic Languages. Tübingen
Kempcke, G. (1965/67): Die Bedeutungsgruppen der verbalen Kompositionspartikeln **an-** und **auf-** in synchroner und diachroner Sicht. Beitrr 87. S. 392–426 und 88. S. 276–309
Kempcke, G. (1996): Zu Makro- und Mikrostruktur im Großwörterbuch Deutsch als Fremdsprache. In: Barz, I./Schröder, M. (Hg.): Das Lernwörterbuch Deutsch als Fremdsprache in der Diskussion. Heidelberg. S. 115–128
Kempcke, G. u. a. (2000): Wörterbuch Deutsch als Fremdsprache. Berlin
Kinne, M. (2000): Die Präfixe **post-**, **prä-** und **neo**. Beiträge zur Lehn-Wortbildung. Tübingen
Klein, W.P. (2003): Sprachliche Zweifelsfälle als linguistischer Gegenstand. In: Klein, W.P. (Hg.): Der sprachliche Zweifelsfall. Theorie und Empirie. Linguistik online 15/3
Kloeke, W. van Lessen (1982): Deutsche Phonologie und Morphologie. Merkmale und Markiertheit. Tübingen
Kloeke, W. van Lessen (1993): Die finiten Formen des deutschen Verbs. Eine morphologische Analyse. In: Laisina, I./Kloeke, W. van Lessen/Ester, H. (Hg.): Zäsur. Zum Abschied von Gregor Pompen am 1. September 1993. Nijmegen. S. 81–93
Kloeke, W. van Lessen (2002): The function of the formative gə in German. In: Jacobs, H./ Wetzels, L. (Hg.): Liber Amicorum Bernard Bichakjian. Maastricht. S. 183–204

Klosa, A. (1996): Negierende Lehnpräfixe des Gegenwartsdeutschen. Heidelberg
Kohler, K. (1977): Einführung in die Phonetik des Deutschen. Berlin. 1. Aufl.
Kohler, K. (1990): German. JIPA 20,1. S. 48–50
Kohler, K. (1990a): Comment on German. JIPA 20,2. S. 44–46
Kohler, K. (1995): Einführung in die Phonetik des Deutschen. Berlin. 2. Aufl.
Kohrt, M. (1985): Problemgeschichte des Graphembegriffs und des frühen Phonembegriffs. Tübingen
Kohrt, M. (1992): Realisierungsvarianten des Genitiv Singular im Neuhochdeutschen. DS 20. 127–138
Kolb, H. (1960): Der inhumane Akkusativ. ZDW 16. S. 168–177
Kommission (1998): Vorschläge zur Präzisierung und Weiterentwicklung der Neuregelung der deutschen Rechtschreibung. Bericht der Zwischenstaatlichen Kommission für die deutsche Rechtschreibung. Mannheim (IDS). Januar 1998
König, W. (1989): Atlas zur Aussprache des Schriftdeutschen in der Bundesrepublik Deutschland. Band 1: Text. Band 2: Tabellen und Karten. Ismaning
Köpcke, K.-M. (1982): Untersuchungen zum Genussystem der deutschen Gegenwartssprache. Tübingen
Köpcke, K.-M. (1993): Schemata bei der Pluralbildung im Deutschen. Tübingen
Köpcke, K.-M. (Hg.) (1994): Funktionale Untersuchungen zur deutschen Nominal- und Verbalmorphologie. Tübingen
Köpcke, K.-M. (1995): Die Klassifikation der schwachen Maskulina in der deutschen Gegenwartssprache. ZS 14. S. 159–180
Köpcke, K.-M. (2000): Starkes, Schwaches und Gemischtes in der Substantivflexion des Deutschen. In: Thieroff, R. u.a. (Hg.) (2000). S. 155–170
Köpcke, K.-M. (2003): Die so genannte *i*-Derivation in der deutschen Gegenwartssprache – ein Fall von outputorientierter Wortbildung. ZGL 30. S. 293–309
Krause, O. (2002): Progressiv im Deutschen. Eine empirische Untersuchung im Kontrast mit Niederländisch und Englisch. Tübingen
Krech, E.M. u.a. (Hg.)(1982): Großes Wörterbuch der deutschen Aussprache. Leipzig
Kürschner, W. (1974): Zur syntaktischen Beschreibung deutscher Nominalkomposita. Auf der Grundlage generativer Transformationsgrammatiken. Tübingen
Kurylowicz, J. (1964): The Inflectional Categories of Indo-European. Heidelberg
Lachachi, D.E. (1992): Halbaffigierung: eine Entwicklungstendenz in der deutschen Wortbildung? Info DaF 19. S. 36–43
Ladefoged, P. (1993): A Course in Phonetics. London 3. Aufl.
Lang, E. (1973): Über einige Schwierigkeiten beim Postulieren einer Textgrammatik. In: Kiefer, F./Ruwet, N. (Hg.): Generative Grammar in Europe. Dordrecht. S. 284–314
Lang, E. (1983): Lexikon als Modellkomponente und Wörterbuch als lexikographisches Produkt: ein Vergleich als Orientierungshilfe. In: Linguistische Studien, Reihe A, 109. Berlin. S. 76–91
Lang, E. (1984): The semantics of coordination. Amsterdam
Lang, E. (1987): Semantik der Dimensionsauszeichnung räumlicher Objekte. In: Bierwisch, M./Lang, E. (Hg.)(1987). S. 287–458
Lang, E. (1995): Das Spektrum der Antonymie. In: Harras, G. (Hg.)(1995). S. 30–98
Lang, E./Maienborn, C./Fabricius-Hansen, C. (Hg.) (2003): Modifying Adjuncts. Berlin
Lang, E./Zifonun, G. (Hg.) (1996): Deutsch typologisch. Jahrbuch 1995 des IDS. Berlin
Lass, R. (1984): Phonology. An introduction to basic concepts. Cambridge
Lehmann, Chr. (1985): Grammaticalization: Synchronic variation and diachronic change. LeSt 20. S. 303–318
Lehmann, Chr. (1992): Deutsche Prädikatklassen in typologischer Sicht. In: Hoffmann, L. (Hg.): Deutsche Syntax. Berlin. S. 155–185
Lehmann, Chr. (2002): New reflections on grammaticalization and lexicalization. In: Wischer, J./Diewald, G. (Hg.): New Reflections on Grammaticalization. Amsterdam. S. 1–18
Leiss, E. (1992): Die Verbalkategorien des Deutschen. Ein Beitrag zur Theorie der sprachlichen Kategorisierung. Berlin
Lenz, B. (1993): Probleme der Kategorisierung deutscher Partizipien. ZS 12. S. 39–76
Lenz, B. (1995): **un**-Affigierung. unrealisierbare Argumente. unausweichliche Fragen. nicht unplausible Antworten. Tübingen

Leuninger, H. (1993): Reden ist Schweigen, Silber ist Gold. Gesammelte Versprecher. Zürich. 4. Aufl.
Liberman, P./Blumstein, P. (1988): Speech physiology, speech perception, and acoustic phonetics. Cambridge
Lieb, H.-H. (1977): Outline of Integrational Linguistics: Preliminary Version. Berlin. (=LAB Berlin (West) 9)
Lieb, H.-H. (1983): Integrational Linguistics. Vol I: General Outline. Amsterdam
Lieb, H.-H. (1985): Zum Begriff des Wortakzents. In: Ballmer, Th./Posner, R. (Hg.): Nach-Chomskysche Linguistik. Berlin. S. 275–283
Lieb, H.-H. (1988): Auditives Segmentieren: Eine sprachtheoretische Grundlegung. In: Lieb, H.-H. (Hg.): BEVATON – Berliner Verfahren zur auditiven Tonhöhenanalyse. Tübingen. S. 147–192
Lieb, H.-H. (1992): Paradigma und Klassifikation: Explikation des Paradigmenbegriffs. ZS 11. S. 6–43
Lieb, H.-H. (1993): Integrational Linguistics. In: Jacobs, J. u. a. (Hg)(1993). S. 430–468
Lipka, L./Günther, H. (Hg.)(1981): Wortbildung. Darmstadt
Löbner, S. (1986): In Sachen Nullartikel. LB 101. S. 64–65
Löhken, S. (1995): Deutsche Wortprosodie. Abschwächungs- und Tilgungsvorgänge. Tübingen
Lösener, H. (1998): Der Rhythmus in der Rede. Eine Untersuchung zur semantischen Funktionsweise des Sprachrhythmus. Tübingen
Lüdtke, H. (1969): Die Alphabetschrift und das Problem der Lautsegmentierung. Phonetica 20. S. 147–176
Lyons, J. (1980): Einführung in die moderne Linguistik. München. 5. Aufl.
Maas, U. (1974): Grundkurs Sprachwissenschaft I. Die herrschende Lehre. München
Maas, U. (1989): Dehnung und Schärfung in der deutschen Orthographie. In: Eisenberg, P./Günther, H. (Hg.) (1989). S. 229–249
Maas, U. (1992): Grundzüge der deutschen Orthographie. Tübingen
Maas, U. (1994): Rechtschreibung und Rechtschreibreform. Sprachwissenschaftliche und didaktische Perspektiven. ZGL 22. S. 152–189
Maas, U. (1995): Graphem-Phonem-Korrespondenzen und die Vermeidung der Silbenstruktur. Spr.wiss. 20. S. 207–221
Maas, U. (1996): Abriß einer funktionalen Phonetik (Phonologie) des Deutschen. Osnabrück
Maas, U. (1999): Phonologie. Einführung in die funktionale Phonetik des Deutschen. Opladen
Maas, U./Tophinke, D. (1993): *Loser* und *fester* Anschluß. Versuch der Neubewertung einer abgelegten Kategorie. In: Schmidt-Radefeldt, J./Harder, A. (Hg.): Sprachwandel und Sprachgeschichte. Tübingen. S. 133–151
Maienborn, C. (1996): Situation und Lokation. Die Bedeutung lokaler Adjunkte von Verbalprojektionen. Tübingen
Marle, J. van (2000): Paradigmatic and syntagmatic relations. In: Booij, G. u. a. (Hg.) (2000). S. 225–234
Martinet, A. (1967): Grundzüge der Allgemeinen Sprachwissenschaft. Stuttgart. 2. Aufl. Original 1960
Mater, E. (1983): Rückläufiges Wörterbuch der deutschen Gegenwartssprache. Oberursel. 4. Aufl.
Matthews, P.H. (1991): Morphology. Cambridge. 2. Aufl.
Mayerthaler, W. (1981): Morphologische Natürlichkeit. Frankfurt
McCarthy, J. (1984): Prosodic Organization in Morphology. In: Aronoff, M./Oehrle, R. (Hg.) (1984): Language and Sound Structure. Cambridge (Mass.). S. 299–317
McCarthy, J. (1988): Feature geometry and dependency: a review. Phonetica 45, S. 84–108
McIntyre, A. (2001): German Double Particles as Preverbs. Morphology and Conceptual semantics. Tübingen
Meibauer, J. (Hg.)(1987): Satzmodus zwischen Grammatik und Pragmatik. Tübingen
Meibauer, J. (1995): Wortbildung und Kognition. Überlegungen zum deutschen **-er**-Suffix. DS 23. S. 97–123
Meinhold, G./Stock, E. (1982): Phonologie der deutschen Gegenwartssprache. Leipzig. 2. Aufl.

Menzel, W. (1985): Rechtschreibunterricht. Praxis und Theorie. PD 69, Beiheft
Meyer-Schepers, U./Löffler, I. (1994): Fehlertypologien und Rechtschreibfehler. PD 124. S. 6–13
Mithun, M. (1984): The evolution of noun incorporation. Language 60. S. 847–894
Mithun, M. (2000): Incorporation. In: Booij, G. u. a. (Hg.) (2000). S. 916–928
Motsch, W. (1970): Analyse von Komposita mit zwei nominalen Elementen. In: Bierwisch, M./Heidolph, K. E. (Hg.): Progress in Linguistics. Amsterdam. S. 208–223
Motsch, W. (1971): Syntax des deutschen Adjektivs. Berlin. 6. Aufl.
Motsch, W. (1996): Affixoide. Sammelbezeichnung für Wortbildungsphänomene oder linguistische Kategorie? DaF 33. S. 160–168
Motsch, W. (1999): Deutsche Wortbildung in Grundzügen. Berlin
Moulton, W.G. (1947): Juncture in Modern Standard German. Language 23. S. 212–226
Moulton, W.G. (1962): The sounds of English and German. Chicago
Mugdan, J. (1977): Flexionsmorphologie und Psycholinguistik. Tübingen
Müller, G. (2000): Elemente der optimalitätstheoretischen Syntax. Berlin
Müller, W. (1968): Sprachwandel und Spracherfassung. Duden und Dudenredaktion im Dienst der Sprache in Vergangenheit und Gegenwart: Diktatur oder sträfliche Toleranz? In: Geschichte und Leistung des Dudens. Mannheim. S. 54–88
Munske, H.H. (1986): Fremdwörter in deutscher Orthographie. In: Kontroversen, alte und neue. Akten des VII. Internationalen Germanistenkongresses Göttingen 1985. Tübingen 1986. Bd 4. S. 49–59. Wieder in: Munske, H. H. (1997). S. 75–88
Munske, H.H. (1988): Ist das Deutsche eine Mischsprache? Zur Stellung der Fremdwörter im deutschen Sprachsystem. In: Munske, H.H. u.a. (Hg.): Deutscher Wortschatz. Lexikologische Studien. Berlin. S. 46–74
Munske, H.H. (1995): Zur Verteidigung der deutschen Orthographie: die Groß- und Kleinschreibung. Spr.wiss. 20. S. 278–322. Wieder in: Munske (1997). S. 233–279
Munske, H.H. (1997): Orthographie als Sprachkultur. Frankfurt
Munske, H.H. (1997a): Getrennt oder zusammen? Ein Kuckucksei der Reform. In: Munske, H.H. (1997). S. 313–324
Munske, H.H. (1997b): Fremdgrapheme im deutschen Wortschatz. Eine Häufigkeitsanalyse anhand der Mannheimer Korpora. In: Munske, H.H. (1997). S. 109–148
Munske, H.H. (2002): Wortbildungswandel. In: Habermann, M. u.a. (Hg.) (2002). S. 23–40
Munske, H./Kirkness, A. (Hg.)(1996): Eurolatein. Das griechische und lateinische Erbe in den europäischen Sprachen. Tübingen
Munsky, K. (1994): Mündliche Fachkommunikation. Das Beispiel Chemie. Tübingen
Muthmann, G. (1988): Rückläufiges deutsches Wörterbuch. Handbuch der Wortausgänge im Deutschen mit Beachtung der Wort- und Lautstruktur. Tübingen
Muthmann, G. (1994): Doppelformen in der deutschen Sprache der Gegenwart. Studie zu den Varianten in Aussprache, Schreibung, Wortbildung und Flexion. Tübingen
Naumann, B. (1986): Einführung in die Wortbildungslehre des Deutschen. Tübingen. 2. Aufl.
Naumann, C.L. (1989): Gesprochenes Deutsch und Orthographie. Frankfurt/M.
Neef, M. (1996): Wortdesign. Eine deklarative Analyse der deutschen Verbflexion. Tübingen
Neef, M. (1996a): Wortdesign: Das Lexembildungsmuster **Gehopse** und die Kopflosigkeit von ›Ableitungen‹. ZS 15. S. 61–91
Neef, M. (2002): Das Maß aller Dinge: Sonorität. In: Bommes, M. u.a. (Hg.) (2002). S. 32–48
Neef, M./Primus, B. (2001): Stumme Zeugen der Autonomie – Eine Replik auf Ossner. LB 187. S. 353–378
Nerius, D. (1975): Untersuchungen zu einer Reform der deutschen Orthographie. Berlin
Nerius, D. u.a. (1987): Deutsche Orthographie. Von einem Autorenkollektiv unter Leitung von Dieter Nerius. Leipzig
Nübling, D. (1992): Klitika im Deutschen. Schriftsprache, Umgangssprache, alemannische Dialekte. Tübingen
Nübling, D. (1999): Zur Funktionalität von Suppletion. In: Butt, M./ Fuhrhop, N. (Hg.) (1999). S. 77–101
Nübling, D. (2000): Prinzipien der Irregularisierung. Tübingen

Öhmann, E. (1970): Suffixstudien VI. Das deutsche Verbalsuffix ›-ieren‹. NphM 71. S. 337–357
Olsen, S. (1986): Wortbildung im Deutschen: eine Einführung in die Theorie der Wortstruktur. Stuttgart
Olsen, S. (1988): Das ›substantivierte‹ Adjektiv im Deutschen und Englischen: Attribuierung vs. syntaktische ›Substantivierung‹. FoL 22. S. 337–372
Olsen, S. (1990): Zum Begriff des morphologischen Heads. DS 18. S. 126–147
Olsen, S. (1990a): Konversion als kombinatorischer Wortbildungsprozeß. LB 127. S. 185–216
Olsen, S. (1991): Die deutsche Nominalphrase als ›Determinerphrase‹. In: Olsen, S./Fanselow, G. (Hg.):»DET, COMP und INFL«. Tübingen
Olsen, S. (1991a): GE-Präfigierungen im heutigen Deutsch. Ausnahmen von der ›Righthand Head Rule‹? Beitrr(Tüb.) 113. S. 333–366
Olsen, S. (1992): Zur Grammatik des Wortes. Argumente zur Argumentvererbung. LB 137, S. 3–32
Olsen, S. (1996): Über Präfix- und Partikelverbsysteme. In: Simecková, A./Vachková, M. (Hg.): Wortbildung – Theorie und Anwendung. Prag. S. 111–137
Olsen, S. (1996a): Partikelverben im deutsch-englischen Vergleich. In: Lang, E./Zifonun, G. (Hg.)(1996). S. 261–288
Olsen, S. (1997): Zur Kategorie ›Verbpartikel‹. Beitrr(Tüb.) 119. S. 1–32
Olsen, S. (1997a): Der Dativ bei Partikelverben. In: Dürscheid, C./Schwarz, M./Ramers, K.-H. (Hrsg.)(1997). S. 307–328
Olsen, S. (Hg.)(1998): Semantische und konzeptuelle Aspekte der Partikelverbbildung mit ein-. Tübingen
Ong, W. (1987): Oralität und Literalität. Die Technologisierung des Wortes. Opladen. Original 1982
Ortner, H./Ortner, L. (1984): Zur Theorie und Praxis der Kompositaforschung. Tübingen
Ossner, J. (1996): Silbifizierung und Orthographie im Deutschen. LB 165. S. 369–400
Pape-Müller, S. (1980): Textfunktionen des Passivs. Untersuchungen zur Verwendung von grammatisch-lexikalischen Passivformen. Tübingen
Paul, H. (1917): Deutsche Grammatik. Band II. Teil III: Flexionslehre. Halle
Paul, H. (1920): Deutsche Grammatik. Band V. Teil IV: Wortbildungslehre. Halle
Paul, H. (1975): Prinzipien der Sprachgeschichte. Tübingen. 9. Aufl. Original 1880
Paul, I. (1999): Praktische Sprachreflexion. Tübingen
Pavlov, V. (1995): Die Deklination der Substantive im Deutschen. Synchronie und Diachronie. Frankfurt
Pétursson, M./Neppert, J.M. (2002): Elementarbuch der Phonetik. Hamburg
Pfeiffer, H. (1984): Spiegelbildliche Wörter in der deutschen Sprache. LB 94. S. 62–64
Philipp, M. (1974): Phonologie des Deutschen. Stuttgart
Pike, K.L. (1943): Phonetics. Ann Arbor
Pinker, S. (1996): Der Sprachinstinkt. Wie der Geist die Sprache bildet. München
Pinker, S. (2000): Wörter und Regeln. Heidelberg
Plank, F. (1974): Die Kompositionsfuge in der nhd. Nominalkomposition. Unv. Magisterarbeit, Universität Regensburg
Plank, F. (1981): Morphologische (Ir-)Regularitäten. Aspekte der Wortstrukturtheorie. Tübingen
Plank, F. (1986): Das Genus der deutschen ›Ge‹-Substantive und Verwandtes (Beiträge zur Vererbungslehre 1). ZPSK 39. S. 44–66
Plank, F. (Hg.)(1991): Paradigms. The economy of inflection. Berlin
Polenz, P. von (1968): Ableitungsstrukturen deutscher Verben. ZDS 24. S. 1–15, 129–159
Polenz, P. von (1990): Nationale Varietäten der deutschen Sprache. Int. Journal of the Sociology of Language 83. S. 5–38
Pompino-Marschall, B. (1990): Die Silbenprosodie. Ein elementarer Aspekt der Wahrnehmung von Sprachrhythmus und Sprechtempo. Tübingen
Pompino-Marschall, B. (1995): Einführung in die Phonetik. Berlin. (2. Aufl. 2003)
Pörksen, U. (1986): Deutsche Naturwissenschaftssprache. Historische und kritische Studien. Tübingen
Posner, R. (Hg.)(1981): Ikonismus in den natürlichen Sprachen. ZfS 2, 1/2
Primus, B. (1997): Der Wortgruppenaufbau in der Geschichte des Deutschen: Zur Präzisierung von synthetisch vs. analytisch. Spr.wiss. 22. S. 133–159

Primus, B. (1999): Cases and Thematic Roles. Tübingen
Primus, B. (2000): Suprasegmentale Graphematik und Phonologie: Die Dehnungszeichen im Deutschen. LB 181. S. 9–34
Primus, B. (2003): Zum Silbenbegriff in der Schrift-, Laut- und Gebärdensprache. ZS 22. S. 3–55
Primus, B. (2004): A Featural Analysis of the Letters of the Modern Roman Alphabet. MS. Universität zu Köln
Prince, A./Smolensky, P. (1993): Optimality Theory. Constraint Interaction in Generative Grammar. New Brunswick (=Rutgers University, Center for Cognitive Science, Technical Report Nr. 2).
Pütz, H. (1982): Objektsprädikate. In: Abraham, W. (Hg.)(1982). S. 331–368
Pusch, L. (1980): Das Deutsche als Männersprache. LB 66. S. 59–74
Rädle, K. (2003): Groß- und Kleinschreibung des Deutschen im 19. Jahrhundert. Heidelberg
Raffelsiefen, R. (1995): Conditions for stability. Düsseldorf (=Arbeiten des SFB 282, Nr.69)
Raffelsiefen, R. (2000): Evidence for word-internal phonological words in German. In: Thieroff, R. u. a. (Hg.)(2000). S. 43–56
Raffelsiefen, R. (2002): Imperatives: the relation between meaning and form. In: Restle, D./Zaefferer, D. (Hg.) (2002). S. 321–347
Rahnenführer, I. (1980): Zu den Prinzipien der Schreibung des Deutschen. In: Nerius, D./Scharnhorst, J. (Hg.): Theoretische Probleme der deutschen Orthographie. Berlin. S. 231–259
Raible, W. (1996): Orality and literacy. In: Günther, H./Ludwig, O. (Hg.)(1996) 1. Teilband. S. 1–17
Ramers, K.H. (1988): Vokalquantität und -qualität im Deutschen. Tübingen
Ramers, K.H. (1992): Ambisilbische Konsonanten im Deutschen. In: Eisenberg, P. u. a. (Hg.)(1992). S. 246–283
Ramers, K.H./Vater, H. (1995): Einführung in die Phonologie. Hürth. 4.Aufl.
Rapp, I. (1997): Partizipien und semantische Struktur. Zur passivischen Konstruktion mit dem 3. Status. Tübingen
Reetz, H. (1999): Artikulatorische und akustische Phonetik. Trier
Reis, M. (1974): Lauttheorie und Lautgeschichte. München
Reis, M. (1983): Gegen die Kompositionstheorie der Affigierung. ZS 2. S. 110–131
Report (1989): Report on the 1989 Kiel Convention. JIPA 19,2. S. 67–80
Restle, D./Zaelferer, D. (Hg.) (2002): Sounds and Systems. Studies in Structure and Change. Berlin
Rettig, W. (1972): Sprachsystem und Sprachnorm in der deutschen Substantivflexion. Tübingen
Richter, H. (1973): Grundsätze und System der Transkription – IPA (G). Tübingen
Richter, H. (1979): German /r/ as a Velar Fricative? In: Van de Velde, M./Vandeweghe, W. (Hg.): Sprachstruktur, Individuum und Gesellschaft. Akten des 13. Linguistischen Kolloquiums, Gent 1978. Tübingen. Bd 1. S. 155–161
Richter, H. (1982): Zur Systematik der Personalendungen des deutschen Verbs. In: Detering, K./Schmidt-Radefeldt, J./Sucharowski, W. (Hg.): Sprache beschreiben und erklären. Tübingen. S. 179–188
Richter, H. (1988): Transkription. In: Ammon, U. u. a. (Hg.): Soziolinguistik. Ein internationales Handbuch zur Wissenschaft von Sprache und Gesellschaft. Berlin. Bd. 2. S. 966–972
Rivet, A. (1999): Rektionskomposita und Inkorporationstheorie. LB 179. S. 307–342
Ross, J.R. (1972): The category squish: Endstation Hauptwort. CLS 8. S. 316–328
Rubach, J. (1984): Cyclic and lexical phonology: The structure of Polish. Dordrecht
Rubach, J./Booij, G. (1988): Syllable structure assignment in Polish. Phonology 7. S. 121–158
Sackmann, R. (Hg.)(1996): Theoretical Linguistics and Grammatical Description. Amsterdam
Saenger, P. (1982): Silent reading: its impact on late medieval script and thought. Viator 13. S. 367–414
Sauer, W.W. (1988): Der ›Duden‹. Geschichte und Aktualität eines ›Volkswörterbuchs‹. Stuttgart

Saussure, F. de (1967): Grundfragen der Allgemeinen Sprachwissenschaft. Berlin. 2.Aufl. Original 1916
Schaeder, B./Knobloch, C. (Hg.)(1992): Wortarten. Beiträge zur Geschichte eines grammatischen Problems. Tübingen
Schanen, F./Confais, J.P. (2001): Grammaire de l'allemand. Formes et fonctions. Paris. 5. Aufl.
Scheerer, E. (1993): Mündlichkeit und Schriftlichkeit – Implikationen für die Modellierung kognitiver Prozesse. In: Baurmann u. a. (Hg.)(1993). S. 141–176
Scheerer-Neumann, G. (1987): Kognitive Prozesse beim Rechtschreiben. Eine Entwicklungsstudie. In: Eberle, G./Reiß, G. (Hg.): Probleme beim Schriftspracherwerb. Heidelberg. S. 193–219
Scheerer-Neumann, G. (1996): Der Erwerb der basalen Lese- und Schreibfertigkeiten. In: Günther, H./Ludwig, O. (Hg.)(1996). 2. Halbband. S. 1153–1169
Scheerer-Neumann, G. (2003): Entwicklung der basalen Lesefähigkeit. In: Bredel, U. u. a. (Hg.) (2003). S. 513–524
Schiller, N.O. (1998): The phonetic variation of German /r/. In: Butt, M./Fuhrhop, N. (Hg.)(1998). S. 261–287
Schmidt, G.D. (1987): Das Affixoid, Zur Notwendigkeit und Brauchbarkeit eines beliebten Zwischenbegriffs in der Wortbildung. In: Hoppe, G. u. a. (1987). S. 53–101
Schmidt, G.D. (1987a): Das Kombinem. Vorschläge zur Erweiterung des Begriffsfeldes und der Terminologie im Bereich der Lehnwortbildung. In: Hoppe, G. u. a. (1987). S. 37–52
Schmidt, G.D. (1987b): Vorschlag einer Modellierung der Kombinationen mit entlehnten Konstituenten. In: Hoppe, G. u. a. (1987). S. 25–35
Schmidt, H. (1996): Lehnpräpositionen aus dem Lateinischen in der deutschen Gegenwartssprache. In: Munske, H.H./Kirkness, A. (Hg.)(1996). S. 65–81
Schmöe, F. (2003): Das Adverb. Die Beschreibung einer Wortklasse. Habilschrift Univ. Bamberg
Schröder, J. (1985): ›Ent‹-Verben in einer mehrstufigen Analyse. DaF 22. S. 40–46
Schröder, J. (1988): Präfixverben mit ›ver‹ im Deutschen. DaF 25. S. 92–95, 172–177, 204–207, 295–299
Selkirk, E. (1982): The syllable. In: Hulst, H. van der/Smith, N. (Hg.): The Structure of Phonological Representations. Dordrecht. Part II, S. 337–383
Selkirk, E. (1982a): The Syntax of Words. Cambridge (Mass.)
Selting, M. u. a. (1998): Gesprächsanalytisches Transkriptionssystem (GAT). LB 173. S. 91–122
Siebs, Th. (1969): Deutsche Aussprache. Reine und gemäßigte Hochlautung mit Aussprachewörterbuch. Herausgegeben von Helmut de Boor, Hugo Moser und Christian Winkler. Berlin. 19.Aufl.
Siegel, D. (1977): The Adjacency Condition and the Theory of Morphology. NELS 8. S. 189–196
Sievers, E. (1901): Grundzüge der Phonetik. Leipzig. 5.Aufl.
Simmler, F. (1998): Morphologie des Deutschen. Flexions- und Wortbildungsmorphologie. Berlin
Simone, R. (Hg.)(1995): Iconicity in Language. Amsterdam
Smith, G. (2003): Phonological Words and Derivation in German. Hildesheim
Stasi (1993): Das Wörterbuch der Staatssicherheit. Definitionen des MfS zur ›politisch-operativen Arbeit‹. Berlin. 2.Aufl.
Stechow, A. v./Sternefeld, W. (1988): Bausteine syntaktischen Wissens. Ein Lehrbuch der generativen Grammatik. Opladen
Steinitz, R. (1997): Valenznotwendige Präpositionalphrasen: weder Argument- noch Adjunktposition. In: Dürscheid, C. u. a. (Hg.)(1997). S. 329–352
Sternberger, D. (1968): »Betreuung«. In: Sternberger, D./Storz, G./Süskind, W.E. (1968). S. 31 f.
Sternberger, D./Storz, G./Süskind, W.E. (1968). Aus dem Wörterbuch des Unmenschen. Neue erweiterte Ausgabe mit Zeugnissen des Streites über die Sprachkritik. Hamburg
Sternefeld, W. (2000): Schreibgeminaten im Deutschen: Ein Fall für die Optimalitätstheorie. LB 181. S. 35–54
Stetter, C. (1989): Gibt es ein graphematisches Teilsystem der Sprache? Die Großschreibung im Deutschen. In: Eisenberg, P./Günther, H. (Hg.)(1989). S. 297–320

Stetter, C. (1990): Die Groß- und Kleinschreibung im Deutschen. Zur sprachanalytischen Begründung einer Theorie der Orthographie. In: Stetter, C. (Hg.)(1990). S. 196–220
Stetter, C. (Hg.)(1990): Zu einer Theorie der Orthographie. Interdisziplinäre Aspekte gegenwärtiger Schrift- und Orthographieforschung. Tübingen
Stetter, C. (1995): Zu den normativen Grundlagen der Sprachberatung. In: Biere, B. U./Hoberg, R. (Hg.)(1995). S. 37–54
Stetter, C. (1996): Orthographie als Normierung des Schriftsystems. In: Günther, H./Ludwig, O. (Hg.)(1996) 1. Teilband. S. 687–697
Stetter, C. (1997): Schrift und Sprache. Frankfurt
Stickel, G. (Hg.) (2001): Neues und Fremdes im deutschen Wortschatz. Berlin
Stiebels, B. (1996): Lexikalische Argumente und Adjunkte. Zum semantischen Beitrag von verbalen Präfixen und Partikeln. Berlin
Stiebels, B./Wunderlich, D. (1994): Morphology feeds syntax: the case of particle verbs. Linguistics 32. S. 913–968
Suppes, P./Zinnes, J. L. (1963): Basic Measurement Theory. In: Luce, R. D. u. a. (Hg.): Handbook of Mathematical Psychology. New York. Bd. 1. S. 1–76
Sütterlin, Ludwig (1923): Die deutsche Sprache der Gegenwart. Leipzig. 5.Aufl.
Takahashi, H. (1996): Die richtige Aussprache des Deutschen in Deutschland, Österreich und der Schweiz nach Maßgabe der kodifizierten Normen. Frankfurt
Tebartz-van Elst, A. (1991): Das Rechtschreibwörterbuch aus der Sicht der Sprachberatung. In: Augst, G./Schaeder, B. (Hg.): Rechtschreibwörterbücher in der Diskussion. Frankfurt. S. 363–380
Theissen, S. u. a. (1992): Rückläufiges Wörterbuch des Deutschen. Lüttich
Thiel, G. (1973): Die semantischen Beziehungen in den Substantivkomposita der deutschen Gegenwartssprache. Mu 83. S. 377–404
Thieroff, R. (1992): Das finite Verb im Deutschen. Tempus – Modus – Distanz. Tübingen
Thieroff, R. (1994): Das Tempussystem des Deutschen. In: Thieroff, R./Ballweg, J. (Hg.)(1994). S. 119–134
Thieroff, R. (1994a): Inherent Verb Categories and Categorizations in European Languages. In: Thieroff, R./Ballweg, J. (Hg.)(1994). S. 3–45
Thieroff, R. (2000): Morphosyntax nominaler Einheiten im Deutschen. Habilschrift Universität Bonn
Thieroff, R./Ballweg, J. (Hg.)(1994): Tense Systems in European Languages. Tübingen
Thieroff, R./Tamrat, M./Fuhrhop, N./Teuber, O. (Hg.)(2000): Deutsche Grammatik in Theorie und Praxis. Tübingen
Thomé, G. (2003): Entwicklung der basalen Rechtschreibkenntnisse. In: Bredel, U. u. a. (Hg.) (2003). S. 369–379
Tillmann, H. G./Mansell, Ph. (1980): Phonetik. Lautsprachliche Zeichen, Sprachsignale und lautsprachlicher Kommunikationsprozeß. Stuttgart
Toman, J. (1983): Wortsyntax. Eine Diskussion ausgewählter Probleme deutscher Wortbildung. Tübingen
Trubetzkoy, N. S. (1989): Grundzüge der Phonologie. Göttingen. 7.Aufl. Original 1939
Twaddell, W. F. (1935): On Defining the Phoneme. Language Monograph Nr. 16. Auch in Joos, M. (Hg.)(1957). S. 55–80
Ulbrich, H. (1972): Instrumentalphonetisch-auditive r-Untersuchungen im Deutschen. Berlin
Vater, H. (1987): Zu sogenannten ›substantivischen Adjektiven‹ im Deutschen. In: Dyhr, M./Olsen, J. (Hg.): Festschrift für Karl Hyldgaard-Jensen. Kopenhagen. S. 279–290
Vater, H. (1992): Zum Silbennukleus im Deutschen. In: Eisenberg, P./Ramers, K. H./Vater, H. (Hg.)(1992). S. 100–133
Vennemann, Th. (1970): The German velar nasal: A case for abstract phonology. Phonetica 22. S. 65–81
Vennemann, Th. (1982): Zur Silbenstruktur der deutschen Standardsprache. In: Vennemann, Th. (Hg.): Silben, Segmente, Akzente. Tübingen. S. 261–305
Vennemann, Th. (1988): Preference laws for syllable structure and the explanation of sound change. Berlin
Vennemann, Th. (1991): Syllable structure and syllable cut prosodies in Modern Standard German. In: Bertinetto, P. u. a. (Hg.): Certamen Phonologicum II. Turin. S. 211–243

Vennemann, Th. (1991a): Skizze der deutschen Wortprosodie. ZS 10. S. 86–111
Vennemann, Th. (1995): Der Zusammenbruch der Quantität im Spätmittelalter und sein Einfluß auf die Metrik. In: Fix, H. (Hg.): Quantitätsproblematik und Metrik. Amsterdam. S. 185–223
Vieregge, W.H. (1989): Phonetische Transkription. Theorie und Praxis der Symbolphonetik. Stuttgart
Vieregge, W.H. (1996): Patho-Symbolphonetik. Auditive Deskription pathologischer Sprache. Stuttgart
Vögeding, J. (1981): Das Halbsuffix ›-frei‹. Zur Theorie der Wortbildung. Tübingen
Vogel, P.M. (1996): Wortarten und Wortartenwechsel. Zu Konversion und verwandten Erscheinungen im Deutschen. Berlin
Vogel, P./Comrie, B. (Hg.) (2000): Approaches to the Typology of Word Classes. Berlin
Voigt, G. (1981): Bezeichnungen für Kunststoffe im heutigen Deutsch. Hamburg
Voigt, G. (1985): Zur linguistischen Bestimmung des Markennamens. In: Kürschner, W./Vogt, R. (Hg.): Grammatik, Semantik, Textlinguistik. Tübingen. Bd 1. S. 123–131
Wegener, H. (1985): Der Dativ im heutigen Deutsch. Tübingen
Wegener, H. (1995): Die Nominalflexion des Deutschen – verstanden als Lerngegenstand. Tübingen
Wegener, H. (2002): Aufbau von markierten Pluralklassen im Deutschen – eine Herausforderung für die Markiertheitstheorie. FoL 34. S. 261–295
Weinrich, H. (1964): Tempus – Besprochene und erzählte Welt. Stuttgart
Weinrich, H. (1993): Textgrammatik der deutschen Sprache. Mannheim. (2. Aufl. Hildesheim 2003)
Weisgerber, L. (1958): Verschiebungen in der sprachlichen Einschätzung von Menschen und Sachen. Köln
Wengeler, M. (1998): Normreflexion in der Öffentlichkeit. Zur Legitimationsbasis sprachlicher Normierungsversuche. Der Deutschunterricht 50,3. S. 49–56
Werner, O. (1972): Phonemik des Deutschen. Stuttgart
Wiebelt, A. (2003): Die Entwicklung der Symmetrie in der Schrift – Wie Objektkonstanz die Genese von Buchstabenformen beeinflusst. LB 195. S. 295–323
Wiese, B. (1994): Die Personal- und Numerusendungen der deutschen Verbformen. In: Köpcke, K.-M. (Hg.) (1994). S. 161–191
Wiese, B. (1996): Iconicity and Syncretism. On Pronominal Inflection in Modern German. In: Sackmann, R. (Hg.)(1996). S. 323–344
Wiese, B. (2000): Warum Flexionsklassen? Über die deutsche Substantivdeklination. In: Thieroff, R. u.a. (Hg.) (2000). S. 139–153
Wiese, H. (1995): Semantische und konzeptuelle Strukturen von Numeralkonstruktionen. ZS 14. S. 181–235
Wiese, R. (1986): Schwa and the structure of words in German. Linguistics 24. S. 697–724
Wiese, R. (1990): Über die Interaktion von Morphologie und Phonologie – Reduplikation im Deutschen. ZPSK 43. S. 603–624
Wiese, R. (1991): Was ist extrasilbisch im Deutschen und warum? ZS 10. S. 112–133
Wiese, R. (1996): The Phonology of German. Oxford
Wiese, R. (2001): How prosody shapes german words and morphemes. IJGLSAG. S. 155–184
Willems, K. (2001): Produktivität, syntaktische Struktur und Norm. ZGL 29, S. 143–166
Williams, E. (1981): On the notions ›lexically related‹ and ›head of a word‹. LI 12. S. 245–274
Williams, E. (1994): Remarks on lexical knowledge. Lingua 92. 7–34
Wilmanns, W. (1896): Deutsche Grammatik. Gotisch, Alt-, Mittel- und Neuhochdeutsch. Zweite Abteilung: Wortbildung. Straßburg
Wilmanns, W. (1906): Deutsche Grammatik. Gotisch, Alt-, Mittel- und Neuhochdeutsch. Dritte Abteilung: Flexion. 1.Hälfte: Verbum. Straßburg
Windfuhr, G. (1967): Strukturelle Verschiebung: Konjunktiv Präsens und Imperativ im heutigen Deutsch. Linguistics 36. S. 84–99
Wunderlich, D. (1983): Glück im Unglück. LiLi 50. S. 157–172
Wunderlich, D. (1987): An investigation of lexical composition: the case of German **be-**verbs. Linguistics 25. S. 283–331

Wunderlich, D. (1987a): Partizipien im Deutschen. LB 111. S. 345–366
Wunderlich, D. (1992). A minimalist analysis of German verb morphology. Düsseldorf (=Arbeiten des SFB 282, Nr. 21)
Wunderlich, D. (1992a): CAUSE and the structure of verbs. Düsseldorf (=Arbeiten des SFB 282, Nr. 36)
Wunderlich, D. (1997): A Minimalist Model of Inflectional Morphology. In: Wilder, C. u. a. (Hg.): The Role of Economy Principles in Linguistic Theory. Berlin. S. 267–298
Wunderlich, D./Fabri, R. (1995): Minimalist Morphology: An Approach to Inflection. ZS 14. S. 236–294
Wurzel, W. U. (1970): Studien zur deutschen Lautstruktur. Berlin
Wurzel, W. U. (1980). Der deutsche Wortakzent. Fakten – Regeln – Prinzipien. ZfG 1. S. 299–318
Wurzel, W. U. (1981): Phonologie: Segmentale Struktur. In: Heidolph, K. E. u. a. (1981). S. 898–990
Wurzel, W. U. (1984): Flexionsmorphologie und Natürlichkeit. Berlin
Wurzel, W. U. (1985): Deutsch ›der Funke‹ zu ›der Funken‹: ein Fall für natürliche Morphologie. In: Sprachwissenschaftliche Arbeiten der Germanistenkommission Deutsche Demokratische Republik – Polen. Berlin. Bd. 5. S. 129–145
Wurzel, W. U. (1987): Zur Morphologie der Dimensionsadjektive. In: Bierwisch, M./Lang, E. (Hg.)(1987). S. 459–516
Wurzel, W. U. (1988): Gedanken zur Flexionsklassenmarkiertheit. In: Bierwisch, M./Motsch, W./Zimmermann, I. (Hg.)(1988). S. 229–277
Wurzel, W. U. (1990): The mechanism of inflection: lexicon representations, rules, and irregularities. In: Dressler, W. U. u. a. (Hg.)(1990). S. 203–216
Wurzel, W. U. (1994): Skizze der natürlichen Morphologie. PzL 50. S. 23–50
Wurzel, W. U. (1994a): Gibt es im Deutschen noch eine einheitliche Substantivflexion? In: Köpcke, K.-M. (Hg.)(1994). S. 29–44
Wurzel, W. U. (1994b): Inkorporierung und ›Wortigkeit‹ im Deutschen. In: Tonelli, L./Dressler, W. U. (Hg.) Natural Morphology: Perspectives for the Nineties. Wien. S. 109–125
Wurzel, W. U. (1996): Morphologischer Strukturwandel: Typologische Entwicklungen im Deutschen. In: Lang, E./Zifonun, G. (Hg.)(1996). S. 492–524
Wurzel, W. U. (1996a): On the similarities and differences between inflectional and derivational morphology. STUF 49. S. 267–279
Wurzel, W. U. (1998): On the Development of Incorporating Structures in German. In: Hogg, R. M./Bergen, L. v. (Hg.): Historical Linguistics 1995. Amsderdam 1998. Bd. 2. S. 331–344
Wurzel, W. U. (2000): Was ist ein Wort? In: Thieroff, R. u. a. (Hg.)(2000). S. 201–213
Wustmann (1935): Sprachdummheiten. In der zehnten Auflage vollständig erneuert von Werner Schulze. Berlin
Yu, S.-T. (1992): Silbeninitiale Cluster und Silbifizierung im Deutschen. In: Eisenberg u. a. (Hg.)(1992). S. 172–207
Zeller, J. (2001): Particle verbs and local domains. Amsterdam
Žepić, S. (1970): Morphologie und Semantik der deutschen Nominalkomposita. Zagreb
Zifonun, G. (1973): Zur Theorie der Wortbildung am Beispiel deutscher Präfixverben. München
Zifonun, G. (2000): Die Peripherie der Verbalkategorien – Zentralitätsabstufungen in der ›Grammatik der deutschen Sprache‹ und ihre theoretische Fundierung. GL 154. S. 35–61
Zifonun, G. u. a. (1997): Grammatik der deutschen Sprache. Berlin
Zimmer, D. E. (1997): Neuanglodeutsch. In: Zimmer, D. E.: Deutsch und anders. Die Sprache im Modernisierungsfieber. Reinbek. S. 7–104
Zimmermann, I. (1988): Die substantivische Verwendung von Adjektiven und Partizipien. In: Bierwisch, M. u. a. (Hg.): Syntax, Semantik und Lexikon. Berlin. S. 279–311
Zwicky, A. M. (1985): Heads. JL 21. S. 2–29

Sachregister

Abduktion 287f.; 422
Abkürzung 164
Ablaut 30; 156; 191; 194f.
Ableitung → Derivation 209
– grammatische → Derivation, grammatische 6
– implizite 295
Absorption 265
Abstraktum 249; 260; 279; 281; 291; 292; 335
Adjacency Principle 219
Adjektiv 15; 247; 334ff.
– attributives 335
– Komparierbarkeit 183
– partizipiales 201; 248f.; 295; 296ff.; 336; 377
– Prosodie 181; 373
– substantiviertes 180; 295f.
– Umlaut 182
Adjektivflexion 177ff.; 372
– gemischte 178; 372
– schwache 178ff.
– starke 178
Adjektivform, analytische 182
Adjektivierung 279f.; 295
Adjektivkompositum 377
Adjunkt 24
Adressat 27; 154; 186; 202f.; 408
Adverb 16; 233; 270; 331
Adverbial 24
Affigierung 247ff.
Affix, Kategorisierung 222f.
Affixform 29; 217
Affixgeneralisierung 223
Affixgruppe 219f.
Affixlexem 30
Affixoid 214; 218
Affixpleonasmus 423
Affrikate 91; 93; 311; 399
Agens 27; 207; 231; 257; 262; 284
Agensnominalisierung 275; 415
Agentivität 284
Agglutination **156**; 183; 370; 403
Akkusativ → Deklination 275
– des Inhalts 339
– freier 339
– inhumaner 263
Aktantenfunktion → Rolle, semantische 26
Aktiv 25ff.
Akzent → Wortakzent
– syntaktischer 136

Akzentzusammenstoß 138; 146
Alignment 138; 146
Allgemeines Silbenbaugesetz **104ff.**
Allomorph 221; 372
Allomorphie 382
Allophon **87**; 99
Alphabet
– Internationales Phonetisches → IPA 76
– lateinisches 75; 83; 306; 342
– phonetisches → IPA 43; 75ff.
Alternation 86
Alveolar 56; 358
Alveolen 53
Ambiguität, morphologische 148
Analogie 157
Analphabet 360
Anfangsrand → Onset 115ff.; 311; 317; 367
– einfacher 117f.
– komplexer 115ff.
Angabe, freie 24
Anglizismus 242; 288; 353ff.; 356
– Integration 388
Anredepronomen 342f.
Ansatzrohr **49**
Anschluß
– fester 132
– loser 132
Anterior 57
Antonymie 250
Apikal 58; 92
Apokopierung 189
Appellativum 273; 347
Applikativ 257
Applikativkonstruktion 257f.; 261; 380
Apposition, enge 430
Approximant 61; 80; 90; 118
Arbitrarität 155; 212
Archiphonem 123; 125
Argumentblockierung 380
Argumentsättigung 265
Argumentstruktur 21; 27
Argumentvererbung 231; 258; 262; 275; 277; 279
Artikel 15; 174ff.; 345
– vs. Pronomen 175
Artikelflexion 175f.
Artikellosigkeit 347
Artikulation 40ff.; **48ff.**; 108ff.
– doppelte 85; 155; 225
– sekundäre 55

Artikulationsart **59ff.**; 91; 359
Artikulationsmodus → Artikulationsart 59; 80
Artikulationsorgan 50ff.
Artikulationsort **56ff.**; 80; 358
Artikulator 57f.; 90f.; 108ff.; 359; 366; 399
Aspekt 200; 205
Aspiration 54; 86; 118
Assimilation **53**; 74; 106; 123; 356
Attribut 23; 278; 345ff.
– adjektivisches 177
Auftakt → Jambus 130; 139
Ausgleich
– paradigmatischer 189f.
Auslautverhärtung 6; **126ff.**; 189; 238; 321; 368; 387; 402; 407
Autosegment 106ff.; 314
Autosemantikon 224

Backness 65
Bahuvrihi 232
Basis
– adjektivische 282; 289; 292; 299
– einfache 280f.; 298f.
– komplexe 268; 280f.
– substantivische 276f.; 291; 298
– verbale 277; 281; 282ff.
Basis-Ziel-Kategorie 222
Basis/Ziel 222; 269ff.; 274ff.; 287
Basiskategorie 31
Basisposition **88f.**
Basisverb 275
Bedeutung
– leere 30
– lexikalische 224
– nichtleere 224
Bedeutungsvariante, konzeptuelle 415
Begriff, klassifikatorischer 250
Belebtheitshierarchie 284
Benefaktiv 27
Besprochenes 408
Betonbarkeit 128ff.
Betontheit 222
Beugung → Deklination 151
Bewegungsverb 264
Bigraph 306
Bilabial 58
Binarität 220
Bindestrich 252
Blockierung 210; 248f.; 273; 279; 292
Buchstabe 72; 75; 79; 305f.; 343
Bybee-Hierarchie 205; 375

Casus rectus 173
Cluster, homorganischer 391; 400
Common noun → Appellativum 19
Constraint 7; 409
Continuant 61

Daktylus 33; 130; 135ff.; 140f.; 146; 273; 321
Dativ → Deklination 264; 265; 275
Dativ-e 371
Dativverb → Objekt, indirektes 278
Degrammatikalisierung 333; 340
Dehnungs-h 316f.; 322f.; 386
Dehnungsgraphie 315ff.; 355
Deixis 187; 266
Deklination **151**
– pronominale **170ff.**
Demotivierung 211; 215
Dental 56
Dentalsuffix 185; 196; 206
Derivation
– grammatische 127; 129
– produktive 299
Derivationsstammform **221**; 285f.
Derivationssuffix
– Betontheit 270f.
– fremdes 285ff.
– kategorienerhaltendes 272ff.
– kategorienveränderndes 274ff.
– Klassifikation 270
– natives 269ff.; 290
– Phonologie 270ff.
– vs. Flexionssuffix 271; 273
Determinativkompositum 146; **226ff.**; 376
Determinerphrase 346
Diakritikon 75; 79; 82f.
Diathese → Passiv 25ff.; 207; 258f.; 263; 276; 358
Digraph 352
Diminutivbildung 273f.; 382; 423
Diminutivsuffix 284; 424
Diphthong 82; 98; 119f.; 309; 312; 325; 367; 386
– Transkription 82
Direktiv 27; 257; 265
Dispositionsbegriff 279
Distinktivität → Merkmal, distinktives 78
Distributed 59f.
Distribution 87
Doppelartikulation 55; 82
Doppelform, graphematische 326
Doppelpartikel 265; 268
Doppelperfekt 204
Doppelplusquamperfekt 204
Dorsal 59
Dreisilber 410

Eigenname 19; 164; 273; 291; 343; 349f.; 384; 388
Ein-Graphem-Regel 329f.; 429
Eindeutschung 290
Einheit
– morphologische 28; 217
– phonologische 32

- sprachliche 2ff.; 14ff.
- syntaktische 15
Einheitenkategorie
- morphologische 30; 220 f.
- syntaktische 18
Einsilber 102ff.
Einsilbigkeit
- vs. Zweisilbigkeit 126 f.
Einwohnerbezeichnung 276; 291; 384; 425
Ejektiv 80
Elsewhere-Regel 396
Endozentrizität 229
Endrand 119; 402
- komplexer 120; 124 f.
Endreim 365
Endstation Hauptwort 282; 297
Engelaut → Frikativ 59
Epenthese 99; 313; 369
Epiglottis 52
Ergänzung 23 f.
- präpositionale 261
Ersetzungsmorph 236
Ersetzungsregel
- kontextfreie 308
- kontextsensitive 6
Experimentalphonetik 43
Explizitform 319; **320 f.**; 387
- morphologisch determinierte 325 f.
- prosodisch determinierte 321ff.
Explizitlautung 12; 98; 305
Extrasilbizität 121

Falsett 52
Feature Spreading 106
Femininum 161; 239; 282
Finitheit 198
Flap 60
Flektierbare 36
Flexion → Deklination; Konjugation 4; 212ff.
- pronominale 169ff.; 371
- Regelmäßigkeit 194; 197; 212
- vs. Derivation 183; 210ff.
Flexionsart 150ff.
Flexionskonfixform 243
Flexionsmorphologie 150ff.
Flexionsparadigma 4; **17**; **150ff.**; 321
- unterspezifiziertes 168
Flexionsstammform **221**; 285 f.; 295
Flexionstyp 158
- unmarkierter 212; 245
- Wechsel 160
Flüstern 52
Fokusexponent 418
Fokusstruktur 149
Form
- homophone 326
- sprachliche 14

Formant 45 f.
Fortis 63
Frame 230
Fremdsuffix
- betontes 145
- Betonung 144 f.
Fremdwort 12; **38 f.**; 91; 97; 115 f.; 164; 169; 222; 242ff.; 285ff.; 306; 326; 331; 350ff.; 426
- Flexion 370
- Gelenkschreibung 389
- Plural 371
- Prosodie 369
- Umlaut 383
Fremdwortakzent 143ff.
Frikativ 46; 52 f.; 59ff.; 92; 359
- dorsaler 92; 123
- velarer 63
Frontierung 65; 95
Fuge 227; 235ff.; 283 f.; 336; 376; 378
- paradigmische 237ff.
- vs. Flexionssuffix 236 f.
Funktion
- lautliche → Kontrast; Opposition 87 f.
- morphologische 223ff.
- morphosemantische 30; 224
- syntaktische 22
Funktionswort 428
Fusion **156**; 206
Fuß 33
Fußbildung **133ff.**; 142; 289
Futur 204

g-Spirantisierung 127 f.; 368; 401
Gallizismus 288; 353ff.
- Integration 389
Gattungsbezeichnung → Appellativum 19
Gaumen
- harter → Palatum 53
Gaumensegel → Velum 49
Gelenkschreibung 272; 313ff.; 322; 324; 355 f.; 386; 389; 427
Geminate 313; 356 f.
Geminatenreduktion 141; 182; 191; 274; 373; 387; 428
Generikum 159; 404
Genitiv → Deklination 13; 140; 371
- sächsischer 19; 233; 349
Genitiv-Attribut 403
Genitiv-Objekt 403
Genitiv-s 406
Genitivus obiectivus 232
Genitivus possessoris 229
Genitivus qualitatis 229
Genitivus subiectivus 232
Genus 19; 158; 180; 282ff.; 346; 404
- Markiertheit 173
- und Flexionstyp 168 f.

Genus verbi 205
Genuskontinuum 283
Geräusch 46ff.
Gerillter 60; 92
Geschlecht
- grammatisches → Genus
- natürliches 239; 284
Gespanntheit 71; 81; 96f.; 131
- Neutralisierung 122
- vs. Länge 362
Gespanntheitsneutralisation 122; 271; 357; 393; 401
Geste, artikulatorische 398
Gesture Phonology 108
Getrennt- und Zusammenschreibung 268; 332ff.
Gewicht, morphologisches 141; 148; 154ff.; 191
Gleitlaut → Glide 61; 118
Glide 118; 253; 398
Glottal stop 57; 91; 106f.; 117; 385
Glottis 51f.
GPK-Regel 307; 352; 385
Graduierung 247; 250
Gräzismus 243; 244; 351f.; 352ff.
Grammatik
- Adressatenbezug 2; 8
- derivationelle 368
- deskriptive 8
- funktionale 7f.
- generative 6
- Komponenten 5
- normative 8ff.
- rezeptive 2
Grammatikalisierung 37; 187f.; 214; 233ff.; 284; 333; 378; 417
Grammatikalisierungsgrad 218
Grammatikalität 10; 100; 215
Grammatikfehler 344
Graphem 306f.
- fremdes 352
Graphem-Phonem-Korrespondenz 307ff.; 352ff.; 386
Graphematik 4; 302f.
Grenze, morphologische 240; 286; 320; 330; 368; 396; 401
Grenzzeichen 82
Groß- und Kleinschreibung 342ff.; 388
Großschreibung
- von Eigennamen 343; 349f.
- von Substantiven → Substantivgroßschreibung 343
Grundform 18; 140; 152
- morphologische 28; 217
- phonologische 32
- syntaktische 15
Grundformflexion 140; **153**; 166; 318
Grundvokal 30

h
- silbeninitiales 315; 322; 386
- silbenschließendes → Dehnungs-h 316
- stummes 315
Halbaffix 214; 218
Halbpräfix 256
Halbvokal 61
Handlung 205f.; 257
- Ort der 416
Haplologie 292; 404; 423
Hauptakzent 225
Hauptwort 174
Hiatus 117; 141
Hierarchie
- der Kategorisierungen 213; 220
- der verbalen Kategorisierungen 205ff.; 375f.
Hilfsverb 19; 185; 207; 374
Hypokorismus 273

i -Substantiv 164; 384
Idiomatisierung **215**; 248; 279; 296; 337
Ikonismus 373
- konstruktioneller **155**; 173f.; 182f.; 186ff.
Iktussilbe 128; 131f.
Imperativ 202f.
- Vokalhebung 202
- vs. Konjunktiv 203
Imperfekt → Präteritum 184
Inchoativ 256; 266
Infinitiv 200f.; 338ff.; 411
- Formbildung 374
- reiner 339
- substantivierter 235; 267; 278; 296
Infix 237; 379; 425
Inkorporation 234; 257f.; 265; 334ff.
Instrumental 27; 257f.; 276
Intensivform 427
Internationalismus 351
Intonationsstruktur 21
IPA 43; 53ff.; 68ff.; **76ff.**; 90; 94; 96; 393f.
- Konsonantenschema 362; 393
- Vokalschema 362
ismus -Abstraktum 291
Isolierung 192

Jambus 130; 201; 420

Kardinalvokal 67ff.; 81
Kardinalzahl 378
Kasus
- direkter 172
- Funktion 370
- inhärenter → Kasus, lexikalischer 25
- lexikalischer 172
- obliquer 163; **172f.**; 180
- struktureller 25; 172
Kasusabbau 158

Kasusmarker 371
Kasussystem 172
Kategorie
– deiktische 187
– grammatische 15
– inhärente 205 f.
– markierte 20; 153 ff.
– morphologische 217 ff.
– relationale 205 ff.
– unmarkierte 20
Kategorienhierarchie 153; 205 ff.
Kategorisierung 18; 152
– dominante 153
Kausativierung 375
Kehlkopf 51
Kennzeichnung 346 ff.
Kern
– einer Nominalgruppe 345 ff.
– eines Fußes 33
– morphologischer 224 f.
– prosodischer 130; 136
Kernmorphem 224
Kernsilbe 119
Kernvokal 119
Kernwortschatz 38 f.; 139; 306
Kleinschreibung, gemäßigte 343
Klusil → Verschlußlaut 59
Knacklaut → Glottal stop 57
Koartikulation 54; 66; 74; 106; 117
Koda → Endrand 101
Kollektivum 252; 272; 284; 404
Kombinatorik
– grammatische 34 f.
– morphologische 213 f.
Komparation 151; 181 f.
Komparativ 30; 140; 408
Komplement
– morphologisches 31
Komplementstruktur 26
Komplexität
– morphologische 219; 241
Kompositionsakzent 146 ff.; 370
– variabler 148 f.
Kompositionskonfixform 243
Kompositionspartikel 256
Kompositionsstammform 221 f.; 236; 285 f.
Kompositum 136 f.; 215; 226 ff.; 334 ff.; 377
– Akzent 146 ff.; 370
– Akzentuierung 146 ff.
– Bedeutung 229 ff.; 377
– Bildungsbeschränkung 227 f.
– einfaches 146 f.
– Kern 226; 376
– komplexes 147 ff.
– Konstituentenstruktur 228
– Kopf 226; 376
– lexikalisiertes 230

– Linksverzweigung 147; 228
– Rechtsverzweigung 147 f.; 228
– Reihenbildung 146
– uneigentliches 233 f.
– vs. Suffigierung 283
Konfix 217; 242 f.; 418
Konfixform 243
Konfixkompositum 242 ff.; 286; 379
Konfixstammform 243
Kongruenz 152; 177; 188; 206; 220
Kongruenzkategorie 205 f.
Konjugation 151; 184; 373
Konjunktion 16; 139; 332 f.
Konjunktiv 141; 374; 410
– Verwendung 207
Konjunktiv I 204
Konjunktiv II 204
Konjunktivbildung 193 ff.; 196 f.
Konsonant 56; 358 f.
– ambisilbischer → Silbengelenk 131; 427
– koronaler 359
– silbischer 369
– Transkription 80 f.
Konsonantcluster 367
– homorganischer → Assimilation 116 f.; 123; 124 f.
Konsonantensystem 89 ff.
Konsonantgraphem 306; 307; 330; 353 f.; 385
– Gemination 356 f.
Konsonantgruppe 101
Konstituente
– diskontinuierliche 29
– morphologische 29
– phonologische 32; 101
– syntaktische 16
– unmittelbare 219
– unterbrochene 16
Konstituentenkategorie
– morphologische 29; 217 ff.; 376
– phonologische 32; 101
– syntaktische 15
Konstituentenstruktur 108; 377
– morphologische 29; 376
– phonologische 32 f.; 101
– syntaktische 15
Kontamination 370
Kontoid 55
Kontrast 84 f.; 89; 104; 367
Kontrastakzent, grammatikalisierter 146
Konversion 234; 241; 249; 267; 294 ff.; 338; 385
– Ableitungsrichtung 299 f.
– Bedeutung 385
– morphologische 296; 297 ff.
– syntaktische 295 ff.
Kopf
– einer Nominalgruppe 345 ff.

- morphologischer 31f.; 223f.; 252; 254; 299
- phonologischer 33
Kopulativkompositum 232
Kopulaverb 374
Koronal 58; 92
Kurzform 408
- des Adjektivs 140; 177
Kurzverb 191; 374
Kurzwort 164

Labial 56; 57f.; 358
Labiodental 58
Ländername 286; 425
Länge, vs. Gespanntheit 71; 119; 131f.
Laminal 58; 92
Laryngallaut 117; 398
Larynx 51
Lateral 60
Latinismus 243; 244; 288; 352ff.
Lautereignis 40
Lautinventar 3
Lautklasse, natürliche 78; 81
Lautkombinatorik 3; 89
Lautkontinuum 131; 302
Lautsegment 85f.
Law of initials 135
Lehnpräfix 251
Lehnwort 38
Lehnwortbildung 242; 251; 287
Lenis 63
Leseaussprache 11; 328; 354
Levelling → Ausgleich, paradigmatischer 157
Lexem 30; 221
Lexembedeutung 30
Lexemkategorie 30f.
- morphologische 222
Lexemparadigma 30
Lexikalisierung 215; 261; 296
Lexikon 216; 247
- mentales 216
Lexikonerweiterung 211
Linking-Problem 27
Lippenrundung 53; 68ff.; 81
Liquid 61
Lispeln 86
Lokalphrasenpassiv 259; 262
Lokativ 27

Major class feature 106; 366
Markenname 379
Markiertheit 20
Markierungskategorie 20
- morphologische 220ff.; 376
Markierungsstruktur 108
- morphologische 29
- syntaktische 17ff.; 20
Maskulinum 283

- gemischtes 160
- schwaches 140; 159; 239; 294; 371; 404
- starkes 159; 291
Mass noun → Stoffsubstantiv 19
Maßeinheit 430
Maßergänzung 26
Media 64
Mehrdeutigkeit 377
Mehrgraph 306; 309; 314; 352
Merkmal
- distinktives 85f.; 88
- kontrastives 89; 106ff.
- phonologisches 57; 85; 108ff.
Merkmalsgeometrie 108ff.
Metapher 348
Metaphorisierung 266
Metrik → Fußbildung 138
Minimalpaar 86; 306; 396
Mittel, morphologisches 138; 155ff.; 235
Mittelwort → Partizip 201; 297
Modalverb 191f.; 296; 374
Modifikation 247
Modifikator
- morphologischer 225; 265
Modus 192ff.; 205
More 119
Morph 28; 217
Morphem 221; 225
- freies 376
- gebundenes 376
Morphemkonstanz 320
Morphologie
- natürliche 155; 157
- paradigmatische 157
- vs. Syntax 229; 230f.; 232ff.; 267ff.; 332
Morphologisierung 261
Morphophonem 127
Movierung 239; 383; 404
Murmelvokal → Schwa 4
Muta 64

Nasal 60; 91; 123ff.; 359
- velarer 124; 365; 368
Nasalassimilation 53; 124f.; 368
Nasalierung 70
Nebenakzent 141; 146ff.
Nebenordnung 16
Nebensilbe 121
Neutralisierung 127
Neutrum 273; 282
- gemischtes 160
- starkes 159
Nichtagentivität 275
Nichtflektierbare 36
Nomen 15; 19
Nomen acti 276
Nomen actionis 277; 282
Nomen agentis 275; 283

Nomen instrumenti 275
Nominalgruppe 4; 15; 345ff.
Norm
- grammatische **8ff.**
- kodifizierte 303; 304
- orthographische 13f.; 303; 350f.
Nukleus → Silbenkern **101**
Nullartikel 176
Nullfuge 236
Numerale 346; 358; 378; 388; 416
Numerus 205
- Funktion 370
- Markiertheit 173

Oberflächengrammatik 7
Objekt
- direktes 22; 172; 257; 261; 265; 275; 335; 390; 415
- indirektes 23; 172
Objektivus → Genitivus obiectivus 277f.
Objektkonversion 25
Objektsprädikativ 267; 388
Obstruent 60; 62; 106; 116; 359
- dorsaler 364
- koronaler 121
- stimmhafter 402
- stimmloser 126
Öffnungsgrad 97
Onset → Anfangsrand **101**
Onsetmaximierung 135; 270; 328
Opposition **84f.**; 367
Optimalitätstheorie 409
Oral 60; 91; 359
Organ, artikulierendes → Artikulator 57
Ornativ 264
Ornativum 424
Orthographie 13f.; 301
- Neuregelung 11; 303; 318; 331; 336; 342; 347f.
- vs. Graphematik 303

Pänultima 135
Palatal 56; 358
Palatum 53
Palindrom 387
Paradigma
- morphologisches 30; 219; 220ff.; 285f.; 320
- syntaktisches 18
- uneigentliches 19; 30
- unterspezifiziertes 154
- verbales 338f.
Paraphrase 385
Partikelverb 241; 264ff.; 388
- und Kompositum 265
Partizip 201f.
Partizip 1 212; 215; 335
Partizip 2 201f.; 255; 297; 338f.; 384; 411; 428

- Bildung 375
Partizip Perfekt → Partizip 2 199
Partizip Präsens → Partizip 1 199
Passiv 25ff.; 172; 204f.; 206; 248; 258; 279
Patiens 27; 207; 257; 262
Pedifizierung → Fußbildung 384
Perfekt 204
Perkolation 224
Person 186ff.; 205
Personalform 204ff.
- Synkretismus 186ff.
- Variation 188ff.
Personenbezeichnung 272; 275; 279ff.; 291ff.; 404
Pertinenzdativ 265
Pharynx 52
Phon 45; 87
Phonation → Stimmton 56; 62
Phonem 74; **85f.**; 305
Phonem-Graphem-Korrespondenz 310
Phonemic overlapping 86; 125
Phonemschreibweise 87
Phonemsystem 87; 89ff.; 305; 366
Phonetik
- akustische **41**
- artikulatorische **40f.**
- auditive **41f.**
- vs. Phonologie 44; 74f.; 78
Phonologie
- autosegmentale 106
- lexikalische 7
Phonotaktik 102ff.
Pitch accent 128
Plosiv 47; 53; 59; 359
- glottaler 91
Plural 140; 282ff.
- Bedeutung 373
- Erwerb 166f.
- gespaltener 284
- silbischer 142; 318
Plurale tantum 20; 212
Pluralfuge 239
Plusquamperfekt 204
Positiv 30
Possessivartikel, vs. Possessivpronomen 175; 372
Possessivkompositum 232
Postkonfix 245f.
Prädikat 22
Prädikation 22; 37
Präferenzgesetz 105; 134; 144; 328
Präfix 356; 379ff.
- als Kopf 252ff.; 259f.; 262; 299
- nominales 247
- trennbares 256
- unfestes 256
- verbales → Verbpräfix 254
Präpänultima 135

Präposition 16; 24; 233; 254f.; 257; 261; 264ff.; 333; 421
- Wortbildung 333
Präpositionalgruppe 16
Präpositionalobjekt 23
Präsens 187; 324
Präteritopräsens 192
Präteritum 141; 151; 186; 191f.; 194; 196; 324; 410
Präverb 256
Prinzip, orthographisches 327
Prinzipien des IPA 78f.
Privativum 264
Pro-drop-Sprache 188
Produktivität 215
Progressiv 200
Projektion, maximale 229
Pronomen 15; 169ff.; 345
- klitisches 187
- vs. Artikel 175; 372
Pronominaladverb 268; 331
Proper noun → Eigenname 19
Pseudokompositum 234f.; 334ff.; 378
Pseudosuffix 131; 140; 164; 211; 227; 273
Pseudowort 166f.

Quantitätshierarchie 284

r-Laut 47; 60f.; 90; 107; 121f.; 364
Reanalyse 192; 237; 242; 288; 382
Rechtschreibfehler 344
Rechtsköpfigkeit 254
Rede, indirekte 207
Reduktionssilbe → Schwasilbe 128ff.
Reduktionsvokal → Schwa 98f.; 308; 369
Referenz 22; 37
Regel
- grammatische 5ff.
- phonologische 6; 127
- vs. Regularität 5ff.
- zur Silbentrennung 328ff.
Regelkonflikt 409
Regularität
- grammatische 2ff.; 9ff.
- graphematische 303
- morphologische 209
Reibelaut → Frikativ 59
Reihenbildung 265
Rekombination 242
Rektion 220; 346; 348
Rektionskompositum 230f.; 275f.; 335; 377; 416
Rekursivität 214; 229
Relation
- paradigmatische 84
- phonologische 101
- syntagmatische 84
- syntaktische 21; 205
Rest, morphologischer 217; 243

Resultativ 267; 338
Retroflex 58
Rezipient 27; 262; 264; 266
Rhotazierung 71; 395
Rhotazismus 387
Right-hand head rule 224
Rolle, semantische 26ff.; 231; 358
Rückbildung 235; 338ff.
Rückumlaut 428
Rückumlautverb 374

s-Flexion 169; 298; 356; 406
s-Fuge 240f.; 379; 417
s-Plural 164f.
s-Schreibung 387
Sachverhaltsbezeichnung 281
Satz 15ff.; 206
Satzklammer 255
Schärfungsgraphie 313ff.
Schlaggeräusch 47; 59
Schnalzlaut 47; 80
Schnitt
- sanfter 133f.
- scharfer 133f.
Schreibdiphthong 312; 315; 319
Schreiben
- vs. Lesen 344
Schreibsilbe 311ff.; 328f.
Schreibung
- morphologische 387
- phonographische 309f.
- phonologische 319
- silbische 310ff.
Schreibusus 303f.; 342; 347
Schriftsystem 14; 75; 303
Schriftzeichen 75ff.; 78f.
Schwa 4; 71f.; 81; 98f.; 128ff.; 189; 308f.; 369
- als Konjunktivmarker 193f.
Schwa-Epenthese 129
Schwafuge 238f.
Schwasilbe 128ff.; 159; 161; 164; 181
- offene 417
Schwasuffix 142; 241; 270f.; 283
Segmentgrenze 74
Segmentierbarkeit 73f.; 302; 314
Segmentierung 85f.; 306
- morphologische 287
Seitenlaut → Lateral 60
Semifinitheit 203
Sibilant 60
Signalphonetik 43
Silbe 32; 100ff.; 310ff.
- betonbare 128
- gedeckte 101
- geschlossene 101
- leichte 133
- nackte 101; 315; 329
- offene 101; 329

– schwere 133
– vs. Morph 32
Silbenendrand → Endrand; Koda 316
Silbengelenk **131ff.**; 313ff.; 369
Silbengewicht 119
Silbengrenze 32f.; 131f.; 134f.; 314; 328
– vs. morphologische Grenze 329ff.
Silbenkern 118ff.; 312
Silbenkontaktgesetz 135
Silbenreim 101; 365
Silbenschema 102f.; 114
Silbenschnitt 133; 312f.; 329; 355
Silbentrennung 327ff.; 387f.
Singulare tantum 20; 212
Sonagramm 48; 74
Sonant 62
Sonorant 62f.; 106; 126; 129ff.; 159; 190; 316
Sonorität 104f.; 189
Sonoritätshierarchie **104ff.**; 126; 156; 366
Sonoritätsklasse 104
Sonority sequencing principle → Allgemeines Silbenbaugesetz 104
SPE 366
Spirant → Frikativ 59
Sprachberatung 9
Sprachbewertung 9; 12
Sprache
– agglutinierende 156
– akzentzählende 132
– alte 354
– flektierende 151; 156
– geschriebene 301
– gesprochene 302
– gesprochene vs. geschriebene 44; 72ff.
– isolierende 151
– natürliche 10; 302
– neue 354
– silbenzählende 132
Sprachkritik 12f.
Sprachlaut 108ff.
Sprachnorm
– vs. Sprachgebrauch 9
– vs. Sprachsystem 10; 303
Sprachrhythmus → Fußbildung; Wortakzent 138
Sprachwissen 8
Sprecher → Person; Adressat 187f.; 408
Stamm
– einfacher 298
– einfacher vs. komplexer 271
– freier → Stamm, wortfähiger 285
– gebundener 222; 244; 286; 293f.
– kategorienloser 286; 297
– Kategorienneutralität 297f.
– wortfähiger **222**; 242; 283; 285

Stammbetonung 139ff.
Stammflexion **153**; 163; 291
Stammform 29; 30; 139; 163; 217; 218; 220
Stammgruppe 29; 218; 243
Stammprinzip 320
Stammvokal 412
Standarddeutsch 8ff.
Standardlautung 11f.; 128f.; 309; 401
Standardsprache 9f.
Status, morphologischer 221f.; 285f.
Statusrektion 199
Stereotyp 230
Stimmband 51
Stimmhaftigkeit 63f.; 91; 117; 127; 367
Stimmritze → Glottis 51
Stimmton 42; 46; 52; **62ff.**; 106
Stoffsubstantiv 19; 179; 273; 335; 339; 347
Strident 60
Struktur
– graphematische 4
– morphologische 3; **28ff.**; 223
– phonologische **32ff.**; 132ff.
– syntaktische **15ff.**; 358
Strukturalismus 87; 310
– amerikanischer 74; 87
Subjekt 22; 28; 172; 275
Subjektivus → Genitivus subiectivus 277f.
Subjektkonversion 25
Subjektlosigkeit 203
Substantiv 37; 247; 324; 343ff.
– Flexionstyp 158f.; 168f.; 370
Substantiv-Verb-Kontinuum 37f.
Substantivflexion 158ff.; 346
– gemischte 370
– Kasusbildung 167f.
– Pluralbildung 162ff.
– starke 404
– starke vs. schwache 162
Substantivgroßschreibung 343ff.
Substantivierung 240; 282ff.; 295
– fremde 290ff.
Substantivkompositum 226
Substitutionstest 363
Subtraktionsfuge 236
Suffigierung 210
Suffix
– agglutinierendes 156
– Anlaut 330
– betonungsneutrales 142
– Entstehung 382
– fusionierendes 156
– fußbildendes 240
– Gewicht 156; 283
– natives 269ff.
– produktives 280ff.

– Reihenfolge 205; 213
– Silbentrennung 330
– stammbildendes 183; 372
– terminales **219 f.**
Suffixfuge 283 f.; 378 f.; 417
Suffixhierarchie 283ff.
Suffixkette 282ff.
Suffixkombination 280ff.
– fremde und native 290
Suffixposition
– fußbildende 142
Suffixsubstitution 291ff.
Superlativ 140; 334
Supinum 199
Suppletion 182
Suprasegmentalia
– Transkription 82
Syllabierbarkeit 402
Syllabierung 330 f.
Symbolphonetik **43 f.**; 72ff.; 96 f.
Synkopierung 182
Synkretismus **18**; 152ff.; 179ff.; 186
Synkretismusfeld 171ff.; 371 f.
Syntax 4; 15ff.

Tap 60
Tektal 57
Tempus 192ff.; 204 f.; 205
Tenuis 64
Textgrammatik 1; 5
Themavokal 189
Theta-Rolle → Rolle, semantische 26
Tiefenkasus → Rolle, semantische 26
Ton 44ff.
– gesprochener → Stimmton 45ff.
– musikalischer 45
– phonologischer 46
Tonhöhe 44; 128
Transformationsgrammatik 7
Transkribieren
– vs. Schreiben 75 f.
Transkription 72ff.; 302; 363
– enge vs. weite 83; 363
Transparenz 211; 212
Transposition 295
Trennung
– morphologische 255; 339ff.
– syntaktische 255; 340ff.
Trigraph 306
Trill 60
Trillergeräusch 47; 60
Trochäus 33; 130; 134ff.; 140 f.; 146; 166; 170; 181; 238; 273; 312; 321; 356

Übergeneralisierung 428
Ultima 135
Umlaut 156; 159; 165; 182; 191; 194 f.; 273; 325; 424
– Fremdwort 383

Umlautgraphem 317; 325; 385
Umlautschreibung, historische 426
Umsetzung, paradigmatische 295
Umstandsobjekt 339
un-Adjektiv, Akzent → Wortakzent 379
Unifikation 21
Unitary base hypothesis 223
Univerbierung **233**; 268; 332 f.
Unterordnung 16
Unterspezifikation 114; 123; 125
Uvular 56

Valenz **23**; 208; 231; 334 f.
Variation, freie 86
Varietät 9
Velar 358
Velum 49; 52
Verb 37; 268; 323 f.
– ergatives 275
– intransitives 231; 264; 266; 278; 279; 375; 412
– Nominalform 199
– Personalform 186ff.
– psychisches 275
– reflexives 337
– regelmäßiges 185; 374
– schwaches 141; 185ff.; 196 f.; 375; 411 f.
– starkes 13; 97; 141; 185; 190 f.; 193ff.; 221; 253; 375; 411 f.
– Stelligkeit 23
– transitives 25ff.; 231; 248; 263; 267; 277; 279; 289; 335; 375; 412
– Vokalwechsel 191; 194 f.
Verbalabstraktum 277; 282
Verbalisierung, fremde 288ff.
Verbergänzung 23
Verberstsatz 255
Verbflexion 184ff.
– gemischte 374
– Übergang stark-schwach 191; 202; 206; 375
Verbform
– analytische **150**; 197ff.; 200
– finite **184**; 198 f.; 204; 339
– infinite **184**; 199ff.
– periphrastische → Verbform, analytische 150
– synthetische **150**; 186ff.
Verbkomplement 23; 348
Verbparadigma 197ff.
Verbpartikel 17; 146; 255; 264ff.; 336ff.; 339ff.; 381 f.
– Abgrenzung 267
– adjektivische 267
– adverbiale 268
– substantivische 267
– verbale 267

Verbpräfix 254ff.; 256ff.
- Funktion 256
- präpositionales 257ff.
- vs. Verbpartikel 254ff.
Verbum dicendi 261
Verbum sentiendi 261
Verbzusatz 256
Verbzweitsatz 255
Verlaufsform 200; 296
Verschiebung
- konzeptuelle 276
Verschlußlaut 107
- glottaler → Glottal stop 57; 117
Verschmelzung 182; 347
Verschriftung 72f.
Verteilung, komplementäre 86; 364
Verwendung, morphologische **222**
Vibrant 60; 122
Visible speech 48
Vokal **64ff.**; 361f.
- Betonbarkeit 98
- Frontierung 361
- gerundeter 69
- geschlossener 65
- gespannter 71; 95ff.; 119; 308; 315ff.; 326; 365
- hinterer 65
- nasalierter 70
- offener 65
- Transkription 81f.
- ungespannter 94f.; 119; 308; 313f.; 365
- vorderer 65
- Zungenhöhe 361
Vokalartikulation 64ff.
Vokaleinsatz 117
Vokalgraphem 306; 308; 330; 353f.; 385
- Gemination 317; 323
Vokalgruppe 101
Vokalhebung 156; 191; 410
Vokallänge 362
- vs. Gespanntheit 96
Vokalqualität 64ff.
Vokalquantität 70; 132
Vokalschwächung 132
Vokalsystem 94ff.; 309
Vokalviereck **65ff.**; 81; 94; 392
Vokalwechsel 141; 156f.; 221; 253; 295; 375; 412
Vokoid 55
Volkslinguistik 9
Vollsilbe 34; 128; 145; 311
Vollverb 19
Vorfeld 337; 341
Vorgang 278; 281
Vorsilbe 330

Wohlgeformtheit
- grammatische → Grammatikalität 5

- morphologische 283
- phonologische 100
Wort **18**
- fremdes → Fremdwort 285ff.
- fremdes vs. natives 38
- geschriebenes 302
- lexikalisches 18
- mögliches 210; 215; 283
- morphologisch einfaches 35
- morphologisches 31
- phonologisches 130
- prosodisches 136f.; 146
- vs. Syntagma 334ff.
Wortakzent 82; 136; 138ff.
Wortart 19; **35ff.**; 344f.
Wortbildung 4; 12
- aktive 215f.
- okkasionelle 215; 248
- produktive 215; 334ff.
- usuelle 215
- vs. Syntax 296
Wortbildungsprozeß 216.
Wortbildungstyp 209f.
Wortfamilie 321
Wortform 15
- analytische 157
- geschriebene 328
- graphematische 305
- phonologische 32; 130; 320; 328
Wortformzerlegung 15; 255
Wortgrammatik, vs. Satzgrammatik 4f.; 268
Wortgrenze 332ff.; 368; 401
Wortkategorie **19**; 35
- geschlossene 36
- offene 36
Wortklasse
- geschlossene 425
- offene 119; 139; 212; 269; 280; 295
Wortparadigma 18; 198
Wortschatz, Umfang 34
Worttrennung
- am Zeilenende → Silbentrennung 327
würde -Umschreibung 197
Wurzel 219

Zäpfchen-r 47; 60; 121
Zahlwort → Numeral 240
Zahndamm → Alveolen 53
Zeichen
- analphabetisches 360
- Arbitrarität 155
Zentralvokal 394
Zielkategorie 31
Zirkumfix 29; 201; 253f.; 380; 420
Zischgeräusch 46f.; 59
zu 201
zu -Infinitiv 255; 338f.

Zungen-r 47; 60; 121
Zungenhöhe 64ff.
Zungenrücken → Dorsum 52
Zusammenbildung 230

Zustand 279; 281
Zustandspassiv 280; 297
Zweifelsfall, sprachlicher 10; 332
Zweisilber 128ff.; 312ff.; 328f.; 402

Wort- und Affixregister

+a 286f.; 405
Aal 317
Aar 317
Aas 317
ab 421
ab+ 381
Abbindmittel 238
abblättern 381
Abblendlicht 238
Abbuchung 277
+abel 144; 227
Abend 140
Abendlicht 225
abends 212
abfahren 381
Abfahrtszeit 241
abfragen 13
Abfragzeit 238
abgeben 329
abgehen 381
Abgemale 419
abgeordnet 296
Abgeordneter 296
abhalten von 23
Abhöranlage 226
abhören 13
abholen 267
Abholung 268
Abi 384
Abkehrbedingung 241
abklären 255
abkochen 336
Ablativ 403
Abonnement 355
Abordnung 279
abreisen 381
Absaugzeit 238
Abschiedsvorstellung 240
Abschlagszahlung 241
Abschwächung 277
Absichtserklärung 241
Absterbezeit 238
abstrakt 144
Abzweigdose 238
Achtergespann 240
achtgeben 340
Achtung 418
addieren 424
Adjektiv 403
Adler 134; 135; 331
Adressat 294

Ächzer 276
Ähre 97; 326
ältlich 272
aequi+ 244
+är 144
Ära 326
ärmlich 272
Ärzteschaft 272
Ärztestreik 238
Ärztin 383
ärztlich 383
Ästhetik 431
Äther 326; 353
äußerlich 249
Affe 159; 358
Affinität 357
Afrikaner 384
+age 144; 354
Agency 354
Agent 294; 354
Agentiv 403
agri+ 244
agro+ 244
Agrokultur 245
Agrostadt 245
ahnden 323; 386
Airline 353
Akademiker 276
akademisch 293
Aktenordner 226; 275
Aktie 353
Aktionismus 291
aktivieren 288
Aktivismus 292
Aktivmarkt 227
+al 227; 287; 292; 356; 369; 402
Alkoholismus 291
Allee 318; 355
Alliteration 357
Allotria 143
allround+ 244
Alm 126
Almosen 144
alphabetisieren 289
alt 117; 359
alt+ 380; 419
Altbischof 380
Altbürgermeister 380
Alter 296; 371
Alternativantrag 227

altersschwach 377
Altersteilzeit 148
Althippie 380
Altkanzler 380
Altliberaler 378
Altlinker 380
Altnazi 380
Altsprachler 277
am 182; 200
Ameise 3; 140
Amerikaner 384
amerikanisieren 384; 425
amoklaufen 340
Amt 125
an 139; 261; 264ff.
an Stelle 333
Anaconda 143
anämisch 353
anarchisch 293
Anarchismus 293
anbeißen 265
anbeten 368
anbinden 265
anbraten 265
+and 144; 294
ander 388
+aner 425
anfahren 265
anfangen 265
anfangs 212
anfeuchten 265
Anfragegrund 241
anfressen 265
Angeber 368
angekeucht 266
Angel 368
angelaufen 201; 266
angelegt 255
angeln 271
angesichts 404
Angler 142; 274; 422
Anglist 294
Anglizismus 291
angst 298
angst sein 348
angstbebend 335
angstfrei 214
anhängen 265
anhand 333
anheften 265
anheimstellen 268

Anker 271
anketten 265
ankleben 264
ankommen 368
Ankunftszeit 241
anlassen 265
Anlernling 216
Anlieger 275
anlötbar 268
anlöten 267
anmalen 265
annähen 265
anreihen 265
anschließen 265
Ansichtskarte 240
ansingen 265
Anspruchshaltung 241
anständigerweise 270
anstatt 333
anstecken 265
anstelle 233; 333
anstreichen 336
+ant 144; 159; 227; 294
Antagonismus 293
anthrop+ 244
Anthropoid 244
anti+ 250
Antragsvolumen 241
Anwaltskammer 237
+anz 144
anzahlen 265
Applikant 294
Apposition 353
appositiv 353
+ar 144
Arabien 425
Arbeit 39
arbeiten 358
Arbeiter 274
Arbeitsrechtler 277
argumentieren 288
Arm 126
arm 182
Armee 318; 355
Armutszeugnis 241
Aroma 145
aromatisch 145
aromatisieren 289
Art 161
Arzthelfer 377
Arztpraxis 238
Asche 46; 359; 402
Asfalt 351
Asphalt 351
Assimilation 357
astro+ 244
Astrologe 159
Astronautentreffen 238
Astronom 159

Asylantenduldung 231
+at 144; 159; 294; 413
Atem 128; 129; 159; 190; 329
atemberaubend 335
atmen 23; 129; 190; 298; 374; 410
atomisieren 289
atomistisch 145
Atomsperrvertrag 148
+ator 294
attackieren 288
Attentat 144
auf 261; 266 f.; 309
auf+ 381
auf dem trockenen 348
auf Grund 333
auf Seiten 333
aufbäumen 266
aufbinden 266
aufblättern 381
aufbleiben 381
aufblicken 266
aufblühen 275; 381
aufbohren 381
aufbrauchen 381
aufbringen 266
aufbügeln 266
aufbürden 266
aufdrehen 381
aufdrücken 266
aufessen 381
auffallen 275
aufflammen 266
auffliegen 329
auffordern 25
auffordern zu 23
Aufgepasse 419
aufgerufen 201
aufgestanden 255
aufglühen 266
aufgrund 233; 333
aufhäufen 266; 421
aufheben 266; 421
aufjaulen 266
aufkaufen 381
aufklatschen 266
aufkleben 266
Aufklebfolie 238
aufknöpfen 381
aufkochen 266
aufladen 266
auflegen 266
aufliegen 266
aufmachen 381
aufmalen 266
aufrauchen 381
aufreißen 381
aufschichten 266

aufschreiben 266
Aufschwung Ost 430
aufsehen 266
aufsehenerregend 335
aufseiten 333
aufsetzen 266; 267
Aufsetzer 268
aufsprayen 266
aufspringen 266
aufstauen 266
aufstehen 255; 266
aufstreuen 266
aufteilen 381
auftragen 266
auftürmen 266
Aufweichung 277
aufzehren 381
aufzucken 266
Auge 160
aus 267
Ausflucht 226
ausführen 267
Ausführung 268
Ausstattung 279
Austerity 242
auswandern 358
auszugsweise 270
Auto 140; 164
autofahren 339
Autofahrer 275
Automat 159; 245
Autor 404
Axt 161

Babie 354
Baby 144; 354; 388
Babylon 379
Bach 325
Backe 359
backen 2; 13; 157; 191
Backerei 382; 404
Backofen 226
Badehose 238
baden 189
Bäcker 211
Bäckerei 382
Bär 97; 159; 308; 326; 327
Bärenfell 238
Bäumchen 273
Bagger 329; 402
baggern 298
Bahn 119; 124; 131; 161; 324
Bahre 329
Balalaika 143
Balance 354
Balg 127
Balken 404
Balkon 164; 355

Ball 363
Band 125
bang 396
Bange 60
bange sein 348
bangen 275
Bank 53; 125; 273; 395
Banknotenfälschung 231
Bann 119; 124; 131; 324; 396
+bar 3; 142; 216; 227; 249; 270; 279f.; 383; 418
Barren 404
Baske 384
Basler 384
Baß 117; 362
Bassist 294
batteriegetrieben 377
Bau 56; 120; 391
bauchlanden 340
bauchreden 338; 340
Bauchredner 338
bauen 23; 25; 27; 330; 363; 374
Bauer 211
Bauernschaft 272
baugespart 340
Baum 19; 120; 297; 306
Baumkarte 230
bausparen 235; 340
Bausparer 340
Bay+ 379; 418
Baycryl 379
Baydur 379
Bayflex 379
Baymidur 379
Baypren 379
Baysilon 379
be+ 26; 164; 261ff.; 381
beabsichtigen 420
Beamtentum 272
Beamtin 378
bearbeiten 261
Beat 353
beatmen 262
beauftragen 420
bebauen 261
bebildern 261
Becher 325
Becken 273; 329; 405
bedachen 261
bedecken 261
bedenken 261; 329
bedielen 261
beerdigen 420
Beere 97; 317; 327
Beet 96; 119; 317; 324; 361; 365; 392
Befehl 298

befehlen 191; 195; 221
beflaggen 261
befleißigen 420
befolgen 262
befragen 262
Befragung 277
befrechheiten 215
befreien von 23
Befreiung 277
befunden 201
begabt 201
begegnen 275
Begegnung 278
begehen 261
begießen 261
Beginn 298
beginnen 195
beginnen mit 23
Begonie 39
begünstigen 420
begutachten 261
behände 325
behagen 275
behaupten 207
bei 261
bei weitem 347
beide 363
Beifahrer 226
be++ig 420
Bein 159; 309
bejammern 261
bejubeln 261
bekanntmachen 337
bekräftigen 420
bekränzen 261
beladen 261
belächeln 261
belästigen 420
Belang 389
belastbar 383
belauschen 23
Beleg 298
Beleidigung 277
Beliebtheit 422
beliefern 262
bemäkeln 261
bemalt 201
bemasten 261
Bemühung um 278
benagen 261
benötigen 420
bepflanzen 261
berechtigen 420
bereden 261
bereisen 261
bereitstellen 337
Berg 127; 159
bergig 383
bergsteigen 235; 340

bergsteigend 212
Bergsteiger 235; 340
berichtigen 420
Berliner 276
berlinern 298
Berserker 144
bersten 195
Beruf 371
Berufung auf 278
beruhigen 262
bescheinen 261
bescheinigen 420
beschildern 261
Beschimpferei 419
beschlagen 261
beschreiben 261
beschriften 261
beseitigen 420
Besitzer 275
besohlen 261
bespielen 261
besprechen 261
bestaunen 261
bestehen auf 23
bestuhlen 256; 261
Besuch 298
beten 189; 196; 374
Beton 355
Betrag 298
betrauen 261
betreten 261
betreuen 263
betrügen 385; 426
Bett 96; 119; 160; 324; 365
Bettler 422
betüpfelbar 281
betüpfeln 281
betüpfelnd 215
Betüpfler 281
Betüpflung 281
Beute 363
bevor 139
bevormunden 420
bewachen 261
Bewaldung 31
beweglich 331
bewegt 387
beweinen 261
bewilligen 420
bewogen 375
bewohnen 261
biblio+ 217; 244
bieder 181
biegbar 279
biegen 397
Biene 46; 318; 417
Bienenzucht 239
Bier 273

Bierchen 273
biertrinken 339
Biest 120; 392
bieten 190; 397
Bigamist 294
Bikini 144
Bilderrätsel 239
Bildhauerei 382
Bildung 379
Bildwand 239
billig 427
Bindevokal 238
Bindfaden 238
binnen kurzem 347
bio+ 217; 244
Biobauer 245
Bioseminar 245
bis 387
bis auf weiteres 347
bitten 374; 397
Bitterling 142
Bitterschokolade 227
bizarr 356
bläulich 272
Blamage 289
blamieren 289
blank 397
blankgebohnert 378
blankpoliert 377
blankputzen 267; 337
blasen 191
blaß 86; 182
Blatt 92; 116
blattgrün 377
blau 181; 400
Blaustrumpf 232
Bleistiftspitzer 275
Blick 298
Blitz 322
blitzen 322
blond 125
blondieren 288
bloßstellen 337
blühen 23; 305
Blümchen 271
Blüte 66
bluffen 298
Blume 92; 316
Blumenkohlsuppe 147
Blumenvase 236
Bluse 38
Blut 3; 84; 400
bluten 23
bluttriefend 335
Boa 368
Bock 397
Boden 63; 160; 397
bodenturnen 234
Bö 95

Böckchen 274
Böhme 384
Bömbchen 273
böse 181
Bösewicht 378
Bötchen 323
Bogen 397; 404
Bohle 329
Bohne 90; 316; 329; 417
Boje 92
+bold 404
Bombenleger 377
Bonmot 354
Boom 352
Boot 164; 317; 323
Boss 371
Boß 38; 389
Botanik 145
Bote 63; 129; 140; 159; 330; 371
Bottich 427
Boutique 354
Bovist 39
Brache 63
bräunlich 272
Bräunling 216
Bräutigam 140
brandmarken 338; 339
brandungsschwimmen 235
Brasilianer 384
braten 191; 397
Bratling 216
brauchen 13; 374; 410
braun 400
Braut 161
brechen 191; 195
brennbar 279
brennen 374
Brennnessel 329
Brikett 164
Brodem 129
Brombeere 140
Brot 363
Brotbäckerei 416
bruchlanden 340
Bruder 46
Bruderschaft 272
Bruderschaftchen 273
Brüderchen 273
Brüderlichkeit 404
Brüderschaft 272
Brühe 329; 427
Brühwürfel 239
brünett 356
brüskieren 288
brüten 397
brummeln 272
brummen 272

brusthoch 377
brustschwimmen 234; 267
Brustschwimmer 268
Brut 400
Bube 99
Bubi 99
Buch 164; 297; 402
Buche 63; 396
Buchrücken 239
Buchstabe 160
buchstabieren 288
Buddhismus 291
Bude 397
Bücherregal 236; 239
Büchse 396
Büchsenöffner 275
Bühne 92
Bürgerschaft 272
Bürgschaft 404
Bürokratentum 272
Bums 124
Bund 325
Bundesgartenschau 148
Bundesliga 240
bunt 6; 125; 307; 396
Burg 161; 321
Burgenblick 239
+burger 245
Burgruine 236
Burgtor 239
Bus 387
Busch 271
busengrapschen 235
Butler 353
Byte 430

Cäsarismus 291
Caesium 353
Café 355
Camping 353
Cellist 294
Cembalo 144
Center 354; 388
Champignon 354
Champion 353
Chance 354
Chaos 352; 353
Charleston 91
charmant 354
Chauffeur 354
chauffieren 289
Chaussee 354
Chauvinismus 291
Cheeseburger 245
Chefelchen 274
Chefin 383
Chemie 91; 222; 285; 318; 355; 364
Chemiestudium 285

Wort- und Affixregister | 469

chemikalisch 285
Chemiker 276; 285
Chemikerwein 285
chemisch 117; 222; 285; 293
chemo+ 222
Chemoskop 222; 285
Chemotherapie 378
+chen 142; 241; 270; 273 f.; 282ff.; 369; 382; 404
Chile 117
chilenisch 422
China 285
Chinareise 285
Chinese 285; 384
Chinesenhotel 285
Chinesentum 272
chinesisch 285
Chinin 91
Chip 115; 354
Chipstüte 240
Chirurg 364
Chlor 353
Cholesterin 38
Chor 66
Christ 159; 353
chronisch 352
Chronist 294
Chrysantheme 143
circa 353
City 354; 388
Coiffeur 97
computerisieren 288
computern 288
Computerprogramm 226
contra 353
contra+ 250
Corpus 353
Coupé 354
Courage 354; 358
Cup 353
Cut 356
cutten 356

dabeibleiben 268
Dach 88; 92; 362; 391; 402
Dachs 396
Dadaismus 291
Dächelchen 274
Dächlein 274
Dame 90
damit 139
Dampf 359
dampfen 298
danken 23
daraus 331

Darmsaite 229
Darwinismus 291
das 387
das ganze 347
das meiste 347
das wenige 347
dass 387; 429
daß 139; 362
dazukommen 268
Debüt 354
Debütant 354
Deck 92
Deckchen 274
Decke 161
Deckelchen 274
Defensivstrategie 227
Degen 273
dehnen 323; 325
Deich 117
dein 175; 372; 406
Dekan 144
Delfin 326
Delphin 326
Dementi 39
Demission 357
Demokrat 413
Demokratie 352; 413
Demokratieverständnis 226
demokratisch 413
demokratisieren 413
Demonstrant 159; 294; 371; 404
Demonstrantin 404
Denke 283
denken 283
denken an 23
Denker 271; 274
Denkerin 143
denn 65; 124
Depot 352; 354
Depp 92
Depri 384; 424
der 124; 139; 175; 361; 372
der dritte 347
der eine 347
der einzelne 347
Deut 120
Deutschlandachter 240
Dezernent 294
Diät 368
Diagramm 144
Diakon 383; 423
Diakonin 423
Diakonisse 423
Diakonissin 423
dichten 283
Dichter 283

Dichterchen 283
Dichterin 283
Dichterinnenschaft 283
Dichterinnentum 283
Dichterling 283; 284
Dichterlingchen 283
dick 183; 298; 403
dicklich 272
Didaktiker 276
die 318
die zwei 347
Dieb 210
Dieberei 378
Diele 318
Diener 65; 66
dienern 298
dieser 139; 156; 170ff.; 345; 372; 406; 428
diffenziell 353
different 353
differentiell 353
Differenz 353
Diktat 289
diktatorisch 353
diktieren 289
dilettantisch 383
Diminutiv 403
Ding 124
Diphterie 39
Diphthong 356
Diplomand 294
Diplomat 294
Diplomatenkoffer 238
Direktor 294; 404
Dirigent 294
Dirigentengarderobe 227
dirigieren 289
dis+ 250
disko+ 217; 244
Diskont 125
Diskothek 245
Diskretion 388
diskutieren 318
Disziplin 39; 144
Divisiönchen 424
Dörfler 142; 404
Dogma 144
Dohle 318
Doktor 403; 404
Doktorand 239; 294
Doktorandenkolloquium 238
Doktorandin 239
Dom 124
doof 318
Doppelkinn 378
Dorf 2; 391
Dorfplatz 329
drängeln 272

drängen 272
Draht 322; 386
drall 400
Drama 145
Dramatik 145
Drang 400
drangeben 268
draufhauen 268
Dreh 298
drehbar 383
Dreher 274; 276
drei 346
Dreier 427
Dreß 389
Drillich 427
drin 118
+drink 242
Drogenfahnder 377
drohen 23; 189; 315; 322; 374; 427
Droher 274
Drohung 231; 278; 322; 330
+drom 245
+drug 242
drummen 298
Dschungel 91
du 362; 428
dubiös 424
dubios 424
Dublee 318
Dühne 397
Dümmling 216
dünn 118; 124; 385; 397; 426
Dünung 277
dürfen 191
dürr 122
Duldung 231; 277
dumm 124; 182
Dummchen 382
Dummerchen 273
Dung 124
dunkel 129; 181; 182
Dunkelkammer 227
dunkelrot 370; 403
durch 17; 267; 380; 422
durch+ 254; 260
durchbohren 260
durchdenken 422
durchdringen 260
durchfeiern 422
durchflechten 260
durchführbar 268
durchführen 267
Durchgang 226
durchkreuzen 260
durchlaufen 256
durchleiden 254

durchlesen 17
durchlitten 255
durchschauen 254
Durst 307
Dusche 92
Duschvorhang 239
Dutzend 430
Dynastie 318

+e 129; 164; 180; 217; 270; 282; 287; 404; 417
+é 355
easy 354
eben 129; 181
Eber 211
ebnen 190
Echo 140; 164
Echse 396
eckig 383
edel 129; 140; 181
Edelgas 226
Edelmut 378
Edelstahl 227
+ee 355
Efeu 39
effektivieren 288
Ehe 427
ehebrechen 234; 340
Ehre 97
ehren 323
+ei 425
eigen 181
Eigenschaftsterm 240
Eigentor 227
eilen 374
Eimer 129; 159; 211
ein 15; 139; 175; 176; 267; 345; 388
ein+ 381; 421
ein jeder 347
einbringen 267
eindringen 421
einer 139; 175; 406
Einfalt 418
einfliegen 421
eingangs 212
eingipsen 421
Einheitskleidung 237
einiger 175; 406
Einigung auf 278
Einlaß 298
Einleggurke 238
einnehmen 421
Einreichung 277
Einschieböffnung 238
Einstellung zu 278
Eintragsfrist 241
eintreten 421
Einwirkung auf 278

Einzelheit 422
Eisen 179
eisenverarbeitend 335
eisern 181
Eisläufer 268
Eislauf 234
eislaufen 234; 267; 340
eitel 181
Eitelkeit 422
ekelerregt 12
ekeln 275
eklig 328
+el 129; 140; 164; 181; 227; 270
+elchen 274
+elei 404
Elektronik 145
Elektroniker 145
Elektrosmog 378
Element 125
+ell 144; 356
Elle 90; 397
Elster 134; 331
Eltern 20; 212
Elternschaft 272
+em 129
+ement 144
empfangen 381
empfehlen 191; 195; 381
empfinden 381
emporblicken 268
+en 129; 140; 164; 180; 217; 227; 270; 282; 404; 405
+en+ 236
+(e)nd 215
+end 144
Ende 160
Endfünfziger 240
energisierend 335
eng 124
engbefreundet 334
engliiert 334
Englisch 298
engstverbunden 334
engverbunden 334
Enormität 287
+ens+ 236
+ent 159; 227; 294; 355
ent+ 254; 256; 263 f.; 381; 420
entbinden 256
entbrennen 256; 329
entdeckt 201
entehren 256; 263
enteilen 256; 264; 329
Enterich 404
entfachen 256
entfallen 275

entfesseln 263
entfliehen 23; 264
entfristen 263
entgehen 27; 264
entgiften 256
entgleiten 264
enthemmen 256
entkernen 256; 263
entkleiden 263
entkommen 264
entkorken 263
entladen 256; 263
entlasten 263
entleihen 264
entlocken 256; 264
entlüften 256; 263
entnazifizieren 384
entnehmen 256; 264
entölen 263
entreißen 23; 264
entrosten 263
Entrückung 277
Entscheid 298
entscheidend 295
Entscheidender 295
Entschiedenheit 293
entschlummern 256
entschweben 264
entseelen 263
entsetzen 275
entsetzt 201
entsiegeln 263
entsorgen 263
entspötteln 215
entstauben 254; 263
Entstehung 278
enttarnen 320; 329
entwässern 263
entwenden 264
Entzückensschrei 241
entzünden 256
Entzündung 278
Epik 145
Epiker 276
Epoche 356
+er 4; 129; 140; 142; 164; 181; 211; 216; 227; 235; 241; 270; 271; 274ff.; 283f.; 294; 364; 369; 384; 413; 425
+er+ 236; 239
er 124
er+ 364; 381; 420
erarbeiten 256; 420
Erbe 159
erbitten 420
+erchen 273
Erdbebenwarung 379
Erde 179

+erei 142; 145; 270; 369; 377; 378; 382; 404; 417
Ereignis 378; 387
erfassen 420
Erfindung 277
Erfolg 298; 418
Erfolgsduldung 231
erfolgversprechend 335
ergreifen 420
erheblich 331
+erich 404
Erinnerung an 278
erjagen 420
Erkenntnis 378
Erkenntnisgewinn 417
erklärbar 383
erkranken an 23
Erlaß 298
erlauben 23
ernst 100; 103; 298
Ernte 329; 418
Erntezeit 239
erschlagen 358
erschrecken 195; 411
erschreckt 411
erschrocken 375; 411
ersetzt 201
erstaunen 26; 275
erstreben 420
Erwählter 382
erwandern 420
erwartbar 3
+erweise 270
erzählen 23; 326
erziehbar 279
Erzübel 329
+es+ 236; 240
Esche 358
+ese 425
Esel 38; 129; 159; 169
Eselchen 273
+esk 144
eßbar 279
+esse 144
essen 191; 195
Essensmarke 241
Essig 427
Eßtisch 226
Etappe 356
Ethnolinguistik 378
Etikette 356
Eule 325
Euphemismus 291
+eur 144; 294; 355
+euse 144
Ewigkeit 422
Ex 251
ex+ 250ff.; 380
Ex-Bürgermeister 251

Ex-DDR 251
Ex-Gatte 251
ex-jugoslawisch 251
ex-radikal 251
exen 251
Existentialismus 292
Existenzler 294
Exminister 251
Exnonne 251
Exot 38
Experimentierfeld 228
Expertenfälschung 231
Expertenplanung 231
Expertentarnung 231
Exposee 318; 389
Extremismus 292

fabrikmäßig 214
fähig 326
fällen 295
Fälschung 231
Fagott 144
fahnden 230; 323; 386
Fahne 90
fahren 191; 323; 376; 397
Faktor 404
Falkenblick 238
Fall 58; 400
fallen 191; 275; 295; 374
Falschgeld 226
+falt 418
Falter 329
Fan 353
Fanatiker 276
fangen 191
fantastisch 351
Farbe 164
farbig 383
Faschismus 293
faseln 374
fassen 362
fast+ 244
faul 3; 182
faulbar 279
faulen 299; 374
Faxen 307
fechten 191; 194
Feder 161
Fee 318; 431
Fehde 322; 386
fehl+ 218
fehlbar 279
fehlen 275; 323
Fehler 211
fehlgehen 218
Fehlverhalten 218
Feier 427
feiern 374
feige 181

Feigling 169; 330; 404
feilen 298
Feind 120
feind 298
feind sein 348
Feld 371
Fell 92
Fels 160; 400
Felsen 160
Fenster 38; 134
Fensterkreuz 146
Fensterrahmen 146
Ferien 20; 212
fertigmachen 267
fertigstellen 337
festhalten 337
festkleben 337
festlegen 337
festmachen 337
Fetischismus 291
fetten 298
Fetzchen 273
feucht 120
feudal 356
Feudalismus 292
Feudel 129
Fiasko 143
Fidelity 242
Fieberei 382
fiebern 385
Filet 354
filetieren 354
Film 126
Finanzen 212
finden 190; 400
Finder 274
Finderin 143
Finger 368
Fingerhandschuh 148
Fink 125
Finne 384
finster 129
Fisch 164; 383
fischen 385
Fischfrau 230
fit 353
fix 307; 353
fixieren 288
Fixierlösung 228
Fjord 427
flach 400
flachdrücken 337
Flagellant 294
flagrant 134
Flamingo 39
Flamme 358
Flansch 124
flat 248
Flaute 98

Fleck 160
fleischfressen 339
fleischfressend 335
flektieren 318
Flexiv 403
fliegen 401
fliehen 190; 315; 318; 374; 427
flink 396
Flip 356
flippen 298; 356
Flöte 46; 299
flöten 299
flötengehen 267
Floh 325; 371
Flop 164; 353; 356
floppy 356
Flug 401
flugs 212
Flur 400
Fluss 387
Flut 84
Föderalismus 291; 292
Föhn 426
Föhrde 386; 427
Föhre 397
Förde 131; 427
Förderband 228
Folgekosten 239
folgern 272
Forelle 3; 140
Form 126
Formalismus 292
Formalist 384
formalistisch 384
formbar 383
formen 38
Formenlehre 239
Formklasse 239
fossil 362; 393
Fotograph 413
Fotographie 413
fotographieren 413
fotographisch 413
Frage 65
fragen 191
fragen nach 23
Fragesatz 238
Fraktur 353
Frankiermaschine 228
Frau 161; 382; 400
Frauchen 382
frech 271; 396; 400; 402
Frechheit 330; 422
Frechling 142
free+ 244
+frei 214; 218
frei 330; 427

Freiheitsglocke 240
freilegen 337
freisprechbar 268
freisprechen 267
freistellen 337
freistilschwimmen 235
fremd 125
Fremdling 224; 284; 383
Freske 371
Fresko 404
Freude 129
freudebringen 339
freudestahlend 335
freuen 275; 374
Freund 120
Freundeshand 233
Freundeskreis 237
freundlich 142; 183; 218; 224; 330
Freundlichkeit 142; 281; 422
Freundschaft 330
Friede 160
Frieden 160
friedliebend 335
Frikativ 403
frischhalten 267
Friseur 355; 383; 423
Friseurin 423
Friseuse 423
fröhlich 249; 272
froh 103; 118; 319; 397
fromm 118; 182
Frosch 92; 307
Frost 308
Frostigkeit 281
Fruchtjoghurt 238
Früchtetee 238
früh 95; 118; 397
früher 252; 427
frühreif 377
frusten 157
Fuchs 56
Fuchsschwanz 239
fühlen 323; 374; 400
führen 374; 385; 426
Füller 211
Füllung 277
fünf 124
fürchten 385
Fürst 94; 159
Fürstbischof 232
Fürstentumsgrenze 240
Fug 426
Fuhre 316; 426
Fundi 164; 384
fundieren 289
Funk 125
Funke 10; 160

Funken 10; 160
Funker 271; 274
Fuß 325; 387
Fußballer 277
fußballern 298

Gabel 2
Gabi 384
gähnen 323; 326; 369; 402; 426
Gämse 325
Gänsebraten 236; 238
Gärtchen 273
Gärtlein 405
gärungshemmend 335
Gag 164
Gala 413
Galaxis 38
Gamasche 356
Gams 124
Gans 124
Garage 354; 362
Gardinenwäscherei 416
garen 323
Garn 126
garnspinnen 339
Garten 218; 371; 404; 405
Gartenzaun 218
Gas 179
gasbeheizt 377
Gasse 90; 117; 362
G++e 404
Ge+ 252
ge+ 201; 255; 384; 424
Geäst 252
Geatme 253
geatmet 411
Gebacke 253
Gebäck 252
Gebärde 252
gebaut 411
Gebell 252
Gebelle 253
geben 23; 27; 65; 97; 195; 375; 412
gebetet 411
Gebirge 252; 404
Gebiß 252
geblitzt 322
geboren 201
Gebot 252
gebrandmarkt 201; 338
Gebrauchtmöbel 226
Gebrüll 252
Gebrülle 253
Gebüsch 252
Geburt 252; 397
Gedanke 160
gedeihen 427

gedungen 375; 411
Ge++e 254; 255; 380; 419
ge++e 419
ge++en 29
Geest 120
Gefälle 252
Gefäß 252
gefallen 23; 275
Gefasel 253
gefaselt 411
Geflachse 253
Gefilde 252
Geflecht 252
Geflügel 252
gefühlt 411
geführt 411
gefunden 201
geglommen 375
gegoren 375
gehandhabt 235
gehangen 375
gehen 298
Gehölz 252
Gehör 252
Gehörn 94
gehört 411
Gehorsam 364
Geier 386; 427
geigen 298
Geiselbefreiung 226
Geist 159
Gejammer 253
gekoren 375
gekrischen 375
Geländer 325
Geläuf 252
Gelage 252
gelassen 182
gelb 181; 407
gelbgesprenkelt 377
Geldwäscher 231
Geldwäscherfahndung 230
geldwaschen 339
geleert 323
gelegen 201
Gelehrsamkeit 422
gelieren 289
geloschen 375
gelten 195; 367
Gemäuer 252
gemahlen 375
gemalt 201
gemaßregelt 235
gemauert 201; 411
gemessen 201
Gemisch 252
Gemischtwaren 226
gemolken 375

Gemüse 252
+gen 245
Genauigkeit 422
Genauigkeitsanforderung 240
genaunehmen 337
genial 183
Genick 252
Genie 91; 391
Genosse 252
Genossenschaft 272
Genre 354; 355
geo+ 244
gequollen 375
geradebiegen 337
geradestellen 337
geregnet 201; 411
Gerippe 252
gern 122; 126; 367
Gerste 331
gerudert 201
gerufen 201
Gerundiv 403
gesalzen 375
Gesang 252; 322; 389
geschaffen 375
Geschenk 252
Geschichtsbuch 236
geschmolzen 375
geschoren 375
Geschoß 252
geschrieen 428
geschrien 428
gesegelt 201
gesehen 201
Geselle 159; 252
Gesims 252
Gesinde 252
Gesindel 212
gesittet 322
gesogen 375
gesonnen 375
gesotten 375
gespalten 375
Gespann 252
gespieen 428
gespien 428
Gespür 252
gestaubsaugt 202; 235
gestoben 375
gestohlen 322
gestrichen 295
Gestrichener 295
Gestühl 252
ge++t 29
Gethsemane 143
Getier 252
Getriebe 252
getroffen 375

Getto 326
Getue 253
Gewächs 252
gewährleisten 234
gewerbetreibend 335
Gewerkschafter 276; 277
Gewerkschaftler 277
gewesen 252
gewichen 375
Gewieher 427
gewiehert 201
Gewimmel 253
gewinnbringend 335
gewinnen 195
Gewitter 252; 379
gewogen 375
Gewühl 252
gewunken 375; 411
gewusst 387
Gezeiten 212
Gezitter 253
Gezweig 252
Ghetto 326
gieren 289
gießen 194; 358
Gift 391
Gigolo 144
Gin 354
Gin Tonic 377
Ginster 134
Gintonic 403
Gips 179
Giraffe 371
Glas 74
glasfaserverstärkt 378
glatt 182; 400
glattschleifen 337
Glaube 160
glauben 330; 369; 402
Glaubensfrage 236
gleich 400
Gleichheit 404
gleichnishaft 142
glorifizieren 384
Glück 212
Glut 84
Gneis 400
Gnom 400
Gold 118
golden 181
goldsuchen 339
Gong 124
Gott 365
gottgelichtet 12
graben 191
grämen 323
Gräzismus 353
gram sein 348
+gramm 245

Grammatiker 276
Granate 143
Grandezza 356
+graph 245; 376
Graphik 353
grapschen 374
Gras 295
grasen 295
gratulieren 289
grau 400
graublau 370; 403
Grauchen 382
grauen 275
graugrün 377
greifbar 383
greisenhaft 143
Grieche 384
Griechentum 272
Gries 400
grillen 38; 298
grob 407
Grobian 404
groggy 356
groß 30
großgeschrieben 201
großmachen 337
Großmutter 329
Großmutterstuhl 215
Großrechner 226
grotesk 144
grüblerisch 145; 383
Grün 371
grün 19; 183; 295
Gründung 277
grünen 295
Grünfläche 378
grünlich 272
grünstreichen 267; 336; 337
Gülle 397
Gürtel 404
Gummiadler 377
Gunst 307
Gurt 308
gut 182; 387
Guter 295

Haar 317
Haben 296
haben 191; 207; 368; 374; 397
Habilitand 294
Hacke 402
Häher 326; 329; 427
Häkchen 142; 273; 274; 405
Häme 326
Händedruck 238
Hängelampe 238

hängen an 24
hängenbleiben 267
Häresie 318
Häschen 273
Häuschen 142
Häusermeer 239
häuslich 325
+haft 422
Haftung für 278
hager 181
Hahn 97; 195; 325
Haken 142; 371; 405
halbblind 334
halbgar 334
halbieren 288
halbnackt 334
halbverhungert 334
Halfter 329
Halle 358; 397; 402
Halm 94; 126; 306
Halt 86; 298; 306
halt 395
halten 191
haltmachen 340
Haltung 404
Hammer 3; 129; 140; 211; 271; 330
Hamster 134
Hand 161; 164
Handfläche 238
handhaben 234; 298; 339
Hanf 124
Hannover-Land 377
Hannoveraner 384
Hans 124; 371
happy 354
hard+ 242; 244
Hardcover 242
Harddrink 242
Harddrug 242
Hardgirl 242
Hardliner 242
Hardpage 242
Hardpop 242
Hardrock 242
Hardsound 242
Hardtop 242
Hardwalk 242
Hardware 242
Hardword 242
Harm 126; 306
Harmonie 355
harmonisierbar 290
Harmonisierbarkeit 290
harmonisieren 136; 289; 384
Harmonisierer 290
Harmonisiererchen 290

Harmonisiererei 290
harmonisiererhaft 290
Harmonisiererin 290
harmonisiererisch 290
Harmonisiererschaft 290
harmonisiert 384
Harmonisierung 290
hart 307
Haschee 389
Hase 129; 140; 159; 164; 273
Hasenfuß 232; 238
hassen 362
Haubitze 356
hauchen 63
Haufe 160
Hauptbahnhof 148
Haus 18; 30; 127; 159; 169; 325
haushalten 234
Hausschlüssel 239
Hausse 352
Haustür 146; 376; 414
Haustürklinke 403
Hauswart 418
Hebebühne 238
heben 283; 397
Hebung 283
hecheln 325
hechten 298
Heer 317
Hegelianismus 384
Heide 404
Heidelbeere 140
heikel 181
heilen 299
heiligsprechen 337
Heiligtum 165
heim 342
heim reisen 348
Heimarbeit 338
heimarbeiten 338
Heimat 376; 413
heimatlichst 376
Heimchen 413
Heimreise 268
heimreisen 267
Heiratsantrag 240
heiß 178
heißen 350
+heit 142; 164; 216; 240; 249; 270; 271; 282; 382; 404; 422
heiter 129; 140; 181
heizbar 383
Heizer 271
Hektar 331
Hektiker 276
Held 159; 164; 239

Heldenmut 236; 238
Heldin 239
heldisch 383
helfen 23; 191; 195; 358
hell 80; 369
hellblau 377
Helldunkel 232
Hellenismus 291
Helm 126; 306; 369
Hemd 125; 160
Henker 274
her+ 364
heran 331
Herd 120
Herdentier 239
Hermelin 39
heroisch 293
heroisieren 289
Heroismus 293
Herr 92; 122
herumreden 268
Herzenslust 376
herzerquickend 335
Herzogtum 165
Heu 120; 309
heute 98; 325
heute abend 388
Hexagramm 353
Hexe 307; 329
hexen 409
hier 118; 318; 392
hierbleiben 268
high+ 244
hilfeflehend 335
Hilfsangebot 236
Himbeere 140
hinauf 331
hinaufgehen 268
Hindernis 271
Hinduismus 291
hinten 413
hinter 380; 421
hinter+ 260
hinterbringen 420; 421
hintergehen 256; 420; 421
hinterhaken 421
hinterlegen 420
hintertreiben 420; 421
hinterziehen 420
Hirn 118; 126
Hirni 164
Hist+ 417
Histogramm 417
Histologe 379; 417
Histologie 417
Hitze 314
Hobby 356
Hobel 309

hoch 391; 402; 427
hoch+ 214
hochheben 337
hochmodern 214
hochmotiviert 214
Hochschulpolitik 377; 415
hochstellen 337
Höflichkeit 379
Höhle 92; 365; 397
Hölle 131; 365; 397
hörbar 383
hören 323
hoffen auf 23
Hoffnungsschimmer 413
hofhalten 267; 340
Hofhaltung 268
hofieren 288
hohnlachen 234; 267; 340
holen 189; 323; 324
Holm 94; 126
Holunder 3; 140
Holz 119; 179
holzfällen 332
Holzfäller 332
Holztaube 229
home+ 244
Homebanking 242
Homekran 245
homerisch 383
Homework 245
homo+ 244
homogen 217
Honig 404
Hopfen 329
Hopser 276
Horizont 125
Horn 126
Hornisse 3; 140
Hort 122
Hose 90
Host+ 379
Hosta+ 418
Hostadur 379
Hostaflex 379
Hostaflon 379
Hostaform 379
Hostalen 379
Hostalit 379
Hostaphan 379
Hostapor 379
Hostaset 379
Hostesse 356
Hostyren 379
Hot 356
hotten 356
hübsch 308
Hülle 131
Hündin 365

hündisch 385
Hüne 385
hüsteln 272
Huhn 159; 365; 400
Huldigung 278
Humanismus 292
Hund 125; 365; 371
Hundeleine 238
hundert 416
Hunger 368
Hungerstreik 338
hungerstreiken 338
Hupe 92; 358
husten 272
Hustensaft 379
Hut 165; 395
hybridisieren 289
Hydrant 134; 331
hydriert 392
hyper+ 250
Hysterie 355

+i 288; 384
+i+ 244
+(i)ade 144
+(i)al 144
+ial 287; 292
+ian 404
+ianismus 384; 425
+ibel 144
IC 164
+ich 404; 427
ich 428
+icht 404
idealisieren 289
Ideechen 284
identifizieren 384
+ie 144; 287; 293; 318; 355
+iell 292; 353
+ien 425
+ier 144; 245; 288ff.; 291ff.; 318; 355; 369; 384; 424
+ifizier 144; 288ff.; 384; 424
+ig 4; 11; 142; 227; 249; 270; 369; 383; 404; 420; 427
Igel 140; 426
+igkeit 143; 240; 282; 382; 422
Iglu 134
+ik 145; 287
+iker 276; 293; 294
Iltis 387
im allgemeinen 347
im argen 348
im dunkeln 348

im einzelnen 347
im entferntesten 347
im folgenden 347
im ganzen 347
im trüben 348
im verborgenen 348
im wesentlichen 347
Imperialismus 292
Impfling 216
Impfung 277
Imponierer 215
Impressionismus 291
+in 142; 270; 283 f.; 378; 383; 404
in 139; 261; 309; 429
in+ 250
in Bezug 401
in Gang 368
inbezug 368
Inchoativ 403
indem 139
Indigo 144
Indikativ 403
Indikator 404
Individualismus 292
Indiz 144
industriell 292
+ine 144
Infarkt 144
Infekt 353
infektiös 353
Infektion 353
Inferno 143
inflationistisch 145
infolge 333
infrage 233
Inge 368
Ingenieur 354; 355
Ingo 368
Ingrid 368
inmitten 333
innen 387; 429
innerlich 249
ins schwarze 348
inter+ 245; 250
Interesse 356
Intermezzo 356
+ion 144; 292
Ire 426
Iris 426
ironisieren 289
irre 342
irre werden 348
irreführen 267
irremachen 337
irren 374; 402
Irrtum 272
+is+ 292
+isch 143; 183; 227; 245;

249; 270; 289; 291 ff.; 369; 382; 417; 425
+isier 144; 245; 288ff.; 291ff.; 384; 424
+ismus 144; 290ff.; 369; 384
+ist 144; 145; 159; 291ff.; 369; 384
+istan 425
Istbestand 228
+istisch 291ff.; 369; 384
+ität 144; 145; 287
+ity 242
+iv 144; 145; 227; 369; 403
+iz+ 293
+izität 293

ja 118; 362
Jabot 354
Jacht 326
Jacke 161
Jackentasche 239
Jäger 56; 90
Jägerschaft 272
Jagd 118
Jahresende 237
Jahresnennung 231
Jahreswirtschaftsbericht 377
Jahreszeiten 240
Jahrhundert 370; 377; 403; 415
Jalousie 91
Jargon 354
Jazz 91; 354; 388
jazzen 298
Jeans 353
jeder 15; 20; 118; 406
Jeep 353; 354
jener 175; 345; 406
Jet 356
Jetten 356
jetten 356
jetzt 118
jiddisch 118
Job 169; 354; 356; 388
jobben 298; 356
jobbend 215
Joch 118; 391
Jodler 276
Jörn 118
joggen 157; 356
joggend 212
johlen 323
Joint 354
Jongleur 354
Journalist 354
jovial 362; 393

jucken 118
Judaismus 291
Jüngling 118
Jünglingstraum 284
Jünglingstum 284; 417
Jugend 140; 329
jung 307

Kabbelei 404
Kabel 2
Kälberspeck 239
Käppi 164
Käufer 274; 325
käuflich 325
Kaffee 318
Kahlkopf 232
Kaiser 211
Kaktee 318
Kaliber 143
Kalk 131
kalt 182; 305; 307; 308; 309; 367
kaltmachen 337
kaltstellen 267; 337
Kampf 125
Kandidat 294
Kandidatennennung 231
Kanne 88; 90; 358
Kannibalismus 291
Kantianismus 384
kantig 383
kapitalisieren 289
Kapitalismus 291
Kapitulant 294
kaputtfahren 267
kaputtmachen 337
karg 387
Karpfen 33; 331
Karre 402
Karte 131
karto+ 217
Kartoffelschäler 275
Karton 355
Kasse 117; 359; 362
Kassel Huskies 377
Kasten 404
Kastrat 134; 294; 388
Katarrh 353
Kater 211
Kathi 384
Katze 161; 314; 329
kaufen 325
kaum 306
Kausalsatz 227
Kauz 165
Kehle 317
kehren 323
Kehricht 404
keimen 298

kein 175; 176
keiner 175; 406
+keit 142; 240; 249; 270; 282; 382; 404; 422
Keks 120; 388
kellnern 385
Kelter 305
kennen 364; 374; 395
kennenlernen 233; 267
kennzeichnen 298
Kerl 103; 126
Kern 367
Kerze 386
Ketchup 354
Ketschup 354
Kiel 308
Kilo 144
kilometerlang 377
Kind 94; 119; 125; 159; 164; 173; 321
Kindchen 284
Kinderarzt 239
Kinderchen 273
Kindergarten 236
Kinderlosigkeit 422
kindisch 249; 383
kindlich 383
Kino 144
Kissen 329; 386
Kistchen 142; 273
Kiste 142
Kitsch 371
Kladde 402
Kläger 221
kläglich 221
Klagemauer 221
klamm 400
Klang 56; 88; 92; 395; 400
Klappe 271; 359
klappen 271
klappern 271; 272
klarstellen 337
Klasse 386
klauen 189
Klauer 330
klavierspielen 339
kleben 265
klebenbleiben 267
Klebestreifen 238
Klee 318
kleiden 298
Kleiderschrank 239
Kleie 329; 427
klein 140; 181
Kleinchen 382
kleinkariert 376
Kleinkind 329
kleinlich 272
Kleinod 331

kleinschreiben 337
Kleinstwohnung 226
Klinge 60; 314
Klingel 140
Klinsi 384
Klischee 318
klonen 288
klonieren 288
Klotz 93; 165
klug 3; 182
klugerweise 270
Klugheit 142; 422
Klugredner 378
Knabberei 382
Knack 365; 400
knacken 368
Knäuel 325; 329
Knall 298
Knastologe 245
Knick 116; 400
Knie 119; 318; 319; 428
knorrig 427
knusprig 331
Kobra 134
Koch 66
kochen 23
Koda 144
Kodiermechanismus 228
Köcher 392
Köln 308
Kölner 384
König 169; 321
können 191
Köpfchen 273
Körperstrahlung 231
Kog 326
Kohl 118
Kohle 316
Kohleofen 136
Koks 120; 388
Kolibri 144
Kollege 357
Kollegium 357
kollektiv 145
Kollektivist 145
Kollektivschuld 227
Kolonialismus 291; 292
Komitee 318; 355
Kommando 392
kommen 266; 275
Kommunikation 357
Kommunikee 318
Kommuniqué 355
komplett 134
Kompresse 388
Konfirmand 294
Konjunktiv 144
konkretisieren 289
Konstruktivismus 291

Konsument 294
Konto 144; 404
Kontrolleur 294
Konzert 144
Koog 318; 326
Kopf 325
kopfgestanden 201
kopfrechnen 267; 340
kopfstehen 340
Korb 391
koreanisch 422
Korkenzieher 275
korrekturlesen 267
Korrespondent 294
korrespondieren 384; 424
korrodieren 289
korrupt 144
Kosmonaut 245
Kosten 212; 418
Kostendämpfungsgesetz 148
kostenfrei 214
Kostenrechung 379
Krach 400
Krähe 326
kränklich 272
kraftstrotzend 335
Kram 124
Krampf 125
Kran 124
krank 125
krankschreiben 267; 337
Krankschreibung 268
kraß 38
+krat 376
Krater 211
kratzen 386; 409
Kraut 379
Kreide 179
kreiselbar 281
kreiseln 281
Kreiskrankenhaus 377; 415
Kreisler 281
kriechen 66
Kriecher 92
Krieg 127; 361; 392
kriegerisch 383
Kriegsgewinnler 277
Krise 38
Kritik 389; 431
Kritiker 276
kritisieren 289
kritteln 374
Krone 316
Krume 316
krumm 182; 400
kryptisch 353
kubisch 145; 293

Kubismus 293
kubistisch 145
Kuchen 92; 396
Küche 38; 314; 329
kühn 385
Künstler 142; 277
künstlerisch 282
kürturnen 234
kürzlich 272
Kugel 66
Kuh 95; 161; 382; 396
Kuhchen 382; 396
Kunde 131; 159; 330
Kunst 30; 161
kunststopfen 340
kunstturnen 234
Kup 354
Kurat 294
Kurdistan 425
Kurve 329
kurz 182; 250
Kutte 397

lachen 322; 325
Lacher 274; 322
Lachgas 322
lachhaft 322
Ladebühne 238
laden 127; 191; 368
lächeln 190; 325; 369; 402
Lähmung 277
ländlich 383
länglich 272
Lärche 327
Lärm 38; 126; 325; 371
Lage 368
lagenschwimmen 234
lahm 124; 397
lahmlegen 337
Laib 327
lakonisch 293
Lakonismus 293
Lamm 124; 397
Lampe 125; 376; 413
+land 425
Land 56; 125
landen 23
Landeszentralbank 148
Landung 278
lang 182; 250; 298
lange 362
Langohr 232
langweilen 298
Lanzette 356
Lappe 384
Lappen 129
lasch 271
lassen 362
lateinlehren 235

Lateinlehrer 235
Lattich 427
Laub 212
Laube 133
lauern 374
Lauf 295
laufen 295; 369; 374; 402
laufend 181; 212; 335
launisch 182
Lava 413
Lavendel 143
lax 353
Leben 46; 99; 129; 371; 382
leben 127
lebend 99
lebendig 99; 250
Lebenshaltungskosten 147
lebensversichern 338
Lebensversicherung 237; 338
Lebenszeichen 240; 241
Leder 90
Lee 318
leer 317
leeren 323; 327
leergegessen 377
leerkaufen 337
leertrinken 267; 337; 429
Leerung 323
legalisieren 384; 424
Legat 294
Legehenne 238
legen 186; 295; 330; 375; 387; 397; 403
legitimieren 288
Lehm 65; 66; 325
Lehre 322
lehren 322; 327
Lehrer 173; 211
lehrerhaft 142; 282
Lehrerin 271; 378; 383; 387
Lehrerinnengewerkschaft 284
Lehrerinnenschaft 284; 417
lehrern 298
Lehrerschaft 272
Lehrerseminar 241
Lehrling 216; 284
Leib 327
leicht 120
Leichtheit 422
Leid 160
leid tun 348
leiden unter 23
Leidensbegrenzung 241
Leidensdruck 236

Leier 427
leihen 386; 427; 428
+lein 142; 270; 272; 283f.; 404
leise 129; 181
Leisetreter 378; 417
+lekt 245
Lektion 353
Lektor 353
Leninismus 291
leninsch 292
Leo 368
leprös 134; 424
lepros 424
+ler 142; 241; 270; 272; 277; 294; 382; 404; 422
Lerche 327
lernbar 3
lesbar 3; 279; 383
Lesebuch 238
Lesen 212
lesen 15; 23; 118; 191; 195; 298
Lette 384
Leute 212; 325
Leutnant 353
Libelle 392
Liberalismus 292
libidinös 362; 392
+lich 183; 216; 224; 227; 249; 270; 279; 369; 379; 383; 417; 418
Licht 307; 397
lichtblendig 12
Lichterkette 239
Lichtkegel 239
lichtwogig 12
lichtwühlig 12
Lid 327
lieb 401; 407
lieben 23; 401
Liebesbrief 237
Lied 118; 327; 361; 392
Lieferzeit 228
liegen 295; 375; 397
liegenlassen 267
Lieger 215
Liegestuhl 238
Likör 353
lila 141; 373
+ling 142; 164; 216; 224; 240; 270; 283f.; 294; 369; 404
lispeln 190
List 387
Liste 38
Liter 13
Literat 294
Literatur 362; 393

Livree 318
LKW 164
Lob 127; 401
Lobby 356
loben 309; 401
lobpreisen 339
Loch 159
Lock 402
locken 369; 402
locker 181
löblich 331
lösbar 279
löschen 191
Löwe 11; 63; 92; 159; 239
Löwenherz 232
Löwin 239
+log 245; 376
+loge 159
Loge 391
Logik 145
logo 141
Lohe 427
lohnen 189
Lohnsteuerausgleich 415
Lohnsteuerjahresausgleich 377
Lok 164
Lokalzeitung 227
London 19
Los 361; 391; 392
lose 140; 181; 182
Loseblatt 378
loten 298
low+ 244
Luch 402
Lüge 92; 385; 426
lügen 195; 397
Lügner 422
Luft 80
Lug 127; 426
Luke 92
Lump 125; 160; 359
Lumpen 160
lustwandeln 339
lutherisch 422
Luxushundehütte 148

Maar 317
Maat 317
machen 396
Macht 365
Mädchen 273
Mädchenschule 241
mähen 326
Mähre 326
Märe 326
+mäßig 214
Mäusezahn 238
Magazin 144

magenleidend 335
Magma 134
Magnet 134; 331
Mahd 322
mahlen 323; 327; 376
mahnen 323
Mai 56; 120
Makao 368
makro+ 244
Malaise 97
malen 323; 327
Manager 144; 354
Managerschulung 231
manch 396
mancher 406
Mango 401
Mann 124
manndecken 340
Mannequin 356
Mannesalter 376
Mannhaftigkeit 281
Manni 424
Mantel 38
manuell 368
Marabu 144
Markt 103
marode 353
Mars 98
marschieren 288; 289
Masche 329
maschinengeschrieben 377
Maske 329
Masochismus 293
Maß 98; 169
Masse 362
maßhalten 234; 340
maßhaltend 212
massivisieren 215
maßregeln 339
Mast 160
+mat 245
Match 354
Material 287
Materialismus 292
Matratze 356
Matrize 356
Matsch 93
Matte 329; 359; 368; 402
mattieren 288
Mauer 38; 129; 140; 161; 329
mauern 374
Maus 98; 161; 391
Mausefalle 237
Mechaniker 276
mechanisch 293
Mechanismus 293
Meer 317

Meeresrauschen 240
Meeting 353
mega+ 244
Mehl 325
mehr 386; 427
mehren 427
mehrere 427
Mehrheitswahlrechtsstuhl 215
mein 175; 372; 406
meiner 175; 406
Meisterin 383
Meldung 277
melken 191
melodisch 145
Melone 143
Mensch 124; 159; 173; 371; 379
Menschenhand 376
Menschenleid 233
Menschenrecht 237
Mentalzustand 227
Mestize 356
meta+ 244; 250
Metall 144
Meter 38
Methusalem 143
Metrik 431
Metropolis 143
Mexikaner 384
mid+ 244
Miene 327
Miete 131; 133
Mietspiegel 329
Mikro 414
mikro+ 244
Mikrophon 217
Mikrophonverstärker 376
Milch 307; 308; 396
Milchbart 232
mild 407
mildern 190
Militär 39; 362; 392
Miliz 144
Milliarde 416; 430
Million 416; 430
Minderheitchen 273
Mine 327
mini 141
mini+ 244
Mischehe 226
miß+ 256; 379
Mißachtung 418
mißbrauchen 256
Mißerfolg 418
Mißernte 418
Mission 357
missionieren 357
Mißton 418

mißtrauen 23
mit 257f.; 261; 309; 429
mit Hilfe 333
Mitbewohner 226
mitgekommen 255
mithilfe 233; 333
mitkommen 255
mitnehmen 267
Mitte 131
Mittelweg 378
mitten 387; 429
Mitternachtsblues 241
Mob 356
mobben 298
Mobbing 356
Modalverb 227
Mode 131
modifizieren 384; 425
möchten 374; 410
mögen 191; 410
Mörser 211
Möwe 63; 92
Mohair 97
Mohr 327
Mokka 356
mollig 427
Molybdän 326
Monat 413
Monatsplanung 231
Mond 120; 323; 397
Monitor 403
monologisieren 384; 425
monströs 424
Monstrosität 424
Montage 354
Monteur 355
Moor 317; 327; 364
Moos 317
Moral 144
Morphosyntax 378
Motörchen 424
Motor 403
Motorchen 424
motorisieren 289
Mucke 397
müde 3; 129; 140; 181; 309; 330; 385
Müdemacher 417
müdereden 337
Mühe 315
Mühle 90
Münchner 384
Mündung 278
Münzautomat 236
mürbe 181
Mürbeteig 378
müssen 191; 386; 397
Mütterchen 273
Müttergenesungswerk 148

Muff 97
Muffe 97
multi+ 244
multipel 181
multo+ 244
mundgeblasen 377
munter 140; 181; 376; 387
Munterling 216
Muntermacher 227
Mus 397
Muse 92; 387
Museum 368
Musik 145
musikalisch 422
Musikant 294
Musiker 276; 294
Muße 92; 387
Mußehe 226; 228
Mut 308; 361; 392
Muttchen 273
Mutter 142; 161
Mutti 140; 164
mystifizieren 288
Mythe 371
Mythos 353

+n 408; 413
+n+ 236; 239
nachdem 139; 333
nachschicken 267
Nacht 365; 391
nachtaktiv 377
Nachtigall 3; 140
nachtwandeln 339
Nadel 128; 161
Nähe 46
nähen 361; 392; 427
nähern 374
nagelneu 370; 403
Nagetier 238
nah 95; 182
nahebringen 337
Naht 322; 386
naiv 117
Naivling 294
Name 90; 160
namentlich 376; 413; 417
Napf 93; 307
narbig 249
Narr 122; 159; 364
nasalieren 288
naschen 409
Nase 38
nass 322; 362
naßkalt 232; 377
Nation 118; 328
Nationalismus 292
Nationalstaat 227
Natter 161

natürlich 424
Natur 424
+naut 245
Nazi 384
+nd 140
neben 139
Nebenfrau 226
neblig 4; 331
nehmen 65; 97; 195; 323; 369; 397; 402
nennen 358; 374
Nennung 231
neo+ 244; 250
Neologismus 293
Nepalese 384
+ner 142; 241; 270; 272; 382; 404; 422
nervtötend 335
nett 391
Neuigkeit 422
Neurotiker 276
nicht 380
nichtbewohnt 334
nichtbewußt 334
nichtflektierbar 334
nichtgiftig 380
nichtglücklich 380; 419
nichtöffentlich 334
nickelbebrillt 378
nie 318
nieder 181
niederschlagen 336
Niederung 277
Niedrigstpreis 226
+nis 142; 270; 369; 378; 404; 417
Nitrat 134
Niveau 354
nobel 181; 387
Nobelrestaurant 227
Nobility 242
Nörgler 422
+nom 159; 245
Nominalismus 292
nominell 356
non+ 250
Nordamerika 370; 403
Norddeutschland 403
Nordost 232
Nordwesten 403
Norweger 276
Not 161
Note 97
notgelandet 255
Notiz 356
notlanden 235; 255; 340
Notlandung 235
+ns+ 236
Nuance 354

Nudel 161
Nützer 215
Nugget 356
numerisch 431
nummerieren 389
Nußknacker 275
Nute 97
nutzbar 279
nutzbringend 335

+o 404
+o+ 236; 244; 378; 414
+oal+ 236
oben 413
Objektiv 403
Obrist 294
Obst 120
Obstverkäufer 275
obwohl 139; 333
Ochse 396
oder 309
Öde 131
Öfchen 273
öffentlich 417
öffnen 27; 374; 410
Öffner 422
öko+ 244
Öl 19
ölen 298; 323
ölfördernd 332
+ös 144
Österreich-Ungarn 232
Ofen 397
offen 181; 397
Offenstall 227
ohne 386; 427
ohne weiteres 347
Ohnmachtsanfall 241
Ohr 160
ohrfeigen 298
Okkupant 294
Oma 164
+on 355
Opa 140; 164; 371
Operette 356
opfern 38
Opportunismus 292
Optimist 159
+or 294; 404
Orange 354
orange 298
Orchidee 318
ordentlich 413
ordinär 353
ordnen 190
Originalität 287
+os 144
Ossi 424
Ostasien 403

Osterdienstag 370; 403
Otter 211
outend 212; 215
Oxid 326
Oxyd 326
oxydieren 288

Paar 317
paarlaufen 234
packen 2
Packet 389
paddeln 298
Paddy 356
Paket 144
Panik 431
Panne 88; 90
Pantoffel 356
Pappe 131
Papst 120
Parallelismus 292
Parcours 354
parfümieren 288
parodieren 424
Partikularismus 292
Party 354
Paß 117
Passant 125
Passiv 403
Patent 125
Pathos 353
Patriotismus 291
pausieren 288
Pazifismus 293
Pech 391
peinlich 383
Pendant 352; 355
pennen 395
Pension 355
Pep 356
peppig 356
per 38
Perfektionismus 291
perplex 134
Persönchen 402
persönlich 402; 424
Person 369; 402; 424
Personal 402
personalisieren 402
Personalisiererei 402
Personalismus 402
Personalist 402
Personalität 402
Personality 242
personifizieren 384; 425
Pessimismus 293
Pfahl 91; 359; 400
Pfarrerin 383
Pfau 160
Pfeifenraucher 275

Pfeifer 274
pfeiferauchen 339
Pfennig 11; 427
Pferd 91; 116; 120; 311; 323; 397
Pferdewagen 236; 238; 329
Pflänzchen 284
pflanzen 409
Pflegefall 238
Pflicht 100; 103; 116; 311; 397
Pfropf 116
phantastisch 351
Phase 353
+phil 245
phil+ 243
philo+ 244
Philologe 243; 371
+phob 245
+phon 245
phono+ 244
photo+ 217
Physik 145
Physiker 276
Pianist 294
Pimpf 125
Pin 356
pink 353
pinnen 356
Pizza 356
plädieren 289
Plan 54; 400
planen 323
Planung 231
plastikhaft 145
Plastikhaftigkeit 145
Plateau 354
platt 400
platzieren 389
Plauderstunde 228
Plaza 431
Plebejer 294
Pleistozän 326
pleite gehen 348
pleite sein 348
Plombe 288
plump 125
pochen 396
Poet 117
Pol 118
polarisieren 289
Pole 384
Politesse 356
Politik 389
politisieren 289
Pomp 125
Pop 356
poppig 356

populär 424
popularisieren 424
+port 245
Porträt 354
Positivismus 291
Post 307
post+ 250
Postler 142; 277
potent 353
Potentat 294
Potential 287
potentiell 353
poträtieren 354
povinziell 353
Pracht 400
prä+ 250
Prägung 277
Präparierkurs 226
Präsenz 144
Präsident 159; 294
präzisieren 289
Präzison 353
Pragmagramm 285
Pragmatik 285
Pragmatiker 285
Pragmatikerwitz 285
pragmatisch 285
prahlen 323
prall 400
preis 342
Preiselastizität 388
preisgeben 267; 340
preiskegeln 340
Pressefreiheit 376; 414
Preuße 397
prima 373
Primitivling 216
Printer 353
Prinz 383; 423
Prinzeß 423
Prinzessin 356; 423
Prinzip Hoffnung 430
privat 353
privatisieren 289
pro 38
Proband 294
probesingen 340
probieren 288
Produktivkraft 227
Prof 164
Professor 353
Professorensohn 230
Protektionismus 291
Provinz 353
provinzialisch 293
Provinzialismus 292
provokatorisch 145
Prozeß 144
Prozessor 403

prüfen 196
Prüfling 216; 284
Prüfung 277
Prunk 125
Psalm 115
Pschorr 115
Psych+ 417
Psyche 115; 353; 417
Psychiater 294
Psychologe 379
Psychostreß 378
Publicity 242
Pudding 356
Puder 299
Puderei 382
pudern 299
Püree 318
pulverisieren 289
Pumpe 125
punktschweißen 340
Putativnotwehr 227

quadratisch 183
quälen 323
Quäler 211
Qual 307; 397
qualifizieren 384
Qualm 103; 126
Quark 426
quasseln 402
Quelle 131; 426
quer 426
querschnittsgelähmt 378
Queruliergehabe 228
Quirl 103; 126; 426

Rabe 46; 131; 404
Rad 127
Radikalismus 292
Radikalität 293
radiohören 339
Radius 371; 405
Radkasten 239
Radler 331
Räderwerk 239
Rätsel 331
räubern 298
räuchern 272
räumen 295
räuspern 325
Rage 92
Rah 119
Rahe 427
Rahmen 316; 329
rahmen 298
rammen 395
Ramsch 124
Rand 365; 396
Rang 124

Rangierlok 228
Raps 326; 387
rasant 125
rasch 362
Rasenmäher 275
Rasenmähermotor 147
Rasierapparat 226
Rasse 362
Rast 119
Rasur 144
Rat 298; 364; 391
raten 191; 193; 196; 309
ratifizieren 384
Ratio 353
Ratsche 331
ratschlagen 298
ratsuchend 335
Ratte 133; 397
rattern 190
Raucher 274
rauh 122
Raum 295; 306
realisieren 288
Realpolitik 227
Rebe 131
Rebell 144
Rechenkünstler 228
rechnergestützt 377
Recht 307
recht 38
recht haben 348
recht sein 348
reckturnen 267
recyclen 288
Redakteur 355
Redaktion 331
Reduktionismus 291
Reeder 277
Reet 317; 326
Reflex 169
Reflexivpronomen 227
Reformismus 291
rege 181
regeln 395
Regelung 277
Regen 190; 371; 405
Regie 354
Regierungsauftrag 226
Regierungsbaurat 148
Reglement 355
regnen 190; 298; 374
Reh 95; 159; 397
Reibekuchen 238
Reichlingssiedlung 240
Reichtum 271; 272; 330
Reif 160
Reifen 140; 160
reifen 42; 189; 299
Reifezeugnis 238

Reihe 315; 329; 427
Reiher 427
rein 122
reinwaschen 337
Reise 358
reisen 127; 362; 409
Reisender 382
reißen 42; 362; 409
reiten 193
Relation 145
relational 145
Relativsatz 227
Religionsstuhl 215
Reling 164
Rempler 276
Renate 19
Renegat 294
rennen 359; 374
Rentner 271; 371; 404
Rentnerstammtisch 241
Replik 389
Restaurant 352; 354
Rettich 427
reuig 330
Revierement 355
Revisionismus 291
Rezipient 294
rezitieren 288
Rheinbrücke 230
Rhema 353
Rheuma 353
Rheumatismus 291
rhythmisieren 289
Rhythmus 353
richterlich 282
richtigstellen 337
Riemchen 273
Riese 90
Rille 397
Rind 125
Rinde 131; 133
Rinderwahnsinn 239
Ring 124; 391
Ringlein 274
Rinne 133; 397
rinnen 190; 195; 395
Rippe 329
Risiko 404
Riß 391
Robbe 402
Roboter 144
+rock 242
Röntgenstrahlung 231
Röslein 271
rötlich 4; 181
roh 181; 397
rosa 373
rosten 23; 298
rot 182; 183

Rotbart 232
rotgrün 370; 403
Rotkehlchen 232
Route 354
Routine 354
Rubrik 389
Rudel 129
Ruder 128; 190; 271; 329; 358
Ruderboot 228
rudern 190; 271; 298; 374; 410
Rudi 384
Rücken 385; 426
rückenschwimmen 234
Rüde 92
Rülpser 276
Rüsche 92
Ruf 122
rufen 151; 190; 193; 196
Ruhe 131; 315; 322; 397
ruhen 322; 427
ruhig 182
Ruhm 119; 124
ruinieren 288
Rum 119; 122; 124
Rumpf 125
rund 6; 125; 182
runden 299
rundlich 272
ruppig 427
Ruß 307

+s 212
+s+ 236
Saal 56; 317; 371; 400
Saat 317
Sabberei 382
Sabotage 354
Sachse 384
sachsophil 245
sägen 326
Sänger 274
säuerlich 272
Säule 325
säumen 295
sagbar 279
Sahne 179
Saisong 389
Saite 327
Sakko 356
+sal 240; 270; 404
Saldo 404
Salm 306
Saloon 352
+sam 270; 369
Same 160
Sammelstelle 228
Samt 125; 308

Sand 103; 179
sandschaufeln 339
sandstrahlen 339
Sandwich 91
sanft 387
Sangesbruder 376
Satanität 287
Satiriker 276
sattessen 267
satzeinleitend 335
Sauberkeit 422
saubermachen 337
Sauerkirsche 226
Sauerkraut 227
saugen 191
Saum 295; 306
+sch 292
schachspielen 267
Schade 160
Schadenersatzforderung 147
schadstofffrei 214; 218
Schäfer 277
schälen 323
schämen 323
Schaf 371; 391
Schaffen 296
Schaffenswahn 241
Schafskopf 146; 232
Schafstall 239
+schaft 142; 240; 270; 283f.; 379; 404; 417
Schal 400
Schale 316
Schall 391
schallen 190
Schar 122
scharen 323
scharenweise 270
scharf 122; 181
Schatz 169
schaudern 275
scheel 317
Schein 298
schelten 191; 195
Schematismus 293
schenken 23; 25
Schere 316
scheren 323
Scheusal 404
Schicht 400
Schicksalslied 240
Schiebedach 238
schieben 24; 326
Schieber 211
schiedsrichtern 298
schief 96
Schiefer 397
Schienenersatzverkehr 148

schießen 295
Schießplatz 226
Schiff 96
Schiffer 397
Schimpf 125
schinden 195
Schippe 402
Schirm 126
schlafen 23; 191; 375; 412
Schlafenszeit 241
Schlaffi 384
Schlagzeuger 277
schlange stehen 348
Schlangenbiß 239
schlangestehen 340
schlank 397
schlau 400
Schlauch 115
schlechtmachen 337
Schleie 427
Schleier 329; 427
Schlepp 400
schließen 195
schlingern 272
schlitt 248
Schlitten 404
schlittschuhlaufen 234
schlossern 298
Schluchzer 276
Schlückchen 273
Schluß 92
schlußfolgern 339
Schmäh 95
schmal 182; 400
Schmaus 400
schmerzen 275
Schmerzensschrei 236
Schmied 115
schmuck 298
Schnaps 326
Schnarcher 274; 276
Schnee 115; 318; 365; 400
Schneider 274
schneidern 298
schneien 427
schnell 400
schnellen 299
Schnellzugrestaurant 377
Schnipsel 404
Schock 88
Schöffe 397; 404
schön 308
Schönling 216
schönmachen 337
Schott 88
Schotte 384
schräg 400; 407
Schränkchen 273

Schräubchen 273
Schrank 115; 400
Schrankschlüssel 147
Schraube 161
Schreck 160
Schrecken 160; 371; 405
schrecklich 405
Schrecknis 404
Schreibblock 238
schreiben 23; 30; 358
schreibend 212
Schreiber 142
Schreiberling 284
schreien 190; 374; 386; 427; 428
Schreinerei 382
schreinern 298
schreiten 194
Schrift 161
Schriftenverzeichnis 239
Schriftsetzer 239
schriftstellern 298
schrillen 299
Schrot 119; 308; 324
schroten 298
Schrott 119; 324
Schub 326
Schubs 326
Schürzenkleid 232
Schuh 100; 103; 119; 131; 159; 330; 371; 397
Schuhchen 284
Schuld 86; 119
schuld sein 348
Schuldach 377; 415
schuldig 225
Schule 90; 316
Schulentwicklungsplan 148
Schulgebäude 377; 415
Schulheft 226
Schulpflicht 377; 415
Schulstreß 377; 415
Schulung 231
Schund 125
schurkisch 383
Schuß 295
schutzimpfen 340
schwach 399
Schwamm 92; 124; 399
Schwan 115
Schwankung 231
schwappen 368; 369; 402
Schwarz 298
schwarzärgern 267; 337
schwarzarbeiten 230
Schwebebalken 238
Schwede 384
Schwein 397

Wort- und Affixregister | 485

Schweinestall 238
schwelen 323
Schwenk 298
schwer 399
schwerbehindert 334
schwerbeschädigt 334
schwerkrank 334
schwernehmen 337
schwerreich 334
schwerstbehindert 334
Schwert 120; 397
schwerverständlich 334
schwieger+ 418
schwimmen 195
Schwindel 298
schwindeln 275
schwindliglügen 337
Schwung 399
See 119; 131; 160; 318; 371; 431
seekrank 377
Seele 317
seeleleer 12
Segel 3; 190; 329
segeln 190; 298; 374
Segen 371; 405
Segler 331
segnen 298
sehen 23; 27; 65; 97; 118; 195; 374
sehend 335
sehnen 323
sehr 386; 391; 427
seicht 120
seihen 427
sein 175; 191; 207; 372; 374; 406; 427
Seism+ 417
Seismik 417
seismisch 417
Seismologe 379
seit langem 347
Seite 98; 327
Sekretärin 383
+sel 404
selten 140; 181
Semantosyntax 378
Semit 292
semitisch 292
Semitismus 291
Senator 403
senden 374
Senf 86; 124; 131; 396
senken 375
sequenziell 356
servo+ 244
Set 117; 169; 356
Setting 356
Setzling 216

seufzen 374
sexy 354
+shop 245
Shop 88; 356
shoppen 298
Shopping 356
short+ 244
Shrimpscocktail 240
Sichel 46; 358; 402
Sicherheit 142; 422
sicherstellen 337
Sicht 400
sie 318; 428
sieben 129; 401
siebzig 401
Siegestaumel 240
Siegeswille 236
Signal 134
Silo 144
Sims 124
singen 194; 322; 358; 396
Singer 322
sinkbar 279
sinken 375
Sinn 92; 124; 322; 365; 396
sinnen 322
sinnlich 322
Sinologe 285
Sitte 322
Sittich 427
sittlich 322
sittsam 322
Skandälchen 424
Skat 115
skatend 335
Skelett 144
Ski 397
skilaufen 234; 339
Skizze 356
Sklave 426
+skop 245
Slawismus 291
Slum 115; 353
Smog 115
Snob 115
Socke 131; 397
sodaß 139; 332
Söhnlein 404
Söldner 382
soft 117
Software 242
Sog 127
Sohle 327
Sohn 118; 124; 387; 391; 392; 397; 400; 426
solcher 406
Sole 327
Solemnität 287

Solidität 287
Sollbetrag 228
sollen 191
sommerlich 383
Sommersonnenwende 148
sondern 309
Sonne 3; 90; 397; 402
Sonnenschein 237
sopransingen 339
Sorte 131
sortieren 288
Sortierkriterium 228
Soße 38
Souvenir 354
Sozi 288; 384
sozial 285
sozialisieren 145
Sozialisiererei 145
Sozialismus 145; 285; 291; 292
Sozialismusboom 285
Sozialist 285
Sozialistenclub 285
sozialistisch 285
Sozialminister 227
Soziolekt 245; 285
Soziologe 217; 353
Span 115; 311; 399
Spanien 384
Spanier 384
spanisch 384
Spaten 128; 404
Spatium 353
Spatzenlied 238
spazierengehen 11; 233; 267
Speed 115
Speer 317
speien 427; 428
Spekulant 294
Spekulantenaktie 227
spekulieren 289
Sphinx 115
Spiegelein 274
Spieglein 274; 387
spielen 386; 397
spielerisch 145; 422
Spielomat 245
spinnen 195
Spinner 142
Spionage 354
Spleen 115
Splint 42; 115; 125
Split 311
Splitter 211
Sponti 164; 245; 288; 384
Sportler 142; 271; 277; 330; 331; 382
Sportlerherz 241

Sportwagenfahrer 147
Sprachenschulung 231
Sprachunterricht 236
Spray 115
sprechen 191; 195
Sprint 125
spröde 311
Sprung 42; 100; 115; 122
spülen 323; 397
spulen 323; 397
Spur 122
Squash 115
+st 408
Staat 160; 317; 323
staatlich 323
Staatsfinanzen 226
stabilisieren 289
Stadt 401
Stadt Rom 430
Stadtparkwächter 377
Stadtplanungsbüro 148
stählen 325
stählern 325
stänkern 272
Stäubchen 273
Stahl 54; 86; 179; 311; 325; 397
stampfen 125
Stand 325
stand 342
standardisieren 289
standhalten 340
starkbefahren 377
starr 298; 299
starren 299
starten 38
Station 353
Statistik 353
statt 342
stattfinden 340
Stau 298
Staub 273
staubgesaugt 202; 235
staubsaugen 234
Steak 115
stechen 195
steckenlassen 267
Stecknadelstuhl 215
stehen 191; 427
stehenbleiben 267
stehenlassen 267
stehlen 191; 195; 322; 323; 397
Stehler 210
steigen 272
steigern 272
Steigung 231
Stein 115; 399
Steinchen 284

steinreich 370; 403
stellen 397
Step 356
steppen 356
Sterbebett 238
sterben 191; 195; 275
Stern 94; 126
steuern 374
Steward 383; 423
Stewardeß 423
Stich 88; 92; 271; 391; 396; 402
stief+ 418
stieren 289
Stigma 134
Stil 119
stilisieren 288; 384; 424
Stilist 294
still 119
Stipendiat 294
Stirn 126
stochern 272
stockdumm 403
stocksteif 403
stöhnen 323
stören 323
Stoff 92
stolzieren 288
Stop 356
stopfen 358
stoppen 356
Story 354
stoßen 191
Stotterei 382
stottern 374
Strähne 326
sträuben 325
Strafe 92
strafversetzen 340
Strafversetzung 340
Strahl 160
Strahlung 231
Strang 115
Straße 92; 387
Straßenbauamt 148
Straßensteigung 231
strategisch 353
strato+ 244
Strauß 397
Streich 298
streichen 27
Streichquartett 226
Streichung 231
streitbar 279
streng 124; 311
Streß 115; 389
streunen 325
Strichpunkt 232
Strip 115

Stroh 95; 119
Strukürchen 424
Strukturalismus 292
Strumpf 42; 103
Strumpfhose 232
Strunk 125
struppig 427
Stube 92
Student 15; 294; 383
Studentenwohnheim 147
Studentin 404
Studi 384
studieren 289
Studierender 383
Studiererei 419
Studierzimmer 228
Stück 159; 397
Stühlchen 274
Stuhl 297; 371; 397
Stuhlbein 146
stumm 182
Stumpf 125
stumpf 181; 182
Sturm 94
stylen 288
suchen 56
Sudanese 384
Sühne 397
Sünde 131; 385; 426
süßlich 272
Süßling 216
Suite 91
Summe 379; 402
Summer 276
Sund 426
super+ 245; 250
Superlativ 403
Suppe 131; 179
Suppenschüssel 239
supra+ 250
Susi 384
Symbol 145
Symbolik 145
symbolisch 145
symbolisieren 289
Symbolismus 291
Symbolist 145
synchron 293; 353
synchronisch 293
synchronisieren 289
Synchronismus 292
syntagmisieren 289
Syntaxtagung 231
System 353

+t 185; 217; 291ff.
+t+ 413; 417; 425
Tableau 354
täglich 97; 331; 383

Täubchen 404
Tag 97; 127; 156; 159; 401
tagen 385
Tagesanbruch 240
tags 212
Tagung 231
+tainer 245
Tal 86
Talent 144
Tang 124
tangential 356
Tanger 368
Tango 368
tangotanzen 339
Tank 125
Tanker 271
Tanne 88; 90
tapfer 181; 182
Tapferkeitsoffizier 240
Tarnung 231
Tasche 314
Tasse 362
Tau 382; 396
Tauchen 382; 396
tauchen 396
Tausend 430
tausend 416
Taxifahrer 377
Team 353
techn+ 243
Techniker 276
technisieren 289
Technologe 243
Technopark 378
Teddy 356
Tee 118; 179; 318; 391
Teen 353
Teenager 354; 388
Teer 122; 317
Teich 117
teil 342
teil haben 348
teilbar 279
Teilhaber 275
teilnehmen 267; 340
teilzahlen 340
+tel 404
tele+ 244
Telefonstuhl 215
Teleskop 245
Teller 211
Tendenz 353
tendenziös 353
Teppich 404; 427
Teppichklopfer 275
Terminator 294
Terrazzo 356
terrorisieren 289
Tertiär 353

teuer 181
Thatcherismus 425
Theater 368
+thek 217; 245
Thema 144; 353
Theologe 413
Theologie 413
theologisch 413
theologisieren 413
Theoretiker 276
+therm 245
Thermostat 38
tief 298
Tiefflieger 329
tiefverwurzelt 377
Tier 173
tierisch 383
Tierkind 232
Tiermensch 232
Tilgung 277
Tintenfaß 229
Tippelbruder 228
tippen 298
+tisch 291ff.
Tisch 53; 159; 273; 309; 391
Tischbein 218; 236
Tischchen 273
Tischlein 142
tischlern 298
Tochter 161
töpfern 298
Toga 413
tolerant 125
Ton 54; 307; 308; 316; 418
+top 245
+(t)or 369; 403
Torf 2
tot 250
Totalverweigerung 227
Toter 99
totlachen 267
Toto 99
totrauchen 337
Totschläger 268
totschlagen 267; 336; 337
Tour 354
Tourist 354
toxisch 353
tradieren 289
träge 181; 326
Träne 326
tränen 323
tränken 375
Träumer 211
tragbar 3; 279
tragen 127; 191; 193; 195; 298; 397
Trainer 353

Tram 122
Tran 122; 308
trans+ 245; 250
trauern um 23
Traum 122; 325; 400
traurig 249; 383
Treff 298
Treffen 296
treffen 191; 195; 374
Treffer 276
treiben 194
Trennbarkeit 281
treten 364
treu 400
Trikot 352; 354
Trikotage 354
trinkbar 3
trinken 375
Trinker 274
Tritt 116
trocken 140; 181; 182; 322
Trockendock 227
Trockenheit 422
trocknen 299; 322
Trockner 142; 322
Trödelarbeit 228
trösten 120
Tropf 160
Tropfen 160
Trost 120
Trott 298
Trottel 99
Trottelhaftigkeit 422
trotzen 23
trotzkisch 292
Trotzkismus 291
Troubadour 354
Truck 353
trucken 298
trüben 299
trügerisch 422
Trug 426
Truhe 329; 427
trunken 181
Tschador 91; 115
Tüchelchen 274
Tür 164
Türkei 425
Türmer 277
Türrahmen 146
Tüte 46; 92; 131
Tugend 140
+tum 142; 165; 240; 270; 271; 272; 283f.; 369; 379; 404; 417
tun 191; 374; 409
turbo+ 244
Turm 126

Turnhose 320
turnusmäßig 214
Tusch 53
Tutand 294
Tyrann 144

+ual 144
über 261; 380; 422
über+ 257
überbacken 260
überbauen 258; 420
überbrücken 260
überdecken 258
überfahren 260
überfließen 267
überfluten 260
überfordern 420
Übergabezeit 241
übergießen 258
überholen 260
überladen 260
Überlebenschance 241
übermalen 258
überpudern 258
überschichten 258
Überschuh 226
überschwänglich 303; 325
überschwenglich 303; 325
überstreichen 257ff.; 258
+uell 144
+uell 144
Uhr 117
Uhu 39; 140; 164
+um 405
um 117; 267; 380; 422
um+ 254; 260
um ein beträchtliches 347
umarmen 260
umbauen 260
umdrehen 267
umfahren 260
umfassen 260
umfrieden 254
umfriedet 255
umgarnen 254; 260
umgrenzen 260
umgurten 254
umhegen 260
umstellen 256
un+ 225; 247ff.; 379
unabdingbar 418
unabendländisch 419
unabzählbar 418
unantastbar 418
Unart 248
unauffindbar 418
unauflöslich 383
unaussprechlich 383
unbebaubar 248
unbedarft 248

unbegreifbar 379
unbegreiflich 379
Unbemerktheit 249
Unbeobachtetheit 249
unbepflanzt 250
unbequem 248
unberufen 248
unbeschreiblich 383
unbewaldet 32; 250
Unbewiesenheit 249
Unbildung 379
Unbill 248
unbrauchbar 248
Unbrauchbarkeit 249
und 117
Undank 248
undankbar 380
undenkbar 329; 418
undicht 248
undurchdringlich 418
unedel 248
unehrenhaft 250
uneitel 248
unentrostet 248
unentschuldbar 418
unerreichbar 248
unersättlich 418
unerschöpflich 383
Unfall 248
Unfarbigkeit 249
Unfehlbarkeit 422
Unflat 248
unfrei 380
unfroh 380
unfruchtbar 250
+ung 26; 142; 164; 216;
  240; 270; 277ff.; 282;
  369; 404
ungar 248
Ungarn 368
Ungeist 248
ungenau 368
ungeöffnet 248
Ungereimtheit 136
ungesalzen 248; 250
ungeschlacht 248
ungestüm 248
Ungetüm 248
ungewaschen 248
Ungewitter 379
ungiftig 250
Unglaube 248
Unglimpf 248
unglücklich 250; 419
ungreifbar 379
Ungunst 248
unhaltbar 418
Unheil 248
unheldisch 248

unherrisch 248
Unhöflichkeit 379
Uni 384
uninnerlich 249
Universalismus 292
Universitätsfrauenklinik
  148
unkämpferisch 248
unkaputtbar 12
unkindisch 248; 249
Unkindischheit 249
unklar 250
unklug 248; 250
Unkosten 248; 418
Unkraut 248; 379
unkriegerisch 248
unkünstlerisch 248
unleidlich 250
unleserlich 250
Unlust 248
Unmensch 248; 379
Unnahbarkeit 249
unnarbig 249
unpassend 368; 401
Unrast 248
Unrat 248
unreif 248
unsanft 248
Unschlitt 248
unschön 248; 250
unschuldig 225
Unschuldslamm 241
unsicher 248
unsichtbar 218
Unsilbischheit 249
unsolide 248
unspielbar 248
Unsumme 379
Untat 248
unten 376; 413
unter 380; 413; 422
unter+ 260
unterbinden 380
Unterboden 226
unterbrechen 380
Unterbringung 277
unterfordern 380
untergraben 256; 380
Unterhalt 298
unterhalten 380
unterjochen 380
unterkellern 380
unterkriechen 267
unterlegen 380
untermauern 380
Unternehmen 296
Unternehmer 211
unterspülen 380
untersuchen 380

unterwerfen 380
untragbar 418
Untragbarkeit 376
untraurig 249
untreu 248
untrinkbar 248; 418
unverarbeitet 248
unverfroren 248
unverheiratet 250; 380
unvermeidlich 383
unverwendbar 418
unwahr 248
unwahrnehmbar 418
unwandelbar 418
unweltmännisch 419
Unwetter 248
unwiederbringlich 418
Unwirklichkeit 376; 414
unwirsch 248
Unwirtlichkeit 249
Unwort 248
unzerlegbar 248
unzertrennlich 383
Unzuchtsparagraph 241
unzüchtig 250
+ur 144
Urteil 371
+us 405

Vamp 125
Varieté 355
Varietee 318
Vase 353
Vater 397; 426
Veilchen 426
Vektor 404
Velours 354
ver+ 219; 364; 381; 420f.; 426
Veranda 143
veranschaulichen 219
verarbeiten 381
Verb 353
verbauen 381
verblichen 375
Verblüfftheit 279
Verblüffung 279
verbraten 381
Verbrauch 298
verbrauchen 381; 421
Verbrechensbekämpfung 241
verbrennen 381
verderben 195
verfügen 385; 426
Verfügung über 278
verfüttern 381
vergessen 191; 195
verheiratet 183

verheizen 381
verhören 381
verkaufen 23
Verkehr 298
Verkehrsplanung 231
verklemmt 201
verlaufen 381
verlegen 256
verletzbar 383
Verlierer 274; 275
vermeidbar 279
Vermögen 296
Vermögensfrage 241
verplempern 381
verraten an 23
verrückt 201; 358
Vers 426
verschicken 23
verschlucken 381
verschollen 375; 411
versehren 427
versiegbar 279
Versöhnler 277
versöhnlerisch 422
Versöhnung 277
verspekulieren 219
verspielen 381
versprechen 381
Vertrauensbruch 241
vertrinken 381
vertrödeln 381
veruntreuen 219
verwählen 381
verwaisen 275
verwundbar 279
verzeihen 386; 427; 428
verziehen 428
Vettel 426
Vetter 397; 426
Vieh 95; 319; 426
viehisch 318
viel 182; 388; 426
vieler 406
Vietnamese 384
Villa 140; 356; 371; 376; 413; 426
vital 426
Vögelchen 274
Vögelein 274; 387
Vöglein 274
Vogel 307; 426
Vokabel 426
Volk 426
Volkskundler 277
Volkstum 417
voll 426
voll+ 256
volladen 337
vollbeladen 334

vollbesetzt 334
vollbringen 256
vollelastisch 334
vollentwickelt 334
vollquatschen 337
vollschreiben 337
Volumen 357
von 426
von neuem 347
von Seiten 333
von weitem 347
vonseiten 333
vor 426
vorbeigesegelt 201
vorlaufen 267
Vorlesezeit 238
Vorleszeit 238
vormalig 252
Vorzeiggruppe 238

Waage 318
wach 298
Wache 359; 402
wachen 23
wachsen 409
Wächte 325
wähnen 325; 426
während 326
Wäscherei 382
Wäschetrockner 275
Waffe 46; 359; 402
Wagen 3; 129; 159; 160; 169; 329; 358; 371; 404; 405
Waggon 355
Wagnerianismus 384; 425
Wagnis 330
Wahl 327; 400
Wahn 325; 361; 392; 426
Wahnbold 404
Wal 327
Wald 86; 159
waldig 31; 321; 383
Waldung 277
Waldweg 236
Walkers 97
Wall 58; 400
Walm 86
walten 324
Walze 386
Walzer 276
Wams 124
Wand 65; 86; 142; 161
Wandelhalle 228
Wandern 212
wandern 27
Wange 314; 402
Wappen 273
+ware 242; 245

Wort- und Affixregister

Ware 92; 316; 358
warmhalten 267
warnen vor 23
+wart 418
Wartesaal 238
wartungsfrei 218
was 139
waschbar 279
waschen 191
Wascherei 378; 382
Waschomat 245
Wasser 46; 179; 362; 387; 402
Wassereimer 329
Wasserspeier 275
wechselhaft 143
Wechte 131; 325
Weg 127; 367
wegen 139; 358; 390
weggehen 225; 268
Weh 400
Wehe 317
wehen 315; 363
weiberhaft 143
weiblich 383
weichkochen 336; 337
Weida 99
Weide 97; 99
Weihe 427
weihen 427
Weiher 315; 386; 427
weil 139
weiland 252
Wein 120
Weinflaschenstuhl 215
+weise 270
weisen 409
weiß 181; 387
Weißbrot 226
weißen 299; 409
weißgelbenjung 12
welcher 406
Wels 400
Welt 119; 161; 308
Weltrekordler 277
Weltwirtschaftsgipfel 415
wenden 374
wenig 388
weniger 406
wenn 124
wenngleich 333
wer 124; 308
werden 25; 191; 204; 207; 374
werfen 118; 191; 194; 195; 221; 295; 375; 376; 412
Werk 307; 400
werkeln 271
werken 271

Wert 120; 397
Werwolf 232
wesentlich 417
wett 342
Wette 397
wetteifern 339
wetturnen 340
Wicht 56; 400
wider 327
wider+ 256
widerrufen 256
widmen 129
widrig 331
wie 318; 400
wieder 327
wieder+ 256
wiederholen 256
Wiedersehensfreude 241
wiegen 25; 194
wiehern 374
Wiese 92; 140; 161; 387
Wild 86
Wille 90; 160; 365
Willkürstreichung 231
Windel 329
winden 400
windig 383
Windung 278
winzig 11
wir 122; 124; 428
wirklich 330
Wirkung 278
wirr 122; 298
wirsch 248
Wirt 122; 402
Wirtschaftsordnung 415
wischen 322
wischfest 322
wissen 207; 374; 387; 409
Wissenschafter 277
Wissenschaftler 382
wissenschaftlich 383
Wissensdurst 241
wissentlich 413
Witz 371; 386
wo 400
Woche 63; 358
wörtlich 249
Woge 46
wohl 367
wohnen 322; 323
Wohnung 322
Wolf 400
Wolfsrachen 239
Wolldecke 236
Wolle 32
wollen 38; 191; 328; 369; 402
work+ 244

worthalten 267; 340
Wrack 116; 164; 400
wringen 116
Wruke 116
Wuchs 400
wühlen 323; 400
wünschen 385
Würmchen 284
wüst 308
Wüste 120
wunder 342
wunder nehmen 348
wundern 275
Wunsch 124
Wurf 295
Wurfanker 329
Wurm 126
Wurst 400
wurzeln 181
Wust 120; 397

Xanten 115
Xenie 115
Xylophon 353

Yacht 326

zäh 319
Zänker 274
zahlen 324
Zahler 211
Zahn 91; 116; 311; 359; 397
Zahnschmerz 229
Zange 91; 329; 386
Zank 396
zart 181; 182; 308
Zauberer 383; 423
Zauberin 423
Zaun 309
Zeh 319
zehren 323
Zeichentrick 228
zeichnen 298
Zeigefinger 238
Zeit 161
Zeitenfolge 239
zeitlich 383
Zeitrechnung 239
zelten 385
Zentrum 371
zer+ 219; 364; 381; 421
zerbersten 381
zerbröckeln 381
Zerfall 298
zerfließen 381
zergehen 219; 381
zerhacken 381
zerkratzen 219

zerlaufen 381
zerlegen 201
zerreden 381
Zersägerei 419
zerschneiden 381
zersiedeln 256
zersingen 381
zerstören 421
Zerstörung 277
Zerstörungswut 240
zerteilen 219; 329
ziehen 311; 315; 318
ziemen 275
Zierat 413
zieren 289
+zig 416
Zigarette 356
Zigarre 356
Zimt 125
Zink 125
Zins 124
Zitierkartell 228
Zitterei 382
zivil 353

zivilisieren 289
zögern 374
Zöllner 382
Zoo 319
Zorn 126
zu 255; 311
zu Gunsten 333
zu Lasten 333
zu Ungunsten 333
zu Zeiten 333
Zuckung 231; 278
Zügelung 277
Zufluchtsort 241
zufolge 333
zufriedenstellen 337
Zug 386
zugunsten 233; 333
zugutehalten 268
Zulademenge 238
Zuladmenge 238
zulächeln 267
zulasten 233; 333
zuliebe 333
zum besten 347

zuungunsten 333
Zuwendungsstreichung 231
zuzeiten 333
zw+ 413
Zwang 116; 165
zwar 311
Zweck 311
zwei 311; 413
Zweier 427
Zweierbob 240
Zweifel 413
Zweifelsfall 236
zweifelsohne 332
Zweiglein 274
zwischen 139; 311; 376; 413
zwischenlagern 267
Zwischenraum 226
Zwitter 413
Zyklus 331
Zyniker 276
zynisch 293
Zynismus 293

Rückläufiges Wortregister

circa 353
Weida 99
Veranda 143
Anaconda 143
Koda 144
Bundesliga 240
Toga 413
Allotria 143
ja 118; 362
Balalaika 143
Nordamerika 370; 403
Mokka 356
Gala 413
lila 141; 373
Villa 140; 356; 371; 376; 413; 426
Drama 145
Rhema 353
Thema 144; 353
Magma 134
Stigma 134
Dogma 144
prima 373
Oma 164
Aroma 145
Rheuma 353
China 285
Boa 368
Opa 140; 164; 371
Kobra 134
Ära 326
contra 353
rosa 373
Lava 413
Plaza 431
Grandezza 356
Pizza 356
ab 421
Dieb 210
lieb 401; 407
Laib 327
Leib 327
gelb 181; 407
Zweierbob 240
Job 169; 354; 356; 388
Lob 127; 401
Mob 356
Snob 115

grob 407
Verb 353
Modalverb 227
Korb 391
Laub 212
Staub 273
Schub 326
Sozialistenclub 285
IC 164
Gin Tonic 377
Gintonic 403
Rad 127
Speed 115
Lied 118; 327; 361; 392
Spatzenlied 238
Schicksalslied 240
Schmied 115
Jagd 118
Mahd 322
Entscheid 298
Leid 160
Schürzenkleid 232
Menschenleid 233
Lid 327
Anthropoid 244
Ingrid 368
Oxid 326
Wald 86; 159
Feld 371
Experimentierfeld 228
Falschgeld 226
Held 159; 164; 239
mild 407
Wild 86
Wahnbold 404
Gold 118
Schuld 86; 119
Kollektivschuld 227
Hemd 125; 160
fremd 125
Band 125
Proband 294
Förderband 228
Hand 161; 164

anhand 333
Menschenhand 376
Freundeshand 233
Land 56; 125
Hannoverland 377
Norddeutschland 403
weiland 252
Diplomand 294
Konfirmand 294
Rand 365; 396
Doktorand 239; 294
Sand 103; 179
Habilitand 294
Stand 325
stand 342
Istbestand 228
Mentalzustand 227
Tutand 294
Wand 65; 86; 142; 161
Bildwand 239
Abend 140
heute abend 388
jobbend 215
angstbebend 335
friedliebend 335
lebend 99
schreibend 212
gewerbetreibend 335
atemberaubend 335
entscheidend 295
magenleidend 335
bluttriefend 335
laufend 181; 212; 335
aufsehenerregend 335
joggend 212
bergsteigend 212
gewinnbringend 335
nutzbringend 335

Jugend 140; 329
Tugend 140
erfolgver-
sprechend 335
ratsuchend 335
hilfeflehend 335
sehend 335
herzer-
quickend 335
freude-
stahlend 335
gärungs-
hemmend 335
energi-
sierend 335
während 326
unpassend 368; 401
fleisch-
fressend 335
Tausend 430
tausend 416
skatend 335
nervtötend 335
eisenver-
arbeitend 335
satzein-
leitend 335
maßhaltend 212
outend 212; 215
kraftstrot-
zend 335
Dutzend 430
Feind 120
feind 298
Kind 94; 119; 125;
159; 164;
173; 321
Kleinkind 329
Tierkind 232
halbblind 334
Rind 125
betüpfelnd 215
blond 125
Mond 120; 323; 397
ölfördernd 332
und 117
Bund 325
Freund 120
Hund 125; 365; 371
Schund 125
Hardsound 242
rund 6; 125; 182
auf Grund 333
Anfrage-
grund 241
aufgrund 233; 333
Sund 426
Kleinod 331
Steward 383; 423

Pferd 91; 116; 120;
311; 323; 397
Herd 120
Fjord 427
Hardword 242
Oxyd 326
Querulier-
gehabe 228
Rabe 46; 131; 404
Buchstabe 160
Robbe 402
zuliebe 333
Getriebe 252
Rebe 131
Plombe 288
Dirigenten-
garderobe 227
Farbe 164
Erbe 159
mürbe 181
Laube 133
Glaube 160
Unglaube 248
Schraube 161
Holztaube 229
Bube 99
Stube 92
Chance 354
Überlebens-
chance 241
Balance 354
Nuance 354
Schade 160
Bitter-
schokolade 227
Kladde 402
Friede 160
Öde 131
spröde 311
müde 3; 129; 140;
181; 309;
330; 385
Rüde 92
Schwede 384
Fehde 322; 386
beide 363
Heide 404
Kreide 179
Weide 97; 99
unsolide 248
Gefilde 252
Ende 160
behände 325
Jahresende 237
Sünde 131; 385; 426
Sommerson-
nenwende 148
Rinde 131; 133
Gesinde 252

Kunde 131; 159; 330
Plauder-
stunde 228
Mode 131
marode 353
Milliarde 416; 430
Erde 179
Gebärde 252
Förde 131; 427
Föhrde 386; 427
Bude 397
Schul-
gebäude 377; 415
Freude 129
Wiederse-
hensfreude 241
Orchidee 318
Fee 318; 431
Kaffee 318
Haschee 389
Klischee 318
Kommu-
nikee 318
Lee 318
Dublee 318
Klee 318
Allee 318; 355
Armee 318; 355
Schnee 115; 318;
365; 400
Püree 318
Livree 318
See 119; 131;
160; 318;
371; 431
Exposee 318; 389
Chaussee 354
Tee 118; 179;
318; 391
Varietee 318
Früchtetee 238
Komitee 318; 355
Kaktee 318
Café 355
Strafe 92
Affe 159; 358
Giraffe 371
Waffe 46; 359; 402
Schöffe 397; 404
Muffe 97
mit Hilfe 333
mithilfe 233; 333
Haufe 160
Waage 318
Lage 368
Gelage 252
Abhöranlage 226
Blamage 289
Spionage 354

Hardpage 242
Rage 92
Garage 354; 362
Frage 65
infrage 233
Glaubens-
frage 236
Vermögens-
frage 241
Courage 354; 358
Montage 354
Sabotage 354
Trikotage 354
träge 181; 326
Kollege 357
rege 181
Lüge 92; 385; 426
feige 181
das wenige 347
Zeitenfolge 239
infolge 333
zufolge 333
Bange 60
lange 362
Orange 354
orange 298
Wange 314; 402
Zange 91; 329; 386
Zuladmenge 238
Zulade-
menge 238
Inge 368
Klinge 60; 314
Loge 391
Theologe 413
Psychologe 379
Soziologe 217; 353
Philologe 243; 371
Seismologe 379
Technologe 243
Sinologe 285
Astrologe 159
Knastologe 245
Histologe 379; 417
Woge 46
Gebirge 252; 404
Auge 160
Rahe 427
Brache 63
Wache 359; 402
Handfläche 238
Grünfläche 378
Grieche 384
Küche 38; 314; 329
Epoche 356
Woche 63; 358
Lärche 327
Lerche 327
Asche 46; 359; 402

Masche 329
Gamasche 356
Tasche 314
Jackentasche 239
Esche 358
Rüsche 92
Sauerkirsche 226
Ratsche 331
Dusche 92
Buche 63; 396
Psyche 115; 353; 417
Ehe 427
Nähe 46
Krähe 326
Mischehe 226
Mußehe 226; 228
Mühe 315
Brühe 329; 427
Wehe 317
Reihe 315; 329; 427
Weihe 427
Lohe 427
Mythe 371
Ruhe 131; 315;
322; 397
Truhe 329; 427
Babie 354
die 318
Schleie 427
Kleie 329; 427
Regie 354
Defensiv-
strategie 227
Theologie 413
Histologie 417
Fotographie 413
Aufklebfolie 238
Chemie 91; 222; 285;
318; 355; 364
nie 318
Genie 91; 391
Xenie 115
Knie 119; 318;
319; 428
Begonie 39
Harmonie 355
Chemo-
therapie 378
Althippie 380
Hysterie 355
sie 318; 428
Häresie 318
Jalousie 91
Demokratie 352; 413
Aktie 353
Spekulan-
tenaktie 227
Dynastie 318

wie 318; 400
Boje 92
Backe 359
Gebacke 253
Hacke 402
Jacke 161
Decke 161
Wolldecke 236
Rheinbrücke 230
Freiheits-
glocke 240
Socke 131; 397
Mucke 397
Gedanke 160
Denke 283
Haustür-
klinke 403
Funke 10; 160
Essensmarke 241
Einleggurke 238
Baske 384
Maske 329
Freske 371
Luke 92
Wruke 116
Schale 316
Abgemale 419
Seele 317
Diele 318
Kehle 317
Höhle 92; 365; 397
Mühle 90
Bohle 329
Dohle 318
Kohle 316
Sohle 327
Chile 117
Mausefalle 237
Halle 358; 397; 402
Wandelhalle 228
Elle 90; 397
Gefälle 252
Gebelle 253
Libelle 392
Hölle 131; 365; 397
Forelle 3; 140
Geselle 159; 252
an Stelle 333
Sammel-
stelle 228
anstelle 233; 333
Gülle 397
Hülle 131
Quelle 131; 426
Gebrülle 253
Rille 397
Wille 90; 160; 365
Siegeswille 236
Wolle 32

Pole 384
Sole 327
Eule 325
Säule 325
Schule 90; 316
Mädchen-
schule 241
Dame 90
Name 90; 160
Same 160
Häme 326
Chrysan-
theme 143
Böhme 384
Flamme 358
Summe 379; 402
Unsumme 379
Geatme 253
Blume 92; 316
Krume 316
Gethsemane 143
Träne 326
Biene 46; 318; 417
Miene 327
Hüne 385
Fahne 90
Sahne 179
Strähne 326
Bühne 92
Hebebühne 238
Ladebühne 238
Dühne 397
Sühne 397
ohne 386; 427
Bohne 90; 316; 329; 417
zweifels-
ohne 332
der eine 347
Hundeleine 238
Frankier-
maschine 228
Airline 353
Mine 327
Routine 354
Burgruine 236
der einzelne 347
Kanne 88; 90; 358
Panne 88; 90
Tanne 88; 90
Legehenne 238
Finne 384
Rinne 133; 397
Exnonne 251
Sonne 3; 90; 397; 402
Melone 143
Krone 316
Bö 95

Lampe 125; 376; 413
Hängelampe 238
Pumpe 125
Lappe 384
Klappe 271; 359
Pappe 131
Etappe 356
Schippe 402
Rippe 329
Gerippe 252
Vorzeig-
gruppe 238
Suppe 131; 179
Blumen-
kohlsuppe 147
Hupe 92; 358
Coupé 354
Ware 92; 316; 358
Hardware 242
Software 242
Märe 326
Beere 97; 317; 327
Heidelbeere 140
Himbeere 140
Brombeere 140
Schere 316
mehrere 427
Bahre 329
Ehre 97
Ähre 97; 326
Mähre 326
Lehre 322
Formenlehre 239
Föhre 397
Fuhre 316; 426
Ire 426
Genre 354; 355
Zigarre 356
Karre 402
irre 342
Hase 129; 140; 159; 164; 273
Phase 353
Nase 38
Vase 353
Blumenvase 236
Riese 90
Wiese 92; 140; 161; 387
Nepalese 384
Vietnamese 384
Sudanese 384
Chinese 285; 384
böse 181
Gemüse 252
Geflachse 253
Sachse 384
Echse 396
Büchse 396

Ochse 396
Malaise 97
leise 129; 181
Ameise 3; 140
Reise 358
Chinareise 285
Heimreise 268
scharen-
weise 270
anständiger-
weise 270
klugerweise 270
auszugs-
weise 270
Krise 38
Gämse 325
Abzweigdose 238
Hose 90
Badehose 238
Strumpfhose 232
Turnhose 320
lose 140; 181; 182
Gasse 90; 117; 362
Kasse 117; 359; 362
Klasse 386
Formklasse 239
Masse 362
Aufgepasse 419
Rasse 362
Straße 92; 387
Tasse 362
Interesse 356
Kompresse 388
Politesse 356
Hostesse 356
Diakonisse 423
Hornisse 3; 140
Genosse 252
Soße 38
Hausse 352
Preuße 397
Muße 92; 387
Friseuse 423
Bluse 38
Muse 92; 387
Granate 143
Renate 19
Miete 131; 133
Varieté 355
Flöte 46; 299
Blüte 66
Tüte 46; 92; 131
Chipstüte 240
Wächte 325
Wechte 131; 325
Saite 327
Darmsaite 229
Seite 98; 327
Suite 91

Ernte 329; 418	Matratze 356	hinauf 331
Mißernte 418	Haubitze 356	Geläuf 252
Bote 63; 129; 140; 159; 330; 371	Hitze 314	Ruf 122
	Skizze 356	Beruf 371
Note 97	Schaf 371; 391	Gag 164
Karte 131	schief 96	Betrag 298
Baumkarte 230	Liebesbrief 237	Sollbetrag 228
Ansichts-karte 240	tief 298	Regierungs-auftrag 226
	Treff 298	
Sorte 131	Schiff 96	Heirats-antrag 240
Wüste 120	Stoff 92	
das meiste 347	Muff 97	Alternativ-antrag 227
Kiste 142	Reif 160	
Liste 38	frühreif 377	Atomsperr-vertrag 148
Gerste 331	unreif 248	
Ex-Gatte 251	stocksteif 403	Tag 97; 127; 156; 159; 401
Matte 329; 359; 368; 402	Wolf 400	
	Werwolf 232	Osterdien-stag 370; 403
Ratte 133; 397	Hanf 124	
Etikette 356	Senf 86; 124; 131; 396	schräg 400; 407
Lichterkette 239		Krieg 127; 361; 392
Lette 384	fünf 124	Beleg 298
Zigarette 356	Altbischof 380	Weg 127; 367
Operette 356	Fürstbischof 232	Waldweg 236
Luxus-hundehütte 148	Haupt-bahnhof 148	Mittelweg 378
		farbig 383
Wette 397	doof 318	narbig 249
Lanzette 356	Prof 164	unnarbig 249
Mitte 131	Napf 93; 307	waldig 31; 321; 383
der dritte 347	Dampf 359	schuldig 225
Sitte 322	Kampf 125	unschuldig 225
Schotte 384	Krampf 125	lebendig 99; 250
Kutte 397	Schimpf 125	lichtblendig 12
Flaute 98	Unglimpf 248	windig 383
Beute 363	Pimpf 125	Mürbeteig 378
heute 98; 325	Rumpf 125	Gezweig 252
Leute 212; 325	Strumpf 42; 103	lichtwogig 12
Nute 97	Blaustrumpf 232	bergig 383
Route 354	Stumpf 125	fähig 326
Byte 430	stumpf 181; 182	ruhig 182
Kommu-niqué 355	Kopf 325	eckig 383
	Kahlkopf 232	vormalig 252
Boutique 354	Schafskopf 146; 232	neblig 4; 331
Getue 253	Pfropf 116	lichtwühlig 12
Sklave 426	Tropf 160	eklig 328
Kurve 329	scharf 122; 181	billig 427
Löwe 11; 63; 92; 159; 239	Dorf 2; 391	mollig 427
	Torf 2	König 169; 321
Möwe 63; 92	Wurf 295	wenig 388
Hexe 307; 329	auf 261; 266 f.; 309	Pfennig 11; 427
Matrize 356		Honig 404
Mestize 356	Berufung auf 278	peppig 356
Walze 386	Einigung auf 278	poppig 356
das ganze 347	Einwirkung auf 278	ruppig 427
Fürsten-tumsgrenze 240		struppig 427
	hoffen auf 23	widrig 331
ins schwarze 348	bestehen auf 23	knusprig 331
Kerze 386	Lauf 295	knorrig 427
Katze 161; 314; 329	Eislauf 234	traurig 249; 383

untraurig 249
Essig 427
fabrikmäßig 214
turnus-
    mäßig 214
ungiftig 250
nichtgiftig 380
unzüchtig 250
kantig 383
reuig 330
siebzig 401
winzig 11
Balg 127
Erfolg 298; 418
Mißerfolg 418
bang 396
in Gang 368
Durchgang 226
Dusch-
    vorhang 239
lang 182; 250; 298
Belang 389
Klang 56; 88; 92;
    395; 400
kilometer-
    lang 377
Rang 124
Drang 400
Strang 115
Gesang 252; 322; 389
Tang 124
Zwang 116; 165
eng 124
streng 124; 311
Mobbing 356
Ding 124
Pudding 356
Home-
    banking 242
Fremdling 224; 284; 383
Reling 164
Prüfling 216; 284
Impfling 216
Feigling 169; 330; 404
Jüngling 118
Frechling 142
Dümmling 216
Schönling 216
Anlernling 216
Bräunling 216
Schreiber-
    ling 284
Dichterling 283; 284
Munterling 216
Bitterling 142
Lehrling 216; 284
Süßling 216
Bratling 216
Naivling 294

Primitivling 216
Setzling 216
Camping 353
Shopping 356
Ring 124; 391
Meeting 353
Setting 356
Gong 124
Diphthong 356
Saisong 389
Hebung 283
Krankschrei-
    bung 268
Dung 124
Einheits-
    kleidung 237
Waldung 277
Bewaldung 31
Meldung 277
Bildung 379
Unbildung 379
Duldung 231; 277
Asylanten-
    duldung 231
Erfolgs-
    duldung 231
Landung 278
Notlandung 235
Mündung 278
Gründung 277
Entzündung 278
Geld-
    wäscher-
    fahndung 230
Erfindung 277
Windung 278
Prüfung 277
Verblüffung 279
Verbre-
    chensbe-
    kämpfung 241
Impfung 277
Befragung 277
Tagung 231
Syntax-
    tagung 231
Prägung 277
Beleidigung 277
Huldigung 278
Steigung 231
Straßen-
    steigung 231
Tilgung 277
Abkehrbe-
    dingung 241
Unter-
    bringung 277
Abschwä-
    chung 277

Kosten-
    rechung 379
Einreichung 277
Streichung 231
Willkürstrei-
    chung 231
Zuwen-
    dungsstrei-
    chung 231
Auf-
    weichung 277
Fälschung 231
Banknoten-
    fälschung 231
Expertenfäl-
    schung 231
Abbuchung 277
Entstehung 278
Drohung 231; 278;
    322; 330
Befreiung 277
Geisel-
    befreiung 226
jung 307
weißgelben-
    jung 12
Entrückung 277
Zuckung 231; 278
Schwankung 231
Wirkung 278
Reichlings-
    siedlung 240
Regelung 277
Zügelung 277
Betüpflung 281
Strahlung 231
Röntgen-
    strahlung 231
Körper-
    strahlung 231
Abschlags-
    zahlung 241
Abschieds-
    vorstellung 240
Füllung 277
Abholung 268
Schulung 231
Sprachen-
    schulung 231
Manager-
    schulung 231
Lähmung 277
Planung 231
Experten-
    planung 231
Verkehrs-
    planung 231
Monats-
    planung 231

Abordnung 279
Wirtschafts-
　　ordnung 415
Dünung 277
Einschieb-
　　öffnung 238
Prinzip
Hoffnung 430
Begegnung 278
Zeitrech-
　　nung 239
Versöhnung 277
Wohnung 322
Kleinst-
　　wohnung 226
Nennung 231
Kandidaten-
　　nennung 231
Jahres-
　　nennung 231
Tarnung 231
Expertent-
　　arnung 231
Erdbeben-
　　warung 379
Absichtser-
　　klärung 241
Niederung 277
Genauig-
　　keitsanfor-
　　derung 240
Schadener-
　　satzforde-
　　rung 147
Leerung 323
Totalverwei-
　　gerung 227
Lebensver-
　　sicherung 237; 338
Harmonisie-
　　rung 290
Zerstörung 277
Ausführung 268
Sprung 42; 100; 115;
　　122
Fixierlösung 228
Achtung 418
Mißachtung 418
Lokalzeitung 227
Haltung 404
Hofhaltung 268
Anspruchs-
　　haltung 241
Ausstattung 279
Schwung 399
Leidensbe-
　　grenzung 241
Strafver-
　　setzung 340

Kog 326
Smog 115
Elektrosmog 378
Koog 318; 326
Sog 127
karg 387
Berg 127; 159
Burg 161; 321
Chirurg 364
Fug 426
Lug 127; 426
Flug 401
klug 3; 182
unklug 248; 250
Harddrug 242
Trug 426
Zug 386
in Bezug 401
inbezug 368
nah 95; 182
Rah 119
Bach 325
Dach 88; 92; 362;
　　391; 402
Schiebe-
　　dach 238
Schuldach 377; 415
flach 400
fragen nach 23
Krach 400
wach 298
schwach 399
alters-
　　schwach 377
Pech 391
frech 271; 396;
　　400; 402
ich 428
Deich 117
gleich 400
wenngleich 333
Lohnsteuer-
　　ausgleich 415
Lohnsteuer-
　　jahresaus-
　　gleich 377
steinreich 370; 403
schwerreich 334
Streich 298
Teich 117
erheblich 331
löblich 331
unbeschreib-
　　lich 383
weiblich 383
unleidlich 250
unvermeid-
　　lich 383
ländlich 383

schwerver-
　　ständlich 334
kindlich 383
freundlich 142; 183;
　　218; 224; 330
rundlich 272
unbegreif-
　　lich 379
unerschöpf-
　　lich 383
käuflich 325
kläglich 221
täglich 97; 331; 383
beweglich 331
länglich 272
über-
　　schwänglich 303; 325
über-
　　schwenglich 303; 325
unwieder-
　　bringlich 418
undurch-
　　dringlich 418
unaus-
　　sprechlich 383
fröhlich 249; 272
schrecklich 405
unglücklich 250; 419
nichtglück-
　　lich 380; 419
dicklich 272
kränklich 272
wirklich 330
Drillich 427
ärmlich 272
persönlich 402; 424
grünlich 272
kleinlich 272
peinlich 383
unzertrenn-
　　lich 383
sinnlich 322
bräunlich 272
sommerlich 383
innerlich 249
uninnerlich 249
unleserlich 250
äußerlich 249
richterlich 282
säuerlich 272
natürlich 424
unauflöslich 383
süßlich 272
häuslich 325
staatlich 323
rötlich 4; 181
wissen-
　　schaftlich 383
zeitlich 383

ältlich 272	musikalisch 422	fantastisch 351
ordentlich 413	Englisch 298	phantastisch 351
öffentlich 417	symbolisch 145	kubistisch 145
nichtöffent-	anämisch 353	sozialistisch 285
lich 334	akademisch 293	forma-
namentlich 376; 413; 417	Gemisch 252	listisch 384
wesentlich 417	chemisch 117; 222;	atomistisch 145
wissentlich 413	285; 293	inflatio-
wörtlich 249	seismisch 417	nistisch 145
unersättlich 418	koreanisch 422	Eßtisch 226
sittlich 322	mechanisch 293	ex-jugosla-
ärztlich 383	spanisch 384	wisch 251
bläulich 272	chilenisch 422	toxisch 353
kürzlich 272	unwelt-	Ramsch 124
Teppich 404; 427	männisch 419	Flansch 124
Enterich 404	lakonisch 293	Mensch 124; 159;
Stich 88; 92; 271;	chronisch 352	173; 371; 379
391; 396; 402	synchro-	Unmensch 248; 379
Lattich 427	nisch 293	Tiermensch 232
Rettich 427	launisch 182	leninsch 292
Sittich 427	zynisch 293	Wunsch 124
Bottich 427	heroisch 293	Frosch 92; 307
Sandwich 91	unkämpfe-	wirsch 248
Milch 307; 308; 396	risch 248	unwirsch 248
manch 396	kriegerisch 383	Matsch 93
hoch 391; 402; 427	unkriege-	Kitsch 371
brusthoch 377	risch 248	Busch 271
Joch 118; 391	trügerisch 422	Tusch 53
Koch 66	lutherisch 422	Match 354
Loch 159	tierisch 383	Schlauch 115
durch 17; 267; 380;	grüblerisch 145; 383	Verbrauch 298
422	spielerisch 145; 422	Buch 164; 297; 402
lasch 271	versöhn-	Lesebuch 238
rasch 362	lerisch 422	Geschichts-
hübsch 308	künstlerisch 282	buch 236
Gebüsch 252	unkünst-	Luch 402
kubisch 145; 293	lerisch 248	Tages-
jiddisch 118	homerisch 383	anbruch 240
heldisch 383	numerisch 431	Vertrauens-
unheldisch 248	harmonisie-	bruch 241
unabendlän-	rerisch 290	Besuch 298
disch 419	provokato-	Schmäh 95
hündisch 385	risch 145	zäh 319
kindisch 249; 383	diktatorisch 353	Vieh 95; 319; 426
unkindisch 248; 249	unherrisch 248	Reh 95; 159; 397
melodisch 145	chinesisch 285	Dreh 298
Fisch 164; 383	Tisch 53; 159; 273;	früh 95; 118; 397
strategisch 353	309; 391	Weh 400
theologisch 413	pragmatisch 285	Zeh 319
anarchisch 293	aromatisch 145	Floh 325; 371
viehisch 318	quadratisch 183	roh 181; 397
fotogra-	demokra-	froh 103; 118;
phisch 413	tisch 413	319; 397
schurkisch 383	semitisch 292	unfroh 380
trotzkisch 292	Rentner-	Stroh 95; 119
provinzia-	stammtisch 241	Unzuchts-
lisch 293	dilettantisch 383	paragraph 241
chemi-	kryptisch 353	Fotograph 413
kalisch 285	vollelastisch 334	Katarrh 353

Squash 115
rauh 122
Schuh 100; 103; 119; 131; 159; 330; 371; 397
Fingerhandschuh 148
Überschuh 226
Kuh 95; 161; 382; 396
Mai 56; 120
Abi 384
Gabi 384
Bubi 99
Fundi 164; 384
Rudi 384
Studi 384
bei 261
Türkei 425
Kabbelei 404
drei 346
Knabberei 382
Sabberei 382
Dieberei 378
Fieberei 382
Puderei 382
Beschimpferei 419
Zersägerei 419
Wascherei 378; 382
Wäscherei 382
Gardinenwäscherei 416
Backerei 382; 404
Bäckerei 382
Brotbäckerei 416
Schreinerei 382
Studiererei 419
Sozialisiererei 145
Personalisiererei 402
Harmonisiererei 290
Zitterei 382
Stotterei 382
Bildhauerei 382
frei 330; 427
schadstofffrei 214; 218
kostenfrei 214
unfrei 380
wartungsfrei 218
angstfrei 214
Entzückensschrei 241
Schmerzensschrei 236

zwei 311; 413
die zwei 347
Schlaffi 384
Kathi 384
Ski 397
Bikini 144
mini 141
Manni 424
Hirni 164
Uni 384
Käppi 164
Kolibri 144
Depri 384; 424
Klinsi 384
Ossi 424
Susi 384
Dementi 39
Sponti 164; 245; 288; 384
Mutti 140; 164
Nazi 384
Altnazi 380
Sozi 288; 384
Steak 115
Knack 365; 400
Wrack 116; 164; 400
Gebäck 252
Deck 92
Fleck 160
Kälberspeck 239
Schreck 160
Glück 212
Stück 159; 397
Zweck 311
dick 183; 298; 403
Blick 298
Burgenblick 239
Falkenblick 238
Genick 252
Knick 116; 400
Zeichentrick 228
Bock 397
Trockendock 227
Schock 88
Lock 402
Schreibblock 238
Hardrock 242
schmuck 298
Händedruck 238
Leidensdruck 236
Truck 353
Diskothek 245
Ärztestreik 238
Hungerstreik 338
Logik 145
Graphik 353
Symbolik 145

Replik 389
Seismik 417
Panik 431
Botanik 145
Universitätsfrauenklinik 148
Elektronik 145
Epik 145
Rubrik 389
Metrik 431
Musik 145
Physik 145
Dramatik 145
Pragmatik 285
Ästhetik 431
Politik 389
Realpolitik 227
Hochschulpolitik 377; 415
Kritik 389; 431
Statistik 353
Ethnolinguistik 378
Kalk 131
Hardwalk 242
Volk 426
Bank 53; 125; 273; 395
Landeszentralbank 148
Undank 248
blank 397
schlank 397
Schrank 115; 400
Kleiderschrank 239
krank 125
seekrank 377
schwerkrank 334
Tank 125
Zank 396
Geschenk 252
Schwenk 298
Fink 125
flink 396
pink 353
Harddrink 242
Zink 125
Funk 125
Prunk 125
Strunk 125
Lok 164
Rangierlok 228
Technopark 378
Quark 426
Werk 307; 400
Räderwerk 239
Müttergenesungswerk 148

Homework 245
grotesk 144
Aal 317
Saal 56; 317; 371; 400
Wartesaal 238
feudal 356
Bücherregal 236; 239
Schal 400
genial 183
Material 287
tangential 356
Potential 287
jovial 362; 393
sozial 285
ex-radikal 251
Bindevokal 238
schmal 182; 400
Signal 134
relational 145
Personal 402
Moral 144
Scheusal 404
Tal 86
vital 426
Qual 307; 397
Wal 327
Gabel 2
Kabel 2
Vokabel 426
Gebrauchtmöbel 226
Erzübel 329
Hobel 309
nobel 181; 387
Nadel 128; 161
edel 129; 140; 181
unedel 248
Lavendel 143
Gesindel 212
Windel 329
Schwindel 298
Feudel 129
Nudel 161
Rudel 129
scheel 317
Pantoffel 356
Zweifel 413
Weltwirtschaftsgipfel 415
Brühwürfel 239
Mietspiegel 329
Lichtkegel 239
Segel 3; 190; 329
Geflügel 252
Igel 140; 426
Angel 368
Klingel 140
Dschungel 91

Vogel 307; 426
Kugel 66
Sichel 46; 358; 402
Kiel 308
viel 182; 388; 426
heikel 181
dunkel 129; 181; 182
Helldunkel 232
Gewimmel 253
Siegestaumel 240
Öl 19
multipel 181
Gefasel 253
Esel 38; 129; 159; 169
Schnipsel 404
Brennnessel 329
Suppenschüssel 239
Schrankschlüssel 147
Hausschlüssel 239
Rätsel 331
Bilderrätsel 239
eitel 181
uneitel 248
Mantel 38
Chinesenhotel 285
Gürtel 404
Vettel 426
Abbindmittel 238
Trottel 99
Knäuel 325; 329
Pfahl 91; 359; 400
Strahl 160
Stahl 54; 86; 179; 311; 325; 397
Edelstahl 227
Wahl 327; 400
Befehl 298
Mehl 325
Gestühl 252
Gewühl 252
Kohl 118
wohl 367
obwohl 139; 333
Stuhl 297; 371; 397
Liegestuhl 238
Stecknadelstuhl 215
Weinflaschenstuhl 215
Telefonstuhl 215
Großmutterstuhl 215

Religionsstuhl 215
Mehrheitswahlrechtsstuhl 215
Shrimpscocktail 240
Unheil 248
teil 342
Urteil 371
weil 139
sachsophil 245
fossil 362; 393
Stil 119
zivil 353
Ball 363
Fall 58; 400
Pflegefall 238
Ohnmachtsanfall 241
Unfall 248
Zerfall 298
Zweifelsfall 236
Nachtigall 3; 140
Schall 391
Knall 298
drall 400
prall 400
Metall 144
Schweinestall 238
Schafstall 239
Offenstall 227
Wall 58; 400
Gebell 252
Rebell 144
Fell 92
Bärenfell 238
hell 80; 369
industriell 292
differentiell 353
potentiell 353
diffenziell 353
sequenziell 356
povinziell 353
schnell 400
nominell 356
Zitierkartell 228
manuell 368
Gebrüll 252
Unbill 248
still 119
voll 426
Symbol 145
Pol 118
Kerl 103; 126
Hardgirl 242
Quirl 103; 126; 426
faul 3; 182

Baycryl 379
am 182; 200
Team 353
Bräutigam 140
Kram 124
Tram 122
Gehorsam 364
sittsam 322
nachdem 139; 333
indem 139
Brodem 129
seit langem 347
Methusalem 143
Atem 128; 129; 159; 190; 329
bei weitem 347
von weitem 347
System 353
von neuem 347
unbequem 248
Ungetüm 248
ungestüm 248
binnen kurzem 347
lahm 124; 397
Lehm 65; 66; 325
Ruhm 119; 124
heim 342
Studentenwohnheim 147
Alm 126
Halm 94; 126; 306
Salm 306
Psalm 115
Qualm 103; 126
Walm 86
Helm 126; 306; 369
Film 126
Holm 94; 126
Lamm 124; 397
klamm 400
Unschuldslamm 241
Diagramm 144
Pragmagramm 285
Hexagramm 353
Computerprogramm 226
Histogramm 417
Schwamm 92; 124; 399
fromm 118; 182
dumm 124; 182
stockdumm 403
krumm 182; 400
stumm 182
Dom 124
Gnom 400
Astronom 159

Boom 352
Sozialismusboom 285
Stadt Rom 430
Arm 126
arm 182
Harm 126; 306
Lärm 38; 126; 325; 371
Eigenschaftsterm 240
Schirm 126
Form 126
Hostaform 379
Turm 126
Sturm 94
Wurm 126
um 117; 267; 380; 422
Bemühung um 278
trauern um 23
Baum 19; 120; 297; 306
kaum 306
Raum 295; 306
Zwischenraum 226
Traum 122; 325; 400
Jünglingstraum 284
Saum 295; 306
Museum 368
Chemiestudium 285
Kollegium 357
Sortierkriterium 228
Caesium 353
Spatium 353
Doktorandenkolloquium 238
Slum 115; 353
Rum 119; 122; 124
Zentrum 371
Heiligtum 165
Herzogtum 165
Reichtum 271; 272; 330
Griechentum 272
Dichterinnentum 283
Chinesentum 272
Bürokratentum 272
Beamtentum 272
Irrtum 272

Jünglingstum 284; 417
Volkstum 417
an 139; 261; 264ff.
Erinnerung an 278
hängen an 24
erkranken an 23
denken an 23
verraten an 23
Fan 353
Hostaphan 379
Grobian 404
Dekan 144
Plan 54; 400
Schulentwicklungsplan 148
Span 115; 311; 399
heran 331
Kran 124
Homekran 245
Tran 122; 308
Kurdistan 425
Schwan 115
Molybdän 326
Pleistozän 326
Haben 296
haben 191; 207; 368; 374; 397
teil haben 348
recht haben 348
handhaben 234; 298; 339
graben 191
untergraben 256; 380
jobben 298; 356
mobben 298
eben 129; 181
geben 23; 27; 65; 97; 195; 375; 412
abgeben 329
drangeben 268
preisgeben 267; 340
achtgeben 340
heben 283; 397
aufheben 266; 421
hochheben 337
schieben 24; 326
lieben 23; 401
maschinengeschrieben 377
großgeschrieben 201
batteriegetrieben 377
sieben 129; 401

Leben 46; 99; 129; 371; 382
leben 127
kleben 265
aufkleben 266
ankleben 264
festkleben 337
neben 139
erstreben 420
trüben 299
im trüben 348
entschweben 264
aufbleiben 381
dabeibleiben 268
klebenbleiben 267
hängenbleiben 267
stehenbleiben 267
hierbleiben 268
schreiben 23; 30; 358
beschreiben 261
aufschreiben 266
krankschreiben 267; 337
vollschreiben 337
kleinschreiben 337
treiben 194
hintertreiben 420; 421
oben 413
loben 309; 401
gestoben 375
verderben 195
sterben 191; 195; 275
glauben 330; 369; 402
erlauben 23
entstauben 254; 263
sträuben 325
baden 189
Bindfaden 238
laden 127; 191; 368
beladen 261
vollbeladen 334
aufladen 266
volladen 337
überladen 260
entladen 256; 263
Frieden 160
umfrieden 254
bereden 261
müdereden 337
bauchreden 338; 340
herumreden 268
zerreden 381

durchleiden 254
kleiden 298
entkleiden 263
zerschneiden 381
golden 181
landen 23
bauchlanden 340
bruchlanden 340
notlanden 235; 255; 340
kopfgestanden 201
aufgestanden 255
im folgenden 347
senden 374
entzünden 256
wenden 374
entwenden 264
ahnden 323; 386
fahnden 230; 323; 386
aufbinden 266
anbinden 265
unterbinden 380
entbinden 256
finden 190; 400
empfinden 381
stattfinden 340
schinden 195
winden 400
engverbunden 334
engstverbunden 334
befunden 201
gefunden 201
bevormunden 420
runden 299
Boden 63; 160; 397
Unterboden 226
aufbürden 266
werden 25; 191; 204; 207; 374
irre werden 348
gespieen 428
geschrieen 428
Spleen 115
Teen 353
schlafen 23; 191; 375; 412
prüfen 196
Schaffen 296
geschaffen 375
Treffen 296
treffen 191; 195; 374

Astronautentreffen 238
offen 181; 397
getroffen 375
bluffen 298
glattschleifen 337
Reifen 140; 160
reifen 42; 189; 299
ergreifen 420
Klebestreifen 238
helfen 23; 191; 195; 358
Ofen 397
Kohleofen 136
Backofen 226
aufknöpfen 381
dampfen 298
stampfen 125
schutzimpfen 340
Hopfen 329
Tropfen 160
stopfen 358
kunststopfen 340
Karpfen 33; 331
dürfen 191
werfen 118; 191; 194; 195; 221; 295; 375; 376; 412
unterwerfen 380
kaufen 325
aufkaufen 381
leerkaufen 337
verkaufen 23
laufen 295; 369; 374; 402
angelaufen 201; 266
durchlaufen 256
schlittschuhlaufen 234
skilaufen 234; 339
amoklaufen 340
paarlaufen 234
verlaufen 381
zerlaufen 381
vorlaufen 267
eislaufen 234; 267; 340
aufhäufen 266; 421
rufen 151; 190; 193; 196
unberufen 248
gerufen 201
aufgerufen 201
widerrufen 256
behagen 275
erjagen 420

beschlagen 261
erschlagen 358
nieder-
schlagen 336
ratschlagen 298
totschlagen 267; 336; 337
benagen 261
fragen 191
abfragen 13
befragen 262
tragen 127; 191; 193; 195; 298; 397
auftragen 266
beauftragen 420
tagen 385
Wagen 3; 129; 159; 160; 169; 329; 358; 371; 404; 405
Pferdewagen 236; 238; 329
sägen 326
Degen 273
umhegen 260
biegen 397
gerade-
biegen 337
liegen 295; 375; 397
fliegen 401
auffliegen 329
einfliegen 421
aufliegen 266
wiegen 25; 194
legen 186; 295; 330; 375; 387; 397; 403
gelegen 201
auflegen 266
freilegen 337
lahmlegen 337
hinterlegen 420
unterlegen 380
verlegen 256
zerlegen 201
festlegen 337
mögen 191; 410
Vermögen 296
Regen 190; 371; 405
Segen 371; 405
verfügen 385; 426
lügen 195; 397
schwindlig-
lügen 337
betrügen 385; 426
wegen 139; 358; 390
beflaggen 261
joggen 157; 356
beerdigen 420
eigen 181

ohrfeigen 298
geigen 298
steigen 272
bergsteigen 235; 340
beruhigen 262
bewilligen 420
beschei-
nigen 420
befleißigen 420
benötigen 420
bekräftigen 420
berechtigen 420
berichtigen 420
beabsich-
tigen 420
beseitigen 420
belästigen 420
begünstigen 420
befolgen 262
bangen 275
fangen 191
anfangen 265
empfangen 381
gehangen 375
anhängen 265
drängen 272
freude-
bringen 339
nahebringen 337
aufbringen 266
vollbringen 256
einbringen 267
hinter-
bringen 420; 421
durch-
dringen 260
eindringen 421
aufspringen 266
wringen 116
singen 194; 322; 358; 396
probesingen 340
ansingen 265
sopran-
singen 339
zersingen 381
gedungen 375; 411
Bogen 397; 404
homogen 217
gesogen 375
bewogen 375
gewogen 375
im argen 348
entsorgen 263
saugen 191
staubsaugen 234
bedachen 261
entfachen 256
lachen 322; 325

hohnlachen 234; 267; 340
totlachen 267
machen 396
irremachen 337
aufmachen 381
fertig-
machen 267
schön-
machen 337
sauber-
machen 337
groß-
machen 337
schlecht-
machen 337
haltmachen 340
kaltmachen 337
bekannt-
machen 337
festmachen 337
kaputt-
machen 337
Wolfsrachen 239
wachen 23
bewachen 261
Bömbchen 273
Schräub-
chen 273
Täubchen 404
Stäubchen 273
Mädchen 273
Kindchen 284
Ideechen 284
kriechen 66
unter-
kriechen 267
brechen 191; 195
ehebrechen 234; 340
unter-
brechen 380
sprechen 191; 195
besprechen 261
heilig-
sprechen 337
freisprechen 267
versprechen 381
stechen 195
Öfchen 273
Köpfchen 273
Dichterling-
chen 283
Tischchen 273
Schuhchen 284
Kuhchen 382; 396
streichen 27
anstreichen 336
grün-
streichen 267; 336; 337

über-
streichen 257ff.; 258
Lebens-
zeichen 240; 241
verblichen 375
im wesent-
lichen 347
veranschau-
lichen 219
gestrichen 295
gewichen 375
Deckchen 274
Böckchen 274
Schlückchen 273
Häkchen 142; 273;
274; 405
Schränk-
chen 273
Skandälchen 424
Chefelchen 274
Vögelchen 274
Dächelchen 274
Tüchelchen 274
Deckelchen 274
Eselchen 273
Rotkehlchen 232
Stühlchen 274
Veilchen 426
Riemchen 273
Blümchen 271
Heimchen 413
Dummchen 382
Würmchen 284
Bäumchen 273
Divisiön-
chen 424
Persönchen 402
Kleinchen 382
Steinchen 284
unterjochen 380
kochen 23
abkochen 336
aufkochen 266
weich-
kochen 336; 337
pochen 396
Brüderchen 273
Kinderchen 273
Bierchen 273
Dummer-
chen 273
Motörchen 424
Harmonisie-
rerchen 290
Dichterchen 283
Mütterchen 273
Struktür-
chen 424
Motorchen 424

naschen 409
waschen 191
geldwaschen 339
unge-
waschen 248
reinwaschen 337
Häschen 273
löschen 191
fischen 385
gekrischen 375
wischen 322
zwischen 139; 311;
376; 413
wünschen 385
geloschen 375
grapschen 374
busen-
grapschen 235
aufklatschen 266
vollquat-
schen 337
belauschen 23
Meeres-
rauschen 240
Häuschen 142
Bötchen 323
Bruder-
schaftchen 273
Minderheit-
chen 273
Gärtchen 273
Kistchen 142; 273
Muttchen 273
hauchen 63
brauchen 13; 374; 410
aufbrauchen 381
verbrauchen 381; 421
miß-
brauchen 256
pfeife-
rauchen 339
Frauchen 382
aufrauchen 381
Grauchen 382
totrauchen 337
Tauchen 382; 396
tauchen 396
Kuchen 92; 396
Reibekuchen 238
suchen 56
goldsuchen 339
untersuchen 380
Pflänzchen 284
Fetzchen 273
mähen 326
nähen 361; 392; 427
annähen 265
gehen 298
pleite gehen 348

abgehen 381
begehen 261
hinaufgehen 268
weggehen 225; 268
fehlgehen 218
spazieren-
gehen 11; 233; 267
flötengehen 267
hintergehen 256; 420; 421
zergehen 219; 381
entgehen 27; 264
fliehen 190; 315;
318; 374; 427
entfliehen 23; 264
ziehen 311; 315; 318
hinterziehen 420
verziehen 428
aufdrehen 381
umdrehen 267
sehen 23; 27; 65;
97; 118; 195;
374
gesehen 201
aufsehen 266
stehen 191; 427
schlange
stehen 348
schlange-
stehen 340
kopfstehen 340
aufstehen 255; 266
blühen 23; 305
aufblühen 275; 381
aufglühen 266
wehen 315; 363
gedeihen 427
leihen 386; 427; 428
entleihen 264
anreihen 265
seihen 427
weihen 427
verzeihen 386; 427; 428
drohen 23; 189; 315;
322; 374; 427
ruhen 322; 427
Arabien 425
schneien 427
speien 427; 428
schreien 190; 374;
386; 427; 428
Spanien 384
gespien 428
Ferien 20; 212
geschrien 428
Ostasien 403
Haken 142; 371; 405
hinterhaken 421
backen 2; 13; 157;
191

überbacken 260
zerhacken 381
knacken 368
packen 2
Becken 273; 329; 405
bedecken 261
mann-
decken 340
überdecken 258
Schrecken 160; 371; 405
erschrecken 195; 411
anstecken 265
Rücken 385; 426
überbrücken 260
aufdrücken 266
flach-
drücken 337
Buchrücken 239
nach-
schicken 267
verschicken 23
aufblicken 266
empor-
blicken 268
locken 369; 402
entlocken 256; 264
erschrocken 375; 411
trocken 140; 181; 182; 322
jucken 118
ver-
schlucken 381
trucken 298
aufzucken 266
hunger-
streiken 338
Balken 404
Schwebe-
balken 238
melken 191
gemolken 375
danken 23
tränken 375
denken 283
bedenken 261; 329
durch-
denken 422
schenken 23; 25
senken 375
trinken 375
leertrinken 267; 337; 429
biertrinken 339
vertrinken 381
sinken 375
Funken 10; 160
trunken 181
gewunken 375; 411
brand-
marken 338; 339

werken 271
entkorken 263
malen 323; 327
aufmalen 266
anmalen 265
übermalen 258
Hostalen 379
recyclen 288
schälen 323
quälen 323
entseelen 263
bedielen 261
spielen 386; 397
bespielen 261
schach-
spielen 267
klavier-
spielen 339
verspielen 381
ölen 298; 323
entölen 263
spülen 323; 397
unterspülen 380
schwelen 323
mahlen 323; 327; 376
gemahlen 375
prahlen 323
sandstrahlen 339
zahlen 324
teilzahlen 340
anzahlen 265
stählen 325
verwählen 381
erzählen 23; 326
fehlen 275; 323
befehlen 191; 195; 221
empfehlen 191; 195; 381
stehlen 191; 195; 322; 323; 397
fühlen 323; 374; 400
wühlen 323; 400
johlen 323
besohlen 261
gestohlen 322
bestuhlen 256; 261
eilen 374
feilen 298
heilen 299
aufteilen 381
enteilen 256; 264; 329
zerteilen 219; 329
langweilen 298
fallen 191; 275; 295; 374
gefallen 23; 275
auffallen 275
entfallen 275
schallen 190
fällen 295

holzfällen 332
schnellen 299
stellen 397
gerade-
stellen 337
richtig-
stellen 337
fertigstellen 337
hochstellen 337
freistellen 337
anheim-
stellen 268
umstellen 256
zufrieden-
stellen 337
klarstellen 337
sicherstellen 337
bloßstellen 337
bereitstellen 337
kaltstellen 267; 337
grillen 38; 298
schrillen 299
verschollen 375; 411
sollen 191
gequollen 375
wollen 38; 191; 328; 369; 402
holen 189; 323; 324
abholen 267
überholen 260
wiederholen 256
faulen 299; 374
aufjaulen 266
spulen 323; 397
stylen 288
widmen 129
schämen 323
grämen 323
ziemen 275
Rahmen 316; 329
rahmen 298
Fenster-
rahmen 146
Türrahmen 146
nehmen 65; 97; 195; 323; 369; 397; 402
wunder-
nehmen 348
teilnehmen 267; 340
einnehmen 421
Unter-
nehmen 296
schwer-
nehmen 337
mitnehmen 267
entnehmen 256; 264
genau-
nehmen 337

Rückläufiges Wortregister | 507

keimen 298
aufflammen 266
rammen 395
enthemmen 256
schwimmen 195
freistil-
schwimmen 235
lagen-
schwimmen 234
rücken-
schwimmen 234
brandungs-
schwimmen 235
brust-
schwimmen 234; 267
kommen 266; 275
mitge-
kommen 255
ankommen 368
mitkommen 255
entkommen 264
dazu-
kommen 268
geglommen 375
brummen 272
drummen 298
Reflexiv-
pronomen 227
umarmen 260
auftürmen 266
formen 38
atmen 23; 129; 190; 298; 374; 410
beatmen 262
aufbäumen 266
räumen 295
säumen 295
Volumen 357
Antrags-
volumen 241
planen 323
ebnen 190
ordnen 190
tränen 323
im verbor-
genen 348
auf dem
trockenen 348
grünen 295
öffnen 27; 374; 410
begegnen 275
regnen 190; 298; 374
segnen 298
mahnen 323
kopfrechnen 267; 340
zeichnen 298
kenn-
zeichnen 298
gähnen 323; 326; 369; 402; 426
wähnen 325; 426
dehnen 323; 325
stöhnen 323
sehnen 323
lohnen 189
wohnen 322; 323
bewohnen 261
bescheinen 261
im allge-
meinen 347
beweinen 261
trocknen 299; 322
im ein-
zelnen 347
kennen 364; 374; 395
nennen 358; 374
können 191
pennen 395
rennen 359; 374
brennen 374
verbrennen 381
entbrennen 256; 329
innen 387; 429
beginnen 195
pinnen 356
spinnen 195
garnspinnen 339
rinnen 190; 195; 395
sinnen 322
gewinnen 195
gesonnen 375
klonen 288
umgarnen 254; 260
enttarnen 320; 329
entkernen 256; 263
kennen-
lernen 233; 267
reckturnen 267
boden-
turnen 234
kürturnen 234
wetturnen 340
kunstturnen 234
bestaunen 261
erstaunen 26; 275
streunen 325
schön 308
unschön 248; 250
Lumpen 160
Lappen 129
klappen 271
Wappen 273
schwappen 368; 369; 402
steppen 356
flippen 298; 356
tippen 298
shoppen 298
stoppen 356
garen 323
scharen 323
bausparen 235; 340
Gemischt-
waren 226
abklären 255
leeren 323; 327
scheren 323
buchsta-
bieren 288
halbieren 288
probieren 288
tradieren 289
addieren 424
plädieren 289
blondieren 288
korrespon-
dieren 384; 424
fundieren 289
parodieren 424
korrodieren 289
studieren 289
oxydieren 288
chauffieren 289
hofieren 288
gieren 289
dirigieren 289
marschieren 288; 289
fotogra-
phieren 413
attackieren 288
brüskieren 288
nasalieren 288
gelieren 289
spekulieren 289
verspeku-
lieren 219
gratulieren 289
blamieren 289
parfümieren 288
legitimieren 288
ruinieren 288
missio-
nieren 357
klonieren 288
numme-
rieren 389
hybridi-
sieren 289
standardi-
sieren 289
theologi-
sieren 413
monologi-
sieren 384; 425
idealisieren 289
realisieren 288
legalisieren 384; 424
sozialisieren 145

personali-
sieren 402
kapitali-
sieren 289
stabilisieren 289
stilisieren 288; 384; 424
zivilisieren 289
symboli-
sieren 289
syntagmi-
sieren 289
rhythmi-
sieren 289
atomisieren 289
amerikani-
sieren 384; 425
technisieren 289
harmoni-
sieren 136; 289; 384
synchroni-
sieren 289
ironisieren 289
heroisieren 289
polarisieren 289
populari-
sieren 424
computeri-
sieren 288
pulverisieren 289
terrorisieren 289
motorisieren 289
aromati-
sieren 289
demokrati-
sieren 413
privatisieren 289
alphabeti-
sieren 289
konkreti-
sieren 289
politisieren 289
kritisieren 289
massivi-
sieren 215
präzisieren 289
pausieren 288
poträtieren 354
filetieren 354
rezitieren 288
flektieren 318
diktieren 289
argumen-
tieren 288
sortieren 288
stieren 289
mattieren 288
diskutieren 318
aktivieren 288

effektivieren 288
fixieren 288
zieren 289
modifizieren 384; 425
qualifizieren 384
personifi-
zieren 384; 425
glorifizieren 384
ratifizieren 384
identifi-
zieren 384
mystifi-
zieren 288
entnazifi-
zieren 384
stolzieren 288
platzieren 389
hören 323
abhören 13
radiohören 339
verhören 381
stören 323
zerstören 421
fahren 191; 323; 376; 397
abfahren 381
starkbe-
fahren 377
umfahren 260
anfahren 265
autofahren 339
überfahren 260
kaputt-
fahren 267
ehren 323
kehren 323
lehren 322; 327
lateinlehren 235
mehren 427
versehren 427
entehren 256; 263
führen 374; 385; 426
irreführen 267
durchführen 267
ausführen 267
zehren 323
aufzehren 381
aufbohren 381
durch-
bohren 260
geboren 201
gegoren 375
geschoren 375
gekoren 375
unverfroren 248
Baypren 379
Barren 404
starren 299
irren 374; 402

Hostyren 379
blasen 191
mund-
geblasen 377
grasen 295
Lesen 212
lesen 15; 23; 118; 191; 195; 298
durchlesen 17
korrektur-
lesen 267
gewesen 252
wachsen 409
verwaisen 275
Eisen 179
reisen 127; 362; 409
heim reisen 348
abreisen 381
bereisen 261
heimreisen 267
lobpreisen 339
weisen 409
Felsen 160
Almosen 144
eingipsen 421
fassen 362
umfassen 260
erfassen 420
hassen 362
lassen 362
gelassen 182
anlassen 265
liegenlassen 267
stehen-
lassen 267
stecken-
lassen 267
essen 191; 195
aufessen 381
leergegessen 377
vergessen 191; 195
gießen 194; 358
begießen 261
übergießen 258
schießen 295
überfließen 267
zerfließen 381
schließen 195
anschließen 265
gemessen 201
fleisch-
fressen 339
anfressen 265
sattessen 267
müssen 191; 386; 397
anbeißen 265
heißen 350
reißen 42; 362; 409

Rückläufiges Wortregister | 509

aufreißen 381
entreißen 23; 264
weißen 299; 409
punkt-
schweißen 340
Kissen 329; 386
wissen 207; 374;
387; 409
stoßen 191
Spaten 128; 404
raten 191; 193;
196; 309
braten 191; 397
Gänsebraten 236; 238
anbraten 265
verbraten 381
beten 189; 196;
374
anbeten 368
bieten 190; 397
flöten 299
anlöten 267
treten 364
betreten 261
eintreten 421
brüten 397
anheften 265
entlüften 256; 263
entgiften 256
beschriften 261
begutachten 261
fechten 191; 194
hechten 298
durch-
flechten 260
möchten 374; 410
dichten 283
aufschichten 266
über-
schichten 258
fürchten 385
anfeuchten 265
arbeiten 358
bearbeiten 261
heim-
arbeiten 338
erarbeiten 256; 420
verarbeiten 381
schwarz-
arbeiten 230
befrech-
heiten 215
entgleiten 264
reiten 193
schreiten 194
auf Seiten 333
von Seiten 333
aufseiten 333
vonseiten 333

zu Zeiten 333
Gezeiten 212
Jahreszeiten 240
zuzeiten 333
halten 191
standhalten 340
zugute-
halten 268
hofhalten 267; 340
frischhalten 267
warmhalten 267
unterhalten 380
Fehlver-
halten 218
maßhalten 234; 340
haushalten 234
worthalten 267; 340
festhalten 337
gespalten 375
walten 324
gelten 195; 367
schelten 191; 195
selten 140; 181
zelten 385
Xanten 115
hinten 413
unten 376; 413
loten 298
schroten 298
behaupten 207
Garten 218; 371;
404; 405
Kinder-
garten 236
starten 38
umgurten 254
Kasten 404
Radkasten 239
zu Lasten 333
entlasten 263
zulasten 233; 333
bemasten 261
zum besten 347
trösten 120
im entfern-
testen 347
Nordwesten 403
gewähr-
leisten 234
entfristen 263
zu Gunsten 333
zu
Ungunsten 333
zuun-
gunsten 333
zugunsten 233; 333
Kosten 212; 418
Folgekosten 239
Unkosten 248; 418

Lebens-
haltungs-
kosten 147
rosten 23; 298
entrosten 263
bersten 195
zerbersten 381
husten 272
frusten 157
fetten 298
Jetten 356
jetten 356
anketten 265
bitten 374; 397
erbitten 420
durchlitten 255
Schlitten 404
mitten 387; 429
inmitten 333
hotten 356
gesotten 375
cutten 356
bluten 23
überfluten 260
bauen 23; 25; 27;
330; 363; 374
bebauen 261
umbauen 260
überbauen 258; 420
verbauen 381
durch-
schauen 254
draufhauen 268
klauen 189
grauen 275
betrauen 261
mißtrauen 23
aufstauen 266
freuen 275; 374
betreuen 263
veruntreuen 219
aufstreuen 266
Grün 371
grün 19; 183; 295
rotgrün 370; 403
blattgrün 377
graugrün 377
Faxen 307
exen 251
hexen 409
aufsprayen 266
seufzen 374
verheizen 381
gesalzen 375
ungesalzen 248; 250
geschmol-
zen 375
im ganzen 347
pflanzen 409

bepflanzen 261
Finanzen 212
Staats-
finanzen 226
tangotanzen 339
bekränzen 261
umgrenzen 260
schmerzen 275
kratzen 386; 409
zerkratzen 219
aufsetzen 266; 267
strafver-
setzen 340
entsetzen 275
blitzen 322
trotzen 23
blankputzen 267; 337
durch-
kreuzen 260
jazzen 298
Bahn 119; 124;
131; 161; 324
Hahn 97; 195; 325
Wahn 325; 361;
392; 426
Schaffens-
wahn 241
Zahn 91; 116; 311;
359; 397
Mäusezahn 238
Föhn 426
kühn 385
Sohn 118; 124;
387; 391;
392; 397;
400; 426
Professo-
rensohn 230
Huhn 159; 365; 400
in 139; 261;
309; 429
Heldin 239
Doktorandin 239
Hündin 365
ein 15; 139; 175;
176; 267;
345; 388
Bein 159; 309
Tischbein 218; 236
Stuhlbein 146
dein 175; 372; 406
Schein 298
Sonnen-
schein 237
kein 175; 176
Spiegelein 274
Vögelein 274; 387
Spieglein 274; 387
Vöglein 274

Zweiglein 274
Ringlein 274
Dächlein 274
Tischlein 142
klein 140; 181
Söhnlein 404
Röslein 271
Gärtlein 405
mein 175; 372; 406
rein 122
sein 175; 191;
207; 372;
374; 406; 427
schuld sein 348
feind sein 348
bange sein 348
pleite sein 348
gram sein 348
recht sein 348
angst sein 348
Stein 115; 399
Wein 120
Schwein 397
Chemiker-
wein 285
Chefin 383
Delfin 326
Gin 354
Delphin 326
Hermelin 39
Disziplin 39; 144
Chinin 91
Diakonin 423
Pin 356
drin 118
Sekretärin 383
Zauberin 423
Finderin 143
Denkerin 143
Harmonisie-
rerin 290
Lehrerin 271; 378;
383; 387
Pfarrerin 383
Dichterin 283
Cholesterin 38
Meisterin 383
Friseurin 423
Prinzessin 356; 423
Diakonissin 423
Beamtin 378
Demons-
trantin 404
Studentin 404
Ärztin 383
Mannequin 356
Löwin 239
Magazin 144
bejubeln 261

paddeln 298
zersiedeln 256
vertrödeln 381
nacht-
wandeln 339
lustwandeln 339
schwindeln 275
betüpfeln 281
sand-
schaufeln 339
entsiegeln 263
preiskegeln 340
regeln 395
maßregeln 339
segeln 190; 298; 374
aufbügeln 266
angeln 271
drängeln 272
lächeln 190; 325;
369; 402
belächeln 261
zulächeln 267
hecheln 325
zerbröckeln 381
ekeln 275
bemäkeln 261
im dunkeln 348
werkeln 271
brummeln 272
Köln 308
lispeln 190
faseln 374
kreiseln 281
quasseln 402
entfesseln 263
hüsteln 272
entspötteln 215
kritteln 374
wurzeln 181
Bann 119; 124;
131; 324; 396
Mann 124
Gespann 252
Achter-
gespann 240
Tyrann 144
denn 65; 124
dünn 118; 124;
385; 397; 426
wenn 124
Beginn 298
Doppelkinn 378
Sinn 92; 124; 322;
365; 396
Rinder-
wahnsinn 239
Erkenntnis-
gewinn 417
London 19

Waggon 355
Jargon 354
Xylophon 353
Mikrophon 217
Million 416; 430
Champion 353
Pension 355
Mission 357
Demission 357
Kommunikation 357
Relation 145
Assimilation 357
Nation 118; 328
Alliteration 357
Station 353
Diskretion 388
Apposition 353
Redaktion 331
Infektion 353
Lektion 353
Diakon 383; 423
Balkon 164; 355
Hostaflon 379
Baysilon 379
Babylon 379
Champignon 354
Saloon 352
synchron 293; 353
Präzison 353
Person 369; 402; 424
Ton 54; 307; 308; 316; 418
Beton 355
Karton 355
Charleston 91
Mißton 418
von 426
befreien von 23
abhalten von 23
Garn 126
Ungarn 368
Österreich-Ungarn 232
fiebern 385
räubern 298
schneidern 298
bebildern 261
beschildern 261
mildern 190
Wandern 212
wandern 27
erwandern 420
auswandern 358
sondern 309
wundern 275

hochmodern 214
auffordern 25
überfordern 420
unterfordern 380
schaudern 275
pudern 299
überpudern 258
rudern 190; 271; 298; 374; 410
beliefern 262
wetteifern 339
töpfern 298
opfern 38
gern 122; 126; 367
zwischenlagern 267
zögern 374
baggern 298
steigern 272
folgern 272
schlußfolgern 339
schlingern 272
schwarzärgern 267; 337
lebensversichern 338
stochern 272
räuchern 272
nähern 374
wiehern 374
feiern 374
durchfeiern 422
Kern 367
stänkern 272
tischlern 298
stählern 325
fußballern 298
unterkellern 380
schriftstellern 298
bejammern 261
entschlummern 256
dienern 298
schreinern 298
berlinern 298
kellnern 385
Gehörn 94
Jörn 118
verplempern 381
klappern 271; 272
räuspern 325
lehrern 298
eisern 181
entwässern 263
schlossern 298

schiedsrichtern 298
Eltern 20; 212
Stern 94; 126
rattern 190
abblättern 381
aufblättern 381
verfüttern 381
stottern 374
computern 288
lauern 374
mauern 374
untermauern 380
steuern 374
Hirn 118; 126
Stirn 126
Horn 126
Zorn 126
braun 400
Zaun 309
Gartenzaun 218
tun 191; 374; 409
leid tun 348
Makao 368
Saldo 404
Kommando 392
Leo 368
Indigo 144
Mango 401
Tango 368
Ingo 368
Flamingo 39
logo 141
Echo 140; 164
Ratio 353
Risiko 404
Sakko 356
Fiasko 143
Fresko 404
Cembalo 144
Kilo 144
Silo 144
Gigolo 144
Kino 144
Inferno 143
Zoo 319
Stadtplanungsbüro 148
Mikro 414
pro 38
Konto 144; 404
Toto 99
Getto 326
Ghetto 326
Auto 140; 164
wo 400
Terrazzo 356

Intermezzo 356	unwan-	Schieber 211
Jeep 353; 354	delbar 418	über 261; 380; 422
Pep 356	betüpfelbar 281	Verfügung
Step 356	unspielbar 248	über 278
Chip 115; 354	kreiselbar 281	Schreiber 142
Flip 356	unabzählbar 418	Kaliber 143
Strip 115	fehlbar 279	der 124; 139;
Vamp 125	teilbar 279	175; 361; 372
Pomp 125	faulbar 279	Reeder 277
Lump 125; 160; 359	unwahr-	Feder 161
plump 125	nehmbar 418	bieder 181
Shop 88; 356	formbar 383	nieder 181
Teleskop 245	brennbar 279	wieder 327
Chemoskop 222; 285	lernbar 3	jeder 15; 20; 118;
Flop 164; 353; 356	erklärbar 383	406
Pop 356	harmoni-	ein jeder 347
Hardpop 242	sierbar 290	Leder 90
Hardtop 242	nichtflek-	Schneider 274
Stop 356	tierbar 334	wider 327
Depp 92	hörbar 383	ander 388
Schlepp 400	durch-	Geländer 325
Cup 353	führbar 268	Entschei-
Ketschup 354	lesbar 3; 279; 383	dender 295
Ketchup 354	lösbar 279	Studierender 383
Kup 354	eßbar 279	Reisender 382
Aar 317	anlötbar 268	Drogen-
Haar 317	unsichtbar 218	fahnder 377
Maar 317	unfruchtbar 250	Finder 274
Paar 317	streitbar 279	Holunder 3; 140
vermeidbar 279	unhaltbar 418	wunder 342
unent-	erwartbar 3	oder 309
schuldbar 418	belastbar 383	Puder 299
unver-	unantastbar 418	Ruder 128; 190;
wendbar 418	unkaputt-	271; 329; 358
unauf-	bar 12	Bruder 46
findbar 418	unbebaubar 248	Tippelbruder 228
verwundbar 279	heizbar 383	Sanges-
greifbar 383	verletzbar 383	bruder 376
unbegreifbar 379	nutzbar 279	Heer 317
ungreifbar 379	halbgar 334	leer 317
tragbar 3; 279	ungar 248	seeleleer 12
untragbar 418	Schar 122	Meer 317
sagbar 279	unklar 250	Häusermeer 239
biegbar 279	Bioseminar 245	Speer 317
versiegbar 279	Lehrer-	Teer 122; 317
unzerlegbar 248	seminar 241	Schäfer 277
unabdingbar 418	Hektar 331	Schiefer 397
frei-	zwar 311	Treffer 276
sprechbar 268	Ex-DDR 251	Schiffer 397
unerreichbar 248	er 124	Diplomaten-
waschbar 279	Bär 97; 159; 308;	koffer 238
unbrauchbar 248	326; 327	Pfeifer 274
erziehbar 279	Tertiär 353	Arzthelfer 377
drehbar 383	populär 424	tapfer 181; 182
undankbar 380	ordinär 353	Teppich-
undenkbar 329; 418	Militär 39; 362; 392	klopfer 275
trinkbar 3	Teilhaber 275	Käufer 274; 325
untrinkbar 248; 418	Eber 211	Obstver-
sinkbar 279	Angeber 368	käufer 275

Eisläufer 268
hager 181
Manager 144; 354
Teenager 354; 388
Jäger 56; 90
Totschläger 268
Kläger 221
Lieger 215
Tiefflieger 329
Anlieger 275
Bombenleger 377
Norweger 276
Bagger 329; 402
Bergsteiger 235; 340
weniger 406
einiger 175; 406
Endfünfziger 240
Tanger 368
Sänger 274
Finger 368
Zeigefinger 238
Singer 322
Hunger 368
Cheeseburger 245
Schlagzeuger 277
Lacher 274; 322
Müdemacher 417
Muntermacher 227
Becher 325
Kriecher 92
Köcher 392
unsicher 248
welcher 406
solcher 406
mancher 406
Schnarcher 274; 276
Geldwäscher 231
Raucher 274
Pfeifenraucher 275
Häher 326; 329; 427
Rasenmäher 275
Gewieher 427
Korkenzieher 275
Dreher 274; 276
früher 252; 427
Reiher 427
Weiher 315; 386; 427
Droher 274
Äther 326; 353
Bier 273
Feier 427
Geier 386; 427
Leier 427

Schleier 329; 427
Wasserspeier 275
Dreier 427
Zweier 427
hier 118; 318; 392
Spanier 384
Tier 173
Getier 252
Nagetier 238
Herdentier 239
Tapferkeitsoffizier 240
Plebejer 294
Nußknacker 275
Bäcker 211
locker 181
Akademiker 276
Chemiker 276; 285
Mechaniker 276
Techniker 276
Elektroniker 145
Zyniker 276
Epiker 276
Satiriker 276
Musiker 276; 294
Physiker 276
Pragmatiker 285
Grammatiker 276
Fanatiker 276
Theoretiker 276
Kritiker 276
Didaktiker 276
Hektiker 276
Neurotiker 276
Anker 271
Wurfanker 329
Tanker 271
Zänker 274
Denker 271; 274
Henker 274
Altlinker 380
Trinker 274
Funker 271; 274
Mikrophonverstärker 376
Berserker 144
Altliberaler 378
Adler 134; 135; 331
Gummiadler 377
Radler 331
Volkskundler 277
Jodler 276
Weltrekordler 277
Kartoffelschäler 275
Quäler 211

vieler 406
Betüpfler 281
Dörfler 142; 404
Segler 331
Angler 142; 274; 422
Nörgler 422
Zahler 211
Altsprachler 277
Fehler 211
Stehler 210
Fußballer 277
Holzfäller 332
Teller 211
Füller 211
Versöhnler 277
Kriegsgewinnler 277
Rempler 276
Basler 384
Kreisler 281
Gewerkschaftler 277
Wissenschaftler 382
Arbeitsrechtler 277
Sportler 142; 271; 277; 330; 331; 382
Künstler 142; 277
Rechenkünstler 228
Postler 142; 277
Bettler 422
Butler 353
Altkanzler 380
Existenzler 294
Unternehmer 211
Eimer 129; 159; 211
Wassereimer 329
Hammer 3; 129; 140; 211; 271; 330
Gejammer 253
Dunkelkammer 227
Anwaltskammer 237
Hoffnungsschimmer 413
Brustschwimmer 268
Studierzimmer 228
Summer 276
Türmer 277
Träumer 211
Brasilianer 384
Amerikaner 384

Afrikaner 384
Mexikaner 384
Hannoveraner 384
Klugredner 378
Bauchredner 338
Söldner 382
Aktenordner 226; 275
Gestrichener 295
Diener 65; 66
jener 175; 345; 406
Öffner 422
Büchsenöffner 275
Lügner 422
Großrechner 226
Münchner 384
Mitbewohner 226
Trainer 353
einer 139; 175; 406
keiner 175; 406
meiner 175; 406
Hardliner 242
Berliner 276
Trockner 142; 322
Wäschetrockner 275
Kölner 384
Zöllner 382
Spinner 142
Rentner 271; 371; 404
Gehör 252
Likör 353
per 38
Bausparer 340
Zauberer 383; 423
Verlierer 274; 275
Imponierer 215
Harmonisierer 290
Beifahrer 226
Taxifahrer 377
Sportwagenfahrer 147
Autofahrer 275
Lehrer 173; 211
Lateinlehrer 235
dieser 139; 156; 170ff.; 345; 372; 406; 428
Kaiser 211
Rülpser 276
Hopser 276
Mörser 211
Wasser 46; 179; 362; 387; 402
Theater 368
Psychiater 294

Kater 211
Krater 211
Vater 397; 426
Meter 38
Abgeordneter 296
Leisetreter 378; 417
Gewerkschafter 276; 277
Wissenschafter 277
Halfter 329
Deutschlandachter 240
Stadtparkwächter 377
Dichter 283
Tochter 161
Arbeiter 274
heiter 129; 140; 181
Liter 13
Alter 296; 371
Falter 329
Mannesalter 376
Kelter 305
Erwählter 382
Center 354; 388
hinter 380; 421
Printer 353
unter 380; 413; 422
leiden unter 23
munter 140; 181; 376; 387
Roboter 144
Toter 99
Ex-Bürgermeister 251
Altbürgermeister 380
Sozialminister 227
Exminister 251
Elster 134; 331
Hamster 134
Fenster 38; 134
finster 129
Ginster 134
Natter 161
Vetter 397; 426
Unwetter 248
Splitter 211
Gewitter 252; 379
Ungewitter 379
Zwitter 413
Gezitter 253
Otter 211
Mutter 142; 161
Großmutter 329
Guter 295

Bauer 211
Biobauer 245
Klauer 330
Mauer 38; 129; 140; 161; 329
Klagemauer 221
Gemäuer 252
teuer 181
Haftung für 278
Gespür 252
quer 426
Tür 164
Haustür 146; 376; 414
Hardcover 242
wer 124; 308
schwer 399
Ächzer 276
Schluchzer 276
Heizer 271
Walzer 276
Aufsetzer 268
Schriftsetzer 239
Nützer 215
Bleistiftspitzer 275
Besitzer 275
unwahr 248
Verkehr 298
Schienenersatzverkehr 148
mehr 386; 427
sehr 386; 391; 427
Putativnotwehr 227
Ohr 160
Langohr 232
Mohr 327
Uhr 117
Mohair 97
Souvenir 354
wir 122; 124; 428
Tschador 91; 115
Chor 66
Chlor 353
Moor 317; 327; 364
Hostapor 379
Professor 353
Prozessor 403
Indikator 404
Senator 403
Terminator 294
Burgtor 239
Monitor 403
Faktor 404
Lektor 353
Direktor 294; 404
Vektor 404
Doktor 403; 404

Rückläufiges Wortregister | 515

Eigentor 227
Motor 403
Rasenmäher-
 motor 147
Autor 404
vor 426
warnen vor 23
bevor 139
Narr 122; 159; 364
starr 298; 299
bizarr 356
Herr 92; 122
dürr 122
wirr 122; 298
Pschorr 115
Hostadur 379
Baymidur 379
Baydur 379
Coiffeur 97
Chauffeur 354
Ingenieur 354; 355
Jongleur 354
Kontrolleur 294
Friseur 355; 383; 423
Redakteur 355
Monteur 355
Flur 400
Troubadour 354
Tour 354
Spur 122
Rasur 144
Natur 424
Literatur 362; 393
Fraktur 353
Agrokultur 245
Aas 317
das 387
Gas 179
Lachgas 322
Edelgas 226
Glas 74
Gras 295
was 139
Schubs 326
abends 212
um ein
 beträcht-
 liches 347
Kassel
Huskies 377
Gries 400
dubiös 424
infektiös 353
tendenziös 353
libidinös 362; 392
leprös 134; 424
monströs 424
ohne
 weiteres 347

bis auf
 weiteres 347
Mitter-
 nachtsblues 241
tags 212
anfangs 212
eingangs 212
flugs 212
Dachs 396
Gewächs 252
Fuchs 56
Wuchs 400
bis 387
Gneis 400
Freundes-
 kreis 237
preis 342
Niedrigst-
 preis 226
Metropolis 143
Demokratie-
 verständnis 226
Wagnis 330
Ereignis 378; 387
Reifezeugnis 238
Armuts-
 zeugnis 241
Schriftenver-
 zeichnis 239
Schrecknis 404
Hindernis 271
Erkenntnis 378
Iris 426
Iltis 387
Galaxis 38
Arztpraxis 238
Keks 120; 388
Koks 120; 388
Fels 160; 400
Wels 400
Gams 124
Wams 124
Sims 124
Gesims 252
Bums 124
Jeans 353
Gans 124
Hans 124; 371
Zins 124
Chaos 352; 353
Pathos 353
Mythos 353
dubios 424
Los 361; 391; 392
Moos 317
lepros 424
Schnaps 326
Raps 326; 387
Gips 179

Mars 98
Walkers 97
Vers 426
Präparier-
 kurs 226
Parcours 354
Velours 354
Baß 117; 362
dass 387; 429
daß 139; 362
sodaß 139; 332
Tintenfaß 229
blaß 86; 182
Einlaß 298
Erlaß 298
Maß 98; 169
nass 322; 362
Paß 117
kraß 38
Gefäß 252
Stewardeß 423
Dreß 389
Streß 115; 389
Schulstreß 377; 415
Psychostreß 378
Prinzeß 423
Prozeß 144
Gebiß 252
Schlan-
 genbiß 239
heiß 178
weiß 181; 387
Riß 391
Boss 371
Boß 38; 389
Geschoß 252
groß 30
Strauß 397
Fuß 325; 387
Hasenfuß 232; 238
Schuß 295
Fluss 387
Schluß 92
Ruß 307
angesichts 404
aus 267
Haus 18; 30; 127;
 159; 169; 325
Kreiskran-
 kenhaus 377; 415
Maus 98; 161; 391
Schmaus 400
daraus 331
Bus 387
Radius 371; 405
Zyklus 331
Mus 397
Rhythmus 353
Dadaismus 291

Rückläufiges Wortregister

Judaismus 291
Kubismus 293
Pazifismus 293
Neologismus 293
Masochismus 293
Anarchismus 293
Faschismus 293
Fetischismus 291
Buddhismus 291
Trotzkismus 291
Kannibalismus 291
Feudalismus 292
Kolonialismus 291; 292
Imperialismus 292
Materialismus 292
Existentialismus 292
Provinzialismus 292
Sozialismus 145; 285; 291; 292
Radikalismus 292
Formalismus 292
Nominalismus 292
Nationalismus 292
Personalismus 402
Liberalismus 292
Föderalismus 291; 292
Strukturalismus 292
Universalismus 292
Kapitalismus 291

Individualismus 292
Parallelismus 292
Symbolismus 291
Alkoholismus 291
Euphemismus 291
Extremismus 292
Pessimismus 293
Reformismus 291

Mechanismus 293
Kodiermechanismus 228
Hegelianismus 384
Wagnerianismus 384; 425
Kantianismus 384
Humanismus 292
Hellenismus 291
Leninismus 291
Chauvinismus 291
Darwinismus 291
Antagonismus 293
Revisionismus 291
Impressionismus 291
Aktionismus 291
Perfektionismus 291
Protektionismus 291
Reduktionismus 291
Lakonismus 293
Synchronismus 292
Opportunismus 292
Zynismus 293
Heroismus 293
Partikularismus 292
Cäsarismus 291
Thatcherismus 425
Schematismus 293
Rheumatismus 291
Semitismus 291
Patriotismus 291
Hinduismus 291
Positivismus 291
Aktivismus 292
Konstruktivismus 291
Slawismus 291
Gräzismus 353
Anglizismus 291
Corpus 353
Maat 317

Saat 317
Staat 160; 317; 323
Nationalstaat 227
Kandidat 294
Beat 353
Legat 294
Renegat 294
Stipendiat 294
Skat 115
flat 248
Unflat 248
Heimat 376; 413
Waschomat 245
Spielomat 245
Diplomat 294
Automat 159; 245
Münzautomat 236
Monat 413
Rat 298; 364; 391
Rasierapparat 226
Zierat 413
Literat 294
Demokrat 413
Unrat 248
Nitrat 134
Kastrat 134; 294; 388
Regierungsbaurat 148
Kurat 294
Adressat 294
Diktat 289
Potentat 294
Attentat 144
Untat 248
Thermostat 38
privat 353
begabt 201
gehandhabt 235
Stadt 401
Agrostadt 245
Diät 368
Porträt 354
Solidität 287
Radikalität 293
Originalität 287
Personalität 402
Enormität 287
Satanität 287
Affinität 357
Solemnität 287
Monstrosität 424
Preiselastizität 388
umfriedet 255
unbewaldet 32; 250
notgelandet 255

engbe-
freundet 334
Beet 96; 119; 317;
324; 361;
365; 392
Reet 317; 326
Nugget 356
Jet 356
Paket 144
Packet 389
Filet 354
geatmet 411
abgeordnet 296
ungeöffnet 248
Magnet 134; 331
geregnet 201; 411
Poet 117
Set 117; 169;
356
Hostaset 379
verheiratet 183
unverhei-
ratet 250; 380
gebetet 411
gottgelichtet 12
unverar-
beitet 248
unentrostet 248
gesittet 322
Debüt 354
Freund-
schaft 330
Ärzteschaft 272
Bürgschaft 404
Lehrerin-
nengewerk-
schaft 284
Lehrerin-
nenschaft 284; 417
Dichterin-
nenschaft 283
Genossen-
schaft 272
Elternschaft 272
Bauern-
schaft 272
Brüderschaft 272
Bruderschaft 272
Jägerschaft 272
Bürgerschaft 272
Harmonisie-
rerschaft 290
Lehrerschaft 272
lachhaft 322
plastikhaft 145
wechselhaft 143
unehrenhaft 250
greisenhaft 143
weiberhaft 143

harmonisie-
rerhaft 290
lehrerhaft 142; 282
gleichnis-
haft 142
Produktiv-
kraft 227
Hustensaft 379
Schulheft 226
Gift 391
Schrift 161
sanft 387
unsanft 248
soft 117
unbedarft 248
Luft 80
angelegt 255
ekelerregt 12
bewegt 387
schwerbe-
schädigt 334
gestaubsaugt 202; 235
staubgesaugt 202; 235
Naht 322; 386
Draht 322; 386
Jacht 326
unge-
schlacht 248
Macht 365
Nacht 365; 391
Pracht 400
Yacht 326
Geflecht 252
Recht 307
recht 38
Menschen-
recht 237
undicht 248
leicht 120
seicht 120
Schicht 400
Licht 307; 397
Abendlicht 225
Abblend-
licht 238
Pflicht 100; 103;
116; 311; 397
Schulpflicht 377; 415
nicht 380
Jahreswirt-
schaftsbe-
richt 377
Kehricht 404
Sprachunter-
richt 236
Sicht 400
Wicht 56; 400
Bösewicht 378
feucht 120

angekeucht 266
Ausflucht 226
Bienenzucht 239
Arbeit 39
Trödelarbeit 228
Heimarbeit 338
Klugheit 142; 422
Frechheit 330; 422
Gleichheit 404
Unsilbisch-
heit 249
Unkindisch-
heit 249
Pressefrei-
heit 376; 414
Einzelheit 422
Entschie-
denheit 293
Trockenheit 422
Unbewiesen-
heit 249
Sicherheit 142; 422
Beliebtheit 422
Unbeobach-
tetheit 249
Verblüfftheit 279
Leichtheit 422
Unbemerkt-
heit 249
Ungereimt-
heit 136
Unfarbigkeit 249
Kinderlosig-
keit 422
Plastikhaf-
tigkeit 145
Trottelhaf-
tigkeit 422
Mannhaftig-
keit 281
Frostigkeit 281
Genauigkeit 422
Neuigkeit 422
Ewigkeit 422
Freundlich-
keit 142; 281; 422
Höflichkeit 379
Unhöflich-
keit 379
Unwirklich-
keit 376; 414
Brüderlich-
keit 404
Unwirtlich-
keit 249
Eitelkeit 422
Gelehrsam-
keit 422

Untragbarkeit 376
Unnahbarkeit 249
Unbrauchbarkeit 249
Unfehlbarkeit 422
Trennbarkeit 281
Harmonisierbarkeit 290
Sauberkeit 422
Zeit 161
Absterbzeit 238
Übergabezeit 241
Vorlesezeit 238
Erntezeit 239
Abfragzeit 238
Absaugzeit 238
Altersteilzeit 148
Lieferzeit 228
Vorleszeit 238
Schlafenszeit 241
Ankunftszeit 241
Abfahrtszeit 241
fit 353
Hostalit 379
Split 311
mit 257 f.; 261; 309; 429
beginnen mit 23
damit 139
Semit 292
abstrakt 144
halbnackt 334
entdeckt 201
erschreckt 411
verrückt 201; 358
Infekt 353
Soziolekt 245; 285
Strichpunkt 232
Infarkt 144
Markt 103
gebrandmarkt 201; 338
Aktivmarkt 227
glasfaserverstärkt 378
alt 117; 359
Einfalt 418
Asfalt 351
Halt 86; 298; 306
halt 395
Asphalt 351
Unterhalt 298
kalt 182; 305; 307; 308; 309; 367

naßkalt 232; 377
bemalt 201
gemalt 201
gemaßregelt 235
gesegelt 201
vorbeigesegelt 201
vollentwickelt 334
gelbgesprenkelt 377
gefaselt 411
Welt 119; 161; 308
tiefverwurzelt 377
gefühlt 411
nickelbebrillt 378
Amt 125
Samt 125; 308
Straßenbauamt 148
querschnittsgelähmt 378
Zimt 125
verklemmt 201
Pendant 352; 355
Applikant 294
Musikant 294
Flagellant 294
Spekulant 294
Kapitulant 294
charmant 354
Leutnant 353
Okkupant 294
Hydrant 134; 331
tolerant 125
flagrant 134
Demonstrant 159; 294; 371; 404
Restaurant 352; 354
Schnellzugrestaurant 377
Nobelrestaurant 227
rasant 125
Passant 125
Debütant 354
Präsident 159; 294
Korrespondent 294
Student 15; 294; 383
Agent 294; 354
Dirigent 294
Rezipient 294
Talent 144
Element 125

Reglement 355
Abonnement 355
Revierement 355
Konsument 294
Dezernent 294
different 353
Patent 125
potent 353
nichtbewohnt 334
Splint 42; 115; 125
Joint 354
Sprint 125
Diskont 125
Horizont 125
bunt 6; 125; 307; 396
Jabot 354
Gebot 252
Hilfsangebot 236
Hot 356
Trikot 352; 354
Bonmot 354
Not 161
Boot 164; 317; 323
Ruderboot 228
Depot 352; 354
rot 182; 183
Brot 363
Weißbrot 226
Schrot 119; 308; 324
dunkelrot 370; 403
tot 250
Exot 38
korrupt 144
Art 161
Milchbart 232
Rotbart 232
hart 307
Unart 248
baugespart 340
Hauswart 418
zart 181; 182; 308
schwerbehindert 334
schwerstbehindert 334
hundert 416
Jahrhundert 370; 377; 403; 415
gerudert 201
geleert 323
halbverhungert 334
gewiehert 201
engliiert 334
blankpoliert 377
kleinkariert 376

hydriert 392
harmonisiert 384
hoch-
motiviert 214
blank-
gebohnert 378
gehört 411
gemauert 201; 411
Wert 120; 397
Schwert 120; 397
Konzert 144
geführt 411
Wirt 122; 402
Hort 122
Zufluchtsort 241
Unwort 248
Geburt 252; 397
Gurt 308
Frucht-
joghurt 238
Mast 160
Rast 119
Unrast 248
Obst 120
Geäst 252
Geest 120
wischfest 322
Biest 120; 392
wüst 308
angst 298
heimatlichst 376
Geist 159
Ungeist 248
List 387
Sozialist 285
Formalist 384
Personalist 402
Journalist 354
Anglist 294
Stilist 294
Cellist 294
Symbolist 145
Bigamist 294
Optimist 159
Pianist 294
Chronist 294
Obrist 294
Eintragsfrist 241
Christ 159; 353
Tourist 354
Bassist 294
Kollektivist 145
Bovist 39
ernst 100; 103; 298
Gunst 307
Ungunst 248
Kunst 30; 161
Aufschwung
Ost 430

Nordost 232
Post 307
Frost 308
Trost 120
Papst 120
Fürst 94; 159
Durst 307
Wissens-
durst 241
Wurst 400
nichtbewußt 334
gewusst 387
Unlust 248
Herzenslust 376
Wust 120; 397
Blatt 92; 116
Loseblatt 378
glatt 182; 400
platt 400
statt 342
anstatt 333
Bett 96; 119; 160; 324; 365
Sterbebett 238
Brikett 164
Skelett 144
komplett 134
nett 391
brünett 356
Streich-
quartett 226
wett 342
schlitt 248
Unschlitt 248
Tritt 116
Gott 365
Fagott 144
Schott 88
Schrott 119; 324
Trott 298
gebaut 411
Kosmonaut 245
Braut 161
Kraut 379
Unkraut 248; 379
Sauerkraut 227
Cut 356
Deut 120
gut 182; 387
Hut 165; 395
Blut 3; 84; 400
Flut 84
Glut 84
Mut 308; 361; 392
Edelmut 378
Heldenmut 236; 238
Brut 400
Zerstö-
rungswut 240

Axt 161
gasbeheizt 377
unbepflanzt 250
Kinderarzt 239
jetzt 118
vollbesetzt 334
ersetzt 201
entsetzt 201
rechner-
gestützt 377
geblitzt 322
Bau 56; 120; 391
Tableau 354
Plateau 354
Niveau 354
Pfau 160
Bundesgar-
tenschau 148
blau 181; 400
hellblau 377
graublau 370; 403
schlau 400
ungenau 368
Frau 161; 382; 400
Fischfrau 230
Nebenfrau 226
grau 400
Tau 382; 396
Stau 298
Marabu 144
du 362; 428
Efeu 39
Heu 120; 309
nagelneu 370; 403
treu 400
untreu 248
Uhu 39; 140; 164
Iglu 134
zu 255; 311
Einstellung
zu 278
auffordern
zu 23
naiv 117
Gerundiv 403
Passiv 403
Indikativ 403
Frikativ 403
Ablativ 403
Superlativ 403
Inchoativ 403
appositiv 353
nachtaktiv 377
Objektiv 403
Adjektiv 403
kollektiv 145
Konjunktiv 144
Agentiv 403
Diminutiv 403

Flexiv 403
LKW 164
lax 353
Morpho-
syntax 378
Semanto-
syntax 378
Ex 251
Hostaflex 379
Reflex 169
Bayflex 379
perplex 134
fix 307; 353
Sphinx 115
Spray 115
Baby 144; 354; 388
Hobby 356
Lobby 356
Agency 354
Paddy 356
Teddy 356
groggy 356
happy 354

floppy 356
Story 354
easy 354
City 354; 388
Publicity 242
Personality 242
Fidelity 242
Nobility 242
Austerity 242
Party 354
sexy 354
Indiz 144
Miliz 144
Notiz 356
Gehölz 252
Holz 119; 179
Fuchs-
schwanz 239
Tendenz 353
Differenz 353
Präsenz 144
Prinz 383; 423
Provinz 353
Schwarz 298

Löwenherz 232
Sportler-
herz 241
Zahn-
schmerz 229
kurz 182; 250
Schatz 169
Dorfplatz 329
Schießplatz 226
Fragesatz 238
Kausalsatz 227
Relativsatz 227
Kosten-
dämpfungs-
gesetz 148
Blitz 322
Witz 371; 386
Pragmatiker-
witz 285
Klotz 93; 165
Kauz 165
Fenster-
kreuz 146
Jazz 91; 354; 388